월말통신·월보·회보와 함께 읽는

정전 수행법

'일원상' 자리에 근원하는 수행법

글 · 방길튼

WON BOOK 원불교출판사

| 프롤로그 |

월말통신·월보·회보와 함께 읽는

『정전 훈련법』과 『정전 수행법』을 발간하며

원기105년(2020)에 교강선포100주년을 맞이하여 이를 기념하기 위한 공부 모임을 「원불교대장간」 공부인들과 함께했다. 이 모임은 필자의 강의에 따라 『정전』 교의편의 '사은·사요'와 '삼학·팔조' 및 '양대요도'와 '사대강령'을 연이어 연찬해 가는 과정이었으며, 또한 《월말통신》《월보》《회보》 중 소태산 대종사의 법설과 초창기 제자들의 글을 『정전』 총서편과 교의편의 순서에 따라 선별하여 강독講讀해 가는 연속이었다.
그리하여 이러한 공부의 결실을 '월말통신·월보·회보로 읽는 『정전 공부법』(총서편·교의편)'이란 제목으로 발간하였다.

이후 원기106년(2021)부터는 그 후속 작업으로 『정전』 수행편 및 이에 해당하는 《월말통신》《월보》《회보》의 법설과 회설·논설·감상담·시 등의 글을 강독하는 모임을 꾸준히 이어왔다.
이 공부로 『정전』 수행편의 한 단어 한 구절마다 소태산 대종사의 법설과 초기교단의 공부담으로 풍성하게 독해하였고, 공부와 사업에 매진했던 초창기 교단의 정서를 감득感得하는 기회도 되었다.
또한 공부의 적공을 '월말통신·월보·회보와 함께 읽는 『정전 훈련법』', '월말통신·월보·회보와 함께 읽는 『정전 수행법』'이란 제목으로 담아내기에 이르렀다.

책 구성은 필자가 유튜브 《원불교주유소》 「길튼교무의 정전이야기」에 올린 강의 원고를 다듬어 '뜻풀이' '더보기' 등의 형식으로 엮었으며, 《월말통신》《월보》《회보》에 실

린 소태산 대종사의 법설과 선진[제자]들의 회설·논설·감상 등을 선별해 이해를 돕고 체감의 숨결을 불어 넣는 '안내의 글'을 덧붙였다. 그리고 몇몇 글에 윤명화 교무와 조수원 정토가 감상담을 달았다.

그리고 《월말통신》《월보》《회보》에서 선별한 글은 가독성이 떨어지지 않을 정도만큼 현대 문법으로 다듬었음을 밝혀둔다.

아무쪼록 『정전 훈련법』과 『정전 수행법』이 원불교 3대[원기108년]를 마무리하고 4대[원기109년 이후]를 맞이하는 이 시점에서 『정전』 수행편의 정기·상시의 훈련법과 각종 방법으로 전개된 수행법을 잘 안내하는 마중물 또는 디딤돌이 되기를 희망한다.

원기107년(2022) 6월 6일

익산총부-황등역 간 옛길[물문다리]에서

길산 방길튼 교무 합장

차례

프롤로그 『정전 훈련법』과 『정전 수행법』을 발간하며 • 02

『정전』 수행편의 구성 • 12

※ 『정전』은 제1 총서편, 제2 교의편, 제3 수행편으로 구성되어 있다. 『정전 수행법』은 '제3 수행편' 7장~17장에 해당한다.

제3 수행편 – 수행법과 법위등급 • 14

제7장 무시선법 • 18

성품 오득과 마음의 자유 • 20

참다운 선과 삼학병진 공부법 • 24

선을 닦아가는 과정 • 28

선의 궁극과 불이문 • 32

병든 선과 참 선 • 36

무시선의 강령 • 39

《월말통신》《월보》《회보》로 「무시선법」 독해하기 • 43

제8장 참회문 • 82

죄고에 신음하는 사람과 참회문 • 84

참회의 정의 • 86

죄업의 뿌리, 탐·진·치와 참회 • 89

참회의 방법, 사참과 이참 • 91

참회 수도의 결과 • 96

자성의 분별 없는 줄만 알고 분별 있는 줄은 모르는 무애행 • 99

성가 86장 '참회의 노래' • 102

《월말통신》《월보》《회보》로 「참회문」 독해하기 • 104

제9장 심고와 기도 • 112
심고와 기도의 대상, 사은 • 113
진리불공의 대상, 사은 • 116
5종 심고와 기도 • 118
'심고와 기도'의 결과 – 소원성취와 낙 있는 생활 • 120
거짓된 심고와 기도 • 125
'피은자'라는 고백 • 127
묵상심고, 실지기도, 설명기도 • 130
심고의 명상화 – 묵상심고를 명상으로 응용하는 방법 • 133
《월말통신》《월보》《회보》로 「심고와 기도」 독해하기 • 135

제10장 불공하는 법 • 150
처처불상 사사불공의 불공법 • 151
불공의 기한과 종류 • 156
죄복의 권능자인 산부처와 실지불공 • 159
《월말통신》《월보》《회보》로 「불공하는 법」 독해하기 • 163

제11장 계문 • 192
계문의 공덕과 그 실행되는 법 • 194
인생과 계율의 관계 • 197
보통급 십계문 • 202
특신급 십계문 • 209
법마상전급 십계문 • 214
계문의 본의와 연고의 상황성 • 220
계문 준수와 20계문 • 224
《월말통신》《월보》《회보》로 「계문」 독해하기 • 226

제12장 솔성요론 • 264

'솔성요론'의 솔성이란? • 265

솔성요론 1~5조 • 267

솔성요론 6~11조 • 271

솔성요론 12~16조 • 276

《월말통신》《월보》《회보》로 「솔성요론」 독해하기 • 280

제13장 최초법어 • 302

최초법어와 사람의 길 • 304

수신의 요법 • 307

제가의 요법 • 310

강자·약자의 진화상 요법 • 316

지도인으로서 준비할 요법 • 320

《월말통신》《월보》《회보》로 「최초법어」 독해하기 • 324

제14장 고락에 대한 법문 • 350

고락의 설명 • 351

낙을 버리고 고로 들어가는 원인 • 354

증애에 끌리지 않는 방법 • 358

《월말통신》《월보》《회보》로 「고락에 대한 법문」 독해하기 • 361

제15장 병든 사회와 그 치료법 • 386

병든 사회의 증상과 지도자 • 387

사회가 병들어 가는 증거와 그 치료법 • 390

《월말통신》《월보》《회보》로 「병든 사회와 그 치료법」 독해하기 • 393

제16장 영육쌍전법 • 408

수도와 생활이 둘이 아닌 영육쌍전법 • 409

영육쌍전의 함의 • 413
소태산의 구도 배경과 물질문명 • 417
《월말통신》《월보》《회보》로 「영육쌍전법」 독해하기 • 419

제17장 법위등급 • 428
공부인의 수행 정도와 법위사정 • 430
보통급과 입문 • 433
특신급과 삼대력 • 435
특신급과 법규 • 439
법마상전급과 삼대력 • 445
중근기와 중근병 • 449
법강항마위와 삼대력 • 453
법강항마위와 심계 • 456
출가위와 삼대력 • 458
출가위와 법인성사 • 461
대각여래위와 삼대력 • 462
대각여래위와 원각성존 소태산 대종사 • 465
법위사정의 역사 • 467
《월말통신》《월보》《회보》로 「법위등급」 독해하기 • 472

참고문헌 • 490
에필로그 교고총간학의 태동을 바라며 • 492

《월말통신》《월보》《회보》로 독해하기

「무시선법」

[법설] 간단없는 공부 • 43

[법설] 일심으로 섭만경 • 47

[법설] 심전계발 • 50

[법설] 나의 제초한 뜻을 아느냐 • 54

[법설] 금강산과 그 주인 • 56

[감각] 무시선법 • 59

[감상] 사심은 우리의 원수이다. • 61

[문목] 인심은 유위하고 도심은 유미하니 위자 안하고 미자 저하는 방법 • 64

[법설] 우습다, 소 탄 자야! 소를 찾아 길들여라 • 66

[고덕명시] 목우십도송 • 68

[선화] 불해탐주 • 72

[신시] 적멸의 궁전 • 74

[시] 심전을 계발하자 • 76

[시] 마음 운전수 • 78

「참회문」

[경해] 사십이장경해 • 104

[감상] 정사록 • 105

[감상] 나의 참회 • 106

[시] 보배의 눈물 • 109

「심고와 기도」

[예회] 익산총부 4월 6일 예회록 • 135

[논설] 신앙과 수양 • 136

[논설] 일원상에 대하여 • 137

[법설] 심고의 감응되는 증거 • 138

[법설] 어떠한 고라도 낙을 심을 줄 아는 자는 행복자니라 • 140

[시] 오! 사은이시여(나의 기도) • 141

[감상] 입회 후 얻은 나의 감상 • 143

[감상] 새로운 출발 • 146

[영신사] 송구영신하는 조조에 첫 심고 • 147

「불공하는 법」

[논설] 일원상에 대하여 • 163

[법설] 독실한 신념은 인생의 행복이다. • 167

[회설] 우리의 신앙할 곳 • 173

[회설] 복전발견과 선근재배 • 177

[회설] 죄와 복의 근본을 알아보자. • 179

[법설] 특성을 서로 이해하라 • 185

[법설] 위를 얻고 못 얻기는 사업에 있다 • 186

「계문」

[해설] 계문 준행과 범계 해설 - 머리말 • 226

[해설] 계문 준행과 범계 해설 - 보통부 십계문 • 228

[해설] 계문 준행과 범계 해설 - 특신부 십계문 • 233

[해설] 계문 준행과 범계 해설 - 법마상전부 십계문 • 236

[감상] 계문의 공덕 • 241

[회설] 삼독심을 박멸하여 평화 세계를 건설하라. • 243

[시단] 우리의 마음에 세 가지 독근 • 248

[감상] 부끄러워할 줄 알라 • 249

[감상] 연고 없이 살생을 말라는 데 대하여 • 251

[보는 대로 듣는 대로] 전삼삼 씨의 독지 • 253

[감상] 모든 것이 종사님 은혜 • 254

[의견 제출] 본회 전무출신자에 한하여 금주 단연의 철저 여행을 촉함 • 256

[문목건] 정당하지 못한 벗을 좇아 놀지 말며 • 259

[감상안] 습관 개혁에 대하여 • 261

[요언] 회보 제33호, 제48호 요언 • 262

「솔성요론」

[회설] 그날 그 시를 뜻 있게 보내라 • 280

[법설] 경외지심을 놓지 말라 • 282

[법설] 남을 공경하면 내가 서나니라 • 285

[법설] 남의 시비를 보아서 나의 시비를 깨칠지언정 그 그름은 드러내지 말라 • 287

[법설] 동선 해제시 훈사 • 289

[법설] 정당한 일 하는 사람과 부당한 길 밟는 자 • 292

[법설] 제도하는 방법 • 293

[감상] 원이 없는 자는 마른 나무와 같다 • 295

[감상] 같은 듯하면서도 다른 것을 밝힘 • 296

[요언] 회보 제18호, 32호, 39호, 40호, 41호, 47호, 55호, 56호, 63호, 65호 요언 • 299

「최초법어」

[법설] 선후본말을 알라 • 324

[회설] 언고행 행고언 • 328

[법설] 살림살이하는 방법 • 330

[법설] 자녀 교육에 대하여 1 • 334

[법설] 자녀 교육에 대하여 2 • 337

[법설] 화제, 약자로 강자 되는 법문 • 340

[법설] 남을 공경하면 내가 서나니라 • 343

[회설] 제도 중생과 자신 제도 • 344

[감상] 남의 지도자 되기에 급하지 말고 그 자격 먼저 준비하라. • 346

「고락에 대한 법문」

[법설] 기틀을 알면 편안한 것이다 • 361

[법설] 돼지의 생활에서 발견하신 한 좋은 경전 • 362

[법설] 어떠한 고라도 낙을 심을 줄 아는 자는 행복자니라 • 365

[법설] 찬예와 훼방에 끌리지 말라 • 367

[법설] 제군은 모든 비평과 조소에 끌리지 말라 • 369

[회설] 세간 훼예에 끌리지 말고 오직 자주적 정신으로써 향상 전진하자. • 372
[회설] 인간락과 수도미 • 375
[법설] 현대는 망령신이 주장 • 378
[시구] 고 중에서 낙을 발견 • 381
[요언] 회보 제19호, 21호, 37호, 50호, 51호 요언 • 382
「병든 사회와 그 치료법」
[법설] 현대문명의 병맥 타진 • 393
[법설] 설법이나 강연을 듣는 제군에게 • 399
[법설] 사은사요의 필요 • 403
「영육쌍전법」
[취지서] 농업부기성연합단취지서 • 419
[소개담] 산업부 소개 • 420
[감상] 무념보시를 한 동지에게 감사를 올림 • 422
[회설] 돈을 구하는 여러분에게 • 424
「법위등급」
[법칙] 육명부승급법 • 472
[감상] 공정한 심판은 사정이 없다 • 474
[법설] 그 사람이 아니면 그 사람을 모른다 • 475
[법설] 과거 불성의 말씀이라도 진의를 알고 믿으라 • 477
[법설] 가련한 맹인 • 479
[법설] 공부인의 대병처 • 480
[법설] 공부와 사업할 때 위태한 곳 • 481
[법설] 도가에서 택하는 인품 • 482
[법설] 마왕을 쳐 항복 받으라 • 483
[법설] 제군은 난세에 나왔으니 도원수가 될지어다. • 486
[법설] 공부에 주인이 되라 • 488

『정전』 수행편의 구성

『정전』은 제1 총서편과 제2 교의편과 제3 수행편으로 구성되어 있다.

〈총서편〉은 회상관인 개교의 동기와 교법관인 교법의 총설로 이루어져 있다면, 〈교의편〉은 일원상을 첫 장으로 사은·사요·삼학·팔조 등의 교의가 펼쳐져 있으며, 〈수행편〉은 이러한 총서편의 의지와 교의편의 방향에 따라 각종 훈련법과 수행법으로 구성되어 있다. 마치 건물의 기초가 있고 설계에 따른 구조와 간의 기능이 있듯이 『정전』 편마다 고유의 역할이 있다.

그러므로 『정전』 제3 수행편은 〈총서편〉의 비전에 기반하고 〈교의편〉의 설계에 따라 구체적인 수행 방법으로 구성하고 있다.

이러한 〈수행편〉의 편성 차례를 편의에 따라 임의로 나누어 본다면 제1장부터 6장까지를 전반부로, 제7장에서 17장까지를 후반부로 구분할 수 있다.

〈수행편〉의 전반부인 1장부터 6장까지는 교리강령의 실천 덕목인 '일상 수행의 요법'을 비롯하여 '정기훈련법'과 '상시훈련법' 그리고 '염불법'을 비롯한 각종 훈련법이 제시되어 있다면, 후반부인 7장에서 17장까지는 '무시선법'을 비롯한 '참회문' '심고와 기도' '불공하는 법' '최초법어' 등 자신自身 수행과 활용活用 수행의 각종 수행법이 제시되어 있으며 수행 정도의 척도인 법위등급으로 마무리 짓고 있다.

이를 세밀하게 구분한다면 첫째, 수행편의 서론인 '일상 수행의 요법'과 둘째, 수행편의 본론 1부인 훈련법과 셋째, 수행편 본론 2부인 수행법 그리고 넷째, 수행편의 결론인 '법위등급'으로 분류한 것이다.

〈표〉『정전』 수행편의 구성

전반부	서론	1장		일상 수행의 요법
	본론(1부)	2~6장	훈련법	정기훈련법, 상시훈련법, 염불법, 좌선법, 의두요목, 일기법
후반부	본론(2부)	7~16장	수행법	무시선법, 참회문, 심고와 기도, 불공하는 법, 계문, 솔성요론, 최초법어, 고락에 대한 법문, 병든 사회와 그 치료법, 영육쌍전법
	결론	17장		법위등급

이처럼 『정전』 수행편은 전반부와 후반부로 크게 나눌 수 있으며, 세밀하게는 4부분으로 구분해 볼 수 있다. 『정전』 수행편의 차례에 나름의 구분을 한 것이다.

이렇게 구분하는 의도는 『정전』 수행편을 이해하고 체득하는 효율적인 방법이라 여겨지기 때문이다. 이에 『정전』 수행편을 훈련법과 수행법으로 대별하여 '정전 훈련법'과 '정전 수행법'이란 이름으로 양분해서 살펴보고자 한다.

더불어 《월말통신》《월보》《회보》에 실린 『성선』 수행편과 관련된 소태산 대종사의 법설과 제자들의 회설·논설·감상담·시 등을 통해 독해讀解하는 힘을 더하고자 한다.

제3 수행편 修行編

수행법과 법위등급

제7장 무시선법

제8장 참회문

제9장 심고와 기도

제10장 불공하는 법

제11장 계문

- 보통급 10계문
- 특신급 10계문
- 법마상전급 10계문

제12장 솔성요론

제13장 최초법어

- 수신의 요법
- 제가의 요법
- 강자·약자의 진화상 요법
- 지도인으로서 준비할 요법

제14장 고락에 대한 법문

- 고락의 설명
- 낙을 버리고 고로 들어가는 원인

제15장 병든 사회와 그 치료법

제16장 영육쌍전법

제17장 법위등급

라도強者가되리것느냐? 強者가더욱強하야
한強者가되고弱者라도漸々強하야永遠한強者
되는法이잇것만은 이世上사람들은그조흔自
他法을쓰지못하고弱肉強食을하며弱者
者를미워만하다가強者와弱者와는怨讐가되며
生命을犧牲하며더욱甚하면世々生々의은어
업는罪를지여苦를맛나니라比하야한例를드
하면「甲洞里와乙洞里두곳이잇는데甲洞里
다, 가난하고無學하야淺見薄識者뿐이오乙

제3 수행편 修行編

제7장 무시선법無時禪法

제7장 무시선법無時禪法

대범, 선禪이라 함은 원래에 분별 주착이 없는 각자의 성품을 오득하여 마음의 자유를 얻게 하는 공부인바, 예로부터 큰 도에 뜻을 둔 사람으로서 선을 닦지 아니한 일이 없나니라.

사람이 만일 참다운 선을 닦고자 할진대 먼저 마땅히 진공眞空으로 체體를 삼고 묘유妙有로 용用을 삼아 밖으로 천만 경계를 대하되 부동함은 태산과 같이 하고, 안으로 마음을 지키되 청정함은 허공과 같이 하여 동하여도 동하는 바가 없고 정하여도 정하는 바가 없이 그 마음을 작용하라. 이같이 한즉 모든 분별이 항상 정定을 여의지 아니하여 육근을 작용하는 바가 다 공적영지의 자성에 부합이 될 것이니, 이것이 이른바 대승선大乘禪이요 삼학을 병진하는 공부법이니라.

그러므로 경經에 이르시되 "응하여도 주한 바 없이 그 마음을 내라" 하시었나니, 이는 곧 천만 경계 중에서 동하지 않는 행을 닦는 대법이라, 이 법이 심히 어려운 것 같으나 닦는 법만 자상히 알고 보면 괭이를 든 농부도 선禪을 할 수 있고, 마치를 든 공장工匠도 선을 할 수 있으며, 주판을 든 점원도 선을 할 수 있고, 정사를 잡은 관리도 선을 할 수 있으며, 내왕하면서도 선을 할 수 있고, 집에서도 선을 할 수 있나니 어찌 구차히 처소를 택하며 동정動靜을 말하리오.

그러나 처음으로 선을 닦는 사람은 마음이 마음대로 잘 되지 아니하여 마치 저 소 길들이기와 흡사하나니 잠깐이라도 마음의 고삐를 놓고 보면 곧 도심道心을 상하게 되나니라. 그러므로 아무리 욕심나는 경계를 대할지라도 끝까지 싸우는 정신을 놓지 아니하고 힘써 행한즉 마음이 차차 조숙調熟되어 마음을 마음대로 하는 지경에 이르나니, 경계를 대할 때마다 공부할 때가 돌아온 것을 염두에 잊지 말고 항상 끌리고 안 끌리는 대중만 잡아갈지니라. 그리하여 마음을 마음대로 하는 건수가 차차 늘어 가는 거동이 있은즉 시시로 평소에 심히 좋아하고 싫어하는 경계에 놓아 맡겨 보되 만일 마음이 여전히 동하면 이는 도심이 미숙한 것이요, 동하지 아니하면 이는 도심이 익어가는 증거인 줄로 알라. 그러나 마음이 동하지 아니한다 하여 즉시에 방심은 하지 말라. 이는 심력을 써서 동하지 아니한 것이요, 자연히 동하지 않은 것이 아니니, 놓아도 동하지 아니하여야 길이 잘 든 것이니라.

사람이 만일 오래오래 선을 계속하여 모든 번뇌를 끊고 마음의 자유를 얻은즉, 철주의 중심이 되고 석벽의 외면이 되어 부귀영화도 능히 그 마음을 달래어 가지 못하고 무기와 권세로도 능히 그 마음을 굽히지 못하며, 일체법을 행하되 걸리고 막히는 바가 없고, 진세塵世에 처하되 항상 백천 삼매를 얻을지라, 이 지경에 이른즉 진대지盡大地가 일진법계一眞法界로 화하여 시비선악과 염정제법染淨諸法이 다 제호醍醐의 일미一味를 이루리니, 이것이 이른바 불이문不二門이라 생사자유와 윤회해탈과 정토극락이 다 이 문으로부터 나오나니라.

근래에 선을 닦는 무리가 선을 대단히 어렵게 생각하여 처자가 있어도 못할 것이요, 직업을 가져도 못할 것이라 하여, 산중에 들어가 조용히 앉아야만 선을 할 수 있다는 주견을 가진 사람이 많나니, 이것은 제법이 둘 아닌 대법을 모르는 연고라, 만일 앉아야만 선을 하는 것일진대 서는 때는 선을 못 하게 될 것이니, 앉아서만 하고 서서 못하는 선은 병든 선이라 어찌 중생을 건지는 대법이 되리오. 뿐만 아니라 성품의 자체가 한갓 공적에만 그친 것이 아니니, 만일 무정물과 같은 선을 닦을진대 이것은 성품을 단련하는 선 공부가 아니요 무용한 병신을 만드는 일이니라. 그러므로 시끄러운 데 처해도 마음이 요란하지 아니하고 욕심 경계를 대하여도 마음이 동하지 아니하여야 이것이 참 선이요 참 정이니, 다시 이 무시선의 강령을 들어 말하면 아래와 같나니라.

"육근六根이 무사無事하면 잡념을 제거하고 일심을 양성하며, 육근이 유사有事하면 불의를 제거하고 정의를 양성하라."

성품 오득과 마음의 자유

『정전』 '무시선법'의 첫머리에 **"선禪이란 원래에 분별 주착이 없는 각자의 성품을 오득悟得하여 마음의 자유를 얻게 하는 공부인바"**라고 선의 정의를 밝히고 있으며, 이어서 **"예로부터 큰 도에 뜻을 둔 사람은 선을 닦지 아니한 일이 없나니라."**라며 선 공부를 권장하고 있다.

소태산 대종사는 『대종경』 수행품 9장에서 "무릇, 큰 공부는 먼저 자성自性의 원리를 연구하여 원래 착着이 없는 그 자리를 알고 실생활에 나아가서는 착着이 없는 행行을 하는 것이니, 이 길을 잡은 사람은 가히 날을 기약하고 큰 실력을 얻으리라."고 권면하고 있다.
무시선법의 '원래에 분별 주착이 없는 각자의 성품'을 '원래 착着이 없는 그 자리'라 부연한 것이다. 그렇다면 '성품을 오득하여 마음의 자유를 얻게 하는 공부'는 '원래 착이 없는 그 자리를 알고 실생활에 나아가서 착이 없는 행을 하는 것'이라고 달리 말할 수 있다.
즉, 큰 도는 원래에 분별 주착이 없는 성품을 깨달아 마음의 자유를 얻는 공부길로, 이 길에 들어서는 것이 큰 공부요 선禪이다. 그러므로 선을 닦지 않고서는 날을 기약하는 큰 실력을 얻을 수 없는 것이다. 성품을 오득하여 마음의 자유를 구하는 선 공부에 들어서기만 하면 그 결과는 보장되는 것이다. 마치 고속도로에 들어섰으니 그 길을 따라가기만 하면 목적지에 도달하는 격이다.

무시선법 서두의 '원래'와 '성품'의 뜻은 하나로 통한다.
원래元來는 본디로부터 유래하는 것으로, 마치 저 산속의 샘물이 골짜기를 따라 흘러내려 강물이 되듯이 근원을 쫓아 소종래所從來하여 올라가면 본디 근본으로부터 비롯되었다는 것이다.
성품性稟은 마음[忄]이 나오는[生] 곳[稟]이라 풀어 볼 수 있다. 마음이 나오는 '바탕'이 원래 자리이다. 그러니 원래와 성품은 같은 계열로 한 차원이요 한 자리이다.
마음이 나오는 '성품의 진풍경'에 분별 주착이 없는 것이다. 분명히 분별 작용을 하는데 그 원래 자리에 분별 주착이 없는 것이다. 자리는 자리인데 무엇이라 할 것이 없는 자리이며, 원래에서 발했으되 무어라 할 자취가 없는 것이다.

이 성품 자리는 원래에 분별分別 주착住着이 없는 자리로, 분별은 자아—대상, 주–객, 자—타로 대립하여 차별하는 마음이라면, 이 분별에 사로잡혀 있는 것은 주착이다. 이러한 분별 주착이 일어날 때 그 본디 자리를 돌이켜 보면 분별이다, 주착이다 할 흔적을 찾아볼 수 없는 것이다.
분별이 역력하게 드러나는 마음을 돌이켜서 그 바탕을 직시해 보면 분별에 물들지 않는 분별을 초월해 있는 것이다. 분별하는 그 마음 자체에 분별이 본래 있다면 그렇게 두렷이 분별 될 수 없는 것이다. 또한 주착하는 그대로 역력하게 드러나는 마음의 본체는 본래 주착이 붙을 수 없는 자리이다. 착심인 줄 아는 마음 자체에 본디부터 착심이 있다면 착심이 그렇게 역력하게 나타날 수 없기 때문이다. 이처럼 분별 주착이 원래 없는 마음 바탕은 마치 청정한 거울이 온갖 풍광을 그대로 드러내고 있으면서 풍광에 물들지 않는 격이다.

원래에 분별 주착이 없는 각자의 성품 자리는 각자가 각사의 마음 바탕을 돌이켜 직시함으로써 체득되는 경지로, 마치 밝은 불이 불의 광명 자체를 꿰뚫어 통찰하듯이 자신이 자신의 원래 마음을 자각하는 것이다.

소태산 대종사는 성품을 오득하는 견성은 목수가 잣대와 먹줄을 얻는 것[『대종경』 성리품 21장]과 같다고 하셨다. 성품 오득은 성품의 잣대와 먹줄 사용법을 터득하여 확보하는 것이다.
다만 성품의 원리는 홀연히 문득 깨달아 알 수 있지만 마음의 실행은 그 상황 상황에 단련하여 적용해 가는 것이다. 성품 오득은 한 번에 얻을 수 있지만 마음의 자유는 하고 또 해야 하는 적공의 과정이다. 설사 공부가 궁극에 이르렀다 해도 공부가 끝난 것은 아니다. 성숙시켜 능숙할 순 있어도 공부를 그만두어도 되는 것이 아니다.

이처럼 선禪 공부는 성품을 오득하여 생사를 초월하고 죄복을 임의로 하여 마음의 자유를 얻는 적공이요 훈련이다.

성품은 원래에 분별 주착의 흔적을 찾아볼 수 없는 자리라면, 마음 차원에서는 분별성과 주착심을 없게 하는 경지이다. 성품에는 아예 무어라 할 것이 없다면, 이러한 분별 주착이 원래 없는 성품 자리에 바탕하여 마음차원에서 분별하는 습성인 분별성과 주착하는 마음인 주착심을 없게 하는 것이 마음의 자유를 얻는 공부이다.

소태산 대종사는 『대종경』 수행품 9장에서 마음의 자유를 얻는 실지를 삼학 공부로 제시한다. "공부하는 사람이 처지 처지를 따라 이 일을 할 때 저 일에 끌리지 아니하고, 저 일을 할 때 이 일에 끌리지 아니하면 곧 이것이 일심 공부요, 이 일을 할 때 알음알이를 구하여 순서 있게 하고, 저 일을 할 때 알음알이를 구하여 순서 있게 하면 곧 이것이 연구 공부요, 이 일을 할 때 불의에 끌리는 바가 없고, 저 일을 할 때 불의에 끌리는 바가 없게 되면 곧 이것이 취사 공부며, 한가한 때에는 염불과 좌선으로 일심에 전공도 하고 경전 연습으로 연구에 전공도 하여, 일이 있는 때나 일이 없는 때를 오직 간단없이 공부로 계속한다면 저절로 정신에는 수양력이 쌓이고 사리에는 연구력이 얻어지고 작업에는 취사력이 생겨나나니라."

이렇게 마음의 자유를 얻는 실지를 삼학과 삼대력으로 제시한 후 이러한 수행의 증명 인물로 정산 송규를 드러내 보이신다.
"보라! 송규는 입문入門한 이래로 지금까지 혹은 총부 혹은 지방에서 임무에 노력하는 중 정식으로는 단 삼 개월 입선入禪도 못하였으나, 현재 그의 실력을 조사하여 본다면 정신의 수양력으로도 애착 탐착이 거의 떨어져서 희·로·애·락과 원·근·친·소에 끌리는 바가 드물고, 사리에 연구력으로도 일에 대한 시비이해와 이치에 대한 대소유무를 대체적으로 다 분석하고 작업에 취사력으로도 불의와 정의를 능히 분석하여 정의에 대한 실행이 십중팔구는 될 것이며, 사무에 바쁜 중에도 써 보낸 글들을 보면 진리도 깊으려니와 일반이 알기 쉬운 문체며 조리 강령이 분명하여 수정할 곳이 별로 없게 되었으니, 그는 오래지 아니하여 충분한 삼대력을 얻어 어디로 가든지 중인을 이익 주는 귀중한 인물이 될 것인바, 이는 곧 동정 간에 끊임없는 공부를 잘한 공덕이라, 그대들도 그와 같이 동정일여動靜一如의 무시선無時禪 공부에 더욱 정진하여 원하는 삼대력을 충분히 얻을지어다." 〈『대종경』 수행품 9장〉

결국 성품을 오득하여 마음의 자유를 얻는 공부는 바로 일원상의 진리를 수행의 표본으로 삼아서 삼학으로 삼대력을 얻는 동정일여의 무시선 공부이다.

동정일여의 무시선법은 소태산의 공부법으로써, 일원상의 진리에 바탕을 둔 삼학 수행으로 삼대력을 발휘하는 마음공부이다.

무시선법의 '성품 오득'은 원래에 분별 주착이 없는 원만구족하고 지공무사한 각자의 일원상 성품 자리를 깨닫는 공부라면, '마음의 자유'는 이 일원상 성품 자리를 체 받아서 언제 어디서나 정신을 수양하여 수양력을 얻고, 사리를 연구하여 연구력을 얻고, 작업을 취사하여 취사력을 얻는 공부이다.

즉, 마음의 자유는 삼대력을 얻어 "마음을 알아서 마음의 자유를 얻는 것이며, 생사의 원리를 알아 생사를 초월하는 것이며, 죄복의 이치를 알아서 죄복을 임의로 하는 것"[『대종경』 요훈품 2장]이다.

한마디로 소태산의 선은 원래에 분별 주착이 없는 성품 자리를 깨달아 이 자리에 바탕하여 삼학으로 삼대력을 나투는 마음공부이다.

〈교리도〉의 '진공묘유의 수행문'에 삼학이 속해 있고, 이를 동정간불리선動靜間不離禪이라 하고 무시선無時禪 무처선無處禪으로 맺고 있다. 그러므로 무시선법은 진공묘유의 일원상 성품 자리를 수행의 표본으로 삼아 이 성품 자리에 기반 하는 수양·연구·취사의 삼학 공부로 수양력·연구력·취사력을 나투어 동정 간에 마음의 자유를 얻는 공부이다.

참다운 선과 삼학병진 공부법

무시선법은 '진공으로 체를 삼고 묘유로 용을 삼는 참다운 선 공부'와 '대승선인 삼학병진 공부법'과 '처소와 동정을 택하지 않는 공부법'으로 전개된다.

먼저 참다운 선을 닦는 공부이다.

"사람이 만일 참다운 선을 닦고자 할진대 먼저 마땅히 진공眞空으로 체를 삼고 묘유妙有로 용을 삼아, 밖으로 천만 경계를 대하되 부동함은 태산과 같이 하고, 안으로 마음을 지키되 청정함은 허공과 같이 하여, 동하여도 동하는 바가 없고 정하여도 정하는 바가 없이 그 마음을 작용하라."

'참다운 선'은 무시선법의 서두에 등장하는 '큰 도'에 뜻을 둔 사람이 닦아가는 공부이며, '큰 도'는 곧 원래에 분별 주착이 없는 각자의 성품 자리이므로, 결국 '참다운 선'은 큰 도인 성품을 오득하여 마음의 자유를 얻는 공부이다.

소태산 대종사는 '참다운 선'을 닦고자 하면 먼저 그리고 마땅히 진공으로 체體를 삼고 묘유로 용用을 삼는 공부를 전제前提한다. 진공으로 체를 삼고 묘유로 용을 삼는 공부를 마땅히 먼저 하라는 것이다. 이러한 진공묘유의 무시선법은 교리도의 '진공묘유의 수행문'이다.

원래에 분별 주착이 없는 각자의 성품 자리는 한편으론 진공하고 또 한편으론 묘유한 자리이다. 마음에 분별 주착이 일어날 때 그러한 마음이 드러나는 자리를 반조하여 직시하면 그 마음의 원래는 어떠한 분별도 주착도 붙을 수 없는 텅 비어 고요한 자리이다. 그런데 성품 자리는 이렇게 텅 비어 고요한 진공 자리이면서 또한 이렇게 텅 빈 자리에서 이러한 분별과 주착을 신령하게 나타내고 두렷하게 드러내므로, 이 자리를 묘유라 하는 것이다.

그러므로 원래에 분별 주착이 없는 성품을 오득悟得하여, 즉 성품 자리를 깨달아 확보하여, 진공한 자리를 바탕 삼으면서 이렇게 텅 빈 진공 자리가 묘하게 있는 이 자리로 작용하는 것이다. 바탕의 체體와 작용의 용用은 한자리로 둘이 아닌 무불리無不離의 자리이다.

비유하면 몸이 곧 몸짓이요 몸짓이 몸인 격이다.

텅 빈 진공 자리는 일체의 자취가 끊어진 자리이면서 이렇게 텅 빈 자리가 일체를 두렷하게 드러내는 묘유한 자리이다. 이처럼 진공으로 체를 삼고 묘유로 용을 삼아서 밖으로 천만 경계를 대하되 부동함은 태산처럼 하고, 안으로 마음을 지키되 청정함은 허공과 같이 하라는 것이다.
태산은 진공묘유의 성품으로써 밖으로 경계를 대하되 부동한 성품의 태산으로 분별 주착에 흔들리지 말라는 것이며, 허공은 진공묘유의 성품으로써 안으로 청정한 성품의 허공에 머물러 분별 주착에 오염되지 말라는 것이다.
그리하여 진공으로 체를 삼고 묘유로 용을 삼는 진공묘유의 성품으로써 동하여도 동한 바가 없고 정하여도 정한 바 없이 그 마음을 작용하는 것이다. 밖으로 경계를 대하되 부동한 성품의 태산으로 동하여도 동한 바가 없이 그 마음을 작용하고, 안으로 마음을 지키되 청정한 성품의 허공에 머물러 정하여도 정한 바 없이 그 마음을 작용하는 것이다. 이 경지를 대각여래위에서는 동하여도 분별에 착着이 없고 정하여도 분별이 절도에 맞게 작용하는 법력이다.

결국, '참다운 선'을 닦고자 한다면 진공眞空으로 체를 삼고 묘유妙有로 용을 삼는 공부를 먼저 바땅히 해라는 것이다.
다만, 진공으로 체를 삼는 자리와 묘유로 용을 삼는 자리가 따로 있는 것이 아니라 둘이 아닌 한 자리이다. 진공의 체는 곧 묘유의 용으로 드러나며, 묘유로 용을 삼는 자리에 진공으로 체를 삼는 자리가 바탕되어 있는 것이다.

둘째, 참다운 선은 대승선이요 삼학병진의 공부법이다.
"이같이 한즉, 모든 분별이 항상 정을 여의지 아니하여 육근을 작용하는 바가 다 공적영지의 자성에 부합이 될 것이니, 이것이 이른바 대승선大乘禪이요 삼학을 병진하는 공부법이니라."

'이같이 한즉'은 진공으로 체를 삼고 묘유로 용을 삼아 인꿔으로 동하는 중에도 동하는 바가 없고 정하는 중에도 정하는 바가 없이 그 마음을 작용하라는 것이다. 이렇게 하면 언제 어디서나 누구나 다 할 수 있는 참다운 선인 대승선이요 삼학을 병진하는 공부법이라는 것이다.

대승은 큰 대大, 수레 승乘으로, 모두가 탈 수 있는 수레로써, 남녀노소 선악귀천 누구나 갖추고 있는 자리이다. 곧 대승은 원래에 분별 주착이 없는 각자의 성품 자리이다.

이처럼 모두가 갖추고 있는 원래에 분별 주착이 없는 성품 자리를 오득하여 이렇게 청정한 성품 자리로 수양하고 이렇게 명명한 성품 자리로 연구하고 이렇게 사사가 없는 성품 자리로 취사하는 삼학병진의 공부법이 곧 대승선이다.

즉, 대승선은 누구나 갖추고 있는 일원상 성품 자리를 오득하여 정신을 수양하여 수양력을, 사리를 연구하여 연구력을, 작업을 취사하여 취사력을 나투는 공부다.

그러므로 일체의 분별이 텅 비어 청정 부동한 자리인 자성의 정定을 여의지 않으며, 또한 안·이·비·설·신·의 육근작용이 공적영지의 자성을 떠나지 않는 공부법이다. 수양력을 떠나지 않는 연구력이 취사력으로 이어지는 공부이다.

소태산의 선 공부는 언제 어디서나 누구나 원래에 분별 주착이 없는 일원상 성품 자리에 기반한 삼학병진 공부로써 삼대력을 나툴 수 있는 대승선大乘禪이다.

셋째, 참다운 선은 처소와 동정을 택하지 않는 공부법이다.

"그러므로 경經에 이르시되 '응하여도 주한 바 없이 그 마음을 내라' 하시었나니, 이는 곧 천만 경계 중에서 동하지 않는 행을 닦는 대법이라, 이 법이 심히 어려운 것 같으나 닦는 법만 자상히 알고 보면 괭이를 든 농부도 선을 할 수 있고, 마치를 든 공장工匠도 선을 할 수 있으며, 주판을 든 점원도 선을 할 수 있고, 정사를 잡은 관리도 선을 할 수 있으며, 내왕하면서도 선을 할 수 있고, 집에서도 선을 할 수 있나니 어찌 구차히 처소를 택하며 동정을 말하리오."

'이 경'은 『금강경』으로, '응하여도 주한 바 없이 그 마음을 내라'는 응무소주이생기심應無所住而生其心[『금강경』 10장]의 구절은 『금강경』의 핵심이다.

이를 소태산은 무시선법의 서두에서 "먼저 마땅히 진공眞空으로 체를 삼고 묘유妙有로 용을 삼아 밖으로 천만 경계를 대하되 부동함은 태산과 같이 하고, 안으로 마음을 지키되 청정함은 허공과 같이 하여 동하여도 동하는 바가 없고 정하여도 정하는 바가 없이 그 마음을 작용하라."는 구체적인 수행법으로 밝혀 주신다.
원래에 분별 주착이 없는 각자의 성품 자리는 본래 텅 비었으되 그 텅 빈 자리가 두렷한 것으로, 이렇게 텅 빈 진공 자리가 두렷하기에 묘하게 있다 한 것이다.
그러기에 안으로 허공과 같은 청정한 성품으로 마음을 지키고, 밖으로는 태산과 같은 부동한 성품으로 천만 경계를 대하라는 것이다. 그리하여 동하는 경계를 응해도 동하는 바가 없이 그 마음을 작용하고, 정하는 경계를 응해도 정하는 바가 없이 그 마음을 작용하라는 것이다.
이렇게 일원상 성품 자리를 동정 간에 놓치지 않고 그 마음을 작용하는 것이 바로 참다운 선 공부로, 원래에 분별 주착이 없는 각자의 성품인 일원상 자리를 체 받아서 수양할 때 수양력을 연구할 때 연구력을 취사할 때 취사력을 작용하는 것이다.

분별 주착에 오염되지 않는 원래 마음을 깨달아서 천만 경계 중에서도 동하지 않는 행을 하는 선 공부를 대법大法이라 하는 것이다.
성품에 토대를 두고서 마음을 작용하는 대법은 처소와 동정을 따지는 구차한 수행이 아니다. 대법은 닦는 법을 모를 때는 어려운 것 같으나 닦는 법만 자상히 알면 사농공상의 어느 직업을 가지든 그 일터에서 행할 수 있으며, 남녀노소 선악귀천을 막론하고 누구나 행할 수 있는 수행법이다. 대법은 처소를 택하고 동정을 논할 여지가 없는 무시선 무처선의 공부이다.
대법은 위대한·탁월한 법으로 대승과 상통한다. 소태산의 선은 성품=큰도[대도]=대승=대법을 관통하는 참다운 선이다.
천만 경계 중에서도 동하지 않는 행을 닦는 대법은 원래에 분별 주착이 없는 성품을 오득하여 삼학으로 삼대력을 얻어 마음의 자유를 얻는 공부이다. 즉 요란하다 할 것이 없는 성품 자리에 근원한 정신수양으로 수양력을 나투고, 어리석을 것이 본래 없는 성품 자리에 바탕한 사리연구로 연구력을 나투고, 그름이 없는 성품 자리에 근거한 작업취사로 취사력을 나투어 마음의 자유를 얻는 것이다.
이처럼 천만 경계 중에서도 동하지 않는 행을 닦는 대법은 닦는 법만 자상이 알면 언제 어디서나 누구든지 할 수 있는 공부법이다.

선禪을 닦아가는 과정

소태산 대종사는 선을 닦아가는 과정과 방법을 체계적으로 명확히 제시한다.

1. 선을 닦아가는 첫 번째 과정이다.

"처음으로 선을 닦는 사람은 마음이 마음대로 잘 되지 아니하여, 마치 저 소 길들이기와 흡사하나니 잠깐이라도 마음의 고삐를 놓고 보면 곧 도심을 상하게 되나니라. 그러므로 아무리 욕심나는 경계를 대할지라도 끝까지 싸우는 정신을 놓지 아니하고 힘써 행한즉 마음이 차차 조숙調熟되어 마음을 마음대로 하는 지경에 이르나니, 경계를 대할 때마다 공부할 때가 돌아온 것을 염두에 잊지 말고 항상 끌리고 안 끌리는 대중만 잡아 갈지니라."

소태산 대종사는 선 공부의 과정을 소 길들이기에 비유한다. 이 마음소 길들이는 과정을 『불조요경』에서 '목우십도송'으로 제시하여 참고토록 하고 있다.
다만 현시대는 소 길들이는 것을 경험할 수 없기에 반려견 등으로 대치해야 이해가 쉬울 듯하다. 향후 '반려견 훈련과 마음공부' 등이 제시되면 좋을 것이다. 역사적으론 인도에서 코끼리 길들이는 비유[구주심九心住 등]가 동아시아로 들어와선 소 길들이기로 전환되었다.

'소 길들이기'에는 고삐가 등장한다. 고삐는 재갈이나 코뚜레나 굴레의 양단에 끈을 매어 말이나 소를 제어하거나 조종하는 도구다.
소태산 대종사는 처음으로 선을 닦는 사람은 마음이 마음대로 잘 되지 아니한다는 사실을 전제한다. 마음을 마음대로 사용하고 싶으나 처음에는 마음대로 되지 않는 것을 자각도록 한다. 그러기 때문에 마음을 제어하는 마음의 고삐를 놓아서는 안 되는 것이다.
마음의 고삐는 원래에 분별 주착이 없는 성품 자리를 챙겨 욕심나는 경계에 끌려가지 않도록 대중잡고 있는 마음이다. 이 마음의 고삐를 놓치면 성품에 계합하여 마음의 자유를 구하는 도심道心이 상傷하는 것이다.
그러므로 욕심나는 경계를 대할지라도 끝까지 싸우는 정신인 마음의 고삐를 놓지 않고 힘써 행하면 끌리고 안 끌리는 대중심이 차차 조숙調熟되어 선악 고락의 경계에 끌려가지 않는 마음의 자유를 얻게 되는 것이다. 경계를 대하여 항상 끌리고 안 끌리는 대중을 잡고 있는 대중심이 마음의 고삐요 끝까지 싸우는 정신이다.
다시 말해 원래에 분별 주착이 없는 성품을 챙겨 수양할 경우가 되었든 연구할 상황이 되었든 취사할 처지가 되었든 욕심나는 경계에 끌려가는 인심人心에 묶이지 아니하는 것이다. 고를 당할지라도 고에 매몰되지 않고 낙에 처해도 낙에 빠지지 않는 것이다.

도심道心과 인심人心은 『서경』 대우모 편에서 "인심은 위태롭고 도심은 미약하니[人心惟危道心惟微], 정성을 다하여 하나로 하여야 진실로 그 중심을 잡을 수 있다[惟精惟一 允執厥中]"는 대목에서 출처 한다. 순 임금이 우禹 임금에게 선양禪讓할 때 한 말로써, 요 임금이 순 임금에게 선양할 때의 말씀을 계승한 가르침이다. 이 도심과 인심은 향후 성리학의 사단 칠정론과 관련해서 다양한 해석이 펼쳐진다.
소태산은 도심을 '성품 오득'에, 인심을 '마음의 자유'에 관련지어 적용한다.

'마음의 고삐'는 욕심나는 경계에 끌리는지 끌리지 않는지를 대중잡고 있는 공부심이다. 그러므로 선 공부를 하는 사람은 경계를 대할 때마다 공부할 때가 돌아온 것을 마음속에서 잊지 않고 항상 끌리고 안 끌리는 대중을 잡고 있는 것이다. 이 대중잡고 있는 공부심에는 원래에 분별 주착이 없는 성품이 역력하며 이 성품으로 마음의 자유를 얻는 것이다. 성품을 확보하여 경계에 끌리지 않도록 하여 마음의 자유를 얻도록 하는 것이 참다운 선禪 공부의 비롯이요 정석이다.

이 과정을 『정산종사법어』 경의편 65장에서 집심執心 공부라 하며, "첫째는 집심執心 공부니, 염불 좌선을 할 때와 일체 때에 마음을 잘 붙잡아 외경에 흘러가지 않게 하기를, 소 길들이는 이가 고삐를 잡고 놓지 않듯 하는 것이오."라고 부연한다.

2. 선을 닦아가는 두 번째 과정이다.
"그리하여 마음을 마음대로 하는 건수가 차차 늘어가는 거동이 있은즉 시시로 평소에 심히 좋아하고 싫어하는 경계에 놓아 맡겨 보되, 만일 마음이 여전히 동하면 이는 도심

이 미숙한 것이요, 동하지 아니하면 이는 도심이 익어가는 증거인 줄로 알라."

'마음을 마음대로 하는 건수'는 원래에 분별 주착이 없는 성품을 챙겨 마음의 자유를 얻는 과정이다. 이렇게 성품으로 마음을 마음대로 작용하는 정도가 증가하면 평소 심히 좋아하고 싫어하는 경계에 놓아 맡겨 보라는 것이다.

'심히 좋아하고 싫어하는 경계'가 선 공부의 열쇠이다. 심히 좋아하고 싫어하는 경계는 욕심나는 경계로 사람에 따라 그 좋아하고 싫어하는 정도가 다른 것이다.

각자 심히 좋아하고 싫어하는 경계에 놓아 맡겨보되 끌리지 않으면 일원상 성품에 계합된 도심이 확고하게 자리 잡고 있는 것이다.

경계에 끌리고 안 끌리는 대중을 잡고 있는 마음의 고삐를 심히 좋아하고 싫어하는 경계에 놓아 맡겨보아도 흔들리거나 무너지지 않는다면 도심이 익어가는 경지이며, 만일 끌리어 성품을 망각하거나 성품이 흩어져 버리면 도심이 상한 것이요 도심이 미숙한 경지이다.

도심은 원래에 분별 주착이 없는 성품 자리에 계합되어 있는 깨어있는 마음으로, 심히 좋아하고 싫어하는 경계에 내맡겨 놓아도 마음이 흐트러지지 않는 경지이다.

이 과정을 『정산종사법어』 경의편 65장에서 관심觀心 공부라 하며, "둘째는 관심 공부니, 집심 공부가 잘되면 마음을 놓아 자적自適하면서 다만 마음 가는 것을 보아 그 망념만 제재하기를 소 길들이는 이가 고삐는 놓고 소가 가는 것만 제재하듯 하는 것이오."라고 부연한다.

3. 선을 닦아가는 세 번째 과정이다.

"그러나 마음이 동하지 아니한다 하여 즉시에 방심은 하지 말라. 이는 심력을 써서 동하지 아니한 것이요, 자연히 동하지 않은 것이 아니니, 놓아도 동하지 아니하여야 길이 잘 든 것이니라."

소태산은 『대종경』 수행품 53장에서 "공부하는 사람이 밖으로는 능히 모든 인연에 대한 착심을 끊고 안으로는 또한 일심의 집착까지도 놓아야 할 것이니 일심에 집착하는 것을 법박法縛이라고 하나니라. … 그러므로 공부하는 사람이 성품을 기르되 모름지기 자연스럽게 기르고 활발하게 운전하여 다만 육근이 일 없을 때는 그 잡념만 제거하고 일 있을 때는 그 불의만 제거할 따름이라, 어찌 일심 가운데 다시 일심에 집착하리오."라고 밝힌다. 그러면서 일심의 집착도 놓는 무심 공부를 아기 보는 것에 비유하기를 아기의 거동을 자유롭게 두되 다만 위태한 곳이나 위태한 물건을 당할 때만 위태롭지 않도록 돌보면 아기를 잘 보는 것과 같다고 하며, 만일 아기를 본다 하여 아기를 붙잡고 종일토록 움직이지 아니하면 아기는 자연히 구속에 괴로워할 것이니 일심에 집착하는 폐단도 이와 다름이 없다는 것이다.

무심은 일심에도 집착하지 않는 공부로, 다만 육근이 일 없을 때는 그 잡념만 제거하고 일 있을 때는 그 불의만 제거할 따름이다.

이 과정을 『정산종사법어』 경의편 65장에서 무심無心 공부라 하며, "셋째는 무심無心 공부니, 관심 공부가 순숙하면 본다는 상도 놓아서 관하되 관하는 바가 없기를 소 길들이는 이가 사람과 소가 둘 아닌 지경에 들어가 동과 정이 한결같이 하는 것이라, 한마음이 청정하면 백천 외경이 다 청정하여 경계와 내가 사이가 없이 한 가지 정토를 이루리라."고 부연한다. 관하되 관하는 바가 없는 경지이다.

4. 선 공부의 궁극의 경지이다.
"놓아도 동하지 아니하여야 길이 잘 든 것이니라."

선 공부의 궁극은 원래에 분별 주착이 없는 성품을 오득하여 천만 경계 중에서 동하지 않는 공부를 지속하여 심력[心力, 공부심]을 놓아도 마음의 자유를 얻는 경지이다. 무심 공부가 능숙하게 되는 능심의 단계이다.

『정산종사법어』 권도편 48장에서 "마음을 지나치게 급히 묶으려 하지 말고 간단없는 공부로써 서서히 공부하며, 집심執心과 관심觀心과 무심無心을 번갈아 하되, 처음 공부는 집심을 주로 하고 조금 익숙하면 관심을 주로 하고 좀 더 익숙하면 무심을 주로 하며, 궁극에 가서는 능심能心에 이르러야 하나니라."라고 밝힌다.

무시선 공부의 실전은 집심과 관심 공부이다. 집심에서 관심으로 넘나드는 과정에서 무심의 과정이 숙성되고 궁극적으론 능심이 되는 것이다.
즉, 경계에 끌리고 안 끌리는 대중을 잡고 있는 마음의 고삐를 놓치지 않는 집심과 이 대중심을 심히 좋아하고 싫어하는 경계에 맡겨보되 끌리는지 안 끌리는지만 관하고 있는 관심 공부와 이 관심 공부가 깊어지어 자연스럽게 일심의 집착도 놓는 무심의 경지에 들어, 궁극에는 놓았다 할 것도 없는 집방자재執放自在의 능심으로 진행되는 것이다.
능심은 법위등급 대각여래위의 '동하여도 분별에 착着이 없고 정하여도 분별이 절도에 맞는' 경지라 할 것이다.
원래에 분별 주착이 없는 각자의 성품을 단련하여 동정 간에 마음의 자유를 얻는 공부를 오래오래 계속하여 선의 궁극인 능심能心의 경지에 이르는 것이다.

선禪의 궁극과 불이문不二門

선 공부의 궁극은 불이문不二門으로써, 심력心力을 놓아도 마음의 자유를 얻는 경지이다.

선 공부의 결과요 궁극의 경지에 대한 대목이다.

"사람이 만일 오래오래 선을 계속하여 모든 번뇌를 끊고 마음의 자유를 얻은즉, 철주의 중심이 되고 석벽의 외면이 되어 부귀영화도 능히 그 마음을 달래어 가지 못하고 무기와 권세로도 능히 그 마음을 굽히지 못하며, 일체법을 행하되 걸리고 막히는 바가 없고, 진세塵世에 처하되 항상 백천 삼매를 얻을지라, 이 지경에 이른즉 진대지盡大地가 일진법계一眞法界로 화하여 시비선악과 염정제법染淨諸法이 다 제호醍醐의 일미一味를 이루리니 이것이 이른바 불이문不二門이라 생사 자유와 윤회 해탈과 정토 극락이 다 이 문으로부터 나오나니라."

'사람이 만일 오래오래 선을 계속하여'의 뜻은 '원래에 분별 주착이 없는 각자의 성품'을 여의지 않는 불리자성不離自性의 마음공부를 지속하여 끊어지지 않게 이어가는 것이며,

설사 단절된다 해도 다시 챙기어 이어가는 공부이다.

'모든 번뇌를 끊어'의 뜻은 '원래에 분별 주착이 없는 성품'을 오득하여 경계를 따라 요란해지고 어리석어지고 글러지는 마음을 없게 하는 것이다.

번뇌는 분별 주착하는 마음이다. 그러므로 '모든 번뇌를 끊어 마음의 자유를 얻는 것'은 '원래에 분별 주착이 없는 성품'을 깨달아 이 성품 자리를 확보하여 요란해지는 경계에서도 성품 자리를 챙겨서 수양력을 나투고, 어리석어지는 경계 속에서도 성품으로 연구력을 나투며, 글러지는 경계에서도 성품으로 취사력을 나투어 삼대력을 얻는 것이다. 이것이 바로 분별 주착이 없는 원래 마음을 알아서 마음의 자유를 얻는 선 공부이다.

이렇게 '원래에 분별 주착이 없는 성품'을 챙기어 염념불망念念不忘 지속해 가면, 안으로 마음을 지키되 일원상의 성품 자리가 철주鐵柱의 중심같이 서고, 밖으로 천만 경계를 대하되 일원상의 성품 자리가 석벽石壁의 외면같이 되어 어떠한 경계에도 흔들리고 무너지지 않게 되는 것이다.

이런즉 동정 간 성품을 여의지 않는 불리자성不離自性의 마음공부가 중심이 딱 잡힌 철주의 중심같이 되고, 철옹성처럼 견고하여 무너지지 않는 석벽의 외면같이 되는 것이다.

'철주의 중심'과 '석벽의 외면'은 무시선법 서두의 '안으로 마음을 지키되 청정함은 허공과 같이 하고 밖으로 천만 경계를 대하되 부동함은 태산과 같이 하는 것'과 상통하는 경지이다.

그리하면 부귀영화富貴榮華도 능히 그 마음을 달래어 가지 못하고 폭력적인 무기와 강압적인 권세로도 능히 그 마음을 굽히지 못하는 것이다. '그 마음'은 불리자성不離自性의 마음으로, 일원상 성품 자리가 확고하여 부귀영화의 경계나 무기 권세의 경계에도 불리자성의 마음공부가 흔들리거나 무너지지 않는 경지다.

재산이 많고 지위고 높고 이름을 드날리는 부귀나 영화가 있다가 없어지고 없다가 있어지는 변동에도 불리자성의 마음공부가 흔들리거나 무너지지 않으며, 무기나 권세로 압박하거나 협박해도 성품에 바탕을 둔 이 마음을 굽히고 달래어 가지 못하는 것이다.

'부귀영화도 그 마음을 달래어 가지 못하고 무기와 권세로도 그 마음을 굽히지 못한다.'는 뜻은 『맹자孟子』 등문공장구滕文公章句의 "부귀로도 미혹시키지 못하고, 가난과 천대로

도 바꿔 놓지는 못하며, 위세나 무력으로도 굴복시키지 못한다. 이런 사람을 일컬어 대장부라고 한다[富貴不能淫, 貧賤不能移, 威武不能屈, 此之謂大丈夫].”에서 인용한 경지다.
소태산 대종사는 『맹자』의 대장부 경지를 선禪의 경지로 끌어온 것이다. 성품으로 단련하는 마음공부를 하면 부귀나 영화의 경계 또는 무기나 권세의 경계가 밀려온다 해도 이 마음을 흔들고 달래고 굽히고 유혹하지 못하는 것이다.
이렇게 되면 육근으로 일체법을 행하되 걸리고 막히는 바가 없게 되는 것이다. 걸리고 막히는 바가 없는 것이 바로 원래에 분별 주착이 없는 성품을 오득하여 마음의 자유를 얻는 경지이다. 안·이·비·설·신·의 육근 동작이 다 '원래에 분별 주착이 없는 성품'의 발현이 되어 욕심나게 하는 진세塵世에 처해도 백천 삼매로 마음의 자유를 누리게 되는 것이다.
즉, 욕심나는 경계를 대할지라도 청정 부동한 성품 자리를 여의지 않기에 욕심인 줄 확연하게 알아차리어, 결국 욕심이 숨지 못하여 욕심 경계에 끌리고 매몰되지 않는 것이다.
즉, 대하는 경계가 다 성품의 드러남이요 성품의 작용이 되어 동정 간 일체가 다 삼매가 되는 경지다.

이 경지에 이르면 안·이·비·설·신·의 육근으로 드러나는 온 천지가 다 일원상인 성품의 발현이 되어, 보고 듣고 냄새 맡고 맛보고 감촉하고 감상하는 등의 일체가 다 원래에 분별 주착이 없는 성품에서 드러나는 청정한 풍광이요 파노라마인 것이다.
결국 청정 부동한 성품의 나타남인 하나로 참된 법의 세계인 일진법계一眞法界가 되는 것이다.

또한 시비와 선악과 염정의 제법이 다 성품의 나타남으로 '번뇌 즉 보리'요 '윤회 즉 열반'의 경지이다. 이러한 경지를 제호의 일미一味를 이루었다 하는 것이다.
시비선악의 자리가 시비랄 것도 선악이랄 것도 없으면서 또한 시비를 그대로 드러내고 선악을 그대로 역력히 드러내는 제호의 일미이며, 염정 제법도 마찬가지이다.
제호醍醐는 우유를 정제할 때 제일 맛있는 상미上味의 단계로써, 원래에 분별 주착이 없는 성품의 맛으로 비교할 수 없는 선의 궁극의 경지를 뜻한다.
제호 일미는 제법이 둘이 아닌 성품의 한 맛으로, 생사, 범성凡聖, 염정染淨, 동정, 역순, 재·출가, 무사·유사가 다 청정 부동한 성품의 드러남이요 작용으로, 둘이 아닌 불이문不

二門이다.

이처럼 제법이 둘이 아닌 불이문의 성품 자리에 들어야 마음을 자유자재하게 되어 생사 자유와 윤회 해탈과 정토 극락을 이루는 것이다.
'원래에 분별 주착이 없는 성품'을 깨달아서 단련해야 생사에 분별 주착할 것이 없는 자리를 확보하여 생사가 본래 둘이 아닌 불이문에 들게 된다. 그리하여 생사 분별이 다 성품의 발현이 되어 생사에 걸림이 없게 되며, 생사 분별로 윤회하는 중생심이 다 성품의 단련이 된다. 즉, 생사 윤회하는 당처가 생사에 해탈된 자리로써 윤회와 해탈이 둘이 아닌 불이문에 들게 되는 것이다.
윤회하는 마음자리가 곧 윤회에 물들지 않는 해탈처임을 자각하여 마음의 자유를 얻게 되는 것이다. 이와 같이 제법이 둘이 아닌 불이문의 성품 자리를 여의지 않을 때 생사 분별과 고락 윤회에도 매이지 않고 자유 하여 정토 극락을 누리게 되는 것이다.

『대종경』 성리품 4장에서 소태산 대종사는 "큰 도는 원융圓融하여 유와 무가 둘이 아니요, 이理와 사事가 둘이 아니며, 생과 사가 둘이 아니요, 동과 정이 둘이 아니니, 둘 아닌 이 문에는 포함하지 아니한 바가 없나니라."고 불이문의 경지를 말씀하신다.
'원래에 분별 주착이 없는 각자의 성품 자리'가 큰 도요 원융한 자리로써 둘이 아닌 불이문이다. 그러므로 이 성품을 단련해야 '참다운 선' 공부에 들게 된다.
참다운 선이란 진정한 선이다. 선이 진정한 선이 되기 위해서는 제법이 둘이 아닌 불이문의 성품에 바탕을 둔 마음공부여야 한다. 성품을 놓친 선은 진정한 참된 선이 아니다. 소태산의 선은 성품을 오득하여 마음의 자유를 얻는 공부이다.
『대종경』 성리품 22장의 정산 종사가 지을 큰집은 동정 간에 일원상 성품에 바탕을 둔 삼학 수행으로 삼대력을 나투는 무시선 공부이다.

병든 선과 참 선

'제법이 둘이 아닌 대법을 모르는 병든 선'과 '참 선'이다.

먼저, '제법이 둘 아닌 대법을 모르는 병든 선'이다.

"근래에 선을 닦는 무리가 선을 대단히 어렵게 생각하여 처자[가족]가 있어도 못할 것이요, 직업을 가져도 못할 것이라 하여, 산중에 들어가 조용히 앉아야만 선을 할 수 있다는 주견을 가진 사람이 많나니, 이것은 제법이 둘 아닌 대법을 모르는 연고라, 만일 앉아야만 선을 하는 것일진대 서는 때는 선을 못 하게 될 것이니, 앉아서만 하고 서서 못하는 선은 병든 선이라 어찌 중생을 건지는 대법이 되리오. 뿐만 아니라 성품의 자체가 한갓 공적에만 그친 것이 아니니, 만일 무정물과 같은 선을 닦을진대, 이것은 성품을 단련하는 선 공부가 아니요 무용한 병신을 만드는 일이니라."

선禪은 '원래에 분별 주착이 없는 각자의 성품'을 오득하여 '마음의 자유'를 얻는 공부이므로, 선 공부는 성품을 깨달아 이 자리를 확보하여 성품으로 마음을 작용하는 것이다.
이 성품 자리는 망각은 할지라도 행주좌와어묵동정 간에 떠난 적이 없는 원래 마음이다.
성품을 단련하는 선 공부는 부부를 비롯한 부모-자녀, 형제간 등 가족관계 속에서도 수행할 수 있으며, 사농공상의 일터에서도 수행할 수 있는 것이다.
그런데 근래에 선을 닦는 사람들이 선을 대단히 어렵게 생각하여, 어떠한 특수한 방법과 특정한 상태에서만 가능하다고 여긴다는 것이다. 근래는 각자가 처한 지금이다.
만일 가족도 직장도 떠나 조용한 곳에서 '앉아서 하는 좌선坐禪'이어야 선의 깊은 경지에 들어갈 수 있다고만 여긴다면, 이는 '제법이 둘이 아닌 대법'을 모르는 '병든 선'이다.

동정, 역순, 선악, 염정, 유사·무사의 모든 법이 다 성품을 떠난 적이 없는 성품의 발현이므로 성품으로 둘이 아닌 자리이다. 선이 드러난 자리도 악이 나타난 그 당처도 다 성품이다. 그러므로 이 성품 자리에 바탕 하면 선악의 경계 속에서 선에도 걸리지 않고 악에도 떨어지지 않는 마음을 작용할 수 있는 것이다.
또한 행주좌와어묵동정의 제법이 다 성품의 발현으로 둘이 아닌 공부처工夫處이다. 그러므로 성품을 오득하여 마음의 자유를 얻는 '성품 단련의 선 공부'는 앉아서 뿐만 아니라 서서도 할 수 있고 걸어가면서도 할 수 있으며, 한가할 때뿐만 아니라 시끄러운 일터에서도 할 수 있는 언제 어디서나 가능한 공부이다.

앉아서만 하고 서서는 못하며, 가족이 있어도 직업을 가져도 못하고 산중에 들어가 조용히 앉아야만 선이라는 주견을 가진다면 이는 병든 선이다.
참된 선은 마음을 닦는 법만 자상히 알면 사농공상 간에도 내왕하면서도 집에서도 할 수 있으므로 구차하게 처소와 동정을 논할 이유가 없는 것이다.
동할 때도 정할 때도 순경에도 역경 중에도 성품을 단련하는 선 공부는 언제 어디서나 할 수 있는 중생을 건지는 대법이다. 이처럼 참된 선禪은 어느 때, 어느 곳, 어떤 상황, 어떠한 경계든 성품 이 자리를 떠나지 않고 성품을 단련하여 마음의 자유를 얻는 공부이므로 '중생을 건지는 대법'이다. 제법이 둘이 아닌 대법을 알아서 동정 역순 선악의 천만 경계 중에서 동하지 않는 행을 닦는 것이다.

만일 성품 자리는 공적空寂 하다 하여 무정물과 같이 공적에만 빠진다면 이러한 선은 '무용한 병신'을 만드는 '병든 선禪'이다. 공적에만 빠지면 경계에 무력하게 되어, 경계 중에 던져지면 마음이 곧바로 흔들리게 되기 때문이다.
성품 자리는 공적 하면서 또한 신령하게 아는 자리이므로 행주좌와어묵동정 간에 공적한 가운데 신령하며 신령한 중에 공적 해야 진정한 참된 선이다.
신성한 선 공부는 경계가 없는 중에도 경계가 치성한 중에도 '원래에 분별 주착이 없는 성품'에 비탕 하여 '마음의 자유'를 얻는 공부이다. 이 성품으로 육근을 작용하여 수양할 때 수양력을 나투고, 연구할 때 연구력을 나투고, 취사할 때 취사력을 나투는 공부이다.
즉, 요란하다 할 흔적이 없는 자리에 그치어 수양력을 나투고, '안다 모른다' 할 분별 주착이 없는 자리에 기반 하여 연구력을 나투고, '잘한다 못한다' 할 분별 주착이 떨어진 자리에 근원 하여 취사력을 나투는 공부이다.

다음으로, 참 선과 참 정이다.
"그러므로 시끄러운 데 처해도 마음이 요란하지 아니하고 욕심 경계를 대하여도 마음

이 동하지 아니하여야 이것이 참 선禪이요 참 정定이니,"

『대종경』 수행품 50장에서 "수도인이 경계를 피하여 조용한 곳에서만 마음을 길들이려 하는 것은 마치 물고기를 잡으려는 사람이 물을 피함과 같나니 무슨 효과를 얻으리오. 그러므로 참다운 도를 닦고자 할진대 오직 천만 경계 가운데에 마음을 길들여야 할 것이니 그래야만 천만 경계에 마음이 흔들리지 않는 큰 힘을 얻으리라. 만일 경계 없는 곳에서만 마음을 단련한 사람은 경계 중에 나오면 그 마음이 바로 흔들리나니, 이는 마치 그늘에서 자란 버섯이 태양을 만나면 바로 시드는 것과 같나니라. 그러므로 유마경에 이르시기를 '보살은 시끄러운 데 있으나 마음은 온전하고, 외도外道는 조용한 곳에 있으나 마음은 번잡하다.' 하였나니, 이는 오직 공부가 마음 대중에 달린 것이요, 바깥 경계에 있지 아니함을 이르심이니라." 하신다.

경계 없는 곳에서만 마음을 단련하는 선은 공적에만 빠진 무정물 같은 선이요 무용한 병신을 만드는 선이다.
참다운 도를 닦는 '참 선'은 원래에 분별 주착이 없는 성품을 오득하여 동정 간에 이 성품을 체 받아서 마음의 자유를 얻는 공부이며, '참 정'은 분별 주착이 없는 성품 자리를 오득하여 동정 간에 이 청정 부동한 성품에 근거 하여 욕심 경계에 흔들리고 끌려가지 않는 공부이다.
결국 선 공부는 성품을 단련하는 것이므로, '불리자성'의 마음에 달린 것이지 바깥 경계에 좌우되는 것은 아니다.

훈타원 양도신 교무의 입정과 신통에 대한 『구도역정기』의 감상담이다.
나는 장수에 주석 중인 정산종사께 가서 그동안에 있었던 공부 과정을 말씀드리고 감정을 받았다. 특히 손가락이 깨져도 아픈 줄 모르는 진묵 스님과 같은 깊은 입정이 되지 않고 또 이산도수 하고 호풍환우 하는 신통이 되지 않는 이 두 가지가 잘 안된다고 여쭈니 "그 두 가지는 극히 쉬운 것이다. 조용한 곳에서 정定만 익히면 바로 되어 진다. 그러나 그 두 가지가 자신 공부하는 데나 중생 제도하는 데나 인간 생활하는데 아무 소용이 없다. 동정 간에 일심을 여의지 않는 것이 입정이며, 그 일심으로써 육근 동작에 바른 행을 나타내는 것이 곧 신통이니, 입정과 신통을 따로 구할 것이 없다."[『정산종사법어』 응기편 29장] 라고 말씀해 주셨다.

이에 나는 신통에 대한 생각을 거둬들였다. 공부심[禪心]으로 세상을 보면 모두 경전 아님이 없고, 공부심으로 세상 소리를 듣는다면 모두 법설 아님이 없고, 공부심으로 움직인다면 모두 법 아님이 없었다. 이러한 공부심이 바로 참 정이요 참 선이다.

무시선의 강령

소태산 대종사는 경진庚辰 동선 중인 원기26년(1941) 1월 28일 공회당 선방에서 전법 게송과 함께 '동정간불리선動靜間不離禪'이란 제목으로 무시선의 강령을 발표한다.

"다시 이 무시선의 강령을 들어 말하면 아래와 같나니라. '육근六根이 무사無事하면 잡념을 제거하고 일심을 양성하며, 육근이 유사하면 불의를 제거하고 정의를 양성하라.'"

'무시선의 강령'은 무시선법의 결론으로, 육근이 무사하거나 또는 육근이 유사한 중 원래에 분별 주착이 없는 성품을 오득하여 마음의 자유를 누리는 선禪 공부의 종괄 집약문이다.

『정전』 '사리연구의 요지'에서 사事란 인간의 시비이해라 정의하므로, 육근이 무사無事할 때는 시비이해에 무관하거나 촉박하지 않은 정靜할 때라면, 육근이 유사有事할 때는 시비이해에 밀접하고 직면해 있는 동動할 때이다. 이처럼 무시선의 강령은 동정動靜 간에 선禪을 떠나지 않는 공부의 실전이다.

8·15 광복 직전 정산 종사는 시국의 형세를 살피시기 위해 부산에 가신다. 이때 초량교당에서 아침 좌선 후 부산지방 초창 교도인 양원국은 정산 종사에게 평소 궁금했던 무시선의 강령에 관해 질문한다.

"일심과 정의, 잡념과 불의의 관계가 어떠합니까?"

"일심이 동하면 정의가 되고, 잡념이 동하면 불의가 됩니다." 〈『정산종사법어』 경의편 30장〉
양원국은 정산 종사의 답변에 맺혔던 의문이 일시에 풀려 마음이 상쾌해져 감사의 큰절을 올리며, "정산 종법사님은 무슨 질문이든 마치 큰 나무를 뿌리째 뽑아서 확 뒤집어 명백하게 다 보여주십니다."라고 찬탄한다.

잡념이란 육근이 무사할 때 '원래에 분별 주착이 없는 각자의 성품 자리'를 모르고 분별에 오염된 마음이요 경계에 주착된 마음이라면, 불의란 육근이 유사할 때 이 성품 자리를 망각하여 분별 주착에 끌려다니는 마음이다.
반면에 '일심 양성'은 육근이 무사할 때 일원상 성품에 계합되어 잡념에 물들지 않는 마음의 경지라면 '정의 양성'은 육근이 유사할 때 일원상 성품을 발현하여 불의에 끌리지 않는 마음의 경지이다.

소태산 대종사의 전법 게송은 일원상의 진리를 압축한 일원상의 시이며 일원상의 노래이다. 그러므로 게송을 읊는 것은 동정 간에 일원의 성품을 떠나지 않는 불리자성 공부이다.
그러니 육근이 무사할 때 잡념을 제거하고 일심을 양성하는 것이 '일원상의 게송'을 떠나지 않는 것이며, 육근이 유사할 때 불의를 제거하고 정의를 양성하는 것이 '일원상 게송'을 운영하는 것이다.
그러므로 소태산 대종사는 주산 송도성에게 칠판의 오른쪽에는 게송을 왼쪽에는 동정간 불리선을 쓰도록 해서, 제자들에게 일원상 성품 자리를 밝히고 있는 게송의 경지를 동정간에 실행하는 무시선 공부를 당부한 것이다.

『대종경』 수행품 9장에서 이 동정일여의 무시선 공부를 삼학 공부로 부연한다.
"일이 있는 때[유사有事]나 일이 없는 때[무사無事]를 오직 간단없이 공부로 계속한다면 저절로 정신에는 수양력이 쌓이고 사리에는 연구력이 얻어지고 작업에는 취사력이 생겨나리니라." 하며 무시선법의 실제를 삼학과 삼대력으로 제시하여 밝히고 있다.
무시선은 교리도의 '진공묘유의 수행문'으로써, 일원상 성품 자리에 바탕 하여 동정 간에 삼학으로 삼대력을 나투는 동정간불리선' 공부이다.

그러므로 일이 없을 때 성품에 계합된 '일심'을 양성하고 일이 있을 때 성품의 발현인 '정의'를 양성하라는 것으로, 동정 간에 청정 부동한 성품으로 정신을 수양하여 수양력을 나투고, 명명한 성품으로 사리를 연구하여 연구력을 나투고, 사사가 없는 성품으로 작업을 취사하여 취사력을 나투라는 것이다.

끝으로, 이공주 수필의 '동정간불리선법動靜間不離禪法'이란 제목의 소태산 대종사 법설이다. "한때에 종사주 가라사대, 옛날 어느 절에서 한 중이 일상 기거동작에 항시 '바쁘다 바쁘다' 하여 '바쁘다 스님'이라는 별명을 듣는 동시에 모든 사람의 조소 거리가 되었다 한다. 하루는 우연히 그가 병이 들어 열반에 들매 절 안에서 출상[出喪, 화장火葬]을 마치고 돌아와서 한 사람이 말하되 '주야장천晝夜長川에 끔찍이도 바쁘다고 하더니, 이제는 또 어디 가서 바쁘다고 할 것인가?' 한즉 공중에서 '그럼 아니 바빠, 지금은 더 바쁘다.' 하여 그 사람이 혼난 일이 있었다. 과연 남 보기에는 별 일없이 놀면서 공연히 바쁘다고 하는 것 같았지마는, 실상은 간단없는 숨은 공력 즉 일심一心 공부를 계속하였기 때문에 그만한 신통까지 나투게 되었을 것이다.
무릇 도학道學이란 과학과 달라서 무형한 마음을 찾고 길들이며 조종하는 것인지라, 외형으로 보아서는 그 정도를 전혀 알 수가 없으나, 동정 간에 일심만 계속한다면 행주좌와行住坐臥가 불리자성不離自性 공부 아님이 없나니, 비록 외면에는 눈을 감고 누웠다 하더라도 일심만 챙겼다면 그 사람은 공부를 바쁘게 한 것이요, 공원에 가서 친구와 종일 한담냉설閑談冷說로 놀았다 하더라도 일심만 챙겼다면 그 사람은 공부를 바쁘게 한 것이며, 또는 밭을 갈고 논을 매었다 하더라도 일심만 챙겼다면 그 사람은 공부를 바쁘게 한 것이니, 바꾸어 말하면 육근六根이 무사시無事時에는 잡념을 제거하고 일심을 양성하며, 육근이 유사시有事時에는 먼저 그 일심을 계속하여 불의를 제거하고 정의를 양성하였다면, 한 순간 한 찰나도 방심할 틈도 없는 동시에 눈코 뜰 사이도 없이 공부를 바쁘게 한 것이니, '바쁘다 스님'이 항상 바쁘다는 거짓말은 아닐 것이다. 제군도 성불제중을 원하거든 동정 간에 게을리 말지어다."

'육근이 무사시에는 잡념을 제거하고 일심을 양성하며, 육근이 유사시에는 먼저 그 일심을 계속하여 불의를 제거하고 정의를 양성하였다면'의 대목이 동정간불리선인 무시선 공부의 핵심이다.

일심은 성품에 계합된 경지로, 이러한 일심을 유사시에 발현하여 정의를 양성하라는 것이다. 즉, 일심이 동하면 정의가 되는 것으로, 일심 양성은 원래 분별 주착이 없는 성품 자리에 그쳐있는 공부라면, 정의 양성은 이러한 성품을 발현하여 작동하는 공부다.

총괄하면, 무시선의 강령인 '육근이 무사하면 잡념을 제거하고 일심을 양성하며, 육근이 유사하면 불의를 제거하고 정의를 양성하라'는 것은 '원래에 분별 주착이 없는 각자의 성품'을 오득하여 동정 간에 '마음의 자유'를 얻게 하는 사실적인 공부법으로 참다운 선이다.

또한 법위등급 대각여래위의 '정하여도 분별이 절도에 맞는 경지'는 '육근이 무사하면 잡념을 제거하고 일심을 양성'하는 공부와 연동되어 있으며, '동하여도 분별에 착이 없는 경지'는 '육근이 유사하면 불의를 제거하고 정의를 양성'하는 공부와 상통해 있다 할 것이다.

법설

간단間斷없는 공부

김형오 수필受筆

《회보》 제41호, 시창23년(1938) 1월호

동정 간 간단없는 무시선 공부는 원래 착着이 없는 자리를 알아 실생활에서 착 없는 행을 하는 공부로, 소태산 대종사는 동정 간 간단없는 공부의 실행자로 정산 송규를 제시한다. 『대종경』 성리품 22장의 큰집 짓기는 무시선 공부로써, 이 시행자가 송규라고 공시公示한 것이다. 원래에 분별 주착이 없는 성품을 오득하여 동정 간에 삼학 공부를 오래오래 계속하여 삼대력을 얻어 마음의 자유를 얻는 무시선 공부가 큰집이다. 법설 '간단없는 공부'는 정선精選하여 『대종경』 수행품 9장에 수록된다.

참고로, 소태산 대종사 제세 시의 법위사정은 1차로 시창13년에 2차로 시창16년에 시행된다. 이때 정산 송규는 1차에서 정식 특신급, 2차에서 예비 법마상전급에 오른다. 《회보》 제41호, 시창23년(1938) 1월호의 '간단없는 공부'라는 법설에 제시된 "현재 송규의 실력을 조사하여 본다면 ~ 작업에 대한 취사력도 불의와 정의를 능히 분석하여 정의에 대한 실행이 십중팔구十中八九는 될 것이다"라는 소태산의 송규에 대한 공부 실력 평가는 법강항마위에 해당할 것이다. '정의 실행이 십중팔구는 된다'는 뜻은 법강항마위의 "육근을 응용하여 법마상전은 하되 법이 백전백승하며"와 관통하기 때문이다. 백전백승은 백전불태百戰不殆로 십중팔구와 상통한다. 시창23년(1938)은 2차 법위사정을 실시한 6~7년 후이므로 정산 송규의 그동안 적공積功한 법력은 법강항마위로 볼 수 있다.

한때에 종사주宗師主 대중을 모으시고 말씀하여 가라사대, "내 오늘은 무시無時로 하는 공부법을 설하고자 하노라. 그러나 모든 청중은 들을 때뿐이요, 돌아서면 다 잊을 터이니 공연한 시간만 보내고 쓸데없는 말만 하지나 않나 하는 생각이 앞을 선다. 어찌한 연고인지 필요 없는 어떠한 고담古談을 들으면 몇 해가 지나도 잊지 아니하고 옮기면서, 우리의 인간 생활에 큰 필요를 주는 좋은 법설은 듣고 나서면 잊게 되나니, 실로 한탄할 바이다. 그러나 그것이 모두가 자력自力 없는 헛된 세상을 사는 사람들의 일이니, 제군은 각골명심하여 참된 사람이 될지어다.

제군들은 항상 불법佛法의 공부 이해하기를 조용히 앉아 좌선하고 염불하고 경전이나 읽고 하는 것만 공부로 알고 실생활에 활동하는 공부를 알지 못하니, 어찌 내정정內定靜 외정정外定靜의 대조사大祖師의 공부법을 알았다 하리오. **대범, 조사의 공부는 불조佛祖의 경전을 참고하고 선지식의 법설을 들어 착着이 없는 자리를 앎으로써 공부를 삼고, 실생활에 나아가서는 착着이 없는 행실로써 공부를 삼나니, 이것이 우리의 원하는 바 삼대력을 얻는 빠른 공부길이니, 이 공부길에 앎이 있는 사람은 오늘부터 다시 정진하여 날을 기약하고 삼대력을 얻을지어다.**

내가 어느 날 아침에 여학원들 소제하는 곳을 지나다가 한 학원學員에게 묻기를 '너는 네 부모가 학비를 대어 공부하라고 멀리 보냈으니 가만히 앉아서 공부만 하여야 할 터인데, 이렇게 마당을 쓴다, 집안 소제를 한다 하니 공부하라는 본의에는 대단 위반이로구나.' 하였더니, 그 학원은 답하되 '지금 소제를 하는 것이 아니오라, 곧 공부를 하옵나이다.' 한다. 나는 또 묻기를 '어찌하여 일을 하면서 공부한다고 하느냐?' 한데, 또 답하기를 '조용히 앉아 모든 서적을 읽고 배우고 하는 것은 도학을 알게 하는 공부이요, 지금 이 시각에 소제하는 것은 배워서 안 도학을 실생활에 쓰게 하는 공부로소이다.' 하였다. 그 말을 들을 때에 나는 그 학원의 말이 격언이며 공부하는 바른길을 발견하였다고 하였노라.

실로 그렇다. 일과 공부가 둘이 아니요, 밥 지을 때 바느질할 때 논밭을 갈고 맬 때 시장에 갈 때 타인과 교제할 때 일체 인간 만사를 동작할 때 그에 대한 공부가 다 있나니, 처지 처지를 따라 이 일을 할 때 저 일에 끌리지 아니하고, 저 일을 할 때 이 일에 끌리지 아니하면 곧 이것이 일심一心 공부를 잘하는 사람이요, 또는 이 일을 할 때 알음알이를 구하여 순서 있게 하고, 저 일을 할 때 알음알이를 구하여 순서 있게 하면 곧 이것이 사리事理에 연구력 얻는 공부를 잘하는 사람이요, 또는 이 일을 할 때 불의에 끌리는 바

가 없고, 저 일을 할 때 불의에 끌리는 바가 없게 되면 이것은 곧 취사取捨 공부를 잘하는 사람이라 할 것이다. 또는 한가한 때가 있으면 염불과 좌선을 하여 일심에 정력定力을 얻어가며, 또는 경전을 읽고 외우고 하여 알음알이와 취사의 길을 얻어가며, 일이 있을 때는 실지 작용 공부를 하여서 이와 같이 간단없는 공부로 오래오래 계속하면, 부지중에 정신에는 온전한 수양이 쌓이고 사리에는 지혜가 밝아지고 작업에는 취사하는 힘이 생겨나서 삼대력을 얻게 되리라.

과거 모든 학자의 공부하는 법은 대개가 실생활에 대한 실행 공부는 없고 모든 경전을 배우고 외우는 데에만 일생을 허비한 사람이 많았나니, 실로 경전이라 하는 것을 비유하여 말하자면 길가는 데에 노정기[路程記, 여행할 길의 경로와 거리 등의 기록]와 같은 것인데, 그 노정기만 보고 있는 자를 길가는 자라 할 것이며 또는 그 노정기를 아는 것이 무슨 필요가 있게 되는가?

보라! 제군이 다 아는 바와 같이 영광지부에서 노력하고 있는 송규宋奎로 말하면 입회한 지가 우금[于今, 지금에 이르기까지] 20여 년이로되 회중 형편을 따라 혹은 본관으로 혹은 각 지방으로 임무에 노력하는 중 정식으로는 단 3개월도 입선 공부를 하지 못하였으나, 현재 송규의 실력을 조사하여 본다면 정신의 수양력으로 말하더라도 애착·탐착이 거의 떨어져서 희로애락과 원근친소에 끌리는 바가 드물고, 사리의 연구력으로도 일에 대한 시비이해와 이치에 대한 대소유무를 대체적으로는 다 분석하고, 작업에 대한 취사력도 불의와 정의를 능히 분석하여 정의에 대한 실행이 십중팔구는 될 것이다. 방금에도 영광에서 사무에 분망奔忙하는 것은 목도目睹한 바와 다름이 없거늘, 그러한 중에도 어느 틈에 하였는지 원고를 써 보내는 것을 보면 진리도 심장深長하려니와 통속적通俗的으로 일반이 알기 쉽게 된 언법이며 조리 강령이 분명하여 수정할 곳이 별로 없게 되었으니, 송규는 얼마 아니하여 충분한 삼대력을 얻어 어디로 가든지 중인을 이롭게 하는 귀중한 인물이 될 것이다.

이와 같이 된 원인은 동정 간 간단間斷없는 공부를 잘한 공덕이라 할지니, 제군이여! 이 자리에 나의 말을 명심하여 조용히 앉아 경전 읽고 좌선하고 염불하는 것만 공부라 하여 편협한 길만 찾지 말고, 무상시無常時로 하는 공부길을 찾아 원하는 바 삼대력 얻기에 힘쓸지어다." 하시더라.

감상담(윤명화)

대종사님은 앉아서 서적으로 공부하는 것은 도학을 알게 하는 공부요 마당을 쓸고 집안 소제하는 것은 배워서 안 도학을 실생활에 쓰는 공부라고 답하는 여학원생의 말을 들으시고 바른 공부길이라 감정해 주신다.

우리는 보통 경전을 읽거나 법설을 듣고, 또는 염불 좌선을 하면 공부 좀 했다고 느끼고 아침에 좌선을 빼먹었거나 경전 공부에 소홀할 때는 자신을 책망한다.

이렇듯 조용히 앉아서 좌선 또는 염불하거나 경전을 읽는 것만 공부로 여기는 편협한 길에 들지 말고, 동정 간에 간단없이 하는 정신수양·사리연구·작업취사의 삼학 공부로 수양력·연구력·취사력의 삼대력을 얻기에 힘써 세상에 도움 되는 사람이 되라 하신다.

원래에 분별 주착이 없는 일원상 성품 자리에 바탕 하여 이 일을 할 때 저 일에 끌리지 않는 일심으로 그 일 그 일에서 알음알이를 순서 있게 구하여 불의에 끌리지 않도록 취사하는 것이 실생활 속에서 행하는 공부이기 때문이다.

일을 하다 보면 어느새 분별에 빠지는 줄도 모르게 분별에 사로잡히게 된다. 이때 공부할 때가 돌아온 줄 자각하고 분별에 끌려가는 마음을 멈추어 그 분별이 발하는 자리를 돌이켜 바라보면 다시 허공 같은 청정함이 드러난다. 이처럼 육근을 작용할 때 먼저 착着이 없는 원래 마음을 확보하여, 그 착 없는 마음으로 일심을 챙기고 알음알이를 구하며 정의를 실천하는 수양력·연구력·취사력의 삼대력을 확장 시켜가는 것이다.

공부와 일은 둘이 아니다. 공부한 것은 일 속에서 드러난다. 청소하는 것을 일러 도학을 실생활에 쓰는 공부라고 말한 법설 속 여학원생 선진님의 말에 고개가 끄덕여진다. 일상생활을 하면서 원래 분별 주착이 없는 마음자리를 챙겨서 그 마음으로 동하여도 동한 바 없고 정하여도 정한 바 없이 육근을 작용하는 것이다. 분별 주착이 없는 원래 마음을 간단없이 유지하여 삼대력을 확장해 가는 공부로써 마음의 자유를 얻어가야겠다.

법설

일심一心으로 섭만경攝萬境

송도성 수필受筆

《회보》 제51호, 시창24년(1939) 1월호

'일심으로 섭만경'이란 제목의 법문은 훈타원 양도신 교무가 21세 때인 원기23년(1938) 11월 6일에 소태산 대종사로부터 감정을 받은 법설이다. 감각 감상이 일어났던 시기는 원기23년(1938) 여름경으로, 박길선[주산 송도성의 정토]의 아기 송수은이 아파서 이리보화당에서 치료받고 있을 때 약 달이는 일을 양도신이 돕게 된다. 하루는 약을 앉혀 놓고 버선이 떨어져서 옆집에 가서 재봉틀에 기워오니 약이 타고 말았다.

평소 소태산 대종사는 "이 일을 할 때 저 일에 끌리지 아니하고 이 일에만 일심을 들이대고, 저 일을 할 때는 이 일에 끌리지 아니하고 오직 저 일에만 일심을 들이대야 동할 때 일심一心 공부를 잘하는 사람이라."고 말씀하셨다. 그런데 약은 타고 말았으니 하여간 일심 공부는 잘못한 결과가 되고 말았다. 약 달이는 일에도 일심으로 했고, 바느질할 때도 일심으로 했는데 결국은 바느질하다 약을 태우게 되었으니, 이 일을 하다 저 일에 끌리는 바가 되어 일심이 되지 못하고 이심二心이 되고만 꼴이 되었다. 이에 양도신은 어떻게 하는 것이 진정한 일심인지 의심하게 된다. 이러한 의심을 품은 채 여름과 가을이 지나 초겨울 동선이 시작되었고, 이즈음 양도신은 종법실에 입교원서를 올릴 일이 있어 그동안 궁금해했던 의심 건을 소태산 대종사에게 여쭈게 된다. 이 질문에 소태산은 "너 혼자만 알 것이 아니라 대중이 다 들어서 알아야 하겠다." 하시고 선방으로 가서 그 질문에 대한 법설을 해 주신다. 〈양도신, 『대종사님 은혜 속에』, 일심 공부〉

이 법문의 대요는, 약을 달이고 바느질할 경우 이 두 가지 일이 그때의 책임이니, 이를 잘 지키는 것이 완전한 일심이요 참다운 공부이며, 그 한 가지에만 정신이 뽑혀서 다른 한 가지를 돌아보지 못하여 실수가 있다면, 그것은 두렷한 일심이 아니라 조각 마음이며 부주의한 일이라는 가르침이다. 자기의 책임 범위 내에서 이 일을 살피고 저 일을 살피면 온전한 마음이며 동할 때 요긴한 공부 방법이다. 일심으로 경계를 섭렵하여 자기의 책임 범위 내에서 이 일도 하고 저 일도 하면 이것이 바로 무시선이다. 이 법설은『대종경』수행품 17장에 수록된다.

여학원女學員 양도신이 묻자 오되 종사주께옵서 평일에 항상 말씀하시기를 "이 일을 할 때 저 일에 끌리지 아니하고, 저 일을 할 때 이 일에 끌리지 아니하고 언제든지 하는 그 일에 마음이 평안하고 온전해야 한다." 하시므로 "저희도 그렇게 믿사옵고 또한 그와 같이 하기로 노력하옵던바, 근자近者 어떠한 일을 지낸 결과에 한 가지 의심나는 바가 있어 이 말을 여쭙게 됩니다. 그것은 다름이 아니라, 제가 어느 때 한번 바느질하면서 약을 달이게 되었사온데, 전全 정신을 바느질하는데 두었었더니 약 달이는 시간이 지나서 그만 그 약을 다 버리게 되었습니다. 그러하온즉 바느질하면서 약을 살피기로 하오면 이 일을 하면서 저 일에 끌리는 바가 될 것이옵고, 그렇다고 바느질만 하고 약을 불고한다면 그 약을 다 버리게 될 것이오니, 이러한 경우에 어떻게 하는 것이 동할 때 공부의 옳은 길이오니까?"

종사주 그 말을 들으시고 웃어 가라사대,

"너의 묻는 말이 사실의 체험에서 나온 듯하며, 또 네가 오늘 그 말을 나에게 묻기를 잘하였다. 만약 묻지 아니하고 그대로 진행하였으면 장차 너의 앞에 어떠한 실패가 있을지 알겠느냐. 내 이제 밝게 가르쳐 줄 터이니, 자세히 들어보라.

네가 그때 약을 달이고 바느질하게 되었으면 그 두 가지 일이 즉 그때 너의 책임이니, 무엇이나 한 번 책임을 맡은 이상에는 진심眞心 성의를 다하여 아무쪼록 그 책임을 잘 지키는 것이 완전한 일심이요, 참다운 공부이다. 만약 두 가지 일을 맡아 놓고 그 한 가지에만 정신이 뽑혀서 다른 한 가지를 돌아보지 못하여 어떠한 실수가 있었다면, 그것은 두렷한 일심이 아니라 반 조각의 마음이며 너무나 부주의한 일이 아닌가? 그런고로 10가지 일을 살피나 20가지 일을 살피나 내지 백천만 가지 일을 살핀다 할지라도 자기의 책임 범위 내에서만 한다고 할 것 같으면 그것은 절대로 방심이 아니라 온전한 마음이며, 동할 때 공부의 가장 요긴한 방법이니라.

그러면 어떠한 것이 방심放心 즉, 끌리는 마음인고? 그것은 오직 나의 책임외사責任外事로써 내가 아니 생각해도 될 일을 공연히 생각하고, 내가 안 들어도 좋을 일을 공연히 들으려 하고, 내가 안 보아도 좋을 일을 공연히 보려 하고, 내가 안 간섭해도 좋을 일을 공연히 간섭하여 이 일할 때는 정신이 저 일로 가고, 저 일할 때는 정신이 이 일로 와서 심원의마[心猿意馬, 마음은 원숭이 같고 생각은 말과 같아서 마음과 생각이 이리저리 날뛰어 안정되지 않고 집중할 수 없는 상태]의 분치[奔馳, 질주]함이 조금도 쉴 사이가 없나니, 이것이 비로소 공부인의 크게 기忌할 바이요, 자기의 책임사만 가지고 이 일 살피고 저 일 살피는 것은 비록 하루에 백천만 건을 아울러 나간다 할지라도 일심 공부하는 데 하등의 방해가 없나니라." 하시더라.

감상담(조수원)

일상에서 정신수양 공부를 해 본 사람이라면 양도신 선진님과 같은 의문을 가져보았을 것이다. 일심이라 하니 한 가지 일에만 집중하는 것이라 여기면 여러 가지 일을 함께할 때는 어떻게 해야 할지 혼란스러울 것이다. 대종사님은 한 가지 일을 해야 하거나 여러 가지 일을 하거나 내가 책임져야 할 일이면 그 모든 일을 책임 있게 하는 것이 일심이라고 하신다. 이 일을 하면서 이 일을 방해하는 생각을 하거나 다른 일에 끌려가는 것은 일심을 놓친 것이다. 이때 얼른 정신을 차리고 하던 그 일에 집중해야 한다.

직장에서 일할 때 다른 층 사무실에서 일어나는 일이 궁금할 때가 있다. 마음이 자꾸 그쪽으로 끌려간다. 이때 마음이 요란해짐을 알아차리고 하던 그 일에 집중하는 것이 동할 때 일심 양성이다.

대종사님은 일심의 예를 들어 수시면서 농사짓는 사람이 농사일에 온 마음을 다해서 해야지 농사일은 뒤로 미루고 술집에 가서 노는 일에 정신이 쏠리면 이것은 일심이 되지 못한 것이라고 하셨다. 일에 성공하려면 당연히 하고자 하는 일에 집중해야지 그 일에 등한시한다면 성공을 보기 어렵다.

일상을 살다 보면 내 마음 흘러가는 상태를 놓치고 살 때가 많다. 정신수양이 쉽지 않다는 말이다. 경계에 끌려서 일에 매몰되어 온전한 정신으로 그 일 그 일을 다 하지 못한다. 그러니 방심이 된 줄 또한 알아차리지 못한다. 예전에 하던 대로 일을 처리하게 되면 온전한 생각으로 취사가 되지 못하는 경우들이 발생한다. 일심, 알음알이, 실행의 삼대력이 작동되지 못하여 일원상과 같이 원만한 행을 할 수 없게 된다.

매일 하루를 시작하면서 대하는 일마다 삼대력 양성을 다짐해 보지만 일에 끌려 일원상을 놓친 날이 많다. 하지만 우리의 공부가 일상에서 착이 없는 성품 자리를 알아서 이 일을 할 때 저 일에 끌리지 않고 저 일을 할 때 이 일에 끌리지 않는 착이 없는 행을 한 것이니, 일심 공부를 아니 할 수 없다. 오늘, 다시 마음을 잡아 본다.

심전계발心田啓發

서대원 수필受筆

《회보》 제21호, 시창20년(1935) 12·1월

일제日帝에 의해 주도된 심전계발운동에 대해 소태산 대종사는 성품을 단련하는 공부라고 재해석하여 설법한다. 이처럼 심전은 곧 성품 자리이다. 소태산은 밭에서 여러 풀이 나오듯이 우리 마음 바탕에서 온갖 마음이 나오므로 '마음 심' 자 밑에 '밭 전' 자를 붙여 '심전心田'이라 밝히고 있다. 그리고 정신수양·사리연구·작업취사의 삼대강령三大綱領을 심전계발하는 전문 공부로 삼아 먼저 정신수양으로 마음 밭을 깨끗하게 잘 고르고, 사리연구로 심전농사 짓는 방식과 죄고와 혜복을 구분하고, 작업취사로 심전농사법대로 실행하여 폐농하지 않고 많은 수확을 얻도록 하라는 것이다. 즉 심전계발은 성품에 바탕을 둔 삼학 공부이다. 이 심전계발心田啓發 법설은 윤문되어 『대종경』 수행품 59장과 60장에 수록된다.

인용문 '악장제거무비초惡將除去無非草'는 주자[주희]의 글로써, 대산 종사는 "옛 성현이 '악장제거무비초惡將除去無非草요 호취간래총시화好取看來總是花라' 했는데 여기에서 '악을 장차 제거하려 하니 풀 아님이 없다.'고 함은 항마 자리를 말함이요, '좋게 보니 다 꽃이더라' 함은 출가위 자리를 말한 것으로써 이는 심화 기화한 자리다."[대산종사법문집 제3집]라고 주해한다.

한때에 종사주 법좌에 오르시와 여러 제자에게 말씀하여 가라사대,

"내 오늘은 '심전계발'이란 문제에 두어 말 하려 하노라. 그러나 나는 본회를 창립한 후로 이래 20년 동안을 심전계발에 주력하여 왔으니, 오늘에 이 문제로써 시간을 보내는 것이 어찌 보면 새삼스러운 듯하다.

그러나 이 심전계발을 1, 20년에 다 할 수 없는 일이요, 무궁한 세상에 한없이 할 일이며 또한 근자에 이르러 정부나 사회에서 심전계발에 대한 권장이 있고 모든 학자들이 각 신문과 잡지를 통하여 이에 대한 의견 발표가 많이 있으니, 이런 기회를 당하여 우리는 근본 목적인 이 심전계발에 한층 더 정진하여야 할지며, 또는 지면상에 나타난 모든 학자의 논설을 참고한다면 대개가 그 어려운 문자를 인용하고 문체가 또한 범범[泛泛, 꼼꼼하지 아니하고 데면데면]하여 유무식을 물론 하고 쉽게 그 요령을 이해하여 직접 심전계발에 착수하기가 어려울 듯하기로, 내 이제 쉽고 강령 될 말로 본 문제를 설명하나니, 제군들은 오늘에 나의 하는 말을 잘 들어 두었다가 이 자리에 참석지 못한 여러 사람에게 널리 전하기 바라며, 그동안 심전계발에 많은 유념留念을 가진 사람에 있어서는 나의 말에 또한 더 각성이 있을 줄로 생각한다.

그러면 심전心田이란 무엇이며, 계발啓發이란 어떠한 의미인가? 이제 차서 대로 말하여 보자.

'심전'이란 간단히 말하면 우리의 성품을 이름이니, 그러면 어찌하여 '마음 심心' 자 밑에 '밭 전田' 자를 써서 '심전心田'이란 명사를 붙였는가. 이는 다름 아니라 본래 분별과 주착이 없는 그 성품 가운데에서 선악 간 마음 발하는 것이, 본래 저 흙만 있는 밭에서 여러 가지 풀이 계속해 나오는 것과 같다는 데에 비유한 것이니, 이에 대하여는 우리가 알기 쉽게 한때나 조용히 앉아서 각자의 선악 간 마음 발하는 것을 조사해 보라. 그런다면 저 밭에서 여러 가지 풀이 늘 나오는 것과 같이 우리 성품 가운데에서는 무슨 마음이든지 마음이 늘 나오고 있지 않은가? 밭에서는 풀이 나고 성품에서는 마음이 나오는 거로 저 밭에 비하여 '마음 심' 자 밑에 '밭 전' 자를 붙여 '심전心田'이라 한 것이다.

그러므로 고어古語에도 말하기를 '사람의 악심惡心이란 제거해도 또 나오고, 제거해도 또 나오고 하여 저 밭에서 나는 풀을 매기와 흡사하다.'는 의미로써 '악을 장차 제거하려고 하매 풀 아님이 없다[악장제거무비초惡將除去無非草].'고 하였나니, 심전이란 말이 근래에 생긴 것이 아니라 자래自來로 있는 말이다.

심전은 그렇거니와 '계발'이란 또 어떠한 의미인가. 이는 알기 쉽게 묵은 밭을 다시 개척하여 양전良田을 만들자는 말이니, 이 심전을 계발하는 것도 저 묵어있는 밭을 개척하기와 조금도 틀림이 없나니라. 그러므로 도가道家에서 자고로 내려오는 용어에 '남의 밭 매려고 힘쓰지 말고, 네 밭이나 잘 매어라.' 또는 '남의 밭 매어 주다가 네 밭 다 묵는다.' 이러한 말이 있나니, 이 말은 다 자기의 행실도 깨끗하지 못한 자가 다른 사람의 시비와 장단을 잘 말하는 사람이나 또는 남을 가르치느라고 자기 공부는 할 틈이 없는 사람들을 대하여 쓰는 말이다.

그러면 어떠한 사람이 심전을 잘 계발하는 사람이며, 어떠한 사람이 심전을 잘 계발치 못하는 사람인가? 또는 그 잘하고 못하는 사이에 결과는 어떠할 것인가? **심전을 잘 계발하는 자는 저 농사를 짓는 사람이 밭에 잡초가 나면 곧 매고, 나면 또 매고 하여 잡초는 다 없애버리고 좋은 곡식만 골라 세워 두는 것과 같이, 선악 간 마음 발하는 것을 잘 조사하여 저 잡초와 같은 악심이 나면 곧 제거하고, 나면 또 제거하여 악심은 다 없애 버리고 저 곡식과 같은 선심善心만 양성하는 자이니, 이리된다면 저 농사를 잘 짓는 사람이 가을을 당하여 추수할 것도 많고 먹을 것도 넉넉한 것과 같이 조금도 낮은 일은 없고 항시 좋은 일만 돌아올 것이다.**

그러면 이 심전계발을 잘못하는 자는 저 농사를 잘못 짓는 사람이 밭에 풀이 나도 내버려 두고 곡식이 나도 내버려 두고 하여 풀인지 곡식인지 분별할 수 없이 되는 것과 같이, 악한 마음이 나도 그대로 행하고 선한 마음이 나도 그대로 행하여 선악의 구별이 없이 마음 나는 대로 자행자지하는 자이니, 이리된다면 저 폐농廢農한 사람이 비록 가을을 당하였으나 수확할 것이 없고 먹을 것도 없어서 스스로 기한에 골몰하는 것과 같이, 당하는 것이 고苦 뿐이요, 좋은 일은 별로 없을 것이 아닌가!

그러므로 우리의 천만 죄복이 별다른 데에 있는 것이 아니요, 다 이 심전계발을 잘하고 못하는 데에 있나니라. 〈『대종경』 수행품 59장〉

자래自來로 불법문佛法門 중에서는 심전을 발견한 자를 견성자見性者라고 하고, 또는 세상 말에 '복전福田'이라는 이름도 있으니, 복전이라는 말은 심전을 잘 계발하여 매사에 선행善行을 갖고 보면 그 심전에서 항시 복만 나오는 고로[까닭에] 그 이름을 '복전'이라 한 것이다. 그러나 이와 반대로 심전을 잘 계발치 아니하고 악행을 그대로 갖는다면 그 심전에서는 항시 죄만 나올 것이니, 그것은 곧 '죄전罪田'이 아닌가!

그런데 이 심전을 계발하기로 하면 한 가지 주의할 일이 있으니, 그것은 저 밭에 제초하는 사람이 풀이 나서 그 뿌리가 깊이 박히기 전에 그 풀을 뽑아야만 힘은 적게 들이고 제초를 잘 할 수 있는 것과 같이, 제군의 심전에도 만일 어떠한 악심이 발하거든 그 즉시 제거하기를 힘쓸 것이니, 만일 그 악심을 오래 둔다면 나중에는 습관이 되어 제거하기가 대단 힘드나니, 특히 이점에 주의할지어다.

또한 이 심전을 계발하기로 하면 그 방식을 전문으로 가르치고 배우는 기관이 있어야 할 것이요, 지상紙上의 이론만으로는 도저히 불가능한 일이니, 그것은 선악의 구분이 비록 쉬운 듯 하나 그 종류를 천만千萬으로 계산하기가 심히 어려울 것이다. 그러므로 그 천만 종류를 다 구분해 알기로 하면 마땅히 나보다 나은 선생을 찾아 전문으로 배우지 않으면 알 수 없고, 설사 몇 가지 아는 것이 있다 할지라도 습관에 끌리어 실행을 못 하는 일이 많은 것이다.

그런고로 본회에서는 정신수양·사리연구·작업취사 이 삼대강령三大綱領으로써 전문 공부를 시키나니, 정신수양은 심전농사를 짓기 위하여 먼저 밭을 깨끗하게 잘 다듬어 놓는 과목이요, 사리연구는 그 여러 가지 농사짓는 방식과 곡식과 잡초를 구분시키는 과목이요, 작업취사는 아는 그대로 실행하여 폐농하지 않고 많은 수확을 얻도록 하는 과목이니라.

더욱이 현대는 과학 문명의 발달을 따라 사람의 욕심이 날로 치성하는 중이니, 종교의 힘이 아니면 이 욕심을 항복 받을 능력이 없고, 이 욕심을 항복 받지 못하면 세상은 평화를 보기가 어려울 것이다. 그러므로 이 앞으로는 관민官民 간에 종교를 많이 장려할 것이요, 얼마 안 지내면 형식에 끌려서라도 다 종교를 믿게 될 것이다.

시금은 처자가 있어 공부를 못하느니, 재산이 없어 못 하느니 하여 여러 가지로 빙자[憑藉, 핑계]가 많으나 미래에는 처자가 있으니 공부를 해야 할 것이요, 재산이 없으니 공부해야 하겠다 할 것이며, 공부가 능한 사람에 있어서는 더욱이 한없는 귀염을 받을 것이니, 제군은 이때 한 번 더 결심하여 이 심전농사를 잘하는 농부가 되어 보라." 하시더라. 〈『대종경』 수행편 60장〉

나의 제초한 뜻을 아느냐

이공주 수필受筆

《회보》 제11호, 시창19년(1934) 8·9월호

———— 시창19년(1934) 6월 4일 돈암동 회관의 회원들에게 당부하신 소태산 대종사의 법설로 도량을 청소하고 풀을 매듯 마음 밭을 가꾸라는 것이다. 마음 밭에서 나는 잡초는 원래에 분별 주착이 없는 성품을 잃어버린 마음이다. 그러므로 본래 착着이 없는 마음 바탕을 깨달아 마음 밭에서 나는 분별 주착의 뿌리를 뽑으라는 것이다. 마음 밭에는 원래 요란함·어리석음·그름의 잡초가 없지마는 경계를 따라 잡초가 나므로 본래 착着없는 심지心地를 회복하여 경계에 끌려가지 않으면 잡초를 뽑는 것이 된다. 경계에 끌려 심지인 원래 마음을 놓치면 잡초가 나듯 도량이 묵어지는 것이고 경계에 매몰되지 않으면 도량을 청정히 하는 격이다. 이 법설은 정선되어 『대종경』 실시품 15장에 실린다.

시창19년 6월 4일은 종사주 경성수양원[돈암동 회관]에 계시옵사, 앞뒤 뜰에 풀 난 것을 보시더니 친수親手로 제초하시며 모든 초목에 부엽腐葉 등을 긁어주시사, 도량을 청정히 하옵신 후에 여러 사람에게 말씀하여 가라사대,

"오늘 내가 앞뒤 뜰에 풀 뽑는 뜻을 아는가? 제군도 아는 바와 같이 근자近者에는 내가 본관에 있으면 풀을 뽑지 않나니, 그것은 그곳 사람들이 이제는 다 저희가 알아서 묵히지 않고 제초하는 고로[까닭에] 내가 간섭하지 않는 것이니라. 그러나 이곳에 와서 본즉 뜰에 잡초가 나서 묵어가고 있으므로 이 집을 수호하는 사람들이 이 본本을 보고 각성 있으라고 실제로 보여줌이요, 또는 내가 항상 하는 말이거니와 각 지방에 나가 있는 교무들은 언제든지 교편만 쥐고 앉았을 것이 아니라 그 교당을 수호할 줄도 알고, 제초 등 초목을 가꾸어줄 줄도 알며, 기구 등속을 정리할 줄도 알아야 하나니, 이러한 말은 교무가 더욱 명심하여 들어둘지어다." 하시고 계속하여 가라사대,

"그런데 내가 들에서 풀을 뽑다가 곰곰이 생각하여 본즉 여러 가지로 감상感想이 나더라.

다름이 아니라 저 곡식이나 채소 등은 그 종자를 심고 거두고 비료를 주어 잘 되기를 바라건마는 충재虫災·한재旱災 혹은 수재水災 등으로 오갈[식물의 잎 따위가 병들고 말라서 오글쪼글하게 되는 현상] 들기 쉽고, 그 반면에 쓰잘 데 없는 잡초는 누가 심은 바도 없고 스스로 나오면 뽑아버리건마는 조금만 버려두면 잔뜩 무성하나니, 그것은 마치 모든 사람이 인도정의는 아무리 가르쳐도 잘 이행치 못하고 나쁜 일, 쓰잘 데 없는 일은 금지해도 잘하는 것과 같나니라. 그리고 또, 막 나오는 어린 풀은 손만 대면 쑥 뿌리째 뽑혀져서 그 자리도 항상 풀이 아니 난 것과 같이 깨끗하다. 그러나 오래 버려두어서 잡초가 번식되고 뿌리가 깊이 박히면 잘 뽑히지도 않고 자연 그 땅이 묵어지게 되나니라. 그와 같이 우리 인생의 심전心田에서는 악심[惡心, 삿된 마음]이 무시無時로 길어나서[生長] 오늘도 악심 내일도 악심, 매일 매일 궂은 마음이 땅에서 잡초 나오듯 자라나나니, 그런 데에는 뜰의 잡초를 뽑아주는 것과 같이 그 나오는 악심을 능히 제거할 줄 알아야 할지니라.

그러면 악심惡心이란 무엇인가? 곧 불의不義의 마음, 나쁜 마음을 이름이니, 살殺·도盜·음淫·주색酒色·잡기雜技·탐貪·진嗔·치痴 등을 범하려는 잡雜된 마음이니라. 그런데 만일 악심이 생겨도 제거할 줄을 모르고 그대로 키운다면 뜰의 잡초 키운 것과 같아서 그 악심의 뿌리가 깊고 넓게 무성할 것이 아닌가? 한 예를 든다면 아편 먹을 마음 있는 사람이 그 마음 나는 대로 한 번, 두 번, 열 번, 스무 번 자꾸자꾸 자꾸 먹어 버릇하여 보라. 나중에는 도무지 참기가 어렵고 점점 아편 인印이 박힐 것이니, 그렇게 되면 잡초 무성한 묵정밭과 같아서 약간 하여서는 그 습관을 떼일 수 없나니라. 그 반면에 아무리 나쁜 마음은 났더라도 당장에 참아[忍] 범하지 않는다면 별다른 힘을 안 들이고도 그 악심을 제거할 수 있나니, **자고로 부처와 범부가 그 심전은 다 같이 가졌건마는 그 심전에서 발생하는 악심을 뽑아버리어 깨끗하게 매어버린 자는 부처라 칭하고, 그 마음에서 생각나는 대로 하여 그 악심을 뽑지 못하고 묵정밭을 만든 자는 범부라 하나니라.**

대개 자기 심전의 악심을 맬 줄 아는 사람이 마당의 잡초도 매어줄 줄 아나니, 집이나 몸이나 마음이나 단속을 잘할 줄 알아야 그야말로 사람이요, 뿐만 아니라 참다운 사람이라는 것은 저의 심전도 맬 줄 아는 동시에 남의 심전까지도 매어줄 줄 아나니, 제군은 오늘 나의 풀 매어준 뜻을 알아 둘지어다." 하시더라.

금강산과 그 주인

송도성 수필受筆

《월말통신》 제8호, 시창13년(1938) 음 9월

음력 9월 26일은 초기교단의 사기념일四紀念日 중 하나인 추계기념일[공동선조기념일]이다. 소태산 대종사는 이 기념일을 기리기 위해 금강산을 주제로 2시간 동안 설법한다. 설법하는 원기13년(1928)은 소태산 대종사도 금강산을 탑승하기 이전[시창15년 5월 1~9일에 금강산 탐방] 이었다. 소태산은 금강산을 통해 조선의 갱생과 우리의 본성을 드러내고 있다. 금강산은 조선의 자랑이요 긍지이면서 또한 우리의 성품 자리이니 금강 성품의 주인이 되라는 것이다. 금강산을 체體로 삼고 사람은 금강산을 사용하는 용用이 되라는 것이다. 이는 무시선법의 '원래에 분별 주착이 없는 각자의 성품'인 금강산을 체득하여 금강 성품의 주인이 되라는 것이다. 그리하여 금강산같이 순일하고 정중하고 견고하게 하여 마음의 자유를 얻는 금강 성품의 주인이 되라는 것이다. 이는 원래에 분별 주착이 없는 성품을 오득하여 마음의 자유를 얻는 선 공부이다. 또한 금강산의 주인이 되라는 법설에는 조선이라는 민족의식도 포함되어 있다. 이 법설은 정선되어 『대종경』 전망품 6장에 수록된다.

무진戊辰 9월 26일은 본회 연중 4경절慶節의 1일이다. 오전 10시로부터 식을 열고 예행 순서를 밟은 후에 선생주께옵서 법좌에 오르시사, 선음仙音법설을 시始하옵시니 가라사대, "오늘은 본회의 경절이라 하여 외처外處에서 여러분이 오신 모양이요, 본관 모든 사람도 오늘을 보통 예회와는 달리 생각하고 있는 듯하나, 실로 무엇으로써 경절답게 유쾌히 지낼 재료가 없다 하노라. 저세상 사람들의 경절 맞이함과 같이 의복을 빛나게 꾸미고 음식을 풍성히 장만하며 또는 각종의 풍악을 베풀어서 심지心志의 오락을 얻는다면 그 혹 경절이라는 느낌이 있을는지 모르거니와, 우리 집은 이미 그 세 가지에 한 가지도 없는지라 무엇으로써 경절이라 칭할는지? 아무리 생각하여도 여러분께 위안 드릴 것이 없어서 부득이 무가無價의 보물 하나를 공중公中에 내어 걸기로 하니, 여러분이 만약 이 보물의 진상을 구경한다면 넉넉히 마음의 위안을 얻을 수 있으며 또는 의복·음식·풍악 그보다는 이것이 여러분의 바라고 구하는 바인 줄 믿소. 원컨대 여러분은 한층 더 정신을 가다듬어서 이 보물을 짊어져다가 잃어버리지 말고 영원히 보물의 소유자가 될지어다.

보물이란 무엇을 이름인고? 세계에 둘도 없는 우리의 금강산이다. 기기절승奇奇絕勝한 만이천봉의 웅자雄姿와 사시로 변태되는 천연의 경색景色은 누구나 보는 자로 하여금 경탄치 않을 수 없을 것이다. 현하 조선의 상태로 보면 여러분이 한 가지 아는 바와 같이 아무것도 자랑할 만한 것이 없다. 모두가 부패요, 낙오요, 모멸당하고 있지마는 오직 우리의 금강산만은 날이 갈수록, 세계의 면목이 열릴수록 더욱더욱 성가聲價가 높아지며 세계인의 숭앙을 받게 되니, 동서양 어느 나라 사람을 물론 하고 금강산이라면 말만 들어도 기뻐하여 금강산을 구경한 사람이면 그로써 유일의 자랑거리를 삼으며, 구경하지 못 한 사람이면 한번 구경하기가 평생소원이라 한다.

나는 혹 어느 때 '조선 사람 된 것이 불행인가?' 하고 생각해 본즉 불행이 아니라, 행幸이다. 어찌 행일꼬? 금강산이 조선에 있는 연고이다. 조선은 반드시 금강산으로 인하여 드러날 것이다. 금강산을 말할 때 조선을 연상케 되고 조선을 말할 때 금강산을 연상케 되니, 조선과 금강산과는 서로 떠날 수 없는 사이며, 조선은 드러나기 싫어도 필경 금강산을 따라서 드러나고야 말 것이다. 그러면 헛되이 강산의 이름만 높아질 것인가? 그렇지 아니하다. 인걸人傑은 지령地靈이라 하니, 그만한 강산! 그 좋은 보물이 있을 때 어찌 그 주인이 없을쏜가? 주인이 있으되 상당한 주인이 있을 것이다. 반듯한 집칸이나 지니고, 자기 땅마지기나 경작하는 그 주인도 깐깐이로 그것을 유지할 자격이 있어야 하거든, 하물며 세계의 명물인 금강산을 짊어지고 있는 그 주인이랴. 산이 세계의 명물인 만큼 주인도 세계의 명인일 것이다. 또 이것이 다른 물건 같아서 사고팔고 주고받을 수가 있는 것이 아니라면 다른 사람들이 비평하기를 "지금은 네 것이지마는 너는 정말 그러한 보물을 가질 자격이 되지 못하니, 반드시 남의 소유가 될 것이라."고 하겠지마는, 오직 이 금강산은 팔래야 팔 수 없고, 살래야 살 수 없고 버리려야 버릴 수 없는 하늘이 점지하신 조선의 보물이다. 그 주인이 아무리 학식 없고, 권리 없고, 가난하고, 천할지라도 고국산천을 다 버리고 동서남북에 유리流離하여 남의 집에 밥을 빌러 다닐지라도 '나는 조선을 여의지 않는다.' 하고 견립부동堅立不動할 것이니, 여러분은 결코 우리의 현상을 비관하지 말라. 무가無價의 중보重寶요, 광명의 뿌리인 금강산은 아직도 우리의 것이요, 미래도 우리의 것이다.

저 금강산의 경개景槪를 탐耽하는 모든 사람이 지금에는 그 주인은 본체만체하여두고 다만 강산만 찬미하거니와, 그네들도 지식이 열릴수록 생각이 깊을수록 점점 그 보물의 주인이 있을 것을 깨달을 것이며, 주인이 있을 것으로 깨달을 때는 그 주인 만나기를 발원하여 필경 금강산을 사랑하기보다 그 주인 찾기에 노력할 것이니, 근일近日 금강산의 발천[發闡, 열려서 드러나는] 되는 것을 본즉 숨어있던 그 주인공이 '나 여기 있다.' 하고 소리 높여 대답할 날도 멀지 않을 줄로 확신하노라.

바라노니, 여러분이여! 금강산이 될지어다. 여러분에게는 각자의 금강金剛이 있으니, 닦아서 밝히면 그 광명을 얻으리라.

금강산이 되기로 할진대 금강산과 같이 순실純實하여라. 허다한 산 가운데 오직 금강산이 그 장한 명망을 얻고 모든 사람의 사랑을 받는 것은 결코 부녀婦女의 단장하는 것처럼 분을 바르고 향수를 뿌리고 연지를 찍어서 외모를 아름답게 해 남의 관심을 사는 것이 아니라, 순연한 그 형태 그대로 가지고 있건마는 뭇사람이 스스로 와서 귀엽다 하고 사랑하나니, 여러분도 마땅히 모든 일을 할 때 외식을 삼가고 실질을 주장하여 순연한 본래 면목을 잃지 말지어다.

금강산이 되기로 할진대 금강산과 같이 정중하여라. 천고에 말없이 우두커니 서서 몇 번이나 시대의 사랑을 받아서 귀물貴物이 되었으며, 또 몇 번이나 맹목자에게 미움을 당하여 천물賤物 노릇을 하였던고? 뉘가 금강산을 미워하며 금강산을 천하다 하랴마는 옆에 두고도 찾지 아니하고 귀중한 그 가치를 몰라주었으니, 미움을 당한 천물이 아니고 그 무엇이냐. 그러되 금강산은 남이 자체를 미워함에 노하지도 아니할 것이며 또는 사랑함에 끌리지도 아니하였을 것이다. 그러나 용렬한 이 사람들은 남이 조금만 자기를 몰라주는 듯싶으면 가슴이 답답하고 분기憤氣가 충천한다. 여러분은 마땅히 남이 나를 사랑하고 미워하고, 알아주고 몰라줌에 끌리지 말지어다.

금강산이 되기로 할진대 금강산과 같이 견고하여라. 앞에서 말한 바와 같이 금강산은 조선에 깊이 뿌리를 박아두고 어떠한 비풍참우悲風慘雨[슬픈 바람과 처참한 비라는 뜻으로, 비참한 처지를 비유한 말]가 몰려올지라도 조금도 요동하고 옮겨가는 법이 없다. 여러분도 한번 당연한 곳에 그쳤거든 아무리 천신만고를 당할지라도 돈독한 신성과 굳센 의지를 변하고 굴하지 말지어다.

그러면 금강산은 체體가 되고 사람은 용用이 될지라. 체는 정靜하고 용은 동動하나니, 금강산은 그대로 있으되 능히 금강산 노릇을 하려니와 사람으로서 금강산의 주인이 되기로 할진대 잘 움직여야만 될 줄 믿는다.
여러분이여! 어서어서 인도人道의 요법要法을 부지런히 연마하여 세계의 산 가운데 홀로 금강산이 드러나듯이 모든 교회 가운데 가장 모범적 교회가 되도록 노력할지어다. 그러면 강산과 더불어 사람이 아울러 찬란한 광채를 발휘하리라." 하시더라.

무시선법

전음광

《회보》 제47호, 시창23년(1938) 9월호

혜산 전음광은 수양이란 닦아서 기른다는 뜻으로, 닦는다[修]는 말은 그 정신을 어지럽게 만드는 애착탐착의 외경과 번뇌 망상을 소제掃除한다는 뜻이요, 기른다[養]는 말은 청정무애한 각자의 본래성을 양성시키는 것이라고 밝힌다. 즉 이 일 할 때 저 생각이 나는 것을 없애는 것은 곧 닦는 것이요, 그 일을 할 때 저 일에 끌리지 않고 그 생각에 온전한 것은 일심을 양성하는 것이다. 이와 같은 수양법은 사농공상 무슨 일에서나 다 할 수 있는 방법이므로 무시선법이라 한다. 또한 이러한 수양 공부는 수양이 일에 방해되지 아니하고 일이 수양에 방해되지 아니해서 수양과 일이 둘이 아닌 지경이며, 시끄러운 곳이나 번거한 곳이나 일이 있는 때나 없는 때나 간단없이 수양할 수 있으므로 무시선법이라는 것이다. 전음광은 정신수양을 통해서 무시선법을 밝히고 있다.

사람의 정신에는 근본적으로 천만층이나 되는 대소우열의 등급이 있나니, 그 예를 들면 혹은 삼계 대권을 장악할만한 정신도 있고 혹은 일국一國을 통치할만한 정신도 있으며 혹은 일도一道 일군一郡에 뛰어날 만한 정신도 있고 그 밑으로는 일면一面에 솟은 정신, 일촌

一村에 솟은 정신, 한 가정을 지배할 정신, 겨우 보신지책이나 하는 정신, 결국 일신一身 하나도 구제치 못하는 정신 등 이 여러 가지가 곧 정신의 등급이다. 불법의 진리로써 논한다면 정신이 본래처本來處에 있어서는 자타가 없으며 피차가 없었나니 그중에서 무슨 대소우열의 분별을 말하리오 마는 또한, 분별 있는 곳과 형상 있는 자리로 보아서는 우열청탁이 안전眼前에 소소히 나타나 있나니, 이것을 어찌 한갓 자타가 없는 자리로만 논할 것이랴? 그러나 그 정신계에 등급이 나게 된 원인을 추상하면 정신의 본래처에 있어서는 대소우열의 구별이 없는 것이나 그것이 동하여 무량다겁을 윤회할 때 혹은 수양하는 길을 알아 닦아서 밝힘으로 인하여 크고 청정한 정신이 되었으며 혹은 수양의 길을 모르고서 제대로 방치함을 따라 적어지고 탁한 정신이 되었으며 또는 정신 대소의 등급이 그와 같이 많은 것은 수양의 적공 다소多少와 정신 사용의 다소를 따라 그와 같은 등분이 나타난 것이다. 그러므로 본회는 공부의 요도 삼강령 가운데 이 정신수양을 첫 조건으로 정하여 만사만리의 근본 되는 정신의 본래성을 양성시키려 하며 과거 모든 도가에서도 정신수양하는 방법을 여러 가지로 밝혀 놓았다. 그러나 과거 모든 정신수양하는 방법을 보면 혹은 주문을 외우거나 혹은 좌선하거나 하여 시끄러운 곳을 피하고 조용한 곳을 택하며 사농공상의 일을 벌이고 일 없는 한가한 몸이 되어야만 비로소 수양 공부를 할 줄 알았고 일없는 곳이나 번거한 처소에서는 단연히 수양 공부를 하지 못할 것으로 인증하였나니 이점이 우리의 수양 방법과 상위 된 점이다. 어찌 그러느냐 하면 우리의 수양법은 시끄러운 곳이나 번거한 곳이나 일이 있는 때나 없는 때나 간단間斷없이 수양을 할 수 있는 즉 무시선법인 까닭이다.

대범 수양이란 뜻을 간단히 말하자면 닦아서 기른다는 뜻이니 닦는다는 말은 그 정신을 분요하게 만드는 애착 탐착의 외경과 번뇌 망상을 소제한다는 뜻이요, 기른다는 말은 청정무애한 자기의 본래성을 양성시킨다는 의미이니 우리의 간단없는 수양법이라 하는 것은 일이 없을 때는 염불이나 혹은 좌선하여 내수양을 할 것은 물론이요, 일이 있는 때에 수양하는 방법은 이 일을 할 때는 이 일에만 일심을 모아서 하고 저 일을 할 때는 저 일에만 일심을 모아서 하여 이 일할 때 저 일에 끌리지 아니하고 저 일할 때 이 일에 끌리지 아니해서 그 일 그 일에 일심으로만 계속하여가면 일과 일은 비록 찰나 찰나로 달라지고 변동된다 할지라도 그 정신에 있어서는 계속하여 일심으로 나아가나니 이 일할 때 저 생각이 나는 것을 없애는 것은 곧 닦는 것이요, 그 생각으로만 계속하는 것

은 곧 일심을 양성시키는 것임으로 이것이 곧 수양의 방법이며 이 수양법은 사농공상 무슨 일이나 하면서도 다 할 수 있는 방법임으로 이것을 이르되 무시선법이라 한다. 더욱이 이 무시선법을 하는 가운데 신묘한 일은 이 법을 잘하자면 그 일에 당하여 일심이 되어야 하고 그 일에 일심이 되면 따라서 그 일까지 잘됨으로 결국 일이 잘되면 수양이 잘된 셈이요 수양이 잘되면 일이 잘된 셈이니 다시 말하면 수양이 일에 방해되지 아니하고 일이 수양에 방해되지 아니해서 수양과 일이 둘이 아닌 지경에 달할 것이다. 본회 『육대요령』 학위등급편 내 대각여래부 승급조항 중 동하여도 분별에 착이 없으며 정하여도 분별이 절도에 맞는다는 것은 이 무시선법을 알아서 오래오래 공부를 계속한 자의 결과를 이른 말씀이며, 우리가 지금은 비록 우리의 정신이라 하지만은 일을 당하여 정신을 회집하려 하면 천 갈래, 만 갈래로 흩어져서 용이하게 모여지지 않으나 이 무시선법을 계속하여 그 일 그 일 일심 모으는 방법을 힘쓰면 필경에는 정신을 옮기고 떼는데 능력을 얻게 되므로 정신을 이리 모으고 저리 모으며 이리 옮기고 저리 옮김에 찰나 찰나로 자유자재하여 정신 통일하기가 가장 쉽나니, 우리는 하루속히 이 무시선법을 발견하여 간단없이 공부하는 이 수양 방법에 힘쓰자.

사심邪心은 우리의 원수이다.

이공주

《회보》 제32호, 시창22년(1937) 2월호

———— 사심을 제거하고 온전하고 전일한 마음을 얻는 공부의 예화로 진묵 대사의 장보기 공부와 남천봉 노사의 사심이 나면 손등을 봉으로 때려 각성하는 공부를 제시한다. 이러한 사심을 떼는 마음공부를 위해 정신수양 사리연구 작업취사의 삼학으로 삼대력을 얻으라고 결론짓고 있다. 「법위등급」의 법마상전급 중 '천만 경계 중에서 사심을 제거하는 데 재미를 붙이고'와도 관련된 감상이다.

우리 인생이 이 세상에서 생활하기로 하면 반드시 일을 해야 하고, 그 일을 잘하려면 첫째 그 마음이 온전하고 전일하여야 될 것이다. 만일 중도에 어떠한 사심[나태심이나 불의不義, 욕심]이 나서 온전한 마음을 그리로 뺏긴다면 그 일은 크나 적으나 그르치고야 말 것이니 그 어찌 두려울 바 아니냐? 보라! 농부가 농사를 지을 때도 그 일에 전일한 정성을 들이지 않고 만일 주색잡기 등 즉 사심에 끌린다면 가을에 수확이 없을 것이요, 상고商賈하는 사람이 그런다면 그 장사를 망할 것이며, 관공청에 다니는 관리가 그런다면 그 관공청에서 쫓겨날 것이요, 공부하는 사람이 공부할 때 그런다면 그 공부를 성취하지 못할 것은 명약관화의 사실이다. 과연 사심이 들어서 우리의 경영하는 바 일을 저해하며 우리의 이상과 포부를 이루지 못하게 한다면 그 얼마나 가증할 일인가? 그러므로 나는 '사심은 우리의 원수'라고 이름하노라. 이전 진묵 대사께서는 전주 대원사에 계실 때 당신의 **마음공부[사심 떼는 공부]**를 하시기 위하여 전주 장날이 되면 일부러 천종만물千種萬物을 벌려놓은 장거리로 내려오시어 돌아다니시다가 혹 술과 안주를 보시고 잡숫고 싶은 생각이 났다든지 기타 모든 사물을 접촉하시는 가운데 혹 어떠한 사심이 동하셨다면 그날은 수심이 가득한 얼굴로 오늘은 장을 아주 잘못 보았다고[사심에 끌리어 온전한 마음을 잃어버렸다는 뜻] 화를 내시고 그 반대로 만약에 어떠한 사물에도 그 마음을 동하지 않고 오직 온전했으면 그런 날은 장을 아주 잘 보았다고 희색이 만면하여 활발한 기상으로 돌아오셨다 한다.

또 일본에 유명한 남천봉 노사老師는 매일 좌선 공부를 할 때 한 시간이나 두 시간이나 그 정신이 온전하였으면 그날은 종일 쾌활한 안색을 가지고, 만일 하기 싫은 나태심이 난다든지 혹은 오욕 간에 어떠한 사심이 일어난다면 그런 때에는 반드시 남천봉이라는 법장을 가지고 있다가 자기의 손등을 때려서 그 노사의 손등에는 평생 혹이 달려 있었다 하며 그 조사는 항상 말하기를 "다른 사람 잠잘 때 나도 잠자고, 다른 사람 잘 먹을 때에 나도 잘 먹고, 다른 사람 편안히 쉴 때 나도 편안히 쉰다면 그러한 사람은 평생에 범인을 면치 못할 것이다. 누구나 이 세상에서 활동할 때 남다른 특별한 수고가 없이, 하기 편할 일이나 하고, 훌륭한 인격이나 특별한 대우를 바라는 것은 천리天理를 모르는 자요 온전한 정신을 잃고 불의의 욕심[사심]이 주장하는 자이니, 그러한 자는 실로 어리석은 동시에 결코 그 소원은 이루지 못하게 될 것이라."고 단언하였다 한다.

그러면 위에 말한 바와 같이 진묵대사가 시장에 나가서 그 물질에 마음을 아니 뺏기려고 노력하신 일이라든지, 남천봉 노사가 좌선할 때 자기의 손등을 때려서 혹이 나게 한

일이라든지 그 내막에 들어가서는 우리의 원수인 사심 하나를 제거하자는 데에 불과하고, 또 수고 없이 훌륭한 인격이나 대우를 바라는 것은 어리석다는 말도 그 내막에 있어서는 아니 될 일을 구하려는 마음이 나는 것이고 사심이니, 그 사심을 제거하라는 데에 불과한 말이다.

보라! 과거에 석가세존께서는 왕궁 태자의 존귀하신 몸으로도 생로병사의 이치를 깨기 위하여 사시四時 궁전과 사랑스러운 처자와 모든 부귀영화를 다 버리시고 유성 출가하사 설산 고행을 감수하지 아니하셨는가? 과연 석가세존 같으신 어른은 추호의 사심이 없이 오직 도를 구하시는 데에만 전일하셨고 따라서 그리하셨기 때문에 후일 대원정각을 증득하사 삼계의 대사가 되시고 사생의 자부가 되셨나니, 우리도 우리의 목적을 달성하기로 말하면 과거 부처님의 가지신 용력勇力으로서 먼저 온갖 사심을 제거하고 온전하고 전일한 마음을 얻기에 노력하여야 할 것이요, **그러한 마음을 얻기로 말하면 먼저 본회 공부의 요도로서 공부하되 정신을 수양하여서는 일심을 얻고 사리를 연구하여서는 지혜를 얻고 작업을 취사하여서는 실행력을 얻어야 할 것이니, 우리 공부자는 새로이 각성하여 하루 속히 삼대력을 얻어서 원수인 사심을 떼여 버리기로 합시다.**

감상담(조수원)

삼대력 양성 공부를 하고자 하는 사람이라면 이공주 선진님의 마음과 다르지 않을 것이다. 진묵 대사의 장 보는 일을 우리는 매일 경험한다. 하루를 마감하면서 상시일기를 대조해 보면 정신은 사심에 온통 끌려가 있었고 그러한 줄도 모를 때가 많다. 밥을 먹을 때도 딴생각에 빠져 습관적으로 먹고, 운전하면서도 딴생각에 끌려가 있고, 사람을 대하면서도 호불호에 끌려서 응대하며, 작업을 하면서도 그 일에만 파묻혀 있다. 내 공부의 수준이 이 단계임을 알지만, 자괴감이 들지 않을 수 없다. 그동안 살아 온 습관이 철석같음을 절감한다. 언젠가는 진묵대사처럼 기쁘게 하루를 마감할 날이 올 것을 기대한다.

남천봉 노사의 말씀은 자괴감이 드는 감정조차 부끄럽게 만든다. "다른 사람 잠잘 때 나도 자고, 다른 사람 잘 먹을 때에 나도 잘 먹고, 다른 사람 편안히 쉴 때 나도 편안히 쉰다면, 그러한 사람은 평생에 범인을 면치 못할 것이다. 누구나 이 세상에서 활동할 때 남다른 특별한 수고가 없이 하기 편한 일이나 하고, 훌륭한 인격이나 특별한 대우를 바라는 자는 천리를 모르는 자요, 온전한 정신을 잃고 불의의 욕심[사심]이 주장하는 자이니, 그러한 자는 실로 어리석은 동시에 결코 그 소원을 이루지 못하게 될 것이다."라고 단언하였다.

우리는 돈 버는 일에 있어서는 남보다 더 노력해야 함을 알고 잠까지 불고하며 그 일에 매진한다. 세상에서 성공하자면 그 원리는 다 똑같은 것 같다. 이 공부 이 사업의 방대함을 아는 자 또한 이러해야 하리라. 새벽 시간에는 좌선으로 정신을 수양하고, 낮 시간에는 무시선으로 취사력을 양성하고, 시간 나는 대로 경전 법규나 의두 연마로 연구력을 키우고, 저녁에는 일과를 마무리하고 염불이나 일기를 기재하는 것으로 꾸준히 '상시 응용 주의사항'을 시행한다면 성공을 보게 될 것을 확신한다. 하루하루가 마음공부를 떠나지 않는 날들로 채워지기를 희망한다.

인심人心은 유위惟危하고 도심道心은 유미惟微하니 위자危者 안安하고 미자微者 저著하는 방법

송벽조

《월말통신》 제14회, 시창14년(1929) 음 4월

송벽조는 인심人心은 위태롭고 도심道心은 미약하다는 서경書經의 경구를 의두 문목問目 삼아 연마하고 있다. 유미惟微한 도심을 드러내고 유위惟危한 인심을 편안하게 하라는 것이다. 도심은 『정전』 무시선법에 등장한다. 무시선법으로 보면 도심은 원래에 분별 주착이 없는 각자의 성품이라면, 이 도심으로 희로애락의 인심을 잘 부리는 것은 성품을 오득하여 마음의 자유를 얻는 공부이다.

인심人心, 도심道心이라 하면 사람의 마음이 둘이 있다는 것은 결코 아닙니다. 그러나 인심은 육신으로 쫓아 발發하는 것이니 사람이 육신을 받아남[출생]에 안이비설신의 육근을 편당便當케 하고 즐겁게 하자는 마음은 보편적으로 다 있을 바이라 이것을 이르되 인심이요, 도심道心은 본연성을 여의지 아니하고 의리義理로 쫓아 발發하는 것이니 사람의 육신이 비록 괴롭고 편당便當치 못하고 또는 사지死地에 당當하는 경우가 있다 하여도 의리에 상당相當한 일만 행行하는 것은 도심이라 할지라. 인심은 가可히 선善하게 쓰면 선善이 되고 악惡하게 쓰면 악惡이 되나 도심은 전연 선善하고 공정하여 조금도 사사私私와 악惡이 없는 것이니, 사람의 육신이 있는 이상에는 비록 성인이라도 인심이 없는 바가 아니요 천성天性을 같이 받았으니, 비록 하우중생下愚衆生이라도 또한 도심이 전무全無한 것은 아니외다.

성인도 의식재색衣食財色의 안락을 모르지 아니하며 악인도 불의의 악죄에 수괴심羞愧心과 애차哀嗟한 일에 측은심은 유연油然이 발생하여 스스로 양심의 가책을 받는 적이 없지 않습니다. 그러나 인심이 오직 위태하다 함은 의리에 부당한 일이 그른 줄은 누구나 다 알지만은 경계를 당當하여 도심의 절제가 없고 주의가 없고 보면 1분 동안에도 마음이 변變하여 의리에 부당한 재물과 예禮에 부당한 색色을 취取하며 기타 이목구비의 여러 가지 욕망을 걷잡지 못하여 잠시간 지은 죄罪로 패가망신하는 일이 허다하나니 사람이 위험한 곳에 타락되지 아니하고 중도를 밟아 가기로 말하면 극極히 조심스러운 일입니다. 이러므로 전성前聖의 말씀에 깊은 못[연淵]에 다다른 듯하며 엷은 얼음 밟는 듯하다 하시니 이것은 인심이 위태함이요, 도심이 미微하다 함은 사람이 모든 경계에 인심人心이 과도 망동過度妄動하여 백방百方으로 끌리매 도심이 은미隱微하여 능能히 절제치 못하는 고로 일을 지내고는 후회하면서도 임시臨時하여는 죄罪에 타락될 일을 허다히 짓나니 이것은 도심이 미微한 바입니다.

그러면 그 위태한 인심이 편해지고 미微한 도심이 강대強大하도록 할 방법이 어디 있는가? 우리는 오로지 우리의 삼강령三綱領에 의依하여 간단없이 잘 이행한다면 양변이 다 편당便當하게 됩니다. 즉 좌선과 염불을 힘써 심心의 정력定力을 양축養蓄하고 탐욕과 번뇌 망상을 제거하며, 대소유무와 시비이해를 연구하여 시청 언동視聽言動의 모든 경계에 항상 취사를 놓지 아니하고 의리에 상당한 일이거든 아무리 하기 싫어도 죽기로써 단행하며 의리에 부당한 일이거든 아무리 하고 싶어도 죽기로써 단절하여 일일 시시로 이같이 연습하여 점점 익어지면 육근의 과도 망동過度妄動이 없어지고 경계마다 안정할 능력이 있나니 이것이 위태한 자가 편해지는 것이요, 또는 모든 경계에 상당한 지배를 주어서 조금도 불의에 망동치 못하게 할 능력이 있나니 이것이 미微한 자가 드러나는 것이라, 사람이 마땅히 도심으로 일신一身의 주재主宰를 삼아 인심을 복종시켜 도심의 명

령을 어기지 아니하면 이것이 곧 전성前聖의 이른바 정신 집중의 공부니, 그르면 육적六賊이 화化하여 육덕六德이 됩니다.

예例하면 사람의 집 주인이 미약微弱할 때는 그 집에 있는 자제와 노복의 무리가 날로 망동하여 주색낭유와 비례가무非禮歌舞에 허다히 위태한 죄罪를 짓되 주인主人이 능能히 금제禁制치 못하니 자제와 노복이 도리어 그 집을 패망敗亡케 하는 방해물이 되더니 주인이 점점 장성하여 상당한 역량과 상당한 지식을 가지고 그 집 정사政事를 주관하여 시비이해를 밝혀 자제와 노복을 사용하여 명령을 어기지 못하게 하면 그제야 그 자제와 노복이 위태한 데에 범犯하지 아니하고 상당한 그 집의 보호자가 되며 그 집주인은 확실히 그 권위를 회복할 것이니, 이것이 곧 위자危者 안安하고 미자微者 저著하는 실증이라 합니다. 〈시창14년 4월 26일 기記〉

우습다, 소 탄 자야! 소를 찾아 길들여라

송도성 수필受筆

《회보》 제30호, 시창21년(1936) 11·12월

소와 고삐의 비유는 『정전』 무시선법에 등장한다. 즉 원래에 분별 주착이 없는 성품을 챙기는 '공부심의 고삐'로 경계에 끌려다니는 '육근六根의 소'를 경계에 끌려다니지 않도록 단련하여 '마음의 자유'를 얻게 하는 것이다. 이 법설은 『대종경』 수행품 54장에 수록된다.

한때에 한 제자 종사주宗師主에게 뵈오니 종사주 가라사대,

「내가 일전 어느 곳을 가다가 어떠한 사람이 소를 타고 가는 것을 보니, 참으로 우스운 일이 있더라. 사람의 권리대로 소를 끌지 못하고 소의 권리에 사람이 끌려가는데 그 소가 가시밭이나 구렁으로 들어가면 사람도 따라서 들어가고, 산으로 가면 산으로, 들로 가면 들로 끌려가서 자빠지고 엎어지니, 의복은 다 찢기고 살과 뼈가 부서지며 얼굴이 성한 데

가 없어 차마 볼 수 없더라.

내 그 광경을 보다가 내심에 심히 불쌍하여 그 사람에게 이렇게 말하였다. "여보, 그 소를 단단히 잡아서 사방으로 가지 못하게 하고 꼭 길로만 몰아가면 저러한 봉변이 없을 것이 아니요." 한즉, 그 사람 슬픈 목소리로 하는 말이 "여보시오, 그러하면 오죽이나 좋으리까마는 그렇지 못하게 되니, 한이옵나이다. 제가 본래 무식하여 이 소를 길들이지 못하고 모든 권리를 전부 소에게 맡겼더니, 사람은 점점 늙어서 약해지고 소는 차차 장성하여 강해지며 성질이 악해지니, 아무리 하여도 이제는 제어할 능력은 없고 이 모양으로 죽는 날만 기다릴 밖에 별도리가 없습니다."라고 하며 슬피 통곡하더라.

그러하더니 "오늘 또 그대의 오는 것을 본즉 역시 소를 타고 오니, 그 소는 어느 곳에 두었는가?"

제자 "종사님이시여, 제가 방금 타고 있습니다."

종사주 "그러면 그 소의 형체가 어떻게 생겼는가?"

제자 "키는 한 길이요, 빛은 누른빛이요. 신은 삼으로 만든 신이 오며, 수염은 혹 검고 희게 났습니다."

종사주 웃으시며 말씀하시되 "그대가 소의 모양은 알았다. 그러면 그대의 소는 그대의 하자는 대로 하는가? 그대도 역시 소에게 끌려다니게 되는가?"

제자 "소가 저의 하자는 대로 하나이다. 만약 상당相當한 일에 소가 나심懶心을 부리오면 호령하여 아무쪼록 그 일을 하게 하오며, 부당한 일에 소가 동하려 하오면 또한 호령하여 그 일을 하지 못하도록 하나이다."

종사주 "그대가 소를 이미 발견하고 길들이는 법을 알았으며, 더욱이 소가 그대의 말을 잘 듣게 된다 하니, 더욱더욱 힘써서 백천만사를 자유자재하도록 소의 길을 들일 것이니라. 아, 우습다. 이 세상 소 탄 자들이여! 길들이는 자, 그 몇몇이런고?" 하시더라.

목우십도송牧牛十圖頌

보명 선사

《회보》 제59호, 시창24년(1939) 10월호

《회보》 제59호에 실린 보명 선사의 〈목우십도송〉은 『원불교전서』의 『불조요경』에 수록되어 있다. 마음을 닦아가는 단계를 소 길들이는 목우牧牛에 비유한다. 〈목우십도송〉 10가지를 선 공부에 연관 지어 '1. 길 들기 전 소' '2. 겨우 붙들었으나 도로 달아나려고 떼를 쓴다' '3. 조금 길들어가나 아직도 방심 못 한다' '4. 머리를 돌이켰다' '5. 고삐를 놓아 버렸다' '6. 소는 잠자고 목동은 일이 없다' '7. 목동은 잠을 자고 소는 자유대로 풀을 뜯는다' '8. 사람과 소가 서로 잊었다' '9. 소는 간데없고 사람만 남았다' '10. 사람도 소도 한 가지 없어지고 일원상만 나타났다'라고 밝히고 있다.

목동, 소, 사람의 캐릭터를 통해 선을 닦아가는 과정을 제시하고 이에 설명을 덧붙이고 있다. 목동이 선생 또는 도심을 챙기는 양심이라면 소는 희로애락애오욕喜怒哀樂愛惡欲의 인심人心을 가리키고 있다. 이 목우牧牛 비유는 무시선법을 닦아가는 과정이다. 소태산 대종사는 원기25년(1940) 10월에 부산 남부민 교당에 유가留駕 중 〈목우십도송〉을 『불교정전』에 넣으라고 하명한다.

〈소개의 말씀〉

이 글은 옛날 보명 선사라고 하는 유명한 도인이 지으신 바입니다. 그 내용이 사람의 마음 길 드리는 것을 소 길 드리는 데에 비유하여 10가지 순서로써 공부의 지경을 일러 놓았기 때문에 이름을 '목우십도송牧牛十圖頌'이라 붙이게 된 것입니다. 길 드리기 전으로부터 시작하여 일원상의 본원처에 이르도록까지 그 질서가 소연하며 또는 검정소가 지날수록 차차 흰 소로 변하여 필경에는 노지백우露地白牛가 되는 것도 우리의 마음에 오욕이 벗어지면 역시 그와 같다는 표현으로서 참으로 재미滋味 있는 그림이요 글입니다. 우리는 이것을 보고 각자의 마음공부가 어느 지경에나 도달하였는가를 한번 묵묵히 반조해 보기로 합시다.

1. 미목未牧 〈길들기 전〉

생녕두각자포효生獰頭角恣咆哮 흉악하게 생긴 뿔에 소리소리 지르며
분주계산로전요犇走溪山路轉遙 산과 들에 달려가니 길이 더욱 멀구나
일편흑운횡곡구一片黑雲橫谷口 한 조각 검정 구름 골 어귀에 비꼈는데
수지보보범가묘誰知步步犯佳苗 뛰어가는 저 걸음이 뉘 집 곡식 범하려노

2. 초조初調 〈겨우 붙들었으나 도로 달아나려고 떼를 쓴다〉

아유망승맥비천我有芒繩驀鼻穿 나에게 고삐 있어 달려들어 코를 뚫고
일회분경통가편一廻奔競痛加鞭 한바탕 달아나면 아픈 매를 더하건만
종래열성난조제從來劣性難調制 종래로 익힌 습관 제어하기 어려워서
유득산동진력견猶得山童盡力牽 오히려 저 목동이 힘을 다해 이끌더라

3. 수제受制 〈조금 길들여가나 아직도 방심 못 한다〉

점조점복식분치漸調漸伏息犇馳 점점 차차 길이 들어 달릴 마음 쉬어지고
도수천운보보수渡水穿雲步步隨 물 건너고 구름 뚫어 걸음걸음 따라오나
수파망승무소완手把芒繩無少緩 손에 고삐 굳게 잡아 조금도 늦추잖고
목동종일자망피牧童從日自忘疲 목동이 종일토록 피곤함을 잊었어라

4. 회수回首 〈머리를 돌이켰다〉

일구공심시전두日久功深始轉頭 날 오래고 공이 깊어 머리 비로소 돌이키니
전광심력점조유顚狂心力漸調柔 전도하고 미친 기운 점점 많이 골라졌다
산동미긍전상허山童未肯全相許 그렇건만 저 목동은 방심할 수 전혀 없어
유파망승차계류猶把芒繩且繫留 오히려 고삐 잡아 말뚝에다 매여 두네

5. 순복馴伏 〈길들여서 고삐를 놓아 버렸다〉

녹양음하고계변綠楊陰下古溪邊 푸른 버들 그늘 밑 옛 시냇가에

방거수래득자연放去收來得自然 놓아가고 거둬 옴이 자연함을 얻었구나
일모벽운방초지日暮碧雲芳草地 날 저물고 구름 낀 방초의 푸른 길에
목동귀거부수견牧童歸去不須牽 목동이 돌아갈 제 이끌 필요 없었더라

6. 무애無碍 〈소는 잠을 자고 목동은 일이 없다〉

노지안안의자여露地安眠意自如 한데 땅에 드러누워 한가하게 잠을 자니
불로편책영무구不勞鞭策永無拘 채찍질을 아니 해도 길이 구애 없을레라
산동온좌청송하山童穩坐青松下 목동은 일이 없이 청송 아래 편히 앉아
일곡승평락유여一曲昇平樂有餘 한 곡조 승평곡에 즐거움이 넘치더라

7. 임운任運 〈목동은 잠을 자고 소는 자유대로 풀을 뜯는다〉

유안춘파석조중柳岸春波夕照中 버들 언덕 봄 물결 석양이 비쳤는데
담연방초녹용용淡烟芳草綠茸茸 담연에 싸인 방초 쫑긋쫑긋 푸르렀다
기손갈음수시과饑飡渴飮隨時過 배고프면 뜯어먹고 목마르면 물 마시니
석상산동수정농石上山童睡正濃 돌 위에 저 목동은 잠이 정히 무르녹네

8. 상망相忘 〈사람과 소가 서로 잊었다〉

백우상재백운중白牛常在白雲中 흰 소 언제든지 백운 중에 들었으니
인자무심우역동人自無心牛亦同 사람 스스로[절로] 무심코 소도 또한 그러하다
월투백운운영백月透白雲雲影白 달이 구름 뚫어 가면 구름 그림자 희어지니
백운명월임서동白雲明月任西東 흰 구름 밝은 달이 서와 동에 임의로다

9. 독조獨照 〈소는 간데없고 사람만 남았다〉

우아무처목동한牛兒無處牧童閒 소란 놈은 간 곧 없고 목동만이 한가하니
일편고운벽장간一片孤雲碧嶂間 한 조각 외론 구름 저 봉머리 떠있도다
박수고가명월하拍手高歌明月下 밝은 달 바라보고 손뼉 치며 노래하니
귀래유유일중관歸來猶有一重關 그래도 오히려 한 관문이 남아 있네

10. 쌍민雙泯 〈사람도 소도 한 가지 없어지고 일원상만 나타났다〉

인우불견묘무종人牛不見杳無蹤 소와 사람 함께 없어 자취가 묘연하니
명월광한만상공明月光寒萬象空 밝은 달빛이 차서 만상이 공했더라
약문기중단적의若問其中端的意 누가 만약 그 가운데 적실한 뜻 묻는다면
야화방초자총총野花芳草自叢叢 들꽃과 꽃다운 풀이 스스로 총총타 하리

이상의 열 가지 『도송』을 직접 사람의 공부하는 데에 연락 붙여서 다시 한번 말하기로 하자면,

제일 첫째 '길들기 전 소'라 하는 것은 마치 사람이 공부하기 전에 정의와 불의를 도무지 분석하지 아니하고 자행자지로 마음과 육신을 작용하여 장차 어떠한 죄과를 지어서 어떠한 지경에 빠지게 될는지를 알지 못할 그 정도에 있는 사람에게 비유함이요,

둘째로 '겨우 붙들었으나 도로 달아나려고 떼를 쓴다' 하는 것은 자행자지하던 그 사람을 비로소 정당한 법으로 절제하여서 선도에 들게 하였으나 때때로 그 미치고 망녕된 생각이 일어나서 법法과 마魔가 싸움을 하되 혹은 법이 승하기도 하고 혹은 마가 승하기도 하는 그 정도에 있는 사람을 비유함이요,

단 '목자'를 해석하면 밖에 있어서는 지도하는 선생님이요, 안에 있어서는 자기의 양심이니 제자가 선생님의 지도를 잘 받고 육신이 양심의 지배를 잘 받아야 길이 잘 든 소라 할 것이다.

셋째로 '조금 길들여가나 아직도 방심 못 한다' 함은 몸과 마음이 정법에 길들기 시작하여 모든 선을 행하고 모든 악을 제거하는 데에 차차 수월하고 편안한 힘을 얻어가나 아직도 조금만 방심하면 곧 그전의 습관이 도로 발생할 만한 그 정도에 있는 사람을 비유함이요,

넷째로 '머리를 돌이켰다' 함은 확실히 정법에 회향하여 많은 안심력을 얻었으나 아직도 만일을 염려하여 전연 마음을 부리지 못하고 법하에 꾸준히 훈련받는 그 정도에 있는 사람을 비유함이요,

다섯째로 '고삐를 놓아 버렸다' 함은 마음공부가 아주 순숙하여 선생이 어느 정도까지 자유를 주고 그 모든 자유의 행사만 조사하는 정도에 있는 사람을 비유함이요,

여섯째로 '소는 잠자고 목동은 일이 없다' 함은 얼마 동안은 밖으로 일만一萬 인연이 쉬

고 안으로 한마음이 편안하여 조금도 거리끼고 성가신 일이 없는 정도에 있는 사람을 비유함이요,
일곱째로 '목동은 잠을 자고 소는 자유대로 풀을 뜯는다' 함은 시시각각으로 선생의 지도가 없이 제자의 자유에 맡겨서 때를 따르고 인연을 따라 슬렁슬렁 행하게 하되 조금도 절도에 어그러짐이 없는 그 정도에 있는 사람을 비유함이요,
여덟째로 '사람과 소가 서로 잊었다' 함은 경계를 대하여도 경계에 움직이지 아니하니 경계는 경계대로 나는 나대로 서로 상관이 없는 그 정도에 있는 사람을 비유함이요,
아홉째로 '소는 간데없고 사람만 남았다' 함은 사람의 마음 가운데 인심은 아주 없어지고 순연한 도심만 충만하여 공적영지의 진여묘체를 성취한 정도에 있는 사람을 비유함이요,
열째로 '사람도 소도 한 가지 없어지고 일원상만 나타났다' 함은 공부하는 사람이 대도를 원만히 성취하여 동하나 정하나 일원상을 여의지 아니하며 천지로 더불어 그 기운을 합하여 능히 삼계에 자유하고 유무를 초월함이니 그 자리에 있어서는 공하다면 만법이 다 공하고 있다 하면 만법이 다 있어서 여여자연하고 불생불멸의 진리의 본원처라 할 것이다.

불해탐주佛海探珠

직양한인 송도성
《회보》 제58호, 시창24년 9월호

송도성은 직양한인直養閑人이라는 필명으로 《회보》 제50호를 시작으로 《회보》 제63호까지 '불법의 바다에서 깨달음의 진주를 찾아 탐구한다'는 뜻의 불해탐주佛海探珠를 연재한다. 이 중에 무시선법에 등장하는 '소 길들이기'와 '마음의 고삐'와 관련된 선화禪話이다.

불문에서 사람의 마음 찾고 길들이는 것을 흔히 소를 찾고 길들이는 데에 비유하여 말한 곳이 많다. 보명 선사의 심우십도송尋牛十圖頌[목우십도송]이라는 10가지 소 찾는 비유로써 사람의 마음 닦아가는 순서를 밝힌 것은 너무나 유명한 법문으로서 천고千古 학인의 귀에 익고 입에 오르내려 많은 사람의 정신을 깨워 오거니와 그 밖에도 이와 유사한 말씀이 모든 전경典經에 얼마든지 헛치어 있음을 볼 수 있나니 여기에 그 하나를 소개하려 한다.

복주福州 대안 선사大安禪師가 처음으로 백장 화상百丈和尙을 뵈옵고 물어 가로대
"학인이 부처를 알고자 하오니 그 무엇이 부처오니까?"
백장 "네가 마치 소를 타고 소를 찾는 사람 같구나."
대안 "안 뒤에는 어떻게 하오리까?"
백장 "소를 타고 집으로 돌아오려무나."
대안 "어떻게 보림하오리까?"[보림保任은 깬 뒤에 마음을 안보하여 닦는 방법]
백장 "소 기르는 사람이 채찍을 들고 살펴보다가 소가 만약 다른 사람의 곡식밭에 범하거든 곧 제재를 가하여 먹지 못하게 할지니 오래오래 길들이면 고삐와 채찍을 놓아도 소가 자연히 곡식밭에 범하지 아니하리라." 하셨다.
대안 언하에 크게 깨달아 일생의 공부길을 얻었다 하니, 이 비록 간단한 문답이나 비유의 적절함과 의미의 심장함이 우리로 하여금 삼복三復할 가치가 있다고 생각한다.

신시
新詩

적멸의 궁전

송도성

《회보》 제13호. 시창19년(1934) 11·12월호

______________ 적멸의 궁전은 원래에 분별 주착이 없는 각자의 성품 자리로, 이 적멸의 성품에 들면 이 자리가 유일한 피난처요, 휴양처요, 연구실이라고 노래하고 있다. 이 자리에 들면 팔만 마군도 침범할 수 없고, 만신창이의 피로疲勞도 씻어낼 수 있고, 인생의 고단한 문제도 가려낼 수 있는 것이다. 적멸의 궁전은 구조 아닌 구조요 존재 아닌 존재로, 공空도 아니요 색色도 아니며, 유有도 아니요 무無도 아닌 자리다. 결국 일원상 성품의 궁전에 들어 수양 연구 취사의 삼학 공부로 마음의 자유를 얻으라는 것이다. 이 시는 구조와 존재라는 현대철학의 주제를 사용하고 있는 특징이 있다.

1.

크다면 온 천지 작다면 한 티끌 그 위에 터를 잡고 엄연히 서 있는 적멸의 궁전!
아! 그것은 나의 유일한 피난처이다.
삼독三毒의 흑운黑雲이 우주를 뒤덮고 사란四亂의 독풍毒風이 강산을 흔들고
팔만 사천의 마군이 아우성치는 그 속에서라도
나는 유연悠然히 이 적멸의 궁전에 들면서
슬며시 그 육근의 문을 닫아 버린다.
그러면 제아무리 검은 구름
제아무리 독한 바람
제아무리 강한 마군이라도
신성하고 존엄한 나의 이 궁전에는 감히 침입하지 못하지요.

2.

크다면 온 천지 적다면 한 티끌 그 위에 터를 잡고 엄연히 서 있는 적멸의 궁전!

아! 그것은 나의 유일한 휴양소외다.

삼계가 화택이요 인생이 고해라 엎치락뒤치락 살았다 죽었다 하는 그 속에서

만신滿身의 창이瘡痍

극도의 피로를 느끼다가도

나는 초연히 물러나 이 적멸의 궁전 안락의 의자에 앉는다.

그러면 만신의 창이

극도의 피로도 어느 겨를에 씻은 듯

거기서 다시 새로운 기운 강한 힘을 얻게 되지요.

3.

크다면 온 천지 적다면 한 티끌 그 위에 터를 잡고 엄연히 서 있는 적멸의 궁전!

아! 그것은 나의 유일한 연구실이외다.

인생의 모든 복잡한 문제

사물의 여러 가지 난관에 봉착하여

머리를 썩이고 마음을 태우다가도

나는 올연兀然히 돌아와서 이 적멸의 궁전

궁리窮理의 실중室中으로 들어간다.

그러면 아무리 복잡한 문제라도 손쉽게 그 가리를 찾게 되고

아무리 험악한 난관이라도 드디어 그 열쇠를 얻게 되지요.

4.

금도 아니요 돌도 아니며,

나무도 아니요 흙도 아닌

구조構造 아닌 구조의 적멸의 궁전!

공空도 아니요 색色도 아니며,

유有도 아니요 무無도 아닌

존재 아닌 존재의 적멸의 궁전!

아! 그것은 나의 유일한 피난처요, 휴양처요, 연구실이외다.

시

심전을 계발하자

이공주

《회보》 제19호, 시창20년(1935) 8·9월호

『대종경』 수행품 59장에 소태산 대종사의 심전계발 법설이 등장한다. 원래에 분별과 주착이 없는 성품에서 선악의 마음 발하는 것이 마치 저 밭에서 농작물과 잡초가 나오는 것 같으니, 묵은 밭을 개척하여 좋은 밭을 만들 듯이 마음 바탕인 심전心田을 단련하여 혜복을 가꾸는 것을 심전계발이라 한다. 즉 심전계발은 원래에 분별 주착이 없는 각자의 성품을 오득하여 마음의 자유를 얻는 선 공부이다.
구타원 이공주는 심전을 계발하여 삼대력을 양성하고 사은보은 사요실천 솔성요론 30계문을 실행하는 심전농사법을 노래하고 있다.

심전心田이라 하는 것은 무엇을 이름인가.
글자 그대로 마음 밭이라 하는 말이니
다시 말하면 우리 사람들 마음을 이름이다.
사람의 마음이란 형상이 없건마는
그의 작용하는 것은 기기하고 묘묘하여
크기로 말을 하면 우주를 능히 덮고
작기로 말을 하면 미진보다 더 작으며
밝기로 말을 하면 일광보다 더욱 밝고
어둡기로 말을 하면 칠야와 방불하여
일일 시시로 움직여 쓰는 가운데
온갖 조화가 다 드러나니
선하고자 할진댄 능히 선하고
악하고자 할진댄 능히 악하며
잡심과 사심도 그 가운데 깊아 있고

바르고 옳은 맘도 그중에 있나니
계발啓發이라 하는 것은 또 무엇인가
미개未開한 마음을 개명開明하란 말이니
완고하던 마음은 신식으로 바꾸고
불량하던 마음은 선심으로 바꾸며
우치하던 마음은 지혜로써 바꾸고
불의한 마음은 정의의 맘으로 바꾸자는 것이니
즉 탐진치의 삼독심이 있는 사람은
그 대신에 원만하고 공정한 맘 키울 것이며
살도음의 악한 행실 있는 사람은
그 대신에 어질고 착한 행실 조장시키며
기어 망어 악구 양설 놀리지 말고
그 대신에 인생의 요법을 설하자는 것이다.
심전의 실증거를 다시 들어 말하자면
농부의 농사짓는 전답과 흡사하나니
전답에 제초하면 곡식이 잘 자라듯
사심 잡심 끊어 내면 정심만이 길나니라.
자고로 박토에는 제초와 비료가 필요하듯
사람의 심전에는 신앙과 지계持戒가 필요하나니
신앙이라 하는 것은 심전의 비료이요
계행을 지킴은 심전의 제초니라.
제군이여 묵힌 심전계발코자 하거든
첫째 편 신앙처를 택하여야 할 것이니
화와 복을 내려주는 심불을 신앙하며
유아종사 제정하신 삼대력을 준비하고
솔성요론 사은사요 이행할지며
그 반면에 삼십 계명 지키어보라.
그런다면 불의한 맘 나올 틈이 없어지고

언제든지 정의 도덕 주장되리니
이것이 이른바 심전계발이니라.

마음 운전수

조전권

《회보》 제34호, 시창22년(1937) 4·5월호

자동차 운전은 소태산 대종사가 용심법을 비유하는 법설 소재로, 초기교단의 제자들도 마음공부의 주제로 자주 사용한다. 공타원 조전권도 자동차를 몸에, 마음을 운전사에게 비유하여 일심과 연구와 취사의 마음공부로 세상을 잘 운전해 가자고 노래하고 있다.

자동차 운전과 삼학 공부의 비유는 〈시창13년 사업보고서〉 중 '교무부 제1회 공부인 훈련보고서'의 '삼강령의 총론'에서 "본회의 삼강령 내 정신수양은 이 인생의 지배자인 육체의 운전사인 정신을 미리 밝혀 만드는 방법이요, 사리연구는 그 사리 선로에 천만 가지 운전방식을 아는 방법이며 작업취사는 그 운전수에 실제의 훈련을 시키는 방법이다."라고 밝히고 있다.

1.

이내 몸은 자동차요
이내 맘은 운전수運轉手라
한정 없이 넓은 천지
정망定望없이 먼먼 길에
자동차에 올라앉아
목적한 길 가려 하니
좋은 길도 있거니와

험한 길이 더욱 많다.

2.

만일 한번 방심하여
운전 잘못하고 보면
세세생생 거래 간에
육도윤회六途輪廻 못 면하고
악도타락惡道墮落 될 것이니
그 얼마나 두려운가
수도자인 우리는
일층 주의하여보세.

3.

어느 곳을 행하든지
어느 곳에 머물든지
항상 일심一心 놓지 말고
연구 취사 합력하면
운전하기 수월하고
매매사사每每事事 골라 맞아
어떠한 험로險路라도
무사통과하오리라.

라도強者가되것느냐? 強者가더욱強하야
한強者가되면弱者라도漸々強하야永遠한強者
되난法이잇것만은 이世上사람들은그조흔自
他法을쓰지못하고 弱肉強食을하며弱者
者를미워만하다가強者와弱者는怨讐가되며서
生命을犧牲하며더욱甚하면世々生々의무어
업는罪를지여苦를벗나니와比하야한例를드
하면「甲洞里와乙洞里두곳이잇난데甲洞里
中、가난하고無學하야淺見薄識者들이오乙

제3 수행편 修行編

제8장 참회문懺悔文

제8장 참회문懺悔文

음양상승陰陽相勝의 도를 따라 선행자는 후일에 상생相生의 과보를 받고 악행자는 후일에 상극相克의 과보를 받는 것이 호리도 틀림이 없으되, 영원히 참회개과하는 사람은 능히 상생상극의 업력을 벗어나서 죄복을 자유로 할 수 있나니, 그러므로 제불 조사가 이구동음으로 참회문을 열어 놓으셨나니라.

대범, 참회라 하는 것은 옛 생활을 버리고 새 생활을 개척하는 초보이며, 악도를 놓고 선도에 들어오는 초문이라, 사람이 과거의 잘못을 참회하여 날로 선도를 행한즉 구업舊業은 점점 사라지고 신업은 다시 짓지 아니하여 선도는 날로 가까워지고 악도는 스스로 멀어지나니라. 그러므로 경에 이르시되 '전심작악前心作惡은 구름이 해를 가린 것과 같고 후심 기선後心起善은 밝은 불이 어둠을 파함과 같나니라' 하시었나니, 죄는 본래 마음으로부터 일어난 것이라 마음이 멸함을 따라 반드시 없어질 것이며, 업은 본래 무명無明인지라 자성의 혜광을 따라 반드시 없어지나니, 죄고에 신음하는 사람들이여! 어찌 이 문에 들지 아니하리오.

그러나 죄업의 근본은 탐·진·치貪瞋痴라 아무리 참회를 한다 할지라도 후일에 또 다시 악을 범하고 보면 죄도 또한 멸할 날이 없으며, 또는 악도에 떨어질 중죄를 지은 사람이 일시적 참회로써 약간의 복을 짓는다 할지라도 원래의 탐·진·치를 그대로 두고 보면 복은 복대로 받고 죄는 죄대로 남아 있게 되나니, 비하건대 큰 솥 가운데 끓는 물을 냉冷하게 만들고자 하는 사람이 위에다가 약간의 냉수만 갖다 붓고, 밑에서 타는 불을 그대로 둔즉 불의 힘은 강하고 냉수의 힘은 약하여 어느 때든지 그 물이 냉해지지 아니함과 같나니라.

세상에 전과前過를 뉘우치는 사람은 많으나 후과를 범하지 않는 사람은 적으며, 일시적 참회심으로써 한두 가지의 복을 짓는 사람은 있으나 심중의 탐·진·치는 그대로 두나니 어찌 죄업이 청정하기를 바라리오.

참회의 방법은 두 가지가 있으니, 하나는 사참事懺이요 하나는 이참理懺이라, 사참이라 함은 성심으로 삼보三寶전에 죄과를 뉘우치며 날로 모든 선을 행함을 이름이요, 이참이라 함은 원래에 죄성罪性이 공한 자리를 깨쳐 안으로 모든 번뇌 망상을 제거해 감을 이름이니 사람이 영원히 죄악을 벗어나고자 할진대 마땅히 이를 쌍수하여 밖으로 모든 선업을 계속 수행하는 동시에 안으로 자신의 탐·진·치를 제거할지니라. 이같이 한즉, 저 솥 가운데 끓는 물을 냉하게 만들고자 하는 사람이 위에다가 냉수도 많이 붓고 밑에서 타는 불도 꺼버림과 같아서 아무리 백천 겁에 쌓이고 쌓인 죄업일지라도 곧 청정해 지나니라.

또는 공부인이 성심으로 참회 수도하여 적적성성한 자성불을 깨쳐 마음의 자유를 얻고 보면, 천업天業을 임의로 하고 생사를 자유로 하여 취할 것도 없고 버릴 것도 없고 미워할 것도 없고 사랑할 것도 없어서, 삼계 육도三界六途가 평등일미요 동정역순이 무비삼매無非三昧라, 이러한 사람은 천만 죄고가 더운물에 얼음 녹듯하여 고도 고가 아니요 죄도 죄가 아니며, 항상 자성의 혜광이 발하여 진대지가 이 도량이요 진대지가 이 정토라 내외 중간에 털끝만한 죄상罪相도 찾아볼 수 없나니, 이것이 이른바 불조의 참회요, 대승의 참회라 이 지경에 이르러야 가히 죄업을 마쳤다 하리라.

근래에 자칭 도인의 무리가 왕왕이 출현하여 계율과 인과를 중히 알지 아니하고 날로 자행자지를 행하면서 스스로 이르기를 무애행無碍行이라 하여 불문佛門을 더럽히는 일이 없지 아니하나니, 이것은 자성의 분별 없는 줄만 알고 분별 있는 줄은 모르는 연고라, 어찌 유무초월의 참 도를 알았다 하리요. 또는 견성만으로써 공부를 다한 줄로 알고, 견성 후에는 참회도 소용이 없고 수행도 소용이 없다고 생각하는 사람이 많으나, 비록 견성은 하였다 할지라도 천만 번뇌와 모든 착심이 동시에 소멸되는 것이 아니요 또는 삼대력三大力을 얻어 성불을 하였다 할지라도 정업定業은 능히 면하지 못하는 것이니, 마땅히 이 점에 주의하여 사견邪見에 빠지지 말며 불조의 말씀을 오해하여 죄업을 경하게 알지 말지니라.

죄고에 신음하는 사람과 참회문

참회문懺悔文의 서두에 '참회의 원리'를 밝히고 있다.

"음양상승陰陽相勝의 도를 따라 선행자는 후일에 상생相生의 과보를 받고 악행자는 후일에 상극相克의 과보를 받는 것이 호리도 틀림이 없으되, 영원히 참회개과하는 사람은 능히 상생상극의 업력을 벗어나서 죄복을 자유로 할 수 있나니, 그러므로 제불조사가 이구동음으로 참회문懺悔門을 열어 놓으셨나니라."

'제불조사가 이구동음異口同音으로'는 표현은 달리하지만 다 참회를 말하고 있다는 뜻이다. 성자들이 시대에 따라 나오시어 참회의 길을 제시해 주셨다는 것이다.

제목인 '참회문'의 문은 '글월' 문文이라면 '참회문을 열어 놓으셨나니라'의 참회문은 '출입문'의 문門이다.

참회는 음역과 의역을 합한 표현으로, 참懺은 Ksama[참마懺摩]는 음역의 약칭이라면, 회悔는 참마의 뜻인 '잘못을 뉘우치다, 잘못을 빌다, 용서를 빌다, 잘못을 고치다, 회개하다' 등의 의역이다.

그러므로 『정전』 '참회문'에서는 음역과 의역을 통합하여 '참회 개과'라 풀고 있다. 즉 참회는 개과改過로 잘못을 깨우쳐 뉘우치어 잘못을 고치는 것이다. 선행자는 보은자요 악행자는 배은자이다.

'참회문'의 서두에 참회의 대전제로 음양상승의 도에 따른 인과법因果法이 제시되어 있다. 인과법이 있기에 이 원리에 따라 참회문이 열리는 것이다.

음陰 중에 양陽이 있고 양 중에 음이 있는 원리를 따라 인因 중에 과果가 있고 과果 중에 인因이 있는 것이다. 음양상승의 도를 따라 인과보응이 되는 것이다.

음과 양의 관계는 음이 양을, 양이 음을 서로 밀고 있는 상추相推의 관계로, 이러한 관계를 음양상승陰陽相勝이라 한다. 음과 양은 서로 밀고[추推] 있기에 서로 승勝하는 관계이다. 양이 음을 밀고 있는 것은 양을 미는 힘을 음이 함장하고 있는 동시적 관계로, 그 반대도 마찬가지다. 그러므로 서로 밀어주기에 서로 승하는 관계이다.
이러한 음양상승의 도를 따라 죄복을 어떻게 받아들이냐는 심신 작용의 인因에 따라 그 과보가 다시 심어지는 것이다. 결국 상생·상극의 과보는 음양상승의 도를 따라 있게 되며, 참회는 상생·상극의 인과보응 선상에서 수행하는 방법이다. 이것이 참회의 대전제이다.

'상생상극의 업력을 벗어나서 죄복을 자유로 할 수 있다'는 뜻은 진정으로 참회 개과하면 상극의 업력이라 할지라도 그 업력에서 벗어나 새로이 복락을 장만할 수 있으며 상생의 업력이라도 그로 인해 다시 죄업에 빠지지 않도록 하는 것이다. 복 짓는 상생에도 걸리지 않는 것으로 복 짓는 것이 도리어 죄를 짓는 계기가 되지 않도록 하며 또한 죄 짓는 상극에도 매몰되지 않아 다시 복을 짓도록 하는 것이다.
즉 상극의 업력이라 할지라도 이에 매이지 않고 죄고에서 복락을 개척할 수 있으며, 상생의 업력이라도 이에 매몰되어 복락에서 죄고로 화하지 않게 하는 것이다. 음양상승의 도를 따라 죄복 인과를 임의로 하는 것이다.
음양상승의 도를 따라 과거에 지은 죄업을 어떻게 받아들이냐는 인因에 의해 새로운 과보果報가 함장 되며, 설사 복락을 받는 상생의 과보라 할지라도 이를 받아들이는 자세로 인하여 새로운 과보가 전개되는 것이다.
죄를 지었거나 죄지을 마음이 일어나면 이를 알아차리어 잘못을 뉘우치고 죄업에 끌려가지 않으며, 복을 지으면 복 지은 마음이 원인이 되어 혹여 이를 몰라준다고 섭섭해하고 서운해하여 더욱 미워하는 마음을 반성하여 죄고로 화하지 않게 하는 것이다. 이처럼 죄에 끌리지 않게 하고 복이 죄로 전환되지 않도록 하여 죄복을 자유 할 수 있는 것이다.
참회 개과하여 죄를 뉘우치어 죄를 다시 짓지 않으며 또한 복락에도 간사하고 망녕된 곳으로 빠지지 않게 하는 것이 상생상극의 업력을 벗어나 죄복을 자유 하는 참회이다.

무시선법과 참회문은 소태산 대종사의 지도에 따라 원산 서대원이 문장을 초안한 법문이라고 전해지고 있다. 서대원은 소태산 대종사와 사적으론 생질간甥姪間, 즉 서대원의 모친 박도선화가 소태산의 누님으로, 소태산 대종사는 서대원의 외숙이다.

서대원은 원기14년(1929) 2월 22일 20세시 봄에 입교하여 전무출신으로 출가한 후 원기 15년(1930) 경오동선庚午冬禪에 입선한다. 입선 중 어느 날 저녁 공회당 선방에서 소태산 대종사의 법설을 듣게 된다. 소태산은 혜가가 달마 대사에게 손을 잘라 바친 신성信誠 이야기를 하시며, 앞으로는 공부와 사업을 하는 데 있어 없어서는 안 될 자본인 몸을 상하면서까지 신을 표한들 무슨 이익이 있겠냐는 경책의 법문을 한다.

그런데 서대원은 충천하는 꽃발신심에 의해서였는지 혜가 대사처럼 자신도 스승님에게 절대 신성을 바치겠다는 마음에 이튿날 새벽, 소태산 대종사 거처인 금강원[당시 종법실] 마루에서 왼 손가락을 절단한다. 이에 단지斷指한 상태의 서대원을 급히 구루마[수레]에 태워 이리 시내 병원으로 이송하였지만, 치료가 용이하지 않아 결국 손목을 자르는 절단 치료를 받게 된다. 소태산 대종사는 치료를 마치고 총부에 돌아온 서대원을 당시 사무실인 영춘헌[현 종법실] 작은 방[공회당 쪽]으로 불러 크게 꾸중하며 말씀하시는데[로산露山 전성완全性完 증언], 그 법문 내용이 『대종경』 신성품 17장이다.

아마도 원산 서대원에게 있어 참회는 평생의 과제였을 것이다. 단지斷指 사건이 있었던 때로 추정되는 1930년 겨울부터 1943년 소태산의 열반 때까지 13여 년간 그리고 원산이 열반한 1945년까지 15년간 뉘우치는 참회의 고뇌 속에 살았을 것이다. 참회문은 원산 서대원의 참회 눈물이요 고백이라 할 것이다.

참회의 정의

———— 참회에 대한 정의이다.

"대범, 참회라 하는 것은 옛 생활을 버리고 새 생활을 개척하는 초보初步이며, 악도惡道를 놓고 선도善道에 들어오는 초문初門이라"

새롭게 다시 시작하려면 과거의 잘못된 생활을 버리고 악도의 길을 단절하는 참회를 해야 한다. 이처럼 참회는 새 생활을 개척하는 첫걸음[初步]이요 선도에 드는 첫 문열이[初門]다. 그러므로 참회 없는 새 삶은 있을 수도 없고 참회 없이는 선도善道에 진입할 수 없는 것이다.

옛 생활은 악도라면 새 생활은 거듭난 선도의 생활로, 새 마음 새 몸 새 생활로 새사람이 되기 위해서는 참회의 문에 들어야만 한다. 악도는 잘못이라면 선도는 잘함이다. 잘하고 잘못함은 고정된 실체가 아니라 인연에 따라 잘 할 수도 있고 잘하지 못할 수도 있으며 이러한 잘잘못은 고착된 경도가 있을 뿐이다.
참회는 바로 개과천선改過遷善의 길로, 참회 수도해야 새 생활이 펼쳐지고 은혜의 길인 선도에 들게 되는 것이다.

또한 참회를 '구업과 신업' '선도와 악도'로 부연 설명한다.
"사람이 과거의 잘못을 참회하여 날로 선도를 행한즉 구업舊業은 점점 사라지고 신업新業은 다시 짓지 아니하여 선도는 날로 가까워지고 악도는 스스로 멀어지나니라."

과거의 잘못, 선도와 악도, 구업과 신업은 고정된 실체가 아니다. 과거의 잘못은 한때 잘못한 것으로 고정된 죄업이 아니라 참회하면 바꿀 수 있는 것이다. 선인은 영원한 천사요 악인은 어찌하지 못할 영원한 악마가 아니다. 죄는 그릇된[非] 습관을 심신의 그물에 담고[罒] 있는 상태이다. 죄는 그릇된 행위로 잘못된 허물이다.

소태산 대종사는 선인 악인을 영원한 천사나 영원한 악마로 규정하지 않는다.
대종사 말씀하시기를 "아무리 한 때에 악을 범한 사람이라도 참 마음으로 참회하고 공덕을 쌓으면 몸에 악한 기운이 풀어져서 그 앞길이 광명하게 열릴 것이요, 아무리 한 때에 선을 지은 사람이라도 마음에 원망이나 남을 해칠 마음이 있으면 그 몸에 악한 기운이 싸고놀아서 그 앞길이 암담하게 막히나니라." 〈『대종경』 요훈품 32장〉
한때 잘못을 지었다 할지라도 참회하면 새롭게 시작할 수 있고, 한때 선을 지었을지라도 잘못한 실수나 과오를 반성할 줄 모르면 죄고에 빠지게 되는 것이다.

구업은 과거에 지었던 악습이라면 신업은 또다시 지은 악업의 습관이다. 그러므로 과거에 지었던 구업을 참회 개과하여 개과천선의 선도의 길에 들면 구업의 악습은 점점 사라지게 되고, 앞으로 또다시 짓게 되는 신업新業을 짓지 아니하면 선도는 날이 갈수록 가까워지고 악도의 악습은 스스로 멀어지는 것이다.

이를 『불교정전』에서 "참회를 성심으로 하면 중重한 업은 경輕해지고 경한 업은 소멸된다[법원法苑]."하였다.

그리고 이러한 '구업과 신업의 악도'와 '개과천선의 선도'를 비유한다.
"경經에 이르시되 '전심작악前心作惡은 구름이 해를 가린 것과 같고 후심기선後心起善은 밝은 불이 어둠을 파함과 같나니라'"

경은 미증유경未曾有經으로, 전에 지었던 구업인 전심작악前心作惡은 마치 구름이 해를 가린 것과 같고, 또다시 짓게 되는 신업은 짓지 아니하여 선도善道에 드는 후심기선後心起善은 마치 밝은 불이 어둠을 파함과 같다는 것이다.
전심작악前心作惡은 과거의 잘못인 구업이요 악도라며, 후심기선後心起善은 새로운 악업인 신업은 다시 짓지 않는 선도이다.

이어서 '죄와 업'을 '마음과 무명'의 관계로 밝히고 있다.
"죄는 본래 마음으로부터 일어난 것이라 마음이 멸함을 따라 반드시 없어질 것이며, 업은 본래 무명無明인지라 자성의 혜광을 따라 반드시 없어지나니, 죄고에 신음하는 사람들이여! 어찌 이 문에 들지 아니하리오."

'구름이 해를 가린 것'은 무명이라면 '밝은 불이 어둠을 파하는 것'은 자성의 혜광慧光이 발하는 것이다. 마음이 멸하고 자성의 혜광이 발하면 참회의 문에 들 수 있는 것이다.
죄罪를 짓는 출처는 마음 작용이기에, 죄는 마음으로부터 일어난 것이다. 그릇된 마음에 따라 죄가 발생하게 되므로 이러한 마음을 뉘우치면 반드시 없어지는 것이다. 개과천선하면 죄는 반드시 없어지는 것이다.
업業은 짓는 것으로, 이 업이라는 장애물이 마음의 광명을 가로막고 있는 것이다. 죄가 업을 짓고 업이 무명을 일으키고 무명은 다시 업을 두텁게 강화하는 것이다. 이처럼 마음의 장애물인 업은 본래 실체가 없는 무명인지라 자성의 혜광을 따라 반드시 없어지는 것이다. 태양이 뜨면 어둠이 사라지듯 자성의 태양이 솟으면 무명의 업은 소멸된다.

죄와 업은 상호 관통되어 있다. 죄가 업을 형성하고 업이 무명을 일으키고 이 무명은 다시 죄를 지어 죄고를 불러오는 것이다.
이러한 죄고에 신음하는 사람들은 이 참회의 문門을 활짝 열고 이 문에 들어서야 할 것이다.

죄업의 뿌리, 탐·진·치와 참회

죄업의 뿌리인 탐진치와 죄업이 청정해지지 못한 원인이다.

첫째, 죄업의 근본인 탐진치와 일시적 참회이다.
"그러나 죄업의 근본은 탐·진·치貪嗔痴라 아무리 참회를 한다 할지라도 후일에 또다시 악을 범하고 보면 죄도 또한 멸할 날이 없으며, 또는 악도에 떨어질 중죄를 지은 사람이 일시적 참회로써 약간의 복을 짓는다 할지라도 원래의 탐·진·치를 그대로 두고 보면 복은 복대로 받고 죄는 죄대로 남아 있게 되나니, 비하건대 큰 솥 가운데 끓는 물을 냉冷하게 만들고자 하는 사람이 위에다가 약간의 냉수만 갖다 붓고, 밑에서 타는 불을 그대로 둔즉 불의 힘은 강하고 냉수의 힘은 약하여 어느 때든지 그 물이 냉해지지 아니함과 같나니라."

'아무리 참회한다고 할지라도'에서 '참회를 한다는 것'은 구업舊業을 뉘우친다는 것이며, '후일에 또다시 악을 범하고 보면'은 신업新業을 다시 짓는 것이다. 큰 솥은 가마솥이다.
죄업의 뿌리는 탐·진·치貪嗔痴로, 탐·진·치는 연동되어 있다.
《시창14년도 교무부 사업보고서》 중 '정신수양의 필요'의 한 대목이다.
"인간 생활의 모든 욕망을 채우려 할 때 곧 탐심이 나게 되며, 그 탐심을 채우지 못하면 그 즉각 진심嗔心이 발하게 된다. 이 진심이 한 번 발하면 사람의 맑은 정신은 찰나 간 혼암昏暗하게 되어, 시비곡직是非曲直과 예의염치와 상하노소를 가릴 여유가 없이 증오의 생각이 미치는 대로, 울화의 불길이 닿는 대로 치행痴行을 저질러 매매사사每每事事 실패에 돌아가고 미니니 …."

이어지는 《시창14년도 교무부 사업보고서》 중 '동포 피은'의 한 대목이다.

"반드시 재주 미치는 대로 힘닿는 대로 저의 탐심을 채우려다가 뜻과 같이 되지 아니하면 진심이 날 것이요, 진심이 나고 보면 별별 어리석은 짓과 같은 불의 행사를 다 할 것이니, 대저 이 탐·진·치란 모든 동물의 선천적으로 타고난 자본資本이며, 본능적으로 발휘하는 수단이라 할 것이다."

이 두 대목에서 탐·진·치는 서로 영향을 주고 있는, 탐·진·치의 연동성을 밝히고 있다.

이렇게 연동된 탐진치를 그대로 두고서는 죄업을 단절코자 하나 또다시 죄업을 짓게 되는 것이다. 과거에 지었던 구업을 참회하여 약간의 복을 짓는다 할지라도 원래의 탐진치를 그대로 두고 보면 새로운 죄업을 짓게 되며, 악도에 떨어질 중죄를 지은 사람이 일시적 참회로 복을 짓는다 해도 탐진치가 그대로 남아 있기에 죄업은 그치지 않게 되는 것이다.

이는 마치 가마솥의 끓는 물을 냉冷하게 만들고자 하는 사람이 위에다가 냉수만 약간 붓는 격이다. 이는 전과를 뉘우치는 일시적 참회의 한계이다.

이처럼 원래의 탐진치를 그대로 두고서 후과를 범하지 않기가 어려운 것이다. 일시적으로 참회를 한다 해도 원래의 탐진치를 그대로 두고서는 죄업은 끝내 청정해질 수 없는 것이다.

마치 가마솥 밑에서 타는 장작불을 그대로 두고서 위에다가 냉수만 약간 부으면 밑에서 타는 불의 힘은 강하고 냉수의 힘은 약하여 그 물이 냉해지지 아니하는 격이다. 가마솥의 장작불을 꺼내는 것처럼 원래의 탐진치를 소멸시키는 참회가 요청되는 것이다.

둘째, 전과와 후과, 일시적 참회심과 심중의 탐진치 관계이다.

"세상에 전과前過를 뉘우치는 사람은 많으나 후과後過를 범하지 않는 사람은 적으며, 일시적 참회심으로써 한두 가지의 복을 짓는 사람은 있으나 심중의 탐·진·치는 그대로 두나니 어찌 죄업이 청정하기를 바라리오."

죄업이 청정해지지 않는 이유는 과거에 지었던 죄과[구업]를 뉘우치거나 또는 일시적 참회심으로 약간의 복을 짓기는 하나 또다시 후과[신업]를 짓거나 심중의 탐진치를 그대로 두기 때문이다. 죄업의 뿌리는 심중의 탐진치이다.

소태산 대종사는 "선을 행하고도 남이 몰라주는 것을 원망하면 선 가운데 악의 움이 자라나고, 악을 범하고도 참회하면 악 가운데 선의 움이 자라나나니, 그러므로 한때의 선으로 자만자족하여 향상을 막지도 말며, 한때의 악으로 자포자기하여 타락하지도 말 것이니라."[『대종경』 요훈품 26장]고 말씀하신다.

악을 끊되 심중의 탐진치를 그대로 두면 일시적 참회는 될지언정 또다시 악을 짓게 되며, 선을 짓되 심중에 탐진치가 있다면 약간의 선은 짓는다 해도 다시 악을 짓게 되는 것이다. 음 중에서 양이 움트고 양 중에서 음이 발생하듯이, 만일 선한 행위 가운데 남이 알아주지 않는다고 하여 원망하는 마음이 있으면 악업이 움트게 되며, 악업을 지었다 해도 잘못을 뉘우치어 다시 악업을 짓지 않는다면 선업을 짓는 움이 트는 것이다.
만일 선을 행하고도 남이 몰라준다고 원망하거나, 한때의 선으로 자만자족하는 것은 위에다가 약간의 냉수만 붓고 밑에서 타는 불은 그대로 두는 격이다.
일시적 참회로써 한 때의 죄악을 참회하여 약간의 선을 짓는 데 그쳐서는 안 될 것이다. 악에 자포자기하지 않으면서 또한 선에도 자만자족하지 않아야 진정한 참회이다. 이것이 밑에서 타는 장작불까지 꺼내는, 즉 심중의 탐진치까지 소멸시키는 참회라 할 것이다.
그래야만 한때의 선에 자만자족하여 향상을 막지도 않고, 한때의 악으로 자포자기하여 타락하지도 않게 되는 것이다.

참회의 방법, 사참과 이참

참회의 방법은 사참과 이참으로, 이를 내외로 쌍수하라는 것이다.

"참회의 방법은 두 가지가 있으니, 하나는 사참事懺이요 하나는 이참理懺이라, 사참이라 함은 성심으로 삼보三寶전에 죄과罪過를 뉘우치며 날로 모든 선을 행함을 이름이요, 이참이라 함은 원래에 죄성罪性이 공空한 자리를 깨쳐 안으로 모든 번뇌 망상을 제거해 감을 이름이니, 사람이 영원히 죄악을 벗어나고자 할진대 마땅히 이를 쌍수하여 밖으로 모든 선업을 계속 수행하는 동시에 안으로 자신의 탐·진·치를 제거할지니라."

사참의 사事는 사건이 발생하는 그 당처 그 일이라면, 이참의 이理는 원리요 이치이다.

첫째, 사참은 성심으로 천지만물 허공법계인 천지·부모·동포·법률의 사은 전에 죄과를 뉘우치며 날로 모든 선을 행하는 것이다.

'성심으로 삼보三寶전에 죄과를 뉘우치며~'에서 '삼보'는 법신불 일원상인 '사은四恩'으로 읽어야 할 것이다.

소태산 대종사는 『대종경』 신성품 8장에서 "공부가 구경처에 이르고 보면 자타의 계한이 없이 천지만물 허공법계가 다 한 가지 삼보로 화하나니라." 밝히고 있다.

결국 삼보는 자타의 계한이 없는 구경처에서 드러나는 천지만물 허공법계로, 천지·부모·동포·법률의 사은이다. 삼보의 본뜻은 '법신불 일원상인 사은'이다.

'사은'이 곧 진정한 부처[불佛]요, 참된 경전이요 가르침[법法]이며, 또한 진정한 스승이요 선생[승僧]인 것이다. 결국 불법승 삼보의 진면목은 천지만물 허공법계로써 천지·부모·동포·법률인 사은이다.

'죄과를 뉘우친다는 것'은 천지만물 허공법계 당처인 사은 전에 배은한 것을 뉘우치고 배은 하지 않겠다는 것이며, '날로 모든 선을 행하는 것'은 천지만물 허공법계 당처인 사은 전에 보은하는 것이다.

『정산종사법어』 경의편 31장에서 사참事懺의 방법을 제시하고 있다.

"첫째는 대원을 발하여 작은 욕심을 끊는 것이요, 둘째는 사실을 대조하여 선악의 이해를 판단해 보는 것이요, 셋째는 진정한 마음으로 항상 법신불 전에 참회의 기도를 올리는 것이요, 넷째는 일일신日日新 우일신又日新으로 매양 악업을 고치기에 노력하는 것이니라."

정산 종사의 '사참의 방법'을 보더라도 사참의 대상은 '법신불 일원상'인 '사은'으로, 곧 사은 전에 참회하여 악업을 고쳐가는 것이다.

사참은 참회할 대상인 사은 전에 뉘우치고 반성하여 개과천선의 길에 드는 것이다. 사참은 사죄할 사은 당처에 직접 참회하는 방법과 법신불 전에 참회기도 올리는 방법이 있다.

법신불은 천지만물 허공법계가 한 덩어리로 화해 있는 청정한 자리이다.

사은과 법신불은 둘이 아니나, 나누어서 보면 사은이 한 덩어리로 화해 있는 자리를 법신불이라 하고 이 법신불이 천지 만물로 화현하는 실상을 사은이라 하는 것이다. 이를 통합하여 법신불 사은이라 한다.

이 중 참회기도 올리는 실제를『대종경』교의품 17장에서 제시하고 있다.
"가령 악한 마음이 자주 일어나 없애기가 힘이 드는 때에 정성스럽게 심고를 올리면 자연 중 그 마음이 나지 않고 선심으로 돌아가게 되며, 악을 범하지 아니하려 하나 전일의 습관으로 그 악이 자주 범하여지는 경우에 그 죄과를 실심實心으로 고백하고 후일의 선행을 지성으로 발원하면 자연히 개과천선의 힘이 생기기도 하나니,…"라고 밝히고 있다.
또한『대종경』실시품 1장에서 소태산 대종사, 법성法聖에서 배를 타고 부안扶安 봉래정사로 향하는 도중 폭풍을 만나 뱃사람과 승객들이 정신 잃고 창황전도하는지라, 이에 태연정색하시며 "사람이 아무리 죽을 경우를 당할지라도 정신을 수습하여 옛날 지은 죄를 뉘우치고 앞날의 선업을 맹세한다면 천력天力을 빌어서 살길이 열리기도 하나니라"라고 타이르시니 여러 사람이 정신을 차려 진정하게 된다.
악을 범하지 아니하려 하나 전일의 습관으로 그 악이 자주 범하여지는 경우에 그 죄과를 실심으로 고백하는 것과 옛날 지은 죄를 뉘우치는 것은 사은에 배은한 것을 참회하는 것이라면, 후일의 선행을 지성으로 발원하거나 앞날의 선업을 맹세하는 것은 사은에 보은할 것을 다짐하는 것으로, 결국 사은에 참회하면 개과천선이 되고 사은의 도道인 천력天力을 체 받게 되어 새로운 삶이 열리는 것이나. 결국 참회 기도의 대상도 천지·부모·동포·법률인 사은이다.

둘째, 이참은 원래에 죄성罪性이 공空한 자리를 깨쳐 안으로 모든 번뇌 망상을 제거해가는 것이다.
이참은 죄성이 원래 공한 자리를 직시하여 죄업罪業에 괴로워하는 번뇌 망상을 제거하는 것이다. 죄업의 뿌리인 탐진치를 제거하기 위해서는 죄성이 원래 공한 자리를 깨쳐야 한다. 죄업에 물들지 않는 마음 바탕에 그치라는 것이다. 죄성이 공한 자리를 망각하면 죄라는 상相에 고착되어 번뇌 망상에 침몰당하는 것이다.
죄업의 근본인 탐진치가 어찌할 수 없는 우리의 본성 자리를 깨치면 탐진치의 죄고罪苦는 무력해진다. 탐진치는 푸른 하늘의 구름처럼 마음에 떠다니는 형상일 뿐이다. 관심을 주고 집착하지 않는 이상 힘을 쓸 수 없다. 죄업에 신경을 끄고서 죄업에 물들지 않는 죄성이 공한 마음 바탕을 직관하는 것이다. 마치 구름의 배경인 허공의 하늘에 머물러 있는 것과 같다 할 것이다. 죄성이 공한 자리에 머물러 번뇌 망상의 죄성에 물들지 않는 것이다.

『정산종사법어』 경의편 32장에서 이참理懺의 방법에 대해서 구체적으로 제시한다.
"첫째는 일체를 다 자기 마음이 짓는 것임을 요달하는 것이요, 둘째는 인과가 우주의 원리인 것을 요달하는 것이요, 셋째는 자성의 원래가 죄업이 돈공한 것을 요달하는 것이요, 넷째는 자성의 공한 것을 관하여 동정 간에 삼매의 힘을 얻는 것이니라."

이참은 원리를 요달하여 그 자리를 체득하는 것이다. 마음의 원리 및 인과의 원리를 요달하는 것이다. 특히 자성의 원리를 반조하여 죄성이 공한 근원을 요달하여 죄라 할 것이 없는 자리에 그치어 죄의 근원을 녹여버리는 것이다. 우리의 마음 작용은 때로 죄를 짓게 되나 이렇게 죄를 짓는 마음 바탕을 직시해 보면 죄에 물들지 않는 자리에 들게 된다. 죄가 두렷이 드러나는 바탕을 직관하면 그 자리는 죄와 동일시되지 않는 자리이다. 죄가 역력한 자리이기에 죄에 물들지 않는 청정한 자리이며, 죄에 물들지 않는 청정한 자리이기에 죄가 어찌할 수 없으니 죄가 멸도 되는 것이다. 이렇게 죄성이 공한 자리를 통달하여 동정 간에 죄에 물들 것이 없는 삼매의 힘을 나투는 것이다.

셋째, 사람이 영원히 죄악罪惡을 벗어나고자 한다면, 마땅히 사참과 이참을 쌍수하여 밖으로 모든 선업을 계속 수행하는 사참을 하는 동시에 안으로 자신의 탐·진·치를 제거하는 이참을 행하라는 것이다.
이처럼 사참과 이참은 쌍전해야 한다. 사참만 해서도 안 되고 이참만 해서도 안 된다. 사참은 이참에 근거해야 하고 이참은 사참으로 발현해야 한다. 사참의 궁극은 이참으로 녹여내야 하며 이참의 실제는 사참으로 밟아가야 한다.
그러므로 영원히 죄악을 벗어나고자 한다면 마땅히 사참과 이참을 쌍으로 닦아야 한다. 밖으로 과거의 잘못인 전과前過를 뉘우치고 또다시 죄업을 짓는 신업新業도 짓지 아니하여 선업을 계속 닦아가는 사참을 수행하는 동시에, 안으로 죄업에 물들지 않는 마음 바탕에 그치어 심중의 탐·진·치를 멸도시키는 이참을 수행하는 것이다.

그래야만 죄악에서 영원히 벗어날 수 있는 것이다. 설사 죄악을 부지불식으로 다시 짓는다 해도 또다시 참회하여 죄악에서 벗어날 수 있는 것이다.

『정산종사법어』 경의편 33장에서 '참회의 결과'를 밝히고 있다.
"사참의 결과는 첫째는 악업이 날로 소멸함이요, 둘째는 선업이 날로 증장함이요, 셋째는 세간 복이 계속됨이며, 이참의 결과는 육도일미의 극락을 수용하게 됨이니라."

'사참'은 인과보응의 이치에 근거한다면 이참은 불생불멸의 이치에 근거한다 할 것이다. 그러므로 '사참'은 인과의 이치에 따라 선업은 행하고 악업은 행하지 말아서 악업은 날로 소멸하고 선업은 날로 증진해 세간의 복[부富, 귀貴, 수壽, 평판, 건강, 웰다잉 등]이 계속될 것이면, '이참'은 죄도 복도 선도 악도 본래 없는 공한 자리에 그치어 육도일미六途一味의 극락을 수용하는 것이다.
참회 수도하면 천도[낙]에 있다고 해도 인도[고락상반]에 임해 있다고 해도 적적성성한 성품으로 드러내고, 수라[불안감] 아귀[결핍감] 축생[욕심] 지옥[분노심]에 당면해도 다 적적성성한 성품으로 수용하는 것이다. 이러한 육도윤회의 경계에 임해 있다 해도 죄업에 걸리고 막힘이 없이 자유 하는 마음의 경지가 되는 것이다.

다음은 사참과 이참을 쌍수한 결과인 죄업 청정의 경지이다.
"이같이 한즉, 저 솥 가운데 끓는 물을 냉하게 만들고자 하는 사람이 위에다가 냉수도 많이 붓고 밑에서 타는 불도 꺼버림과 같아서 아무리 백천 겁에 쌓이고 쌓인 죄업일지라도 곧 청정해지나니라."
끓고 있는 가마솥을 냉하게 만들고자 솥뚜껑 위에다가 냉수를 많이 붓는 것은 사참이라면 가마솥 밑에서 타는 장작불을 꺼내어 꺼버리는 것은 이참이다.
참회의 궁극은 후과를 범하지 않는 것이다. 전과만 참회하고 계속 후과를 범하면 진정한 참회가 아니라 죄과의 반복일 뿐이다. 끓는 물을 냉하게 만들고자 하는 사람이 위에다가 약간의 냉수만 갖다 부을 뿐 도리어 가마솥 밑의 타는 불에 장작을 더 넣는 격이다.
위에다가 냉수를 붓는 사참도 많이 하고 밑에서 타는 장작불도 꺼버리는 이참도 병행하는 것이다. 그러면 아무리 오랜 세월 동안 누적된 죄업이라도 곧 청정해지는 것이다.

다만 아무리 밑에서 타는 삼독심의 불씨를 꺼버렸다 해도 번뇌와 착심의 열기가 남아 있는 한 '마음의 가마솥'은 바로 식지 않는다. 죄성이 공한 자성불을 깨쳤다 하여 번뇌와 착심이 바로 소멸하지는 않는다. 심중의 탐진치를 멸도 시켜 후과를 범하지 않는 동시에 남아 있는 번뇌와 착심을 녹여내어 신업을 다시 짓지 않아야 하는 것이다.
밑에서 타는 장작불을 빼버리는 '원래에 죄성이 공한 이참'과 냉수를 가마솥 위에다 붓는 '현실적인 뉘우침과 반성의 사참'을 병행해야만 마음의 가마솥은 식는 것이다.
마음은 본래 죄성이 공한 자리임을 자각하는 동시에 뉘우칠 대상에 참회하고 참회해야 한다. 알고도 짓고 모르고도 지은 죄업은 뉘우치고 또 뉘우치어 다시 짓지 않는 것이다.
죄성이 본래 공하다는 이참의 본의는 죄업에 물들지 않는 자리에 들어 끊임없이 뉘우치어 다시 죄업을 짓지 않겠다는 것이며, 잘못을 뉘우치어 다시 죄업을 짓지 않겠다는 사참의 궁극은 죄성이 공한 자리에 그쳐 죄업에 물들지 않는 것이다.

참회는 죄업에 대한 수행법으로, 사참事懺은 죄업을 진리 전과 당처에 뉘우치는 참회법이라면 이참理懺은 죄업이 본래 청정한 자성 수행의 참회법이다.

참회 수도의 결과

참회 수도의 결과인 '불조의 참회'요 '대승의 참회'이다.

"또는 공부인이 성심으로 참회 수도하여 적적성성한 자성불을 깨쳐 마음의 자유를 얻고 보면, 천업天業을 임의로 하고 생사를 자유로 하여 취할 것도 없고 버릴 것도 없고 미워할 것도 없고 사랑할 것도 없어서, 삼계 육도三界六途가 평등일미요 동정역순이 무비삼매無非三昧라, 이러한 사람은 천만 죄고가 더운물에 얼음 녹듯하여 고도 고가 아니요 죄도 죄가 아니며, 항상 자성의 혜광이 발하여 진대지盡大地가 이 도량이요 진대지가 이 정토라 내외 중간에 털끝만한 죄상罪相도 찾아볼 수 없나니, 이것이 이른바 불조의 참회요 대승의 참회라 이 지경에 이르러야 가히 죄업을 마쳤다 하리라."

'공부인이 성심으로 참회 수도하여 적적성성한 자성불을 깨쳐 마음의 자유를 얻고 보면'

은 '선이라 함은 원래에 분별 주착이 없는 각자의 성품을 오득하여 마음의 자유를 얻게 하는 공부'와 한 경지이다. '참회 수도'와 '선 공부'는 하나로 통해 있는 경지이다.
성심誠心으로 참회 수도하는 공부인은 죄업을 역력하게 알아차리고 있기에 그 아는 자리에는 죄라 할 흔적이 없는 텅 빈 자리이다. 즉, 참회 수도하는 마음은 일체의 죄상을 찾아볼 수 없는 적적한 자리이면서 죄업이 두렷하게 드러나는 성성한 자리이다. 이처럼 참회 수도하는 마음은 적적성성한 자성불이다.

이처럼 성심으로 참회 수도하여 적적성성한 자성불을 깨쳐 마음의 자유를 얻고 보면 첫째, 천업을 임의로 하게 되고 둘째, 생사를 자유 하게 된다.
정산 종사에게 한 학인이 '정업定業을 면치 못한다'는 뜻과 '천업天業을 돌파한다'는 뜻에 대하여 사뢴다. 이에 답하시기를 "정업을 면치 못한다 함은 이미 정해진 업에 대하여는 죄복을 주는 권능이 상대방에 있기 때문에 한 번 결정된 업은 면할 도리가 없이 받게 된다는 말씀이요, 천업을 돌파한다 함은 그렇게 주어지는 업이라도 받는 이는 곧 자신이기 때문에 마음의 자유를 얻은 이는 그 죄복에 마음이 구애되지 아니하고 항상 그 마음이 편안하므로 곧 그 업을 자유로 함이니 이것이 천업을 돌파함이니라."[『정산종사법어』 생사편 3장]라고 일러주신다.
죄복을 주는 권한이 상대방에게 있는 정업定業은 상대의 뜻에 따라 결정되기에 자신의 뜻대로 면하기 어려우나, 천업天業은 이 정업을 자신의 입장에서 어떻게 수용하냐는 태도에 따라 임의로 할 수 있는 것이다. 업은 같으나 상대방의 입장에서는 정업이라 하고 자신의 입장에서는 천업이라 한 것이다.
그러므로 성심으로 죄업에 대해 참회 수도하면 천업을 돌파할 수 있는 것이다. 또한 죄고罪苦가 몰려오면 진정으로 참회 수도하여 죄고에 물들지 않도록 하고, 죄고가 소멸하여도 다시 짓지 아니하도록 참회 수도하여 결국 죄고의 생사 유무에 자유롭게 되는 것이다.

이렇게 성심으로 참회 수도하여 적적성성한 자성불을 깨쳐서 마음의 자유를 얻고 보면 취할 것도 버릴 것도 없고 미워할 것도 사랑할 것도 없게 되는 것이다. 즉, 성심으로 참회 수도하여 적적성성한 자성불을 깨치면 죄에 물들 것도 없고 복 지었다 할 상相도 없기에 죄복을 임의로 할 수 있게 된다.

그러므로 죄고에 당면할지라도 취할 죄상도 없고 버릴 죄상도 없는 것이다. 또한 사랑할 상생의 업력에도 미워할 상극의 업력에도 끌리지 않게 되어, 결국 상생상극의 업력을 벗어나 죄복을 자유 하는 것이다.

또한 성심으로 참회 수도하면 동정 간 순역 경계 간 적적성성한 성품의 발현인 삼매가 된다. 즉, 일체가 다 삼매 아님이 없는 무비삼매無非三昧가 되어 삼계 육도가 다 성품의 드러남인 평등일미平等一味의 경지가 된다. 이것이 참회 수도의 결과이다.
삼계三界는 욕심에 끌려다니는 욕계의 마음 세계와 자기가 '어떠한 경지다'라는 색계의 마음 세계와 내가 '어떤 경지에 들었다는 상相'도 없다는 법에 집착하는 무색계의 마음 세계이다. 이러한 삼계의 또 다른 표현이 육도로써, 삼계 육도가 다 성품의 평등한 한 맛이다.
성심으로 참회 수도하여 적적성성한 자성불을 깨쳐 마음의 자유를 얻고 보면 삼계 육도가 다 죄고에 물들지 않는 적적성성한 성품의 드러남이 되는 평등일미가 된다. 욕계도 적적성성한 자성의 드러남이요 색계·무색계도 자성의 드러남이요, 지옥도 천당도 적적성성한 자성불 자리에서 지옥을 두렷이 자각되어 지옥에 흔들리지 않으며, 천당에 빠지지 않으면서 천당을 누리는 것이다.
참회 수도하여 적적성성한 자성불을 깨쳐 마음의 자유를 얻는 경지는 평등일미요 무비삼매다. 지옥의 마음이 일어날 때도 축생의 마음이 일어날 때도 아귀의 마음이 일어날 때라도 참회 수도하여 적적성성한 자성으로 이 마음을 요리하면 다 성품의 맛이 되며, 또한 수라의 마음에서든 인간의 마음에서든 천당의 마음에서든 참회 수도하여 자성으로 맛보면 육도가 평등일미다.

이처럼 성심으로 참회 수도하여 적적성성한 자성불을 깨쳐 마음의 자유를 얻는 공부인은 천만 죄고가 더운물에 얼음 녹듯하여 고도 고가 아니요, 죄도 죄가 아니게 되며, 항상 온 대지가 자성의 혜광에서 드러나는 도량이요 정토로 화하게 된다.
죄에 물들 것이 없는 적적한 자리에서 죄를 역력히 자각하는 성성한 자리에 들면 내외 중간에 털끝만한 죄상罪相도 찾아볼 수 없는 것이다. 적적성성한 자성불을 깨쳐 마음의 자유를 얻은 참회 수도인에게는 죄에 물들고 죄에 매몰되는 모습을 찾아볼 수 없는 것이다.
'대승大乘'은 위대한 큰 수레로, 우리는 본래 적적성성한 자성불의 큰 수레를 타고 있다.

적적성성한 자성불이 대승이다. 그러므로 '대승의 참회'는 성심으로 참회 수도하여 적적성성한 자성불을 깨쳐 마음의 자유를 얻어 내외 중간에 털끝만한 죄상도 찾아볼 수 없는 수행이다.
'불조의 참회'는 부처와 조사의 참회로서, 불조는 자성불을 깨닫는 공부인이다. 그러므로 '불조의 참회'는 '대승의 참회'와 마찬가지로 성심으로 참회 수도하여 적적성성한 자성불을 깨쳐 마음의 자유를 얻어 죄업에 물들지 않는 수행이다.
이처럼 성심으로 참회 수도하여 적적성성한 자성불을 깨달아 마음의 자유를 얻어 내외 중간에 털끝만한 죄상도 찾아볼 수 없어야 죄업을 마쳤다 하는 것이다.

성심으로 참회 수도하여 적적성성한 자성불을 깨쳐 마음의 자유를 얻는 공부인은 죄성이 공한 자리에 사무치어 죄업에 물들지 않는 이참을 하는 동시에 당처에 사죄하고 반성하는 사참을 아우르는 것이다. 또한 당처에 뉘우치는 사참에만 그치지 말고 죄성이 공한 이참에 바탕 하여 죄고에 매몰되지 말라는 것이다.

자성의 분별 없는 줄만 알고 분별 있는 줄은 모르는 무애행

——— 자성의 분별 없는 줄만 알고 분별 있는 줄은 모르는 무애행의 폐단과 견성 후 참회와 수행이 필요한 이유이다.

"근래에 자칭 도인의 무리가 왕왕이 출현하여 계율과 인과를 중히 알지 아니하고 날로 자행 자지를 행하면서 스스로 이르기를 무애행無碍行이라 하여 불문佛門을 더럽히는 일이 없지 아니하나니, 이것은 자성의 분별 없는 줄만 알고 분별 있는 줄은 모르는 연고라, 어찌 유무초월의 참 도를 알았다 하리요. 또는 견성만으로써 공부를 다 한 줄로 알고, 견성 후에는 참회도 소용이 없고 수행도 소용이 없다고 생각하는 사람이 많으나, 비록 견성은 하였다 할지라도 천만 번뇌와 모든 착심이 동시에 소멸되는 것이 아니요 또는 삼대력三大力을 얻어 성불을 하였다 할지라도 정업定業은 능히 면하지 못하는 것이니, 마땅히 이 점에 주의하여 사견邪見에 빠지지 말며 불조의 말씀을 오해하여 죄업을

경하게 알지 말지니라."

참회문의 후미에 자성의 분별 없는 줄만 알고 분별 있는 줄을 모르면 타락하게 된다고 주의를 주고 있다. 자성의 분별 없는 자리를 알았다 하여 공부가 다 된 줄 알고 계율과 인과를 중하게 알지 않는 무애행에 대한 경책이다.

소태산 대종사는 자칭 도인이라 하는 사람들이 때때로 나와 계율과 인과를 제대로 알지 못하면서 자기 맘대로 행하여 깨달음의 불문을 더럽히는 경우가 있다고 환기시킨다. 계율과 인과에 한정되지도 묶이지도 않는 자성의 분별 없는 경지만이 다인 줄 알고 계율과 인과가 역력한 자성의 분별 있는 경지를 망각하여 자기 맘대로 계율과 인과를 어긴다면 불문을 더럽히는 꼴이라고 경계한다. 불문佛門은 깨달음의 도량이요 깨달음의 길이다.

결국 자성의 분별 없는 무無 자리만이 아니라 자성의 분별 있는 유有 자리까지 알아야 유무초월의 도를 운영하는 것이다.

'자성의 분별 없는 줄만 알고 분별 있는 줄은 모르는 행위'는 계문과 인과에 자행자지自行自止하는 무애행無碍行으로 번지게 된다. 소태산은 '음주식육飮酒食肉이 무방반야無妨般若요 행도행음行盜行淫이 불해보리不害菩提'[『불교정전』]라는 무애행의 일례를 제시하면서 그 폐단을 경계하고 있다.

계문의 '연고 없이 술을 마시지 말며'와 '연고 없이 살생을 말며' '연고 없이 사육을 먹지 말며'를 범犯해도 반야지에 방해가 되질 않는다는 주견은 계문에 대한 그릇된 오독이며, '도둑질을 말며'와 '간음을 말며'를 범해도 깨달음에 하등 영향이 미치지 않는다는 주견은 자행자지의 무애행으로 어리석고 오만한 행위일 뿐이다.

자성自性은 한편으론 분별이 없으나 또 한편으론 분별이 있는 자리이다. 자성은 마치 거울처럼 오염이 없는 텅 빈 자체이면서 또 한편은 청명한 거울처럼 오염을 오염대로 자각하여 오염됨을 역력히 드러내는 신령한 자리이다.

본래 마음인 자성은 분별이 없는 진공眞空이면서 때가 끼면 때 낀 그대로 두렷이 드러나는 묘유妙有의 자리이다. 그런데 죄업에 오염되지 않는 분별없는 자리를 체득했다 해도 죄업은 곧장 제거되는 것은 아니다. 안으로 죄업에 오염되지 않는 자리에 바탕 하여 밖으로 죄업을 사죄하고 뉘우쳐야 죄업은 멸도 되는 것이다.

견성하지 않고 닦는 수행을 오염수汚染修라 한다. 그러나 본래 닦을 것이 없는 자리만 견성하면 더 이상 다시 닦을 것도 참회할 것도 없다는 주견은 수행에 대한 오해이다.
소태산은 견성만으로 공부가 다 된 줄 알고 견성 후 참회도 수행도 소용없다고 여기는 것은 공부길에 대한 잘못된 견해라고 일러주고 있다. 비록 견성했다 해도 천만 번뇌와 모든 착심이 곧바로 소멸하는 것은 아니며, 설사 수양력·연구력·취사력의 삼대력을 얻어 성불하였다 해도 정업定業은 경감될 수는 있어도 능히 면할 수는 없다는 것이다.

이처럼 잘못된 사견邪見에 빠져 죄업을 가볍게 알지 말라는 것이다. 번뇌와 착심이 본래 없는 자리를 견성했다할지라도 이 자리에 기반 하여 죄업을 닦고 닦아야 제거되는 것이며, 죄복을 주는 권능이 상대방에 있는 정업은 경하게는 할 수는 있어도 능히 모면할 수 없다는 사실에 주의하라는 것이다. 그러므로 견성할수록 더욱 참회 수도하라는 것이다.
견성은 참회 수행으로 이어져야 하며, 참회 수행은 견성을 더욱 필요로 하는 것이다. 이처럼 죄업을 제거하기 위해서 견성이 절실하며, 견성에 바탕을 둔 참회 수도가 요청된다.

결국 분별 없는 자리를 깨달아 죄업에 물들지 말아야 하나 그렇다고 더 이상 참회할 것도 없다는 사견에 빠지지 말아야 하며, 죄업이 역력하게 드러나는 분별 있는 자리에 따라 끊임없이 뉘우치고 반성하는 수행을 해야 하는 것이다. 죄업의 흔적이 없는 자리가 이참의 근거라면 죄업이 역력한 자리는 사참의 근거라 할 것이다.

참회문을 총결하면 참회란 안으로 죄성이 원래 공한 자리를 자각하는 이참과 밖으로 참회 개과하는 사참을 아울러 닦아가야 하며, 죄업에 물들 것이 원래 없는 이참에 기반 하여 잘못을 사죄할 대상에 뉘우치고 반성하는 사참을 병행하여 개과천선의 길에 드는 공부법이다.
참회문의 마지막 대목은 이참의 잘못된 이해에 따른 경책이며, 진정한 이참은 사참을 동반한 이참으로, 결국 사참과 이참을 쌍수하는 참회여야 하는 것이다.

진정한 참회는 사은四恩에 배은을 참회하여 보은하겠다는 다짐이요 실행이며, 죄성이 공한 자리를 깨쳐 사은에 배은한 죄고의 업력을 녹여내는 것이리라.

더보기Tip

성가 86장 '참회의 노래'

성가 87장 '참회의 노래'에서 작사가 범산 이공전 교무는 사참과 이참을 노랫말로 읊고 있다.

1절에서 "내가 지은 모든 죄업 생각하오니 탐심 진심 어리석음 근본이 되어 몸과 입과 마음으로 지었던 바라 내 이제 모두 깊이깊이 참회합니다."라고 노래하고 있다.
참회게의 "아석소조제악업我昔所造諸惡業 개유무시탐진치皆由無始貪瞋癡 종신구의지소생從身口意之所生 일체아금개참회一切我今皆懺悔"[『화엄경』 보현행원품]의 사참게事懺偈를 우리말로 아름답게 노래한 것이다.
죄업의 근본인 탐진치 삼독심에 따라 몸과 입과 마음으로 온갖 죄업을 지었으므로, 뉘우칠 대상에 성심으로 참회하여 개과천선하라는 것이다. 즉 사참事懺하라는 것으로, 전과를 일시적으로 참회하는 일회성이 아니라 후과를 범하지 않는 참회까지 하라는 것이다.

또한 성가 87장 '참회의 노래' 2절에서 "죄업이 자성에는 본래 없으나 마음 따라 모든 죄가 일어났나니 그 마음 멸도 되면 죄도 공한 것 모두 공한 그 자리에 그치오리다."라고 노래한다.
참회게의 "죄무자성종심기罪無自性從心起 심약멸시죄역망心若滅時罪亦亡 죄망심멸양구공罪亡心滅兩俱空 시즉명위진참회是卽名謂眞懺悔"[『화엄경』 보현행원품]의 이참게理懺偈를 멋진 우리말로 풀어쓴 것이다.

죄의 근원인 탐진치를 완전히 제거하기 위해서는 이참을 해야 한다. 이참은 바로 자성에 비추어서 죄가 본래 없는 그 자리에 그쳐 있는 것이다.
자성에는 본래 죄도 그름도 없다. 그런데 그 자성을 망각한 무명의 마음을 따라 죄가 일어나는 것이다. 무명은 언제 생겼는지는 모르나 자성을 깨달으면 사라지는 것이다. 그러므로 무명은 무시유종無始有終인 것이다.

자성을 모르는 마음이 무명이다. 마치 파도가 바닷물인 줄 모르고 풍랑에 이는 파도인 줄만 아는 격이다. 그러나 파도도 그 자체 그대로 바닷물이듯 무명의 파도도 그렇다는 것이다. 이처럼 무명은 원래 있는 것이 아니다.

죄인 줄 아는 마음에는 죄의 흔적이 없다. 만일 죄를 죄로 아는 마음자리에 죄가 있다면 그렇게 죄인 줄 알 수 없기 때문이다. 그래서 죄인 줄 아는 자성의 혜광에는 죄성罪性이 텅 빈 공한 자리이다. 이 자성에는 내외 중간에 털끝만한 죄상罪相도 찾아볼 수 없는 것이다.

죄도 다만 형상形相이니 이를 놓아버리면 그 자리에 적적성성한 자성불이 드러난다. 성심으로 참회 수도하는 마음은 일체의 죄상이 다 탈락한 텅 빈 자리이며 또한 죄를 죄로 역력히 알아차리는 성성한 자리다. 이 죄를 죄인 줄 알아차리는 이 자리를 회광반조하면 적적성성한 자성불이 드러나며, 이 자성에서 발하는 혜광에 따라 세상천지는 죄업에 물들 것이 없는 정토로, 온 천지가 그대로 도량이다.

사십이장경해

서대원

《회보》 제17호, 시창20년(1935) 5·6월호

「사십이장경해」는 서대원에 의해《회보》제17호부터 제18호에 한글로 경해된 사십이장경이다. 아래의 경문은《회보》제17호에 실린「사십이장경해」 원문 중 3번째 단락이다. 이 단락은『불조요경』「사십이장경」 5장에 수록되며, 허물을 회개하라는 참회의 내용이다. 소태산 대종사는 원기25년(1940) 10월 부산 남부민 교당에 유가留駕 중〈목우십도송〉과《사십이장경》을『불교정전』에 첨부시킨다.

사람이 여러 가지 허물이 있으되 스스로 회개하여 그 허물을 고치지 아니하면 죄가 몸에 돌아오는 것이 물이 바다에 돌아오는 것과 같아서 스스로 깊고 광대함을 이루리니 어찌 능히 그 죄를 벗어나리오. 만일 악이 있을진댄 그 그름을 알고 허물을 고쳐 선을 얻으면 죄가 날로 소멸하여 뒤에는 반드시 도를 얻으리라.

감상

정사록靜思錄

유성열

《회보》 제56호, 시창24년(1939) 7월호

유성열은 정사록靜思錄이란 수첩을 만들어 그때그때 우러나는 감상을 기재한다.

《회보》 제56호의 '정사록' 서두에 "나는 간혹 내 자신의 여러 가지 문제에 대하여 좀 더 대담하게 말하자면 우주 인생에 대하여 많은 사색을 하여 볼 때가 있다. 더구나 석양이 뉘엿뉘엿 먼 산을 넘을 때쯤 풀밭에 누워 무궁한 신비를 품은 창공을 바라보며 명상하는 맛은 너무나 시적이요 감상적이면서도 내 취미에 맞는다. 그리하여 마음속에서 우러난 감상을 나는 정사록이란 수첩을 만들어 적어 두었더니 그것이 상당히 많이 되었다. 오늘은 그 수첩을 뒤적이다가 그중 몇 개를 뽑아 여러분의 비판을 얻고자 이에 발표한다."라고 밝히고 5편의 감상을 발표한다. 이 가운데 '3. 자신을 죄인으로 아는 마음'은 참회와 관련된 내용이다.

자신을 죄인으로 아는 마음

'자기 자신을 죄인으로 아는 사람은 순결한 사람이라'고 말한 철인이 있다. 자신을 죄인으로 안다 함은 시시로 자신을 반성하여 과실과 불의지심不義之心을 발견할 시時는 양심의 가책과 참회를 느끼는 동시 이를 개과하고자 하고 좀 더 선하고자 하는 심경이다. 어느 누가 잘못이 없으리오. 그 잘못을 회개하여 다시 그 일을 되풀이하지 않는 자 참 선인이 아닐까? 그러므로 우리는 시시로 나에게 죄가 없는가를 살피고 캐내어 보다 더 완전한 자리, 보다 더 깨끗한 곳에 나가고자 노력하여야만 성공의 결과를 얻을 수 있을 것이다. '너 자신을 죄인으로 알라.' 너무나 소극적인 듯하면서도 대단히 적극적인 교훈이다.

감상

나의 참회

김정종

《회보》 제24호, 시창21년(1936) 4,5월호

______________ 감상자 김정종은 전무출신의 삶을 되돌아보고 참회하는 모습을 생생히 그리고 있다. 전무출신하는 목적과 본의를 돌이켜 보아 그 목적에서 벗어났다면 잘못을 뉘우치고 본의를 회복하자는 것이다. 김정종은 "이는 다 지난 일이니, 이후부터는 단연히 이를 고치기로 결심하는 동시에 남몰래 뜨거운 참회의 눈물로 씻었습니다."라고 마무리한다. 이는 지난날의 잘못은 참회의 눈물로 씻고 새롭게 시작하면 된다는 참회 개과의 각오이다. 김정종은 통신부 서기, 교무부 서기, 공급부장 겸 서무부 서기 등을 역임한다.

저는 어느 날 한 서적을 보다가 어떠한 인물의 행적을 보고 스스로 간담이 서늘해지며 저의 전과를 마음 깊이 참회한 일이 있나니 먼저 그 인물의 행적을 소개하고 다음에 저의 전과를 일일이 들어 끝을 맺으려 합니다.

이전 어느 나라에 염파와 상여라는 두 사람이 있었는데 염파는 무관이요 상여는 문관이었습니다. 그래 그 나라는 이 두 사람이 있음으로써 강국 말을 들었고 이 두 사람이 아니면 국사를 해갈 수 없었습니다. 그런데 이 나라의 불행이라 할지 이 두 사람의 불행이라 할지 염파는 상여를 시기하여 기회를 보아 그를 살해하려는 마음이 났었습니다. 그러나 상여는 염파의 추악한 마음과 불미한 행동이 있음을 알면서도 오직 그 나라를 위하여 일신을 이해와 지위를 포기하고 굴기하심으로써 항시 염파를 상관 같이 위하였던바 염파는 이도 불구하고 상여에 대한 증오심이 날로 심하여 하루는 상여가 조회하러 가는 길에 그 기회를 타서 상여를 살해코자 결심하였습니다. 그때 상여는 염파가 옴을 보고 좌우 군졸에게 명하여 수레를 오던 길로 다시 돌리라 하거늘 시위하고 있던 여러 군졸은 평일에 염파와 상여 간에 친히 지내지 못함을 아는지라 상여에게 말하되 "대감은 권위로나 덕행으로나 염파 장군보다 부족함이 없거늘 어찌 그를 무서워하여 소졸한 말씀을 하십니까?"

한데 상여는 위모정장威貌正莊하고 관유인자寬柔仁慈한 어조로 좌우 군졸에게 말하되 "너희는 들어라. 내가 염파를 무서워서 수레를 돌리라 한 것은 아니다. 염파와 나로 말하면 이 나라에 몸을 바친 사람이니 개인의 소소한 감정으로써 어찌 국사에 해될 일을 하겠느냐? 만일 나의 탄 수레를 돌리지 아니하고 서로 만나게 되면 누군가 죽던지 둘 중의 하나는 죽을 것이니 우리 두 사람 가운데 하나가 죽고 보면 이 국사를 한 사람의 힘으로 어찌 원만히 할 수 있을 것인가?" 한데 좌우 군졸들은 물론이요. 그 후일에 염파가 이 말을 듣고 곧 후회심을 발하여 가시 돋친 매를 등에 지고 상여를 찾아가서 뜰 아래 단정히 무릎을 꿇고 사죄한 결과 두 사람 사이는 특별한 친교로써 국사에 힘을 썼다고 합니다. 저는 이 두 사람의 행적을 볼 때 스스로 상여의 처사에 감탄치 않을 수 없으며 나에게도 혹 이와 같은 마음이 있는가를 조사해 보았습니다. 그러나 상여의 심리에는 조금도 방사倣似한 점이 없고 도리어 염파의 심리가 많았나니 저는 이를 깨달은 순간 제가 이래以來 소인이었음을 생각하여 뜨거운 참회를 마지아니했습니다.

그러면 그동안 내가 써 나온 심리는 어떠하였던가. 소위 전무출신의 이름을 띠고 이 공부 이 사업에 희생할 처지에 있는 나로서 당연히 하여야 할 일에 자신은 하지 않고 다른 사람의 잘하는 것을 심히 미워하고 시기하였으며 다른 사람의 잘한 공을 숨기고 내 앞에 그 공을 나타내려고도 하였으며 남의 집에 일간 사람 모양으로 종사님 이하 여러 동지가 나를 칭찬하면 모든 것에 열성을 내고 그렇지 아니하면 남의 일 보듯 하였으며 혹 저 사람에게 어떠한 단점이나 없는가, 혹 중인에게 미움이나 받지 않는가 하여 그 사람이 진보되기를 원하지 않고 타락되기를 원하였나니 이 모든 마음이 회중은 잘되던 못되던 저 사람은 이利되던 해害되던 오직 내 몸 하나만을 위하는 소인의 심리가 아니고 무엇입니까. 이것이 전무출신한 목적이며 본의였던가 곰곰이 그 심리를 생각하니 너무나 근본 목적을 망각한 심리였습니다. 상여는 다만 일국을 위하는 사람으로도 저와 같은 마음을 썼거늘 소위 국한이 없는 대도 사업에 헌신한 나로 이게 얼마나 더러운 마음입니까. 스스로 밉고 부끄러운 마음 붓으로 그릴 수 없습니다. 그러나 이는 다 지난 일이니, 이후부터는 단연히 이를 고치기로 결심하는 동시에 남몰래 뜨거운 참회의 눈물로 씻었습니다.

감상담(윤명화)

참회문을 독송할 때면 마음이 편안해진다. 죄가 감해지는 느낌이 들며 위로받고 새로운 힘을 얻는 기분이 든다. 아마도 진정으로 뉘우치는 그 순간만큼은 죄책감에서 벗어나 죄고의 감정에서 벗어나기 때문이리라.

마음을 챙기며 하루를 반성하고 내일을 다짐하는 참회의 시간은 편안하고 고요하다. 그러나 잠깐의 반성으로 다짐을 실행에 옮기기는 쉽지 않다. 우리는 보통 잘못을 고백하고도 또다시 같은 잘못을 반복하는 참회 기도를 되풀이한다. 다람쥐 쳇바퀴 돌 듯 반복하는 것이다. 왜냐하면 잘못임을 알지만 하지 않을 힘이 부족하기 때문이다. 그렇게 일상이 반복된다.

대종사님은 이처럼 일상에서 죄악을 반복하는 삶에서 벗어나도록 우리에게 사참과 이참, 두 가지 참회 방법을 제시해 주시고 있다. 사참은 당처에 죄과를 뉘우치며 선을 행하는 것이라면, 이참은 죄성이 본래 공한 자리를 깨쳐 번뇌 망상을 제거해가는 것이다. 대종사님이 선을 행하라는 것은 사은에 보은하며 사요를 실천하라는 것이요, 번뇌 망상을 제거하라는 것은 죄성이 공한 청정한 본래 자리에서 가능한 것이다.

참회문을 외우며 참회 반성의 시간을 갖는 것은 잘못한 배은을 뉘우치고 반성하여 보은을 다짐하고 실행하는 것이며, 또한 본래 죄업이 청정한 자리에 들어 죄업에서 벗어나는 것이다.

염파와 상여 두 사람의 이야기를 통해 자신을 돌아보고 전무출신으로서 이 회상에 들어와 어떻게 공부하고 어떠한 사업을 하였는지를 돌아보며 뜨거운 참회의 눈물을 흘리는 모습에서 내 모습을 본다.

죄업의 근본은 탐심 진심 치심이다. 일상을 살다 보면 수많은 물질을 접하면서 탐심이 일어난다. 탐심에 끌려가다 보면 내가 탐내는 욕심에 부합되지 않으면 화나 짜증 등의 진심이 나고 또한 그러한 감정이 치솟다 보면 상황판단을 제대로 못 하는 어리석은 치심을 불러내어 죄악을 짓게 된다. 강한 물질의 세력에 맑고 신령한 정신이 지배당하는 모습이다. 이러한 탐진치로 인해 짓게 되는 죄악을 녹여내야 진정한 참회가 되는 것이다.

진정한 참회가 되도록 하루를 돌아보며 성심으로 참회 수도하여 마음의 자유를 얻는 공부인이 되고자 다짐한다. 그리하여 알고도 짓고 모르고도 지은 지난날의 죄업을 진심으로 뉘우치고 보은 봉공을 다짐하며, 또한 마음속 깊이 찌들어 있는 탐진치를 돌이켜보아 본래 탐진치에 오염될 것이 없는 공한 자리를 체득하여 탐진치의 죄업을 제거하리라.

보배의 눈물

김영신

《회보》 제24호, 시창20년(1935) 4·5월호

참회의 눈물이 '보배의 눈물'이라고 감상하는 시이다. 융타원 김영신은 참회하는 눈물의 가치를 읊고서 죄악에서 참회로 나가자고 외치고 있다.

1.

눈물! 눈물! 정의正義의 눈물!
감격에서 넘쳐흐르는 정의의 눈물
모든 이해利害를 초월하고서
오직 공분公憤에서만 흐르는 정의의 눈물
아! 그것은 우리가 가질 보배의 눈물이외다.

2.

눈물! 눈물! 참회懺悔의 눈물
진정眞情에서 솟아오르는 참회의 눈물!
모든 과거를 청산하고서
오직 미래만을 약속하는 참회의 눈물!
아! 그것은 우리가 가질 보배의 눈물이외다.

3.

눈물! 눈물! 자비慈悲의 눈물!
양심良心에서 우러나오는 자비의 눈물
원근친소를 물론勿論하고서
모든 불행자不幸者를 덕화德化로 품어주는 자비의 눈물!
아! 그것은 우리가 가질 보배의 눈물이외다.
아! 울어라. 실컷 울어라.
사욕私慾에서 정의正義로
죄악罪惡에서 참회懺悔로
잔폭殘暴에서 자비慈悲로

제3 수행편 修行編

제9장 심고心告와 기도祈禱

제9장 심고와 기도 心告一祈禱

사람이 출세하여 세상을 살아가기로 하면 자력自力과 타력이 같이 필요하나니, 자력은 타력의 근본이 되고 타력은 자력의 근본이 되나니라. 그러므로 자신할 만한 타력을 얻은 사람은 나무뿌리가 땅을 만남과 같은지라, 우리는 자신할 만한 법신불法身佛 사은의 은혜와 위력을 알았으니, 이 원만한 사은으로써 신앙의 근원을 삼고 즐거운 일을 당할 때에는 감사를 올리며, 괴로운 일을 당할 때에는 사죄를 올리고, 결정하기 어려운 일을 당할 때에는 결정될 심고와 혹은 설명 기도를 올리며, 난경을 당할 때에는 순경될 심고와 혹은 설명 기도를 올리고, 순경을 당할 때에는 간사하고 망녕된 곳으로 가지 않도록 심고와 혹은 설명 기도를 하자는 것이니, 이 심고와 기도의 뜻을 잘 알아서 정성으로써 계속하면 지성이면 감천으로 자연히 사은의 위력을 얻어 원하는 바를 이룰 것이며 낙있는 생활을 하게 될 것이니라.

그러나 심고와 기도하는 서원에 위반이 되고 보면 도리어 사은의 위력으로써 죄벌이 있나니, 여기에 명심하여 거짓된 심고와 기도를 아니 하는 것이 그 본의를 아는 사람이라고 할 것이니라.

심고와 기도를 올릴 때에는 '천지 하감지위下鑑之位, 부모 하감지위, 동포 응감지위應鑑之位, 법률 응감지위, 피은자 아무는 법신불 사은 전에 고백하옵나이다.' 하고 앞에 말한 범위 안에서 각자의 소회를 따라 심고와 기도를 하되 상대처가 있는 경우에는 묵상심고와 실지기도와 설명기도를 다 할 수 있고, 상대처가 없는 경우에는 묵상심고와 설명기도만 하는 것이니, 묵상심고는 자기 심중으로만 하는 것이요, 실지기도는 상대처를 따라 직접 당처에 하는 것이요, 설명기도는 여러 사람이 잘 듣고 감동이 되어 각성이 생기도록 하는 것이니라.

심고와 기도의 대상, 사은

'심고와 기도'장 서두의 첫 단락에 자력과 타력의 관계를 먼저 밝히고 있다.

"사람이 출세하여 세상을 살아가기로 하면 자력自力과 타력他力이 같이 필요하나니 자력은 타력의 근본이 되고 타력은 자력의 근본이 되나니라."

'출세出世'는 세상에 나와서의 뜻으로, 세상을 살아가려면 자력과 타력이 같이 필요하다는 것이다.
소태산 대종사, 대각을 이루신 후 대각의 경로를 생각하니 "강연이 말하자면 자력으로 구하는 중 사은의 도움이라"[『원불교교사』]라고 회고한다.
당신의 대각마저도 자력으로 구하는 중 사은의 도움을 입었다는 것이다. 그러므로 자력은 타력의 근본이 되고 타력은 자력의 근본이 된다. 자력이 있어야 타력을 잘 받아들여 활용할 수 있고, 타력의 공급이 있어야 자력이 길러지기 때문이다.
학생이 배우려는 자력이 있어야 선생님의 가르침을 받아들여 실력이 늘고, 유능한 선생님의 가르침이 있어야 학생의 학습 능력이 길러지는 격이다.

둘째 단락에서는 자신할 만한 타력인 사은四恩을 신앙의 근원으로 삼도록 한다.

"그러므로 자신할 만한 타력을 얻은 사람은 나무뿌리가 땅을 만남과 같은지라, 우리는 자신할 만한 법신불法身佛 사은의 은혜와 위력을 알았으니, 이 원만한 사은으로써 신앙의 근원을 삼고 …."

특히 '이 원만한 사은으로써 신앙의 근원을 삼고' 구절이 중요하다. '법신불 사은의 은혜와 위력을 알았다는 것'은 자신할 만한 타력을 얻은 것으로 나무뿌리가 땅을 만난 격이다.

그러기 때문에 자신할 만한 타력인 법신불 사은을 신앙의 근원으로 삼으라는 것이다. '자신할 만한 타력'은 자력은 타력의 근본이 되게 하고 타력은 자력의 근본이 되게 하는 사은이다. '자신할 만한 법신불 사은의 은혜와 위력'이 곧 '원만한 사은'으로, 이 원만한 사은을 신앙의 근원으로 삼으라는 것이다.

'자신할 만한 법신불 사은'은 〈교법의 총설〉의 '법신불 일원상을 신앙의 대상으로 모시고 사은을 신앙의 강령으로 정하는 것'을 통합한 표현이다. 즉, 법신불 사은은 '법신불 일원상인 사은'의 준말로 일원상 진리의 발현인 사은이다.
소태산은 《회보》 제40호, '일원상을 모본하라'는 법설에서 '원만은 일원상'이라 정의한다. 그러므로 원만한 사은은 법신불 일원상의 발현인 사은으로, 일원상에 근원한 사은이다.

이렇게 자신할 만한 타력인 법신불 사은의 은혜와 위력을 신앙의 근원으로 삼는 뜻을 주산 송도성은 《회보》 제34호 '신앙과 수양'이라는 논설에서 사은에 심고와 기도하는 뜻과 방법을 밝히고 있다.
"두렷하고 텅 비인 이 일원의 속에는 천지만물 허공법계가 어느 것 하나 포함되지 않음이 없나니, 그야말로 속으로 들어와도 안이 없고 겉으로 나가도 밖이 없는 우리의 자성이며 우주의 본체입니다. 이를 번역해 말하자면 곧 사은四恩이라 할 것이며 다시 더 세밀히 분석해 말하자면 삼라만상 그대로가 곧 실재의 부처님이 될 것이니 합하면 일원이요, 나누면 삼라만상이라, … **그런고로 일원의 진리를 알고 보면 천지만물 허공법계가 모두 한 덩어리로 합한 참되고 떳떳한 본래 면목을 발견하게 될 것이니, 이곳에 한 번 예배하면 곧 천지만물 허공법계의 전체에 예배함이 될 것이며 이곳에 한 번 기도하면 곧 천지만물 허공법계의 전체에 기도함이 될 것이다."**

두렷하고 텅 빈 일원의 속에는 천지만물 허공법계가 포함되지 않은 바가 없으니, 이는 우리의 자성이요 우주의 본체로써, 이러한 일원을 번역하면 사은이요 세밀히 분석하면 삼라만상이 그대로 실재 부처라는 것이다. 합하면 일원이요 나누면 삼라만상의 실상인 사은으로, '일원 즉 사은'인 것이다.
천지만물 허공법계가 한 덩어리로 합해 있는 일원의 자리에서 예배하고 기도하면 천지만물 허공법계 전체에 예배하고 기도하는 격으로, 심고와 기도의 원리와 방법을 밝힌 것이다.

이렇게 천지만물 허공법계가 한자리로 드러나는 두렷하고 텅 빈 일원의 자리에서 우주만유 전체인 사은에 예배하고 기도하라는 것이다. 심고와 기도를 올리는 핵심 방법이다.

이러한 '법신불 사은', '원만한 사은'을 심고와 기도의 대상으로 삼으라는 것이다.

더보기Tip

진리불공의 대상, 사은

『정전』 '심고와 기도'는 진리불공이라면 '불공하는 법'은 실지불공에 중심을 두고 있다 할 것이다.
『대종경』 교의품 16장에서 김영신의 질문에 답하는 형식으로 실지불공은 '사은 당처에 직접 올리는 것'이라면, 진리불공은 '형상 없는 허공법계를 통하여 법신불께 올리는 것'이라 정의하고 있다.

다만 여기서 유의할 것은 진리불공의 대상이라 표명된 '법신불'은 '법신불 사은'으로 읽어야 할 것이다. 왜냐하면 『정전』에서 심고와 기도의 대상은 '법신불 사은'이라 명시하고 있기 때문이다.
법신불의 드러남이 사은이요 사은의 내용이 법신불이므로, 사은에 법신불이 담겨 있는 것이다. 그러므로 실지불공의 대상뿐만 아니라 진리불공의 대상도 '법신불인 사은'이다.

실지불공은 사은 당처에 불공하는 법으로, 『정전』 '불공하는 법'에서 **"천지에 당한 죄복은 천지에, 부모에게 당한 죄복은 부모에게, 동포에게 당한 죄복은 동포에게, 법률에 당한 죄복은 법률에 비는 것"**이 사실적이고 성공하는 불공법이라고 밝히고 있다.
이를 정산 종사는 '일원상에 대하여'라는 논설에서 "모든 사물을 응접할 때 먼저 그 죄복의 직접 관계있는 당처를 발견하여 천지에 당한 일이면 천지를 신앙하고 부모에 당한 일이면 부모를 신앙하고 동포에 당한 일이면 동포를 신앙하고 법률에 당한 일이면 법률을 신앙하여 각각 그 소당처所當處를 따라 실지적 원을 발하고 일을 진행하는 것"이 사실신앙이요 실지불공의 방법이라고 부연하고 있다. 〈《회보》 제38호〉
천지의 도에 따라 그 당처에서 복락을 구하고, 부모의 도를 따라, 동포의 도를 따라, 법률의 도를 따라 그 당처에서 복락을 구하라는 것이다.

실지불공이 사은 각각의 당처에 직접 불공하는 것이라면 이에 비해 진리불공은 사은 전체에 심고와 기도를 올리는 것이다.

주산 송도성은 '신앙과 수양'이라는 논설에서 심고와 기도의 대상과 방법을 제시하고 있다.

"일원의 진리를 알고 보면 천지만물 허공법계가 모두 한 덩어리로 합한 참되고 떳떳한 본래 면목을 발견하게 될 것이니, 이곳에 한 번 예배하면 곧 천지만물 허공법계의 전체에 예배함이 될 것이며, 이곳에 한 번 기도하면 곧 천지만물 허공법계의 전체에 기도함이 될 것이다." 〈《회보》 第34호〉

천지만물 허공법계가 한 덩어리로 합해 있는 청정한 마음에서 심고와 기도를 드리면 천지만물 허공법계 전체에 예배하는 것이 된다. 왜냐하면 이 자리에서 천지만물 허공법계가 한 덩어리로 응하기 때문이다.

천지만물 허공법계가 한 덩어리로 드러나는 청정 일원상 자리가 곧 사은의 전개이다. 이러한 사은은 실지불공의 대상일 뿐만 아니라 진리불공의 대상인 것이다.

5종五種 심고와 기도

'심고와 기도'장 셋째 단락에는 원만한 사은을 신앙의 대상으로 삼고서 5가지 상황에 따라 심고와 기도를 올리는 실제를 제시하고 있다. 5종 심고와 기도의 상황이다.

"이 원만한 사은을 신앙의 근원을 삼고 즐거운 일을 당할 때에는 감사를 올리며, 괴로운 일을 당할 때에는 사죄를 올리고, 결정하기 어려운 일을 당할 때에는 결정될 심고와 혹은 설명 기도를 올리며, 난경을 당할 때에는 순경될 심고와 혹은 설명 기도를 올리고, 순경을 당할 때에는 간사하고 망녕妄佞된 곳으로 가지 않도록 심고와 혹은 설명 기도를 하자는 것이니,"

자신할 만한 법신불 사은의 은혜와 위력을 알았다면 이 원만한 사은으로써 신앙의 근원을 삼으라는 것이다. 이것이 심고와 기도의 대전제이다.
이 원만한 사은을 신앙의 근원으로 삼아서 ①즐거운 일을 당할 때에는 감사의 심고와 기도를 올리며, ②괴로운 일을 당할 때에는 사죄의 심고와 기도를 올리고, ③결정하기 어려운 일을 당할 때에는 결정될 심고와 혹은 설명기도를 올리며, ④난경을 당할 때에는 순경될 심고와 혹은 설명기도를 올리고, ⑤순경을 당할 때에는 간사하고 망녕된 곳으로 가지 않도록 심고와 혹은 설명기도를 하라는 것이다.
즐거운 일을 당할 때, 괴로운 일을 당할 때, 결정하기 어려운 일을 당할 때, 난경과 순경을 당할 때가 심고와 기도하는 계기요 창구이다. 5종의 심고와 기도를 그 상황 상황에 따라 시행하라는 것이다.

즐거운 일과 괴로운 일이 대대待對라면 난경과 순경이 대대이다. 즐거운 일과 순경은 낙의 상황이라면 괴로운 일과 난경은 고의 상황인 것이다.

상황이 잘 되는 일에는 감사하고, 뜻대로 되지 않는 일에는 뒤돌아보아 사죄할 상황이라면 사죄를 올리고, 결정할 일에는 핑계를 대지 않고 책임지겠다고 다짐하며, 어려운 경우나 처지를 당해서는 호전好轉되기를 희망하며, 순조로운 환경에 당해서는 이 일이 내가 잘해서만 된 것이 아니라 상대의 호응과 도움에 의한 것을 명심하여 간사하고 망녕되지 않도록 각성하는 것이다. 망녕은 바르지 못하고 위선적인 태도이다.

심고와 기도는 욕구의 분출장도 욕구의 거래처도 아니니다. 심고와 기도는 우리의 욕망대로 충족되기를 바라는 기복의 요구도 아니니다. 구복求福은 하되 기복祈福으로만 흘러서도 안 될 것이다.
욕망대로 안 된다고 신앙의 대상인 사은四恩 전에 따지는 행위가 되어선 안 될 것이다. 경계는 내 뜻대로 되거나 순경만 오는 것이 아니라 사죄할 일도 난경과 곤경도 오는 것이다. 어떠한 상황이 되었든지 경계에 매몰되지 않고 오면 오는 상황과 가면 가는 상황에 따라 그 마음을 잘 사용하기를 바라는 것이다.

그러기 위해서 먼저 원만한 사은을 신앙의 근원으로 삼으라는 것이다. 사은 전에 모든 것을 내려놓고 심고와 기도를 올릴 때 나의 욕망도 욕동도 사각되며, 탐·진·치도 요란함·어리석음·그름도 사실대로 직면할 수 있는 것이다.
이 원만한 사은을 신앙의 근원으로 삼아 모든 욕망과 욕동을 다 맡길 때 마음이 사실 그대로 훤히 드러나는 것이다. 감사할 일도 사죄할 일도 결심할 일도 순경과 역경에 정신차릴 일도 두렷하게 드러나는 것이다.
그리하여 잘 되었을 경우는 감사를 드리고, 괴로울 때는 사죄를 올리어 참회 반성하며, 선택의 갈림길에서 흔들릴 때면 욕망을 서원으로 돌려서 키울 결심을 세우고, 순경에도 간사하고 망녕된 곳으로 끌려가지 아니하도록 마음을 챙기며, 바람대로 이루어지지 않는 역경에도 좌절하지 않도록 정신을 차리도록 심고와 기도를 사은 전에 올리는 것이다. 이러한 힘을 기르는 것이 심고와 기도하는 진정한 뜻이다.

'심고와 기도'의 결과 – 소원성취와 낙 있는 생활

소태산 대종사, 기차를 타실 때면 "이 기차가 종점까지 무사히 가라고 심고 올린다."라고 하셨으며, 수운회관 등 타 종교를 참배하실 때면 동행자와 "심고하자"고 하셨다.

이러한 심고는 원기17년(1932) 음 4월 6일 익산총부 예회부터 식순에 편입하며, 원기19년(1934)에 발행된 『삼대요령』 1장 끝에 '심고와 기도에 대한 설명'[『원불교교사』]이 등장한다.

심고와 기도를 정성으로 계속하였을 때의 결과이다.

"이 심고와 기도의 뜻을 잘 알아서 정성으로써 계속하면 지성이면 감천으로 자연히 사은의 위력을 얻어 원하는 바를 이룰 것이며 낙 있는 생활을 하게 될 것이니라."

'심고와 기도'의 결과는 첫째 원하는 바를 이루는 소원성취를 이루는 것이며, 둘째는 낙 있는 생활을 누리는 것이다. 심고와 기도도 '개교의 동기'의 광대무량한 낙원으로 인도하는 한 방법이다.

'심고와 기도의 뜻을 안다'는 것은 자신할 만한 타력인 원만한 사은을 신앙의 근원으로 삼아서, ①즐거운 일을 당할 때에는 감사하도록, ②괴로운 일을 당할 때에는 사죄하도록, ③결정하기 어려운 일을 당할 때에는 결정될 수 있도록, ④난경을 당할 때에는 순경이 되도록, ⑤순경을 당할 때에는 간사하고 망녕된 곳으로 가지 않도록 그 상황상황에 따라 심고와 기도를 올릴 줄 아는 것이다.

이렇게 정성으로 계속하면 지성이면 감천으로 법신불 사은의 위력을 얻어 원하는 바를 이루고 낙 있는 생활을 하게 된다.

지성至誠은 정성으로 계속하는 것으로, 정성으로 계속한다는 것은 5종의 심고와 기도를 상황에 따라 그 상황에 맞게 올리고, 못 올렸을 경우에는 다시 또 올리는 것이다. 또한 감천感天은 법신불 사은인 사은의 도를 체 받아 보은하여 감응되는 것이다.

여기서 '원하는 바'는 기복祈福이 아니라 복락을 구하는 구복求福이다.
원하는 바는 은덕에 감사할 줄 아는 것이며, 배은에 대해 사죄할 줄 아는 것이며, 결정할 때 핑계 대거나 원망하지 않고 책임지는 자세이며, 난경에 순경으로 호전될 기회가 주어지길 겸허하게 바라며, 순경이 간사하고 망녕되지 않도록 하는 바람이다.
이렇게 심고 하고 기도할 때 원하는 바를 이루고 낙 있는 생활을 하게 되는 것이다.

심고와 기도는 자신할 만한 타력이요 원만한 사은에 근원 한다. 자신할 만한 타력인 사은에 심고를 올리면 '보은의 결과'로 이어져야 하고, 원만한 사은에 기도를 드려도 '보은의 결과'로 나투어져야 심고와 기도의 길을 제대로 걷는 것이다. 이것이 소태산의 심고요 기도이다.

그러므로 즐거운 일을 당할 때에 감사의 심고나 기도를 올리면 그렇게 감사하게 여기고 다행하게 여기는 심고와 기도하는 자체가 원하는 바요 낙 있는 생활이다.
괴로운 일을 당할 때에 응당 사죄의 심고나 기도를 올리어 그러한 과실에 미안해하고 양해를 구하고 용서를 청하는 그 심고와 기도하는 자체가 원하는 바요 낙 있는 생활이다.
결정하기 어려운 일을 당할 때에는 최선을 다해 지혜롭고 자리이타의 보은행을 선택하도록 심고와 기도를 올리고 그렇게 결정한 것이 설사 뜻과 같이 되지 않는다 해도 원망치 않겠다고 다짐하는 것이다. 이렇게 할 때가 바로 원하는 바요 낙 있는 생활이다. 구인선진은 창생을 위하는 법인기도를 결심하고 이 일을 하다가 죽는다 해도 여한이 없었다. 결국 법인성사는 사은에 보은하는 정신개벽의 심고와 기도였다.
난경을 당할 때 앞으로 더욱 보은하겠다는 다짐에 따라 여건이 개선되고 호전되는 순경이 되어 보은할 기회가 주어지길 청원하는 그 마음 상태가 원하는 바요 낙 있는 생활이다.
순경을 당할 때에 혹여 보은의 길에서 벗어나 간사하고 망녕되지 않기를 삼가는 그 마음이 곧 원하는 바요 낙 있는 생활이다.

이처럼 법신불 사은 전에 심고와 기도를 정성스럽게 올리는 그 자체가 낙 있는 생활이요, 낙을 발견하여 낙을 수용하는 생활이다.

소태산 대종사, 원기18년(1933) 9월 26일 예회에서 '어떠한 고라도 낙을 심을 줄 아는 자는 행복자니라'라는 제목의 설법을 하신다.

"오늘은 내가 고락苦樂을 가지고 말하리라. 다름이 아니라 어제[9월 25일] 정석현이가 와서 말하기를, '저는 어떠한 고통과 근심을 느끼다가도 사은四恩 전에 심고心告를 드리고 나면 자연히 마음이 편안하여지고 근심이 없어지며 환희심이 나서 매일 심고 드리는 낙과 재미로 산다.' 하니, 사실로 사은의 공덕과 위력을 알아서 진정한 재미를 붙였는가는 알 수 없거니와, 하여튼지 그렇게 한다는 것이 석현이로서는 곧 고 중에서 낙을 발견한 일이니라." 〈이공주 수필受筆, 《회보》 제9호〉

한 가지 유의해야 할 점은 《회보》 제9호에 수록된 소태산 육성 법설 중 '사은 전'과 '사은의 공덕과 위력'을 『대종경』 신성품 16장에서 '법신불 전'과 '법신불의 공덕과 위력'으로 윤문된다. 법신불의 의미까지 포괄하려면 법신불 사은으로 읽어야 할 것이다. 사은은 법신불의 발현이므로 법신불인 사은이다.

이처럼 심고와 기도의 대상은 사은이며, 사은 전에 기도 올리는 그 자체가 '낙 있는 생활'인 것이다.

이러한 심고와 기도의 위력인 '낙 있는 생활'은 가까운 것에서부터 감응할 수 있다. 『대종경』 교의품 17장에서 심고의 감응되는 가까운 증거 일단을 개과천선改過遷善으로 제시한다.

한 제자 심고의 감응되는 이치를 여쭙거늘 대종사 말씀하시기를 "심고의 감응은 심고 하는 사람의 정성에 따라 무위 자연한 가운데 상상하지 못할 위력을 얻게 되는 것이라, 말로써 이를 다 증거하기가 어려우나, 가령 악한 마음이 자주 일어나 없애기가 힘이 드는 때에 정성스럽게 심고를 올리면 자연 중 그 마음이 나지 않고 선심으로 돌아가게 되며, 악을 범하지 아니하려 하나 전일의 습관으로 그 악이 자주 범하여지는 경우에 그 죄과를 실심實心으로 고백하고 후일의 선행을 지성으로 발원하면 자연히 개과천선의 힘이 생기기도 하나니, 이것이 곧 감응을 받는 가까운 증거의 하나이며, 과거 전설에 효자의 죽순이나 충신의 혈죽血竹이나 우리 구인의 혈인이 다 이 감응의 실적으로 나타난 바이니라."

악한 마음이 자주 일어나 없애기 힘들 때나 과거의 습관으로 악을 자주 범할 때가 고해苦海인 것이다. 이런 고의 생활을 사은 전에 실심으로 고백하고 선행을 지성으로 발원하면 개과천선이 되어 낙 있는 생활을 하게 되는데, 이것이 심고와 기도의 가까운 증거이다.

악한 습관이 일어날 때 사은 전에 개과천선 되기를 심고하고 기도하는 그 마음이 중요하다. 개과천선은 죄과[배은]를 실심으로 고백하고 후일의 선행[보은]을 지성으로 발원하여 보은할지언정 배은은 하지 않겠다는 마음이다. 이렇게 사은 전에 실심으로 배은의 죄과를 뉘우치고 보은의 선행을 다짐할 때 개과천선의 길이 열리는 것이다. 이것이 바로 사은의 위력으로써, 배은을 뉘우치고 보은을 다짐할 때 사은의 도인 천권을 잡아 쓸 힘이 생기는 것이다.

심고와 기도의 가까운 위력은 개과천선이다. 개과천선하는 경지가 바로 죄로 물들 것이 없는 자리에서 죄에 매몰되지 않고 사은에 보은을 행하는 보은행이다.

소태산은 또한 결정될 심고를 제시해 주신다. 이공주 수필受筆의 '굳은 신념은 위대한 것이다.'라는 제목의 원기27년(1942) 5월 16일 법설이다.

한때에 종사주 가라사대, "지난번 경성 갔을 때 창기가 비행기로 귀관歸館하자고 권하기에 응낙하고 모든 행장을 챙긴 후 비행장으로 나가서 생전에 처음으로 비행기를 타게 되었다. 처음 들어가 앉은즉 종이에 솜을 쌓아서 귀를 막게 하고 할 말이 있거든 글로 써서 하라고 공색과 연필을 날아 놓았는데, 나는 장기와 마주 앉고 우리 옆에는 일본군인 세 사람이 앉아 있었다.

점차로 프로펠러가 돌기 시작하더니 요란한 소리를 내며 공중으로 공중으로 올라가는데 밑을 내려다본즉 마치 큰 소쿠리 속에 앉은 것 같더라. 그래서 창기에게도 안심입정安心入定하라고 형용[몸짓]으로 이르고 **나는 사은四恩 전에 정심正心으로 심고를 드린 후, 반드시 무사통과케 되리라는 굳은 신심을 가지고서 고요히 눈을 감고 선정禪定에 들어버렸다. 그리고 도중에 어떠한 고장이 생겨서 설사 떨어져 죽는 한이 있다 하더라도 절대 거기에는 망동하거나 원망치 않겠다는 각오를 단단히 하였더니, 더욱 마음이 안정되더라.**

얼마 동안을 가던 중 창기가 나를 흔들기에 눈을 떠보니 '부여 통과'라고 쓴 것을 보여준다. 그때 창기 얼굴은 아주 창백하여 크게 염려가 되던 중, 또 '이리 통과'라 쓴 것을 보여주고 조금 지나서 목천포 비행장[現 김제시 공덕면 저산리 동자마을]이라 하여 내려앉아서 하륙

下陸한즉 자동차가 마침 나와서 보화당까지 무사 태워다 주고 갔다.
대개 무슨 일이나 처음 시작할 때, 즉 결정하기 전에는 뇌수가 복잡하고 따라서 '어찌 될 것인고?'하여 염려가 되지마는 한번 정의正義의 굳은 신심信心을 가지고 작정作定이 된 이상에는 근심할 것도 없고 두려울 것도 없으며, 설사 불행한 일이 있다 하더라도 결코 근심이나 고통이 느껴지지 않을뿐더러, 오히려 구채舊債를 갚아버린 것 같은 통쾌감을 가지게 되는 것이다. 그러면 제군도 매일매일 천만 경계를 접촉할 때 경거망동하지 말고, 항상 정의 도덕의 굳은 신념을 가지고 진행한다면 자연 안심안정安心安靜이 되는 동시에 고통과 공포도 없어지고 따라서 그 마음이 태연자약하여 비겁한 행동이 없나니, 정의의 굳은 신념은 위대한 것이니라." 하시더라.

'한번 정의의 굳은 신심을 가지고 작정이 된 이상에는 근심할 것도 없고 두려울 것도 없으며, 설사 불행한 일이 있다 하더라도 결코 근심이나 고통이 느껴지지 않을뿐더러, 오히려 구채舊債를 갚아버린 것 같은 통쾌감을 가지게 되는 것이다.'는 결정될 심고의 실제이다.

사은에 감응되는 이치에 대한 《월보》 제36호에 기재된 소태산 대종사의 육성 법설이다.
"사람이 저 사은에 대하여 심고를 올리면 저 천지나 부모나 동포, 법률이 '오! 네가 나에게 심고 하느냐? 참 고마워서 너의 소원을 들어 주어야겠다.' 이렇게 감응하는 것은 아니다. 그러나 그 정성이 지극하고 그 마음이 전일專一하면 사은의 감응이 무위이화無爲而化 자연한 가운데에서 사람의 상상 못할 감응과 위력이 나타나는 것이다."
소태산 대종사는 지성으로 사은 전에 심고와 기도를 올리면 사은으로부터 감응되는 현상은 사람의 희로애락과 같은 감응이 아니라 무념無念 가운데 나타나는 감응이라고 말씀하신다.
사은 전에 심고와 기도를 오롯하게 올리면 무위이화 자연한 가운데 상상하지 못할 위력이 있는 것이다. 역리가 아니라 5종 심고와 기도에 따라 합당하게 행하면 자연스럽게 원하는 바를 이루고 낙 있는 생활을 하게 되는 것이다. 즉, 사은에 보은하겠다는 심고와 기도를 올리면 보은의 결과가 나타나고, 도리어 심고와 기도의 뜻에 위배하면 배은의 결과가 나타나는 것이다.

거짓된 심고와 기도

심고와 기도는 세 단계로 구분할 수 있다.

첫째는 심고와 기도의 시작(입구)으로, 자신할 만한 타력인 법신불 사은을 신앙의 근원으로 삼는 것이다.

둘째는 심고와 기도의 과정으로, 즐거운 일, 괴로운 일, 결정하기 어려운 일을 대할 때 그러한 상황을 따라 감사와 사죄와 결정된 심고와 기도를 올리는 것이며, 난경과 순경을 당할 때 순경 되고 간사하고 망녕된 곳으로 가지 않도록 심고와 기도를 올리는 것이다.

셋째는 심고와 기도의 마무리[출구]로, 심고와 기도의 결과인 '원하는 바'를 이루고 '낙 있는 생활'하는 것이다. 즐거운 일, 괴로운 일, 결정하기 어려운 일, 난경, 순경을 당하여 원만한 사은에 보은하여 보은의 결과인 복락을 나투고, 사은에 배은하여 배은의 결과인 죄해가 생기지 않도록 심고와 기도를 드려 원하는 바와 낙 있는 생활을 구하는 것이다.

결국, 심고와 기도도 '정신의 세력'을 확장하여 원하는 바를 이루고 낙 있는 생활로 인도하는 수행의 한 방법이다.

이러한 심고와 기도를 올리는 서원에 위반되었을 때의 결과이다.

"그러나 심고와 기도하는 서원에 위반이 되고 보면 도리어 사은의 위력으로써 죄벌이 있나니, 여기에 명심하여 거짓된 심고와 기도를 아니 하는 것이 그 본의를 아는 사람이라고 할 것이니라."

심고와 기도하는 서원에 위반되는 것은 5종의 심고와 기도에 어긋나는 행위이다.

잘된 일에 감사하지 않고, 잘못된 일에 사죄 올리지 않고, 결정하지 못하고, 난경에 정신을 못 차리고, 순경에 간사하고 위선적으로 되어가는 것이다.

소태산 대종사의 '심고의 감응되는 증거'라는 법설의 한 대목이다.

"한두 번 사은에 심고를 올린다고 대번에 사은이 감응하는 것도 아니니, 지성불식至誠不息의 마음으로 심고 하되 제일第一하겠다고 심고 한 일은 하고, 안 하겠다고 심고 한 일은 안 해야 사은에 신용을 잃지 아니하고서 오래오래 계속하면 사은의 감응이 빠르며 그 위력 나타남이 장할 것이요, 이에서 확호한 심력을 얻으면 무궁한 천권天權을 잡아 천지 같은 위력을 발휘할 수 있나니라." 〈《월보》 제36호〉
이 법설을 『대종경』 교의품 17장에서 "지성스러운 마음으로 꾸준히 그 서원을 계속하며, 한 번 고백한 서원에 결코 위반되는 일이 없어야만 결국 큰 감응과 위력이 나타나는 것이니, 이 점에 특히 명심하여야 할 것이며, 만일 이와 같이 하여 확호한 심력心力을 얻으면 무궁한 천권天權을 잡아 천지 같은 위력을 발휘할 수도 있나니라."라고 윤문하여 명시하고 있다.

천권天權는 사은의 도道를 체 받아서 보은하면 보은의 결과를 행사하는 것으로, 이것이 곧 삼계의 대권을 얻는 것이다.
천권天權은 천지 같은 위력과 일월 같은 밝음과 천지 같은 수명을 발휘하는 것이며[『대종경』 교의품 17장, 불지품 13장], 이러기 위해서는 일천 정성이 사무쳐야 되며[『대종경』 교의품 16장] 거짓 없는 심고와 기도가 되어야 한다[『정산종사법어』 권도편 19장].
결국 심고와 기도하는 서원에 위반이 되면 도리어 사은의 도에서 벗어나 사은의 위력으로써 죄벌인 사은 배은의 결과가 있게 되는 것이다. 거짓된 심고와 기도는 사은에 배은하는 것이다. 그러므로 심고와 기도의 본의를 아는 사람은 거짓된 심고와 기도를 해서는 안 될 것이다.

이렇게 보은하기를 다짐하고 배은을 조심할 때 참된 심고와 기도가 된다. 사은 전에 심고하고 기도하여 사은 보은을 기원할 때 개인을 비롯하여 가정 사회 국가 세계가 보은의 세계로 화하는 것이다.

우리의 심고와 기도 생활이 『정전』 교의편 '사은' 장에서 벗어나 있는지 돌아볼 때이다. 거짓된 심고와 기도가 되지 않도록 소태산 대종사가 일러주신 '심고와 기도'법 대로 행하려고 힘써야 할 것이다.

'피은자'라는 고백

——— 심고와 기도를 올리는 방법의 머리말이다.

"심고와 기도를 올릴 때에는 '천지하감지위下鑑之位, 부모하감지위, 동포응감지應鑑之位, 법률응감지위, 피은자被恩者 아무는 법신불 사은 전에 고백하옵나이다.' 하고 앞에 말한 범위 안에서 각자의 소회所懷를 따라 심고와 기도를 하되 …."

'천지하감지위, 부모하감지위, 동포응감지위, 법률응감지위'라는 칭명은 심고와 기도의 대상이 천지·부모·동포·법률인 사은이라는 선언이다. 자신할 만한 타력인 법신불 사은의 은혜와 위력을 신앙의 근원으로 모신다는 선언이다.

우리는 법신불 일원상인 사은에 감응을 받는 존재이다. 법신불 사은은 굽어살피시어 하감下鑑해 주시는 존재이며 곁에서 보살펴주시어 응감應鑑해 주시는 존재이다.

『대종경』 변의품 23장에서 천지와 부모는 하감하는 존재로 부모항렬이라면, 동포와 법률은 응감하는 존재로 형제항렬이라고 밝히고 있다.

하감지위·응감지위의 위位는 '자리' '존재' '님'의 뜻으로서, '하감지위' '응감지위'는 생존의 은혜와 죄복의 위력을 비춰주는 감응의 존재이며, 지성至誠이면 감천感天하는 대상으로 굽어살피어 비춰주는 천지·부모와 곁에서 살피어 비춰주는 동포·법률이다. 이처럼 천지·부모·동포·법률인 사은은 심고와 기도의 대상이다.

이렇게 법신불이신 천지·부모로부터 은혜를 감응 받고, 법신불이신 동포·법률로부터 은혜를 감응 받는 존재이기에, 우리는 은혜를 입은 피은자이다.

먼저 우리는 '피은자'임을 선언해야 한다. 사은의 은혜를 입은 피은자라는 자각이 있어야 한다. 이렇게 '피은자'임을 선언하고서 사은 전에 고백하라는 것이다. 고백이 심고와 기도의 출발이다. 이처럼 하감과 응감, 피은자, 고백 등이 심고와 기도의 핵심이다.

'앞에 말한 범위'는 바로 ①즐거운 일, ②괴로운 일, ③결정하기 어려운 일, ④난경, ⑤순경의 대경對境을 당할 때인 5종의 상황이다.

소회所懷는 마음에 품는, 품고 있는 마음이다. 소회는 원하는 바의 마음이요, 낙 있기를 바라는 마음이다. 5종의 상황에서 각자의 소회를 따라 심고와 기도를 하는 것이다. 각자의 소회에 따라 또는 대중과 함께 바라는 바에 따라 심고와 기도를 올리는 것이다.

사은으로부터 은혜를 입은 피은자라고 고백할 때 난경 속에서도 지금은 어려우나 노력하면 순경으로 돌아설 수 있는 신심이 생기는 것이요, 순경에는 방심하지 않고 조심하며, 또한 즐거운 일을 당해서는 감사를, 괴로운 일을 당할 때는 배은에 대한 사죄를 올리며, 결정하기 어려운 일을 당했을 때는 결정할 용기를 내어 원하는 바를 이루고자 하는 원력을 솟게 하는 것이다.

이렇게 사은의 은혜를 입은 '피은자'임을 고백하면서 5종 상황에 따라 심고와 기도를 올리면 원하는 바를 이루는 동시에 낙 있는 생활이 있게 된다.

소태산 대종사는 법신불 일원상인 사은 전에 고백하라고 한다. 고백告白은 아뢰고 사뢰는 것으로 심고와 기도의 핵심이다.

고백은 마음 그대로를 법신불 일원상인 원만한 사은 전에 사실대로 숨김없이 고하는 것이다. 고백이 빠진 심고와 기도는 내용 없는 형식으로 혼 빠진 사람과 같다.

고백은 진실이며 일심이요 자신을 있는 그대로 드러내는 투명한 공개이다. 욕망으로 고백하는 것은 진실한 심고와 기도가 아니다. 우리는 원망이 있고 서운함이 있으면 어딘가에 마구 쏟아낸다. 토설을 고백으로 여겨서는 안 된다. 이점에 조심해야 할 것이다.

이 고백 의식에는 제물이 필요하다. 심고와 기도의 제물은 재계齋戒와 소원과 일심 정성이다. 『대종경』 교의품 16장에서 진리불공인 심고와 기도의 실제를 밝히고 있다.

'몸과 마음을 재계齋戒하고 → 법신불 일원상인 사은을 향하여 각기 소원을 세운 후 → 일체 사념을 제거하고, 선정禪定 또는 염불과 송경 혹은 주문 등을 외어 → 일심으로 정성을 올리면 → 결국 소원을 이루는 동시에 큰 위력이 나타난다.'는 것이다.

일심이 곧 제물이다. 소원을 세웠으면 선정·염불·송경·주문 등을 일심으로 정성을 올리는 것이 심고와 기도의 제물이다.

『대종경』 교의품 16장의 '법신불을 향하여 각기 소원을 세운 후'의 법신불은 『정전』 '심고와 기도' 장에 따라 법신불 사은으로 읽어야 할 것이다. 심고와 기도의 대상은 원만한 사은이기 때문이다.

심고와 기도는 고백으로 시작한다. 5종의 상황을 대하여 각자의 소회를 진실하게 드러내는 것이다.
고백하는 당처에 사무치면 이 자리는 청정한 자리로써 천지은이 하감하고 부모은이 하감하고 동포은이 응감하고 법률은이 응감해 있는 것이다.
하감·응감하는 '거울 감鑑'처럼 드러나는 것이 비추는 것이고 비추는 것이 드러나는 것이다. 마음을 밝혀 사은을 드러내고, 사은을 드러내어 마음을 훤히 밝히는 것이다.

우리는 법신불 사은으로부터 은혜 입은 피은자이다. 옷을 입듯 은혜[恩]를 입은[被] 피은자로, 심고와 기도를 올릴 때 반드시 '피은자'라는 신앙고백이 선행되어야 한다.

사은의 '피은자'라는 고백, 사은 고백송을 올려야 한다.
'천지하감지위'라고 고백하는 자리,
'부모하감지위'라고 고백하는 자리,
'동포응감지위'라고 고백하는 자리,
'법률응감지위'라고 고백하는 자리.

이렇게 사은의 피은자被恩者라고 고백하는 마음에 사무치면 어떠한 원망도 어떠한 한숨도 어떠한 치기도 어떠한 기대도 나 떨어진 텅 비어 고요한 자리에 들게 되며, 이러할 때 죄주고 복주는 사은이 마음에서 훤하게 드러나는 것이다. 마음이 훤한 자리에 자신할 만한 타력인 사은이 사실대로 받아들여진다.

'피은자'라는 고백이 없으면 법신불 사은에 하감하고 응감할 수 없다. 은혜[恩]를 등지는[背] 배은자가 되어서는 안 된다. '피은자'라고 고백할 때 나무뿌리가 땅을 만나듯이 우리는 자신할 만한 법신불 사은의 은혜와 위력을 알고 법신불 사은을 신앙의 근원으로 모시게 된다.
신앙의 근원인 법신불 사은 전에 피은자라고 고백하는 것이 원불교 신앙의 첫걸음이다.

소태산 대종사는 심고와 기도를 길게 하면 사심 생긴다고 주의를 주신다. 그러니 사심 없이 짧게 하되 쉬지 말고 꾸준히 오래 하라고 당부한다.

양도신 교무의 회고담이다. "대종사님께서 기도는 짧은 시일에 해야 마음이 풀어지지 않는다고 하였다. 그리고 이 기간에는 특히 계문을 잘 지키고 미물에게까지도 기운 막히지 않아야 기도의 위력이 나타난다고 하였다. 기도는 우주 만유의 기운과 통하는 공부다. 그 일 그 일에 일심으로 하고 끝난 뒤에는 영주를 외우고 제일 크게 들리는 소리에 마음을 주 하기도 했다." 〈『구도역정기』〉

대산 종사는 헛 심고 100번 속에 참 심고 한 번 나오니, 하고 또 하는 행위 속에서 참된 심고와 기도를 발현해 가는 것이라 권면한다.

자력은 타력의 근본이고 타력은 자력의 근본이 되니, 우리는 심고와 기도 생활로 자신할 만한 타력인 사은의 위력을 공급받아 쓸 수 있는 진리불공자가 되어야 할 것이다.

그리하여 어느 곳을 가든지 매양 대중을 이익 주는 동시에 대중의 환영과 보호를 받으며, 항상 진리를 어기지 않는 동시에 진리의 음조와 은덕을 입는[『정산종사법어』 권도편 18장] '낙樂 있는 피은자'가 되자는 것이다.

심고와 기도는 법신불 사은 전에 진리불공 하는 것이다. 〈『대종경』 교의품 16장〉

묵상심고, 실지기도, 설명기도

심고와 기도의 방법 하나는 묵상심고요, 또 하나는 실지기도요 또 하나는 설명기도이다.

"상대처가 있는 경우에는 묵상심고와 실지기도와 설명기도를 다 할 수 있고, 상대처가 없는 경우에는 묵상심고와 설명기도만 하는 것이니, 묵상심고는 자기 심중으로만 하는 것이요, 실지기도는 상대처를 따라 직접 당처에 하는 것이요, 설명기도는 여러 사람이 잘 듣고 감동이 되어 각성이 생기도록 하는 것이니라."

심고가 각자의 마음속으로 묵상하는 자유로운 형식이라면, 기도는 형식에 따라 실지기도와 설명기도를 하는 것이다. 경위 설명, 감사, 참회, 다짐[서약] 소망[소원] 등의 순서로 기도문을 구성할 수 있다.

묵상심고가 마음속으로 법신불 사은전에 고하는 것이라면,
실지기도는 직접 관계있는 상대에게 올리는 당처기도요,
설명기도는 대중이 듣고서 감동이 되어 각성이 생기도록 법신불 사은전에 올리는 대중기도다.
설명說明은 어떤 일의 내용이나 이유 따위 등을 상대가 잘 알도록 설說하는 것이므로, 설명기도는 대중이 듣고서 감동이 되어 각성이 생기도록 이끄는 기도이다.

정산 종사는 "심고 하는 법이 단독으로 하는 경우에는 대개 묵상으로 심고를 올리는 것이요, 대중적 의식에는 대중의 심고 내용을 통일하기 위하여 설명기도를 올리게 되는바, 의식에서 예문에 의하여 심고 하는 방법은 주례자나 대중의 대표 한 사람이 예문을 설명기도로 하면 대중은 일제히 그 기도에 정신을 집중하고 있다가 끝나면 마음으로 '일심으로 비옵나이다' 하고 마치는 것이며, 각 예문은 표준으로 한 예를 보인 것인즉 혹 예외로 심고 할 일이 있을 때는 경우에 따라 가감하여 쓸 것이니라."[『정산종사법어』 예도편 15장]라고 심고와 기도하는 법에 대해 부연 설명하신다.
특히 '일심으로 비옵나이다'를 심고와 기도의 마무리요 결정체로 제시해 주고 있다. 일심은 심과 기도의 귀결이다. 일심으로 올리고 일심으로 마치는 것이다. 심고와 기도는 일심이 제물이기 때문이다.

심고와 기도의 같은 점과 다른 점을 요약한다면,
심고와 기도는 원하는 바를 법신불 사은전에 비는 것은 공통이라면,
상대처가 있는 경우 묵상심고와 실지기도와 설명기도를 다 할 수 있다면,
상대처가 없는 경우는 묵상심고와 설명기도만 할 수 있다.
심고는 대상이 있든 없든 어느 때 어느 곳에서든지 자유롭게 각자의 소회에 따라 마음으로 고告하는 것이라면,
기도는 개인이 되었든 군중이 되었든 대상이 있고 시간과 장소가 정해 있는 상태이다.
실지기도는 대상이 구체적으로 존재하는 상태인바, 예컨대 병문안 기도 등이며,

설명기도는 여러 사람을 대상으로 공감을 이끄는 것이라 할 것이다.

『정산종사법어』의 심고와 기도에 대한 법문이다.

"내가 항상 하는 말 같이 조석 심고를 올릴 때도 제 몸을 위해서만 빌지 말고 세상과 회상을 위하여 빌기를 잊지 말라. 그 공덕이 훨씬 크리라." 〈『정산종사법어』 권도편 16장〉

"그대들은 조석심고를 올릴 때 우주의 진리와 자신이 부합되어 크게 위력을 얻을 수 있다는 확고한 신념이 서 있는가. 얼른 생각에는 마음으로 잠깐 고하는 것이 무슨 위력이 있을까 싶지마는 우리가 마음으로 생각하는 것이 다 허공법계에 스며드나니, 그대들은 심고 할 때뿐 아니라 언제나 마음의 움직임에 주의하며, 조석심고를 일심으로 드리는 것이 큰 공부가 되고 큰 위력이 있음을 잊지 말라. 동란[한국전쟁]을 우리가 무사히 넘긴 것은 우리 대중이 일심으로 심고 올린 위력에도 크게 힘입었나니, 우리가 낱 없는 마음으로 남을 위하고 상 없는 마음으로 공부하면 그 기운으로 교단이나 나라나 세계가 큰 위력을 얻을 수 있나니라." 〈『정산종사법어』 원리편 31장〉

심고와 기도가 세상과 회상으로 열려있어야 하고, 낱 없는 마음과 상 없는 마음으로 심고해야 그 기운이 개인·가정·사회·교단·국가·세계로 확장된다고 강조한다.

더보기Tip

심고의 명상화 – 묵상심고를 명상으로 응용하는 방법

묵상심고는 묵묵히 마음속으로 생각하는 '자기 고백'의 방법과 생각을 묵묵히 '관觀'하는 방법이 있다.

그 방법으로, 첫째, '천지하감지위下鑑之位, 부모하감지위, 동포응감지위應鑑之位, 법률응감지위, 피은자 아무는 법신불 사은 전에 고백하옵나이다.'하고 앞에 말한 범위 안에서 각자의 소회를 따라 마음속으로 고백하는 것과,
둘째, '천지하감지위'에서부터 '고백하옵나이다'까지를 일심으로 묵묵히 관하는 것이다.
첫째 방법이 묵상심고라면 둘째 방법이 묵상심고를 명상으로 응용하는 방법이다.

묵상심고를 명상화하는 둘째 방법은 생각하거나 설명하는 것이 아니라 묵상 자체에 드는 것이다.
'천지하감지위, 부모하감지위, 동포응감지위, 법률응감지위'라고 마음속으로 칭명稱名할수록 번뇌 망상이 잠잠해지는 침묵에 드는 것이다. '천지하감지위'라고 전심으로 불러 침묵 상태에 들고, 이어서 '부모하감지위'를 일심으로 불러 고요한 상태에 들고, 이렇게 고요한 자리에서 '동포응감지위'를 부르고, '법률응감지위'를 이어 부르는 것이다.
부르는 마음이 심란하지 않도록 천천히 부드럽고 평온하게 부르며 묵상으로 관하는 것이다.

이제는 '천지하감지위, 부모하감지위, 동포응감지위, 법률응감지위'를 줄여서 '법신불 사은이시여'라고 간략하게 칭명하거나 혹은 '사은이시여'라고 줄여서 불러도 좋을 것이다.
생각을 일으키는 것이 아니라 법신불 사은이라 칭명하는 그 자리에 그치는 것이다. 만일 이렇게 칭명하는 순간 번뇌 망상이 탈락하는 것이 아니라 생각이나 욕심이 치솟으면 당장 묵상을 멈추어야 한다. 산란한 잡념 말고 청성히게 깨어있는 묵상이 되어야 하기 때문이다.

그러기 위해 일체를 '법신불 사은'에 맡기고 안심하는 것이다. 힘든 일이 있다면 '법신불 사은이시여'라는 칭명에 한 점의 걱정과 근심 없이 맡기는 것이다. 그러면 '법신불 사은'만 두렷하면서 동시에 근심 걱정이 탈락한 고요한 자리에 머물게 된다.

'법신불 사은이시여'라고 일심으로 부르면서 부르는 그 현존에 머무는 것이다. 이처럼 두렷하고 고요한 자리에 머물다가 번민 망상이 일어나거나 욕심이 올라오면 마음속으로 '법신불 사은이시여'라고 일념으로 칭명하는 것이다. 다 맡기어 한 의심도 없게 하는 것이다.

이렇게 고요하고 평온한 묵상의 상태를 마치 새가 활공하듯이 지속해 가는 것이다. 그러다가 고요한 묵상이 흐트러지면 다시 '법신불 사은이시여'를 부르며, 새가 날갯짓하듯 의식의 고도를 높여가는 것이다.

청정한 자리에서 드러난 만법은 사은이다. 이러한 천지 부모 동포 법률의 사은은 법신불 일원상의 드러남이다. 청정 법신불인 사은이다. 그러므로 '법신불 사은'을 일념으로 부르면 고요한 가운데 사은이 역력해진다.

이처럼 '법신불 사은이시여'라고 묵상하는 심고에 집중할수록 청정한 가운데 은혜로 충만한 피은자被恩者가 되는 것이다. 이 자리에 머무르고 머무르는 것이다.

혹여 묵상심고 도중 '법신불 사은'에 대한 영상이나 환상이 일어나면 이도 간과看過하고 다시 '법신불 사은'에 집중하여 칭명하는 것이다.

이렇게 '사은이시여'라는 오롯한 칭명에 일체를 다 맡기어 법신불 사은의 현존에 드는 것이다. 그러면 은혜로 충만 되어 일체의 결핍감이 해소된 낙 있는 생활을 하게 된다.

심고 드리는 당처가 곧바로 청정 일원상이 드러나는 자리다.

심고 올리는 그 마음 바탕이 드러나야 그 자리에서 천지은도 부모은도 하감하고 동포은도 법률은도 응감하는 것이다.

《월말통신》《월보》《회보》로 「심고와 기도」 독해하기

익산총부 4월 6일 예회록

《월말통신》 제35호, 시창17년(1932) 4월

심고법은 원기17년인 1932년 4월 6일 익산총부 예회에서부터 예회식순에 편입된다.

4월 6일

금월今月은 본회 창한 제2회 내 148회의 월예회月例會이다. 오전 10시 서대원 씨 사회로 개회하고 송봉환 씨가 출석원出席員을 점명點檢하니 남녀 합 40인이다. **사회로부터 심고법에 대한 취지와 방식을 설명한 후 종사주의 하명에 의하여 자차自此로는 본회 본지부를 물론 하고 심고를 일종의 예회 순시로 삽입할 것을 선포하다.** 인因하여 대중은 경건한 마음으로 심고를 올리고 예회가 급及 법어봉독 등의 예회 순서를 마친 후 송도성 씨 주문主問으로 상시간 육대요령의 경의문답經義問答이 있었으며 선서문을 낭독하고 12시경 휴회休會하였다가 오후 2시 속회續會하여 2시간 농안 각인의 감각 감상, 처리 담 등을 듣고 산귀散歸하다.

신앙과 수양

직양 송도성

《회보》 제34호, 시창22년(1937) 4·5월호

주산 송도성은 일원상의 진리를 번역하면 사은이요 세밀히 분석하면 삼라만상 그대로가 실재의 부처님이므로, 두렷하고 텅 빈 일원의 속에는 천지만물 허공법계 어느 것 하나 포함되지 않는 바가 없으니, 이와 같이 천지만물 허공법계가 한 덩어리로 합해 있는 이 자리에 예배하고 기도하면 천지만물 허공법계 전체에 예배하고 기도하는 격이라 밝히고 있다. 심고와 기도의 원리와 방법을 밝힌 것이다.

…전략… 이 심불 일원은 즉 부처님의 마음을 대표한 진리적 부처님이라 할 것입니다. 두렷하고 텅 비인 이 일원의 속에는 천지만물 허공법계가 어느 것 하나 포함되지 않음이 없나니, 그야말로 속으로 들어와도 안이 없고 겉으로 나가도 밖이 없는 우리의 자성이며 우주의 본체입니다. 이를 번역해 말하자면 곧 사은四恩이라 할 것이며, 다시 더 세밀히 분석해 말하자면 삼라만상 그대로가 곧 실재의 부처님이 될 것이니, 합하면 일원이요 나누면 삼라만상이라 이러한 진리로써 볼진대 한 개의 돌과 한 줌의 흙인들 어찌 부처 아님이 있으며 날아가는 새와 달려가는 짐승인들 무엇 하나 이에 벗어남이 있으리까. …중략… 그런고로 일원의 진리를 알고 보면 천지만물 허공법계가 모두 한 덩어리로 합한 참되고 떳떳한 본래 면목을 발견하게 될 것이니, **이곳에 한 번 예배하면 곧 천지만물 허공법계의 전체에 예배함이 될 것이며 이곳에 한 번 기도하면 곧 천지만물 허공법계의 전체에 기도함이 될 것이다.**

논설

일원상에 대하여

정산 송규

《회보》 제38호, 시창22년(1937) 9·10월호

'일원상에 대하여'의 맺음말인 통론에서 일원상을 신앙하고 숭배하는 것과 심고와 기도를 올리는 심정을 밝히고 있다. 일원상의 위패와 일원상의 진리 즉 일원상의 가면假面과 일원상의 본면本面 양방을 통합적으로 이해해야 한다고 강조한다.

7) 통론

…전략… 만약 일원상의 진리를 알지 못하고 한갓 맹목적으로 일원상의 위패에만 국한하여 그 신앙과 숭배를 올린다면 이는 재래의 등상불 숭배에 다름이 없는 것이요, 또는 일원상 위패는 오직 가면假面에 지내지 못한다 하여 거기에 공경 예배를 등한히 한다면 이는 또한 일원상 봉안하는 본의를 모르는 것이니, **우리는 이 양방을 잘 이해하여 일원상을 봉안하는 중에도 항상 그 진리의 본면을 생각하고 일원상에 예배할 때도 항상 그 우주의 전체를 상상하며 심고와 기도를 올릴 때도 항상 그 일심은 능히 자연을 감동하는 묘력妙力이 있는 것을 신앙할지며,** …후략…

심고의 감응되는 증거

익산총부 각지 회합

《월보》 제36호, 시창17년(1932) 5월

이 법설은 『정전』 심고와 기도의 "이 심고와 기도의 뜻을 잘 알아서 정성으로써 계속하면 지성이면 감천으로 자연히 사은의 위력을 얻어 원하는 바를 이룰 것이며 낙 있는 생활을 하게 될 것이니라."의 부연 법설이다. 사은에 심고를 올리면 감응이 나타나는 증거를 역사적 예와 현실적 증거를 제시하고 있다. 즉 악심이나 낮은 마음이 일어날 때 사은 전에 자주 고백하면 그 일을 하지 않게 되는 참회 개과의 능력을 얻게 된다는 것이다. 이 법설은 윤문 되어 『대종경』 교의품 17장에 수록된다.

5월 26일 본일本日은 본회 창한創限 제2회 내 153회의 예회일이다. …중략…

종사주 친히 대중을 향하사, 전날 진정리화가 나에게 묻되, "사은四恩에 심고心告를 올리면 참으로 사은이 알아서 감응感應을 하는 것인지? 안 하는 것인지? 이것만은 의심이 풀어지지 않는다."고 하였다. "제군 내에 누구를 물론 하고 그 감응하는 실적實蹟을 아는 자 있거든 그 증거를 들어 말하라." 하시니, 각인各人 각언各言이 많았으나 정곡을 타打한 자 없는지라, 결국 종사주께옵서 설하옵시되, "사람이 저 사은에 대하여 심고를 올리면 저 천지나 부모나 동포, 법률이 '오! 네가 나에게 심고 하느냐? 참 고마워서 너의 소원을 들어 주어야겠다.' 이렇게 감응하는 것은 아니다.

그러나 그 정성이 지극하고 그 마음이 전일專一하면 사은의 감응이 무위이화無爲而化 자연한 가운데에서 사람의 상상 못할 감응과 위력이 나타나는 것이니, 역사적으로 볼지라도 옛날 맹종과 왕양은 부모에 지극한 효자이다. 맹종은 부모를 위하여 눈 속에서 때아닌 죽순을 얻었고 왕양은 얼음 위에서 산 잉어를 얻었으니, 이것이 곧 그 정성과 마음이 전일지충專一至忠한 데에서 사은의 감응이 나타나는 증거이다. **또는 현실적으로 볼지라도 우리가 어떠한 악한 마음이 자주 일어나서 아무리 그 마음을 없애려고 하나 없어지지 않을 때 자주 사은에 그 마음이 일어나지 않도록 심고를 하면 그 마음이 차차 일어나지 않**

는 것이라든지, 또는 어떠한 낮은 일을 자주 하게 될 때 사은에 꼭 그 잘못함을 고백하고 뒤에는 하지 않겠다는 것을 자주자주 맹서盟誓하면 결국 그 일을 하지 않을 능력이 생기는 것은 곧 사은이 감응하는 자취이다.

그러나 한두 번 사은에 심고를 올린다고 대번에 사은이 감응하는 것도 아니니, 지성불식至誠不息의 마음으로 심고 하되 제일第一 하겠다고 심고 한 일은 하고, 안 하겠다고 심고 한 일은 안 해야 사은에 신용을 잃지 아니하고서 오래오래 계속하면 사은의 감응이 빠르며 그 위력 나타남이 장할 것이요, 이에서 확호한 심력을 얻으면 무궁한 천권天權을 잡아 천지 같은 위력을 발휘할 수 있나니라." 하시는 현묘한 법의法義를 강설하시니, 대중은 심고의 필요를 확연히 깨닫고 뛰며 춤추며 즐거워하더라.

감상담(윤명화)

아침저녁으로 심고를 드린다. 심고와 기도하는 마음을 살펴보면 하겠다는 다짐과 안 하겠다는 다짐과 이루고자 하는 바람들이 파노라마처럼 펼쳐진다.

『정전』 심고와 기도에서 '원만한 사은으로써 신앙의 근원을 삼고 즐거운 일을 당할 때는 감사를 올리며, 괴로운 일을 당할 때는 사죄를 올리고, 결정하기 어려운 일을 당할 때는 심고와 혹은 설명기도를 올리며, 난경을 당할 때는 순경될 심고와 기도를 올리고, 순경을 당할 때는 간사하고 망녕된 곳으로 가지 않도록 심고와 혹은 설명기도를 하자는 것'이라고 심고와 기도하는 상황을 구체적으로 밝히고 있다. 심고와 기도는 원만한 사은 전에 올리는 것이다.

사은 전에 심고와 기도를 올리는 마음은 어떠한 사심과 잡념이 없는 청정한 마음 그대로여야 한다. 나쁜 마음이 일어날 때 심고를 하면 차차 나쁜 마음이 일어나지 않는다. 이렇듯 심고를 올리는 것이 마음을 챙기는 공부이다.

예를 들어 나쁜 마음이 일어날 때 심고를 통해 나쁜 마음에 끌리지 않는 일심이 양성되고, 나쁜 마음을 나쁜 줄 아는 지혜가 생겨나고, 이 나쁜 마음을 내지 않는 실행이 뒤따를 수 있게 된다. 이처럼 심고를 올리는 것은 삼학으로 삼대력을 키워가는 것이다.

즐거울 때, 힘들 때, 어려운 결정을 해야 할 때, 또 감사할 때, 순경 또는 역경은 우리의 삶 속에서 일어나는 경계이다. 생활 속에서 이러한 경계마다 마음을 챙겨 심고와 기도를 올리고 올리면 삼대력의 심력을 얻게 되어 사은의 감응을 받게 된다.

하겠다는 것은 하고 하지 않겠다는 것은 하지 않는 심고를 꾸준히 실천하면 심력心力이 생겨 천지 같은 수명과 일월 같은 밝음과 천지 같은 위력을 발휘할 수 있게 된다. 잘못을 고백하고 그 일을 하지 않을 능력이 생기는 것이 곧 사은이 감응하는 자취이다.

맹세코 잘못을 안 하겠다고 심고 하고 결단코 단절하려고 기도하면 잘못하지 않을 심력을 얻게 되어 사은의 감응을 받게 되리라.

무작정 자신의 욕망을 채우기 위해 기도를 하거나, 내 뜻대로 이뤄지지 않는다고 원망하는 마음이 없는지 나 자신의 심고와 기도 생활을 돌아본다. 사은 전에 탐진치의 욕망과 원망일랑 다 내려놓고 지극한 정성과 전일한 일심으로 심고와 기도를 하여 사은의 위력을 얻기를 서원한다.

어떠한 고라도 낙을 심을 줄 아는 자는 행복자니라

이공주 수필受筆

《회보》 제9호, 시창19년(1934) 4·5월호

심고와 관련된 《회보》 제9호의 법설 부분은 『대종경』 신성품 16장 서두에 수록된다. 한 가지 유의해야 할 사항은 《회보》 제9호에 수록된 소태산 육성 법설 중 '사은 전'과 '사은의 공덕과 위력'을 『대종경』 신성품 16장에서 '법신불 전'과 '법신불의 공덕과 위력'으로 윤문 된 점이다.

《회보》 제34호, '신앙과 수양'에서 논설자 송도성은 "일원의 진리를 알고 보면 천지만물 허공법계가 모두 한 덩어리로 합한 참되고 떳떳한 본래 면목을 발견하게 될 것"이라고 밝히고 있다. 천지만물 허공법계는 사은으로써, 사은은 두렷하고 텅 빈 일원의 진리를 깨달으면 본래 면목 자리인 법신불에서 천지만물 허공법계가 한 덩어리로 드러나는 실상이다.

사은은 본래 면목인 법신불 자리에서 드러나고 법신불은 사은으로 전개되어야 소태산의 뜻에 부합될 것이다. 사은은 법신불에 기반 되어 있으며 또한 법신불은 사은으로 발현되어야 한다.

이처럼 사은과 법신불은 둘이 아니다. 다만 나누어서 보면 사은이 한 덩어리로 화해 있는 자리를 법신불이라 하고 이 법신불이 천지 만물로 화현하는 실상을 사은이라 하는 것이다. 이를 통합하여 '법신불 사은'이라 한다. 그러므로 심고와 기도의 대상은 천지만물 허공법계 전체가 한 자리인 사은이다.

시창18년 9월 26일 예회에 종사주 법좌에 출석하여 가라사대,

오늘은 내가 고락苦樂을 가지고 말하리라. 다름이 아니라 어제 정석현이가 와서 말하기를, "저는 어떠한 고통과 근심을 느끼다가도 사은四恩 전에 심고心告를 드리고 나면 자연히 마음이 편안하여지고 근심이 없어지며 환희심이 나서 매일 심고 드리는 낙과 재미로 산다." 하니, 사실로 사은의 공덕과 위력을 알아서 진정한 재미를 붙였는가는 알 수 없거니와, 하여튼지 그렇게 한다는 것이 석현이로서는 곧 고 중에서 낙을 발견한 일이니라. ….

오! 사은이시여(나의 기도)

송도성

《회보》 제24호, 시창21년(1936) 4·5월호

———— 일원 회상의 영원한 청년, 주산 송도성은 사은 전에 힘과 빛과 열을 청하고 있다. 어떠한 고난이라도 이겨낼 힘과 진리를 꿰뚫어 보는 빛과 차가운 빙산도 녹여낼 열을 주신다면 일터로 어두운 거리로 냉박한 사회로 나아가겠다고 기도하고 있다. 오! 사은이시여(나의 기도)는 사은 전에 올리는 기도문의 백미이다. '오! 사은이시여'는 성가 129장에 수록된다.

1.

오! 사은이시여! 거룩하신 사은이시여!

나에게 힘을 주소서. 꿋꿋하고 근기根氣 있는 힘을 주소서.

아무러한 홀림에도 넘어가지 아니하고

어떠한 고난苦難이라도 능히 이겨갈 만한 꿋꿋하고 근기根氣 있는 그 힘을!

자아를 완성하고 사회를 개조함에는 오직 그 힘이 필요하오니

아무리 미소微小한 저에게라도 사은께서 그 힘만 밀어주신다면

분연히 일어나서 두 팔을 부르걷고 일터로 달음질하겠나이다.

2.

오! 사은四恩이시여! 거룩하신 사은이시여!

나에게 빛을 주소서. 밝고 큰 빛을 주소서.

심오한 진리를 꿰뚫어 보고 천만 사물에 막힘이 없는 맑고 큰 그 빛을!

자아를 완성하고 사회를 개선함에는 오직 그 빛이 필요하오니

아무리 미소한 저에게도 사은께서 그 빛만 드리워주신다면

발연勃然[벌컥]이 일어나 두 눈을 바로 뜨고 혼구昏衢[어두운 거리]로 뛰어들겠나이다.

3.

오! 사은四恩이시여! 거룩한 사은四恩이시여!

나에게 열熱을 주소서. 영원히 식지 아니할 뜨거운 열熱을 주소서.

북양北洋의 빙산氷山이라도 히말라야의 눈더미라도 넉넉히 녹여낼 수 있는 뜨거운 그 열을!

자아를 완성하고 사회를 개선함에는 오직 그 열이 필요하오니

아무리 미소한 저에게라도 사은께서 그 열만 넣어 주신다면

맹연猛然히 일어나 피땀을 두루치고 냉박冷薄한 사회를 개척하겠나이다.

그러나 나 밖에 사은이 있지 아니하고 사은 밖에 내가 없나니 사은에서 얻어 오는 힘 곧 나의 원천源泉이라, 나는 나에게 모든 부족함이 있음을 발견할 때 언제든지 나의 원천源泉 곧 사은의 본처本處에 향하여 구하려 하나이다.

오! 사은이시여! 거룩하신 사은四恩이시여!

입회 후 얻은 나의 감상

구두口頭 김대성행, 수기受記 조전권
《회보》 제59호, 시창24년(1939) 10월호

일원상을 집에 모신 후 든든하고 의지가 되고, 곁에서 사은의 옹호를 받는 믿음에 따라 자연 든든해지며, 비관과 난관이 있을 때 사은 전에 심고를 올려 위안을 얻고 살아가는 감상담이다. 사은을 모시고 심고하여 낙樂 생활하는 감상담이다.

붓을 들어 입회 감상을 쓰려하니 과거의 생활이 뉘우쳐지며 무섭고 두려운 죄악의 거리에서 평탄하고 쾌활한 평지로 나온 것도 같고 흉악한 암흑 속에서 화탄火炭고해의 생활하다가 다시 평온하고 구속 없는 광명한 천지로 발길을 옮겨 놓은 것 같은 감상이 가슴 속에서 용솟음칩니다. 다시 생각하면 눈먼 봉사가 어둠에서 더듬다가 문고리를 잡은 것도 같습니다마는 다 약略하고 가장 특히 느낀바 몇 가지만을 이 지면을 통하여 여러분께 알리는 동시에 대성大聖 종사주의 홍은洪恩을 만분지일이라도 갚고자 하나이다.

그러나 저의 과거 죄악이 많음을 폭로시키는 것 같아서 이 말을 쓰게 된 저도 퍽 부끄럽습니다. 그러지마는 감상을 쓰자 하니 제 역사를 말하지 않을 수 없어서 먼저 저의 지내온 일을 말하고자 합니다. 저는 전세前世의 죄업인지 금세今世의 죄업인지 그것은 잘 알 수 없습니다마는 제가 출생 후 16년간의 경과를 말하자면 과히 험하다고는 볼 수가 없으나 그 후의 경과는 너무도 애절 참절하여 장성하여서는 출가하여 아들 3형제를 낳아 남편과 같이 백년해로로 변함없이 살아보자고 맹서를 굳게 하며 행복스러운 가정을 이루어 나왔던 것입니다.

그러나 허망한 것은 세상사이요 믿을 수 없는 것은 인간사라 하더니 그와 같이 제 앞에도 뜻하지 아니한 고해 풍파가 부딪쳐오기 시작하였으니 그것은 다름이 아니라 천년이나 만년이나 변함없이 살아보자고 맹서한 그 남편이 우연히 집을 나간 후 근 20년이 지내도록 돌아올 줄을 모름이었습니다. 그리해서 별별 짓을 다 하여 찾았으나 결국은 찾지 못하고 청춘이 만리萬里 같은 제 일생의 가정생활은 그대로 깨뜨리지고 말았습니다. 여기로서 일평생 중 이 위에 더 기막히고 허망한 일이 어디 있겠습니까.

그러나 아들 3형제를 잘 길러 그 후사後事나 이을까 생각하고 쓰라린 가슴 타는 간장을 스스로 억제하여 밤이나 낮이나 눈 빠지는 바느질 품삯으로 4식구가 살아가더니 이도 무슨 죄악이 남았던지 태산북두같이 믿고 살든 아들 3형제가 또 마저 차례로 죽기를 시작합니다. 죽어도 이상하게 한 아들은 물에 가서, 한 아들은 산에 가서, 한 아들은 집에서 우연히 죽고 맙니다. 이런 기막힌 일이 어디 있으며 박복薄福한 일이 어디 있겠습니까. 천지가 무너진 듯 정신이 아득하여 저마저 죽으려고 하였으나 모진 목숨 죽지 못하고 그날그날 살아가자니 모두가 고苦 뿐이요, 나오는 것은 한숨과 원망뿐이었습니다. 부모 자식 남편이 다 원망스럽고 나중에는 천지신명까지도 무심無心타 공평치 못하다는 원망밖에 나오지를 않습니다. 남들의 사는 것은 모두가 만족하게만 보이고 나의 사는 것은 모두가 불만이요 불평밖에 없었습니다.

그러므로 정신에는 고통이요 육체에는 병으로서 피골이 날로 쇠약하여 약藥 떠날 날이 없었으니 이 같은 지옥고가 어디 있겠습니까. 그러나 생生에 대한 욕심은 오히려 남아있어서 혹 안심 안정하면 병에 위안이 될까 생각하고 그 안심처를 얻기 위하여 혹은 야소교로 혹은 각 사찰로 많이 다녀 보았습니다만 인연이 없었던 관계인지 죄 벗을 때가 못 되었던지 아무 까닭을 얻지 못하고 해탈할 힘을 구하지 못하여 다만 울화만이 그대로 떠받칠 뿐이었던 것입니다. 이럴 때 마침 저같이 박복한 인간에게도 살 기회가 있고 죄 벗을 때가 닥쳤던지 한줄기 서광이 뻗치었으니 그것은 다름이 아니라 지금으로부터 1년 전 김계옥 씨란 분을 만나게 되어 종사님의 무상대법을 듣고 보니 갈렸던 부모를 만난 것도 같고 잃었든 보물을 찾은 것도 같이 곧 환희심이 솟아나며 진즉에 못 만남을 후회하여 즉시 입회하기를 원하였던바 저 같은 죄인을 용납하시어 저로서는 받들기도 황송한 법명을 대성행大聖行이라고 주셨습니다. 저는 이 기쁜 마음을 이기지 못하여 매월 예회에는 제백사[除百事, 다른 일은 다 제쳐 놓고]하고 참예하여 간혹 종사님의 법설과 여러 교무 선생의 설교를 듣고 보니 다 이 같이도 허망하고 새삼스럽게 원통한 일이 어디 있습니까. 지금까지 남편을 원망하고 자식을 원망하고 일보一步를 나아가서는 천지신명까지도 야속하다 불공평하다고 원망하던 일이 모두 다 제가 짓고 제가 받는 것이어서 수원수구誰怨誰咎할 것이 아니거늘 몽매한 이 중생은 이 이치를 만분지일도 알지 못하고 오직 다른 곳에만 원망하였으니 생각할수록 제 가슴을 제가 찍고 싶습니다. 그러는 동시에 지금까지 남편 잃고 자식 잃은 가슴에 맺힌 철천徹天의 이 원한과 삼생三生을 두고도 잊지 못할 이 설움이 봄 바람에 얼음 녹듯 스르르 풀어지고 앞으로는 우리 공부에 부지런히 하여 될 수 있는 대로 죄 될 일은 하지 아니하고 복될 일만 짓기로 굳게 맹서하였으며 과거사를 생각하여 일원상과 육대요령을 모시고 하룻밤을 울고 또 울어 날이 밝도록 울었습니다. 그리하여 그 뒤부터 한 예회를 보고 나면 한 이치가 알게 되고 두 예회를 보고 나면 두 이치가 알게 되며 알게 되는 그대로 차차 해탈되어가니 대성행은 어미를 잃었든 유아가 자모의 젖을 만남 같고 화탄지옥에서 헤매든 자가 평지의 생명수를 얻음 같아 제가 스스로 저를 반성해 볼 때 일 년 전 대성행이는 죄악에서 죄악으로 들어가는 대성행이라면 일 년 후 대성행은 죄악에서 낙원으로 나오는 대성행이라 하겠으며 원망에서 감사 생활로 돌려가는 대성행이라 하겠으며 또는 분심초려 중에서 시달리다 죽으려던 대성행이라면 안빈낙도 중에서 영생을 희망하는 대성행으로 변하였다고 생각합니다. 이것이 모두 뉘 은덕일까요? 우리 종사님의 홍은대덕洪恩大德이 아니고 무엇이겠습니까? **또 한 가지 얻은 바는 일원상을 집에 모신 후부터는 어른을 집안에 모신 것처럼 든든하고 의지가 되어 아무리 깊은 밤 홀로 살아도 무섭고 외로움이 없어졌습니다. 나의 곁에는 사은이 옹호하시거니 하는 이 믿는 마음이 있으므로 자연 든든하여집니다. 또 비관과 난관이 있는 때에도 사은께 심고를 올려 스스로 위안을 얻어 살아갑니다. 도무지 어려운 일도 없고 다만 낙樂 밖에는 없습니다.** 그러므로 몸에 병마와 약그릇도 천리만리나 달아나고 날마다 살만 쪄서 건강해 갑니다. 이웃 사람도 저를 볼 때는 다 놀래며 비관하는 사람을 보면 모두 불법연구회로 가라고 권한답니다. 다만 제게 남은 마음은 공부할 비용만 준비가 된다면 영원한 나의 집인 총부를 찾아가서 남은 세상은 오로지 수도修道로 마치리라는 생각 밖에는 없으며 이제는 나 하나만이 이 세상에 제일 행복한 인간인가 하는 생각이 납니다.

새로운 출발

채귀원

《회보》 제65호, 시창25년(1940) 6월호

——— 채귀원은 50여 세에 입회하여 전무출신으로 '새로운 출발'을 한다. '1. 나의 기도'는 사은 전에 올린 출가서원담이다.
이어지는 '2. 수양의 첫걸음' 중 "사은사요 배를 타고 삼강팔조 노를 저어 우리 종사 선주船主되어 어기여차 저어가니"와 "일원상一圓相 중中 춤을 추며"라는 시구가 인상적이다. '일원상-사은사요-삼학팔조'의 교법을 문학적으로 풀어주고 있다.

1. 나의 기도

자비하옵신 사은이시여!
저의 무거운 죄악의 짐을 벗겨주옵소서.
나쁜 습관을 착한 습관으로 개량시켜 주옵소서.
엉겅퀴를 포도로, 돌감나무를 단감나무로 접을 붙여 주시옵소서.
저의 힘없는 손을 이끌어 저 반야선으로 인도해 주옵소서.
이 공부 이 사업에 도움이 되는 일이면 지옥도 사막도 아무 데도 사양치 않겠사오니
잘못하는 일은 벌을 주시고 잘하는 일은 더욱 힘을 밀어 주시사 늘 품에 안아 주시옵소서.

영신사
迎新辭

송구영신送舊迎新하는 조조早朝에 첫 심고

이공주

《회보》 제62호, 시창25년(1940) 신년호

『정전』 심고와 기도 장의 '천지하감지위 부모하감지위 동포응감지위 법률응감지위, 피은자 아무는 법신불 사은 전에 고백하옵니다.'하고 각자의 소회를 따라 심고와 기도하는 사례事例이다. 심고문에 사은에 은혜 입은 '피은자 이공주'라는 인식의 전제가 깔려있다.

종사주 일찍이 사원기일월梭圓機日月하여 직춘추법려織春秋法呂라는 글귀를 읊으신 일이 있다. 이를 해解하면 원기圓機에 일월이 북질하여 춘추 법려를 짠다는 말씀이요, 환언하면 우주대자연의 기관인 허공에 일월이 동서로 내왕함을 따라 춘하추동 사시四時가 이루어진다는 말씀이다. 이 얼마나 진리 있고 적절하신 비유신가. 과연 우리가 살고 있는 이 우주 대기의 바퀴야말로 돌고 돌아서 쉼이 없나니, 그러므로 기묘己卯의 일 년도 거연이 가버리고 다시금 경진庚辰의 새해가 또 돌아오게 되었도다. 아아~ 기대의 이날, 희망의 이날, 나는 이날 청신淸晨에 종소리와 아울러 자리에서 일어나 고요히 삼도수를 맛본 후 동천에 솟아오르는 새해 첫 아침 찬란한 태양광선을 향하여 공경히 사은 전에 심고를 올리었다.

천지하감지위 부모하감지위 동포응감지위 법률응감지위 피은자 이공주는 삼가 사은께 고백하나이다.

一. 대성 종사 법체 만강하옵시고 각처 회우會友 안과태평安過泰平하오며 본회 회세會勢가 일익[日益, 날로 더욱] 번창하여 대발전을 보여주시옵소서.

一. 공주의 모자母子도 건전한 정신과 건강한 몸으로 공부와 사업을 유루有漏없이 병진하여 사람다운 사람이 되며 불법연구회의 큰 일군이 되게 하여주시옵소서.

一. 아직도 저는 연구력이 부족함으로 사리 간에 분석이 적사오며 설사 분석하는 조목은 있다 하더라도 수양력과 취사력이 충분치 못하여 부지중不知中 계분에도 범과 되는 일이 많사오며 반드시 이행할 일도 빠지는 일이 많사오니 사은의 대자대비로써 용서하여 주옵시고 만능력조화萬能力造化를 베풀어 모든 사마와 번뇌를 물리쳐 주시옵소서.

一. 오늘을 위시하여 배전[倍前, 이전의 갑절]의 지혜와 총명을 주옵시사 종사주의 법설을 듣든지 어떠한 경전을 보든지 기억과 이해가 충분하며 삼대력을 충분히 얻고 사은 사요의 실행이 드러나서 부처님의 복혜를 아울러 얻게 하여 주옵시기를 빌고 비나이다.

제3 수행편 修行編

제10장 불공佛供하는 법

제10장 불공佛供하는 법

과거의 불공법과 같이 천지에게 당한 죄복도 불상佛像에게 빌고, 부모에게 당한 죄복도 불상에게 빌고, 동포에게 당한 죄복도 불상에게 빌고, 법률에게 당한 죄복도 불상에게만 빌 것이 아니라, 우주만유는 곧 법신불의 응화신應化身이니, 당하는 곳마다 부처님(處處佛像)이요, 일일이 불공법(事事佛供)이라, 천지에게 당한 죄복은 천지에게, 부모에게 당한 죄복은 부모에게, 동포에게 당한 죄복은 동포에게, 법률에게 당한 죄복은 법률에게 비는 것이 사실적인 동시에 반드시 성공하는 불공법이 될 것이니라.

또는 그 기한에 있어서도 과거와 같이 막연히 한정 없이 할 것이 아니라 수만 세상 또는 수천 세상을 하여야 성공될 일도 있고, 수백 세상 또는 수십 세상을 하여야 성공될 일도 있고, 한두 세상 또는 수십 년을 하여야 성공될 일도 있고, 수월 수일 또는 한때만 하여도 성공될 일이 있을 것이니, 그 일의 성질을 따라 적당한 기한으로 불공을 하는 것이 또한 사실적인 동시에 반드시 성공하는 법이 될 것이니라.

처처불상 사사불공의 불공법

'불공하는 법'의 첫 대목은 과거의 등상불 불공법과 사은 당처에 죄복을 비는 불공법이 제시되어 있다.

"과거의 불공법과 같이 천지에게 당한 죄복도 불상佛像에게 빌고, 부모에게 당한 죄복도 불상에게 빌고, 동포에게 당한 죄복도 불상에게 빌고, 법률에게 당한 죄복도 불상에게만 빌 것이 아니라, 우주만유는 곧 법신불의 응화신應化身이니, 당하는 곳마다 부처님[處處佛像]이요, 일일이 불공법[事事佛供]이라, 천지에게 당한 죄복은 천지에게, 부모에게 당한 죄복은 부모에게, 동포에게 당한 죄복은 동포에게, 법률에게 당한 죄복은 법률에게 비는 것이 사실적인 동시에 반드시 성공하는 불공법이 될 것이니라."

불공佛供은 불전에 공양을 올린다는 뜻으로, 이를 확대하여 대하는 모든 인연을 불전에 공양 올리듯 부처님으로 모시고 받드는 행위이다.
불공의 다른 표현이 '비는 것'으로, 비는 것은 심고와 기도의 신리불공뿐만 아니라 당처에 직접 비는 실지불공까지이다. '불공하는 법'은 실지불공이 중심이다.
그런데 과거의 불공법은 죄복이 나오는 출처에 관계없이 불상[등상불] 한 곳에 모든 죄복을 비는 것이었다면, 사실적이면서 반드시 성공하는 불공법은 죄복의 출처에 따라 그 당처에 비는 것이다.

불공법의 핵심은 죄복의 출처에 따라 비는 것이다. 인류가 차차 장년기에 들어 그 지견이 발달하므로 모든 사람이 고락 경계를 당할 때는 혹 죄복에 대한 이해가 있을 것이며, 죄복에 대한 이해가 있고 보면 그 죄복의 근본처를 찾을 것이며, 찾고 보면 그 뜻이 드러날 것이요, 그 뜻이 드러나고 보면 잘 믿을 것이며, 사실로 이해하기 좋은 신앙처[불공처]를 발견하여 숭배하면 지자와 우자를 막론하고 안심입명安心立命을 얻을 것이다. 〈『대종경』

교의품 14장〉

죄복의 근본처는 법신불의 화현化現인 우주만유로 천지·부모·동포·법률의 사은 당처이다. 그러므로 우주만유 전체를 다 부처님으로 모시고 신앙하여 모든 죄복과 고락의 근본을 우주만유 전체 가운데에 구하자는 것이다. 〈『대종경』 교의품 12장〉

『조선불교혁신론』에서 '천지만물 허공법계가 다 부처님의 성품'이요 '천지만물 허공법계가 다 부처'라고 밝히고 있다. 성품 자리에서 드러나는 천지만물 허공법계는 다 부처이다. 그러므로 우주만유는 법신불[성품]의 화현이니 당하는 곳마다 부처님으로 일마다 불공인 것이다. 즉 '법신불의 응화신=우주만유=천지·부모·동포·법률인 사은'이므로, 처처불상인 사은 당처에 비는 사사불공이 소태산의 불공법이다.

'불공하는 법'은 교리도의 '처처불상 사사불공'과 '보은 즉 불공'이라 할 수 있다.

처처불상인 사은 당처에 비는 것이 곧 사사불공법으로, 천지에 당한 죄복은 천지에, 부모에게 당한 죄복은 부모에게, 동포에게 당한 죄복은 동포에게, 법률에 당한 죄복은 법률에 비는 것이 사실적인 불공이요 반드시 성공하는 불공이다.

또한 '불공하는 법'은 '보은 즉 불공'으로 사은에 보은하는 것이 불공이다. 즉, 응용무념의 천지의 도를 체 받아 보은하는 것이 불공이요, 무자력자 보호의 도인 부모의 도를 체 받아 보은하는 것이 불공이요, 자리이타의 도인 동포의 도를 체 받아 보은하는 것이 불공이요, 인도 정의의 공정한 법칙인 법률의 도를 체 받아 보은하는 것이 불공이다.

사은의 도를 체 받아 행하면 '사은 보은의 결과'로 복락을 받고, 사은의 도를 체 받지 못하여 사은에 배은하면 '사은 배은의 결과'로 죄해가 따르게 되는 것이다.

『불교정전』을 보면 반드시 성공하는 불공법의 수식어로 '십중팔구十中八九'가 붙어 있다. 결국 반드시 성공한다는 뜻은 8~90퍼센트의 성공률을 말한다. 수학적으로 100퍼센트가 아니라 8~9할을 말하는 것이다. 또한 표어가 『정전』에 등장하는 곳은 '불공하는 법'으로, '처처불상處處佛像 사사불공事事佛供'의 표어가 '불공하는 법'이다.

소태산 대종사는 원기23년(1938) 7월 24일 익산총부 예회에서 '죄와 복이 나오는 궁기[출처·출구]는 어느 곳이며, 그 궁기를 이용하여 죄와 복이 나오게 하는 자는 누구인가?'라는 문제를 낸다. 이에 익산총부 회원 69인이 답안지를 내며 그달 7월 31일 예회에서 1, 2, 3등과 등외자를 발표하며, 《회보》 제47호 9월호에 해답인의 답안을 발표한다.

「해답인」
1등 송도성 죄복지원罪福之源은 일원상 즉 사은이요, 운용자는 도성 자신이올시다.
1등 류허일 죄복의 출구는 일원상이요, 주재자는 허일 육근이외다.
1등 전음광 죄복의 출구는 일원상이요, 주재자는 각각 자기입니다.
1등 박명성 죄복 나오는 데는 일원상이요, 나오게 하는 자는 나의 심신이외다.
1등 권동화 죄복의 출구는 사은이요, 기관의 주재자는 동화입니다.
1등 서공남 죄복의 출처는 일정한 처소가 없고 오직 우주만물 허공법계 즉 사은이 다 죄복의 장소이오며, 그 운전자는 자아올시다.

소태산 대종사는 죄복의 출처·출구는 '일원상 즉 사은'이라면 죄복의 운용자[운전자·주재자]는 각자 자신이라고 답한 것을 1등으로 감정한다.

'불공하는 법'의 필독 논설이다.
정산 종사는 《회보》 제38호 시창22년 9·10월호에 '일원상에 내하여'라는 글에서 일원상 신앙하는 법과 숭배하는 법을 논설한다. 죄복의 출처인 '일원 즉 사은'을 신앙하고 숭배하는 방법을 제시한다. 일원상의 신앙과 일원상의 숭배는 곧 불공하는 법으로, 일원상의 신앙이 불공법의 원리적인 면이라면 일원상의 숭배는 불공법의 활용하는 면이라 할 것이다.

먼저, '일원상 신앙하는 법'이다.
"일원상 신앙은 어떻게 하는 것인가? 첫째는, 재래의 개체신앙을 전체신앙으로 둘째는, 미신신앙을 사실신앙으로 셋째는, 형식신앙을 진리신앙으로 혁신한 것입니다. 이제 그 내용을 말하자면 **'개체신앙'이라 함은 모든 사람이 혹은 등상불을 신앙하고 혹은 하나님을 신앙하고 혹은 어느 사람을 신앙하고 혹은 어느 물상을 신앙하고 혹은 어느 귀신을 신앙하여 각자의 신앙표본을 따라 자기의 일생 화복이 오로지 그 한곳에서만 결정**

되는 줄로 믿는 것인바, **'전체신앙'은 먼저 세계 일원을 통찰하여 우리의 죄복 인과가 오직 한 곳에서만 나오는 것이 아니라 천지만물 허공법계가 전체 한 불성으로서 처처물물이 모두 우리에게 은혜를 주시고 또는, 죄벌을 주시는 근본임을 잘 알아서 항상 이 우주 대성大性으로써 마음의 귀의처를 삼는 것이요,** '미신신앙'이라 함은 모든 사람이 각자의 죄복 인과가 경우를 따라 직접 실현되는 당처를 알지 못하고 그 사체事體에는 당하든지 안 당하든지 천만사를 한갓 자기의 신앙 표본에만 의지하여 공상적 발원을 하는 것이니 예를 들면, 사람에게 관계된 일을 저 감각 없는 무정지물에게 소원 앙축한다든지, 또는 사리 간에 직접 실행할 일을 저 무형한 귀신이나 또는 알 수 없는 운수에 우연한 성공을 희망하는 것이 모두 그 유類인바, **'사실신앙'은 모든 사물을 응접할 때 먼저 그 죄복의 직접 관계있는 당처를 발견하여 천지에 당한 일이면 천지를 신앙하고, 부모에 당한 일이면 부모를 신앙하고, 동포에 당한 일이면 동포를 신앙하고, 법률에 당한 일이면 법률을 신앙하여 각각 그 소당처所當處를 따라 실지적 원을 발하고 일을 진행하는 것이요,** '형식신앙'이라 함은 모든 사람이 이치의 신명神明함을 알지 못하고 그 신앙이 항상 명상[부처님 또는 하나님의 권위 있는 호칭]에 구속되어 어떠한 명호나 어떠한 물상[불상에서 땀이 흐른다든지, 예수상에서 오상의 혈흔이 나온다든지, 마리아상에서 피눈물이 흐른다든지 등]을 의지하기 전에는 스스로 그 신앙력을 세우지 못한 것을 이름인 바, '진리신앙'은 그 신앙이 한갓 명상에만 의지하지 아니하고 오직 일원 가운데에 갊아 있는 자연의 이치가 원래 지공지명하고 통달무애하여 세간 인과에 추호라도 가히 속이지 못할 것을 자신하는 것이니, 이 여러 가지 말씀은 곧 일원상의 진리를 분해적으로 비판하여 써 참되고 떳떳한 옳은 신앙을 세우게 한 것인바 이것을 깨친 자는 가히 정당한 신앙력을 얻었다 할 것입니다."

둘째, '일원상 숭배하는 법'이다.

"일원상 숭배는 어떻게 하는 것인가. 즉 재래의 개체숭배를 전체숭배로, 미신숭배를 사실숭배, 형식숭배를 진리숭배로 혁신한 것입니다. 이제 그 내용을 말하자면 **'개체숭배'라 함은 모든 사람이 각자의 신앙 표본을 따라 오직 그 한 곳에만**[부처님 하나님 조상 귀신 물상 등] **정성과 공경을 다 하고 그 외 다른 곳에는 널리 공경하지 않는 것을 이름인 바, '전체숭배'는 즉 천지만물 허공법계를 모두 부처님으로 믿는 동시에 어느 때 어느 곳을 물론하고 항상 숭배의 마음을 놓지 않는 것이니 논어에 말씀한바 무불경無不敬 즉, 공경하지**

아니함이 없는 것이 곧 이에 대한 표어가 될 것이요, '미신숭배'라 함은 모든 사람이 각자의 죄복 나타나는 당처만 모르는 것이 아니라 또한 이치에 부당한 법으로써 숭배하는 것을 이름이니 예를 들면, 저 무정지물에게 음식을 제공한다든지 귀신을 위하여 의복이나 또는 물품 등을 축물祝物로 소화燒火한다는 것이 모두 그 유인바, **'사실숭배'는 그 숭배 상식이 각각 사실에 부합된 도로써 하나니, 말하자면 천지 숭배하는 법은 천지의 도를 체 받아서 천지의 이치에 순응하는 것이요**[귀신 및 물상숭배는 천지숭배에 포함된 것], **부모 숭배하는 법은 부모에게 심지의 안락과 육체의 봉양을 극진히 하며 또는, 무자력자 보호하는 법을 쓰는 것이요, 동포 숭배하는 법은 동포에 대하여 항상 자리이타법을 쓰는 것이요, 법률 숭배하는 법은 오직 시비에 명석하여 법률에 어기지 않는 것을 이름이니 곧 『육대요령』 보은 조항**[『정전』 사은의 보은 조목]이 그것이요, 형식숭배라 함은 모든 사람이 오직 명상[영험한 부처님 또는 하나님이란 칭명]을 의지하여 숭배의 마음을 발하고 명상을 떠날 때는 문득 그 마음을 놓아 버리는 것이니 다시 말하자면 곧 물물 사사를 따라 그 정성과 공경이 여일하지 못한 것을 이름인 바, '진리숭배'는 밖으로 명상을 대할 때나 안으로 암중에 처할 때나 물물 사사를 다 공경하는 정성이 항상 변하지 아니하여 조금도 내외 간단間斷이 없는 것을 뜻합니다. 중용에 신기독愼其獨이라는 말씀이 있나니 그 말씀은 독처할 때를 조심하라는 말씀인데 그와 같이 조심하는 공부에 힘쓰는 것이 물물 사사를 다 숭배한다는 뜻입니다. 다시 말하면 일원상의 진리를 분해적으로 숭배한 것인바, 이것을 행하는 자는 또한 정당한 숭배법을 얻었다고 할 것입니다."

정산 종사는 『정전』 '불공하는 법'을 전체신앙·사실신앙·진리신앙과 전체숭배·사실숭배·진리숭배로 설명하고 있다. 특히 전체신앙과 사실신앙 그리고 전체신앙과 사실숭배를 불공하는 법에 직결하여 부연하고 있다.

또한, 주산 송도성은 《회보》 제34호, 시창22년 4·5월호 〈신앙과 수행〉이란 논설에서 소태산의 불공법이 사실적이고 합리적으로 가장 현대적이고 혁신적이라고 주창한다.

"이것[죄복]**을 하늘이나 땅이나 성신星辰이나 목석이나 기타 어느 일부분에 의지하여 신앙을 세움에 비하면 그 얼마나 고상하고 원만하며, 또 죄는 엉뚱한 다른 곳에 지어 놓고 빌기는 자기의 믿는바 어느 일부분에 의지하여 비는 '미신적 신앙'에 비하면, 사은을 실**

재의 부처님으로 모셔두고 죄와 복을 경우에 따라 직접 그 당처에 가서 구하는 우리의 불공법이 과연 그 얼마나 사실적이요 합리적인가. 그런고로 신앙의 표준에 있어서는 가장 잘 진보되고 발달한 최상 고봉이라 할 것이며 또 가장 현대적이요 혁신적이라 할 것입니다."

결국 사실적이고 합리적인 불공법은 사은을 실재의 부처님으로 모시고 죄복을 경우에 따라 직접 그 당처에서 구하는 우리의 불공법인 것이다. 즉 사은 당처에 직접 불공하는 법으로, 죄복의 출처인 처처불상 즉 사은 당처에 보은하는 사사불공이 현대적이고 혁신적이라는 것이다.

텅 비어 고요한 성품 자리에선 우주만유가 부처 아님이 없게 되며, 신령하게 알아차리는 성품 자리에서는 우주만유가 죄복을 주는 근본처로 드러나는 것이다. 이렇게 처처가 부처로 드러날 때 사사에 불공할 수 있는 것이다.
처처불상은 곧 법신불 일원상인 사은이며 사사불공은 사은 당처에 보은하는 것이다.

불공의 기한과 종류

'불공하는 법'의 둘째 대목이다.

"또는, 그 기한에 있어서도 과거와 같이 막연히 한정 없이 할 것이 아니라 수만 세상 또는 수천 세상을 하여야 성공될 일도 있고, 수백 세상 또는 수십 세상을 하여야 성공될 일도 있고, 한두 세상 또는 수십 년을 하여야 성공될 일도 있고, 수월 수일 또는 한때만 하여도 성공될 일이 있을 것이니, 그 일의 성질을 따라 적당한 기한으로 불공을 하는 것이 또한 사실적인 동시에 반드시 성공하는 법이 될 것이니라."

『불교정전』 제1편 제9장 '불공하는 법' 중 '반드시 성공하는 법' 앞에 '십중팔구'가 수식되어 있다. '반드시'의 풀이는 10에 8·9인 것이다.
'그 일의 성질을 따라 적당한 기한으로 불공하는 것'이 '사실적이고 10중 8·9는 성공하는 법이다.

진리불공이든 실지불공이든 그 기한에 있어 한정 없이 막연하게 할 것이 아니라, 그 일의 성질에 따라 적당한 기한을 두고 불공하라는 것이다. 각각의 일에는 그 일의 형세나 경위에 따라 적당한 기한이 있는 것이므로, 불공을 잘하기 위해서는 그 일이 진행되는 형세나 일의 경위를 파악하는 지혜가 요청된다.
단기 계획이 있다면 장기 계획도 있고, 집중적으로 파고들 일이 있는가 하면 그때그때 살필 일도 있는 것이다. 교육은 백년대계라 하듯이 10년 20년 꾸준히 추진해야 할 일이 있는가 하면, 당장 눈앞에 닥친 시험은 그 기간에 전심을 다 해야 하는 격이다.
주세성자의 경륜은 수천수만 세상을 보시고 경영하며, 수기응변할 일은 그 때 그 일에 따라 준비한다. 당장 어려움에 닥치면 또한 신속한 대비가 필요한 것이다.

소태산 대종사는 창립 한도를 발표한다.
"원기3년(1918·戊午) 10월에, 대종사, 새 회상의 창립 한도를 발표하시니, 앞으로 회상의 대수代數는 기원 연수紀元年數로 구분하되, 매대每代를 36년으로 하고, 창립 제일대第一代 36년은 이를 다시 3회回로 나누어, 제1회 12년은 교단 창립의 정신적 경제적 기초를 세우고 창립의 인연을 만나는 기간으로, 제2회 12년은 교법을 제정하고 교재를 편성하는 기간으로, 제3회 12년은 법을 펼 인재를 양성 훈련하여 포교에 주력하는 기간으로 하며, 시창 기원은 대종사의 대각하신 해(1916·丙辰)로 기준 실시할 것도 아울러 발표하시었다." 〈『원불교교사』 제1편 제3장 5. 법의대전과 창립 한도〉
또한 "우리는 이로써 대종사께서 일찍이 예시하신 '사오십년 결실'四五十年結實의 사취를 대관大觀하고, '사오백년 결복'四五百年結福 향한 앞으로의 무궁한 전진에 반조하는 거울을 삼게 될 것이다." 〈『원불교교사』 제1편 제1장 1. 서설〉

소태산 대종사는 회상의 실행계획을 '12년을 1회'로 '3회 36년'을 1대로 나누어 계획하시며, 결실과 결복의 시기를 4~50년과 4~500년으로 전망하신 것이다. 전망은 예언이 아니라 응용의 형세를 보아 계획하고 준비하는 것이다.

불공의 종류는 진리불공과 실지불공으로 크게 대별된다. 심고와 기도는 진리불공이라면 불공하는 법은 실지불공이 중심이다. 창립정신의 방언공사가 실지불공이라면 법인기도는 진리불공에 가깝다고 할 것이다. 진리불공이 간접 불공의 성향이라면 실지불공은 직접 불공의 성향이 강하다. 또한 불공은 자기불공과 상대불공이 있으며, 자신불공부터 사회불공까지 미쳐야 할 것이다.

소태산 대종사 불공법에 대해 말씀하시기를 "과거와 같이 자기 불공을 다른 사람에게 의뢰할 것이 아니라, 자기 불공은 자기가 주로 해야 할 것이며, 불공하는 방식도 신자에 있어서는 다 알아야 할 것이니 그 방법의 강령은 곧 이 교리와 제도라 할 것이며, 불공하는 방법을 알아 불공을 한 후에 성공하는 것도 또한 구분이 있나니, 그 일의 형세를 따라서 정성을 계속하여야 성공이 있으리라. 그러므로 인연 작복因緣作福을 잘하고 못하는 것과 부귀 빈천 되는 것이 다 다생겁래를 왕래하면서 불공 잘하고 못하는 데 있나니"[『대종경』 교의품 14장]라며 자기 불공을 다른 사람에게 의뢰하지 말 것과 우리의 교리와 제도가 바로 불공하는 법의 강령이라는 것과 그 일의 형세를 따라 불공에 정성을 들여 성공하라는 것과 불공 잘하고 못하는 데에 인연 작복의 결실이 달려 있다고 강조하고 있다.

이어서 말씀하시기를 "복이 많고 지혜가 많은 사람은 법신불 일원상의 이치를 깨치어 천지만물 허공법계를 다 부처님으로 숭배하며, 성공의 기한 구별도 분명하며, 죄복의 근원처를 찾아서 불공하므로, 무슨 서원이든지 반드시 성공할 것"[『대종경』 교의품 14장]이라고 '불공하는 법'의 대의를 밝히고 있다.
즉, 법신불 일원상의 안목에 따라 천지만물 허공법계를 부처로 숭배하고, 죄복의 근원처에 따라 불공하며, 성공의 기한도 분명히 나누고 있다.
심고와 기도의 진리불공만 불공의 기한이 있는 게 아니라, 실지불공도 그 일의 성질과 형세에 따라 적당한 기한을 두고 불공해야 사실적인 불공이요 반드시 성공하는 불공법이 되는 것이다.

죄복의 권능자인 산부처와 실지불공

불공의 기한은 왜 있을까? 그것은 죄복을 주는 권능이 상대에게 있기 때문이다. 상대와 그 일의 성질에 따라 불공할 성향과 기간이 달라지는 것이다.
정산 종사는 《회보》 제38호 '일원상에 대하여'에서 "죄복 인과가 오직 한 곳에서만 나오는 것이 아니라 천지만물 허공법계가 전체 한 불성으로서 처처 물물이 모두 우리에게 은혜를 주시고 또는 죄벌을 주시는 근본이라"고 밝히고 있다.
이처럼 상대를 청정한 마음으로 대할 때 죄복의 대상이 사은으로 받아들여지는 것이며, 죄주고 복 줄 대상의 성향에 따라 불공할 기한이 있게 되는 것이다.

소태산 대종사는 『대종경』 교의품 15장에서 죄주고 복 줄 권능이 있는 상대를 살아있는 산부처라 하며, 이 산부처가 곧 처처불상이요 산부처에게 불공하는 것이 실지불공이라 한다.

대종사 봉래정사蓬萊精舍에 계실 때 하루는 어떤 노인 부부가 지나가다 말하기를, 자기들의 자부子婦가 성질이 불순하여 불효가 막심하므로 실상사實相寺 부처님께 불공이나 올려 볼까 하고 가는 중이라고 하는지라, 대종사 들으시고 말씀하시기를 "그대들이 어찌 등상불에게는 불공할 줄을 알면서 산부처에게는 불공할 줄을 모르는가." 그 부부 여쭙기를 "산부처가 어디 계시나이까." 대종사 말씀하시기를 "그대들의 집에 있는 자부가 곧 산부처이니, 그대들에게 효도하고 불효할 직접 권능이 그 사람에게 있는 연고라, 거기에 먼저 공을 들여 봄이 어떠하겠는가." 그들이 다시 여쭙기를 "어떻게 공을 들이오리까." 대종사 말씀하시기를 "그대들이 불공할 비용으로 자부의 뜻에 맞을 물건도 사다 주며 자부를 오직 부처님 공경하듯 위해 주어 보라. 그리하면, 그대들의 정성을 따라 불공한 효과가 나타나리라." 그들이 집에 돌아가 그대로 하였더니, 과연 몇 달 안에 효부가 되는지라 그들이 다시 와서 무수히 감사를 올리거늘, 대종사 옆에 있는 제자들에게 말씀하시기를 "이것이 곧 죄복을 직접 당처에 비는 실지불공實地佛供이니라." 〈『대종경』 교의품 15장〉

소태산 대종사 봉래정사에 계실 때, 노인 부부가 실상사 등상불 전에 불효하는 며느리가 자신들을 잘 봉양토록 바라는 불공을 드리려 간다고 하니, 어찌 등상불에게 불공할 줄은 알면서 산부처에게는 불공할 줄 모르시냐며 노인장 집에 있는 며느리가 바로 산부처라 일러준다. 효도하고 불효할 권능이 그 며느리에게 있기 때문에 며느리가 산부처이며 며느리에게 불공하는 게 실지불공이라는 것이다.

만일 모든 존재를 죄주고 복 줄 능력이 있는 권능자로 여긴다면, 내 앞의 인연은 '나와는 다른 존재'로 존중해야 할 것이다. 나와는 차이와 다름을 갖고 있는, 자기 욕망을 가진 존재라는 것이다. 그래서 자신의 욕망과 생각이 상대방과 부딪칠 때, 상대는 나에 대해 긍정도 거부도 할 수 있는 능력과 권리를 가진 타자他者이다.
노부부는 며느리가 효부가 되기를 바라지만, 며느리는 자식 건사와 자신의 안위를 먼저 걱정할 것이다. 이 관계에서 노부부에게 며느리는, 또한 며느리에게 노부부는 서로에게 영향을 줄 수 있는 권능자로서, 노부부가 며느리의 욕망에 맞추기도 어렵지만, 반대로 며느리가 시부모의 욕망에 강제될 수도 없는 존재이다.
이 두 관계는 각자 고유한 욕망을 가지고 있으므로 당연히 갈등과 긴장의 관계에 있게 된다. 만일 한쪽의 욕구에 강제된다면 두 관계는 산부처로 만날 수 없는 것이다.

이 관계에서 유일한 불공의 방식은 노부부의 경우는 며느리의 욕망을 인정하면서 부단히 교감하는 것이라면, 며느리의 경우는 시부모의 욕망을 인정하면서 그에 대해 부단히 응대하는 것이다. 결국 불공은 완전한 일치도 아니지만 그렇다고 완전한 분리도 아닌 것이다.
만일 완전한 일치를 추구한다면 서로 영향을 줄 수 있는 권능은 무력화 되고 어느 일방에 종속되고 말 것이다. 노부부의 욕망에 일치시키면 며느리의 욕망은 좌절될 것이고, 반대로 며느리의 욕망에 따르면 노부부의 욕망은 삭혀질 것이다.
이처럼 각자의 욕망을 억압하는 구조로 시부모 또는 며느리라는 역할에 종속시킨다면 이는 부처의 관계로 존중되는 불공의 관계라 할 수 없는 것이다. 그렇다고 노부부와 며느리가 완전히 분리되어 서로 반응하지 않고 무관심하게 된다면 이도 불공은 아니다.
각자는 무엇에도 종속되지 않고 물들지 않는 주인공이면서 또한 상대의 특성과 다름을 존중하는 관계의 존재이다.

이러한 관계의 존재이기에 불공의 기한이 있는 것이다. 그 일의 형세에 따라 불공의 방식도 그에 따른 기한도 있게 되는 것이다. 내 생각이나 입장에서 불공하는 것이 아니라 상대의 사정이나 형편이나 상황에 따라 불공해야 하고, 그때 맞고 그 기간에 적절하도록 관계 맺어야 하는 것이다.

처처불상은 각자의 욕망과 권리를 인정하고 존중하는 대상으로, 사사불공은 이러한 존재들이 서로의 욕망을 인정하면서 반응하는 관계의 예술이다. 미래의 사사불공은 욕망과 권리를 기반으로 하는 산부처를 전제하는 것이다.

이처럼 불공의 대상인 상대는 그 일의 성격에 따라 그때 맞게 불공해야 하는 죄복의 권능자이다. 나의 노력에 대해 비대칭적으로 나에게 죄도 줄 수도 있고 또는 복도 줄 수 있는 권능이 있는 것이다. 내가 잘해 주었다고 꼭 잘해 주는 것도 아니고 뜻밖의 상황에 손을 내밀어 내 손을 잡아줄 수도 있는 비대칭적인 존재다.

상대 부처는 내가 내민 손을 잡아줄 수도 있고 뿌리칠 수도 있는 권능과 자유가 있다. 또는 상대가 손을 내밀어 주어야만 잡을 기회가 자신에게 원초적으로 생기는 것이다.

사랑하는 연인 사이에서 내 사랑의 요청을 상대가 받아주어야만 연애가 되는 것처럼 우리는 서로서로 권리를 가진 부처이면서 또한 상대에게 신세를 져야 하는 존재이다.

그러기에 불공할 일에 따라 불공할 시기도 있는 것이다. 그러므로 내 생각으로 나의 설계대로만 되는 것은 아니라는 것이다.

처처불상인 상대는 각자 각자가 자유로운 주체로 각자 각자는 상대에 의해 규정될 수 없는 자유로운 존재이다. 만일 상대에게 자유가 없다면 그에게 불공할 이유는 없는 것이다. 나의 연장延長으로 상대는 내 팔을 대신하여 심부름하는 또 다른 팔이며 내 밖으로 연장된 몸이 되기 때문이다. 이와 달리 상대는 내가 좌지우지할 수 없는 존재이기에 우리는 사사불공을 할 수밖에 없는 것이다.

그러기에 불공의 기한이 있는 것이다. 내 맘대로 된다면 불공의 기한을 둘 필요가 없는 것이다.

이런 점에서 산부처인 처처불상은 유토피아적이고 낭만적인 희극만은 아니다. 내 말을 들어 주냐 안 들어 주냐는 절실한 현장이며 이렇게 불공할 수밖에 없는 비극적 요소가 있다. 불공은 안 들어 줄 수도 있는데 들어주라는 절실한 요청이다. 그러니 내 마음대로 안 되는 비극이 내포되어 있다. 왜냐하면 권한이 상대에게 있기 때문이다. 그때를 놓친다든지 그때 부합되는 또는 무르익을 때까지 불공을 못 했을 때는 불공의 감응이 닿지 못하는 비극이 있는 것이다.

우리는 내 말을 들어주도록 청원하고 감응시킬 수밖에 없는 것이다. 이처럼 불공은 필요조건이지 필요충분조건은 상대와 관련해 있는 것이다. 그것도 그 사람과 그 일에 따라 시한이 있는 것이다. 무조건 기다려 주지도 않고 아무 때나 받아주는 것도 아니기 때문이다. 우리는 상대의 피와 땀에 신세를 질 수밖에 없는 존재이다. 신세를 지지 않는 사회는 불가능하다. 산부처인 처처불에게 신세를 지는 것이다. 다만 이 신세를 최소화하는 것이 진정한 불공이며, 또는 이러한 신세에 적극적으로 보답하는 것이 최상이다. 신세 지는 은혜를 이해 못하면 신세를 단순한 희극적 은혜로만 여기게 된다.

그 일의 성질에 따라 그 일의 사세에 맞게 불공의 기간을 삼아야 할 것이다. 이러할 때 사실적인 동시에 십중팔구는 반드시 성공하는 불공법이 될 것이다.

법신불 사은인 우주만유는 처처불상으로, 꽃으로 비유된다. 우주만유가 모두 꽃이다.

> "내가 아직 피어나지 않았다고 자기가 꽃이 아니라고 착각하지 마라.
> 남들이 피지 않았다고 남들이 꽃이 아니라고 여기지도 말라.
> 내가 피었다고 해서 나만 꽃이라고 생각하지 말라.
> 남들이 피었다고 해서 나만 꽃이 아니라고 생각하지 말라.
> 우리는 모두 꽃이다."('김제동의 톡투유'에서 소개된 김국진의 말)

이처럼 모든 존재를 꽃으로 여기는 것이 처처불상이라면, 모두를 꽃으로 삼아 피어나도록 하는 것이 사사불공인 것이다.

일원상에 대하여

정산 송규

《회보》 제38호, 시창22년(1937) 9·10월호

'일원상에 대하여'는 정산 송규의 논설로써 총 7절로 구성되어 있다. 먼저 일원상의 진리를 전제한 후 일원상 신앙하는 법과 숭배하는 법 그리고 일원상 체득하는 법과 이용하는 법으로 전개하고서, 이를 통설하기를 일원상 신앙하는 법과 숭배하는 법은 일원상을 상대로 한 타력이라면 일원상 체득하는 법과 이용하는 법은 일원상을 상대로 한 자력으로, 일원의 공부가 자력 중에도 타력이 포함되고 타력 중에도 자력이 포함되어 자타력을 병진하는 법이라고 결론짓고 있다.

특히 일원상 신앙하는 법과 숭배하는 법에서 '개체신앙·개체숭배' 대 '전체신앙·전체숭배', '미신신앙·미신숭배' 대 '사실신앙·사실숭배', '형식신앙·형식숭배' 대 '진리신앙·진리숭배'를 비교 설명하고 있다. 이 중에서 사실신앙과 사실숭배는 『정전』 '불공하는 법'의 부연 법문이라 할 것이다. 천지·부모·동포·법률인 사은 당처에 따라 신앙하고 숭배하여 사은의 도를 체 받아 보은하는 것이 불공이라는 것이다.

3) 일원상 신앙하는 법

일원상 신앙은 어떻게 하는 것인가? 이에 대하여 몇 가지 조목으로써 신앙 방법을 해석할 수 있나니, 일一은 재래의 개체 신앙을 전체 신앙으로, 일一은 미신 신앙을 사실 신앙으로, 일一은 형식 신앙을 진리 신앙으로 혁신한 것입니다. 이제 그 내용을 말하자면 '개체 신앙'이라 함은 모든 사람이 혹은 등상불을 신앙하고 혹은 하느님을 신앙하고[천신天神의 위력을 믿는 것] 혹은 어느 사람을 신앙하고[사람의 육신과 신력을 믿는 것] 혹은 어느 물상物像

을 신앙하고[산수 목석 등 물형을 믿는 것] 혹은 어느 귀신을 신앙하여[성주 조왕이나 기타 천지간 각종 귀신 명호를 믿는 것] 각자의 신앙 표본을 따라 자기의 일생 화복이 오로지 그 한 곳에서만 지정되는 줄로 믿는 것인바, '전체 신앙'은 먼저 세계 일원을 통찰하여 우리의 죄복 인과가 오직 한 곳에서만 나오는 것이 아니라 천지만물 허공법계가 전체 한 불성으로서 처처 물물이 모두 우리에게 은혜를 주시고 또는 죄벌 주시는 근본을 잘 알아야 항상 이 우주 대성으로써 마음의 귀의처를 삼는 것이요, '미신 신앙'이라 함은 모든 사람이 각자의 죄복 인과가 경우를 따라 직접 실현되는 당처를 알지 못하고 그 사체事體에는 당하든지 안 당하든지 백천만사를 한갓 자기의 신앙 표본에만 의지하여 공상적 발원을 하는 것이니, 예를 들면 사람에게 관계된 일을 저 감각 없는 무정지물無情之物에게 소원 앙축仰祝한다든지 또는 사리 간에 직접 실행할 일을 저 무형한 귀신이나 또는 알 수 없는 운수運數에게 우연한 성공을 희망하는 것이 모두 그 유類인바, **'사실 신앙'은 모든 사물을 응접할 때 먼저 그 죄복의 직접 관계있는 당처를 발견하여 천지에 당한 일이면 천지를 신앙하고 부모에 당한 일이면 부모를 신앙하고 동포에 당한 일이면 동포를 신앙하고 법률에 당한 일이면 법률을 신앙하여 각각 그 소당처所當處를 따라 실지적 원을 발하고 일을 진행하는 것이요,** '형식 신앙'이라 함은 모든 사람이 이치의 신명함을 알지 못하고 그 신앙 지식이 항상 명상에 구속되어 어떠한 명호나[불호佛號 신명神名 등을 운云함] 어떠한 물상을 의지하기 전에는 스스로 그 신앙력을 세우지 못한 것을 이름인바, 진리 신앙은 그 신앙 지식이 한갓 명상에만 의지하지 아니하고 오직 일원 가운데에 갊아 있는 자연의 이치가 원래 지공지명至公至明하고 통달무애通達無礙하여 세간 인과에 추호라도 가히 속이지 못할 것을 자신하는 것이니, 이 여러 가지 말씀은 곧 일원상의 진리를 분해적으로 비판하여 참되고 떳떳한 옳은 신앙을 세우게 한 것인바, 이것을 깨친 자는 가히 정당한 신앙력을 얻었다 할 것입니다.

4) 일원상 숭배하는 법

일원상 숭배는 어떻게 하는 것인가? 이것은 위에 말씀한 신앙 조목을 그대로 숭배하자는 것이니, 즉 재래의 개체 숭배를 전체 숭배로, 미신 숭배를 사실 숭배로, 형식 숭배를 진리 숭배로 혁신한 것입니다. 이제 그 내용을 말하자면 '개체 숭배'라 함은 모든 사람이 각자의 신앙 표본을 따라 오직 그 한 곳에만 정성 공경을 다 하고 그 외 다른 곳에는 널리 공경하지 않는 것을 이름인 바, '전체 숭배'는 즉 천지만물 허공법계를 모두 부처님으로 믿는 동시에 어느 때 어느 곳을 물론 하고 항상 숭배의 마음을 놓지 않는 것이니, 『논어』에 말씀한바 '무불경無不敬' 즉 공경하지 아니할 때가 없다는 것이 곧 이에 대한 표어가 될 것이요, '미신 숭배'라 함은 모든 사람이 각자의 죄복 나타나는 당처만 모르는 것이 아니라 또한 이치에 부당한 법으로써 숭배하는 것을 이름이니, 예를 들면 저 무정지물에게 음식을 제공한다든지 귀신을 위하여 의복이나 또는 물품 등속을 축물祝物[기도 제물]로 소화[燒火, 불사름]한다는 것이 모두 그 유類인바, **'사실 숭배'는 그 숭배 방식이 각각 사실에 부합된 도로써 하나니 즉 말하자면 천지 숭배하는 법은 천지의 도를 체 받아서 천지의 이치에 순응하는 것이요**[귀신 급及 물상 숭배는 천지 숭배에 포함된 것], **부모 숭배하는 법은 부모에게 심지 안락과 육체 봉양을 극진히 하며 또는 무자력자 보호하는 법을 쓰는 것이요, 동포 숭배하는 법은 동포에 대하여 항상 자리이타自利利他法을 쓰는 것이요, 법률 숭배하는 법은 오직 시비에 명석하여 법률을 어기지 않는 것을 이름이니 통이언지通以言之하면 곧 『육대요령』 보은조항이 그것이요,** '형식 숭배'라 함은 모든 사람이 오직 명상을 의지하여 숭배의 마음을 발하고 명상을 떠날 때는 문득 그 마음을 놓아 버리는 것이니 다시 말하자면 곧 물물 사사를 따라 그 정성과 공경이 여의치 못한 것을 이름인 바, '진리 숭배'는 밖으로 명상을 대할 때나 안으로 암중暗中에 처할 때나 물물 사사物物事事를 다 공경하는 정성이 항상 변하지 아니하여 조금도 내외 간단間斷이 없어서 『중용』에 말씀한바 '신기독愼其獨'이라는 말씀이 있나니 그 말씀은 독처獨處할 때를 조심하라는 말씀인데 그와 같이 조심하는 공부에 힘쓰는 것이 물물 사사를 다 숭배한다는 말이요, 또다시 말하면 일원상의 진리를 분해적으로 숭배한 것인바 이것을 행한 자는 또한 정당한 숭배법을 얻었다고 할 것입니다.

감상담(윤명화)

불공이라 하면 처처불상 사사불공이 먼저 떠오른다. '곳곳이 부처이니 일마다 불공하자'는 이 말씀에서 불공처는 어느 한 곳도 아니며 누군가에게 국한되지도 않는다는 것을 알 수 있다.

불공을 드리는 이유는 무엇인가? 원하는 바가 있으면 그것을 이루기 위해서이다. 원하는 바를 얻게 되면 복 받았다고 한다. 성공을 원한다면 성공하기 위해 노력하는 불공을 드려야 한다. 타인과 잘 지내기 위해서는 상대에게 맞는 불공을 해야 하고, 깨끗한 환경을 원한다면 깨끗한 환경을 만들고 유지하는 불공을 다방면으로 해야 할 것이다. 이렇듯 불공은 곳곳의 그일 그일에서 행하는 것이다.

논설에서 '천지에 당한 일이면 천지를 신앙하고, 부모에 당한 일이면 부모를 신앙하고, 동포에 당한 일이면 동포를 신앙하고, 법률에 당한 일이면 법률을 신앙하여, 각각 그 소당처所當處를 따라 실지적 원을 발하고 일을 진행하는 것이 사실 불공이다.'라고 또 그렇게 숭배하는 것이 사실 숭배라고 말한다.

원하는 바가 있는 그 당처에 사심 없이 청정한 마음으로 불공을 올리는 것이다. 천지에 당한 일이면 천지에, 부모에게 당한 일이면 부모에게, 동포에게 당한 일이면 동포에게, 법률에 당한 일이면 법률에 불공을 드리라는 것이다. 그래야 사실적 불공이요 진리적 불공으로 원하는 바를 이룰 수 있게 된다.

그러나 우리는 어떠한가? 교당에 가면 '이렇게 해주십시오. 저렇게 해주십시오.' 하며 원하는 바를 사은 전에 바라고서 집에 오면 '그 원을 이루기 위해서 어떻게 하겠다'는 다짐은 온데간데없이 망각하고 평소 습관대로 젖어 지낸다. 또한 관계 맺을 상대에게 공들임 없이 왜 좋은 관계가 되지 않을까 탄식만 한다.

어떤 일이든지 성공하고 싶다면 성공을 위해 얼마나 노력하고 있는지 살펴봐야 한다. 대종사님은 원하는 바가 있다면 전심전력을 다해 노력하는 불공을 드릴 때 시일의 장단은 있을지라도 반드시 성공한다고 말씀해 주셨다. 그 말씀처럼 사실적이고 진리적인 불공으로 성공하는 공부인이 되어야겠다.

법설

독실한 신념은 인생의 행복이다.

수필인受筆人 전음광

《월말통신》 제27호, 시창15년(1930) 5월 15일 기記

법설 중에 하느님 신앙과 불상 신앙에 대한 소태산의 시험이 등장한다. 사찰에서 불상에 예불 올리는 것을 보시고 불상이 죄주고 복 주는지 여부를 조사하기 위해 불상을 가해加害도 해보고, 교회당에서 하느님 하느님 하며 죄는 사해주고 복 주기를 기도하는 장면을 보시고 하늘에 장대질하며 정말 하늘이 죄 주고 복 주는지 그 실지를 조사해 보신다. 이러한 시험을 통해 불상도 하늘도 허망한 것이며 그것을 믿는 사람도 따라서 허망하다고 판단을 내리신다. 그러면서도 또한 사실적인 하늘 아님이 없고 순연한 부처 아님이 없는 진리를 보라고 하신다. 우상과 등상불은 거부하면서도 독실한 신앙처는 사실 그대로 직시하여 통찰하라는 것이다. 이 법설은 『대종경』 신성품 12장에 약술되어 있다.

금강산은 세계적 명산인 만큼 그 이름은 세계적으로 광포廣布되어 있다. 금강탐승金剛探勝은 종사주의 나넌 현안이었으나 기회가 미직未適하고 사징이 불허하여 종시終是 유의미수有意未遂하옵시더니 당시 종사주 경성 주가住駕를 제際하여 공주, 동진화, 신원요 제씨諸氏는 금강산 행계行啓를 누누累累 주청奏請하게 되었다.

그리하여 5월 1일 경성으로부터 법가法駕를 옮기사 9일간을 두류逗遛하시녀 금강산 전폭경全幅景을 일일이 관람하신 후 동 12일에 경성을 경유하사 본관에 환가還駕하옵시니 대중은 자모慈母를 만난 적자赤子와 같이 만면의 희열로써 좌우에 시립侍立하였다.

때에 종사주 설법하사대 … 중략 …

그러나 나는 이 산천에서 보고 얻은 것보다도 개중에 절실히 소감된 바는 어느 예수 신자의 독실한 신념을 본 그것이다.

어느 여관을 정한 바가 그 주인은 예수의 신자인 모양이었다. 기도 찬송가 등은 일시도 불태不怠이더니와 일동일정이며 언언구구言言句句가 다 하날님[하느님]을 공경하고 신앙하는 표정이야 어찌 다 형상하여 말하랴. 그의 모든 생활은 실로 자족에 넘치는 희열이 나타나 있음을 보았다. 동시에 나는 아법我法에 대한 제군의 신앙 정도를 비교치 아니하지 못하였다. 우리 동지 내에는 저 같은 독신자가 몇이나 있는가? 만일 우리 전체가 그만한 신앙을 품었다면 우리의 목적한바 공부와 사업이 불일성지不日成之[며칠 안 걸려서 이룸]될 것을 믿었다. 그 뒤 어느 날 그를 대하여 "군은 어느 때부터 예수를 신信하였으며, 신한 결과는 어떠한 이해利害가 있느냐?"고 물었다.

그는 답하되, "예수를 신信한 지는 우금 20여 년이며, 거룩하신 하느님의 주신 혜택이야 한限을 모른다."는 듯이 의기양양이 일장 설화를 시試하니, 그의 행적은 이러하다.

그는 본시 경성인으로 모某 전문학을 졸업하고 금강산에 구경 갔다가 여관이 필요하리라는 생각을 갖고 그 부근에 개업하여 상당한 재산을 모았더라 한다. 그러다가 도중 불행히 화재에 조遭하여 가옥 집기 할 것 없이 소진燒盡하는 참경을 당한바, 신앙을 가지지 않은 사람이라면 여기에 낙망하여 양양한 일생을 그르치기 쉬웠을 것이며, 예수를 평소에 독신篤信치 않은 자는 이로 인하여 예수를 배반背版하는 동기가 되었을는지도 모를 것이다. 그러나 그는 예수를 독신하던 관계로 낙망이나 배반은 물론 없으며 나아가 이 역경이 도리어 성근誠勤을 촉진하는 실익實益으로 화하였다. 그는 이렇게 생각하였더라 한다. '아, 내가 잘못함이 있었기로 영험하신 천부天父는 이 역경으로써 나를 벌하심이로다. 내가 만일 잘못함이 없다면 전 생명을 만드신 우리 천부, 이러한 역경을 어찌 주셨으랴. 이제부터는 모든 일에 새로운 정신을 발하여 천부의 뜻에 어그러짐이 없게 하리라. 내가 잘못할 때, 이 같은 역경의 벌을 주시는 반면에, 만일 잘한다면 어찌 순경의 상賞 주심이 없으랴. 힘 미치는 데까지 모든 일을 천부의 뜻에 어김없이 잘하여 상 주심을 받도록 하리라'는 의지가 한층 견고해졌다고 한다. 그리하여 소호[少毫, 조금도]도 낙망이 없이 현 동지同地에 가옥을 건축하고 근검과 근신과 절약을 신조로써 활동한바, 불과 몇 년 내에 채금[債金, 빌린 돈] 전부를 청장[淸帳, 빚을 깨끗이 갚고]하고 우금于今은 자기 재산이 약 십여만 원에 달한다고 한다. 이것은 나의 믿는바 우리 천부께서 주신 상임이 틀림없다 하며 그 즐겨하는 모양은 다 말할 수 없었나니, 이 일을 보면 이 사람은 그 예수에 대한 독실한 신념이 이 같은 행복을 준 바가 틀림없다. 그 신념이 독실하므로 그 소가몰산消家沒產하는 역경에 낙망이 되지 않고 도리어 벌을 주심이라고 생각하게 되었으며, 벌을 주심이라 생각할 때 상을 받으리라는 희망적 근면이 나게 되었으며, 상을 받으리라는 희망이 있음으로써 다시 생기生氣를 진작하여 개발할 용력勇力과 따라서 근검·근신·절약을 신조로 우금 누만[累萬, 아주 많은] 재산을 적합積合하여 안락의 생활을 하게 되었나니, 그 근본을 추구하면 이는 오로지 예수에 대한 독실한 신념의 일기一氣가 이 사람에 대하여 이같이 행복의 결정結晶으로 화함이 과연 사실이 아닌가.

또는 보통 사람으로서 행하기 어려운 일을 행한다. 그는 전문지식을 가진 자이요, 그의 처는 중학을 졸업한 자이며, 아들은 고등학을 마치고 방금 사진업에 종사하는 중이며, 여식은 현시 모某 의전醫專에 재학 중이요, 손자 손녀가 4, 5인에 재산이 누거만[累巨萬, 썩 많은 액수]에 달하여 신문명의 현세에도 상당한 지식벌閥이며 인간 속미俗味도 남부럽지 않을 지위에 처하였고 자본가 축에도 빠지지 않을 재벌이어서, 지식·재산·지위 모든 것이 남에게 굴할 바 아니건마는 그는 이러한 만족리裡에서도 조선 사람으로서는 하기 드문 일을 하고 있다. 고래성古來性을 가진 조선인이라면 이러한 처지에서 그같이 번창한 여관업을 경영할 때 음식 요리인·여객 안내자·소사小使 등 수십인을 세우고, 자기는 안락한 자리에 평안히 누워 모든 동료와 한담 낭설浪說로 소일消日이나 하고, 중요사만 간혹 간섭하는 무사無事 한옹[閒翁, 한가한 늙은이]이 되었으리라. 그러나 그는 그렇지 않았다. 음식 요리 등 내무內務 일체는 그의 처가 담당하고, 여객 안내와 소사 역役은 자기 홀로 도담[都擔, 짊어져]하여, 그 많은 고객의 부리는 일과 송근送近 등 일체를 다 한다. 그러할 때 그의 처는 오죽이나 수고로우며 그들도 사람인 이상 얼마나 고되었으랴마는 그래도 그 수고와 고됨을 눌러 참고 또 참아가며 내외 합력으로 다 해가니, 이것이 가장 특색이라 하노라. 다른 사람 같으면 돈 있다는 자존심과 체면이 허락지 아니하여도 못 하였을 것이며 또는 사실 괴로워서도 못 할 일이다. 그러나 그는 이 자존심과 체면을 극복하여 능히 참고 행하나니, 이 어찌 특색이 아니랴. 어찌 생각하면 이것이 너무나 금전욕에 마취되었나 할시도 모르지만, 축일[逐日, 날마다] 경제의 빈약을 당하는 우리와 재래 관습에 쩔어온 우리로서는 찬성치 아니하지 못 할 일이며, 모범치 아니하지 못 할 일이라고 생각한다. 우리의 전체가 모두 그와 같은 이상과 실행을 가졌다면[했다면] 육肉적으로나 영靈적으로나 무엇을 성공치 못하랴?

그러므로 나는 이것을 볼 때 그는 우리의 모범적 인물이라는 절감[切感, 절실히 느낌]을 갖는 동시에 금강산 하下의 자랑이요, 조선 사회의 면무렴免無廉이라 생각하였다. 제군은 생각하라. 과연 하기 어려운 일이 아닌가? 창립기에 있는 우리는 다 이러한 의지를 세우고 이러한 실천이 있기 바라는 바이다!

하늘은 어느 곳에 주재하는가?

또 그는 나를 향하여 이렇게 묻는다. "선생님도 주초[酒草, 술과 담배]를 끊으시며 모든 동작하심이 범인과는 현수[顯殊, 현격하게 다름]하시나니, 어느 종교에 종사하시나이까? 알지 못하겠나이다. 혹 불佛을 신信하시나이까?" 한다. 그때에 나는 부인하였다. "나는 아무 종교도 신信치 않는다. 정신을 소창 차 산중 사찰에나 구경할 목적으로, 예배당에도 수차 왕래한 일은 있었으나 평소에 나는 내심에 써 하되 불佛의 신자나 예수의 신자는 동층同層의 허망한 사람이라고 인증한다. 무자유無自由한 우상을 존봉尊奉하고 복락을 구하는 자나 공허한 하늘을 향하여 죄복을 말하는 자나 허망하기는 일반이 아니냐? 능히 감각이 있으며 능히 동작하는 사람으로서도 우연한 죄와 복은 항거치 못하거든, 무자유 무권능無權能한 우상이나 더욱이 무형한 하늘이 어찌 사람의 죄복을 자유이 제재할 권능을 가졌을 것인가? 그것을 믿고 받드는 자는 도리어 무감각한 토석土石만 못한 자이며, 공허한 하늘보다도 더 허망한 사람이라고 아닐 수 없다 하노라.

나는 그 어느 해 하절夏節에 피서차로 모 유명한 사찰에 간 일이 있었다. 법당에 대형의 황금 불상을 존치尊置하고 일반 승려가 그 앞을 지날 때면 머리를 숙이고 허리를 굽히며, 예불 음식 공궤[供饋, 음식을 올림] 등이 마치 효성스러운 아들이 생부모生父母를 봉양함과 다름없이 지성至誠 또 극진하였다. 나도 처음에는 이 우상을 불신하였으나 중인이 존경하는 분위기에 싸여 과연 그에게 어떠한 영험이 있는 것도 같으며 자연 존엄한 생각도 있었다. 그러나 평소에 부정 신념이 굳은 연고로 심중에 '저것이' 하는 능시[凌視, 업신여기는 시선]적 감정도 없지 아니하였다. 그리하여 '이 기회에 일차 진가眞假를 시험하리라'는 결심이 있었다. 승려들의 없는 틈을 타서 나 홀로 법당을 향하여 갔다. 들어갈 때도 가슴은 두근거렸다. '만일 우상에 영험이 없다면 이거니와, 있다면 그를 공격하는 나의 신상에 어떠한 벌을 주든지 심하면 죽일 것이니 어찌하랴'는 공포심이 있는 까닭이었다. 그러나 이미 호혈[虎穴, 호혈은 악의를 품고 갔으니, 무섭다는 의사意思로 본 법당]에 들어온 이상 죽음을 무릅쓰고 시험하리라는 용단勇斷과 전일 미신이라는 자허심[自許心, 스스로 허락한 마음]의 후원하에 단도직입적으로 뺨을 치고 허리를 쥐어박아 보았다. 그런 후 돌아올 때 몸과 마음은 심히 무서워 떨었다. 가슴은 공포의 자극을 받아 요란히 고동鼓動하여 마지않았다. 돌아와 자리에 와 앉아도 일향一向 마음은 안정되지 않는다. 죽음이냐? 삶이냐? 죽기 아니면 살기요, 살기 아니면 죽기다. 내 생각은 이 생사 선상에서 방황하여 안정할 곳을 얻지 못하였다. 공포의 그날 해는 어느덧 서산을 넘었다. 나는 공포 중에서 잠들게 되었다.

다음날 조조[早朝, 이른 아침] 기침할 때 문득 한 생각 난 것은 어제 부처에 대한 그 일이다. 동시에 아무리 생각해도 내가 죽은 것 같이만 여겨졌다. 내가 이게 영혼이냐? 참이냐? 하여 진가眞假를 미판未判하다가 재방자[在傍者, 곁에 있는 사람]에게 말을 붙여보니, 평소나 다름없이 응대한다. 그때야 비로소 살았다는 자신 하에 용기를 발하여 동작하며, 내심으로 생각하되 '만일 부처가 영험이 있다면 치고 패는 나에게 어찌 벌을 주지 않았으며, 설사 자비하게 보아 벌은 주지 않는다 할지라도 잘 때 꿈에라도 어찌 경책함이 없을 것인가? 벌도 없으며 경책도 없으니, 우상은 과연 무력한 것이다. 아니 적실適實한 미신이라'고 확정하여 버렸다. 2천년 앞날 석가모니 그분은 내 모른다 할지라도, 현대 각 사찰의 우상쯤은 의심할 여지가 없는 무영물無靈物이라고 자처하여 버리며, 따라서 그를 능시 모멸하던 평소 심리에 환원하고 말았다.

또 어느 때에는 예배당을 왕방往訪한 결과, 모든 사람이 "하늘 아버지, 하늘 아버지." 하며 "복을 주십사, 병을 낫게 하여 주십사."하고 혹은 예수가 천天의 독생자로서 모든 인류의 죄를 대代하여 십자가상에 정사釘死하였다 하며 인간의 부귀 빈천과 수명 복락을 다 하늘이 자유 천단한다고 주창主唱한다. 그 소리를 들은 나도 평소에는 심상하던 창창한 하늘에 과연 무엇이 들어 있는 것 같이만 생각되었다. 그리하여 '부처는 이미 허망한 것이거니와, 혹 하늘에나 어떠한 영험이 있는가?' 하는 희망도 없지 아니하였다. 그러나 내가 그 사실을 알지 못하면 또한 믿기가 어려우므로 하늘을 또 한 번 시험하기로 내정하였다. 집에 돌아와 긴 막대로 하늘을 겨누며 치며, "이 하늘아, 영험이 있느냐? 없느냐? 영험이 있다면 있는 표정을 하고 없으면 가만히 있거라." 하였다. 그러나 나의 내심은 '저 하늘이 만일 영험이 있어 죄를 주면 어찌하랴?'는 무서운 생각이 또 난다. 그러나 아무리 기다려도 끝내 벌은 내리지 않는다. '혹 하늘이 듣지 않았는가?' 의심하여 재차 대성질호[大聲叱號,큰 소리로 외침]로써 무수히 욕하였다. 그러나 이내 별일은 없고 말았다. 이 시험이 있은 후부터는 하늘도 부처와 같이 허망한 것이며 그것을 믿는 사람도 따라서 허망한 사람이라 단정하는 동시에, 이것이나 저것이나 사람으로서 믿지 못할 것이라고 자인自認하였노라.

그러나 이것은 무식한 나의 일시적 망동妄動인지도 모르나니, 군은 20여 년을 두고 신信해 올 때 마땅히 하늘의 소재처와 영험 유무를 알을 지라, 하늘에 대한 나의 불경不敬한 언사와 행동을 용서하고 그 계신 곳과 생긴 모양을 가르쳐 줌이 어떠하냐? 고 물었다.

그때 그 역시 의심답다는 듯이 "글쎄올시다. 저도 20여 년을 신信해 올 때 이것이 제일 해결키 어려운 문제입니다. 거룩하신 천부天父께서 있기는 기필적 있으리라는 것을 자신하오나, 그 어느 곳에 계신다는 것만은 사실 변증키 어렵나이다." 하더니, 그 표정은 문득 변한다. 그것은 저의 약점 즉 예수교 전체의 약점을 보이었다는 직감이 난 모양이다.

다시 말을 돌린다. "그러나 하느님이야 이 우주 강산에 계시지 않은 곳이 없나이다." 한다. 그때 나는 옆에 있는 주반[珠盤, 수판]을 얼른 들어 그에게 보이며, "그러면 여기에도 있느냐?" 하였다. 그는 매우 어색한 표정으로 웃으며 "거기야 있겠습니까?" 한다. 나는 또 "이 주반에는 있지 않다고 하더라도 그 어느 곳에는 있겠는가? 그 소재처만 알려 준다면 나는 곧 믿겠노라." 하였다. 그는 끝내 대답할 바를 얻지 못하고 매우 당황하고 부끄러운 빛이 현저하며 개구開口 이래 도도하던 열변이 극도의 침묵으로 잠긴다. 나는 다시 말문을 열어 소극[消極, 기백이 부족하고 비활동적임]에 잠긴 그를 부흥시키려 하였다.

"군이여! 들으라. 하느님이 계시기야 꼭 계시리라고 나도 믿는다. 하늘이 사실 있지 않은 것이라면 동서양을 통하여 수백만의 교도와 2천 년의 역사를 가진 예수교가 지금껏 오지 못하였을 것이니, 금일의 현상으로 보면 하늘의 영력靈力이 이에 미친 바가 아닌가? 우리의 육안으로써는 비록 보지 못하였을지라도, 어느 심오한 궁전에 처하여 계심만은 추측할 수 있다." 한즉 그는 다시 활기를 얻어, "네, 옳게 아셨습니다. 과연 그렇습니다. 꼭 그렇습니다. 죄복을 주시는 일은 제가 실로 경험한 지 오래이오며, 그 계신 곳도 공부하면 차차 알 수 있는 것이라."고 하여 이 말로써 유일의 방패를 삼으며 끝내 자편自便의 부족처는 굴屈하지 아니하려 한다.

그때 나는 내심으로 미소를 금치 못하였으나 여하간 그 사람에 한해서는 하늘의 소재는 비록 모른다 할지라도 독실한 신념이 행복을 주었다는 것만은 사실로 증명하는 것임을 절실히 느꼈다. 이것이 곧 금강산 구경에서 얻은 나의 가치이다.

그러나 제군으로서는 이 말을 명심하라. 그 예수 신자가 독실하게 하늘을 신념함으로 사실적 하늘이 복을 주지 않는 바가 아니요, 저 사찰에 위位해 놓은 불상이 사실로 순연한 부처가 아닌 바가 아니며, 복락을 주는 수도 없지 않은 바가 아니니, 제군은 이상의 뜻을 모아 깊이 명심하고 실천을 가지는 동시에 해리解理해 알라고 하시더라.

우리의 신앙할 곳

전음광

《회보》 제7호, 시창19년(1934) 2월호

우리가 신앙할 곳은 천지·부모·동포·법률인 사은 당처에 불공하는 사실적 신앙이라고 천명하며, 사은은 우주만유 곳곳이 부처[처처불상]요 일일이 불공법[사사불공]이라고 명시한다. 또한 사은을 신앙할 뿐만 아니라 사은의 은혜를 밟아가라는 것으로, 의뢰적 신앙만 하는 것이 아니라 자력적 근로를 하는 자타력병진 신앙이라는 것이다. 그리고 사은에 불공하는 법을 알려주신 소태산 대종사의 은혜도 사은의 관점으로 보면 사은의 은혜라고 밝히고 있다. 즉 소태산 대종사의 가르침에 의해 사은이 드러나고 사은에 소태산의 교은敎恩도 포함됨으로 사은을 신앙할수록 소태산 대종사를 더욱 진실하게 모시게 되는 것이다.

1.

현하 인류의 신앙 상태를 일고一顧하면 가위 천태만상이라 할 수 있나니, 예를 들면 혹은 하늘을 신앙하는 사람도 있고 혹은 귀신을 신앙하는 사람도 있으며 혹은 알지 못할 운수를 신앙하고 혹은 산수를 신앙하며 혹은 목석을 신앙하여 그 종별을 일일이 들어 말하지 못할 만큼 많을 뿐 아니라, 전문傳聞에 의하면 저 미개한 종족에 있어서는 우마돈견의 금수까지도 신앙하고 숭배하는 곳이 있다 하니 이것으로 보면 신앙의 종별이 많다는 것보다 인류 생활의 기현상奇現象을 표현하는 한 증거라 하겠다. 그러나 총괄적으로 그 인류의 각양 각색된 신앙의 결과를 조사하여 신앙 그것이 인류 생활에 실익이 있는가? 폐해가 되는가의 내용을 검토해 보면 그 신앙의 표적이 허무맹랑한 미신이 되었든 진정한 사실이 되었든 신앙하는 자의 자체에 있어서는 무한한 실익을 받는다고 할 수 있다. 왜 그러느냐 하면 분별이 많은 사람의 마음은 근본 사사하고 요망한 것인지라 그것이 자주력을 얻기 전에 어느 곳에나 의지하고 구속받음이 없이 자행자지 한다면 그 간악奸惡한데 떨어지기 쉬우며 악을 행한 후에도 참회할 생각을 가지지 못할 것이다. 고로 이 신앙의 표적을 두지 않은 사람의 마음은 족히 무서워하고 꺼릴 것이 없어서 무근지목無根之木과 같고 부평초浮萍草와 같아서 마음 나는 대로 욕심 발하는 대로 자행자지하게 되며 부지중 무수한 죄악을 쌓게 되는 것이요, 또는 이 신앙 독특獨特에서 발생하는 심리의 천연 감화天然感化가 없음으로 그 마음이 독하고 냉정하여 순후純厚한 덕성을 찾을 수 없는 반면에 잔인성이 충만하여서 모든 악을 행할 요소가 많은 것이다. **그러나 신앙적 생활을 하는 사람은 첫째 그 신앙의 표적에 마음을 의탁하고 구속받게 됨으로써 어른을 모신 어린이의 마음과 같이 스스로 경성[警醒, 정신을 차려서 다시는 그릇된 행동을 하지 않도록 타일러 깨우침]하여 자유 방종적 악행을 못 하는 것이며 혹 창졸간[蒼猝間, 급작스러운 사이] 악을 행하였더라도 반성과 참회하기에 빠를 것은 물론 신앙의 자발적 감화 하에 양심이 풍부하여 모든 선을 행할 요소가 많아지는 것이니, 그러므로 신앙을 두지 않는 자가 열 가지 죄를 짓게 된 경우이면 신앙을 둔 자는 2, 3가지의 죄밖에 짓지 않는 것이며 그 반면 7, 8 가지의 죄는 도리어 선으로 화할지라, 이것으로 보면 인생은 누구나 한 가지의 신앙은 가져야 할 것이며 이와 같이 신앙은 인생 생활에 절대 불가결한 조건이라 할 것이다.**

2.

그러나 인생이 출세하여 기왕 신앙을 세우기로 하면 허망한 신앙을 세우는 것 보단 사실다운 신앙을 세움이 옳을 것이며 같은 신앙을 올리기로 하면 편벽된 신앙을 올리는 것보다 원만한 신앙을 올림이 옳을 것은 두말할 필요도 없거니와 현하 유행되는 모든 신앙의 표적은 그 결과에 있어서 인생 생활에 실익을 끼침이 없는 바가 아닌 것은 이상에 술述한 바와 같으나 그중에 혹은 미신화 한 것과 혹은 편벽된 것이 없지 않으며 또는 단순히 신앙에만 그쳐 전진의 능력을 상실케 한 것이 없지 않다. 예를 들면 알지 못할 운수를 신앙하여 자력으로는 아무런 근로가 없다 하더라도 운수만 돌아오면 일시에 부귀영화를 할 수 있다는 것이나, 또 저 하느님만 믿어두면 전지전능하신 하느님이 천당으로 혹은 극락으로 인도하여 안락한 생활을 할 수 있다는 것 등은 어찌 미신적 신앙이 아니며 또는 자력적 향상을 저해하고 의뢰적 퇴보심을 조장케 하는 신앙이 아닐까?

또 현하 신앙의 표본 중에 편벽되고 원만치 못하다는 것은 가령 하나님을 신앙하는 한 신자가 있을 때 그들의 신앙하는 태도를 보면 모든 것을 오직 하나님 단독에 돌려보내고 마나니, 예를 들면 사람의 생활하는 것이 오직 하나님의 은혜뿐이 아니요, 그중에는 부모 은덕도 있고 동포 은덕도 있고 법률 은덕도 있어서 사람은 이 네 가지 은덕을 갖춤으로 말미암아 비로소 인생다운 생활을 할 수 있는 것이거늘 지금의 신앙자들은 부모에게 은혜를 입고도 그저 하나님의 은혜, 동포에게 은혜를 입고도 그저 하나님의 은혜, 법률에 은혜를 입고도 그저 하나님 은혜라고 찬송하여 맹목적으로 하나님만 추대하고 다른 은혜는 다 배척하여 버리나니, 부모나 동포나 법률이 만일 들음 있다면 오직[여러 가지 가운데서 다른 것은 있을 수 없고 다만]**이나 그 구별력 없고 맹목적임을 조소할 것인가?**
그러면 하나님 믿는 사람만 그런 것이 아니라 부처님을 믿는 사람은 모든 은덕을 부처님에게만 돌려버리고 귀신을 믿는 자는 귀신에게만 돌려 버리며 그 외에도 자기의 신앙가는 대로 그 표적 물건에다만 모든 것을 돌려버리니 오직이나 편벽되며 범위가 좁은 신앙이라 할까? 예를 들면 한 사람이 병이라는 사람을 존모할 때 갑에게 은혜를 입고도 병의 은덕이라 하며 을에게 입고도 그저 병의 은덕이라고만 한다면 갑과 을이 그 사람을 볼 때 오직이나 미친 사람으로 보며 방관자인들 오직이나 허망한 사람으로 취급할 것이냐는 말이다.

3.

현대의 신앙 상태는 그러하거니와 현재 우리가 신앙할 바 그 표적 조건은 무엇인가? 그것은 우리가 이미 믿어오는 사은이니 이 우리의 신앙하는 사은이야말로 현 사회의 일반 신앙의 표적에 비교하여 그 우열 고하가 여하한 것은 이 사은을 이해하는 일반 동지에게 일임一任하는 바이거니와 생각건댄 우리가 신앙하는 이 사은은 현대 유행하는 모든 신앙 가운데에서 발견할 수 있는 결점만큼은 초월하였다고 볼 수 있다. 왜 그러느냐 하면 이 세상은 근본 천지, 부모, 동포, 법률 사은의 체제로써 구성되었는지라 사은을 내어놓고는 다시 다른 물건이 없으므로 우리에게 좋은 일이 돌아오는 것도 그 근원을 연구하면 모두 이 사은의 범위를 벗어남이 없고 일체 낮은 일이 돌아오는 것도 그 원인을 조사하면 하나도 사은의 범위에 벗어남이 없는 것은 사실이니,
고로 우리는 우리에게 좋은 일이 돌아올 때도 이 사은을 향하여 감사한 축하를 올리게 하

며 낮은 일이 돌아올 때도 또한 이 사은을 향하여 그 죄를 빌며 용서를 청하게 하는지라 이런다면 나에게 복을 끼친 물건도 빠짐이 없이 나의 감사한 보답을 받게 될 것이며 나에게 죄를 준 물건도 빠짐이 없이 나의 사죄함을 받아 용서하게 될 것이니 이 사은으로써 신앙의 표본을 삼을 때 우리는 무엇이 빠지고 어긋남이 있다 할까?

우리는 또한 그뿐만 아니라 이 사은으로써 신앙의 근본적 표본을 세워 놓고 그중에 천지나 부모에게서 좋은 일을 당할 때는 직접 천지나 부모를 향하여 그 감사함을 축하하며 동포나 법률에서 좋은 일을 당하게 되면 직접 동포나 법률을 향하여 그 감사함을 축하하고 또한 이와 반면에 천지에서 우연한 죄벌을 받거나 부모나 동포나 법률에서 죄벌을 받게 되면 직접 그 당처에 기도하며 죄의 용서를 청하게 하여 갑에게 입은 은혜는 갑에게 갚고 을에게 입은 죄는 을에게 빌게 하나니, 이상에 하늘이나 부처를 신앙하는 자가 다른 곳에서 은덕을 입고 오직 하늘과 부처에 돌리는 것과 같은 편벽된 결함이 될 것은 확실하지 아니한가.

또 다른 신앙은 하늘을 믿으면 하늘 운수가 우리에게 좋은 복락을 준다 하여 그 복락을 받을 만한 자력적 근로가 없이 오직 신앙에만 그쳐서 의뢰심을 조장시키는 폐해가 없지 않지마는 우리의 신앙은 사은을 믿어두는 것으로만 신앙을 삼는 것이 아니라 사은을 신앙하여 사은을 진실이 갚아가며 밟아가는 것으로써 진정한 신앙을 삼나니 그러므로 의뢰적 신앙에만 그쳐 전진심을 상실케 하는 결점이 없으며 진실히 신앙만 할수록 자연 천지 같은 위력과 천지 같은 수명을 얻어 인천대중과 아울러 추모 존앙하여 복락이 일가월증日加月增 할 것이다. 이것이야말로 자타력을 병진케 하는 신앙이 아닌가.

고로 우리의 신앙은 편벽되지 않고 원만하며 타력에만 그치지 않고 자타력을 구비한 신앙이라 하기에 충분하다. **또 혹자는 우리의 신앙할 곳이 오직 사은이라 한다면 그 사은을 발견하신 종사주에게 올릴 신앙심은 어찌할 것이냐는 의심을 가질지 모를 것이다. 그러나 유아 대종사주의 은덕도 그 사은을 말하는데 이미 포함되었음으로 사은을 진실이 신앙할수록 종사님에게 진실한 신앙을 올림이 되나니,** 오직 우리 동지는 질에 있어 사실답고 양에 있어 원만하며 자타력의 병진적으로써 현대 모든 신앙의 표본에 뛰어난 이 사은을 진실 신봉하여 공부와 사업을 진행할 때, 이 철저한 신력 아래에 만난萬難을 배제하고 용맹정진하는 실력을 얻도록 간절히 부탁하는 바이다.

복전발견福田發見과 선근재배善根栽培

전음광

《월말통신》 제33호, 시창15년(1930) 10월분

우리는 천지·부모·동포·법률의 사은四恩 속에서 살고 있으니, 복전은 사은을 발견하는 것이요 선근善根은 사은에 보은하는 것이다. 즉 선근을 재배하는 것은 사은의 도를 체 받아서 사실적 당처인 사은에 보은하는 것이다.

복전福田을 발견하자. 우리에게는 다 각각 가진 바의 복전이 있다. 한량없이 넓고 큰 복전이 있다. 무시래無始來로 전해오는 복전이 있다. 그러나 우리는 그 복전을 잃은 지가 이미 오래다. 우리의 주인공이 오욕五慾의 단맛에 혹해서 진여眞如의 본성本性을 잃어버림으로부터다. 그리하여 한량없이 넓고 큰 복전의 소유자이던 우리가 이제는 송곳 세울 땅 한 떼기 없는 가난뱅이 실림이 되고 말았다. 그러므로 우리는 기어이 우리의 잃어버린 복전을 찾아야 하겠다. 촌토척지寸土尺地라도 제 것을 잃으면 기어코 그것을 찾으려 하는 것이 우리 사람의 본연적 심리임에도 불구하고 왜 각자의 고유영보固有靈寶인 복전은 잃고도 찾지를 아니하며 그보다도 잃고도 잃은 줄을 모르니 이 무슨 까닭이냐? 참으로 가석可惜한 일이로다.

2.

그러므로 어고급금於古及今에 누구나 이 도학道學에 뜻하는 이로서는 반드시 먼지 이 점에 대한 깊은 주의를 가지고 어느 때든지 각자의 복전 그것을 발견한 후라야 비로소 도道의 기초를 세웠다 하고 학學의 원료原料를 얻었다 하나니 유교에서 이르는바 '달도達道'라든지, 불가佛家에서 주창主唱하는바 '견성'이라든지 이 모든 것은 다 본제本題의 복전 발견과 같은 의미로서 무엇보다 그것의 발견이 우리 수도자의 최대 급무라 하노라.

3.

그런데 우리는 벌써 잃었던 우리의 복전을 찾았다[견성은 못하였지마는 청성聽性은 넉넉히 하였다]. 찾고 보니 그 소재所在가 결코 고원난행高遠難行의 처處가 아니다. 쉽게 말하자면 우리가 붙어[기寄] 있는 이곳부터도 곧 복전의 일부분이다. 우리는 여태껏 복전 가운데 서서 복전을 잃었다고 야단이었구나. 참으로 허망하고 통분痛憤하다. **그러면 찾은바 '복전福田'이란 무엇인고? 곧 가로대 '사은사은四恩四恩'라 하겠노라. 천지도 우리의 복전이요, 부모도 우리의 복전이요, 동포도 우리의 복전이요, 법률도 우리의 복전이라 하겠노라. 어찌하여 사은이 우리의 복전인고 하면 그것은 다름이 아니라 우리는 과거에도 그 사은 가운데에서 살아왔고 현재에도 그 사은 가운데에서 살고 있고 미래에도 그 사은 가운데로 살아갈 것이니까 언제든지 우리가 이 존재를 세상에 보전케 된 것은 오로지 그 사은四恩에서 주는 복과福果를 받음이 아니겠느냐.** 그뿐만 아니라, 이 사은四恩의 복전은 무엇이나 우리의 짓는 대로 보응報應하여 주지 아니함이 없나니 누구든지 원願이 있고 바라는 바가 있거든 주저치 말고 곧 이 사은四恩의 복전에 와서 구求함이 옳을 것이다. 그런데 사람들은 흔히 이것을 알지 못하여 아무런 감각感覺 정식情識이 없는 저 목석등상木石等像에는 온갖 정성과 온갖 신앙을 다 해가며 수명복연壽命福緣을 열심히 기도하면서도 그 구하는 바의 수명복연을 얻을만한 사실당처事實當處에 와서는 도리어 냉담하고 등한하니, 그것이 어찌 참으로 복福 구할 줄 아는 행동이라 하랴.

4.

우리도 오늘날 사은四恩의 설법을 들음으로써 겨우 그 잃었던 복전福田을 찾았다고는 하겠으나 그렇다고 결코 이로써 우리의 할 일을 다 한 것은 아닌 줄을 알아야 한다. 그 찾았다는 것도 사실 우리의 자능력自能力으로써 철두철미하게 깨달아서 찾음이 아님에 천지의 본리本理라든지 부모, 동포, 법률의 대의大義라든지 그 모든 것을 우리는 분명히 받았다고 할 수가 없게 되었고, 더구나 사은四恩의 복전 위에 직접 실행으로써 모든 선근善根을 심기에는 아직 제일보一步도 옮겨 놓지 못하였다 함이 우리의 현정도現程度에 비추어 가장 솔직한 고백일까 하노니, 사실 그럴진대 우리는 비록 복전을 찾았다 한들 무슨 소익所益이 있겠느냐. 아무리 좋은 전답田畓이 있다 한들 곡식을 심지 않고 무슨 소득이 있겠느냐. 그런 고로 현국現局에 처處한 우리로서는 먼저 마땅히 온전한 정신을 가다듬고 철저한 연구를 더 하여 잃었던 우리의 복전을 더 확연히 발견하는 동시에 그 복전 위에 모든 선근을 재배하여 내두[來頭, 이때로부터 닥치는 앞]의 풍성한 수확을 얻기로 노력하자. 그러면

선근이란 대저大抵 무엇이며 선근을 재배하기에는 어떠한 방법으로써 할 것인가? 이에 관하여 간단히 말하자면 선근善根이란 글자 그대로 즉 선善한 뿌리라 하겠으며 선근을 재배한다 하는 것은 그 선善한 뿌리로써 저 사은四恩의 본처本處에 좋은 인상印象을 심는 것을 이름이니, 다시 말하자면 우리의 일용동작日用動作하는 모든 일이 저 천지의 자연 공도自然公道에 순응하여 한 가지도 위반됨이 없이 보면 그것은 곧 천지에다가 선근善根을 심음이요, 또는 남의 자녀로서 자녀된 도道를 다하며 또는 사회 동포로서 동포된 도를 다하며, 또는 국가 인민國家人民으로서 인민人民된 도道를 다하여 부모, 동포, 법률에 선근을 심음이니, 그와 같이 선근을 심기로 하면 그 방법은 오직 본회의 주의 주장인 응용무념應用無念의 법法과 무자력자無自力者 보호의 법과 자리이타自利利他의 법과 시비이해是非利害 분석의 법을 철저히 여행勵行하여 만사를 그 방향으로 지어가고 보라. 그 어느 사람이 나에게 대한 호감을 가지지[느끼지] 않을 자 있는가? 그리하여 그 모든 사람의 마음속에 심어둔 호감好感의 선근善根에서는 무량한 복과福果가 주렁주렁 열 것이니 우리는 그 복과를 따서 먼저 우리의 도복道腹을 채우는 동시에 널리 세계 동포에게 보시 공양하여 함께 영원한 복락福樂의 생활을 누리기로 하자. 이것이야말로 인생으로서 가장 장쾌壯快한 사업이며 또 값있는 생활이라 하리라.

죄와 복의 근본을 알아보자.

이공주

《회보》 제18호, 시창20년(1935) 7월호

회설에서 말하는 죄복罪福은 길흉吉凶을 뜻한다. 죄는 흉한 상황이며 복은 길한 상황으로, 죄는 해롭고 괴로운 흉한 상황이며 복은 이롭고 좋은 길한 상황에 당면한 것이다. 죄는 죄해罪害 죄고罪苦로 불리고 복은 복리福利 복락福樂을 뜻한다. 이러한 죄복의 근원을 더듬어 보면 하나님이나 부처님이 주는 것도 아니요, 조상이나 귀신이 주는 것도 아니라 우주만물 허공법계인 사은에서 주는 바이다.

그런데 이 사실적인 사은에서 죄복을 입고도 부처나 하나님에게만 죄복을 구하면 비하건대 네 사람에게서 필요한 물품을 구하고서 한 사람에게만 중히 아는 격이다. 즉 다른 세 사람의 출처는 몰라라 하고 배척하는 셈이다. 그러므로 천지·부모·동포·법률의 사은 당처에서 죄복을 구할 줄 모르면 참다운 불공을 모르는 것이다.

죄복의 근원처는 천지·부모·동포·법률인 사은四恩이요 사은 당처에서 죄복을 구하는 것이 사실적인 불공이다. 각자의 구하는 바와 짓는 바에 따라 그 당처에 각각 불공하라는 것이다. 즉 천지에 당한 죄복은 천지에 불공하고, 부모에게 당한 죄복은 부모에게 불공하고, 동포에게 당한 죄복은 동포에게 불공하고, 법률에 당한 죄복은 법률에 불공하라는 것이다.

이 회설은 『정전』 '불공하는 법'의 주해注解라 볼 수 있다.

1

대저 이 세상에서 모든 사람이 생활해가는 것을 본다면 죄 받는 사람도 많이 있고 복 받는 사람도 많이 있다. 그러면 죄는 어떠한 것이며 복은 어떠한 것인가.

즉, 죄라 하는 것은 곧 낮은 일 당하는 것을 이름이니 가난하여 의식衣食이 없는 것도 죄요, 같은 사람 가운데에 인물이 못생겼거나 불구자가 된 것도 죄요, 멍청하여 무식한 것도 죄요, 불효한 자녀를 두는 것도 죄요, 이외에도 하여간 불행하고 불길不吉한 일 당하는 것은 모두 죄 받는 형상이라고 할 것이니 그 종류로 말하면 수천만 가지나 될 것이다.

또 복이라 하는 것은 죄의 반대로 좋은 일 당하는 것을 이름이니 부잣집에 태어나서 의식이 풍족한 것도 복이요, 같은 사람 가운데에도 인물이 출중하든지 혹은 고질의 병이 없어 건강한 육체를 가진 것도 복이요, 사람이 총명하여 지혜가 밝은 것도 복이요, 효성 있는 자녀를 두는 것도 복이요, 이외에도 하여간 행복스럽고 길吉한 일 당하는 것은 다 복 받는 형상이라고 할 것이니 복의 종류도 또한 수천만 가지나 될 것이다.

2.

그러면 우리 모든 인간은 그 무수한 죄와 복 가운데에서 그날그날의 생활을 하여가나니 대체 그 죄와 복의 근본은 어디서 주는 것인가.

혹 예수 신자에게 들으면 하나님이 주신다 하고, 불교 신자에게 들으면 부처님이 주신다 하며, 혹인或人은 조상이 준다, 혹인은 귀신이 준다 하여 각인 각자의 생각 가는 대로 말을 하며, 따라서 그대로 믿고 대우하는 것도 또한 각자의 지견대로만 하여 왔나니, 즉 예수 신자는 하나님만 위하고 하나님의 은혜만 찬송하며 그 다른 것은 다 반대하였고, 불교 신자는 부처님만 위하고 부처님 은혜만 일컬으며 그 다른 것은 도외시하였으며, 그 외에도 조상이나 귀신이나 무엇이든지 각자의 신앙하는 것만 제일로 알고 복과 죄도 거기에서 나오는 줄로만 알았다고 하여도 과언은 아닐 것이다.
그러나 실상에 들어가서는 부처님이나 하나님이나 조상이나 귀신이나 다 영적이요 그 형상이 없는지라 따라서 복이나 죄를 직접으로 우리 인간에게 주는 것을 보지 못하였으니 아무리 독신자라도 의아하지 아니할 수 없는 것도 또한 사실이라 하겠다.

3.

그러면 언제까지든지 의아疑訝만 가지고 죄와 복의 내역을 모르고 말 것인가. 아니다. 우리가 그 죄와 복의 근본처를 모르고 산다면 곧 나를 생육하여 주신 부모의 내역을 모르는 것과 조금도 다름이 없을 것이니 이 얼마나 무식한 일인가.
그러면 우리는 궁금한 일을 그대로 넘길 것이 아니라 한 번 철저하게 알아보기로 하자. **사실 우리의 죄와 복의 근원을 더듬어 본다면 하나님이나 부처님만 주는 것도 아니요, 조상이나 귀신만 주는 것도 아니라 오직 우주만물 허공법계가 다 주는 것이다.** 그러니 우주만물 허공법계라 할진댄 그 뜻이 호대하여 누구나 쉽게 알지 못하는 고로[까닭에] 우리 종사님께서 그 은혜 입히는 것을 구별하사 누구나 알기 쉬운 사은을 제정하셨나니 사은은 곧 천지, 부모, 동포, 법률을 이름이요 천지, 부모, 동포, 법률의 내역을 해석한다면 우주만물 허공법계가 다 포함되어있고 그의 형상을 말하자면 일원상이요, 일원상의 대명사는 불성佛性이라 하겠다. 어째서 그러느냐 하면 과거 부처님 말씀에도 천지만물의 허공법계가 부처 아님이 하나도 없다 하셨으니 모든 것이 다 부처일진댄 사은이 곧 부처가 아니고 무엇인가.
그러면 사은에서는 어떠한 방식으로써 우리에게 죄와 복을 주는가 말하여 보자. 우선 천지에서 죄주는 형상을 들어 말한다면 불의에 수재를 만나 농작물을 버리게 되었다든지 혹은 화재나 풍재를 만나서 재물이나 인축人畜의 손해를 보았다든지 그 외에도 우연히 병이 들어 불구자가 되었다든지 하여간 인력으로 어찌할 수 없는 천재지변을 당하는 것은 천지가 주는 죄요, 그와 반대로 천지에서 복 주는 상을 들어 말한다면 하늘에서 일월의 광명을 비추어 주고 우로지택을 내리어 주는 것이라든지 땅에서 의식 원료를 내어 주는 것이라든지 그 외에도 우연히 살림살이가 늘어간다든지 하여간 모든 일이 우연히 잘되는 것은 천지에서 주는 복이다. 또 부모가 복 주는 형상을 들어 말한다면 즉 내가 부모에게 잘못한 것으로 말미암아 직접 그 부모에게 꾸지람을 당하였다든지 매를 맞았다든지 혹은 친척에게 배척당하였다든지 혹은 사회에서 비평과 조소를 받았다든지 혹은 경관에게 욕을 보았다든지 그 부모로 인해서 모든 사람에게 낮은 일을 당하는 것은 부모가 주는 죄요, 그와 반대로 부모가 복 주는 형상을 들어 말한다면 내가 부모에게 효도하여 그 부모가 직접 기뻐하시고 칭찬하신다든지 혹은 친족이나 외인에게 칭찬과 대우를 받았다든지 혹은 사회나 정부에서 상을 받았다든지 하여간 나의 부모로 인해서 좋은 일을 당하는 것은 부모가 주는 복이다. 또 동포가 죄주는 형상을 들어 말한다면 사농공상을 물론 하고 모든 사람으로 인하여 손해를 보았다든지 혹은 비금주수飛禽走獸로 말미암아 피상被傷을 당하였다든지[예를 들면 독사에게 물려 죽고 벌에게 쏘여 욕보는 것 등] 하여간 모든 동포로 말미암아 낮은 일을 당하는 것은 동포가 주는 죄요, 그와 반대로 동포가 복 주는 형상을 들어 말한다면 선비가 있어 모든 기술과 학문을 가르쳐 주는 것이라든지 농군農軍이 있어 의식 원료를 장만해 주는 것이라든지 공장工匠이 있어 각종 물품을 제조하여 주는 것이라든지 상고商賈가 있어 천만 물질을 교환시켜 주는 것이라든지 그 외에도 우마육축을 키워서 이익과 혹은 도움을 받았다든지 모든 동포로 말미암아 좋은 일 당하는 것은 동포가 복을 주는 것이다. 또 법률에서 죄 주는 형상을 들어 말한다면 즉 국법을 위반하여 순사에게 잡혀가서 징역을 당한다든지 혹은 가규家規를 무시하고 살림을 잘못하여 집안을 패하였다든지 그 외에도 하여간 법률에 저촉되는 일을 하여서 낮은 일을 당하는 것은 법률에서 주는 죄요, 그와 반대로 법률에서 복 주는 형상을 들어 말한다면 과거 세상에 제불제성이 출현하사 수신하는 법이나 제가하는 법이나 치국하는 법이나 천하를 다스리는 법이나 혹은 사농공상의 법이나 심지어 밥 해 먹고 옷 해 입고 집 짓고 사는 법 등을 내주시고 다 살려주시고 또한 가르쳐 주셔서 우리로 하여금 안녕질서를 유지하고 무사히 살게 하여준 것이라든지 그 외에도 하여간 법률로 말미암아 좋은 일을 당하는 것은 모두 법률에서 주는 것이다.

4.

그러면 위에도 말한 바와 같이 우리의 복과 죄는 달싹 없이 사은께서 주시며 사은에게서 각각 받나니 또한 각각 그 은혜를 보답하지 아니하면 아니 될 것이다. **그런데 과거 사람들의 소위 보은하였다는 것을 본다면 조각 보은이라고 아니 할 수 없으니 사은에서 중차대한 은혜는 입고 부처나 하나님께만 내내 감사를 드리는 것은 비컨데 네 사람의 도움으로써 식비와 학비를 얻어서 공부하여 성공한 사람이 나중에 그 은혜를 갚을 때 한 사람의 은혜만 알고 치하와 선물도 한 사람에게만 주고 다 같은 은인 세 사람에게는 감사를 드리기는 고사하고 도리어 배척 비방하는 셈이라 실로 그러한 사람은 사은의 원만한 은혜를 발견하지 못 한 사람이라고 아니하지 못하겠다.** 그러면 보은지도報恩之道를 배워서 실행하려는 우리는 과거 불합리한 보은 방식 즉 불공법을 폐지하고 현시대에 적절한 불공법을 쓰지 않으면 아니 될 것이다. 즉 과거에는 불전佛前이나 신위전神位前에 음식을 차려 놓고 축원하였지마는 이제는 음식 대신에 삼강령을 들이대어 직접 당처에 불공을 해서 곧 효력을 나타내자는 말이니, 예를 들어 말하면 땅이 박하여 곡식이 잘 아니 되는데 등상불 전에 엎드려 저 박토를 옥토로 만들어 주시라고 빈들 그 무슨 소용이 있겠는가. 그보다는 먼저 정신을 온전히 해서 이 땅을 어찌하면 비옥한 땅을 만들고 하여 여러 가지로 생각을 한 남자기[남짓]에 그 땅의 토리土理를 따라 그 땅에 마땅한 비료를 주어 걸운다[기름지고 양분이 많게 하다], 잡초 등을 매어 준다 하여 상당한 노력을 들여야 박토가 옥토로 변할 것이라는 말이다.

그러면 우리는 복 주고 죄주는 곳을 알았고 또 복 빌고 죄 사赦하여 달라는 법도 알았으니 **각자의 구하는 바와 짓는 바를 따라서 천지에 당한 죄복은 천지에 불공하고 부모에게 당한 죄복은 부모에게 불공하며 동포에게 당한 죄복은 동포에게 불공하고 법률에 당한 죄복은 법률에 각각 그 당처에 불공을 하여야 할 것이니** 이리한다면 과거 미신 생활하던 우치한 사람들이라도 점차로 각성이 되어 오직 빠르고 옳은 대도정법을 아는 사람이 될 것이요, 따라서 죄 받는 사람은 적어지고 복 받는 사람은 많아지리라고 자신하는 바이다.

감상담(조수원)

새해가 되면 '복 많이 받으세요.'라는 인사를 한다. 사람들이 복 받는 것을 다 좋아하기 때문이다. '복은 누가 주는 것이지?' 묻는다면 하늘에서 내려 주는 것이라고 막연하게 믿는다. 원하는 대로 일이 잘 풀리거나 생각하지도 못했는데 좋은 일이 생겼을 때 복 받았다고 한다. 일의 인과를 잘 모르니 천지나 부처님이나 조상이 준 것이라 여긴다. 이러한 믿음을 대종사님은 미신신앙이라 하신다.

실제 생활에서 일어나는 모든 일은 인과의 원리에 바탕을 둔 것이다. 그렇지 않고 일어나는 일은 없다. 우주만물 허공법계의 작용이라고 하면 모호하므로 대종사님은 크게 사은으로 밝혀주셨다. 천지은·부모은·동포은·법률은이 복과 죄의 근원이라는 것이다. 천지에 보은하면 천지에서 비롯하여 복을 받고, 부모은에 보은하면 부모와 관련하여 복을 받게 된다. 죄 또한 동포에 배은하면 동포로부터 죄를 받게 되고, 법률에 위배되는 일을 하게 되면 법률로 말미암아 죄를 받게 된다. 결국 죄 주고 복 주는 근원처는 사은으로써 각각 그 당처에 보은했는가 배은했는가에 죄복이 달려 있다.

상식적으로는 이 원리를 알면서도 종교에 들어오면 미신이 작동된다. 옆자리의 직원에게 잘못하고 용서는 자신이 믿는 신에게 구한다. 이는 편협한 신앙의 결과물로 사실적인 신앙을 모르는 데서 비롯된 것이다. 자신에게 죄 주고 복 주는 당처가 사은임을 아는 자는 만물을 대할 때 처처불상임을 알아 사사불공할 것이다. 어느 것 하나 함부로 할 수 없으며 모든 만물이 죄복을 주재할 수 있는 권능이 있음을 믿는다.

가령 신호위반 범칙금 통지서를 받았을 때 재수가 없어 받았다고 생각하기 쉬우나, 사은을 아는 공부인이라면 교통법규에 대한 지식이 부족하였거나 자신의 부주의로 인한 것임을 안다. 그래서 앞으로는 더욱 신호를 잘 지켜서 더 큰 잘못이나 위반은 짓지 않기를 다짐하는 공부 기회로 삼는다. 이런 태도를 보인다면 비록 벌칙은 받았지만, 미래의 복을 장만하게 되는 계기가 된다. 그러니 죄를 받았다고 하여 낙담하거나 속상해할 것이 없다. 일상을 이런 태도로 살아간다면 늘 불공하는 삶을 놓지 않아 복을 장만하는 삶을 살게 될 것이다.

특성을 서로 이해하라

서대원 수필

《회보》 제3호, 시창18년(1933) 10월

상대의 특성을 이해하고 특성에 맞게 응대하라는 것이다. 상대의 특성이 처처불상이요, 그에 따라 응대하는 것이 사사불공이라 할 것이다. 이 법설은 윤문 정선하여 『대종경』 교단품 4장에 수록된다.

한때에 종사주 여러 선도禪徒에게 일러 가라사대,

"대범 사람들 중에 대부분은 특성特性이 몇 가지씩 각각 있으니, 이 특성을 간단히 말하면 특별한 성질을 운云함이다. 다시 알기 쉽게 말하면, 이 세상 허다한 법 가운데 자기가 철저한 각성과 이해가 있는 법이라든지, 혹은 자기의 의견으로 세워 놓은 법은 잠시라도 잊지 않고 시시로 챙겨서 실행하는 성질이니, 예를 들어 말하면 일지[위생 관념이 많은 제자]가 공기창 여닫는 것을 잠시라도 잊지 않고 시시로 챙겨서 행하는 것과 같은 성질 등이다.

그러나 이 특성은 본래 각자의 익히고 아는 바로 인하여 습관이 굳어짐을 따라 각이各異하나니, 이 특성을 서로 이해 못하고 보면 아무리 다정한 동지간에도 간혹 촉이 되고 충돌이 생기게 되나니라. 왜 그러냐 하면 이 세상 보통 인간들은 모든 사람과 어울려 이 세상을 살아갈 때 요행히 익히고 아는 바가 동일하여 그 성질이 상합相合될 시는 그 사람과는 자연 뜻이 맞아서 서로 인정이 건네고 친절하게 지내지마는, 만일 익히고 아는 바가 다르고 그 성질이 부동不同하여 나의 아는 바를 저 사람이 혹 모르고 보면 곧 나는 아는 사람으로 자처하고 저 사람은 무식한 사람으로 간주하여 나가 아는바 몇 가지로써 저 사람이 아는바 몇 가지 혹은 몇십 가지를 부인 또는 멸시하며, 저 사람의 하는 것이 자연 서투르게 보이고 인정이 알뜰하게 건네지지 않으며, 심하면 증오심까지 생겨나서 매매사사每每事事히 서로 눈에 설게만 보이는 까닭이다.

알기 쉽게 비유하여 말하면 같은 어머니 한 분을 가지고도 어떤 지방 사람은 '어매'라고 부르고, 또 어떤 지방 사람은 '엄마'라고 부르고, 또 어떤 지방 사람은 '어머니'라고도 부르지 않는가. 그러나 '어매'라고 부르는 지방 사람이 '엄마'라고 부르는 지방 사람의 말을 들으면 많이 안 듣던 말이라 귀에 자연 설게 들리고 흉을 잡을 것이요, 또 '엄마'라고 부르는 지방 사람이 '어머니'라고 부르는 지방 사람의 말을 들으면 이 사람 역시 귀에 설게 들리고 흉을 볼 것이다. 또는 어머니 보고 '하소'하는 지방 사람도 있고, '하시오' 하는 지방도 있으니, 이것도 역시 처음 들으면 서로 귀에 설게 들리고 흉을 볼 것이요, 또는 정규 같은 사람이[구식舊識 관념이 많은 노老제자] 지금 여학생들의 다리를 들썩거리고 댄스 하는 것을 보면 코를 동東으로 틀 것이다. 그러나 댄스를 가르친 선생은 다리를 멋있게 들썩거릴수록 더욱 좋다고 할 것이니, 이와 같이 신·구식이 서로 흉을 보고 뜻이 맞지 않는 것과 같다.

이것은 본래 익히고 아는 바로 인하여 그 습관이 굳어져서 사람마다 특성이 각이各異함을 서로 이해 못하는 까닭이 아닌가! 그러므로 사람이 꼭 허물이 있어서만 남에게 흉을 잡히는 것이 아니니, 조달이가 부처님 흉을 팔만 사천 가지나 잡아냈으나 사실은 부처님에게 흉이 있어서 그러한 것이 아니요, 익히고 아는 바가 달라서 삼세사三世事를 목전에 놓고 일하시는 부처님의 마음속을 알지 못하는 연고이다. 그런즉 본래 익히고 아는 바가 다른 각 도, 각 읍 사람이 모인 대중 중에 처할 여러 사람은 사람마다 특성이 있음을 서로 이해하여 아무쪼록 서로 흠을 잡지 말고 촉 되는 바가 없이 잘 지내기를 부탁한다."

위位를 얻고 못 얻기는 사업에 있다

필수인筆受人 서대원
《회보》 제6호, 시창19년(1934) 정월호

시창14년 11월 20일 법설로, 위位를 얻고자 할 때 위를 주고 아니 주는 권리를 가진 상대가 무엇을 보아서 위를 주기도 하고 상하게도 하는가를 자상히 보아서 위가 돌아올 일만 한다면 자연히 위가 돌아온다는 법문이다. 위를 주기도 하고 상하게도 하는 권능이 있는 상대는 처처불상이라면 위가 돌아올 일만 하는 것은 사사불공이다. 이 법설은 윤문 정선되어 『대종경』 실시품 13장에 수록된다.

한때에 종사주 영산정사에 계시옵더니, 그 어느 날 해該지방 경찰관 주재소 순사 한 사람이 무슨 일로인지 영산을 향해오다가 인근 촌가에 머무르고 사람을 보내어 종사주와 회견을 청하거늘, 종사주 말씀을 들으시고 그 사람의 청한 바에 응하려 하시니 좌우에 모시었던 제자들이 법가法駕를 만류하며 가심이 불가함을 고하였으나 … 곧 일어나시어 그 순사를 면회하고 돌아오시다.

제자들은 천둥지동[허겁지겁] 나와서 기쁨에 넘치는 얼굴로써 법가를 맞이하온 후, 또 무슨 법설이나 계실까 하고 정신을 수습하고 귀를 기울이고 있는 차에, 종사주 법좌에 오르시와 말씀하여 가라사대,

"내가 오늘 그 순사를 회견하고 무한한 만족과 호감을 사고 왔노라. 내가 거기를 당도한즉 나와 회견을 청한 그 순사가 버선발로 뛰어 내려와 어줍은 태도로 환영하며, 이 위에 더할 수 없는 만족과 호감을 품은 거동이 눈에 보이더라.

대범, 범부 중생이라 하는 것은 항상 남의 잘됨을 미워하며 시기하여 조그마한 일이라도 그 사람의 위를 깎으려고 애를 쓰는 사람이 허다하거늘, 어찌 저 순사인들 도덕의 훈련이 없는 바에야 범부 중생을 벗어났다 하리오. 오늘 만약 그대들의 만류함을 받아 '위가 높은 나로서 어찌 일개 순사에게 몸을 굴할 것이 무엇이랴' 하고 가지를 않았어보라. 저 순사가 물론 저와 같이 만족과 호감을 얻기는커녕, 도리어 나를 미워하고 시기하여 나를 해害코자 할 것은 사실이다. 오늘 그대들의 만류하는 것은 위 구하는 법을 알지 못하는 연고이니, 내 오늘은 위 구하는 법을 말하리라.

그러나 우리가 위를 구하기로 하면 제일 먼저 생각해 볼 것이 있으니, 그것은 '무엇이 들어서 나에게 위를 주며 또는 무엇이 들어서 나의 위를 손상케 하는가?' 이 두 가지다. 그런데 지금 이 세상에서 남에게 위 받는 사람들의 내면을 살펴보면 이리 가나, 저리 가나 쓰임 많은 사람이 되어 세상이 요구하고 귀애하여 모든 사람의 도움을 받기 때문이요, 또 이 세상에서 위 받지 못 한 사람의 내면을 살펴보면 이리 가나, 저리 가나 쓰임 없는 사람이 되어 세상이 미워하고 싫어하여 모든 사람이 그 사람을 해롭게 하기 때문이다.

그러므로 위를 받고 못 받는 것이 나의 짓는 바에 있는 것이요, 결코 구하는 데에 있지 아니하나니, 자기가 이利에 앉아서 위를 구하면 주지도 않을 뿐 아니라 혹 준다 할지라도 길지 못할 것이다. 그러나 이와 반면에 저 사람이 먼저 위를 주고 보면 그 위가 영원히 지속할 것이요, 실實한 위가 될 것이니, 만약 참다운 위를 구하기로 할진대 우리에게 위를 주고 아니 주는 권리를 가진 저 여러 사람이 무엇을 보아서 우리에게 위를 주고, 무엇을 보아서 우리의 위를 상傷하게 하는가를 자상히 보아서 우리에게 위가 돌아올 그 일만 먼저 하여버리면 구하지 아니하여도 자연히 위가 돌아올 것은 명약관화明若觀火의 사실이다.

알기 쉽게 한 예를 들어 말하면, 가령 만석꾼이라는 부자의 이름을 구하는 사람이 다만 그 이름만 탐하여 다른 부자들이 하는 대로 그 부자가 값있는 옷을 입으면 나도 값있는 옷을 입고, 맛있는 음식을 먹으면 나도 맛있는 음식을 먹고 하여 채금[債金, 빌린 돈]을 얻어서라도 그 부자의 하는 행동만 모방하여 보라. 누가 그 사람을 만석꾼 부자라 하며, 만석꾼 부자의 위를 주겠는가. 그런즉 참으로 부자의 이름을 구하기로 할진대 이름 먼저 구할 것이 아니라, 주야불식하고 근검 저축하여 앞마당에 만석의 노적[곡식 따위를 한데에 수북이 쌓음] 벼 눌 먼저 쌓아놓고 보라. 누구나 이 사람을 보고 만석꾼 부자라고 아니할 사람이 없을 것이요, 만석꾼 부자의 위를 주지 않을 사람이 없을 것이다. 이 사람이 본래에는 이름을 구하지도 아니하였지마는 만석의 노적을 쌓아 만석꾼이라는 표적이 나타남을 인하여 자연 만석꾼 부자라는 이름을 얻지 않았는가.

우리도 존귀한 위를 구하기로 할진대, 무엇이나 나의 할 일만 하여 이 세상에 위 받을만한 증거와 표적만 나타내고 보면 저 여러 사람이 그것을 보아 우리에게 위를 줄 것이다. 우리의 할 일은 하여 놓지도 않고 위 먼저 구한다는 것은 만석의 노적을 쌓아놓지도 않고 만석의 부자 이름만 구하는 사람이나 무엇이 다르랴.

그러나 무슨 사업을 물론 하고 처음 일어내는[시작하는] 사람들은 자기 당대에는 위를 받기가 어려울 것이니, 그것은 아직 창립한 시일이 천단하여 인류 사회에 어떠한 이익을 끼쳐준 일이 적고, 사업기관 역시 남 보기에 현수[懸殊, 현격하게 다름]케 드러나서 모든 사람에게 위 받을만한 증거와 표적이 확실히 나타나기 어려운 연고이다. 더구나 우리는 국한 없고 계획이 장원한 도가의 사업인 만큼 우리 당대에는 남 보기에 존귀한 위를 받을만한 증거와 표적이 나타나기 어려울 것이요, 대도大道의 담담미淡淡美를 철저히 이해하는 사람이 적을 것이니, 위라 하는 것은 조금도 생각지 말고 우리의 목적을 이루어 내기로만 힘을 쓰라. 그러면 이 뒷사람이 우리를 추대하고 우리를 세워줄 것이다. 그리고 이와 같이 하여야만 우리의 법맥이 계승할 것이요, 시비 없이 이 세상에 활동하리라.」 하시더라. 〈시창 14년 11월 20일〉

라도 强者가 되리것느냐? 强者가 더욱 强하야 한 强者가 되고 弱者라도 漸々 强하야 永遠한 强者가 되난 法이 잇것만은 이 世上사람들은 그 조흔 自他法을 쓰지 못할 弱肉强食을 하며 弱者를 미워만 하야가 强者와 弱者와는 怨讐가 되며 生命을 犧牲하며 더욱 甚하면 世々生々의 끝에 업난 罪를 지여 苦를 맛나니라 比하야 한 例를 드하면 「甲洞里와 乙洞里 두 곳이 잇난데 甲洞里는、가난하고 無學하야 淺見薄識者뿐이오 乙

제3 수행편 修行編

제11장 계문戒文

제11장 계문戒文

1. 보통급普通級 십계문

1. 연고 없이 살생을 말며,
2. 도둑질을 말며,
3. 간음姦淫을 말며,
4. 연고 없이 술을 마시지 말며,
5. 잡기雜技를 말며,
6. 악한 말을 말며,
7. 연고 없이 쟁투爭鬪를 말며,
8. 공금公金을 범하여 쓰지 말며,
9. 연고 없이 심교간心交間 금전을 여수與受하지 말며,
10. 연고 없이 담배를 피우지 말라.

2. 특신급特信級 십계문

1. 공중사公衆事를 단독히 처리하지 말며,
2. 다른 사람의 과실過失을 말하지 말며,
3. 금은보패 구하는 데 정신을 빼기지 말며,
4. 의복을 빛나게 꾸미지 말며,
5. 정당하지 못한 벗을 좇아 놀지 말며,
6. 두 사람이 아울러 말하지 말며,

7. 신용 없지 말며,
8. 비단 같이 꾸미는 말을 하지 말며,
9. 연고 없이 때아닌 때 잠자지 말며,
10. 예 아닌 노래 부르고 춤추는 자리에 좇아 놀지 말라.

3. 법마상전급法魔相戰級 십계문
1. 아만심我慢心을 내지 말며,
2. 두 아내를 거느리지 말며,
3. 연고 없이 사육四肉을 먹지 말며,
4. 나태懶怠하지 말며,
5. 한 입으로 두말하지 말며,
6. 망녕된 말을 하지 말며,
7. 시기심猜忌心을 내지 맏며,
8. 탐심貪心을 내지 말며,
9. 진심瞋心을 내지 말며,
10. 치심痴心을 내지 말라.

계문의 공덕과 그 실행되는 법

소태산 대종사의 계문 관련 법문 중 《시창13년도 사업보고서》에 전음광 수필受筆로 수록된 **'계문의 공덕과 그 실행되는 법'**이 중요하다. 원기13년 즉 1928년 법문으로 여겨진다.

어느 날 종사주[소태산 대종사] 영산 교실[영산원 및 학원실]에 계실 때의 일이다. 그 근처 회원 남녀 합 40여 인人이 되고 그중에는 동관同館 임원 제씨도 다 열석列席하였다. 그 모인 40여 회원이 한편으로는 우리의 진실한 회원들인 동시에, 한편으로는 우리의 진실한 소작인[小作人, 땅을 빌려 농사를 짓고 그 대가로 사용료를 내는 사람]들이다. 교실 전면에 있는 대소大小 언답堰畓은 다 회원인 소작인들 손으로 갈고 심으며 거두게 되는 것이다.
그때 종사주께옵서 '보통부 십계[불법연구회규약의 계문]'를 들으사[거론하여] 말씀하여 가라사대, "제군[여러분]이여, 제군이 만일 진실한 회원이 되어 대사업을 성취코자 하며, 진실한 소작인이 되어 논과 밭을 많이 얻어 벌고자[경작하고자] 하며, 진실한 사람이 되어 자기가 자기를 위하고자 할진댄 반드시 이 10계문의 뜻을 알아 실행하여 보라. 이 10계문 내에는 인생의 화禍와 복福을 자유 할 만한 권능이 있나니, 즉 그대들이 진실한 회원과 진실한 소작인이 되고 안 되는 것이 널리 30계를 다 말하지 않고도 이 10계에서 넉넉히 볼 수 있다.
쉽게 말하면 그대들이 금년에는 소작료를 잘 갖다 바쳤지마는 명년[明年, 내년]쯤 되어서 만일 소작료를 내지 않고 무신용한 사람이 되어 보통부 제10조[신용 없지 말라 → 특신급 7조 '신용 없지 말며']를 범하여 보라. 그러면 반드시 논은 떨어질 것이며, 논이 떨어지는 날은 진실한 소작인이 되기는 벌써 틀리지 아니하였는가.
또는 주사[酒肆, 술집]나 청루[青樓, 기생집]에 방탕하여 제군의 가정을 불고하며 제군의 자신을 위하지 않는 지경에 이르러 보통계문 제4조[불과음주不過飮酒 → 보통급 4조 '연고 없이 술을 마시지 말며']와 제7조[불종유비례가무석不從遊非禮歌舞席 → 특신급 10조 '예 아닌 노래 부르고 춤추는 자리에 쫓아 놀지 말라']에 범하여 보라.

그리되면 우리 회會에서도 제군을 순실한 사람으로 인증하지 않을 것이요, 순실한 사람으로 인증하지 않는 동시에 논도 주지 않을 것이며, 주었던 논도 환수할 생각이 날 것은 정한 이치일 것이다. 그러면 또 순실한 소작인이 못 되는 것이 아닌가.

또는 그뿐이랴. 제군이 만일 각자의 계문을 존중히 알지 아니하며 실행치 않는 동시는 결국 출회[黜會, 내칠·내쫓을 출] 처분을 당할 수도 있나니, 그리되면 순실한 회원까지도 못될 것이 아닌가.

그러나 그 원인을 생각하면, 계문이 제군을 강압적으로 범하게 하여서 그리된 것은 아니라, 제군들이 그 계문을 행하고 안 행하는 데서 유래됨이니, 알고 보면 제군이 제군을 순실한 회원도 만들고 순실한 소작인도 만들었나니라. 만일 제군이 혹 순실한 회원과 소작인이 못 되는 날이 있거든 그 어느 조용한 곳을 찾아서 제군의 뺨을 제군이 치며 '무식한 나여! 우치한 나여! 나를 어찌 순실치 못하게 만들었는가?' 하고 부르짖어라.

제군이여, 공부하려니까 특별히 계문을 지킨다 생각지 말라. 공부는 안 하여도 사람이니까 반드시 지켜야 할 것으로 생각하라. 또는 사람으로서 재화災禍 없이 행복스럽게 살려니까 불가불[不可不, 가히 하지 않을 수 없으므로, 마땅히] 계문은 지켜야 할 것으로 생각하라.

만일 제군이 우리 공부를 하지 않는다 하고 일시적으로 계문을 범하여 보라. 제군의 신상에 얼마만 한 해독이 올 것인가. 그러므로 우리 계문은 사람치고서 안 지켜서는 인류 사회에 출두出頭치 못할 것이다. 또는 우리의 계문만으로 볼 것이 아니라 널리 인류 사회의 계문으로 보아도 오견誤見은 아닐 것이다.

그러나 제군은 지금 빈한한 사람이다. 빈한하니까 물질의 자유가 없고, 물질의 자유가 없으니까 물질을 구하고자 하는 그 마음에 구애되어 유산有產계급과 같은 그 각종 각색의 계문에는 범하지 못한다.

예를 들면 제군이 현시[現時, 지금] 우리의 논을 짓지 않는가. 그 논을 장구히[오랫동안] 짓고자 하면 제군이 논에 대하여 신용 없는 짓을 못 할 것이다. 또 소작인이 된 이상 순실한 소작인이란 평판을 얻어 논이라도 더 얻어 벌기 위하여 자연 주사청루[酒肆青樓, 홍등가]에도 가지 못할 것이다. 무산자 중에도 인도人道를 벗어나 아주 인[人, 사람]이 아닌 자에게는 말할 것도 없거니와, 그래도 인도人道를 존중히 생각하고 그 인도 내에서 살길을 찾으며 후사를 바라는 자에게 한하여는 그리 과히 큰 계문을 범하지 못한다.

그러나 유산자有産者는 물질의 자유가 있다. 물질의 자유가 있으므로 빈한자貧寒者를 대할 때 자만이 나고, 천한 자를 대할 때 자존自尊이 일기 쉽다. 그는[유산자] 빈한한 사람보다 마음이 훨씬 넓어지기 쉽다. 이 세상에 못 할 일이 없을 것으로 생각될 것이다.

돈만 있으면 이것도 하고 저것도 하고, 마음대로 가고 마음대로 오고, 명예도 사고, 약간의 불량 행위가 있더라도 돈만 있으면 그만 씻어 버린다[처벌을 면한다]. 또는 내 밥과 내 옷과 내 돈이 내 집에 많이 있으니 누구를 무서워할 것도 없으며, 조금 내가 잘못한다고 어느 누구에게 생활의 공포감도 가질 것이 없다.

혹 어떤 자는 오직 '나는 자유다, 자재다, 황금이면 만능이다.'라고 생각하는 자도 있을 것이다. 또는 직접으로 이러한 생각과 행동은 가지지 않는다 하여도 무산자보다는 그 마음의 범위가 훨씬 크고[넓고] 매사에 실행의 능력이 있으므로 계문에 범하기가 훨씬 용이하다. 살생·간음·음주 등 일일이 들 것도 없이 범하기가 쉽다.

그러므로 이 세상에서 악惡도 제일 큰 악惡과 죄도 제일 큰 죄를 짓는 자는 모두 이 유산계급과 권문세가에 있다.

그러므로 그대들은 비관하지 말라. 이 세상을 물질로만 본다면 물질이 없는 제군으로서는 슬퍼도 하고 낙심도 하려니와, 인도人道와 비非인도가 있는 그사이에 선과 악의 길을 찾아 선한 인도로 나아가는 것을 주체 삼아 본다면 물질 없는 것이 도리어 선한 곳에 나아가는 사람에게 일종의 자산이 될 것이다.

그러므로 제군은 즐거워하라. 즐거워하는 동시에 계문의 공덕을 알며, 공덕을 아는 동시에 계문을 실행하여 내가 나를 위하는 사람은 될지언정 내가 나를 해하는 사람으로는 만들지 말라." 하시니, 참석한 회원들은 그 말씀을 듣고 비로소 화복禍福의 근원을 안 것 같이 즐거워하더라.

종합하면,

첫째, 계문은 수행을 하기 위해 특별히 지키는 것이 아니라, 사람이니까 반드시 지켜야 하는 것으로, 계문은 인도상요법人道上要法이다.

둘째, 계문은 사람으로서 재화災禍 없이 행복하게 살려 한다면 지키지 않고는 안 되는, 마땅히 지켜야만 하는 것으로, 계문은 광대무량한 낙원으로 인도하는 '개교의 동기'의

한 방법이다.

셋째, 어느 때라도 계문을 범하고 보면 신상에 해독이 생길 것이니, 우리의 계문은 사람이라면 안 지키고서는 인류 사회로 나서지 못하는 것이다. 우리만의 계문으로 볼 것이 아니라, 널리 인류 사회의 계문으로 보는 것이다.

넷째, 계문은 가지지 못한 무산자들보다 가진 유산자들이 범하기 쉬우므로, 어찌 보면 가진 자일수록 계문을 소중히 여기고 지켜야 하는 것이다.

다섯째, 이러한 계문의 공덕을 알아서 내가 나를 위하는 사람은 될지언정 내가 나를 해하는 사람은 되지 말라는 것이다. 자기를 위해서 계문을 지키라는 것이다.

이것이 계문을 지켜야 하는 실제로써 소태산 대종사가 계문을 주신 본의이다. 이처럼 '계문의 공덕과 그 실행되는 법'은 소태산 대종사의 '계문'에 대한 보편타당한 법문이다. 그러므로 이와 같은 계문의 공덕을 알아 계문을 실행해야 할 것이다.

인생과 계율의 관계

'인생과 계율의 관계'라는 제목의 소태산 대종사 법설은 《월말통신》 제3호, 시창13년(1928) 7월분에 송도성 수필受筆에 의해 실린다. 이 법설은 『대종경』 교의품 25장에 정선精選된다.

예수교 한 목사, 선생께 뵈옵고 묻기를 "자고급금[自古及今, 예로부터 지금에 이르기까지]으로 어느 성인을 물론 하고 각자의 교법을 세상에 선포할 때는 반드시 계율을 말하였으니, 대저 계율戒律이라 하는 것이 인생人生에게 어떠한 필요가 있나이까? 저는 아직 그 이해를 하지 못하였습니다. 저 또한 종교의 일분자[一分子, 종교가에 속한 한 사람]요, 저의 교회에도 여러 가지 계율이 있습니다마는 저 같은 천박한 생각에는 그 계율이라 하는 것은 도리어 순진한 천성天性을 억압하고 자유의 정신을 속박하여 개인 교화상으로나, 교회 발전상으로 적지 않은 지장이 되는 듯합니다."

선생: "어느 점에서 그러한 원인이 생할꼬?"

목사: “저는 다년간 예수교 전도 사업에 종사하였으므로, 자연 여러 사람을 지내본 결과에 그러한 실험을 얻었습니다. 물론 종교가 무엇인지 이해도 못 하면서 맹목적으로 배척하는 자도 없지는 않겠지마는 대개는 교리의 신성함을 절실히 느끼면서도 실천적으로 입신入信하지 않는 자 많습니다. 그래서 그 이면裡面을 살펴본 즉 다 계율에 자축[自縮, 스스로 위축됨]이 되는 모양이옵더이다. 이런 무리로 말하면 차라리 계율이 없었으면 제도의 범위에 들었을 것이 아닙니까?”

선생: “귀하는 다만 그 사람들이 제도 범위에 들지 못한 것만 애석[愛惜, 사랑하고 아깝게 여김]하고 다른 데에 영향이 미칠 것은 생각지 않습니까?” 하시며 계속하여 말씀하시되, “본회에는 30가지나 되는 많은 종목의 계율이 있으나 한 가지도 삭제할 만한 조목이 없으므로 그저 그대로 씁니다. 그러나 일반회원에게 이 계문을 일률적으로 지키라 하지는 않습니다. 누구나 처음에 입회하면 물론 저세상에서 행하던 일과 젖은바 습관이 용이[容易, 쉽게]히 떨어지지 않을 것은 사실인즉, 그네들에게 능히 지킬만한 한도로 십계十戒를 주고 또 계단을 밟는 대로 십계씩을 주어서 삼십계를 다 마친 후에는 도로 계문이란 것은 그만두고 자유에 맡기게 됩니다. 공부가 그 정도에 간 사람이 있다면 오늘 입회하여도 그에게는 계문을 줄 필요가 없습니다. 왜 그러냐 하면 그는 부당지사不當之事와 당연지사當然之事를 알며 이利와 해害를 아는 연고입니다.

그러나 이것을 모르는 자에 대하여는 도저히 방허[放許, 방심을 허락]할 수 없는 일이라 합니다. 비하여 말하자면 철모르는 어린아이가 있어 깊은 물가에나 높은 난간에 다다랐다면 보는 자 누구나 빨리 가서 안전한 곳으로 옮길 것은 물론이요, 또는 그러한 철모르는 아이가 독약을 식물[食物, 먹을 것]로 알고 입에 넣는다든지 칼을 노리갯감으로 생각하고 손에 잡았다면 보는 자 누구나 빨리 가서 빼앗아 놓고 깊이 경계할 것은 정한 이치이겠지요. 그러나 철 아는 사람이 위태한 곳에 선 것과 위험한 물품을 가진 것은 누구나 심상시[尋常時, 대수롭지 않게 여길] 할 것이 아니지 않습니까?

그 철모르는 아이와 철 아는 사람을 대하는 법이 다른 것과 같이, 자각력自覺力이 있어서 일체 시비이해를 능히 판단하는 공부인과 그렇지 못한 초학初學을 다스리는 방식이 어찌 같겠습니까. 이 세상을 보면 지혜 있는 사람이 드물고 우치한 사람이 많은 것은 속일 수 없는 사실인데, 방금 귀하의 말하는 계율 불필요의 주장은 천만인 가운데 1, 2인이나 쓸 법이니 어찌 1, 2인의 행하는 법으로써 천만인의 행하는 궤도를 무시하리오. 또는 이 세상에 다른 법과 다른 사람과 다른 물건이 하나도 없이 오직 나 혼자뿐이라면 자행자지自行自止로 부당한 일이거나 당연한 일이거나 마음 가는 대로 하여도 별 관계없겠지마는 세상은 완연宛然이 그렇지 아니하여 모든 법강法綱이 정연하고 인류 사회가 환시[環視, 뭇사람이 둘러서서 봄]하니 만약 조금만 불의의 행동이 있으면 도저히 용서를 얻을 수 없을 것이라, 그러면 그 사람이 어느 곳을 향하여 입각立脚하겠나이까. 그런고로 이 사람은 생각하되 사람이 세상에 출두한 이상에는 일동일정을 전긍[戰兢, 전전긍긍, 몹시 조심함]하여 박빙[薄氷, 엷은 얼음]을 밟음과 같이 하지 아니하면 아니 될 것이라고 하오."하시더라.

계문 불필요론에 대한 목사의 주장에 대해 소태산 대종사는 자각력이 있는 공부인과 초학자의 계문에 대한 역할을 달리한다. 자각력이 있는 공부인에게는 계문이 그리 필요하지 않을 수 있으나 초학자에게는 그에 맞는 만큼의 계문이 필요하다는 것이다.

이 법설의 대의는 불법연구회 감사부의 '계문 준행과 범계犯戒 해설' 머리말에서 30계문의 필요에 관해 주장하고 있다.

"본회本會는 공부 방면에 속한 육명부[六名簿, 법위등급] 중 그 초등 명부인 보통부·특신부·법마상전부 3부[3급]를 통하여 합 30조의 계문이 있다. 그러나 만근[挽近, 근래]의 인심을 추찰컨대[推察, 미루어 살펴보니] 너무나 자유주의적 경향이 없지 아니하여, 계문이라 말할 때는 혹은 자유를 속박한다, 혹은 정신을 압박한다 하여 그것을 실천 이행해 보려는 생각을 가지지 아니하고 공연히 염피혐기[厭避嫌忌, 싫어하고 피하고 꺼리는]하는 관[觀, 시각]이 있다.

그러나 계문이라 하는 것은 공연히 인류의 자유를 기속[羈束, 얽어매어 묶는]하는 것이 아니요, 인류 생활의 행복을 파괴하고 사회의 평화를 침략하는 악독한 행동을 금지하여, 탈신한 행동을 정당한 행동으로 인도하고 질서 없는 생활을 질서 있는 생활로 정리시켜서, 우리로 하여금 본래성本來性에 과히 탈선되지 않는 청정 고결한 인간이 되게 하고 사회 일반의 생활을 좀 행복 되게 평화하게 만들자는 것이 그 목적일지니,

예를 들면 우리가 정원에 식목하고 그것을 풍치상[風致上, 경관상] 격格에 맞도록 재배하려할 때에 격에 맞지 않는 가지와 줄기가 뻗어 나오는 것을 그대로 두면 그것이 굳어져서 나중에는 끊기에도 힘이 들 뿐 아니라, 나무의 격을 잃어 아무 가치 없는 나무밖에는 되지 못할 것이니, 그러할 때는 그 몹쓸 가지와 줄기를 미리 못 나게 하고 끊어주어야

결국 좋은 나무를 만들 수 있는 것과 같이, 우리 인생에도 이 몹쓸 가지와 줄기가 날 때는 그것을 용서 없이 절단하여야 비로소 완성한 인격을 이룰 것이니, 이 몹쓸 가지와 줄기를 미리 못 나게 하고 이미 난 후에는 그것을 끊어 없애는 것이 곧 계문이다.
그런즉 그것을 어찌 한갓 구속 압박하는 것으로만 해석할 것이랴? 하물며 재래 불교에 있어서는 수백 가지 다수의 계문이 있지마는, 본회는 불법의 대중화·보통화를 그 목표로 하는 만큼 그중에 누구나 지킬 수 있는 계문을 약 30조만을 수집하여 계문으로 하였으며, … 수도에 약간의 정성만 있는 자이면 조금도 구속을 느끼지 아니하고 지킬 수 있으리라고 믿는 바이다.
이에 계문 해설을 부치는 바는 우리 회원이 맹목적으로 계문을 잘 지킨다는 것보다 첫째는 이와 같은 계문의 본의를 알아야 할 것이며, 또는 이 계문 이행 여부를 표준하여 공부계 육명부의 승·강급을 결정하는 데에 중대 관계가 있는 것을 알아야 할 것이므로, 아래에 그 범계가 되고 범계가 되지 않는 경계선을 대강 구분하였으니 계문을 이행하는 자도 이 뜻을 알고 행할 것이요, 본 감사부 각 위원으로도 이것으로써 '감사의 거울'을 삼아서 계문 준행 상 장려와 범계 보고에 위착됨이 없게 하기를 바란다."(《회보》 제46호, 시창23년(1938) 7·8호)

결국 계문은 첫째, 자유를 묶는 것이 목적이 아니라 탈선한 행동과 질서 없는 생활을 정당한 행동과 질서 있는 생활로 정리시켜서, 본래성本來性에서 과히 탈선되지 않는 청정 고결한 인간이 되게 하는 것이며,
둘째, 인류 생활의 행복을 파괴하고 사회의 평화를 침략하는 악독한 행동을 금지하여, 사회 일반의 생활을 좀 행복 되게 평화하게 만들자는 것이 그 목적이라는 것이다.
그리고 셋째, 계문은 법위 승급의 중요한 과목이로, 계문을 준수치 않고는 법위 승급은 불가능하다는 것이다.
이러한 목적으로 범계가 되고 범계가 되지 않는 경계선을 대강 구분하였으니, 계문을 이행하는 자도 이 뜻을 알고 행하라는 것이며, 이것으로써 '감사監査의 거울'을 삼자는 것이다.

소태산의 계문은 과거의 번다하고 종교상의 필요에 국한된 율법주의는 배격하나, 사람의 길에서 벗어나는 행위를 경계하는 도구로써 필요하며 삶에 도움이 되는 만큼 사용토록 하고 있다.

사랑이 근본 율법이고 자비가 계율의 근본이므로 모든 세세한 율법이나 계율은 사랑 하나를 실행하는 것이며 자비 하나를 실현하는 것이다. 그러나 또한 규범화된 율법이나 계목戒目에 묶이어 사랑과 자비를 실행하지 못하는 면이 있으며, 사랑과 자비를 행한다며 방종하고 도리어 계문을 어기는 무애행에 떨어지기도 한다.

소태산은 이러한 양면을 통합하여 구체적인 계문이 필요한 단계와 성품 한자리로 모든 계문을 지켜가는 단계로 나누고 있다. 그러므로 계문은 법강항마위 이전에 필요한 것이다. 법강항마위부터는 성품을 체 받는 행위가 곧 계문 준수가 되므로 따로 계문을 둘 필요가 없는 것이다. 그렇지만 법강항마위 이전에는 떳떳하게 밟아갈 인간의 길에서 이탈하는 것을 경계하고 조심시키기 위하여 계문이 요청되는 것이다.

보통급 십계문

보통급 십계문은 《회보》 제46호 '계문 준행과 범계 해설'에 준한다.

1. 연고 없이 살생을 말며

살생이란 사람을 비롯하여 축생 곤충까지 살육하는 것은 다 살생으로 간주한다. 인류에 대해서는 사유事由가 있든 없든 법률과 도덕이 그 살생을 용서하지 않으며, 그 외 동물에 관해서도 친소親疏를 막론하고 연고 없이 살생하면 다 범계로 간주한다.

연고 있는 살생이란?

1) 자신이나 가족[肉親, 조부모, 부모, 형제 등]이 다른 생명에 의해 실신失身을 당하게 될 시.

2) 자신이나 가족이 중병에 걸려 축생 곤충을 약물藥物로 사용하게 될 시.

3) **재가 회원**으로서 도살업이나 어업과 같이 직업적 살생업으로써 생활 방도를 그것 외에는 구할 수 없을 시. 단, 이러한 경우는 범계로 간주는 아니 하나 살생의 해害되는 점을 자각토록 설명하여 될 수 있는 대로 직업을 전환토록 권유함.

4) 살생을 직업으로는 아니하나 **재가 회원**으로서 농업을 할 때 번경[反耕, 밭갈이] 시나 해충 구제驅除 상 부득이한 경우를 당할 시.

5) 위생상 부득이하게 곤충류의 살생을 하게 될 시.

위 같은 경우의 살생은 범계로 취급하지 아니하나 그 외는 살생 범계로 간주한다. 〈《회보》 제46호〉

《월말통신》 제32호, '보는 대로 듣는 대로'에 실린 전삼삼 선진의 일화이다.

〈전삼삼 씨의 독지篤志〉

금년 하간夏間에 본관 농업부 상원桑園에는 괴상怪常스러운 해충이 일어나서 뽕잎을 갉아 먹음으로 여러 부원은 일제히 출동하고 기타 외인부外人夫까지라도 징발徵發해서 그 벌레를 잡게 되었는데 전삼삼 씨는 또 자진하여 왼 종일 벌레 잡기에 노력하셨습니다. 농업부에서는 70노인으로 그처럼 하시는 것이 너무도 미안하고 감격해서 비록 약소하나마 단금團金에 보용補用하라는 뜻으로 당일 근고료勤苦料 얼마를 드렸더니 씨氏는 깜짝 놀라며 **"천만외千萬外 그게 무슨 말씀이오니까? 어디 내가 그것을 받으려고 일하였던가요. 내가 만약 그것을 받고 보면 나에게는 반드시 산더미 같은 무거운 죄업罪業이 부딪칠 줄을 나는 확실히 믿습니다. 왜 그러고 하니 우리 계문에 '연고 없이 살생을 말라' 하셨는데 이것은 확실히 살생이 아닙니까. 그러나 내가 당초에 그 일이 살생인 줄을 알면서도 자진하여 온 것은 그 상원桑園은 우리 회중會中에서 공부인 무산자無産者를 위하여 경영하는 공공사公公事이어늘 그 무상한 벌레들이 발생하여 결딴을 냄으로 나는 그에 대한 시비경중是非輕重을 무한無限히 짐작하여본 연후에 당연히 죽일만한 연고가 있는 것을 생각고 죽인 것이었습니다. 그런데 만약 내가 그 보수를 받고 보십시오. 결국 내 몸 하나를 위해서 그 많은 생명을 죽인 것이 되지 않겠습니까? 그런고로 나는 이 보수란 결코 받지 않겠습니다. 나는 그 무서운 죄罪가 돌아오는 것이 두려우니까요."**라고 말씀하셨다. 이 말씀이 과연 얼마나 의미 깊은 금언金言인 것을 우리는 다 같이 한번 느낄만한 가치가 있다고 생각한 기자記者는 이에 삼가 망필妄筆을 들었나이다.

해충을 잡는 것이 부득이한 살생이요 무산자들을 위한 공중사라 연고 있는 살생이지만 그렇다
해도 살생을 한 것이니 보수를 받지 않겠다는 감상담이다.

연고 없는 살생과 전쟁을 생각해 볼 필요가 있다. 살상을 일으키는 전쟁은 반대해야 하나 전쟁을 일으키는 세력에 저항하지 않을 수 없다. 또는 정당한 방어를 위해 살상을 전제하는 폭력적인 군사력을 확보해야만 한다. 살생도 상황에 따라서는 선택할 수밖에 없다. 인류 문명에 있어 살생이라는 폭력이 없기를 바라나 최소한의 폭력에 그치도록 해야 할 것이다. 그러므로 전쟁 시라도 연고 없이 비무장의 일반인을 살생해서는 안 될 것이다.

연고 없이 살생을 말라는 계문은 부득이한 경우를 제외하고는 생명을 존중하고 생명을 보호하기를 서원하는 것이다.

2. 도둑질을 말며

도둑질은 타인의 물건을 그 소유자의 승인 없이 가져가는 것이니, 남의 물건을 강제로 강탈하는 것은 강도強盜라 하고, 비밀리 모르게 가져가는 것은 절도竊盜라 하며, 사기횡령도 도적의 계문이다. 〈《회보》 제46호〉

저작권 보호도 이 계문 범주에서 논의되어야 할 것이다. 저작권이 공익을 위해서 공유되면서도 개인의 권리는 보호되어야 할 것이다.

이 계문은 훔치지 않는 것으로, 다른 이의 소유물을 존중하며 다른 사람 것을 소유하지 않기로 서원하는 것이다.

3. 간음을 말며

간음은 정식으로 결혼하여 공공연한 인증을 얻은 부부 외에 관계하는 것은 다 범계로 간주하나니, 현대 소위 신진 남녀의 연애에서도 서로의 취미와 성격과 선악을 고찰하기 위해 교제를 공공연한 장소에서 행하는 것은 간음으로 해석할 수 없으나, 그러한 경우라도 정도를 넘어 육체적 관계를 갖게 될 때는 이것을 범계로 간주하며, 약혼 남녀에 있어서도 정식의 결혼을 하기 전에는 또한 이처럼 취급할 것이다. 〈《회보》 제46호〉

결혼 전, 약혼의 경우에도 성관계를 금지하는 것이 당시의 성 의식인 듯하다. 간음은 바람피우는 것으로, 성 의식도 시대와 지역에 따라 달라지며 성관계의 대상도 변화가 있을 것이다. 향후 시대에 따라 이를 포괄하는 성 의식이 세워져야 할 것이다.

이 계문은 사랑과 책임감 없는 성행위는 하지 않을 것을 서원하며, 성적 학대와 성폭력으로부터 아이들을 비롯하여 약자들을 지킬 것이며, 성적 방종으로 빠지지 말고 이에 따라 친밀한 인연과 헤어지는 것을 예방하는 데 최선을 다할 것을 서원하는 것이다.

4. 연고 없이 술을 마시지 말며

술은 벌성지광약[伐性之狂藥, 인간의 심성을 해쳐 제 정신이 아니게 하는 약물]으로 재래 불교에 있어서는 36조의 폐해 점을 밝히며 엄중히 금지하였고, 현 사회 정세로 보아서도 단연斷煙 절주節酒는 사회적 표어로 제창되는 바이다. 그러므로 출가 수도인에 대하여는 물욕 제거를 주로 하는 만큼 먹지 아니하면 살지 못하는 음식 외에는 엄중히 금지하는 바이다.

그러나 보통 세간은 이로써 교제의 중심물을 삼게 되는 만큼 시비이해에 해석이 명석하고 물욕에 편착 되지 않을 만한 법강항마위 정도 이상 인물[출가자]로서 혹 아래와 같은 부득이한 경우를 당할 시는 이를 범계로 간주하지 않는다.

1) 몸에 병이 있어서 주류를 약물로 사용하게 될 시.

2) 사회 교제상 부득이한 경우를 당하게 될 시.

단, 이러한 경우라도 과음은 부득함.

또한, 본회의 교리는 항상 대중을 상대로 하는 만큼 **재가 회원**에 한해서는 그 범위를 더 완화하여 실제 생활과 계문 이행이 서로 상위相違 되지 않도록 하기 위해 이 술 계문에서도 연고緣故 2자를 첨가하였으니, 그 연고라 하는 것은 아래와 같은 경우이다.

1) 몸에 병이 있어서 주류酒類를 약물로 사용하게 될 시.

2) 자기의 생활을 위하여 부득이한 교제를 하게 될 시.

3) 사농공상 간 직업을 할 때 육신의 기한飢寒 방지 혹 피로를 회복하기 위할 시.

4) 기타 부득이한 경우를 당할 시.

단, 이상과 같은 경우라 할지라도 과음하여 언행 간 난폭한 행동을 한다거나 혹은 자기의 식욕에 끌려서 음주를 상습으로 하여 재산을 소모하며 생활을 곤란케 하는 것은 이를 범계로 간주한다. 〈《회보》 제46호〉

원기2년(1917) 가을 소태산 대종사, 저축조합을 창설하시면서 8인 단원에게 묻기를,

"제군 가운데 재래부터 술과 담배를 먹는 자 몇이나 되는고?" "이것은 세상이 보통 다 먹는 것이므로 저희들도 또한 다 먹고 지내왔나이다." "술과 담배가 우리 인생과 어떠한 관계가 있으며 그것을 혹 먹지 않는다 해도 생명 유지에 다른 지장이 있는가?" "이것은 사실 불필요한 음식으로서 여러 방면에 많은 해는 있을지언정 생명 유지에는 아무 관계가 없다고 생각합니다."라고 문답한다.

소태산은 "우리의 생명 보호에 별 필요 없는 술과 담배를 끊되 매월 얼마 정도 소비되는지을 참조하여 그 소비 대금을 본 조합에 저축하자"고 제안한다. 〈『불법연구회창건사』〉

저축조합 활동을 금주·단연한 대액代額을 모으는 것으로 시작한 것이다.

어느 때 소태산 대종사 말씀하시기를 "길을 가다가 배가 고파[굶주림 상태] 주막[밥과 술을 파는 집]에 들어갔을 때, 마침 밥이 없고 막걸리만 있다면 막걸리라도 먹고 주린 배를 채우고 길을 가야 한다. 이런 경우는 연고 있는 술이 된다."[선진일화집, 『무엇하러 왔는가?』]라고 '연고 있는 음주'를 밝히고 있다.

음주는 출가 수도인에게 엄하게 금한 반면, 재가 회원에게는 상황에 따라 유연하게 대하도록 한다. 과음하지 말 것에 중점을 두고 있다.

5. 잡기를 말며

잡기의 종류는 투전·골패·화투·마작·쌍육·기박 등으로, 이로써 재물을 구하는 행동이나 무료 도일無聊度日의 도구로 일삼는 것은 절대 금지하며, 교리 중 '상시 응용 주의사항' 3조 "노는 시간이 있고 보면 경전 연습하기를 주의하라"는 말씀과 '솔성요론' 제5조 "주색낭유하지 말고 그 시간에 진리를 연구하라"는 말씀에 비추어, 혹 노는 시간이 있으면 그 시간을 이용하여 공부를 하거나 기타 필요 있는 일은 할지언정 잡기의 성질을 가진 것을 행하면 범계로 본다. 〈《회보》 제46호〉

잡기는 그 일로 재물을 취하거나 무료하게 세월을 보내는 도구로 삼는 행위로써 정신을 소모하여 시간과 금전을 낭비하며 정당한 노력 없는 요행심을 조장한다. 이처럼 도박이나 폐습적인 오락 등은 탐욕과 중독을 일으켜 패가망신을 초래한다.

6. 악한 말을 말며

악한 말은 곧 욕辱하는 말을 이름이니, 특히 수도인은 어찌 이 같은 악구惡口를 행할 것인가? 그러므로 아래와 같은 경우를 제除하고 하는 욕설은 전부 악구 범계로 간주한다.

1) 부모로서 자녀를 엄중히 경책하되 과하게 체면[남을 대하기에 떳떳한 도리나 면목] 손실이 되지 않을 정도의 언어.

2) 지도하는 입장에 있는 자로서 지도받는 자에 대하여 엄중嚴重 주의注意를 시키려 할 때 체면상 손실이 되지 않을 정도에서 사용하는 언어. 〈《회보》 제46호〉

악구惡口 계문은 상극의 갈등을 야기하는 말을 삼가며 가까운 사이에 불화를 야기하는 악한 말을 하지 않을 것을 서원하는 것이다.

7. 연고 없이 쟁투爭鬪를 말며

이 계문은 『회원수지』에도 기재된 계문으로써 **재가 회원**이라면 더욱 지켜야 할 계문이다. 쟁투는 말로라도 상대자와 대성고성大聲高聲으로 시끄럽게 떠들어 대고 다투며 행동으로도 서로 때리고 싸우는 것이다. 아래와 같은 경우를 제외하고 말과 행위 간에 쟁투하게 되는 것은 곧 범계이다.

1) 상대자가 우리 편[아방我方]에 대해 불의한 손해를 줌으로써 이법종사[以法從事, 송사]를 할 때.

2) 상대자가 자신을 침해하여 피할 수 없는 경우의 정당방위라고 인증할 때. 〈《회보》 제46호〉

이 계문은 송사訟事 없기를 바라며 즉 언쟁과 다툼 및 소송으로 법률의 구속을 받지 않기를 서원하며, 반면에 다투는 분쟁이 일어날 경우 정당방위와 정의를 세우기 위해 정당한 투쟁을 서원하는 것이다.

8. 공금公金을 범하여 쓰지 말며

회금은 본회의 금전 물품 기타 재산 등속을 회중의 허가 없이 사용하거나 또는 허가를 얻은 것이라도 납부할 기한에 납부치 못하는 것을 이름이니, 예를 들면 본회 출장원이 외지外地를 순회할 때 입회금이나 혹은 의무금이나 기타 회금을 받아서 자기가 사용 후 귀래歸來하여 납부할 시기에 납부치 못한다거나 또는 상조부[상조조합] 대부금을 쓴 후에 기한 내 납부하지 못하거나, 회중 토지를 소작하고 그 도조를 납부치 않다거나, 기타 회중 물품 재산을 자유 사용 또는 파괴하고도 그만한 보상이 없는 것 등을 지칭한다. 본 조는 본회금本會金에만 관한 것이 아니라 본 계문을 받은 자로서는 국가의 공금이나 혹 중인衆人의 합자合資 금전에 대해서도 이상과 같은 행동을 하는 자는 다 범계로 취급한다. 〈《회보》 제46호〉

공금을 범하는 것은 사회적인 사기요 횡령으로, 공금을 함부로 하여 공과 사를 분명하게 하지 않으면 서로 신뢰가 떨어지고 사회 혼란이 깊어지게 된다. 공금을 함부로 하면 사욕이 생겨 공심이 말살되며 공중에 해를 끼치게 되므로 범하지 않기를 서원한다.

9. 연고 없이 심교간心交間 금전을 여수與受 하지 말며

회원 가운데 금전을 여수 하지 말라는 본의는 금전 거래를 함에 따라 자연 친애하던 정의情誼가 소원[疏遠, 서먹서먹함]하게 되는 경우가 생기는 까닭이다. 그러므로 저 사람을 보호 또는 구제할 목적으로 약간의 이자를 정하고 준 것이나 피차간 돈을 갚지 않는다 할지라도 정감이 멀어지지 거나 서먹서먹하지 않을 만한 공부 실력과 이해력을 가진 사람 사이에 이자 받을 생각 없이 잠깐 융통하여 군색[窘塞, 생활이 딱하고 어려운]을 면하게 하는 부득이한 경우는 범계로 간주치 아니하나, 피차 그만한 실력과 이해력이 없는 사이에 금전 거래하거나 또는 영리 목적으로 회원 간에 금전을 주고받는 것은 다 범계로 간주한다. **이 계문은 재가 회원에게는 관계없고 출가 회원만 지킬 것으로 한다.** 〈《회보》 제46호〉

마음을 교류하는 사이인 친구나 스승 간의 금전거래는 의리를 상하게 하고 신용을 잃게 할 수 있다. 또는 금전거래 중 원망심이나 증오심이 생겨 악연의 원수가 될 수도 있다. 그러므로 심교 간 금전을 주고받아야 할 때는 선물하는 마음으로 하되 금전 거래의 흔적이 없기를 서원해야 하며 식리殖利를 도모해서는 안 될 것이다. 더구나 빌리는 습관이 깊어지면 의뢰 생활로 자력 생활이 고갈된다.

10. 연고 없이 담배를 피우지 말라

담배는 술과 더불어 현 사회 교제상 필수품이나 근래 인심의 각성에 따라 스스로 금연하는 사람도 많아졌다. 담배는 피워온 습관이나 구미 상 떼기가 어려울지 모르나 꼭 피지 아니한다고 살지 못할 것은 아니므로 금지하나니, 이것은 조금만 흡연할지라도 범계로 간주한다.

단, 이 계문은 출가 회원에게 한하여 지킬 것이요, 재가 회원에게는 관계치 아니한다. 〈《회보》 제46호〉

담배는 기호품이요 조흥제助興劑로 습관적으로 피우는 중독을 일으키며, 온갖 질병의 원인이 된다. 더 나아가 주변에 간접흡연의 피해를 주는 사회 공해와 금전의 낭비를 초래한다. 술이 마시는 중독성이 있다면 담배는 피우는 중독을 일으키므로 이 중독성이 문제가 된다. 이처럼 흡연은 몸과 마음을 황폐하게 하므로 끊기를 다짐하는 것이다.
더 나아가 중독성을 일으키는 물질을 섭취하는 것은 술·담배의 영역에서 살펴보아야 할 것이다.

특신급 십계문

특신급 십계문은 《회보》 제47호 '계문 준행과 범계 해설'에 준한다.

1. 공중사公衆事를 단독히 처리하지 말며

'회중사會中事'는 우리 회중만을 말함이 아니라 어느 사회 어떠한 단체를 물론 하고 중인衆人이 모여서 하는 일은 다 회중사로 간주하며, '단독 처리'는 그 회중사를 자기에게 권리와 책임이 없음에도 불구하고 자유로 처리함이다. 예를 들면 어떠한 공중公衆을 물론하고 자기들의 목적한 사업을 하기로 하면, 그곳에 참여하고 집합한 인원 전부가 대소사 간에 공동적으로 일을 하는 것이 아니라, 그중에 대표자와 간부를 선정하여 각각 그 권리 책임의 한도[권한]를 정하여 직무를 위임시켜 그 사업을 운전하게 하나니, 그 사무 집행의 권리를 위임 받은 자가 자기의 맡은 권리의 범위 내에서 일을 처리하는 것은 단독 처리가 아니다. 그러나 그 사무 처리의 책임을 맡지 아니한 자가 단독으로 공사를 처리한다든지, 또는 비록 책임을 맡은 자라 할지라도 타인의 사무를 그 책임자의 위촉이 없이 자기 의사대로 처리해 버리는 것[월권]은 단독 처리로 간주하며, 또는 어떠한 회중을 물론 하고 비록 대표자와 간부를 두었다 할지라도 일의 종류에 따라서는 그 간부의 권한으로는 처결치 못하며 그 이상 결의기관인 의원회議員會나 총회의 가결이 있어야만 할 일인데, 그 순서를 밟지 아니하고 간부들이 자유 처리하는 것도 또한 범계로 간주한다. 〈《회보》 제47호〉

조갑종이 영산에서 상조조합 일을 보고 있을 때였다. 마침 총부에서 금강원을 신축한다하기에 공사를 거치지 않고 30원을 희사금으로 내놓았다. 대종사, 이 소식을 듣고 꾸짖었다. "아무리 총부에서 조실[금강원]을 짓는다 할지라도 공중의 돈을 결의도 없이 마음대로 처리하면 어떻게 되겠느냐?" 〈『원각성존 소태산대종사 일화집』〉
소태산 대종사는 이처럼 큰일이나 작은 일이나 간에 공사 없이 단독으로 처리한 일을 꾸짖고 경계하였다. 공사 없이 계약한 토지 또는 물품은 해약하여 처음 상태로 돌려놓도록 한다.

'공중사 단독 처리를 말라'는 계문은 소태산 대종사가 주신 특징적인 계문으로, 공중사는 개인의 수행 차원일 뿐만 아니라 사회적으로 사람이라면 지켜가야 할 법률 준수 차원의 계문이다. 공중사는 절차적 과정을 거치는 공의로써, 인류 사회의 일원으로써 지켜가야 하는 인도상 요법의 계문이다.

2. 다른 사람의 과실過失을 말하지 말며

사람들은 보통 자기의 과실은 타인이 알까 무서워하여 될 수 있는 대로 덮으려 하나, 타인의 과실은 될 수 있는 대로 알고자 하며, 그 과실을 숨겨주는 사람은 적고, 무의식적으로 혹은 의도적으로 다른 사람의 과실을 들어내기를 좋아하는 성질이 있나니, 이것은 사람의 악한 습관이다. 이러한 타인과他人過를 말함으로써 혹은 싸우며, 혹은 극도의 원수를 맺어서 세세생생 악독한 인업因業을 받게 되나니, 그러므로 우리 수도인은 항상 자기의 과실은 반성할지언정 타인의 과실에는 관대해야 할 것이며, 혹 타인의 과실을 볼지라도 자기의 과실 고치는 선생으로 삼을지언정 타인의 과실을 정당한 이유 없이 말하지 말아야 할 것이다. 만일 무심으로나 혹은 악의로써 타인과를 말하고 보면 곧 범계로 간주한다.
단, 지도권이 있는 사람이 교화의 의미로써 그 사람의 신분상 손해가 없을 정도에서 직접 혹은 간접으로 과실을 들어 보이는 것이나, 동지 간 피차 이해理解가 있을 만한 처지에서 직접 그 과실을 들어 충고하는 것은 이 한限에 부재한 것이다. 〈《회보》 제48호〉

3. 금은보패 구하는 데 정신을 빼기지 말며

금은보패는 갖가지 금전金錢과 보화寶貨와 패물貝物 등속이니, 금은보패를 구하는데 정신을 빼겼다는 것은 사농공상 간 정당한 직업을 가지고 활동하는 게 아니라, 같은 직업 중에서도 정당한 수단을 버리고 욕심에 끌려 불의한 이利끗을 취하는 것과 또는 돈 하나 버는 데 빠져 자기의 목적한 공부인의 의무를 잊어버리며 예의염치를 놓아버리고 오직 돈 하나에 급급한 자를 이름하며, 또는 이 공부 이 사업에 전문專門키 위해 전무출신을 한 자가 자기의 목적을 놓아버리고 공연히 금은보패 구하는 데 자주 계교와 연구를 더 해, 이 공부 이 사업에 등한한 자를 정신 빼앗긴 자라 하나니, 이와 같은 행동을 하는 자는 다 범계로 간주한다. 〈《회보》 제47호〉

4. 의복을 빛나게 꾸미지 말며

의복을 빛나게 꾸미는 것은 자기의 생활 정도에 지나친 분수 밖의 화려한 옷을 입는 것이다. 설사 자신의 형편에 맞는다고 할지라도 대중 생활을 하는 자로서 남에게 튀는 특수한 의복 호사를 하는 것은 공연히 풍기를 문란케 하고 타인의 사심邪心을 조장시킬 염려가 있으므로 의복 사치를 금지하여 범계로 간주한다. 〈《회보》 제47호〉
그렇다고 해서 옷차림의 패션을 외면하라는 것은 아니다.

5. 정당하지 못한 벗을 좇아 놀지 말며

정당하지 못한 벗이란 세속의 불량不良한 패류[悖類, 행실이 나쁘고 염치없는 무리]이나, 다만 불량패류뿐만 아니라 수도를 목적한 사람으로서 법강항마위 정도에 미치지 못한 사람이 자기와 도道가 같지 않은 자와 항상 좇아 자기 향상을 도모하지 않는 것도 이 계문에 범과하는 것이다. 또는 비록 회원 동지라 할지라도 소행이 불량한 사람과 항상 상종해서 그 낮은 습관과 몹쓸 행동에 전염 되는 것도 범계로 간주한다.
단, 법강항마위 정도에 있는 자로서 자비慈悲로 저 사람을 제도하기 위하여 교제하는 것은 이 한限에 부재한 것이다. 〈《회보》 제47호〉

《회보》 제9호의 '정당하지 못한 벗을 쫓아 놀지 말며'의 문목 건에 대해 서공남은 정당치 못한 벗이란 사람다운 행실을 하지 아니하고 조행이 없는 자라 정의하면서 먹을 가까이 하면 먹이 묻고 붉은 물을 가까이하면 붉은 물이 묻는다는 근묵자흑近墨者黑 근주자적近朱者赤의 고어와 동무가 반 공부하여 준다는 속어를 제시하며 정당한 벗을 사귀며 항상 내위의 어른을 가까이하자고 주장한다.

『대종경』 변의품 16장에서 소태산 대종사는 경성 제자 민자연화가 소태산의 공양 후 남은 밥을 즐겨 먹기에 그 연유를 물으니 자연화는 "불서에 부처님 공양하고 남은 음식을 먹으면 천도도 받고 성불도 할 수 있다 하여 그렇게 하고 있다."고 사뢰니, 이에 "사람이 부처님의 공양하시고 남은 밥을 먹게 된 때에는 그만큼 부처님과 친근하게 된 것이라, 자연히 보는 것은 부처님의 행동이요, 듣는 것은 부처님의 말씀이요, 깨닫는 것은 부처님의 정법이요, 물드는 것은 부처님의 습관이 되어, 이에 따라 천도 받기도 쉽게 되고 성불도 쉽게 할 수 있을 것이 아닌가. 이것이 곧 그 말씀의 참뜻이니라."라고 말씀하신다. 부처님 같은 분을 가까이하는 이유와 정당한 인연을 가까이해야 하는 원리를 밝힌 것이다.

이처럼 특신급에서는 자신보다 법력이 높은 사람을 가까이하여 자신을 향상시키라는 것이다. 특신급을 비롯한 삼급은 정당치 못한 벗을 될수록 가까이해선 아니 되나 법강항마위부터는 제도의 대상으로 삼아야 한다.

6. 두 사람이 아울러 말하지 말며

발언할 때는 반드시 선후차서先後次序가 있으며 또는 중인이 모이는 장소는 언권[言權, 발언권]이 제한된 것인데, 이 선후차서와 언권의 유무를 불구하고 타인이 말하는데 같이 발언하여 차서와 언권을 파괴하며 장내를 시끄럽게 하는 것은 곧 범계이다.

단, 내가 발언하였는데 저 사람이 발언하여 부득이 양인 병설兩人並說을 하게 된 것은 저 사람의 범계요, 나에게는 과실이 없다. 〈《회보》 제47호〉

7. 신용 없지 말며

신용 없는 것은 하겠다고 약속해놓고 안 하는 것도, 안 하겠다고 약속해놓고 하는 것도 신용 없는 일이다. 그러나 계문을 받아 지킨다 하고서 그 계를 받아 지킬 때 어찌하다 계문에 범과가 되면 그 범한 계와 신용 계문 양 방면이 다 범계가 되는 것이 아니라 그 범한 계만 범계이다. 계문을 지키기 위해 일기하는 사람은 이 사유를 잘 알아 기재하고, 계문 외에 신용 없는 일만 범계하였거든 그 계에다 범계했다고 기재하라. 〈《회보》 제46호〉

8. 비단 같이 꾸미는 말을 하지 말며

'속으로 불량한 마음을 품는 것'은 저 사람을 해하여 자기 이익을 도모할 마음을 품는 것이요, '겉으로 비단같이 꾸미는 말'을 하는 것은 그 목적을 달성하기 위해서 겉으로 수단과 방편을 써서 감언이설[甘言利說, 또는 교언영색巧言令色]을 꾸며내는 것이니, 이것은 속에다 칼을 품고 겉으로 웃음을 파는 것과 같은 일로써 보통 사람으로도 이러한 말을 하는 자는 서로 미워하거늘 하물며 수도인으로서 할 말이랴. 그러므로 이러한 말을 할 시는 즉시 범계로 취급한다. 〈《회보》 제48호〉

사기, 모략, 속이기, 뒤통수치기도 이에 속한다.

9. 연고 없이 때아닌 때 잠자지 말며

때아닌 때 잠자는 것은 밤 이외에 자는 것으로, 우리의 정신상으로나 육신상으로 막대한 해독이 되므로 아래의 연고를 제외하고는 범계로 간주한다.

1) 어떠한 일로 인하여 정한 만큼의 잠을 다 자지 못하였을 때.

2) 병이나 극도의 노력으로 원기 회복을 하기 위할 때.

단, 이러한 연고 이외에라도 앉아서 잠깐 조는 것은 범계로 간주치 않는다. 〈《회보》 제47호〉

10. 예 아닌 노래 부르고 춤추는 자리에 좇아 놀지 말라

예 아닌 노래 부르고 춤추는 자리는 현대 유곽과 같은 매음賣淫 환락의 장소와 그 외에라도 나에게 청하지도 아니하고 나의 관계할 바도 아닌 가무석歌舞席을 좇아감이니, 그런 장소를 좇아 노는 것은 곧 범계이다.

단, 사회에서 교제할 때 부득이한 송별연 혹은 축하연과 같은 연회에 참여하는 것은 범계로 취급하지 아니하나, 본 조는 **재가 회원**에게는 관계없고 오직 출가 수도인에 한해서 이행할 것이다. 〈《회보》 제46호〉

법마상전급 십계문

법마상전급 십계문은 《회보》 제48호 '계문 준행과 범계 해설'에 준한다.

1. 아만심我慢心을 내지 말며

아만심은 『불교정전』 편성 시 신설된 계문으로 중근병[『대종경』 부촉품 6장]의 싹이다. 아만심이 시기심을 일어내며 탐심 진심 치심으로 확산되는 것이다.

법마상전급에 오르면 그만한 법력이 있게 되므로 아만심이 생기게 된다. 어느 정도 공부의 힘이 있기에 도리어 겉 넘을 수 있다. 작은 지견에 스스로 만족하고 자존자대하여 향상을 끊는 마장이 생겨 결국 큰 공부를 이루지 못하게 된다[『대종경』 요훈품 11장]. 그러므로 아만심의 싹이 있으면 그 즉시 범계로 처리해야 한다.

2. 두 아내를 거느리지 말며

재래 불교의 경우 출가자에 한해서는 결혼을 불허하는 엄중한 제도였다. 본회는 그 제도를 변경하여 결혼 생활에 자유를 주었으니, 남녀 간에 정당한 부부를 정하여 생활하는 것은 계문 상 하등 관계가 없다. 양처兩妻는 과거 역사상이나 현하 사회상으로 보나 가정를 파괴하고 망가망신亡家亡身의 근본이 되므로, 인심의 개발과 문화의 향상[인권평등, 양성평등]에 따라 이 양처 생활은 사회적으로 배척하는 바이다. 하물며 수도인으로서 양처 생활을 한다면 어찌 그 본의에 어그러지는 바가 아니랴. **그러므로 남자로서 양처를 두는 것이나 여자로서 제2의 처로 들어가는 것은 범계로 취급한다.**

단, 남녀를 물론 하고 본 회원이 되기 전에나, 또는 회원이 된 후라도 이 계문을 받기 전이거나, … 남녀 간에 배우자가 사망하였거나 부득이한 사정으로 정식 이혼[이혼의 권리]을 한 후에 결혼하는 것은 범계로 간주치 않는다. 〈《회보》 제48호〉

'두 아내'는 '두 배우자'가 본의이다. 그러므로 '두 아내를 거느리지 말라'는 '두 배우자를 두지 말라'로 읽어야 할 것이다.

3. 연고 없이 사육四肉을 먹지 말며

사육은 사족四足을 가진 짐승의 고기를 이름이니, 이것도 또한 재래 불교에 있어서는 엄중히 금지하는 바이나, 본회는 또한 불법의 대중화를 위하여 이에 '연고緣故' 2자를 더하였으니, 아래와 같은 연고에는 범계로 간주치 않는다.

1) 사육을 병病 시 약물로 사용하게 될 경우.

2) 병후나 쇠약한 원기元氣를 회복하게 될 시.

3) 도회지 거주자로 채독[菜毒, 구충鉤蟲의 기생충에 의해 감염되어 발생하는 빈혈 증상] 등의 병을 예방하기 위할 시.

4) 외처外處 여행 시 식사 반찬으로 부득이한 경우를 당하게 될 시.

단, 이 계문도 **재가 회원**은 관계치 아니한다. 〈《회보》 제47호〉

소태산 대종사 말씀하시기를 "수행자가 계문을 청정하게 지키기 위해서 육류를 먹지 않는 것은 당연하다. 그러나 앞으로는 평생을 자신 수행에만 그쳐서는 안 된다. 수행한 만큼 중생제도 사업에 헌신해야 한다. 교도들의 집을 방문했을 때 고기반찬이 나왔다면 사정에 따라서는 그 정성을 봐서 먹어야 할 경우도 있을 것이다. 고기를 먹지 않는다는 것에만 집착하면 세상 사람들과 잘 어울리기 어렵다. 잘 어울려야 교화를 잘할 수 있다."[선진일화집, 『무엇하려 왔는가?』]라고 당부한다.

4. 나태懶怠하지 말며

나태는 무슨 일을 물론 하고 즉시 실행해야 할 일을 하기 싫은 마음에 끌려 뒤로 미루거나 주저주저하는 것이니, 이것은 그 일을 성공시키는데 큰 방해물이 된다. 그러므로 대소사大小事를 물론 하고 이 같은 마음이 나서 그 일을 하지 못하게 될 때는 곧 범계로 간주한다. 〈《회보》 제48호〉

나태 계문은 사연사조四捐四條인 불신·탐욕·나·우의 나懶이다. 나懶를 계문화 해서 경계토록 한 것이다. 이만큼 나태 계문은 법강항마위로 승급하기 전에 반드시 점검되어야 할 관문이다.

5. 한 입으로 두말하지 말며

한 입으로 두말하는 것은 하였다고 해놓고 안 했다고 하는 말과 안 했다고 해놓고 했다

하는 말을 이름이니, 이것은 각자의 신용상으로 보아서나 사회도덕 상으로 보아서나 단연 용서할 수 없는 불량 패설[悖說, 어그러지는 말]이라, 그런 말을 할 때는 즉시 범계로 간주한다. 〈《회보》 제47호〉

거짓말은 한 입으로 두말하는 양구兩口에 속한다. 사리사욕을 위해 이랬다저랬다 말을 바꾸는 것은 양구 범계이다.

6. 망녕妄佞된 말을 하지 말며

망녕된 말은 어떠한 말을 물론 하고 그 장소와 그 경우에 맞지 않는 격외格外의 말과 필요 없는 말을 하는 것이니, 예를 들면 농사에 대한 말을 해달라 하는데 공장에 대한 말을 한다든지, 또는 노정기[路程記, 여행할 길의 경로]를 묻는 데 자기 가중家中 부정사不正事를 말한다든지, 이처럼 격格에 어그러진 말들이다.

이 망녕된 말[망어妄語]는 주의심이 부족할 때 많이 하게 된다. 이러한 망녕된 말을 자주 하게 되면 인격 타락은 물론이요 격에 맞지 않는 말을 하여 큰 실례도 하게 되며, 또는 타인의 비밀을 누설하거나 감춰두고 싶은 어두운 면을 폭로하여 큰 원수를 사게 되는 수가 있나니, 이러한 말을 할 때는 곧 범계로 취급한다. 〈《회보》 제48호〉

7. 시기심猜忌心을 내지 말며

시기심은 상대자가 잘되는 것[2자 관계-시기]과 자기 관계자가 제3자를 사랑할 때 보기도 싫어하고 듣기도 싫어하는 것[3자 관계-질투]이니, 이 마음이 심해지면 공연히 그 사람이 미운 생각이 나며 어느 방면으로든지 그 사람을 깎아 내리고 잘못한 점을 발로發露시키려는 마음마저 나는 것이니, 이것은 곧 인생에서 가장 결함이 되는 악한 마음인 동시에 역사상으로 볼지라도 과거 국가나 사가私家에서 이 시기심으로 파동波動된 불의한 투쟁과 폐해를 일일이 거론할 수 없을 만큼 많다.

그러므로 이 시기심은 누구나 가져서는 몹쓸 것이요, 더욱이 수도인은 이 악독한 마음을 제거하고 선량한 본심을 회복하는 것이 목적이니, 이러한 불의심[시기심]을 가질 때는 자기 목적에 위반될 것은 물론이요 결국은 자기의 손해요 나아가 본회의 불상사이다.

어떠한 경우에 시기심이 심중에 잠깐 비친다 할지라도 즉시 제거하면 범계가 아니다. 만일 마음 가운데 시기심을 머물러 두고 그 마음의 지배를 받는다거나 그러한 언행을 표현하는 것은 곧 범계로 간주한다. 〈《회보》 제48호〉

8. 탐심貪心을 내지 말며

탐심은 어떠한 일을 물론 하고 정도나 분수밖에 과히 취하는 마음과 또는 한 가지 일을 하면서 공연히 여러 방면으로 욕심을 발하여 이것저것 할 것 없이 보는 대로 듣는 대로 하고 싶어 하는 마음이 나는 것이다. 그러므로 이 탐심은 일만죄一萬罪의 근본이요, 일만악一萬惡의 모체가 된다. 고로 모든 중생이 생사고해를 면하지 못하고 스스로 멸망을 취하는 것은 다 이 탐심을 억제하여 중도中道를 쓰지 못하는 까닭이다. 이 계문을 받은 후 길들이지 못한 마음에 혹 탐심이 동한다 할지라도 즉시 제거하는 것은 범계로 간주치 아니하며, 만일 어떠한 경계에 탐심이 날 때 그 마음을 제거하지 않고 계속 두어 지속시킨다거나 또는 그곳에 자기의 본심을 빼앗기게 될 때는 즉시 범계로 간주한다. 〈《회보》 제48호〉

9. 진심嗔心을 내지 말며

진심은 자기의 마음에 맞지 않는 일이나 어떠한 역경을 당할 때 분憤한 마음을 이기지 못하여 스스로 그 속을 태우고 간장을 끓이는 마음이다. 이러한 진심이 발할 때는 청명한 하늘에 검은 구름이 덮이는 것과 같아서 예의염치와 시비이해의 구별이 덮여 버리고 오직 분한 마음 그것뿐이다. 그러므로 그 진심이 날 때 언어 행동은 중도를 잃어서 실패하는 일이 많으며, 또는 정신이 혼란해져 잡심을 제거하고 청정심을 양성하는 수양 상에 손해가 막대하므로 이 진심은 절대로 내서는 안 되는 것이다. 이 진심은 어느 경우를 막론하고 조금만 낸다 하더라도 곧 범계로 간주한다.

단, 지도자의 입장에서 교화하려는 방편 진심은 범계 중에 들지 아니한다. 〈《회보》 제48호〉

10. 치심癡心을 내지 말라

치심은 모르는 것을 아는 체하는 마음이나, 무산자無産者가 부자인 체하는 마음이나, 또는 무서워하지 아니할 자리에 공연히 무서워하는 마음이나, 부끄러워하지 아니할 자리에 공연히 부끄러워하는 마음이나, 또는 정당하게 대우할 자리에 대우해 주고 싶지 않은 마음이 나는 것이나, 정당하게 배워야 할 일을 발견하고도 체면이나 위신에 끌려서 배우지 않는 마음 같은 것 등이니, 이것은 다 시비이해를 대강은 안다 할지라도 철저히 알지 못하기에 그 아는 것이 병[치痴]이 되어 발생하는 마음이다. 이러한 심리를 쓰면 자기의 일에도 진보 향상이 없을 것이요, 또한 우치한 사람이 되고 말 것이니, 어떤 상황에서도 치심이 조금만 날지라도 곧 범계로 간주한다. 〈《회보》 제48호〉

이 법마상전급 등록인은 본회의 공부에 다소의 훈련이 있는 자로서 시비이해를 대강 분석할만한 자격을 가진 자이므로, 계문에서도 보통급·특신급 같이 그 나타난 결과만 가지고 범계로 보는 것이 아니라 아만심·시기심·탐심·진심·치심과 같이 표현된다 할지라도 처음에는 심중에만 왕래하여 나타나지 않는 가운데 범계되는 수가 있나니, 이 계문을 받은 자는 각각 자각적 정신 하에 이 계문에 범계되지 않도록 힘쓰기 바란다. 그러나 그 마음이 잠깐 나는 것은 범계가 아니요, 그 마음을 길게 가질 때는 곧 범계이다. 〈《회보》 제48호〉

법마상전급의 계문은 청정한 일원상 자리에 기반해야 한다. 특히 아만심, 시기심, 탐심, 진심, 치심의 계문은 공적영지의 일원상 자리에서 삼가 해야 하는 계문이다.
아만심을 내고 있는 자리를 직시해야 아만심이 녹아나고, 시기심을 내고 있는 마음 당처를 직시해야 시기심이 녹아난다. '탐심·진심·치심을 내지 말라는 뜻'은 탐심·진심·치심을 자각하는 마음자리에 그쳐 있어야 순간순간 일어나는 탐심·진심·치심을 내지 않게 된다는 뜻이다. 탐심·진심·치심은 참는 공부로 시작하여 청정 일원상으로 녹여내는 것이다. 참는 공부는 소중하나 참다가 폭발하면 더 문제가 된다.

정산 종사는 '일원상에 대하여' 중 '일원상 체 받는 법'에서 "이 공부를 긴밀히 하기로 하면 그 마음 가운데에 항상 일원상[망상 없는 곳]을 깊이 인상하여 잠깐도 잊어버리지 아니하여야 할지니, 실경을 들어 말하자면 혹 어느 기회에 탐심이 동하거든 즉시 발견하여 '아~ 내가 일원상을 망각하였구나' 하고 급히 그 마음 돌리기에 힘쓰며, 또 어느 기회에 진심이 동하거나 치심이 동하거나 기타 무슨 망상이 동할 때도 또한 그와 같이 힘써서 동정 간에 오직 자주 생각하고 자주 대조하여 낮과 밤에 그 마음 대중[일원상에 반조하는 대중]

을 놓지 아니하면, 이것이 이른바 일원상 체 받는 법이다."라고 밝히고 있다. 탐심·진심·치심도 망상 없는 일원상에 반조하여 대중하는 공부이다.

혜산 전음광은《회보》제31호 '삼독심을 박멸하여 평화 세계를 건설하라'라는 회설에서 욕심만 채우려는 불같이 일어나는 탐심이 발하면 먼저 멈추어서 본래 탐심에 오염되지 않는 자리를 회고하고, 자기 마음에 맞지 않아 심화心火가 타오르는 진심이 발하면 생각을 멈추어 전에 진심 낸 뒤의 경험을 돌이켜 생각해보며, 없는 것을 있는 체하고 모르는 것을 아는 체하는 치심이 나려거든 그 생각을 멈추고서 인과보응 되는 이치를 회고하라는 것이다. 탐진치 삼독심이 발하려 할 때 먼저 멈추어서 삼독심 박멸법을 쓰라는 것이다.

그러므로 나는 탐심·진심·치심을 직시하여 본래 끌릴 것이 없는 자리에 들어서야 한다. 탐·진·치가 일어나는 마음 당처를 직시해야 나려는 탐·진·치일지라도 녹아나 내지 않게 된다.

더보기Tip

계문의 본의와 연고緣故의 상황성

계문의 본의는 '상대에 배려가 있는가 없는가?' '말이나 행동이 자신과 타인을 아끼는 표현인가 아닌가?'에 있다. 욕망 자체가 비윤리적이고 아름답지 못한 것이 아니라, 단지 넘지 말아야 할 '선 넘은 행동'이 '자제된 행동'보다 타인에게 많은 고통을 가져다주기 때문이다. 타인과 자신에게 고통을 불러일으키지 않기 위해 자신에 주어지는 제약을 감내하겠다는 마음과 자세가 계문의 본의이다.

연고緣故는 이유와 사연, 사유로, 연고 계문은 고정된 규범적인 행동 방식[계목戒目·계상戒相]이 아니라 계문의 본의를 상황에 맞추어 교감하는 것이다. 30계문의 연고 조항은 보통급에 5조항, 특신급과 법마상전급에 각각 1조항씩 있다.

"연고 없이 때아닌 때 잠자지 말며"라는 조항은 잠자는 시간 말고는 자지 말라는 말이지만, 아플 때라든지 피곤할 때 또는 쉴 경우는 잘 자라는 배려이다. 휴식과 여가에 대한 긍정적 수용이다. 그러기에 여가생활 중 화합과 인간적 교류를 위한 놀이를 지나치게 잡기雜技로 여겨서도 안 될 것이다.

"연고 없이 술을 마시지 말며", "연고 없이 담배를 피우지 말라"의 경우에서도 연고의 해석에 따라 삶의 태도와 수행의 자세에 차이가 있게 된다. 일상생활 하는 사람들에게 술과 담배는 금지의 대상이 아니라 자신과 타인에게 피해를 주지 않기 위해 절제해야 하며 피해를 주지 않는 한 죄악시해서도 안 될 것이다. 어찌 보면 금연자의 권리를 존중하여 흡연실이 보장되어야 할 것이다. 다만 자신의 건강과 수행을 위해서 자제토록 권해야 할 것이다. 그뿐만 아니라 각성제나 기호식품의 경우도 건강과 수행을 위해 적절한 금도가 요구된다.

"연고 없이 쟁투를 말라"고 할 때 송사를 피하고 송사에 휘둘리지 않기를 바라나 정당한 다툼은 열어두어야 할 것이다. 소송이나 분쟁을 해야 할 경우는 범계가 아니다.

그리고 "연고 없이 살생을 말며"와 "연고 없이 사육을 먹지 말라"할 경우 생업의 차원과 최소한의 의식주의 차원에서는 범계 해석의 유격을 두는 섬세함이 요청된다.
소, 돼지 등 사육四肉 동물은 과거 목축과 농경시대에 중요한 대상이었다. 그러다 보니 소중히 여기는 방식으로 잡아먹지 않는 식문화 현상도 생겼을 정도이다. 현대사회에 있어 닭·오리 등 이족二足동물과 어류를 포함한 육식肉食은 인간과 떼려야 뗄 수 없는 산업이 되었다. 동물의 경우 야생 상태 일부와 대부분 식육의 대상과 동물원과 반려동물로 구분될 정도이다. 지구상 대부분의 동물은 인간의 먹을거리를 위해 목축되고 있다. 이제 이러한 식문화는 덜 소비되는 지혜가 요청된다. 더 많이 보다는 자제하고 덜 소비되어야 한다. 특히 사육은 사료로 곡물 소비가 과다하고 목축이 지구생태계에 과한 부담을 주기에 자제되어야 할 것이다.
그렇다고 육식을 터부taboo시 해서도 안 될 것이니 문명이 감당할 수 있는 정도로 유지해 가는 집단지혜가 요청된다. 최소한의 폭력에 한하는 연구력이 필요하다. 시대에 따라 연고성이 해석되어야 하는 것이다.
또한 "연고 없이 심교 간 금전을 여수與受하지 말며"의 경우에서도 금전 관계와 친교가 배타적 윤리화되기보다는 친교 사이 지켜야 할 금도와 함께 지혜로운 교류가 병행되는 방향으로 모색되어야 할 것이다.
또한 성[性, sex]과 결혼을 유연하게 이해하고 수용하지 못하면 계문은 삶을 어둡게 할 것이다. 시대와 지역에 따라 달라져 가는 성에 대한 개념과 성관계의 대상도 다양해지고 있으니 성의 주권이 보장되면서 다양성을 포섭하는 성 의식이 세워져야 할 것이며, 결혼도 이혼의 권리가 주권의 차원에서 보장되는 가운데 파트너십partnership으로 형성되어가야 할 것이다.
악한 말인 욕설의 경우에 있어 욕의 순기능까지 억제해서도 안 될 것이요, 타인과의 경우 상사의 뒷담화 정도는 용인되는 문화여야 할 것이며, 바람피우는 간음의 경우 그것이 법률상 죄가 아니라 이혼의 사유가 되는 문화로 나아가야 할 것이다. 파트너십을 깨고 약속을 깨트린 책임을 경제적 법률적으로 지우는 것이다.
그리고 노동의 대가와 사유재산을 존중하기 위해 도둑질은 척결돼야 할 과제지만 공유와 공공성을 확대해서 도둑질이 굳이 필요 없는 사회를 추구해야 할 것이다.

이처럼 계문의 연고성은 상황성에 부합되도록 이해되고 수용되어야 할 것이다. 문하를

향상시키고 삶의 질을 추구하는 면은 수용하되 타인을 무시하거나 피해주는 방향은 배제해야 할 것이다. 계문 준수가 삶과 문화에 대립하지 않으면서도 수도와 삶이 조화되는 법위 향상의 사다리로 수용 적용해야 할 것이다.

경성[서울] 제자들이 소태산 대종사께 올렸던 의복 중에는 당시 유행하던 백화점 물품도 있었으며, 소태산은 이러한 첨단의 유행을 즐겨하지는 않았지만 거부하지도 않았다.
소태산은 물질문명의 사회 속에서 사치품은 지양하나 물질 가치를 폄하하지도 않으면서 그 물질 가치에 매몰되지 않도록 중도를 잡아 잘 사용했다.
『정전』의 30계문의 조항들이 물질문명을 배제하는 해석이 되어서는 안 될 것이다. 계문도 '물질이 개벽되니 정신을 개벽하자'는 개교 정신에 근거해야 하며, 물질문명에 기반을 둔 정신개벽의 계문이 되어야 한다. 그 사례가 바로 미美의 추구와 예禮의 존중에 대한 해석이 될 것이다.
'의복을 빛나게 꾸미지 말라' 계문의 경우, '물질문명과 정신문명의 병행'의 시각으로 볼 때 과연 소태산은 패션을 외면했을까? 미美의 추구를 어떻게 수용하셨을까?
분명 소태산 대종사는 패션이라는 물질문명을 밝게 수용하셨다. 기념일 때면 옷도 잘 입고 나오라고 권장하였다. 다만 자신의 상황과 형편에 지나칠 정도로 의복을 꾸미지 말라는 것이지 패션 자체를 거부한 것은 아니다. 미美의 추구를 수용하신 것이다.
다만 미를 추구하는 패션 산업이 환경오염을 가중하는 방향으로 전개되어서는 안 될 것이다. 최소한의 피해에 그치도록 하는 자세가 요청된다.
'금은보패 구하는데 정신을 빳기지 말라'는 계문의 경우에도 자기 사랑의 방법으로 또는 부富의 창출[치산治産]을 위하여 패물이나 명품을 모으고 구하는 투자는 타당하나, 의복과 금은보패가 자신의 가치보다 더 존숭 되어 그 가치에 끌려다니지는 말라는 것이다. 금은보패를 사용하는 자신이 정신 개벽의 주체가 되어야 하며, 물질을 아끼고 잘 사용하는 정신 가치를 더욱 살려야 하는 것이다. 이 점이 이 계문의 본의로써 가치전도가 되어서는 안 되는 것이다.

'예 아닌 노래 부르고 춤추는 자리에 좇아 놀지 말라'의 경우에서도 노래와 춤 자체가 문제가 아니라 예禮의 유무에 있는 것이다. 향후 미래 사회는 여가의 사회가 될 것이며 감성의 사회가 될 것이다. 그러므로 노래와 춤은 인간이 서로의 존재와 감정을 교류하는 중요 수단이 될 것이며, 특히 각종 게임은 잡기보다는 풍요로운 놀이로 수용되어야 할 것이다.
이 계문의 포인트는 '예禮'에 있다. '예'를 어떠한 관점에서 바라보느냐에 따라 계문의 범과 유무가 결정되기 때문이다. 미래 시대의 예는 타자성에 핵심이 있다. 타인이 싫어하고 거부하면 정당성을 잃게 되는 것이다. 서로 교류하는 사이에 예를 잃는다는 것은 타자의 입장과 처지를 고려하지 않고 자기 입장에서 자기 위주로 심신 작용 처리하여 상호존중성을 잃게 되는 실례失禮를 뜻한다. 타자에 대한 존중을 놓쳤다는 것이다. 예는 이러한 인간 존중의 관점에서 바라보아야지 전근대적인 집단의 윤리에 맞는지의 여부에 매몰되어서는 안 될 것이다.
미래의 문화는 물질문명이 기반 되므로 노래와 춤도 물질문명을 향유하는 조건이다. 오락 자체가 문제가 되는 것이 아니라, 다만 그것이 예禮라는 타인 존중의 정신문명에 주체하여 수용하고 활용하느냐는 것이 과제가 될 뿐이다.
미래의 계문은 미와 예 그리고 법이라는 사회성 속에서 해석되고 실천해야 할 것이다. 한마디로 물질문명을 선용하는 정신문명의 계문이어야 한다.

계문의 본의는 변함이 없으나 시대에 따른 해석과 그 적용이 요청된다. 특히 미래 시대는 물질문명의 지반 위에 있기 때문에, 계문을 받아 지킬 때 물질문명을 배척하지 않으면서 물질을 잘 사용하는 정신의 세력을 확장하는 수행의 방법이 되어야 한다. 다만 물질문명의 수용이 다른 생명의 희생을 당연시하거나 지구 생태계를 교란하고 파괴하는 흐름으로 전개되어서는 안 될 것이다.
계문의 본의와 연고緣故의 상황성 그리고 물질문명 속에서의 정신의 세력을 확장하는 방향의 계문 준수로 꽃피워가야 할 것이다.

계문 준수와 20계문

보통급 십계는 살·도·음·주처럼 신업身業이 중심이 되며, 특신급은 타인과·양설·꾸미는 말 등의 구업口業을, 법마상전급은 아만심·시기심·탐심·진심·치심 등의 의업意業을 중심으로 구성되어 있다.

계문은 삼가고 경계하는 공부이다. 감정이 발현되기 이전에 조심할 리스트에 미리 조심해 두는 것이다. 금지해야 할 것, 자제해야 할 것, 절제해야 할 것을 미리 사전에 방지하는 것이다. 계문은 발현되기 이전에 경계심을 두는 것이요, 오류를 범하기 전에 주의시키는 것이다.

솔성요론이 '하기로 한 일'이요 '하자는 조목'이라면 계문은 '안 하기로 한 일'이요 '말자는 조목'이다. 계문을 긍정으로 돌리면 솔성요론이며 솔성요론의 네가티브negative가 계문이다. 이처럼 계문은 심신 작용 처리의 경계 센서로, 이 계문의 센서를 통해서 안 하기로 한 일에 취사하는 주의심을 챙기는 것이다.
그러므로 유무념 처리 따로 계문 대조 따로 심신 작용 처리 따로가 아니라 하나로 통하는 작업취사의 방법이다. 별건이 아니라 하나로 통해 있는 취사력을 얻는 각기 다른 방법이다.

계문은 법위등급의 보통급·특신급·법마상전급 3급과 관련해서 해석해야 한다.
법위등급에서 계문은 먼저 '받아 지키는 것'이다. 보통급은 보통급 10계를, 특신급은 보통급 십계와 특신급 십계를, 법마상전급은 앞의 20십계에 법마상전급 10계를 받아서 지키겠다는 다짐과 각성이 있어야 하는 것이다.
법위등급에서 취사력은 일단 30계문을 준수하는 수행력으로, 취사력의 기반은 계문이다. 계문은 법위등급 3급의 전제요 시작이요, 인생길에 있어 사전방지책이다.

소태산 대종사 당대에는 30계문 중에서 재가 회원에게는 10계문을 예외로 하고 있다. 연고 없이 살생을 말며, 연고 없이 술을 마시지 말며, 연고 없이 심교 간 금전을 여수하지 말며, 연고 없이 담배를 피우지 말며, 예 아닌 노래 부르고 춤추는 자리에 쫓아 놀지 말며, 연고 없이 사육을 먹지 말며 등에 해당한다.

'계문 준행과 법계 해설'의 머리말에서 "재가 회원의 편리를 위하여 속세 생활하면서도 지킬 수 있도록 20계문만을 따로 뽑아서 재가 회원의 계문으로 정하여 주었다"라 하며, 김형오는 《회보》 제56호 '계문의 공덕'에서 "유아 종사주 출가 30계문, 재가 20계문을 설하시었다."라고 한다. 제가 회원의 경우 30계문 중 10계문은 범계 유무를 문제 삼지 않겠으니, 이 계문을 상황에 따라 시행해 보기를 권유한 것이다.

전무출신 출가자는 처음부터 30계문대로 해 보라는 것이며, 재가자들은 생활에 지장이 없는 선에서 20계문을 범하지 않도록 하며 나머지 10계문은 삶의 루틴에 어그러지지 않는 한도에서 범하지 않는 방향으로 진행토록 권장한 것이다.

계문 준행과 범계犯戒 해설 - 머리말

감사부

《회보》 제46호, 시창23년(1938) 7·8월호

계문 준수를 풍치에 맞게 가지를 쳐 주는 전지剪枝에 비유하여, 가지치기하듯이 인류 생활의 행복을 파괴하고 사회의 평화를 침략하는 탈선한 행동과 질서 없는 생활을 전지하라는 것이다. 그리하여 우리의 본래성本來性에 과히 탈선되지 않는 청정 고결한 인간이 되게 하고 사회 일반의 생활을 행복하고 평화롭게 만드는 것이 계문 준수의 목적이라는 것이다.

소태산의 계문은 수도를 위해서만이 아니라 생활을 잘하기 위해서도 필요한 것이다. 결국 계문도 사람이 밟아가야 할 인도상요법人道上要法인 것이다.

소태산 대종사는 보통급·특신급·법마상전급의 승급에 따라 10계문씩 30계문을 단계별로 지키도록 한다. 특히 재가 회원의 경우 생활을 하면서도 계문을 지켜갈 수 있도록 20계문만 주고 있다. 나머지 10개의 계문은 범과 유무에 구속되기보다는 실행할 여지를 열어놓고 상황에 따라 시행해 보라고 권유한다.

본회本會는 공부 방면에 속한 육명부六名簿 중 그 초등 명부인 보통부·특신부·법마상전부 3부를 통하여 합 30조의 계문이 있다. 그러나 만근[挽近, 몇 해 전으로부터 최근까지]의 인심을 추찰[推察 미루어서 살핌]컨대 너무나 자유주의적 경향이 없지 아니하여 계문이라 말할 때는 혹은 자유를 속박한다, 혹은 정신을 압박한다 하여 그것을 실천 이행해 보려는 생각을 가지지 아니하고 공연히 염피혐기[厭避嫌忌, 싫어하여 기피]하는 관觀이 있다.

그러나 계문이라 하는 것은 공연히 인류의 자유를 기속[羈束, 얽어매어 묶는]하는 것이 아

니요, 인류 생활의 행복을 파괴하고 사회의 평화를 침략하는 악독한 행동을 금지하여 탈선한 행동을 정당한 행동으로 인도하고 질서 없는 생활을 질서 있는 생활로 정리시켜서 우리로 하여금 본래성本來性에 과히 탈선되지 않는 청정 고결한 인간이 되게 하고 사회 일반의 생활을 좀 행복 되게 평화하게 만들자는 것이 그 목적일지니, 예를 들면 우리가 정원에 식목하고 그것을 풍치상[風致上, 시원스럽게 격格에 맞는 멋] 격格에 맞도록 재배하려 할 때 격에 맞지 않는 가지와 줄기가 뻗어 나오는 것을 그대로 두면 그것이 굳어져서 나중에는 끊기에도 힘이 들 뿐 아니라 나무의 격을 잃어 아무 가치 없는 나무밖에는 되지 못할 것이니, 그러할 때는 그 몹쓸 가지와 줄기를 미리 못 나게 하고 끊어주어야 결국 좋은 나무를 만들 수 있는 것과 같이 우리 인생에도 이 몹쓸 가지와 줄기가 날 때는 그것을 용서 없이 절단하여야 비로소 완성한 인격을 이룰 것이니, 이 몹쓸 가지와 줄기를 미리 못 나게 하고 이미 난 후에는 그것을 끊어 없애는 것이 곧 계문이다. 그런즉 그것을 어찌 한갓 구속 압박하는 것으로만 해석할 것이랴?

하물며 재래 불교에 있어서는 수백 가지 다수의 계문이 있지마는 **본회는 불법의 대중화·보통화를 그 목표로 하는 만큼 그중에 누구나 지킬 수 있는 계문을 약 30조만을 수집하여 계문으로 하였으며 그중에도 재가 회원의 편리를 위하여 속세 생활을 하면서도 지킬 수 있도록 20계문만을 따로 뽑아서 재가 회원의 계문으로 정하여 주었으니, 수도에 약간의 정성만 있는 자이면 조금도 구속을 느끼지 아니하고 지킬 수 있으리라고 믿는 바이다.**

이에 계문 해설을 붙이는 바는 우리 회원이 맹목적으로 계문을 잘 지킨다는 것보다 첫째에 이와 같은 계문의 본의를 알아야 할 것이며 또는 이 계문 이행 여부를 표준하여 공부계 육명부의 승·강급을 결정하는 데에 중대 관계가 있는 것을 알아야 할 것이므로 아래에 그 범계가 되고 범계가 되지 않는 경계선을 대강 구분하였으니 계문을 이행하는 자도 이 뜻을 알고 행할 것이요, 본 감사부 각 위원으로도 이것으로써 감사의 거울을 삼아서 계문 준행 상 장려와 범계 보고에 위착됨이 없게 하기를 바란다.

해설

계문 준행과 범계犯戒 해설 - 보통부 십계문

감사부

《회보》 제46호, 시창23년(1938) 7·8월호

보통부 십계문은 『정전』 보통급 십계문이다. 보통부 십계문의 '7. 예 아닌 노래 부르고 춤추는 자리에 좇아 놀지 말며, 10. 신용 없지 말며'는 『정전』 특신급 십계문으로 옮겨진다. '쟁투하지 말며'는 『정전』 보통급 십계문 '연고 없이 쟁투를 말며'로 정립되며 '9. 뿌리 없는 말을 지어내지 말며'는 『정전』 계문 조항에서 삭제된다.

1. 연고 없이 살생을 말며

살생이라 함은 최고의 인생人生으로부터 최하의 축생 곤충까지라도 살육하는 것을 다 살생으로 간주하나니, 인류에 한하여는 유고무고有故無故를 막론하고 법률과 도덕이 아울러 그 살생을 용서하지 않는 바이라, 다시 장황히 논설할 필요가 없거니와 그 외 동물에 대하여도 대소 우열을 물론 하고 연고 없이 살생하면 다 범계로 간주한다. 그러면 그 연고는 무엇인가? 아래에 기재한 특별한 종류의 연고이니 예를 들면,

1) 자신이나 자신에 딸린 육친관계자가 악독한 저 물건으로 인하여 생명을 실신하게 될 시.

2) 자신이나 자신에게 딸린 육친관계자가 중병에 걸려서 축생 곤충을 그 약물로 사용하게 될 시.

3) 재가 회원으로서 도살업이나 어업과 같이 직업적 살생업으로써 생활 방도가 그것 외에는 구할 수 없을 시.

단, 이러한 경우는 범계로 간주는 아니 하나 살생의 해되는 점을 자각하도록 설명하여 될 수 있는 대로 직업을 전환하도록 권유함.

4) 살생을 직업으로는 아니하나 재가 회원으로서 농업을 할 때 번경反耕 시나 해충 구제상 부득이한 경우를 당할 시.

5) 위생상 부득이한 곤충류의 살생을 하게 될 시.

위와 같은 경우에서 살생을 하게 되면 이는 범계로 취급치 아니하나 그 외에는 살생 범계로 간주함.

2. 도적질을 말며

도적이라 하는 것은 타인의 물건을 그 소유자의 승인을 얻지 아니하고 가져가는 것을 도적이라 하나니, 그러한 가운데에 남의 물건을 강제적으로 강탈을 하는 자는 강도라 하고, 비밀리에서 모르게 가져가는 자는 절도라고 하는데, 이 도적질의 부당한 이유와 어떻게 하면 도적질에 범과가 된다는 것은 우리의 보통 상식으로도 넉넉히 이해하고도 남음이 있는 일임으로 이에는 장황한 설명을 요하지 않거니와 특히 일언一言을 첨부코자 하는 바는 현행 법률이나 사회의 해석은 도적과 사기횡령을 따로 구별하여 해석한다. 그러나 본회의 계문 내에는 사기횡령 등을 따로 기재한 조문이 없으므로 이 도적의 계문 범위를 넓히어 사기횡령의 행위를 한 자이라도 또한 도적질 계문의 범계로 해석하나니, 계문을 받은 자는 이 점을 이해하기를 바란다.

3. 간음을 말며

간음이라 하는 것도 그 범계의 형상과 그 부당하다는 이유는 우리의 상식으로 넉넉히 판단하는 바이나 간단히 설명하자면, 남녀를 물론 하고 정식으로 결혼하여 공공연한 인증을 얻은 부부 외에 관계하는 것은 다 범계로 간주하나니, 현대 소위 신진 남녀의 연애에서도 남녀 간 피차의 취미와 성격과 선악을 고찰하기 위하여 신성한 교제를 공공연한 장소에서 행하는 것은 간음으로 해석할 수 없으나, 그러한 경우라도 정노를 넘어 육체적 관계를 갖게 될 때는 이것을 범계로 간주하며 약혼 남녀에 있어서도 정식의 결혼을 하기 전에는 또한 이와 같이 취급할 것이다.

4. 연고 없이 술을 마시지 말며

술이라 하는 것은 벌성지광약伐性之狂藥임으로 재래 불교에 있어서는 36조의 폐해점을 발명하여 엄중히 금지하였고, 현 사회 정세로 보아서도 단연斷煙 금주는 사회적 표어와 같이 제창되는 바이다. 그러므로 '출가 수도인'에 대해서는 물욕 제거를 주로 하는 만큼 먹지 아니하면 살지 못하는 음식 외에는 엄중히 금지하는 바이다.

그러나 보통 세간은 이로써 교제의 중심물을 삼게 되는 만큼 시비이해에 해석이 명석하고 물욕에 편착 되지 않을 만한 법강항마위 정도 이상 인물로서 혹 아래와 같은 부득이한 경우를 당할 시는 이를 범계로 간주하지 않는다.

1) 몸에 병이 있어서 주류를 약물로 사용하게 될 시.

2) 사회 교제상 부득이한 경우를 당하게 될 시.

단, 이러한 경우라도 과음은 부득함.

또한, 본회의 교리는 항상 대중을 상대로 하는 만큼 재가 회원에 한해서는 그 범위를 더 완화하여 실제 생활과 계문 이행이 서로 상위相違 되지 않기 위해 이 술 계문에도 연고 2자를 첨가하였나니, 그 연고라 하는 것은 아래와 같은 경우이다.

1) 몸에 병이 있어서 주류를 약물로 사용하게 될 시.

2) 자기의 생활을 위하여 부득이한 교제를 하게 될 시.

3) 사농공상 간 직업을 할 때 육신의 기한飢寒 방지 혹 피로를 회복하기 위할 시.

4) 기타 부득이한 경우를 당할 시.

단, 이상의 경우라 할지라도 과음하여 언행 간 난폭한 행동을 한다거나 혹은 식욕에 끌려서 음주를 상습으로 하여 재산 소모를 시키며 생활을 곤란케 하는 자는 이를 범계로 간주한다.

어느 때 소태산 대종사 말씀하시기를 "길을 가다가 배가 고파 주막[길가에서 밥과 술을 팔고 나그네를 치는 집]에 들어갔을 때 마침 밥이 없고 막걸리만 있다면 막걸리라도 먹고 주린 배를 채우고 길을 가야 한다. 이런 경우에는 연고 있는 술이 된다."[선진일화집, 『무엇하려 왔는가』]라고 밝히고 있다.

5. 잡기를 말며

잡기의 종류는 투전·골패·화투·마작·쌍육·기박 등을 이름인데, 이로써 구재求財의 행동이나 무료 도일無聊度日의 기관을 삼는 자는 절대 금지함으로 본회의 교리 중 상시응용 주의사항 3조 노는 시간이 있고 보면 취지·규약·경전 연습하기를 주의하라는 말씀과 솔성요론 제5조 주색낭유하지 말고 그 시간에 진리를 연구하라는 말씀에 비추어, 혹 노는 시간이 있다 할지라도 그 시간을 이용하여 공부를 하거나 기타 필요 있는 일은 할지언정 이상의 잡기의 성질을 가진 것을 행하고 보면 범계로 인정한다.

6. 악한 말을 말며

악한 말이라 하는 것은 간단히 말하자면 곧 욕辱하는 말을 이름이니, 이 욕이라는 것도 지방을 따라 다른 것인지라 전 조선을 통하여 수백 수천의 종류가 있으리라고 생각한다. 그러나 재래 조선의 전래하는 관습으로 볼지라도 양반의 지위에 있던 사람에 한하여는 비록 자기 의사에 맞지 않는 분노한 일을 당한다 할지라도 체면상 더러운 욕을 하지 못하였고 대개는 하천한 계급에서 악독한 욕설이 많이 유행되었으며, 현재에도 역시 그러한 현상에 있나니, 하물며 수도인으로서 어찌 이와 같은 악구惡口를 행할 것인가? 그러므로 아래와 같은 경우를 제除하고 하는 욕설은 전부 악구 범계로 간주한다.

1) 부모로서 자녀를 엄중히 경책하기 위하여 과히 체면 손실이 되지 않게 하는 언어.

2) 지도하는 입장에 있는 자로서 지도받는 자에 대하여 엄중 주의를 시키려 할 때 체면상 손실이 되지 않을 정도에서 사용하는 언어.

7. 예 아닌 노래 부르고 춤추는 자리에 좇아 놀지 말며

예 아닌 노래 부르고 춤추는 자리라 하는 것은 현대 유곽과 같은 매음賣淫 환락의 장소와 그 외에라도 나에게 청하지도 아니하고 나의 권게할 비도 아닌 가무석歌舞席을 좇아감을 이름이니, 그런 장소를 종유從遊하는 것은 곧 범계이다.

단, 사회와 교제하게 될 때 부득이한 경우에서 송별연 혹은 축하연과 같은 연회에 참예하는 것은 범계로 취급하지 아니하나, 본 조는 재가 회원에게는 관계가 없고 오직 출가 수도인에게 한하여 이행할 것으로 함.

△ 쟁투하지 말며

이것은 또한 『회원수지』내 기재된 계문으로써 재가 회원들의 지킬 계문으로 한 바, 쟁투라 하는 것은 말로라도 상대자와 대성고성大聲高聲으로 헌요분쟁喧擾紛爭하는 것과 행동으로도 구타상박毆打相拍하는 것을 이름이니, 아래와 같은 경우를 제한 외에 말과 행위 간에 쟁두하게 되는 것은 곧 범계이나.

1) 상대자가 아방我方에 대하여 불의한 손해를 줌으로써 이법以法 종사從事를 할 때.

2) 상대자가 자신을 침해하여 피할 수 없는 경우 정당방위라고 인증할 때.

8. 회금會金을 범하여 쓰지 말며

회금이라 하는 것은 본 회중의 금전이나 물품이나 기타 재산 등속을 회중의 허가 없이 사용하거나 또는 허가를 얻은 것이라도 납부할 기한에 납부치 못하는 것을 이름이니, 예를 들면 본회 출장원이 외지外地를 순회할 때 입회금이나 혹은 의무금이나 기타 회금을 받아서 자기가 사용 후 귀래歸來하여 상당히 납부할 시기에 납부치 못한다거나 또는 상조부 대부금을 쓴 후에 기한 내 납부치 못한다거나, 회중 토지를 소작하고 그 도조를 납부치 않는다거나, 기타 회중 물품 재산을 자유 사용 또는 파괴하고도 그만한 보상이 없는 것 등을 이름이다. 본 조는 본회금本會金에만 관한 것이 아니라 본 계문을 받은 자로서는 국가의 공금이나 혹 중인의 합자合資 금전에 대하여도 이상과 같은 행동을 하는 자는 다 범계로 취급한다.

9. 뿌리 없는 말을 지어내지 말며

뿌리 없는 말이라 하는 것은 곧 사실 없는 말을 이름이니, 그 거짓말을 하면 자기에게 해害 돌아오는 이유는 우리의 상식적으로도 잘 아는 바이므로 길게 해설을 아니 하나, 사리사욕을 위하여 거짓말을 지어내는 것은 곧 범계요, 사리사욕이 없이 오직 자비심으로 저 사람의 전도를 위하여 악의 없는 한 방편 설로써 그 결과가 제3자에게 피해를 시키지 않는 것은 범계로 취급하지 않는다.

10. 신용 없지 말며

신용이 없다 하는 것은 하겠다고 약속해놓고 안 하는 것도 신용이 없는 일이요, 안 하겠다고 약속해놓고 하는 것도 신용이 없는 일이다. 그러나 계문을 받아 지킨다 하고 그 계를 받아 지킬 때 어찌하다 계문에 범과가 되면 그 범한 계와 신용계 양 방면이 다 범계가 되는 것이 아니라 그 범한 계만 범계하였다고 하나니, 계문을 지키기 위하여 일기 하는 사람은 이 사유를 잘 알아 기재하고 계문 외에 신용 없는 일만 범계하거든 그 계에다 범계했다고 기재하라.

계문 준행과 범계犯戒 해설 - 특신부 십계문

감사부

《회보》 제47호, 시창23년(1938) 9월호

특신부 십계문은 『정전』 특신급 십계문이다. '2. 회원 가운데 서로 금전을 여수하지 말며, 7. 연고 없이 담배를 피우지 말며'는 『정전』 보통급 십계문으로, '8. 연고 없이 사육을 먹지 말며, 10. 한 입으로 두 말 하지 말며'는 『정전』 법마상전급 십계문으로 이동된다.

1. 회중사會中事를 단독히 처리하지 말며

회중사라 하는 것은 다만 우리 회중만을 말함이 아니라 어느 사회 어떠한 단체를 물론 하고 중인이 모여서 하는 일은 다 회중사로 간주하는데, 단독 처리라 하는 것은 그 회중사를 자기에게 권리와 책임이 없음도 불구하고 자유로 처리함을 단독 처리라 하나니, 예를 들면 어떠한 공중을 물론 하고 자기들의 목적한 사업을 하기로 하면 그곳에 참여하고 집합한 인원 전부가 대소사 간에 공동적으로 일을 하는 것이 아니라 그중에 대표자와 간부를 선정하여 각각 그 권리 책임의 한도를 정하여서 직무를 위임시켜서 그 사업을 운전하게 하나니, 그 사무 집행의 권리를 위임하게 된 자가 자기의 맡은 권리의 범위 내에서 일을 처리하는 것은 단독 처리가 아니다. 그러나 그 사무 처리의 책임을 맡지 아니한 자가 단독이 공사를 처리한다든지 또는 비록 책임을 맡은 자라 할지라도 타인이 사무를 그 책임자의 위촉이 없이 자기 의사대로 처리해 버리는 것은 단독 처리로 간주하며 또는 어떠한 회중을 물론 하고 비록 대표자와 간부를 두었다 할지라도 일의 종류에 따라서는 그 간부의 권리로써 처결하지 못하고 그 이상 결의기관인 의원회[議員會, 위원회]나 총회의 가결이 있어야만 할 일인데 그 순서를 밟지 아니하고 간부들이 자유 처리하는 것도 또한 범계로 간주한다.

2. 회원 가운데 서로 금전을 여수 하지 말며

회원 가운데 금전을 여수 하지 말라는 본의는 금전 여수를 하게 되는 데 따라서는 자연

중 친애하던 정의情誼가 소원疏遠하게 되는 경우가 생기는 까닭이다. 그러므로 어떠한 때 저 사람을 보호나 또는 구제할 목적으로 약간의 이자를 정하고 준 것이나 또는 피차간 돈을 갚지 않는다 할지라도 정의상 소원疏遠 되지 않을 만한 공부의 실력과 이해력을 가진 사람 사이에 부득이한 경우 이자 받을 생각 없이 잠깐 융통하여 군색窘塞을 면하는 것은 범계로 간주치 아니하나, 피차 그만한 실력과 이해력이 없는 사이에 여수를 하는 것이나 또는 영리를 목적으로 하고 회원 간에 금전 여수를 하게 되는 것은 다 범계로 간주한다.

※ 이 계문은 재가 회원에게는 관계없고 출가 회원만 지킬 것으로 함.

3. 금은보패 구하는 데에 정신을 빼앗기지 말며

금은보패라 하는 것은 각항 금전과 보화와 패물 등속을 이름이니, 이것을 구하는데 정신을 빼앗겼다 하는 것은 사농공상 간 정당한 직업을 가지고 활동하는 것을 이름이 아니라 같은 직업을 하는 가운데에도 정당한 수단을 버리고 욕심에 끌려 불의한 이끗을 취하고자 하는 것과 또는 돈 하나 버는 데 몰각하여 자기의 목적한 공부인의 의무를 잊어버리며, 그밖에 예의염치를 놓아버리고 오직 돈 하나에 급급한 자를 이름이며, 또는 이 공부 이 사업을 전문專門 하기 위하여 전무출신을 한 자가 자기의 목적을 놓아버리고 공연히 금은보패 구하는 데에 자주 계교와 연구를 더 하여 이 공부 이 사업에 등한한 자를 정신 빼앗기는 자라 하나니, 이와 같은 행동을 하는 자는 다 범계로 간주한다.

4. 의복을 빛나게 꾸미지 말며

의복을 빛나게 꾸민다 하는 것은 자기의 생활 정도에 지나친 분수밖에 화려한 옷을 입는 것이다. 비록 분수에는 맞는다 할지라도 대중 생활을 하는 자로서 남에게 뛰어난[殊勝, 튀는] 특수한 의복 호사를 하는 것을 이름이니, 이것은 공연히 풍기를 문란히 하고 타인의 사심邪心을 조장시킬 염려가 있으므로, 이것을 금지하기 위하여 범계로 간주한다.

5. 정당치 못한 벗을 좇아 놀지 말며

정당치 못한 벗이라 하는 것은 세속의 불량 패류를 이름이나 다만 불량 패류뿐 아니라, 수도를 목적한 사람으로서 법강항마부 정도에 미치지 못한 자가 자기와 도道가 같지 않은 사람과 항상 쫓아 노는 것도 이 계문에 범과 되는 것이며 또는 비록 회원 동지라 할지라도 소행이 불량한 사람과 당류를 하여 항상 상종해서 그 낮은 습관과 몹쓸 행동을 전염받게 되는 것도 범계로 간주한다.

단, 법강항마부 정도에 있는 자로서 자비로 저 사람을 제도하기 위하여 교제하는 것은 이한에 부재함.

6. 두 사람이 아울러 말하지 말며

말이라 하는 것은 발언하려 할 때는 반드시 선후차서先後次序가 있으며 또는 중인이 모이는 장소는 언권이 제한된 것인데 이 선후 차서와 언권의 유무를 불구하고 타인이 말하는데 한 가지 발언하여 차서와 언권을 파괴하며 장내를 시끄럽게 하는 것은 곧 이 계문에 범계되는 것이다.

단, 내가 임의 발언을 하였는데 저 사람이 발언하여 부득이 양인 병설兩人並說을 하게 된 것은 저 사람의 범계요, 나에게는 과실이 없다.

7. 연고 없이 담배를 피우지 말며

담배라 하는 것은 술과 아울러 현 사회 교제상 필수품으로 되어있으나 근자 인심의 각성을 따라 스스로 금연하는 자도 많이 생겨나며 또는 그것이 일시의 습관상으로나 구미 상으로 보아 혹 떼기가 어려울지 모르나 꼭 먹지 아니하면 살지 못할 것이 아니므로 금지하나니, 이것은 조금만 흡연할지라도 범계로 간주한다.

단, 이 계문은 출가회원에게 한하여 지길 것이요, 재가 회원에게는 관계치 아니함.

8. 연고 없이 사육을 먹지 말며

이 사육이라 하는 것은 사족四足을 가진 짐승의 고기를 이름이니, 이것도 또한 재래 불교에 있어서는 엄중히 금지하는 바이나 본회는 또한 불법의 대중화를 위하여 이에 '연고緣故' 2자를 더하였나니, 아래와 같은 연고에는 범계로 간주치 않는다.

1) 사육을 병病시 약물로 사용하게 될 시.

2) 병후나 쇠약한 원기元氣를 회복하게 될 시.

3) 도회지에 거주자로 채독菜毒 등속의 병을 예방하기 위할 시.

4) 외처外處 여행 시 식사 반찬으로 부득이한 경우를 당하게 될 시.
단, 이 계문도 재가 회원은 관계치 아니함.

9. 연고 없이 때아닌 때 잠자지 말며

때아닌 때 잠이라 하는 것은 밤 이외에 자는 것을 이름이니, 이것도 연고를 붙인 것은 아래와 같은 부득이한 경우를 피하고자 한 것이나, 이 때아닌 때 잠이라 하는 것은 우리의 정신상으로나 육신상으로 막대한 해독이 있는 것이므로 아래에 쓰인 연고를 제한 외에는 다 범계로 간주한다.

1) 어떠한 일로 인하여 정한 만큼의 잠을 다 자지 못하였을 때.
2) 병이나 극도의 노력으로 원기 회복을 하기 위할 때.
단, 이러한 연고 이외에라도 앉아서 잠깐 조는 것은 범계로 간주치 않는다.

10. 한 입으로 두말하지 말며

한 입으로 두말한다는 것은 하였다고 해놓고 안 했다고 하는 말과 안 했다고 해놓고 했다고 하는 말들을 이름이니, 이것은 각자의 신용상으로 보아서나 사회 도덕상으로 보아서나 단연 용서할 수 없는 불량 패설이라 그런 말을 할 때는 즉시 범계로 간주한다.

계문 준행과 범계犯戒 해설 - 법마상전부 십계문

감사부

《회보》 제48호, 시창23년(1938) 10월호

법마상전부 십계문은 『정전』 법마상전급 십계문이다. '1. 다른 사람의 과실을 말하지 말며'는 『정전』 특신급으로 이동되며 '3. 부정당한 의뢰심을 두지 말며'는 삭제된다. 아마도 사요의 자력양성의 조목과 중복되기 때문인 듯하다.

1. 다른 사람의 과실을 말하지 말며

사람사람이 자기의 과실은 타인이 알까 무서워하며 될 수 있는 대로 덮으려 하지마는, 그와 반면에 타인의 과실은 될 수 있는 대로 알고자 하며 그것을 알아놓은 이상에는 그 과실을 숨겨주는 사람이 적고 무심으로나 혹은 유심으로 드러내기를 좋아하는 성질이 있나니, 이것은 사람의 악한 습관이다. 어찌 그러느냐 하면 이 타인과他人過를 말함으로 인하여 혹은 투쟁을 일어내며 혹은 극도의 원수를 맺어서 세세생생의 악독한 인업因業을 받게 되나니, 그러므로 우리 수도인으로서는 항상 자기의 과실은 반성할지언정 타인의 과실은 보지 말아야 하며, 혹 타인의 과실을 볼지라도 그것으로써 자기의 과실 고치는 선생은 삼을지언정 타인의 과실을 절대로 말하지 아니하여야 할 것이나, 만일 반대로 무심으로나 혹은 악의로써 타인과를 말하고 보면 곧 범계로 간주한다.

단, 지도권이 있는 자로 교화의 의미로써 그 사람의 신분상 손해가 없을 정도에서 직접 혹은 간접으로 과실을 들어 보이는 것이나 동지 간 피차 이해理解가 있을 만한 처지에서 직접 그 과실을 들어 충고하는 것은 이 한에 부재함.

2. 두 아내를 거느리지 말며

재래 불교에 있어서는 두 아내는 고사하고 한 아내도 두지 못하게 하는 엄중한 제도이었으나 본회는 그 제도를 변경하여 결혼 생활에 자유를 주었으니, 남녀 간에 정당한 부부를 정하여 생활하는 것은 하등 관계가 없으나 일보를 나아가 양처兩妻를 하게 되는 것은 과거 역사상으로 보나 현하 사회상으로 보나 이것이 가정 평화를 파괴하고 결국 망가망신亡家亡身의 근본이 되었나니, 그러므로 인심의 개발과 문화의 향상을 따라 이 양처 생활은 사회적으로 배척하는 바인데, 하물며 수도인으로서 양처 생활을 한다고 해서야 어찌 그 본의에 어그러지는 바가 아니랴. 그러므로 남자로서 양처를 두는 것이나 여자로서 제2의 처로 들어가는 것은 범계로 취급한다.

단, 남녀를 물론 하고 본 회원이 되기 전에나, 또는 회원이 된 후에라도 이 계문을 받기 전에 하였거나, 또는 남자로서 저 배우자가 난치의 질병이나 기타 부득이한 사고로 인하여 그 살림을 유지하며 생활하여 갈 수가 없는 경우에 당하여 해당 지방 동지의 양해와 교무의 승인이 있을 시 양처를 하게 되는 것과 또는 남녀 간에 저 배우자가 사망하였거나 부득이한 사정으로 정식 이혼을 한 후에 결혼하는 것도 범계로 간주치 않는다.

3. 부정당한 의뢰심을 두지 말며

이 의뢰심 중에는 정당한 의뢰심과 부정당한 의뢰심 등 2가지 구별이 있나니, 정당한 의뢰심이라 하는 것은 자기가 노쇠하여 부득이 자손에게 의뢰하게 되는 것이나 또는 난치의 질병이나 불구자가 되어 부득이 타인의 의뢰를 요구하게 되는 것은 정당한 의뢰이다.
그와 반대로 부정당한 의뢰심이라 하는 것은 모사謀事를 물론 하고 자기 자력으로 하면 할 수 있는 것임을 불구하고 안일이나 나태로 인하여 타인의 의뢰를 구하는 것을 이름이니, 예를 들면 자기 친척 중에 재산의 여유자가 있다 해서 자작자급自作自給의 정신을 세우지 아니하고 '저 사람이 나를 구제하지나 않으려는가?' 하는 생각을 가져 직업에 해태하며, 주지 않으면 공연히 불평을 제창하는 것과 같은 종류의 일을 이름이니, 이와 같은 종류의 의뢰심을 두는 것은 곧 범계로 간주한다. 그러나 그 마음이 잠깐 나는 것은 범계가 아니요, 그 마음을 길게 가질 때는 곧 범계이다.

4. 나태하지 말며

나태라 하는 것은 무슨 일을 물론 하고 즉시 실행하여야 할 일을 하기 싫은 마음에 끌려 뒤로 미루거나 주저주저하는 것을 이름이니, 이것은 일에 성공하여 가는데 큰 방해물이 되는 것이다. 그러므로 대소사大小事를 물론 하고 이와 같은 마음이 나서 그 일을 하지 못하게 될 때는 곧 범계로 간주한다.

5. 시기심을 두지 말며

시기심이라 하는 것은 다른 사람이 잘 되는 것과 자기 관계자가 제3자를 사랑할 때 보기도 싫어하고 듣기도 싫어하는 것을 이름이니, 이 마음이 심하여지면 공연히 그 사람이 미운 생각이 나며 어느 방면으로든지 그 사람을 깎아 내리고 잘못한 점을 발로시키려 하는 마음마저 나는 것이니, 이것은 곧 인생에게 가장 결함이 되는 악한 마음인 동시에 역사상으로 볼지라도 과거 국가나 사가私家에서 이 시기심으로 인하여 파동 된 불의한 투쟁과 폐해를 일일이 거론할 수 없을 만큼 많다.
그러므로 이 시기심이라 하는 것은 누구나 물론 하고 가져서는 몹쓸 것은 물론이나 더욱이 수도인으로서는 이 악독한 마음을 제거하고 선량한 본심을 회복하자는 것이 그 목적이니, 이러한 불의심을 가질 때는 자기 목적에 위반될 것은 물론이거니와 결국은 자기의 손해요, 나아가 본회의 불상사이다.
그러므로 어떠한 경우에 잠깐 그러한 마음이 심중에 비친다 할지라도 즉시 제거하면 범계가 아니거니와 만일 마음 가운데 머물러 두고 그 마음의 지배를 받는다거나 그러한 언행을 표현하는 것은 곧 시기심의 범계로 간주한다.

6. 망녕된 말을 하지 말며

망녕된 말이라 하는 것은 어떠한 말을 물론 하고 그 장소와 그 경우에 맞지 않는 격외格外의 말과 필요 없는 말을 하는 것을 이름이니, 예를 들면 농사에 대한 말을 하여달라 하는데 공장에 대한 말을 한다든지, 또는 노정기를 묻는 데 자기 가중家中 부정사不正事를 말한다든지 이와 같이 격格에 틀린 말들이다.
이 망어는 주의심이 부족한 데에서 많이 하게 되나 이러한 말을 자주 하게 됨을 인하여 자기 인격의 타락도 물론이요, 경우에 따라서는 격에 맞지 않는 말을 하여 큰 실례도 하며 또는 타인의 비밀을 누설하거나 암연暗然한 죄상을 폭로하여 큰 원수를 사게 되는 수가 있나니, 이러한 말을 할 때는 곧 범계로 취급한다.

7. 속으로 불량한 마음을 품으면서 겉으로는 비단 같이 꾸미는 말을 하지 말며

속으로 불량한 마음을 품는다는 것은 저 사람을 해하여 자기 이익 도모할 마음을 품는 것을 이름이요, 겉으로 비단같이 꾸미는 말을 한다는 것은 그 목적을 달성하기 위하여 겉으로 수단과 방편을 써서 감언이설을 꾸며내는 것을 이름이니, 이것은 속에다 칼을 품고 겉으로 웃음을 파는 것과 같은 일로써 보통 사람으로도 이러한 말을 하는 자는 서로 미워하거든 하물며 수도인으로서 할 말이랴. 그러므로 이러한 말을 할 시는 즉시 범계로 취급한다.

8. 탐심을 두지 말며

탐심이라 하는 것은 어떠한 일을 물론 하고 정도나 분수밖에 과히 취하는 마음과 또는 한 가지 일하면서 공연히 여러 방면으로 욕심을 발하여 이것저것 할 것 없이 보는 대로 듣는 대로 하고 싶어 하는 마음이 나는 것을 이름이니, 그러므로 이 탐심이라 하는 것은 일만죄一萬罪의 근본이요, 일만악一萬惡의 모체가 되는 고로 모든 중생이 생사고해를 면하지 못하고 스스로 멸망을 취하게 되는 것은 다 이 탐심을 억제하여 중도中道를 쓰지 못하는 까닭이니, 이 계문을 받은 후 길들이지 못한 마음으로 경우를 따라서 혹 탐심이 동한다 할지라도 즉시 제거하는 것은 범계로 간주치 아니하나, 만일 어떠한 경계를 당하여 탐심이 날 때 그 마음을 가지고 시간이 걸린다거나 또는 그곳에 자기의 본심을 빼앗기게 될 때는 즉시 범계로 간주한다.

9. 진심을 내지 말며

진심이라 하는 것은 자기의 마음에 불합不合한 일이나 어떠한 역경을 당할 때 그 분憤한 마음을 이기지 못하여 스스로 그 속을 태우고 간장을 끓이는 마음을 이름이니, 이 마음이 발할 때는 청명한 하늘에 검은 구름이 덮이는 것과 같아서 예의염치와 시비이해의 구별이 덮어버리고 오직 분한 마음 그것뿐이다. 그러므로 그 진심이 날 때 하는 언어 행동은 중도를 잃어서 실패하는 일이 많으며 또는 정신이 혼란되어 버려서 잡심을 제거하고 청정심을 양성하는 수양 상에 손해가 막대하나니, 그러므로 이 진심은 절대로 내서는 안 되는 것이다. 이 진심은 어느 경우를 막론하고 조금만 낸다 하더라도 곧 범계로 간주한다. 단, 지도자의 입장에서 교화하려는 방편 진심은 범계중에 들지 아니한다.

10. 치심을 내지 말며

치심이라 하는 것은 모르는 것을 아는 체하는 마음이나, 무산자無産者가 부자인 체하는 마음이나, 또는 무서워하지 아니할 자리에 공연히 무서워하는 마음이나, 부끄러워하지 아니할 자리에 공연히 부끄러워하는 마음이나, 또는 정당히 대우해 줄 자리에 않을[아니할] 마음이 나는 것이나, 정당히 배워야 할 일을 발견하고도 체면이나 위신에 끌려서 배우지 못하는 마음 같은 것 등이니, 이것은 다 시비이해를 대강은 안다 할지라도 철저히 알지 못한 데 따라서 그 아는 것이 병[痴]이 되어서 발하는 마음이다. 이러한 심리를 쓰고 보면 자기의 일에도 진보 향상이 없을 것은 물론이요, 또는 우치한 사람이 되고 말 것이니 어느 경우에 이러한 마음이 조금만 난다 할지라도 곧 범계로 간주한다.

이 법마상전부 등록인은 본회의 공부에 다소의 훈련이 있는 자로서 시비이해를 대강 분석할만한 자격을 가진 자이므로, 계문에서도 보통부·특신부 같이 그 나타난 결과만 가지고 범계로 보는 것이 아니라 의뢰심·시기심·탐심·진심·치심과 같은 결국은 표현된다 할지라도 처음에는 심중에만 왕래하여 나타나지 않는 가운데 범계하는 수가 있나니, 이 계문을 받은 자는 각각 자각적 정신 하에 이 계문에 범계하지 않도록 힘쓰기를 바란다.

계문의 공덕

김형오

《회보》 제56호, 시창24년(1939) 7월호

김상자 김형오는 소태산 대종사께서 '출가 30계'와 '재가 20계'를 설하여 수행의 지침을 삼도록 했으며, 또한 우리의 활로活路와 향상이 계문 이행 여부에 달려 있고 세상의 평화와 안락도 또한 계문을 잘 수행하느냐 못 하느냐에 달려 있다고 계문의 공덕을 강조하고 있다.

시時의 고금과 양洋의 동서를 물론 하고 전성前聖 후성後聖이 이구동성으로써 각각 계문을 설하여 인류를 교훈하여 왔으며 **유아惟我 종사주宗師主께옵서도 출가 삼십三十계와 재가 이십二十계를 설하시어 우리로 하여금 수행하는 지침을 삼도록 하셨으니,** 이루써 생각건댄 계문이란 인류 사회에 반드시 없지 못할 요법임을 증명할 수 있는 것이다. 그러하거늘 대개는 이 계문이 인류 사회와 어떠한 관계가 있음을 알지 못하고 오히려 계문을 수행하는 사람을 보면 비웃으며 "이리하여도 일평생 저리하여도 일평생인데 저 홀로 청정한 듯이 그렇게 살면 무엇 하나? 속담에 술 담배 참아서 소 사놓으면 호랑이가 물어간다는 말은 듣지도 못하였나? 그렇게 하면 곧 부자 되고 도인 될 터인가? 죽어서 극락 가려고 진진한 이 자미滋味를 고만두어! 어서들 닦아서 극락 가게! 저런 사람들 때문에 극락이 좁을 터이니 나는 멋대로 살다가 좁은 극락 고만두고 넓은 지옥으로 가겠네!" 하며 함부로 계문을 범하여 지옥 가는 것이 무슨 큰 사업이나 하고 훌륭한 명예로운 일이나 하는 것같이 의기양양하며 거덜 거리는 것을 볼 때 어찌 우습지 아니하랴! "자네들은 잘 닦아서 극락 가소! 나는 멋대로 살다 지옥 가도 좋네!" 하는 이 말이 입에서 나오는 대로 천지를 분별 못 하고 하는 말이지마는 그 말이 종자가 되어서 그대로 받는 이치를 모르고 하는 말인가 한다. **계문 범하기를 두려워하지 아니하면 설사 극락을 가고 싶어도 극락문은 닫히고 가기 싫어도 지옥문만 열릴 것이 필연적 사실이거늘 더구나 극락을 싫어하고 지옥을 원하면서 계문을 범하는 데에야 두말할 것도 없이 그의 갈 곳은 지옥뿐일 것이니 자비의 안목으로 볼 때 이런 무리가 어찌 가련치 아니하랴!** 수다數多한 계문 중에서 가장 우리가 알기 쉬운 주색잡기로만 본다 하드래도 이를 범행함으로 인하여 신망가패身亡家敗를 하는 사람이 얼마나 많으며, 일반사회에 비인도적 파란波瀾이 층생첩출層生疊出하여 풍기를 문란케 하고 안녕질서를 파괴하는 일이 얼마나 많은가를 언론과 통신으로든지 실지 현 사회의 실상을 목도目睹하는 바에 의하여 여러 말 할 것 없이 잘 아는 바이라고 생각한다. 이로써 생각건댄 **소소한 계문 일조一條의 범과가 우리의 전정前程에 길흉 흥망성쇠를 좌우하고 극도에 이르러서는 생명까지도 빼서 가는 무서운 악마이며 심지어 일반사회의 평화 안락을 파괴하는 독와사[毒瓦斯, 독가스]요 폭탄이 되지만 계문 일조를 잘 수행하는 데 따라서 개인 가정 사회를 통하여 낙원을 건설하고 평화를 불러오는 좋은 비결도 될지니,** 재가 출가를 물론 하고 계문을 수행하는 데에 정진한다면 우리의 앞에는 평화와 안락이 불구이자래不求而自來로 오고야 말 것이거늘 세상은 평화를 부르짖고 안락을 구한다 하나 그 원인을 알지 못하고 문자상으로만 맹목적으로 구하기 때문에 결국은 헛되이 증사작반蒸沙作飯의 격이 되고 마는 것이다. 현재에 주색잡기에 도취하여 온갖 계문을 범하면서 신세를 자탄하고 비운非運이니 '무복無福하느니 세상은 불공평하느니' 하는 것을 볼 때 이는 섶[땔나무]을 지고 불로 들어가면서 살기를 원하는 셈이요, 등불을 등지고서 광명을 구하는 셈이니 어찌 가소롭지 아니하랴! **이로써 볼진대 우리의 활로活路와 향상이 오로지 계문을 수행하고 아니하는 데에 있다 할 것이며 세상의 평화와 안락을 건설하고 파괴하는 것도 개인 개인이 계문을 잘 수행하고 아니하는 데에 있다 할지니,** 우리는 이 점에 착안하여 소기의 목적을 하루 속히 달성하여야 할 것이며 계문이 세상에 끼치는 위대한 공덕을 알아야 할 것이다.

감상담(윤명화)

계문 하나의 범과가 흥망성쇠를 좌우하고 생사에도 영향을 줄 수 있으며, 계문을 지키면 개인 가정 사회를 낙원으로 건설하고 평화 안락을 가져올 수 있는 공덕도 있다.

계문은 하지 말라는 것으로 우리의 행동을 제한하고 있다. 대종사님은 왜 자유롭게 살도록 하지, 하지 말아야 할 계문을 정해 주셨을까?

대종경 교의품 25장의 "사람이 세상에 나서면 일동일정을 조심하여 얇은 얼음 밟는 것 같이 하여야 인도에 탈선됨이 없을 것"이라는 말씀을 통해 계문을 주신 뜻을 알 수 있다. 자유가 좋다고 하여 자행자지自行自止 하다 보면 선을 넘는 경우가 있다. '연고 없이 술을 마시지 말며'를 보더라도 과음으로 범하게 되는 실수가 인생을 바꿔 놓는 경우가 많다. 연고가 있는 음주 자리라도 과음은 하지 말아야 할 것이다. 또 '악한 말을 말며'를 보면 가까운 사이라도 마음을 챙기지 못하여 선을 넘는 말을 하게 되면 타인에게 상처를 줄 수 있다. 그로 인해 관계가 나빠지면 불편한 마음으로 생활하게 된다. 계문을 지키지 않아서 생기는 곤란한 일들을 생각해보면 대종사님께서 계문을 받아 지키도록 당부하신 뜻이 느껴진다. 계문은 우리의 자유를 억압하려는 것이 아니라 오히려 자유를 누릴 수 있도록 하는 게 의도이다.

계문은 하지 말라는 조목으로, 계문 준수의 본의는 하지 말라는 경계심을 주어 문제를 미연에 방지하는 것이다. 그러므로 계문을 지켜서 얻게 되는 소득에 감사해할 것이며, 아무쪼록 계문을 적극적으로 받아 지켜가야겠다.

삼독심을 박멸하여 평화 세계를 건설하라.

전음광

《회보》 제31호, 시창21년(1936) 신년호

이 회설은 법마상전급 10계문 8~10조인 '탐심을 내지 말며', '진심을 내지 말며', '치심을 내지 말라'에 해당하는 삼독심 제거 방법이다. 자기 욕심만 채우려는 불같이 일어나는 탐심이 발하면 그 생각을 멈추어서 원래에 탐심이 없는 본래 자리를 회고하고, 자기 마음에 맞지 않아 심화心火가 타오르는 진심이 발하면 생각을 멈추어 전에 진심 낸 뒤의 경험을 돌이켜 생각해보라는 것이며, 없는 그것을 있는 체하고 모르는 것을 아는 체하는 치심이 나려거든 그 생각을 멈추고서 인과보응 되는 이치를 회고하라는 것이다. 삼독심이 발하려 할 때 속으로 정신을 멈추어 이렇게 멈추는 정신으로써 삼독심 박멸법을 쓰라는 것이다.
흥미로운 점은 '멈추는 공부법'의 제시이다. "본회 상시 응용 주의사항 제1조 '응용하는데 온전한 생각으로 취사하기를 주의할 일'이라 하는 그 공부법에 힘써서 대소사 간 경계를 당할 때 속으로 정신을 멈추어서 한 번 궁굴려 보는 그 능력을 얻어야 한다."라는 주장에서 정신을 멈추어 궁굴리는 공부법을 제시하고 있다.

1.

삼독심이라 하는 것은 본회 법마상전부 계문 최종의 3개조인 탐심, 진심, 치심을 이름이니, 이것을 삼독심이라 명칭 하는 이유는 모든 중생을 선도에서 악도로 타락시키는 것도 그 원인은 탐진치요, 가정과 가정끼리 불화하며 사회와 사회끼리 반목하여 세계 평화가 파괴되는 것도 그 원인을 더듬어보면 모두가 이 탐진치로부터 비롯하지 아니함이 없나니, 그러므로 옛날 부처님께서 이 탐진치란 인생에서 한없는 해독을 끼치는 것이라는 의미로 삼독三毒이라고 이름을 지으신 바다. **그런데 탐심이라 하는 것은 무슨 일이나 자기 욕심만 채우려는 마음이요, 진심이라 하는 것은 자기 마음에 불합不合한 경우를 당할 때 시비흑백是非黑白을 불고하고 불끈 심화心火를 올리는 마음이요, 치심이라 하는 것은 사실을 주장치 아니하고 허위와 형식을 방패로 하여 잘못한 것을 참회치 아니하고 잘한 것으로 꾸며대려는 마음과 모르는 것을 모른다 아니하고 아는 듯이 꾸며댈 생각 같은 것을 이름이니,** 현실적으로 본다 할지라도 개인 가정 사회 간에 모든 투쟁 나는 원인이 혹은 각자 이권利權에 대한 탐심으로 비롯하거나 혹은 극도의 흥분에서 비롯하거나 혹은 각자의 잘못을 덮고 상대방의 잘못을 드러내기 위한 데에서 비롯하였으며 다만 현대만 그러한 것이 아니라 자만고自萬古 유사有史 이래 모든 평화가 파괴되고 일체 분쟁이 야기되는 동기도 그 당시 사람들의 탐진치에서 비롯하였나니 인생 심리心理란 본시 무형한 것이며 그 최초 동기는 암연무적暗然無跡하여 귀신도 난측할 바이지마는 한 번 동한 나머지에 미치는 여파는 과연 가공할 바이다. 보라. 요순의 정의심이 한 번 동하매 천하가 태평하였지마는 걸주의 탐진치가 한 번 동할 때 천하는 폭풍 광란에 흔들리지 아니하였는가?

2.

그런즉 우리는 험난한 이 세상을 평화 세계로 건설하기 위하여 각자 심중心中에 포장되어 있는 삼독심을 삼제박멸芟除撲滅하여야 되겠다. 그러나 다시 생각하면 나 일개인의 심중에 값아 있는 삼독심을 제거함이 어찌 광범한 세계의 평화를 초래할 바가 될 것이냐는 의혹이 발생할는지도 모르나 그것은 그렇지 아니하나니, 원래 세계라 하는 것은 각 국가 국가를 통합 명칭 하는 일종의 대명사요, 국가라 하는 것은 각 가정 가정의 집단체이며, 가정이라 하는 것은 각 개인 개인의 집단체인지라 일로 보건대 세계라 하는 것도 그 근원은 각 개인 개인이 집합 구성된 것이니 우리들이 한 사람씩이라도 이 삼독심을 제거하고 정의심을 회복하는 것은 그만큼 세계 평화를 건설하여가는 것이다. 그러하니 우리는 이 도학 공부에 노력하여 각자 심중의 탐진치를 제거한 후 일보를 진進하여 타인 심중의 탐진치까지 멸도시키도록 노력해야 하겠다.

3.

수도에 뜻을 두지 않는 자에 있어서는 이 탐진치가 무엇인지, 탐진치의 해독이 어떠한 것인지 이해를 가진 자가 희소하나 수도에 뜻을 둔 자로서는 대개 탐진치가 제악諸惡의 요소가 되는 것임을 인증하며 이것을 제거하여야 할 필요까지 이해하지마는 혹은 그 제거하는 방법을 알지 못하여 유의미수[有意未遂, 마음은 간절해도 뜻대로 되지 못함]하게 되나니 그러므로 이에 그 삼독심을 제거하는 방법을 기재하려 한다. **우리가 일상생활을 하여 나갈 때 오욕의 경우를 당하여 어떠한 탐한 욕심이 나거든 그 탐심을 그대로 낼 것이 아니라 한 번 생각을 멈춰라. 그리하여 저 원적무별한 대성大性의 본치本處를 회고하라. 시비흑백과 대소 호부大小好否와 일체 애착 탐착이 모두가 이 육척六尺에 미만한 육신의 애착 관념으로부터 비롯한 바요, 저 허허창창한 대공大空의 본래성本來性에야 무슨 욕심이 있으며 무슨 좋고 낮을 것이 있는가? 그런즉 심중에 불같은 탐심이 발하거든 그 반면에 대성大性의 본 면목을 회고하면 오욕심이 스스로 가라앉으리라고 믿는다.**

4.

또는 어떠한 경계를 당하여 나의 심중에 불합不合하여서 진심이 나려 하거든, 그때에도 곧 진심을 낼 것이 아니라 한 번 생각을 멈추라. 그리하고는 그전에 진심 낸 뒤의 경험

을 생각해보라. 진심이라 하는 것은 이상에 말한 바와 같이 창졸간에 일어나는 심화心火이므로 그때에는 예의염치나 시비 흑백을 망각하고 심화 발작되는 그대로 일을 처리하여 버리므로 모든 일에 실패가 되고 뉘우치는 일이 많게 되나니 진심을 참는 방법으로는 그 전에 진심 낸 뒤 경험을 반성해 봄이 제일 상책인가 한다. **또는 어떠한 경계를 당하여 없는 것을 있는 체 혹은 모르는 것을 아는 체하고자 하는 치심이 나려 하거든 그때에도 그저 치심을 낼 것이 아니라 한 번 생각을 멈추라. 그리하고는 인과보응 되는 이치를 회고하라.** 이 세상은 무슨 일이나 한번 지어 놓으면 그 결과가 발로되지 않는 일이 없나니 예를 들면 저 살인이나 간음이나 도적질 같은 범죄를 하는 자가 그 범죄를 하려 할 때 오죽이나 비밀을 지켰으며 오죽이나 암암暗暗한 곳을 택하였으랴마는 결국은 발로되지 아니한가? 또는 땅 같은 무정지물에도 팥을 심으면 팥을 내어주고 외를 심으면 외를 내어주나니 이것을 보아도 가히 알려니와 설사 이 세상에는 드러나지 않는다고 하더라도 세상이 장원長遠한 것이니 내생사來生事를 어이 알 것인가? 그런즉 조금이나 사실 아닌 허위 형식을 세우려는 치심이 동하거든 결국은 사실이 폭로되는 인과법을 반성하라. 그러면 그 마음이 즉시 소멸하리라 믿는다.

5.

그러나 이에 한 가지 문제 될 것은 그 삼독심이 발하려는 찰나 전에 그 마음을 멈추는 그 힘을 얻기가 실로 어려운 것이다. 예를 들면 진심이 나려 할 때는 그대로 진심을 내버리지, 그 진심을 멈추고 속으로 그 전 진심 낸 뒤의 경험을 회고하기가 어렵다는 말이니, 이것은 각자의 공부하는 힘이 아니고는 할 수 없는 일인즉 본회 상시 응용 주의사항 제1조 '응용하는데 온전한 생각으로 취사하기를 주의할 일'이라 하는 그 공부법에 힘써서 대소사 간 경계를 당할 때 속으로 정신을 멈추어서 한 번 궁굴려 보는 그 능력을 얻어야 한다. 그리한 후에는 그 멈추는 정신으로써 이상에 말한 삼독심 박멸법을 써야 할 것이다. 마음이란 본래 무형한 것인지라 그 삼독심을 박멸하는 데도 급속히 또는 강력强力으로 할 수 없는 것이요, 오직 이상과 같은 방법으로써 불식지공不息之工을 쌓으면 인생 세계의 최대 강적인 이 탐진치도 마도磨刀의 석石과 같이 소멸하여 갈 것이니, 이 탐진치가 소멸할 때 우리는 비로소 평화의 낙원을 건설할 것이요, 탐진치를 박멸한 자의 수가 늘어갈수록 대세大勢는 평화의 방면으로 전향할 것이다. 그러므로 송구영신하는 신년 벽두에 있어 특별히 이 개인 가정 사회에 평화를 건설하는 묘방을 선물 삼아 드리는 바이다.

감상담(조수원)

일생을 운용해 가는 마음 대부분이 탐진치를 벗어나지 못하는 것 같다. 영상매체의 발달로 보고 듣는 와중에 소비가 일어나도록 시스템화 되어 있어 우리의 감각은 소비에 길들어 가고 있다. 하고 싶은 욕구에 즉각적으로 반응함에 늘 탐심에 노출되어 있다고 해도 과언이 아니다. 회설에서는 이런 상황에서 탐심을 제어하기 위해서는 탐심이 일어남을 알아차리고 생각을 멈추라고 한다. 텅 비어 욕심이랄 것이 없는 본래 마음에 비추어 일어난 마음이 욕심임을 알아차리면 욕심이 가라앉는다는 것이다. 공부심이 있는 이들은 이 수행을 할 것이요, 그렇지 않은 범부는 물질에 끌려갈 것이다. 소비지향적인 사회에 사는 현대인들에게 탐심을 제어하는 공부는 매우 어려운 수행이 아닐 수 없다. 어릴 때부터 모든 공부의 방향이 물질을 구하는데 맞추어져 있으니 물질을 잘 사용하는 공부가 더욱 필요하다.

정신의 힘이 약하여 쉽게 상처받는 이들을 일러 유리멘탈이라 칭한다. 자기 뜻대로 되지 않을 때 수용하기보다는 포기하거나 분개한다. 타인을 원망하고 미워하는 마음이 커서 자신의 청정한 마음을 덮어버린다. 이런 상황에서 하는 행동들은 이후에 후회를 불러온다. 그러니 진심이 날 때는 과거에 후회한 경험을 떠올려서 감정을 멈추라고 한다. 진심으로 공부해 본 공부인들은 알 것이다. 내가 진심을 내고 있음을 알아도 그 진심이 너무 크면 감정에 휩싸여 간다는 것을…. 그러기에 진심은 초기에 발견하여 바로 멈추는 것이 승패를 좌우한다. 키울수록 눈덩이처럼 멈추기가 어렵다.

치심은 사리 분별이 되지 않아서 어리석어진 마음으로, 할 일과 아니 할 일을 분간하지 못하여 실패를 보게 한다. 일상에서 이런 일들을 많이 저지른다. 감정에 끌려서 도를 넘기도 하고, 체면을 세우려다가 허세를 떨기도 하고, 무시당하기 싫어서 꾸미기도 하고, 당당해도 될 자리에서 주눅이 들기도 하는 등 상황을 정확하게 읽지 못하여 원만한 처사를 하지 못한다. 이런 행동을 하고 있으면서도 잘못됨을 알지 못하면 어쩔 수 없지만 알아차렸다면 즉시 멈추는 것이 현명한 행동이다.

삼독심을 제거하기는 어렵다. 그러니 법마상전급의 계문이다. 특신급에서는 크게 드러나는 탐진치로 공부하는 단계라면 법마상전급에서는 미세한 것까지 알아차리는 공부를 하게 된다. 매일 삼독심이 일어나는지 정신을 차리고 살펴서 모든 죄악의 근원을 제거하는 데 매진해야 할 것이다.

우리의 마음에 세 가지 독근毒根

작자 이공주

《회보》 제11호, 시창19년(1934) 8·9월호

탐진치 삼독심은 『정전』 참회문과 계문에 등장한다. 참회문에서 '죄업의 근본은 탐진치'라고 하며 법마상전급 10계문에 탐심과 진심과 치심이 자리 잡고 있다. 구타원 이공주는 탐심을 탐욕심, 진심을 진노심, 치심을 우치심이라 말하며, 이를 독근이라 부르며 탐욕의 독근, 진심의 독근, 치심의 독근을 빼버리자고 노래하고 있다.

1.

우리의 마음에는 독근이 있으니
제1에는 불같은 탐욕심이다.
식욕 색욕 재욕과 명리 유일욕
이 모든 구진 마음 조촐히 하여
탐욕의 독근을 물리쳐 보자.

2.

제2에는 질풍같은 진노심이다.
불의한 저의 욕망 채우지 못하면
분개하고 원망하며 미워하나니
이러한 악한 마음 헤아려 보아

진심의 독근을 물리쳐 보자

3.

제3에는 금수같은 우치심이라
할 일과 안 할 일을 분간 못하고
허망한 일 하다가 실패 보나니
지혜로운 마음으로 생각해 보아
치심의 독근을 물리쳐보자.

4.

우리가 우기右記의 독근 못 떼면
번뇌와 고통으로 헤매이다가
결국 삼악도가 내 집 되리니
마음의 선근을 찾아드려서
세 가지 독한 뿌리를 빼버립시다.

부끄러워할 줄 알라

유성열

《회보》 제2호, 시창18년(1933) 9월호

「감상」 제29호라 넘버링 되어 있다. 29번째 감상이다. 유성열은 학원생들이라면 30계문 등을 범하는 것을 부끄러워할 줄 알아야 한다는 감상을 토로하고 있다. 유성열은 교무부 서기, 연구부 서기 겸 부장 등을 역임한다.

저는 오늘 경전 시간에 염치라는 말을 듣고 크게 느낀 바가 있습니다. 그 감상 된 바를 간단히 말하면 인형人形을 무릅쓴 사람으로서는 반드시 부끄러워할 줄을 알아야 하겠다고 마음 깊이 생각했습니다. 세상 사람 중에도 다소간 견문이 있고 학식이 있는 사람들은 혹 자기가 불선不善한 말이나 행동을 하고 보면 반드시 내심에 부끄러운 마음이 나고 후회심이 없지 않으나 그 내면을 더듬어 보면 사실 자기가 인형人形을 무릅쓴 사람으로서는 차마 하지 못할 일인 줄을 알아 뼛속에서 우러나오는 부끄러움이 아니라 혹 자기의 명예가 손상될까 싶어서 잠시 부끄러워하는 것이요, 참으로 부끄러워할 줄을 아는 사람은 적습니다. 그러므로 참으로 부끄러워할 줄을 모르고 단순히 자기의 명예가 손상될까 싶어서 부끄러워하는 사람은 자기의 명예 상에만 관계가 없다면 얼마든지 불선한 일을 하게 됩니다.

그런즉 우리는 혹 어쩌다가 사람으로서는 차마 하지 못할 비열한 언행을 한 일이 있으면 이것을 단순히 내 명예가 손상될까 싶어서 부끄러워한다는 것보다도 내 명예는 깎이든 안 깎이든 누구나 알든 모르든 '이것은 인형을 무릅쓴 사람으로서는 차마 하지 못할 일이구나' 하여 사실로 내 충정에서 일어나는 부끄러움이 있어야 할 것입니다. 이 마음이 강한 자일수록 선량한 사람이라고 할 만합니다. 이 마음이 강한 자일수록 잘 개과改過하는 사람이 많습니다. 이런 마음이 없는 자는 사람의 형각形殼을 무릅쓴 금수禽獸입니다. 옛적에 일본 무사는 체면을 존중히 하여 염치없는 언행이 있으면 살아서 다시 남에게 낯을 내놓지 않았다 합니다. 비록 천만금千萬金이 생긴다 할지라도 체면을 불고하고 그를 취하지는 않았다 합니다. 그리하여 그들이 금전여수金錢與授를 할 때도 계약서에 어느 시일까지 갚지 않으면 대중을 모아놓고 우세시킨다고 썼다 합니다. 그들이 또 충효에 힘쓰고 절의節議를 중히 하여 비열한 행동을 하는 사람은 엄중히 경계하였다 하니 이것은 다 사람으로서 부끄러워할 줄 아는 마음을 굳게 양성시키기 위한 것입니다. 그런데 우리는 먼저 우리가 부끄러워할 일과 안 할 일을 분별하여야 하겠습니다. 얼굴이 못생겼다거나 신체가 약하다거나 이러한 일 등은 부끄러워할 일은 아닙니다. 또는 빈한貧寒한 집에 태어났다고 역시 부끄러워할 일은 아닙니다. 도리어 분忿을 발發하게 하여 공부에 전력하게 될 것입니다.

그러면 우리가 부끄러워할 일은 그 무엇인가? 이상에 말하기를 사람으로서 차마 하지 못할 비인도적 행위를 하고 보면 부끄러워하라 하였으니 그 종류는 이와 같습니다. **한 입으로 두말한다거나 교언巧言으로써 남을 속여먹는다거나 부모나 선생님의 명을 잘 듣지**

않는다거나 사람으로서 하는 것 없이 일생을 늙어 죽는다거나 하여간 무가치하고 법 아닌 말과 행동은 다 부끄러워할 일이니 즉 우리의 삼십 계문 등입니다. 이상에도 말하였지마는 타인이 아나 모르나 자기의 마음에 선이라고 신信하는 일은 꼭 하고, 악이라고 믿는 일은 절대로 하지 않을 것입니다. 이것이 참으로 부끄러워할 줄 아는 사람입니다. 남이 보지 않는다고 불선不善한 일을 하고 나타난 후에야 후회함은 불가한 일이니 우리는 이것을 잘 알아야 하겠습니다. 또는 부끄러운 일을 했다고 너무나 마음을 썩혀서는 안 됩니다. 자포자기함은 좋지 못합니다. 공부 성적이 나쁘다고 비관하여 공부석工夫席에 나오기를 싫어하거나 선생님에게 훈계받는 것을 부끄러워하여 선생을 멀리하는 자는 도저히 우리 배우는 자의 취할 길이 아니오니 우리 학원學員은 다 같이 이 일을 주의하여야 하겠다고 자각했습니다.

연고 없이 살생을 말라는 데 대하여

서공남

《회보》 제26호, 시창21년(1936) 7월호

보동급 10계문 '1. 연고 없이 살생을 발라'에 대한 감상이다. 감상자 서공남은 연고 있는 살생의 경우는 농사지을 때 부지 중 있게 되는 경우나 해충을 구제할 때, 약제에 사용할 때 등이며, 직업도 살생업은 되도록 피하도록 하며. 살생은 측은지심을 없애고 악독한 마음을 생하도록 하니 자비심을 기르기 위해서도 살생은 멀리해야 한다는 감상을 펴고 있다.

저는 보통부 십계문 중 살생을 말라는 데 대하여 몇 말씀 기재하려 합니다. '연고 없이 살생을 말라'는 말은 곧 아무 까닭 없이 무엇이나 생명 있는 것을 죽이지 말라는 말씀이니, 가령 미워서 사람을 죽인다든지 입맛을 취하여 소와 닭 등을 잡아먹는다든지 곤충 같은 것이라도 몹시 때려죽이거나 밟아 죽이는 것 등입니다. 그러나 연고 있는 살생은 인간 생활을 하는 중 피하려 하나 피할 수 없는 형편에 죽이게 되는 것이니, 예를 들면 농부가 농사를 지을 때 연장 끝에 찍혀 부지중 죽게 된다든지 해충이 들어서 농사를 짓지 못하게 한다든지 혹은 길을 가는 데에도 부득이 발밑에서 밟혀 죽거나 약제에 사용되어 어찌할 수 없이 죽이게 되는 것 등입니다. **그러면 앞에 말한 바와 같이 살생하고 보면 나에게 어떠한 죄해가 미치는가. 그 해점**[해되는 점]**으로 말씀하면 첫째는 측은지심은 없어지고 악독한 마음만이 양성되며 무엇이나 살기를 좋아하고 죽기를 싫어하는 것인데 연고가 있었든지 간에 저의 수명대로 살지 못하게 하고 죽이게 될 때 그 얼마나 원한과 독심을 품었겠으며 그 같이 원한을 품었으니 죽인 사람의 앞인들 얼마나 좋으리까.** 물론 재앙과 횡액이 당할 것은 사실이니 옛날 성현의 말씀에도 오이를 심으면 오이를 얻고 팥을 심으면 팥을 얻나니 '하늘 그물이 넓고 넓어서 성글되 샘이 없다'는 말씀[노자 도덕경]이 있습니다. 이 말씀을 다시 말하면 곧 인과라는 것은 한 번 지면 어느 때든지 피치 못하고 반드시 받게 된다는 말씀이십니다. 그리고 또한 옛날 석가 부처님의 말씀에도 살생을 많이 한 죄가 제일 크다 하시며 여러 가지로 말씀하셨지만 다 약하고 몇 가지만 든다 하여도 가령 이 세상에서 고기를 많이 낚시질 한 사람은 죽어서 언청이가 되며 산에 불을 질러 수많은 곤충을 죽게 한 죄로는 대풍창보[한센병]를 받으며 또한 세상에 나되 단명보를 받아 오래 목숨을 유지하지 못한다 하셨습니다. 그러니 어찌 이 무서운 살생계를 지키지 아니하며 더욱 우리는 도덕을 배워 천지의 호생지덕을 모방하여 일체 중생에게 덕을 입히고 자비심을 배양코자 하는 사람으로서 만일 그와 같은 살생을 하여 무도한 행동을 갖는다면 공부자의 목적이 되겠습니까? 그런즉 우리 공부자로서는 직업이라도 살생업은 하지 말아야 할 것이며 항상 생물을 귀하게 알아 금수 곤충에 이르기까지 도덕의 혜택을 입도록 하여야 할 줄 압니다.

전삼삼 씨의 독지篤志

금강원인金剛院人

《월말통신》 제32회, 시창15년(1930) 9월분

'보는 대로 듣는 대로'는 감상의 다른 표현이며 금강원인金剛院人은 주산 송도성이다. 금강원金剛院은 금강 성품의 집으로, 소태산 대종사는 자신의 주석처를 금강같이 무너지지 않고 금강같이 어두워지지 않고 금강같이 오염되지 않는 금강 성품의 집이라 명명하고 있다. 이에 소태산 대종사의 제자인 주산 송도성도 자신을 금강원에 사는 사람이란 뜻의 금강원인金剛院人이라 한 것이다. 송도성은 소태산 대종사의 최초의 종법실인 금강원 법하法下에 있으므로 금강원의 사람이란 뜻의 금강원인을 필명으로 사용한 것이다.

주산 송도성은 성타원 전삼삼의 처사를 '보는 대로 듣는 대로'에 소개한다. 무산자無産者 공부인을 위해 경영하는 뽕밭에 벌레가 치성하여 이를 잡는 공공사公公事에 참여하는 것과 연고 있는 살생에 대한 일화로써 『대종경』 교단품 13장과 연관된다.

본관에 전삼삼 씨라면 공익심公益心 많고 자비심慈悲心 많으신 어른이라고 일반이 다 짐작하는 바이다. 그런데 최근에 또 씨氏의 장하신 처사담處事談 1건이 기자의 귀에 들림으로 이에 그 대개大槪를 적어 제회중諸會中에 광고하는 비입니다. 그것은 다름이 아니라 씨氏는 지금 60이 넘으신 고령高齡이시지마는 회중會中 공사公事라면 어느 때나 육신이 근고勤苦를 아끼지 않는 터입니다. 그런데 금년 하간夏間에 본관 농업부 상원[桑園, 뽕밭]에는 괴상怪常스러운 해충이 일어나서 뽕잎을 갈아먹음으로 여러 부원은 일제히 출동하고 기타 외인부外人夫까지라도 징발徵發해서 그 벌레를 잡게 되었는데 씨氏는 또 자진하여 왼 종일을 벌레 잡기에 노력하셨습니다. 농업부에서는 70 노인으로 그와 같이 하시는 것이 너무도 미안하고 감격해서 비록 약소하나마 단금團金에 보용補用하라는 뜻으로 당일 근고료勤苦料 얼마를 드렸더니 씨氏는 깜짝 놀라며 "천만 외千萬外 그게 무슨 말씀이오니까? 어디 내가 그것을 받으려고 일하였던가요. 내가 만약 그것을 받고 보면 나에게는 반드시 산山

더미 같이 무거운 죄업罪業이 부딪칠 줄을 나는 확실히 믿습니다. 왜 그런고 하니[그러냐 하면] 우리 계문에 '연고 없이 살생을 말라' 하셨는데 이것은 확실히 살생이 아닙니까. **그러나 내가 당초에 그 일이 살생인 줄을 알면서도 자진하여 온 것은 그 상원桑園은 우리 회중會中에서 공부인 무산자無産者를 위하여 경영하는 공공사公公事이거늘 그 무상한 벌레들이 발생하여 결딴을 냄으로 나는 그에 대한 시비경중是非輕重을 무한無限히 짐작하여 본 연후에 당연히 죽일만한 연고가 있는 것을 생각고 죽인 것이었습니다. 그런데 만약 내가 그 보수를 받고 보십시오. 결국 내 몸 하나를 위해서 그 많은 생명을 죽인 것이 되지 않겠습니까? 그런고로 나는 이 보수란 결코 받지 않겠습니다. 나는 그 무서운 죄罪가 돌아올 것이 두려우니까요."**라고 말씀하셨다. 이 말씀이 과연 얼마나 의미 깊은 금언金言인 것을 우리는 다 같이 한 번 느낄만한 가치가 있다고 생각한 기자記者는 이에 삼가 망필妄筆를 들었나이다.

모든 것이 종사님 은혜

구두口頭 이춘원, 필기筆記 김기천

《회보》 제14호, 시창20년(1935) 1월호

―――― 부산 하단지부 이춘원의 구두 감상을 삼산 김기천 교무가 받아 쓴 것이다. 낙동강에서 올라온 남생이를 다시 강으로 돌려준 이야기로 '연고 없이 살생을 말며'라는 보통급 10계문 1조에 대한 감상담이다.

춘원은 이전부터 농업으로 자생하는 거로 집안 한편에 오줌 구덩이 하나를 크게 파 놓았습니다. 하루는 오줌간으로부터 툼벙툼벙 하는 소리가 들리므로 달려가 보니 적지 않은 남성이[남생이] 한 마리가 빠져서 이리저리 헤매며 눈을 까막까막하며 사람을 보고 구해 달라는 애원을 하는 듯합니다. 이것을 본 춘원은 급한 마음으로 오줌박과 작지로 건져 내어 놓고 맑은 물을 떠다가 씻어 주었더니 남성은 비로소 살길을 얻어서 그러한지 한참 잠잠히 엎드려 있다가 다시 안전처를 찾는 듯이 온 마당을 떠벅떠벅 기어 다닙니다. 그래 집안사람과 이웃 사람들이 구경삼아 보다가 말하되 이것이 고기가 맛이 좋으니 삶아 먹으라 하기에 춘원과 자부子婦 진심화는 깜짝 놀라며 **'연고 없이 살생하지 말라'는 계명**을 생각하여 바로 낙동강으로 담아다가 띄워 주려 할 차에 이웃 사람 하나가 급히 와서 병고에 쓴다고 달라고 합니다. 춘원은 생각하니 그 사람이 그리 급한 병이 없는데 이것을 뺏어다가 잡아먹을 꾀로 하는 말인 줄 알고 기어이 달라는 것을 거절하고 낙동강에 가서 물에 넣었더니 남성은 물속으로 헤엄을 치고 들어갔다가 다시 물 위로 머리를 내어 놓고 감사의 예를 주는 듯했습니다. 춘원은 답례의 말로 남성아! 잘 가거라. 이것이 나의 은덕이 아니라 모두 우리 종사님 은혜다. 우리 종사님 은덕은 시방세계 어느 사람 어느 중생에게 안 미친 곳이 없다. 너도 우리 종사님을 향하여 감사를 표하여라. 남성은 아는 듯이 다시 물위로 머리를 내놓고 서편을 향하여 굽석굽석하며 떠나갑니다. 그런데 이웃 사람은 뒤쫓아 와서 기어이 잡으려고 물에 들어가서 헤매어 보다가 잡지 못하고 돌아갔습니다. **춘원은 생각하되 저 사람은 무슨 꾀로든지 살생하려고 하는데 춘원은 어찌하여 살생 안 할 마음을 가졌는고. 그것은 의심할 것도 없이 나도 전에는 저 사람과 다름없이 살생을 좋아하는 사람이 아닌가. 그러나 춘원은 우리 종사님 법을 배워 아는 연고요, 저 사람은 아직 우리 종사님의 법이 미치어가질 못한 소치다.** 이 천치 중에도 왕 천치인 춘원으로서 이 자비심을 쓰게 된 것은 곧 불심을 얻은 것이다. 이 마음으로 미루어 모든 착한 마음을 행하면 부처와 무엇이 다르리오. 천치인 춘원이가 부처 될 일을 생각하면 어찌나 즐거움이 나든지, 이 즐거운 마음을 이기지 못하여 입에서 나오는 대로 노래를 불렀습니다.

1.
어둡고 미련한 춘원이 속에
밝고도 자비한 불심이 드니
이것이 모두 다 종사님 은혜

2.
똥 끓는 지옥을 벗어나가서
물 좋은 낙동강 남성이 신세

이것이 모두 다 종사님 은혜

3.

번뇌와 고해를 해탈하고서
온전한 극락원에 춘원의 신세
이것이 모두 다 종사님 은혜

4.

집안이나 마을이나 가는 곳마다
착한 말 착한 행실 웃음의 꽃
이것이 모두 다 종사님 은혜

5.

사은을 알아서 보은해갈 제
사은께서 모두 다 즐겨 하시니
이것이 모두 다 종사님 은혜

본회 전무출신자에 한限하여 금주 단연의 철저 여행勵行을 촉促함

제안인 김광선

《월말통신》 제19호, 시창14년(1929) 9월분

금주 단연은 '연고 없이 술을 마시지 말며' '연고 없이 담배를 피우지 말라'는 보통급 10계문과 관련된 의견안으로, 팔산 김광선에 의해 발의된 안건이다. 초기교단 전무출신자들의 금주 단연에 대한 의지를 엿볼 수 있으며, 금주 단연을 해서 그 소모되는 금액을 모아 입선비나 회원이 된 의무금이나 또는 공공公共 사업에 도움이 되도록 하자는 것이다. 이 금주 단연 의견은 가결되어 곧바로 단절斷絕하겠다는 사람도 있고 얼마의 한도를 정定해서 단절하겠다는 사람도 있어 점진적으로 시행하기로 한다.

술과 담배란 원래 사람의 정신을 마취케 하는 일종의 독물로써 어고급금於古及今에 많은 현인, 군자의 경계와 배척을 당當해 왔으나 그 반면에는 수數없는 탕자유인[蕩子遊人, 방탕한 이와 직업 없이 노는 이]의 유일한 기호물로, 조흥제助興劑로, 교제의 도구로 또한 적지 않게 세상 사람들의 환영을 받아 왔음이 사실이외다. 그리하여 그것이 세상에 유행하는 동안에 술 마시다가 집을 패敗하고 몸을 망亡한 자 그 수數를 헤아리지 못할 것이며 술에 빠져 모든 의무와 책임을 다 잊어버리고 인형人形 무릎 쓴 짐승 노릇을 하고 있는 자 그 얼마입니까? 더구나 담배란 술만도 더 못한 것이지요. 술이라 하는 것은 그래도 혹 약품으로 쓰이는 곳이 있으며 센 노동할 때 기시간[幾時間, 몇 시간]이라도 조기[助氣, 기운을 돕는]할 힘이 있는 것이지마는 이 담배란 것은 도무지 백해무일리百害無一利라 하겠습니다.
그런고로 본회의 계문에도 술은 '불과음주不過飲酒'라 하여 다만 절폐節蔽만 하여놓고 담배에 이르러서는 '불흡연不吸煙'이라 하여 전폐全廢를 시킨 것입니다. 그러나 술이고 담배고 할 것 없이 다 참았으면 퍽 필요하겠다고 저는 생각합니다. 이 두 가지는 될 수 있는 대로 전 세계적으로 참았으면 제일 좋겠다고 생각합니다. 그러지 못한다면 우리 조선적으로라도 참았으면 좋겠다고 생각합니다. 그도 정 못할 터이면 우리 회중적으로라도 참았으면 좋겠다고 생각합니다. 그러나 그도 정 못한다면 본회 전무출신에 한限해서는 단연히 참지 아니해서는 아니 될 줄 믿습니다. 전무출신이라 하면 그 책임이 실實로 중重하며 사명이 과연 큽니다. 그 정신과 육신은 온전히 세계를 위하여 공헌한 바입니다. 우리는 공연히 말로만 전무출신이니, 세계를 위한 희생자이니 떠들지 말고 실제에 있어서 그 의무 책임을 다하여야 할 것입니다. 될 수 있는 대로 세계 인류에 유익한 일이라면 어떠한 수단 어떠한 방법으로든지 마땅히 그것을 계발하고 장려해야 할 것이며, 해독 끼칠 것이 있다면 어디까지든지 그것을 제거하고 절멸하기에 노력하여야 할 것입니다. 이와 같이 중차중重且重한 의무 책임을 약弱한 두 어깨에 가득 진 우리로서, 어찌 한 때에 탐욕의 유인誘引을 물리치지 못하여 세계사업을 창립하려는 그 자금을, 일분一分인들 세계 인류에게 해독을 끼치는 그것을, 사기使氣에 소모할 수야 있습니까. 이것은 도저히 우리의 본의가 아니며 책임을 모르는 일이며 너무도 몰지각한 짓이요 더할 수 없는 수치라고 할 수밖에 없습니다.

어떠한 음주가들의 말을 들으면 그것은 꼭 먹어야 할 필요가 있는 것 같습니다. 술을 적도適度[적당, 알맞게] 하게만 먹으면 여간如干 복약服藥하는 것보다 낫다는 둥, 노동 시에는 불가결의 요물이라는 둥, 거기에 한층 더 심한 자는 '나는 밥을 안 먹었으면 안 먹었지 술, 담배는 결코 못 참어' 이렇게까지 최후적 반항을 하는 자가 있습니다. 그 말도 그럴듯하나 여러분이 다 아시는 바와 같이 그것이란 최대한 마력을 가진 것이기 때문에 아주 안 먹기는 쉬워도 먹으면서 적도適度 하게 먹기란 썩 어려운 일입니다. 혹 적도 하게 먹는 사람이 있다 할지라도 그것은 백百에 일一이나 千에 일一이나 한 소수인에 불과할 것이요, 결코 공중적으로 쓸 말이 되지 못하며 아무리 적도 하게 먹는다 할지라도 그 돈을 모아서 자신에 적당한 약 먹는 것이 더 안전하고 유익이 되지 않을까 합니다. 노동자에 대해서도 본래 습관을 고치기가 어려워 그렇게 일하다가 쉴 때라도 술 대신 밥을 먹거든 무엇이 그리 방해로 울 것이야 있겠습니까.

근대세계에 유일한 황금국으로 지칭되는 미국에서는 국가적 정책으로서 금주를 단행한 지가 벌써 오랜 일입니다. 그러나 그 나라 사람들은 남보다 더 왕성한 원기로 잘 살아갑니다. 노동도 여전히 덜 하는 모양이요, 한 사람도 술 안 먹어서 병신 된 자는 없는 듯합니다. 우선 본안을 제출한 이 사람도 본래에는 술 잘 먹고 담배 심히 피우기로는 남의 뒷전 가라면 서러워하던 한 사람이었습니다. 그러나 이 사람은 연전年前에 한번 결심하고 아주 참아버렸습니다. 그렸으되 조금도 살이 나리거나 몸이 축나거나 하는 법法도 없고 오직 처음 얼마 동안만 간간히 생각날 뿐이더이다. 또 어떠한 사람들의 말을 들으면 담배를 안 먹은즉 입에서 구취口臭가 나고 비위가 돈다고 합니다. 그러나 나는 실지로 시험해 본 결과 그 말을 믿지 않습니다. 내 입에서 나는 악취를 내가 몰라서 그런지는 알 수 없으나, 구취도 오히려 덜 났으면 덜 났지 결코 더 나든 아니 하는 것 같습니다. 비위도 더 불안할 것 없습니다. 실상은 담배 먹는 이의 입에서 나는 구취가 더 심하다 할 수 있습니다. 과연 세간 백천만사란 다 이러한 것입니다. 무엇이나 해야 할 방편으로 그 필요한 것을 들 때는 아무리 구진 일이라도 들 만한 재료가 전全이 없는 것이 아니요, 아무리 좋은 일이라도 아니 하기로 핑계를 부칠 때는 또한 핑계할 건지[건더기]가 없는 법法이 아니니, 청請건대 우리 회우會友 제형諸兄이시여, 특히 전무출신하신 동지 여러분이시여, 우리는 결코 이러한 핑계의 슬픔에 숨으려 하지 말고 한번 용기를 내어 이것을 영원히 끊어버리기로 합시다.

원原 계문에는 '불과음주不過飮酒'라 하였지만, 우리 전무출신에 한限해서는 아주 불음주하기로 맹서盟誓합시다. '불흡연不吸煙'은 특신부의 계문이지마는 우리 전무출신에 한限해서는 보통부에 있을 때부터 이 계문을 지키기로 합시다. 비록 전무출신이 아니더라도 본관本館 부근附近에 있는 여러 형제자매께서는 다 이대로 함이 가可할 줄 압니다. 어디를 나가서도 친구 교제한다고 권勸에 부대껴서 먹지를 말 것이며, 돈 안 주고 그저 생긴 것이라고 먹지를 말 것입니다. 그리하여 그곳에 소모되는 돈을 모아서 우리의 공부하는 입선비나 회원이 된 의무금이나 무엇이든지 공공公共한 사업에 도움이 되도록 하여야 할 것입니다. 이것이 창립자의 가치요, 선도자의 책임입니다.

〈우안右案은 가결되었으나 즉지卽地 단절斷絶을 서誓하는 이도 있었고 얼마의 한도限度를 정定하여 단절斷絶키로 하는 이도 있어 점진적 시행케 되었더라.〉

정당하지 못한 벗을 좇아 놀지 말며

서공남

《회보》 제9호, 시창19년(1934) 4·5월호

특신부(특신급) 10계문 중 제5조인 '정당하지 못한 벗을 좇아 놀지 말며'에 해당하는 문목의 해답안이다. 해답인 서공남은 공부심이 부족한 때에는 자신 이상인 사람을 가까이하고 정당하지 못한 인연은 향상向上 공부상 가까이해서는 안 된다는 것이다.

이처럼 법위등급의 3급까지는 자신 이상인 사람을 가까이해야 하지만 법강항마위 이상인 3위부터는 정당하지 못 한 사람을 가까이하여 제도해야 한다.

저는 특신부의 십계문 중 제5조 '정당하지 못한 벗을 좇아 놀지 말며' 조목에 대하여 기재하려 합니다. 정당치 못한 벗이라 함은 간단히 말하자면 우리 회원이 되었거나 안 되었거나 사람으로서 사람다운 행실을 하지 아니하고 조행이 없는 자를 이르되 정당치 못한 벗이라 하겠습니다. 대저 사람은 저의 천성이라고도 할 수 있지만은 대개는 벗으로 좇아서 악인도 되며 선인도 되는 것입니다. 어찌하여 그러한가. 예를 들어 말씀하면 어떠한 동무 하나를 사귄 것이 부모님에게 불효하고 타인에게 욕설 잘하는 동무를 사귀어 논다고 합시다. 그러면 자연 중 그 동무하는 것을 보고 듣고 하는 머리에 설사 나는 그렇게 불의의 행동을 안 하리라 하지만은 부지중 나도 모르게 그 행동에 따르게 되는 것입니다. 그리고 술 잘 먹고 또한 오입쟁이를 좇아 놀고 보면 전에 아무리 술을 못 먹었다 하더라도 한잔 두잔 권하는 머리에 술을 배워 술 잘 먹는 자가 되고 또한 오입쟁이도 되는 것입니다. 그리하여 결국 벗으로 말미암아 가패신망도 하며 한량없는 전정[前程, 앞길]을 망치기도 하며 사회의 배척도 받으며 무신용자無信用者도 되며 도적놈도 되나니, **그런고로 고어古語에도 근묵자흑近墨者黑이요 근주자적近朱者赤이라는 말이 있지 않습니까. 이 말은 곧 먹을 가까이하면 먹이 묻고 붉은 물을 가까이하면 붉은 물이 묻는다는 것입니다. 그리고 또한 공자님의 말씀에 의義가 없는 자는 가히 사귀지 못한단 말이 있고 과거에도 맹모가 맹자님을 교훈하실 때 삼천지교三遷之敎 하심도 이 부당한 벗을 사귀어서는 아니 된다는 것을 표하신 것 같습니다. 그리고 속어에 동무가 반 공부를 해 준다는 말도 다 이 뜻이 포함된 줄로 믿습니다.** 그러면 훌륭한 사람이 되고 못 된 것은 다 각각 자기에게 달린 것이지만은 대개는 그 벗을 잘 사귀고 잘못 사귀는 데에 달렸다는 생각이 드나이다. 그러니 우리는 벗을 사귄다 할지라도 정당한 벗을 사귀며 항상 내 위의 어른을 가까이하여야 할 일이니 나만 못 한 자를 친구로 하여서는 안 될 것입니다. 그러니 우리는 오직 정당한 벗을 사귀어서 내의 몸이 귀하게 되며 동시에 조행 있고 덕이 많은 큰 일꾼이 되어 보기로 각골명심하고 이 조항을 지켜야 된 줄로 알았습니다.

습관 개혁에 대하여

제안인 김대거

《월말통신》 제21호, 시창14년(1929) 11월

대산 김대거의 입회 출가 후 감상담이다. 전무출신 출가 전 서당에서 공부할 때 무릎 꿇던 습관을 비유로, 무릎 꿇기가 습관이 될 때는 무릎을 꿇어도 아픈 줄 몰랐는데 습관이 빠지니 아프듯이 정의 도덕에 습관이 들면 단연斷煙 단주斷酒가 자연스럽게 된다는 것이다. 즉 30계문을 실행해 가면 악습관惡習慣은 묵어가고 좋은 습관으로 개혁된다는 감상이다.

습관이란 것은 참으로 무서운 것으로 생각하였습니다. 어찌 그러냐 하면 경험한 일이 있습니다. 제가 어렸을 때 저세상 몽학 선생蒙學先生한테서 글을 배울 때는 꼭 무릎을 꿇어버릇하기를 2, 3년을 길들이고 보니 자연 중 습관이 되어 아픈 줄도 몰랐습니다. 그렇게 지내다가 본가本家를 떠나 객지에 있으면서는 육신을 마음대로 작용한 까닭에 발 개고 앉기가 질이 들고 무릎 꿇기는 자연 중 묵어졌습니다. 그렇게 지내다가 금일에야 무릎을 꿇고 앉아 보니까 잠깐이 못 되어 편便치 못한 기분이 듭니다.

저는 이 경계境界를 당當한 결과에 한 생각이 났습니다. 제가 저세상에 있을 때는 불행한 삼십 계문을 거의 다 범과犯過하였을 것입니다. 그러나 지금 정의 도덕 하에 질박은 까닭에 삼십 계문 내에 몇 가지는 사연捨捐하였습니다. 그 사연捨捐한 계행은 주초[酒草, 술 담배]입니다. 과過히 습관은 들지 아니하였으나 제가 여기 와 두어 달 동안은 그 알량한 것이 간혹間或 생각이 나더니 지금은 몇 달이라는 세월을 지난 결과에 어두운 뇌惱를 씻고 씻어서 술 담배 피우고 끊기도 마찬가지라는 감상이다. 그리고 지금은 술 먹고 게걸거리는 사람이나 담배 푹푹 피우는 사람을 보면 심지어 그 사람까지 서툴게 보입니다. 이것을 보니까 육근六根을 잘 작용치 못한 까닭에 악습관惡習慣이 드는 줄로 비로소 이제야 자신하였습니다. **그러니까 어려서 무릎 꿇기를 습관 드린 까닭에 그때에는 꿇으나 안 꿇으나 일반이었지마는 오랜 기한을 꿇어보지 않기에 무릎 꿇던 습관이 빠져서 지금에 아프듯,**

이 삼십 계행이 다 그와 같을 것입니다. 저세상에 있을 때는 삼십 계문을 거위 다 범犯하였지마는 지금은 몇 달 동안을 삼십 계행을 여의고 정의 도덕으로 진행하여 실행하는 고로 그와 같은 악습관이 묵어가는 것을 보니 영원히 정의 도덕으로 진행만 하고 보면 자연중 악습관은 묵어가고 좋은 습관이 들 줄로 자신하였습니다.

《회보》 제33호(시창22년 3월호) **요언要言** → 법마상전급 7조

어린 사람의 시기하는 것을 보면 흉으로 알며 유치하다면서, 자기의 시기하는 바는 흉으로도 알지 않고 유치한 줄도 모르니, 참 유치한 중에도 어리석다.

《회보》 제48호(시창23년 10월호) **요언要言** → 특신급 8조

저 모기는 나의 피를 빨기 위하여 다정히 내 뒤에 와서 소리하지마는, 저 두 마음을 가진 사람은 무엇 하기 위하여 다정히 와서 나에게 위안을 주는가?

제3 수행편 修行編

제12장 솔성요론率性要論

제12장 솔성요론率性要論

1. 사람만 믿지 말고 그 법을 믿을 것이요,
2. 열 사람의 법을 응하여 제일 좋은 법으로 믿을 것이요,
3. 사생四生 중 사람이 된 이상에는 배우기를 좋아할 것이요,
4. 지식 있는 사람이 지식이 있다 함으로써 그 배움을 놓지 말 것이요,
5. 주색낭유酒色浪遊하지 말고 그 시간에 진리를 연구할 것이요,
6. 한 편에 착着하지 아니할 것이요,
7. 모든 사물을 접응할 때에 공경심을 놓지 말고, 탐한 욕심이 나거든 사자와 같이 무서워할 것이요,
8. 일일시시日日時時로 자기가 자기를 가르칠 것이요,
9. 무슨 일이든지 잘못된 일이 있고 보면 남을 원망하지 말고 자기를 살필 것이요,
10. 다른 사람의 그릇된 일을 견문하여 자기의 그름은 깨칠지언정 그 그름을 드러내지 말 것이요,
11. 다른 사람의 잘된 일을 견문하여 세상에다 포양하며 그 잘된 일을 잊어버리지 말 것이요,
12. 정당한 일이거든 내 일을 생각하여 남의 세정을 알아줄 것이요,
13. 정당한 일이거든 아무리 하기 싫어도 죽기로써 할 것이요,
14. 부당한 일이거든 아무리 하고 싶어도 죽기로써 아니할 것이요,
15. 다른 사람의 원 없는 데에는 무슨 일이든지 권하지 말고 자기 할 일만 할 것이요,
16. 어떠한 원을 발하여 그 원을 이루고자 하거든 보고 듣는 대로 원하는 데에 대조하여 연마할 것이니라.

'솔성요론'의 솔성이란?

원기9년(1924) 6월 1일 불법연구회 창립총회 시 김기천은 '재가·출가 선법'과 '솔성요론'를 소개한다. 창립총회 당시 불법연구회규약이 채택되었고, 원기12년(1927)에 발행된 초판 『불법연구회규약』에 30계문[보통부 십계문, 특신부 십계문, 법마상전급 십계문], 고락에 대한 법문[재가 공부인 고락의 설명, 낙을 버리고 고로 들어가는 원인], 재가 선법[재가 공부인 응용할 때 주의사항, 재가 공부인이 교무부에 와서 하는 책임], 출가 선법[출가 공부인의 책임, 동하 6개월에 매일 공부하는 순서] 그리고 솔성요론이 게재된다. 재가 선법은 상시훈련법이요 출가 선법은 정기훈련법이다. 『불법연구회규약』에 실린 법문은 소태산 대종사, 변산 봉래정사 주석駐錫 시[원기5년~8년]에 초안한 법문으로 여겨진다. 그러므로 솔성요론은 초기 교법 중 하나이다.

솔성요론은 성품을 거느리는 요긴하고 중요한 논설이다. 이러한 솔성요론의 덕목으로 법과 믿음, 배움, 연구, 편착심, 가르침, 공경, 견문, 세정, 정당한 일, 원하는 바 등이 제시되어 있다.
솔성은 본연 청정한 성품에 근원하여 심신 작용하는 것으로, 청정 일원상을 체 받아서 수행하는 작업취사의 성격이 강조된다. 계문은 말자는 조목이요, 금지하는 조목이라면 솔성요론은 하자는 조목이요 권장하는 조목이다.

솔성요론은 솔성을 중시하는 소태산 대종사의 법설이다. 소태산 대종사는 견성見性을 넘어 솔성率性을 강조한다.
소태산 대종사는 송벽조에게 "중용中庸의 솔성지도率性之道를 해석하여 보라"하니, 송벽조는 "유가에서는 천리天理 자연의 도에 잘 순응하는 것을 솔성하는 도라 하나이다."라고 사뢴다. 이에 대종사는 "천도에 잘 순응만 하는 것은 보살의 경지요, 천도를 잘 사용하여야 부처의 경지이니, 비하건대 능한 기수騎手는 좋은 말이나 사나운 말이나 다 잘 부려 쓰는 것과 같나니라. 그러므로 범부 중생은 육도의 윤회와 십이 인연에 끌려다니지마는 부처님은 천업天業을 돌파하고 거래와 승강을 자유 자재하시나니라."라고 말씀하신다. 〈『대종경』 불지품 6장〉

이처럼 솔성은 성품에 순응하는 것을 넘어 잘 부리는 경지까지를 말한다.

또한 송도성 수필受筆의 성품과 솔성에 대한 소태산 대종사 법설이다.

"성품은 무엇이냐? 우주만물 허공법계가 하나라는 것, 나열한 것이 아니라 아무것도 없는 자리, 없다고 하는 것도 없는 변하지 않는 자리가 성품 자리다.

체體=분별없는 언어도言語道가 끊어지고, 심행처心行處가 멸한 자리다.

용用=우주에 나열한 천태만상이다[형상 있는 것].

그러면 솔성이란?[성품을 거느린다고 하니 어떻게 거느리느냐?] 성품은 성품이 거느린다. 해석해 말하자면 사람이 들어 만물을 거느린다. 그러면 육근은 무엇이 거느리느냐? 마음이 거느린다. 그러면 분별심은 누가 거느리느냐? 분별없는 마음이 거느린다.

솔성은 삼학三學을 닦은 것이다. 좌선 한번, 경전을 들을 때도 사심邪心 잡념 없이 오로지 거기에만 일심이 되는 것은 솔성이다. 마부가 말을 거느린다고 않느냐? 말이 밭에 들어가려고 하면 못 들어가게, 나락[벼]을 먹으려고 하면 못 먹게 하는 것을 거느린다고 한다.

그와 같이 사람도 분별심은 말이요, 무분별심은 마부와 같다. 이 분별심을 임위任爲 운전하여야 마부가 말을 잘 거느린다 할 것이요, 분별심의 노예가 되면 솔성을 하지 못한 것이다. 장군이 병대를 거느리는 것과 같다.

우리 본래 성품 자리는 원만구족하고 지공무사한 성품 자리다. 그러면 그것을 쓸 때 도가리[감정의 도가니]를 타고 공적영지로 쓰는 게 곧 거느린 것이요, 또 한 걸음 나아가서 보통 사람은 물건에 끌려서 일한다 하나, 안 끌리고 마음대로 자유로 하였으면 만물을 거느린다는 것이다.

분별없는 마음이 분별심을 거느린다는 것은 좌선할 때 잡념이 나오지 않도록 누르지 않느냐. 말에 아이가 울면 못 울게 달래듯이 하는 것이다. 또 경전 시간에 딴생각 분별이 일어나면 어째야 잘 들리냐? 지혜 있는 사람은 공부할 때 머릿속을 소제하고 듣는다." 〈주산 송도성 법문집, 『마음은 스승님께 몸은 세상에』〉

소태산 대종사는 솔성은 삼학을 닦는 것이라 밝히고 있다. 마부가 말을 잘 거느리듯이 또는 장군이 군대를 잘 통솔하듯이 무분별의 성품으로 분별심을 임의로 잘 운전하는 것이다. 결국 솔성은 각자의 성품을 깨달아서 그 성품으로 마음을 잘 사용하는 것이요 성품으로 육근을 잘 부려 쓰는 것이다. 우리의 본래 성품 자리는 원만구족하고 지공무사하므로, 이 성품 자리에 바탕을 둔 정신수양·사리연구·작업취사의 삼학을 닦아가라는 것이다.

솔성요론 1~5조

1~2조가 법과 믿음에 관한 조목이라면 3~5조는 배움과 연구에 관한 조목이다.

1. 사람만 믿지 말고 그 법을 믿을 것이요,

《원불교신보》 제112호 '내가 내사한 불법연구회'에 실린 솔성요론 1조와 관련된 황이천의 회고담이다. 황이천은 일제강점기 당시 불법연구회 사찰을 전담했던 이리경찰서 순사였다.

"이천: 종사님[소태산 대종사]도 육신을 가지신지라 어느 때인가는 열반하실 텐데 종사님이 열반하신 뒤에도 이 불법연구회가 그대로 계승되어 나갈까요.

종사주: 그렇지, 그 의심을 가져야지. 대개의 종교 단체는 교주 개인을 신봉하고 있는 고로[까닭에] 그 사람이 죽으면 흐지부지되고 마는 것이 흔한 일이나 이 불법연구회는 나 개인을 믿기보다 내가 낸 법을 옳다고 신봉하기 때문에 내가 죽어도 내 법은 영구히 계승될 것이오.

이렇게 말씀 끝에 참으로 좋은 말을 물었다 하시면서 그 즉시 사무실로 주산 송도성을 불러 그 자리에서 솔성요론 제3조 '사람만 믿지 말고 그 법을 믿을 것이요'를 제1조로 하라 하시면서 기뻐하셨다." 〈황이천, 내가 내사한 불법연구회, 《원불교신보》 제112호〉

법은 일원상의 진리에 근원한 사은사요 삼학팔조의 교법이라면 사람은 소태산 대종사를 비롯한 스승이다.

사람만 믿지 말고 그 법을 믿으라 하니 사람은 절대로 믿어서는 안 된다고 여겨도 어긋난다. 스승은 소태산 대종사의 일원대도와 이에 근원한 교법을 계승하면서 우리에게 법을 가르쳐 주시는 분들이다. 스승을 통해서 교법을 알게 되고 믿게 되므로 스승은 존경의 대상이다. 다만 스승의 색신에만 믿음이 국한되어 스승의 뜻과 가르침의 심연에 미치지 못하면 안 된다는 것이다. 소태산 대종사를 위시한 역대 스승을 신봉하는 동시에 스승을 통해 전해지는 일원상의 법신 자리와 사은사요 삼학팔조의 교법을 신앙해야 하는 것이다.

한 제자가 소태산 대종사에게 "우리는 불상 숭배를 개혁하였사오니 앞으로 어느 때까지든지 대종사 이하 역대 법사의 기념상도 조성할 수 없사오리까."라고 여쭈니 "기념상을 조성하여 유공인을 기념할 수는 있으나 신앙의 대상으로 삼지는 못 하리라."라고 말씀하신다. 〈『대종경』 변의품 22장〉
소태산은 당신을 기념하고 존숭할 수는 있어도 신앙의 대상이 될 수는 없다고 명시한다.

『정산종사법어』 예도편 11장에서 "신앙하는 도에 있어서도 인격 부처님이 계시므로 법신불의 진리를 알게 되고 법신불의 진리가 있으므로 인격 부처님이 이를 천명하시게 되었으니, 신앙하는 도가 둘이 아니나 구분하여 말하자면 법신불 신앙은 진리적 신앙이요 인격 부처님 신앙은 교법적 신봉이라고 할 것이니라."라고 밝히고 있다. 스승을 믿는 것은 교법적 신봉이라면 법을 믿는 것은 진리적 신앙인 것이다.
소태산 대종사의 색신만 믿고 따를 것이 아니라 법신 자리에서 내놓으신 교법을 믿고 따라야 할 것이다.

2. 열 사람의 법을 응하여 제일 좋은 법으로 믿을 것이요,
열 사람의 법을 접응해서 제일 좋은 법을 선택하여 믿으라는 뜻으로, 열 사람의 법을 통합 활용하라는 뜻도 내포하고 있다. 집단지성, 집단연구력을 가동해서 믿으라는 것이다.

소태산 대종사는 '교법의 총설'에서 모든 종교의 교지敎旨도 이를 통합 활용하라고 한다. 통합활용은 열 사람의 법을 응하여 제일 좋은 법으로 믿는 것이다. 제일 좋은 법은 하나만 택하라는 것이 아니라 열을 합한 하나인 통합 활용이다.

소태산 대종사는 열 사람의 법을 응하여 제일 좋은 법을 믿는 실례를 제시한다.
『대종경』 교의품 1장에서 "과거에는 유·불·선儒佛仙 삼교三教가 각각 그 분야만의 교화를 주로 하여 왔지마는, 앞으로는 그 일부만 가지고는 널리 세상을 구원하지 못할 것이므로 우리는 이 모든 교리를 통합하여 수양·연구·취사의 일원화一圓化 … 등 방법으로 모든 과정을 정하였나니, 누구든지 이대로 잘 공부한다면 다만 삼교의 종지를 일관할 뿐 아니라 세계 모든 종교의 교리며 천하의 모든 법이 다 한 마음에 돌아와서 능히 사통오달의 큰 도를 얻게 되리라." 하시었으며, 또한 『원불교교사』 '교법의 연원'에서 "장차 회상을 열 때도 불법으로 주체를 삼고 모든 교법도 마땅한 바를 따라 응용하여 완전무결한 큰 회상을 이 세상에 건설하리라"라고 내정한다.

성품을 거느리는 솔성은 열린 마음으로 모든 것을 수용하여 활용하는 마음 작용이다. 그러므로 열 사람을 접응하여 제일 좋은 방법을 찾아서 믿는 것이며, 모든 사람과 모든 교법을 응하여 좋은 점을 수렴하는 것이다. 만일 이렇지 못하면 성품을 놓친 것이다.
솔성은 널리 살피는 성품 자리를 체 받아서 그때 그 자리에서 제일 타당한 법을 세우는 것이요 모든 법의 좋은 점을 수렴하여 통합 활용하는 것이다.

3. 사생四生 중 사람이 된 이상에는 배우기를 좋아할 것이요,

『불법연구회규약』의 솔성요론 3조였던 '사람만 믿지 말고 그 법을 믿을 것이요'가 이후 1조가 되고 1조였던 '사생 중 사람이 된 이상에는 배우기를 좋아할 것이요'가 3조가 된다.
솔성의 중요한 덕목 중 하나가 바로 배우는 것이다. 성품을 거느린다는 것은 배우기를 좋아하는 것으로, 배우지 못하면 성품을 밝힐 줄 모르고 성품을 사용할 줄 모르는 것이다.
소태산 대종사는 최초법어 '수신의 요법' 첫 조항으로 "시대를 따라 학업에 종사하여 모든 학문을 준비하라"고 당부한다. 이처럼 소태산은 물질 개벽 시대에 배움[호학好學]을 강조하고 있다. 솔성의 중요 덕목 중 하나가 배움이다. 배워야 사람다워질 수 있기 때문이다.
안다 모른다 할 것이 없는 성품을 거느리면 모르면 다시 알려고 하고 알았다 해도 이에 고착되지 않고 배움을 놓지 아니하는 것이다. 모른다 할 것도 없고 알았다 할 것도 없이 항상 배우기를 즐겨하고 좋아하는 것이다.

4. 지식 있는 사람이 지식이 있다 함으로써 그 배움을 놓지 말 것이요,

솔성은 어떠한 경우에도 배우기를 좋아하여 지식을 갖추는 것이요 혹여 지식이 있다 해도 배움을 놓지 않는 연구력이다. 만일 지식을 갖추었다 하여 배우기를 놓는다면 이는 안다는 데도 걸림이 없고 모른다 할 것에도 매몰되지 않는 성품 자리가 가리어 성품이 어두워진 것이다.

다만 배울 때 조심할 사항이 있다. 배우기만 하면 가르치는 사람의 사고에 종속될 수 있다. 배운다는 것은 자기다운 자기화의 과정이다. 배울수록 자기다움이 빛나야 한다. 자기다움을 드러내야 한다.

배움에는 완료가 없는 것이다. 그때 그 상황 그 처지에 끝없이 배우는 것이다. 무어라 할 고착이 없는 성품을 거느리면 지식이 많을수록 더 열린 마음으로 배우는 것이다.

5. 주색낭유酒色浪遊하지 말고 그 시간에 진리를 연구할 것이요,

상시 응용 주의사항 3조의 '노는 시간' 중 하나가 주색낭유하는 시간으로, 정기일기법 1조의 '허송 시간'에 해당한다. 주색낭유로 허송하면 가산을 탕진하여 패가망신하게 된다.

『불법연구회규약』 '제16. 어느 때든지 노는 시간이 있고 보면 강연 문제를 제출하여 차제로 강연할 일'은 상시 응용 주의사항 3조의 '경전·법규 연습하기를 주의하라'와 상통하는 조목이다. 그러므로 이렇게 노는 시간이 있고 보면 경전·법규 연습하여 강연하기를 주의하라는 것이다. 이러할 때 진리를 연구하여 지혜를 갖추는 솔성의 힘이 커지고 세지는 것이다.

그렇다고 휴식 시간을 갖지 말라는 것은 아니다. 쉴 때는 쉬되 주색 등으로 낭유할 허송 시간이 있으면 그 시간은 강연 등으로 진리를 연구하는 데 사용하라는 것이다.

『불법연구회규약』의 솔성요론 제16조는 솔성요론 5조 및 상시 응용 주의사항 3조와 상통되므로 향후 생략된다.

솔성요론 6~11조

편착심, 공경심, 탐심, 성찰, 원망, 견문, 은악양선 등에 관한 솔성법이다.

6. 한 편에 착着하지 아니할 것이요,

성품 자리는 착着이 없는 자리로써, 솔성은 이 자리를 바탕 삼아 한 편에 착하지 않는 것이다.

소태산 대종사, 『대종경』 수행품 9장에서 "큰 공부는 먼저 자성自性의 원리를 연구하여 원래 착着이 없는 그 자리를 알고 실생활에 나아가서는 착이 없는 행行을 하는 것이니, 이 길을 잡은 사람은 가히 날을 기약하고 큰 실력을 얻으리라." 밝히고서 처지 처지를 따라 이 일을 할 때 저 일에 끌리지 아니하고, 저 일을 할 때 이 일에 끌리지 아니하여 일심을 양성하는 수양 공부를 하고, 이 일을 할 때 알음알이를 구하여 순서 있게 하고, 저 일을 할 때 알음알이를 구하여 순서 있게 하여 연구 공부를 하고, 이 일을 할 때 불의에 끌리는 바가 없고, 저 일을 할 때 불의에 끌리는 바가 없게 하여 취사 공부를 하라는 것이다.

또한 『정전』 천지보은의 조목에서 '천지의 광대무량한 도'를 체 받아 편착심偏着心을 없게 하라고 한다. 이 광대무량한 천지의 도는 좋고 싫은 분별에 착 없는 자리에서 드러나는 천지로, 좋으면 좋은 대로 낮으면 낮은 대로 은혜가 되는 광활한 천지 세상이다. 〈『대종경』 불지품 22장〉

이처럼 한 편에 착하지 않는 성품을 거느리면 이 세상은 나의 이용물이요 옹호 기관으로 발현되며, 또한 애착 탐착에 끌리지 않아 자신의 수도와 공사에 지장이 없게 된다. 〈『대종경』 수행품 21장〉

7. 모든 사물을 접응할 때에 공경심을 놓지 말고, 탐한 욕심이 나거든 사자와 같이 무서워할 것이요,

『대종경』 인도품 33장에서 소태산 대종사 대중에게 말씀하시기를 "오늘은 그대들에게 마음 지키고 몸 두호하는 데에 가장 필요한 방법을 말하여 주리니 잘 들어서 모든 경계에 항상 공부하는 표어를 삼을지어다. 표어란 곧 경외심敬畏心을 놓지 말라 함이니, 어느 때 어디서 어떠한 사람을 대하거나 어떠한 물건을 대하거나 오직 공경하고 두려워하는 마음을 가지고 대하라 함이니라. … 가령 어떤 사람이 어느 가게에서 성냥 한 갑을 훔치다가 주인에게 발각되었다면 그 주인이 하찮은 성냥 한 갑이라 하여 그 사람을 그저 돌려보내겠는가. 극히 후한 사람이라야 꾸짖음에 그칠 것이요, 그렇지 아니하면 모욕을 가할 수도 있을 것이니, 이것은 성냥을 취하려는 욕심이 들어서 제가 저를 무시하고 욕보인 것이요, 그 욕심은 성냥 한 갑에 대한 경외심을 놓은 데서 난 것이니, 하물며 그 이상의 물질이며 더구나 만능의 힘을 가진 사람이리오. 그러므로 우리는 항상 공경하고 두려워하자 함이니, 우리가 무엇이나 공경하고 두려워하는 마음[경외심]을 가지고 의義로써 살아간다면 … 온 우주에 건설되어 있는 모든 물건은 다 나의 이용물이요, 이 세상에 시행되는 모든 법은 다 나의 보호 기관이지마는, 만일 공경과 두려움을 놓아 버리고 함부로 동한다면 우주 안의 모든 물건은 도리어 나를 상해하려는 도구요, 이 세상 모든 법은 도리어 나를 구속하려는 포승이니[사은 배은], 어찌 두렵지 아니하리오."라고 공경심의 중요성을 밝히고 있다.
또한『대종경』교단품 3장에서 "낮은 인연이 생기지 아니하고 길이 이 즐거움이 변하지 아니하기 위해서는 친해 갈수록 더욱 공경하여 모든 일에 예를 잃지 아니하라"라고 공경의 중요성을 제시하고 있다.

공경심은 불공 및 예禮와 통하며 탐한 욕심과는 상충한다. 탐한 욕심이 난다는 것은 성품을 놓친 상태이다. 분별 주착이 없는 성품을 거느리면 상대를 상대 그대로 받아들이게 된다. 공경심을 놓쳤다는 것은 상대를 존중하지 않는 것으로, 상대의 생각과 태도를 내 뜻대로 판단하고 내 중심으로 평하는 것이다. 공경심은 상대를 인정하고 존중하면서 상대와 상의해서 합의해 가는 것이다. 상대를 나의 도구로 삼아 부리겠다는 것은 탐한 욕심에 끌리는 것이다. 공경심을 놓치는 탐한 욕심은 사자와 같이 무서워하라는 것이다. 사자는 조심하고 두려워하는 상징으로, 공경심이 없는 탐한 욕심을 사자와 같이 두려워하라는 것이다.
분별 주착이 없는 성품을 챙기면 상대를 상대 그대로 존중하는 공경심이 있게 되며, 성품을 놓치면 상대를 내 뜻대로 내 생각대로 통제하고 부리려는 탐한 욕심이 일게 된다. 성품을 거느리는 사람은 상대는 죄도 주고 복도 줄 수 있는 권능자라는 것이 선명해진다. 상대를 죄복을 행사하는 산부처로 공경하는 것이다. 사자는『정전』에 등장하는 동물이다.

8. 일일시시日日時時로 자기가 자기를 가르칠 것이요,

'상시 응용 주의사항'이 상시로 자기가 자기를 가르치는 구체적인 덕목이요, '일상 수행의 요법'을 조석으로 또는 경계마다 새기는 것이 또한 자기가 자기를 가르치는 것이며, 일기법을 시행하는 것이 당일에 자기가 자기를 가르치는 것이다.

『불법연구회통치조단규약』의 '세칙에 대한 설명' 중에 "우리의 공부시키는 제도가 본시 공부하는 방식과 원료만 가르쳐 줄 뿐이요, 직접 공부하는 데 있어서는 배우는 자로 하여금 가르치는 자의 권면이나 지도에 끌려 공부하도록 한 것이 아니라, 항상 자각自覺적 정신 하에 양심을 속이지 아니하고 자기가 자기를 가르쳐 자기의 의무와 책임을 자기가 이행하도록 되었나니"라고 한다.

견문 간에 밖으로부터 스승이나 경전을 통해서 배움을 받는 동시에 안으로 자심에 비추어 자기가 자기를 가르치는 공부가 성숙해야 내외가 겸전된 공부이다. 성품을 거느리는 솔성은 성품으로 타력은 잘 받아들이면서 자력을 잘 사용하는 공부이다. 자기가 자기를 가르치는 조목은 솔성요론의 핵심이다. 솔성은 각자의 성품을 밝혀 자신의 심신을 사용하는 것이기 때문이다.

9. 무슨 일이든 잘못된 일이 있고 보면 남을 원망하지 말고 자기를 살필 것이요,

분별 주착이 없는 성품을 돌이켜 보면 마음에서 일어나는 핑계나 방어기제가 분명해지니 탓할 것이 없게 된다. 성품의 밝은 영지를 드러내어 경계에 끌려가지 않는 솔성을 하는 사람은 잘못된 일이 있으면 그 잘못된 상황을 탓하고 원망하기보다는 먼저 자신을 살피게 된다.

《회보》 제63호 모두冒頭에 "남의 불의함은 보면 미워하면서, 나의 불의는 알지 못하나니, 먼저 나를 살필지어다."라는 요언이 등장한다. 모든 잘못에는 자기를 살필 요소가 있는 것이다.

모든 일은 외부의 조건이 있다고 해도 직접 원인은 나에게 있고 잘못된 일을 풀어가야 할 사람도 바로 나라는 것이다. 자신을 살피는 것이 공부인의 도리이고 이러할 때 속 깊은 공부가 되며, 오히려 전화위복의 지혜를 발휘하여 순리적으로 문제를 풀어갈 수 있게 된다. 무슨 일을 당하든지 먼저 나를 살피고 문제해결의 열쇠를 자신에게서 찾을 줄 아는 공부는 솔성의 요체가 된다. 문제해결의 원인을 자기 자신에서 찾을 때 그 잘못됨을 실질적으로 개선할 수 있고, 남을 탓하지 않는 상극의 악연을 맺지 않고 상생의 선연을 지을 수 있으며, 작은 실수를 통하여 큰 공부와 새로운 서원의 계기로 삼을 수 있는 것이다.

10. 다른 사람의 그릇된 일을 견문하여 자기의 그름은 깨칠지언정 그 그름을 드러내지 말 것이요,

소태산 대종사는『대종경』인도품 36장에서 무슨 일로 김남천을 꾸짖으시고, 문정규에게 말씀하시기를 "내가 남천을 꾸짖는 것이 남천에게만 한한 것이 아닌데 정규는 어떻게 생각하는가. 내가 어떤 사람을 꾸짖든지 정규는 먼저 정규의 행실을 살펴보아서 그러한 일이 있으면 고칠 것이요 없으면 명심하였다가 후일에도 범하지 않기로 할 것이며, 결코 책망당하는 그 사람을 흉보거나 비웃지 말라. 어리석은 사람은 남의 허물만 밝히므로 제 앞이 늘 어둡고, 지혜 있는 사람은 자기의 허물을 살피므로 남의 시비를 볼 여가가 없나니라." 말씀하신다.

또한『대종경』교단품 4장에서 "가까운 사이에 낮은 일이 생기지 아니하고 영원히 좋은 인연으로 지내기 위해서는 남의 시비를 알아서 나의 시비는 깨칠지언정 그 허물을 말하지 말라"고 당부한다.

솔성은 자타가 둘이 아닌 성품에 바탕을 둔 마음 작용이므로 모든 인연이 나와 무관하지 않은 것이다. 그러므로 다른 사람의 그릇된 일은 안타까운 일로써 측은하게 여길 상황이요 나의 행위를 돌아볼 반성의 계기이다. 이처럼 다른 사람의 일이라도 마음 가운데 매양 반조하는 공부를 잘하라는 것이다. 〈『대종경』수행품 24장〉

11. 다른 사람의 잘된 일을 견문하여 세상에다 포양하며 그 잘된 일을 잊어버리지 말 것이요,

자타가 둘이 아닌 성품을 오득하면 다른 사람의 기쁨은 내 일같이 기뻐하고 다른 사람의 실수나 아픔은 안타까워하게 된다.

이처럼 수희공덕隨喜功德하는 솔성은 다른 사람의 잘한 일을 내가 잘한 것처럼 여기고, 다른 사람의 좋은 일은 나의 좋은 일처럼 같이 따라서 좋아하고 기뻐하는 공덕이다. 반면 수희공덕의 반대는 다른 사람의 잘된 일을 시기하고 질투하는 것이다.

솔성요론 10·11장은 은악양선隱惡揚善하라는 것이다. 즉 다른 사람의 그릇된 일은 드러내지 말고 잘된 일은 포양하라는 것이다. 다른 사람의 그릇된 일을 드러내지 말라는 것은 자기의 그름을 깨우치는 가르침으로 삼으라는 것이며, 다른 사람의 잘된 일은 드러내라는 것은 또한 그 잘된 일을 나의 삶의 지혜로 보감 삼으라는 것이다.

또한 덕도 남의 덕은 드러내고 나의 덕은 남이 모르게 하는 음덕이 더 크다는 것이며, 남을 교묘하게 괴롭히는 음해가 더욱 안 좋다는 것이다.

소태산 대종사는 『대종경』 요훈품 25장에서 "선은 들추어낼수록 그 공덕이 작아지고 악은 숨겨둘수록 그 뿌리가 깊어지나니, 그러므로 선은 숨겨두는 것이 그 공덕이 커지고 악은 들추어내는 것이 그 뿌리가 얕아지느니라." 하시며 "덕도 음조陰助하는 덕이 더 크고, 죄도 음해陰害하는 죄가 더 크니라."고 경계한다.

실수는 덮어주고 선행은 드러내 주는 것이 은악양선으로, 은악양선은 『중용中庸』에 등장한다.

『대종경』 실시품 39장 말씀이다.

대종사 매양 신심 있고 선량한 제자에게는 조그마한 허물에도 꾸중을 더 하시고, 신심 없고 착하지 못한 제자에게는 큰 허물에도 꾸중을 적게 하시며 조그마한 선행에도 칭찬을 많이 하시는지라, 한 제자 그 연유를 묻자오매 대종사 말씀하시기를 "열 가지 잘하는 가운데 한 가지 잘못하는 사람은 그 한 가지까지도 고치게 하여 결함 없는 정금미옥을 만들기 위함이요, 열 가지 잘못하는 가운데 한 가지라도 잘하는 사람은 그 하나일지라도 착한 싹을 키워 주기 위함이니라."

소태산 대종사는 신심이 부족하고 착하지 못한 제자들의 큰 허물에는 꾸중을 적게 하며 조그마한 선행에도 칭찬을 많이 했는데 이는 은악양선이라는 방편을 베푸신 것이다.

이처럼 은악양선은 상대방의 허물을 덮어주어 참회 개과의 길을 열어줌은 물론 선행을 선양하여 지속적 상생의 선연을 맺도록 하는 제도 방편이다.

솔성요론 12~16조

세정, 정당한 일, 부정당한 일, 권장, 소원성취 등에 관한 솔성법이다.

12. 정당한 일이거든 내 일을 생각하여 남의 세정을 알아줄 것이요,

자타가 둘이 아닌 성품 자리를 거느리면 내 입장을 미루어 남의 세정까지 공감하게 된다.

• "내가 당해서 싫은 일은 남에게 가하지 말 것이며, 내가 당해서 좋았던 일을 남에게 베풀라." 〈역지사지易地思之〉

• 나를 잣대로 삼아 남을 이해하고 사랑하라. 〈『대학』의 혈구지도絜矩之道〉

"나 자신이 윗사람에게 당해서 싫었던 것을 가지고 아랫사람을 부리지 말 것이며, 아랫사람에게 당해서 싫었던 것을 가지고 윗사람을 섬기지 말 것이며, 앞사람에게서 당해서 싫었던 것을 가지고 뒷사람에게 가하지 말 것이며, 뒷사람에게 당해서 싫었던 것을 가지고 앞사람을 따르지 말 것이며, 오른쪽 사람에게서 당해서 싫었던 것을 가지고 왼쪽 사람을 사귀지 말 것이며, 왼쪽 사람에게 당해서 싫었던 것을 가지고 오른쪽 사람을 사귀지 말 것이니, 이것을 일러 '나를 잣대로 남을 헤아려 재는 도'라고 하는 것이다. 〈『대학』〉

• 자신이 원하지 않는 것을 남에게도 행하지 말라. 〈공자의 서恕〉

• 나에게 좋은 것을 남에게 베풀고[자慈] 남의 아픔을 나의 아픔으로 여겨라[비悲].

• 남에게 바라는 대로 남에게 해주어라. 〈예수의 황금률〉

• "내가 못 당할 일은 남도 못 당하는 것이요, 내게 좋은 일은 남도 좋아하나니, 내 마음에 섭섭하거든 나는 남에게 그리 말고, 내 마음에 만족하거든 나도 남에게 그리하라. 이것은 곧 내 마음을 미루어 남의 마음을 생각하는 법[추기급인推己及人]이다." 〈『대종경』 인도품 12장〉

취사하는 판단의 잣대로, 하나는 나의 양심을 잣대로 삼는 것이고 또 하나는 타인의 입장에 잣대를 두는 것이다.

먼저, 나의 양심에 잣대를 "자신이 원하지 않는 것을 남에게도 행하지 말라"는 서恕 사상이다. 서恕는 '같을 여如'에 '마음 심心' 자가 합한 것으로, 이는 내 마음을 미루어서 남의 마음을 헤아릴 수 있다는 것이다. 그러니 내 양심에 미루어 보아 내게 싫은 것은 남에게도 권하지 말고 내게 좋은 것은 남에게도 베풀라는 것이다. 내 마음의 양심이 판단의 잣대가 되는 것이다.

앞의 서恕를 적극적으로 표현하면 "자신이 원하는 것을 남에게 행하라"는 것이 된다. 그러나 이 지점에서 어그러짐이 생길 수 있다. 나의 원과 상대의 원에 차이가 있기 때문이다.

이에 대해 "남이 원하지 않는 것을 남에게 행하지 말라" "남에게 바라는 대로 남에게 해주어라."고 강조한다. 자신이 원하는 것으로 상대를 대하지 말고 오히려 상대가 원하는 것으로 그를 대우하라고 한다.

그런데 이에도 한계가 있다. 상대의 뜻이 부당할 경우이다. 상대가 자신의 욕심을 앞세울 때 마냥 그 상대를 존중할 수만은 없기 때문이다.

결국 취사 판단의 포인트는 나의 양심에만 있는 것도 아니고 상대의 입장만을 존중하는 데에 있는 것도 아닌, 나와 상대의 사이에 있다. 나의 양심과 상대의 입장이 만나는 그 사이에 있는 것이다.

소태산은 이 포인트를 '정당한 일'에 둔다. 정당한 일은 자타 간에 이로움을 추구하는 자리이타로, 자리이타로 화하게 하는 것이 바로 정당한 일이다.

13. 정당한 일이거든 아무리 하기 싫어도 죽기로써 할 것이요,

정의거든 기어이 취하는 실행 공부를 하여 바라는 낙원을 맞아 오자는 것이요[『정전』 작업취사의 목적], 모든 일을 응용할 때 정의는 용맹 있게 취하는 실행의 힘을 얻는 것이다[『정전』 작업취사의 결과]. 죽기로써는 '기어이'로, 용맹 있게 취하는 것이다.

정당한 일은 사은 보은이요 사요 실천이다.

14. 부당한 일이거든 아무리 하고 싶어도 죽기로써 아니할 것이요,

불의이거든 기어이 취하는 실행 공부를 하여 싫어하는 고해는 피하자는 것이요[『정전』 작업취사의 목적], 모든 일을 응용할 때 불의는 용맹 있게 버리는 실행의 힘을 얻는 것이다[『정전』 작업취사의 결과]. 부당한 일은 사은 배은이요 사요 위배이다.

성품을 거느리는 솔성을 하면 정의는 행하고 불의는 버리는 취사력을 발하게 된다.

15. 다른 사람의 원 없는 데에는 무슨 일이든지 권하지 말고 자기 할 일만 할 것이요,

성품을 거느리면 권유는 하되 강권은 하지 않고 부탁은 하되 강제는 하지 않는 것이다. 소태산 대종사, 변산 봉래정사에 주석하며 자칭 석두 거사로 불릴 때 실상사 상좌가 참선에 재미를 못 붙이고 있으니 두 노승이 그 상좌에 대해 '천 불千佛이 출세해도 제도 못 하리니 세상에 버린 물건이다'라며 무수히 꾸짖는 모습을 보고 강권에 대한 우려를 표한다. "남의 원 없는 것을 강제로 권하는 것은 그 사람으로 하여금 영영 그 일을 싫어하게 함이니, 제가 지금 화상에게 저 산의 바위 속에 금이 들었으니 그것을 부수고 금을 캐라고 무조건 권하면 화상은 곧 제 말을 믿고 바로 채굴을 시작하겠습니까?" 노승이 한참 동안 생각한 후에 말하기를 "그 말씀을 믿고 바로 채굴은 못 하겠나이다." 대종사 말씀하시기를 "화상이 그와 같이 확신해 주지 않는데 제가 만일 강제로 권하면 화상은 어찌하겠습니까. 필시 제 말을 더욱 허망하게 여기고 말 것입니다. 저 사람은 아직 참선에 대한 취미도 모르고 아무 발원도 없는데, 그것을 억지로 권함은 저 사람으로 하여금 참선을 도리어 허망하게 알게 함이요, 허망하게 아는 때에는 영영 참선을 아니 할 것이 아닙니까. 그러므로 이는 사람 제도하는 묘방이 아닙니다."[『대종경』 실시품 2장]라고 참선을 권하는 방식을 표한다.

『대종경』 교단품 3장에 정선된 '불원不願커든 막권莫勸하라'는 소태산 대종사 법설이다. 학도學徒 한 사람이 어떠한 사람을 권하여 도道를 배우라 하니 그 사람이 듣지 아니함에, 학도 자주 내왕하며 말하고 자기의 공부하는 정신이 그리 끌린다고 하거늘, 선생이 이에 경계하여 가라사대, "남의 원치 않는 일을 권면치 말지어다. 권면할 때는 선善한 마음으로 저 사람을 생각하여서 권면하였지마는 그 사람이 듣지 아니하는 때에는 도리어 악이 되나니라. 우선 네 마음을 촌도[忖度, 미루어 헤아려]하여 보라. 네가 듣기도 싫고, 보기도 싫고, 하기도 싫은 일을 다른 사람이 강제로 누차 권하면 너의 마음에 그 권함이 반갑겠느냐. 반갑기는 고사하고 도리어 진심嗔心이 일어날 터이니, 진심이 일어나고 보면 곧 저 사람과 원수가 되리라." 하시더라.
가까운 사이에 낮은 일이 생기지 아니하고 영원히 좋은 인연으로 지내기 위해서는 남의 원 없는 일을 과도히 권하지 말라는 것이다. 자신의 호불호를 강권하는 태도에 주의시키고 있으며, 자신이 좋아하는 일은 자신 먼저 즐기고 상대에게는 솔선수범하라는 것이다. 이것이 상대를 존중하는 기본이기 때문이다.

16. 어떠한 원을 발하여 그 원을 이루고자 하거든 보고 듣는 대로 원하는 데에 대조하여 연마할 것이니라.

솔성요론 제16조는 『불법연구회규약』에 없던 조목으로 『육대요령』에 등장한다.

『불법연구회규약』 제16조 '어느 때든지 노는 시간이 있고 보면 강연 문제를 제출하여 차제로 강연할 일'은 상시 응용 주의사항 3조와 겹치기에 제외되고 이 조항으로 대체된다.

솔성요론 제16조는 소태산 대종사의 발심·구도의 과정이요 체험이다. 소태산의 발심과 구도는 알고자 하는 의심을 발하여 그 의심을 해결하려고 묻고 탐구하는 과정이었다. 끝내는 '이 일을 장차 어찌할꼬'라는 한마음에 몰두했다. 이렇게 원하는 의심 해결을 위해 대조하고 연마하는 속에서 대각을 이루신 것이다. 솔성요론 제16조는 소태산의 발심·구도하는 과정의 체험담이다.

소태산 대종사는 어린 시절을 회고하신다.

"내가 어려서 얼마 동안 같이 글 배운 사람 하나가 있는데, 그는 공부에는 뜻이 적고 광대 소리 하기를 즐겨하여 책을 펴 놓고도 그 소리, 길을 가면서도 그 소리이더니 마침내 백발이 성성하도록 그 소리를 놓지 못하고 숨은 명창 노릇을 하는 것을 연전年前에 보았고, 나는 또 어렸을 때부터 우연히 진리 방면에 취미를 가지기 시작하여 독서에는 별로 정성이 적고, 밤낮으로 생각하는 바가 현묘한 그 이치이어서 이로 인하여 침식을 다 잊고 명상에 잠긴 적이 한두 번이 아니었으며, 그로부터 계속되는 정성이 조금도 쉬지 않은 결과 드디어 이날까지 진리 생활을 하게 되었으니, 이것을 두고 볼지라도 사람의 일생에 그 방향의 선택이 제일 중요한 것이며, 이미 방향을 정하여 옳은 데에 입각한 이상에는 사심 없이 그 목적하는 바에 노력을 계속하는 것이 바로 성공의 기초가 되나니라." 〈『대종경』 수행품 11장〉

소태산 대종사의 어린 시절 친구인 숨은 명창의 경우든, 소태산 대종사가 의심 해결을 통해 진리 생활을 하게 된 경우든 다 정성이 쉬지 않고 보고 듣는 대로 원하는 데에 대조하여 연마한 결과이다. 바라는 원을 이루기 위해서는 그 목적한 바에 연마하고 대조하는 공부를 지속하라는 것이다.

간단없는 성품을 거느리는 사람은 그 원하는 바를 보고 듣는 것에 끊임없이 대조하고 연마한다. 결국 견문 간에 원하는 바에 따라 간단없이 삼학 공부하라는 것이다.

그날 그 시時를 뜻 있게 보내라

전음광

《회보》 제10호, 시창19년(1934) 6·7월호

———— '배우는 바 있으라'는 솔성요론 '3. 사생 중 사람이 된 이상에는 배우기를 좋아할 것이요' '4. 지식 있는 사람이 지식이 있다 함으로써 그 배움을 놓지 말 것이요' '5. 주색낭유하지 말고 그 시간에 진리를 연구할 것이요'에 해당하며, '가르치는 바 있으라'는 솔성요론 '8. 일일시시로 자기가 자기를 가르칠 것이요'에 해당하며, '하는 바가 있어라'는 솔성요론 '13. 정당한 일이거든 아무리 하기 싫어도 죽기로써 할 것이요'에, '하지 않는 바가 있으라'는 솔성요론 '14. 정당한 일이거든 아무리 하고 싶어도 죽기로써 아니할 것이요'에 해당한다 할 것이다.

1.

사람의 평생이란 짧고도 긴 것이며 길고도 짧은 것이다. 짧은 편으로 볼 때는 어린애가 어언간 변해서 소년이 되고 소년이 어언간 변해서 장년이 되고 장년이 어언간 변해서 노인이 되고 노인이 병들어 죽기까지 순서적으로 진행되는 그 경로가 심히 단순한 것이며 참으로 하잘것없는 것이다. 준총[駿驄, 걸음이 몹시 빠른 말]을 빨리 달려 작은 개천을 건너뛰는 것 같다 하였으며 부생浮生의 세상에 삶이 한바탕의 꿈이라고도 하였다. 그러나 또 긴 편으로 볼 때는 무척도 지리[지루]한 것이며 아득한 것이다. 그것은 어디서 서로 약조한 사람을 기다릴 때나 병고 중 긴긴밤을 새울 때 경험해 보라. 그 지리한 맛을 가히 알 것이다. 그야말로 일각이 여삼추[一刻如三秋, 짧은 시간도 3년처럼 길게 느껴진다는 뜻]와 같겠거든 하물며 멀고 먼 일평생이랴. 그런고로 사람의 평생이란 짧고도 긴 것이며 길고도 짧은 것이라고 한다.

2.

그러면 우리는 이 짧고 짧은 한평생에 하잘것없는 한평생에 그 무엇을 어떻게 하여야 값있는 생활을 하였다 할 것이며, 사람으로서 세상에 태어나는 보람이 있게 될 것인고? 우리는 이 길고 긴 한평생에 아득한 한평생에 그 무엇을 어떻게 하여야 죄 없이 살아가며 깨끗하게 마칠 것인고? 적으나 뜻있는 인사로서는 이 문제를 한 번 아니 생각해 볼 수 없으며 생각해 볼진대 반드시 어떠한 묘안을 발견하여야 할 것이다.

3.

그런데 묘안이란 결코 다른 것이 아닐 것 같다. 그것은 곧 그날 그 시時를 뜻있게 보내라는 이것이다. 그 시時를 뜻있게 보내면 그달 그해를 뜻있게 보냄이 될 것이요, 그달 그해를 뜻있게 보내면 결국 그 일생을 뜻있게 보냄이 될 것이니 그 일생을 뜻있게 보내는 근본은 오직 그날 그 시時에 있다. 그러면 또 어떻게 하여야 그날 그 시時를 뜻있게 보내는 것이 될 것인고? 그것은 아래의 몇 가지를 실행함에 있다고 생각한다.

• **배우는 바가 있어라.** 배움을 놓은 사람은 향상의 길을 막은 사람이다. 배우라. 배우라. 인도에 당연한 것이거든 무엇이든지 배우라. 보는 데에서도 배우고 듣는 데에서도 배우고 글에서도 배우고 말에서도 배우고 천지에서도 배우고 만물에서도 배우고 가는 곳마다 언제든지 배우라. 배움을 놓은 그날이 곧 시대에 낙오자가 되는 그날이니라.

• **가르치는 바가 있어라.** 가르치는 바가 없는 사람은 언제든지 독부獨夫다. 가정에 있어서는 가정의 독부요, 사회에 있어서는 사회의 독부다. 누구나 이 독부적 입장을 면하려거든 가르쳐라. 인도에 당연하면 무엇이든지 가르쳐라. 말로도 가르치고 마음으로도 가르치고 행실로도 가르치고 나 아는 데까지는 힘껏 정성껏 가르쳐라. 가르침이 끊어진 그날이 곧 세상에 배척자가 되는 그날이다.

• **하는 바가 있어라.** 하는 것이 없는 사람은 사회적 죄인이다. 정신적으로나 육체적으로나 무릇 무엇으로든지 반드시 하는 바가 있어라. 일개인은 전 사회의 일 분자가 아닌가. 사회의 일 분자인 한 사람이 무고히 논다는 것은 곧 사회의 일부분이 고장이 나서 움직이지 못하는 것과 마찬가지다. 그런고로 우리는 노는 사람이 되지 말고 일하는 사람이 되며

일하는 사람이 되는 가운데에도 부지런히 하는 사람이 돼라.

• **하지 않는 바가 있어라.** '옳지 못한 일인 줄 알 때는 죽더라도 하지 않는 바가 있고 난 뒤에라도 참으로 크게 하는 바가 있다.'고 하셨다. 이것은 옛 성현 맹자의 교훈으로 천고를 통하여 위대한 격언이다. 우리는 죽더라도 하지 않는 바가 있어야 한다. 보라. 한때의 잠깐 잘못이 일생의 큰 결함이 된 자가 그 얼마나 많으며, 일순간의 조그마한 쾌락이 영세의 치욕으로 화하는 자 또한 그 얼마이냐. 그런고로 우리는 매사를 처리할 때 의義냐 불의不義냐 이 두 끝을 반복 침사沈思하여 그 순간의 한 잘못이 일평생 역사상에 더러운 흠이 되는 것을 깊이 생념하라.

우리는 매일 이 몇 가지의 강령을 세워두고 오늘은 내가 무엇이든지 배운 바가 있는가, 가르친 바가 있는가, 한 바가 있는가, 불의를 범하지나 안 하였는가, 늘 이와 같이 대조하는 정신을 놓지 아니하고 자강불식할 것 같으면 세월의 흐름을 따라 자연한 성취가 있을 것이다. 다른 사람의 이미 이뤄 놓은 위대한 사업을 볼 때는 참으로 엄청나며 진실로 하지 못할 것 같으나 자기로써도 그날 그 시를 허도虛度하지 아니하고 부지런히 하기는 쉬운 일이며 또는 일평생을 통하여 그 수많은 날짜에 조금도 허물이 없기는 매우 어려운 듯하나 다만 그날 그 시를 잘못함이 없이 지내기는 용이할 일이니, 우리는 그 위대한 사업을 볼 때 조금도 엄청나게 생각할 것도 없으며 일생에 허물없기를 그다지 어렵게 생각할 것도 아니라, 오직 그날 그 시를 뜻있게 보냄으로써 요체를 삼아 힘써 행하라.

경외지심敬畏之心을 놓지 말라

송도성 수필受筆

《월말통신》 제32호, 시창15년(1930) 음 9월

'경외심을 놓지 말라'는 표어는 솔성요론 '7. 모든 사물을 접응할 때에 공경심을 놓지 말고, 탐한 욕심이 나거든 사자와 같이 무서워할 것이요'의 부연이라 할 것이다.

《월말통신》 제31호, 시창15년 익산총부 8월 6일 예회록을 보면 "본일本日은 본회 창한 제2회내 86차의 예회 겸 하선 해제일이었다. 오전 10에 조송광 씨의 의미 깊은 개회사로 비롯하여 … 매우 성황리盛況裡에 정회停會하다. 동同 오후 2시 반에 속회續會하여 종사주께옵서 친히 성적표를 수여하신 후 '떠날 수 없는 스승'이란 제題와 '모든 물건을 대할 때 경외지심敬畏之心을 놓지 말라'는 제題로 장시간 설법이 계시옵고 … 조 회장으로부터 폐회를 선언하니 오후 5시경 이러라."라는 기록이 보인다. 이 법문은 경오하선(시창15년 음 5월 6일~8월 6일) 중 또는 해제식에서 설해진 듯하며, 정선하여 『대종경』 인도품 33장에 수록된다.

한때에 종사주宗師主께옵서 익산 금강원에 계옵시니, 때는 마침 제11회 선禪[경오庚午 하선] 중이었더라. 하루는 종사주께옵서 남녀 도중道衆을 설법전으로 모으시고 일러 가라사대, "내 오늘은 제군에게 마음을 가지고 몸 두호하는[지심호신持心護身] 가장 필요한 방법을 말하여 줄 터이니, 제군은 마땅히 온전한 정신으로 자상히 들을 지며 백천 경계를 응하여 육근을 동용動用할 때에 항상 이 말을 명심하여 제군의 공부하는 표어를 삼을지어다.

그러면 이제 제군에게 주고자 하는 그 표어란 무엇인고? 곧 '경외심敬畏心을 놓지 말라' 함이다. 다시 말하자면 어느 때든지 어떠한 사람을 교제하나 어떠한 물질을 접촉하나, 오직 공경하고 두려워하는 마음을 놓지 말라 함이다. 왜 그런고[그러니까] 하니, 공경하고 두려워하는 마음이 없고 보면 아무리 친절 무간無間한 부자·형제·부부의 사이에도 반드시 불평과 원망이 생기는 것이며 대수롭지 않은 경계와 경미輕微한 물질에도 흔히 구속과 실패를 당하나니, 그것은 처지가 무간하고 경계가 경미함으로써 마음 가운데 경외 2지를 놓아버리고 뜻을 놓아 되는대로 행하다가 필경[결국에는] 그에 범촉犯觸하여 드디어 무한한 곤욕과 고난을 당하게 되는 것이다.

가령 한 예를 들어 말하자면, 어떠한 사람이 어떠한 상점에 갔다고 하자. 그 상점에 놓여 있는 모든 물품에 욕심이 왈칵 나서 얼른 무엇 하나 훔친다는 것이 부지중 성냥[인촌燐寸] 한 갑을 손에 들었다. 그러다가 불행히 그 점주에게 발각된 바가 되었다. 그러면 그 점주가 경미한 물질 성냥 한 갑에 관한 일이라고 해서 그 훔쳐 간 사람을 그저 호안好顔으로 돌려보낼 리는 만무萬無할 것이다. 아마 극히 인후仁厚한 사람이라야 엄중한 경책으로써 그칠 것이요, 그렇지 아니하면 모욕과 구타로써 더 할 것이 사실이니, 이것은 곧 그 하찮은 성냥 한 갑이 들어 그 사람을 모욕하고 구타함이 되지 않았느냐.

그렇다! 성냥 한 갑이 들어 그리했다. 그러나 다시 생각하면 성냥 한 갑이 들어 그러한 것이 아니라, 성냥을 취하려는 그 욕심이 들어서 제가 저를 모욕하였으며, 제가 저를 구타한 것이다. 그러면 그 욕심은 왜 났을까? 그것은 곧 경외지심敬畏之心을 놓은 연고이니, 사람이 만약 경외지심을 놓고 보면 그 무감각하고 하찮은 성냥 한 갑도 그만한 권위를 가지고 있거든, 하물며 그 이상 더 진귀한 물품이며 더구나 만능의 역力을 가진 사람이야 말할 것이 무엇이냐.

그러므로 우리는 항상 공경하고 두려워하자. 우리가 무엇에나 공경하고 두려워하는 마음을 가지고 의義로써 살아간다면, 위로 창창蒼蒼한 하늘을 우러러보나 아래로 광막廣漠한 대지를 굽어보나 온 우주에 건설되어 있는 모든 물건은 다 나의 이용물이요, 이 세상에 시행되는 모든 법은 다 나의 보호 기관이지마는, 만약 이 '경외敬畏' 2자를 놓아 버리고 불의로써 동動한다면 우주 내 모든 물건은 도리어 나를 상해傷害하려는 도구요, 이 세상 모든 법은 도리어 나를 구속하려는 박승縛繩이니, 어찌 두렵고 두렵지 않으리오.

고로 제군에게 이르나니 파도 흉흉波濤洶洶한 세면世面에 나타난 제군으로서 마음을 가지고 몸 두호하는 도를 알고자 할진대 마땅히 이 경외 2자를 심뇌心腦에 깊이 새겨두고 매사를 그대로 진행하라." 하시더라.

감상담(윤명화)

대종사님은 마음 가지고 몸 두호하는 법으로 경외심을 놓지 말라고 일러 주시며, 천지만물을 대하는 마음가짐으로 삼으라 하신다. 경외심을 가지고 보면 천지만물 무엇하나 소홀히 대할 게 없다는 것이다.

온갖 경계에 응하여 육근을 사용할 때 공경하고 두려워하는 마음을 놓지 말라는 것이다. 일상에서 작은 것들을 대할 때는 무시하는 경우가 있다. 하찮게 여기고 가치 없다며 버리기도 한다. 좋은 것은 욕심내고 낮은 것은 무시하게 된다. 이러한 분별에 떨어지지 않는다면 천지만물은 좋은 것도 낮은 것도 아니다. 천지만물은 좋으면 좋은 대로 낮으면 낮은 대로 그 용처에 맞게 사용하면 모두 다 가치 있는 은혜로운 존재이므로 소중하지 않은 것이 없다.

법설과 같이 사람이나 물건이나 경외심을 놓고 되는대로 행하게 되면 대수롭지 않은 경계와 경미한 물질에도 구속과 실패를 당하며, 필경 무한한 곤욕과 고난을 겪을 수 있다. 그러므로 '모든 사물을 접응할 때에 공경심을 놓지 말고, 탐한 욕심이 나거든 사자와 같이 무서워할 것이요'라는 솔성요론 7조와 같이 대하라는 것이다.

솔성은 성품을 잘 다스린다는 말이며, 대종사님은 솔성이란 그 잃었던 권리를 회복함과 같다고 말씀해 주셨다. [『대종경』 성리품 8장] 우리의 마음은 본래 청정하므로 탐한 욕심이 올라오면 그러한 탐심이 본래 탈락하여 있는 일원상 성품 자리를 챙기라는 것이다.

생활 속에서 경외심을 놓지 않고 산다는 것은 일원상 성품같이 청정한 마음으로 천만 사물을 응하고 경건한 태도로 임하라는 것이다. 천만 사물을 공경으로 대하면 좋은 것은 좋은 대로 낮은 것은 낮은 대로 다 은혜로 드러나게 되어 모든 존재가 나의 이용물이며 모든 법이 다 나의 보호기관이 되는 것이다[『대종경』 불지품 22장]. 이처럼 같이 모든 사물을 경외심으로 대하면 평화롭고 안락한 은혜의 삶을 누릴 수 있는 것이다.

남을 공경하면 내가 서나니라

송도성 수필受筆

《월말통신》 제10호, 시창13년(무진戊辰) 음 12월

'내가 남을 공경하고 생각하면 남은 나를 공경하고 생각한다.'는 것이다. 왜냐하면 내가 남에게 만족을 주면 남도 나를 북돋아 주고 받들어주려는 것이 자연스러운 감정이며, 반대로 불쾌감을 주면 나를 꺾고 해하려 하는 것이 정해진 이치이기 때문이다. 그러므로 공경심을 놓지 말고 탐한 욕심으로 남에게 해害를 끼치지 말라는 것이다. 솔성요론 '7. 모든 사물을 접응할 때 공경심을 놓지 말고, 탐한 욕심이 나면 사자와 같이 무서워할 것이요'와 연관된 법설로, 『대종경』 인도품 25장에 정선되어 수록된다.

한때에 선생주 금강원에 계시사 일반 대중을 모으시고 물어 가라사대,

"제군은 남에게 존경받으며 귀한 사람이 되기를 원하는가? 남에게 홀대받으며 천한 사람이 되기를 즐겨하는가?" 하시거늘, 모든 사람이 존경받는 귀인이 되고 싶다는 뜻으로 고답告答한대, 선생주 가라사대,

"그 마음이야 물론 어떠한 사람이고 똑같을 줄 아나, 행하는 때에 있어서는 남에게 존경받지 못할 길을 취하는 자 많으니, 어찌 그 바라는 바를 이루리오. 오늘에 제군에게 그 방법을 말하고자 하나니, 자세히 듣고 그대로 행하면 가히 존귀한 자리를 점령하기 어렵지 않으리라.

그 방법이 무엇이냐? 하면, **항상 먼저 남을 공경하며 생각해 줄 것이니, 내가 남을 공경하고 생각하면 남은 나를 공경하고 생각하나니라.** 어찌하여 그러하냐 하면, 내가 남으로부터 공경함과 생각해줌을 받을 때 만족함과 같이 남도 나로부터 공경함과 생각해줌을 받으면 만족할 것이요, 내가 남으로부터 압박하고 만홀[慢忽, 태만하고 소홀함]히 함을 당할 때 불쾌함과 같이 남도 나로부터 압박하고 만홀히 함을 당하면 불쾌할 것이니, **남이 나를 대하는 감정이 만족한 머리에는 반드시 나를 북돋우어 주고 세워주려는 생각이 천정[天情, 타고난 감정]으로 우러날 것이요, 그와 반대로 나를 대하는 감정이 불쾌하면 어느 방편으로든지 기회 당하는 대로 나를 꺾으려 하고 해하려 할 것이 정리定理라,** 나를 세우려는 사람이 많은즉 나는 자연히 서게 될 것이요, 나를 꺾으려는 사람이 많은즉 스스로 아무리 서고자 하나 필경[결국에는] 타락하고 마나니라.

남의 시비를 보아서 나의 시비를 깨칠지언정 그 그름은 드러내지 말라

전음광 수필受筆

《월말통신》 제7호, 시창13년(1928) 음 9월

——— 이 법설은 시창13년 6월 2일 전음광에 의해 기록된 법문으로, 솔성요론 '10. 다른 사람의 그릇된 일을 견문하여 자기의 그름은 깨칠지언정 그 그름을 드러내지 말 것이요'의 해설 격이다. 정선되어 『대종경』 인도품 35장과 37장에 수록된다.

선생주先生主 금강원에 계실 새 모든 제자, 신문을 보고 다른 사람의 현재 행동과 미래 진행에 대하여 가부 분분함을 들으시고 대중을 모으사 설법하여 가라사대,

"그대들이 어찌 남의 일에 대하여 경솔히 말하느냐. 참된 소견과 실지 이익을 취하고자 하는 자는 남의 시비를 말하지 아니 하나니라. 신문을 본다 해도 그 가운데에서 인간 시비·선악의 인연을 짓는 원인과 인因을 지어 과果 받는 증거를 자상히 관찰하여 나의 전정[前程, 앞길] 진행에 내 일만 밝히는 것이 공부자의 떳떳한 행실이요, 실實된 이익이며, 이것이 통만법通萬法 명일심明一心의 일이니, 이러한 정신을 깨닫고 신문을 보는 자는 신문 가운데에서 복과 혜를 얻을 것이요, 모르고 보는 자는 도리어 날카로운 혜와 가벼운 입술로 다른 사람의 시비 언론 하는 재주만 늘어서 죄의 구렁에 빠지는 큰 원인이 될 것이다.

나는 모든 사람의 말과 그대들의 신문 보는 소리를 들을 때에도 다른 사람의 행하는 바를 들어서 먼저 나의 과거에 행한 일을 조사하며, 현재 지을 바를 예산하여, 미래의 결과 성취할 것을 추측하노라. 아무리 그대들과 나의 사이가 친근하고 다정하기가 더할 수 없는 처지이지마는 나는 내 일을 먼저 조사하고 연구하여 본 후에라야 비로소 그대들의 하는 일을 살피나니, 그대들은 먼저 자심自心 시비를 조사하라. [『대종경』 인도품 35장]

또는 다른 사람이 나의 하는 일을 잘한다고 찬성하든지, 잘못한다고 비평을 하든지 거기에 대하여 아무 예산 없이 좋아하거나 싫어하는 것은 허수아비 사람이라, 타인이야 아무

리 비평하더라도 나는 나의 실지實地를 조사하여 나의 양심에 부끄러운 바가 없는 당연한 일이면 옆에 사람 천만인이 비평하더라도 백절불굴의 용력勇力으로 꾸준히 진행하여 결과를 성취할 것이며, 타인이야 아무리 찬성하더라도 나의 실지를 조사하여 양심상 차마 못 할 바이며 사리事理에 부당한 일이면 즉시 헌신 같이 버릴지니라. [『대종경』 인도품 37장]

그리하면 그 결과가 자연히 지은 대로 나타나나니, 악을 지은 자는 죄가 드러나고 선을 지은 자는 복이 드러나니라. 이것이 곧 천리天理의 자연함이요, 인과의 원원元元한 정리定理이니, 그 실례를 들어보면 과거 영산회상 석가모니불도 조달이가 오죽이나 부처님을 훼방하고 비평하였는가. 필경 허무한 소리로 부처님의 여러 가지 죄상을 만들어 세상에 다 공포公布하였나니, 그때도 부처님의 적확的確한 심리를 모르는 자는 조달이의 말을 신信하여 혹 부처님을 악인으로 인증하는 사람도 있을 것이다. 그러나 부처님이 만일 여기에 분노하여 그 사업을 진행하지 아니하였으면 지금과 같이 대자대비한 중생의 자부慈父호號를 얻지 못하였을 것이며, 미래 무량세계에 큰 이름을 전하지 못하였을 것이다. 조달이야 천언 만어千言滿語를 하더라도 부처는 오직 자기 일만 살필 따름이요, 조달이에게는 조금도 악감惡感을 둔 바가 없이 정당한 사업만 진행하였는 고로, 결국 부처는 일체 생령 중 선도자가 되시고 조달이는 무량지옥에 처하였나니, 이것을 추측할지라도 나의 실지를 조사하여 정당한 일만 하는 자는 비록 그 당시에 중인의 비평을 듣는다 해도 결과는 자연 영귀榮貴와 존중으로 나타날 것이며, 나의 예산 없이 부당사업에 종사하여 외식外飾만 취하는 자는 비록 그 당시는 과한 허물이 드러나지 않는다 해도 그 결과가 허위와 부패에 떨어져 볼 것이 없나니라. 어찌 인과의 작용에 일호의 차착差錯됨이 있으리오. 여러 사람은 나의 실지 조사에 게으르지 말고 남의 시비 언론 하는 데에 삼가 조심할 것이니라." 하시더라. 〈시창13년 6월 2일 기자記者 전음광〉

감상담(조수원)

세상 쉬운 일이 남의 시비를 두고 하는 말이다. 재미도 있다. 하지만 내 문제가 되었을 때는 쉽지 않고 남들이 말하는 것이 두렵다. 내 일이냐 아니냐의 차이가 크다. 내 문제는 이해라는 색안경이 끼워져서 판단이 흐려진다.

대종사님은 인간의 이런 경향을 보고 솔성요론 10조를 내어 주신 듯하다. 우리가 드라

마를 즐겨보는 이유도 남의 일이기 때문이다. 공부심 없이 세상일이나 드라마를 보게 되면 구업을 짓게 되지마는 공부심을 챙겨서 보면 자기 마음을 살피는 경전을 삼을 수 있다. 대종사님은 인간 시비·선악의 인연 짓는 원인과 인을 지어 과를 받는 증거를 자상히 관찰하여 나의 행을 밝히는 것이 통만법 명일심의 공부라고 하신다. 실제 일이 생겼을 때 어떻게 시비분별을 해야 할지 막막할 때가 있다. 평소에 사리공부를 해 놓으면 좀 더 현명한 판단을 하는 데 도움을 받을 수 있다.

대종사님은 시비를 밝혀 옳은 일이면 타인들이 무엇이라 해도 끝까지 그 일을 해나가고, 타인들은 찬성하더라도 시비에 부당한 일이면 헌신 같이 버리라고 하신다. 시비에 대한 취사력이 없으면 힘든 일이다.

직장 생활을 하면서 이 조항을 가지고 몇 달째 유무념을 삼아보았다. 유념해야 함을 알면서도 남의 시비를 말하고 싶은 욕구를 이기지 못하고 범하기 일쑤였다. 작정하지 않으면 실행하기가 쉽지 않고 지속하기도 어려웠다. 공부심을 놓아 버리면 타인의 과실을 말하고 있는 나를 자주 보게 된다. 타인과가 습관이 되어 있다. 이 법문을 계기로 타인과 하는 습관을 제거하는 공부심을 다시 챙겨보려 한다.

동선 해제시 훈사

이공주 수필受筆

《회보》 제43호, 시창23년(1938) 4월호

이 법설은 솔성요론 '9. 무슨 일이든지 잘못된 일이 있고 보면 남을 원망하지 말고 자기를 살필 것이요' '10. 다른 사람의 그릇된 일을 견문하여 자기의 그름은 깨칠지언정 그 그름을 드러내지 말 것이요'와 관련된다. 소태산 대종사는 "자기는 행치 못하면서 남의 행치 못함은 흉보고 욕하며, 자기의 잘못은 용서하면서도 남의 잘못은 시비가 분분하니 한심하지 아니하냐?"며 자신의 솔성을 돌아보도록 한다. 이 법설의 예로 영광지부의 예회에서 신발 분실 사건에 대해 도덕을 배우는 사람들이 도리어 도덕을 범한다고 흉보고 욕하는 동리 서당 선생의 지탄에 대해 이치에 맞고 지혜롭게 답변한 영광지부 간사의 말과 태도를 소개한다.
또한 첨부된 '그 경전의 내용' 단락은 정선되어 『대종경』 인도품 12장에 수록되며, 솔성요론 '12. 정당한 일이거든 내 일을 생각하여 남의 세정을 알아줄 것이요'와 관련된다.

익산 강당[대각전]에서 제25회 동선 해제식[시창23년 음 2월 6일]을 거행할 새, 종사주宗師主 법좌에 오르시사 일반 선객禪客에게 말씀하여 가라사대,
… 지금으로부터 한 10년 전 영광지부에서는 어느 야회에 회원이 근 100명 모였다가 갈리었는데, 그때 고무신 한 켤레를 잃었다가 찾은 일이 있었다. 이 소문을 들은 동리 사람들은 "도적질 말라는 계문 지키는 사람들이 고무신은 왜 도적 하였노." "그러기에 배워도 다 소용없어." 하는 등 나쁜 평판이 많이 있었다 한다. 그때 우리 교당에는 그 동리 서당에서 몽학蒙學 선생질하는 사람의 친족 되는 사람이 와서 간사로 있었던바, 그 선생도 그 말을 들었던지 어느 날 소매장군[똥장군]을 지고 밭으로 나가는 우리 간사를 보고 묻되, "너는 무엇 때문에 그 교당에 입회하였느냐?"라고 하였다.
간사는 대답하되, "나는 빈촌 무식한 가정에 태어나서, 사람이면서도 사람 노릇 하는 법을 모르니까 그 법을 배워 보려고 입회하였지요."
선생, "그 교당에서 공부하는 사람들이 고무신을 집어 갔다 하니, 그러면 너도 도적질을 배우지 않겠느냐?" 한다.
이 말을 들은 간사는 그만 소매장군을 내려놓고 정색하며 말하되, "나는 아저씨를 지식 있는 양반으로 알았더니, 이제 말씀하는 것을 들으니까 불학무식不學無識한 나만도 못하여 보이오. 대관절 아저씨는 글을 무엇까지나 배우셨소?" 하고 물었다.
선생은 하도 우스우나 그의 하는 양을 보려고,
선생, "사서삼경을 다 읽었다."
간사, "시일은 얼마나 걸렸나요?"
선생, "10여 년 걸렸다."
간사, "그러면 서당에는 1년 배운 사람이나 5년 배운 사람이나 10년 배운 사람이나 그 아

는 것은 똑같은가요?"

선생, "그럴 리가 있느냐. 같은 서당 내에도 1년 다닌 사람은 겨우 천자千字권이나 읽게 되고, 사서四書나 삼경三經을 다 읽기로 말하면 상당한 햇수와 노력이 들어야 하는 것이다."

간사, "그럽니까. 우리 교당에도 그와 같소. 물론 그 사람의 지우청탁智愚淸濁과 근성勤誠 유무에도 있지마는, 또는 배운 시일에 따라서 각각 다르외다. 그날 야회에는 10년 전부터 공부한 이도 있었고 4, 5년 된 이도 있었으며, 요사이 입회한 이도 있었으니, 요사이 입회한 이 중에 고무신 도적질하던 사람이 있었다면, 그 습관을 단번에 어떻게 고치겠습니까?"

선생, "그럼 그런 나쁜 남녀는 조사해서 내쫓는 것이 옳지야."

간사, "우리 교당에서는 그런 나쁜 사람이면 더욱 붙잡고 가르치오. 얌전한 사람이야 안 가르쳐도 별일 없지마는 행실이 나쁜 자는 세상에 나가면 여러 사람에게 해독을 끼치게 되므로 그 나쁜 습관이 빠질 때까지 가르칩니다. 만일 아저씨 말씀처럼 방금 입회시키면서 못된 습관을 다 떼라 하는 것은, 마치 서당에 처음 입학한 천자千字짜리 보고 편지 못 쓴다고 야단하는 거와 같으며 사서삼경 못 읽는다고 퇴학시키라는 말과 조금도 다름이 없다고 생각되오." 하였다. 그래 수염 긴 몽학 선생이 무식한 간사에게 이와 같이 당한 일이 있었다.

과연 이 세상 사람을 보면 대개가 그러하나니, 자기는 행치 못하면서 남의 행치 못함은 흉보고 욕하며, 자기의 잘못은 용서하면서도 남의 잘못은 시비가 분분하나니, 그 어찌 한심할 바 아니랴?

이로써 이 해제식을 기념하기 위하여 종이와 붓이 없이 쓴 경전 한 권씩을 각각 주노니 잘 간수하였다가 곳에 맞게 이용하기를 바라는 바이다.

〈그 경전의 내용〉

'나 못 당할 일은 남도 못 당하는 것이요, 내가 좋은 일은 남도 좋아하나니, 내 마음에 섭섭하거든 나는 남에게 그리 말고, 내 마음에 만족하거든 나도 남에게 그리하라.'는 말이다.

예를 들면 동생의 처지에서 그 형이 야속하게 하여 마음에 섭섭거든 그 일을 생각하여 나는 동생에게 그런 잘못을 하지 말고, 또 형의 처지에서 그 동생이 잘하여 마음에 반갑거든 그 일을 생각하여 나는 또 내 형에게 그와 같이 반가울 일을 베풀라는 말이다.

그러면 비단 형제간뿐이리오? 부모·자녀·부부·사제師弟·동지를 물론 하고 처지 처지와 경우 경우를 따라 '어쩌니까 섭섭 터라. 나는 그리 안 하리라.', '어쩌니까 만족 터라. 나도 남에게 그리하리라.' 하여 이 말대로 행하여 보라. 그 어찌 되겠는가? 그런 사람은 비록 글을 알지 못하되 유식한 사람이라 할 것이요, 선생이 없으되 잘 배운 사람이라 할 것이며, 재산과 명망이 없으되 처처處處에 귀대를 받게 될 것이다. [『대종경』 인도품 12장]

무릇, 경전이라 하는 것은 권선징악을 밝힌 말씀이니, 나의 할 바, 안 할 바를 알아서 행할 길을 얻는다면 그 외에 더 좋은 경전이 어디 있을 것인가?

제군이여! 제군은 그동안 배운 모든 법에다가 이 경전까지 첨부 사용하여 보라. 그런다면 이는 소위 상식 많은 사람이 도통道通한 격은 될 것이라 하시더라.

정당한 일 하는 사람과 부당한 길 밟는 자

송도성 수필受筆

《월말통신》 제10호, 시창13년 12월

이 법설은 『대종경』 수행품 18장에 수록되며, 정당한 일과 부정당한 길은 솔성요론 13, 14조와 연관 있다.

선생주先生主 모든 제자에게 일러 가라사대,

"제군이 일심을 구하는데 번거하고 편안한 원인을 아느냐?"

제인諸人 여쭙기를 "자상히 아옵지 못하오니, 밝으신 법으로써 깨우쳐 주시기 바라옵니다." 하거늘, 선생주 답하여 가라사대,

"그 원인은 다른 데에 있지 아니하다. 매사를 정당하게 행하고 부당하게 행하는 데에 매였나니, 정당한 일을 행하는 사람은 다른 사람의 보는 바에 거북하고 어려운 일이 많은 것 같지마는 그 사람의 자체에 있어서는 행할수록 무장[더욱더] 너그럽고 편안하여 탕탕한 대로가 열리는 것이며, 부당한 길을 밟는 자라 하는 것은 다른 사람 보는 바에 편안하고

쉬울 것 같지마는 행하는 자 자체에 있어서는 갈수록 복잡하고 험난한 사경事境이 당해 와서 그 전도를 막나니, 제군은 마땅히 온전한 정신으로 자상히 조사해 볼지어다. 항상 제군의 마음을 산란하게 하고 끓이고 태우는 것이 정당한 일이 들어서 하는가? 부정당한 일이 들어서 그러하는가? 내 생각에는 아마도 부당한 일이 들어서 그러할 듯하니, 그 부당한 발원을 제除하고 부당한 행동을 끊으면 그 정신은 항상 청정하며, 항상 편안하며, 항상 밝으리라." 하시더라.

제도하는 방법

송도성 수필受筆

《월말통신》 제30호, 시창15년(1930) 7월

솔성요론 '15. 다른 사람의 원 없는 데에는 무슨 일이든지 권하지 말고 자기 할 일만 할 것이요'에 해당하는 법설로, 『대종경』 실시품 2장에 수록된다. 공부길에 들도록 권유해야 하지만 강제로 억지로 끌고 가서는 될 일이 아니라는 것이다. 공부를 하고 안 하고는 상대에게 권리가 있기 때문에 그 실지를 보여주어 상대가 발심이 나도록 인도하라는 것이다. 실지를 보여주어 마음이 나도록 해야지 억지로 강권해서는 안 된다는 것이다.

소태산 대종사 봉래정사에 주석하고 계실 때 실상사 한만허 선사와 월명암 백학명 선사와 교류하면서 있었던 일화이다.

종사주께옵서 봉래초당에 계실 때 하루는 실상사에 가시었더니, 실상사에 있는 한 노승과 월명암에 있는 한 노승, 두 사람이 있어서 자기 집안사람을 권하여 참선하라 하되, 그 사람이 듣지 아니하거늘 두 사람이 노하여 그 사람을 꾸짖고 종사주에게 말하되, "우리가 저 사람을 권하여 참선하라 하는 것이 저를 미워하여 그러하겠습니까? 생각해서 그러하겠습니까?" 이러하며, 말하되 "저와 같은 사람은 곧 이 자리에서 불부살이 출세한다 해도

제도치 못하리라." 하며 "이는 세상에 버린 물건이라."고 하거늘, 종사주 가라사대,

"그대들이 저 사람을 생각하기는 하였으되, 저 사람으로 하여금 영영 참선을 못 하게 하기는 또한 그대들이니라." 하시니, 한 노승 악연히[愕然, 몹씨 놀라며] 얼굴을 고쳐 왈曰 "어찌함으로써 우리가 저 사람으로 하여금 영영 참선을 하지 못하게 한다 하시나이까?"

종사주 가라사대,

"남의 원치 않는 일을 강제로 권하는 것은 그 사람으로 하여금 영영 그 일을 못 하게 함이니라." 하시고, 그 앞에 있는 인장바위를 가리키시며 가라사대, "내가 지금 그대를 향하여 말하되, '저 인장바위 속에 금이 들어 있으니 금을 채굴하라.' 하면 그대가 나의 말을 믿고 인장바위를 부수고 금을 채굴하겠느냐?"

노승 머리를 숙이고 한참 동안 침음沈吟하더니, 다시 앉으며 대답하되 "그 말씀을 믿고 채굴에 착수는 하지 못하겠나이다."

종사주 "그대가 그와 같이 확신하여 주지 않는데 내가 강제로 권하면 어찌 될꼬. 반드시 허망하게 알겠지? 만약 허망하게 아는 날에는 반드시 금을 채굴치 아니하리라. 저 참선하기를 권하는 것도 또한 그와 같다 하노라. 저 사람은 참선에 대한 취미도 모르고 아무 발원도 없는데, 좌우에서 권하여 억제抑制로 참선시킴은 저 사람으로 하여금 참선을 허망하게 알게 함이요, 허망하게 아는 날에는 영영 참선을 하지 아니할 것이니, 이는 제도하는 방법이 아니니라." 하신대, 또한 노승이 종사주 앞으로 나서서 말하되, "그것이 제도하는 방법이 아니라 하시면 어찌하여야 제도가 되겠습니까?" 하니, 종사주 가라사대,

"저 인장바위에 금이 든 줄 알았거든 남에게 말할 것 없이 먼저 내가 채굴하여다가 여러 사람의 보는 바에 가산家産 농막農幕도 장만하여 모든 데에 금전을 화채和彩있게 쓰면, 남들이 나의 졸지에 부자가 된 것을 심히 의심 내어 그 연유를 알고자 하리라. 그 알고자 하는 마음의 정도를 보아서 지극한 성력誠力과 지극한 신앙이 있은 연후에 비로소 말하되, '저 인장바위 속에 금이 있어서 나는 어떠한 방법으로 그 금을 내어서 이와 같이 부산富産이 되었으니, 자기도 채굴하면 곧 이와 같이 부산이 되리라.' 하면 그 사람이 천만 감사히 알아서 주야를 불분不分하고 모든 힘을 다하여 그 금을 채굴하여 결국에는 얻으리라." 하시니, 노승이 말씀을 듣고 자리에 물러앉으며 말하되, "참으로 광대무량하도다. 선생님의 제도하시는 방법이여!" 하더라.

원願이 없는 자는 마른 나무와 같다

김기천

《회보》 제17호, 시창20년(1935) 5·6월호

삼산 김기천은 원願이 없는 사람은 봄기운이 불어와도 꽃을 피우지 못하는 말라죽은 복숭아나무와 같다고 한다. 스승의 가르침은 봄기운이라면 원이 없는 자는 말라죽은 복숭아나무라고 비유한다. 봄기운인 스승의 가르침이 왕성해도 원이 없으면 꽃을 피우지 못하는 복숭아나무 같아 제도濟度 받을 수 없다는 것이다. 그러므로 공부인은 원이 있어야 하고 원이 이루어지도록 대조하여 연마하라는 것이다. 솔성요론 '16. 어떠한 원을 발하여 그 원을 이루고자 하거든 보고 듣는 대로 원하는 데에 대조하여 연마할 것이니라.'와 관련된다. 『대종경』 신성품 11장과 연관된 감상이다.

기천幾千은 이번에 영광 영산원에서 며칠간 휴양하게 되었던바 때마침 춘절이라 온화한 바람이 불고 단비가 와서 영산원 주위에는 복숭 꽃이 난만爛漫하게 되고 선진仙津에 돌아오는 돛대는 옛날 무릉도원을 찾아드는 어자漁子의 소식을 전한다. 하루는 지팡이를 끌고 도원에 들어가 이리저리 배회하며 꽃구경하다가 마침 한곳을 바라보니 복숭 나무 하나가 꽃이 피지 않고 있다. 기천幾千은 괴이히 여겨 가까이 가본즉 무슨 연고인지 나무가 영영 말라 죽어 버렸었다.

이것을 볼 때 문득 한 생각이 나되 아 봄기운이 만 산천에 미치지 않는 곳이 없건마는 이 마른 나무에는 미치지 못하였구나. 수많은 복숭 나무가 다 봄기운을 받아 저와 같이 번영을 자랑하거늘 이 마른 나무 하나만은 쓸쓸하게도 등걸[나무 밑동]만 서 있구나. 어찌 이 나무뿐이리오. 사람도 또한 이와 같은 자가 수없이 많다.

그러면 어떠한 사람을 일러 저 마른 나무와 같다고 할까? 그는 즉 성인의 덕화를 입지 못하는 자를 이름이니, **아무리 사私가 없이 만물을 살려내는 봄바람일지라도 저 마른 나무에는 그 기운이 미치지 못하는 것과 같이, 성인의 덕화가 아무리 널리 미치고 우리이 생**

명수라 할지라도 우리 중생이 원이 없어서 그 교화를 받지 않는 자에게는 그 덕화가 미치지 못할 것은 사실이 아닌가.

그러므로 고서[화엄경, 한용운 편찬 불교대전]에서도 말하기를 태양이 어느 곳에 비치고자 아니 하리오마는 가장 높은 봉을 먼저 비춰 주고 성인의 마음이 어느 사람을 제도코자 안 하리오마는 지극한 원이 있는 사람을 먼저 제도해 준다 하였으니 사람의 원이 비록 그 종류가 많으나 같은 원 중에도 자고自古 성인聖人의 말씀한 도학에 원을 세워 그 교화를 받아야만 우리의 말로末路가 저 속절없이 썩어지는 나무가 되지 않고 영원히 광채가 있을 것을 자신한다. 그런즉 우리는 하루속히 지원至願을 발하여 저 꽃이 피고 번영을 자랑하는 생기 있는 나무는 될지언정 이제 대성인이 출현하여 온화한 봄바람을 불리는 이때 제 홀로 그의 기운을 타지 못하고 저 나무와 같이 말라 죽는 것은 너무나 애석한 일인가 한다.

같은 듯하면서도 다른 것을 밝힘

직양생直養生

《회보》 제39호, 시창22년(1937) 11월호

——— 직양생은 주산 송도성의 필명이다. 솔성은 성품을 거느리는 마음 공부로, 굴기하심과 자유자재는 성품을 사용하는 것이라면 자기 멸시와 자행자지는 성품을 망각하는 행위라 할 것이다. 성품에 근원한 마음을 사용하지 못하면 굴기하심이 자기 멸시가 되고 자유자재가 자행자지가 되는 것이다. 굴기하심을 잘못 이해하여 자기 멸시에 떨어지고 자유자재를 잘못 행하여 자행자지가 되고 마는 것이다.

세상에는 같은 듯하면서도 다른 것이 그 수가 실로 적지 아니하다. 밝은 듯하면서도 어두운 것, 곧은 듯하면서도 굽은 것, 부드러운 듯하면서도 완특한 것, 이런 듯하면서 저런 것이 실로 한두 가지에 그칠 바가 아닐 것이다. 그러나 내가 지금 여기에 쓰고자 하는 것은 그러한 개인의 성격상 결점을 평론하려 함이 아니라, 보편적으로 세상에 유행하는 사상이나 표어 중에 혹 그럴듯하면서도 그렇지 아니한 몇 가지 종류를 들어서 우리의 취사하는 공부에 일조가 될까 하는 바이다.

1. 굴기심屈己心과 자기 멸시

굴기하심은 사람의 미덕중에도 가장 미덕이다. 겸공유순謙恭柔順하여 항상 남을 공경하고 예를 극진히 하며 일용 행사에 하심下心하기를 주장하여 묻고 배우기를 부지런히 하면 덕과 지혜가 아울러 길어서 한량없는 복보를 받게 되는 것이다. 그런고로 금강경에도 도인이 되려면 먼저 사상四相을 없애라 하였고 주역 64괘 중에도 오직 겸손할 겸자가 흠이 없었고, 또 공자의 제자에 안자는 그 성격이 겸공 유순하여 있어도 없는 듯이 하고 실해도 허한 듯이 하고 알아도 모르는 듯이 하였기 때문에 항상 그 선생님의 칭찬을 독차지하였거니와, 우리가 사람을 대해 볼지라도 그 태도가 순진하고 겸손한 사람을 보면 비록 초면이라도 자연 따뜻한 정이 건네고 친절한 생각이 나는 반면에, 만약 그 태도가 교만하다든지 무례하다면 별로 이해관계가 없건마는 공연히 미운 마음이 들고 싫은 생각이 나지 않는가? 이로써 볼지라도 굴기하심은 만복의 요소요 처세의 비결이니, 우리 수도인으로서는 무엇보다 이 굴기하심 하는 정신을 가지지 아니해서는 아니 될 것이다.

그러나 여기에 크게 주의할 것 한 가지가 있으니 그것은 곧 자기 멸시다. 즉 제가 저를 스스로 천하게 여기고 적게 생각하는 것이니, 굴기하심을 자칫 잘못 해석하면 자기 멸시가 되기 쉬운 것이다. '나 같은 것이 무얼 해' 이와 같이 자포자기하는 태도라든지, '나 같은 사람으로서 그것 좀 그랬기로 어쩌랴.' 하여 모든 불의를 행하고도 오히려 태연자약한 태도라든지, 이것이 모두 자기 멸시에서 생겨나는 심리상 대병이다. 사람이 만약 이 대병에 걸리고 보면 도무지 향상 전진할 기력을 잃어버리고 하류下流에 처해 있음을 오히려 편케 여기며 의와 불의를 가릴 것 없이 닥치는 대로 세상을 살아가게 될 것이니, 이는 죄악 중 가장 큰 죄악이며 불량 중 제일 큰 불량이다.

그런고로 도 닦는 사람은 모름지기 굴기하심하며 겸공 유순한 그 가운데에라도 안으로는 마땅히 충천의 의기를 양성하여 "옛 성현과 부처님은 어떠한 사람이며 나는 어떠한 사람이냐? 나도 닦으면 부처도 되고 성현도 될 만한 요소인 불성을 가지고 있지 않는가?" 이처럼 분발 정진하되 일세의 부귀를 눈 아래로 내려다보고 빈궁과 고통도 무난히 정복하여 천상천하에 유아독존이라 하신 부처님의 대大 정신을 체득하여야 할 것이다.

그리하여 지극히 부드러우면서도 비굴하지 아니하고 지극히 강하면서도 횡포橫暴하지 아니 해서 온유 정직한 대인군자가 되기에 노력하여야 할 것이다.

2, 자유자재와 자행자지

자유란 참으로 좋은 것이다. 만물은 자유를 얻어 제각기 그 생명을 신장하고 사람은 자유를 얻어 제각기 그 기능을 다 하는 것이다. 자유가 없이 무슨 활동이 있으며 활동이 없이 무슨 사업에 성공하랴. 그런고로 자유란 참으로 좋은 것이다. 아무리 날로 천 리씩 달리는 용총준마[龍驄駿馬, 매우 잘 달리는 좋은 말]일지라도 그 고삐를 한곳에 매어두고 어찌 천 리의 공을 이루며, 만 리 창공 높은 하늘을 업신여기는 거붕대조巨鵬大鳥일지라도 그 몸을 농 속에 가두어 두고 어찌 운소雲霄에 날기를 기약하랴.

그런고로 사람도 자유가 있는 곳에 향상이 있는 것이며, 사회도 자유가 있는 곳에 발전이 있는 것이다. 그러나 이 자유를 한갓 외경에 의하여서만 구하려 할 것이 아니다. 마땅히 먼저 자심상 자유를 구하여 그 자유만 얻는다면 외경의 구속은 얼마든지 초월할 수도 있고 정복할 수도 있으니, 불가에서 이르는바 무애자재無碍自在라든지 공자의 말씀하신바 '마음하고 싶은 대로 하여도 법도에 넘지 않는다[종심소욕불유구從心所慾不踰矩]'고 함이라든지 이것이 모두 마음의 자유를 표현한 문구로써 우리의 수행할 길을 분명히 일러 놓으신 것이다. 그러나 참선한다고 일조일석에 무애자재가 되는 것이 아니며, 마음하고 싶은 대로 하여도 법도에 넘지 않는 지경에 이르게 된 공부가 결코 쉬운 일이 아니니, 공자로서도 70년 동안 적공의 결과가 아닌가?

그런고로 이것은 반드시 많은 구속과 무수한 노력을 쌓고 쌓은 결과에 자연히 얻어지는 마음의 조화, 즉 다시 말하자면 구속의 가운데에서 얻어온 자연의 힘이다. 그러함에도 불구하고 현 세상 어떠한 사람들은 자행자지를 그릇 자유자재로 인증하여 부형의 말에도 자유를 주장하며 웟사람의 명령에도 자유를 표방하여 도무지 누구의 구속과 명령은 받지 않기로만 위주하나니 이미 남을 지도 명령할 만한 자격이 되지 못하고 또한 겸하여 웟사람의 명령을 순종할 줄도 모르면서 입만 열면 문득 자유 자유 하는 것이 어찌 큰 어리석음이 아닌가. 그런고로 우리 수도자로서는 무엇보다 먼저 유심唯心상 자유를 구하기에 노력할지며 또는 모든 구속 중에서 자유의 심신을 단련하여 무애자재 하는 대인격을 완성할지어다.

《회보》 제18호(시창20년 7월호) **요언要言** → 솔성요론 12조

대범, 욕심이라 하는 것은 범부와 성현이 같이 있으며 욕심을 구하는 데 노력도 일반이나, 그 구하는 방식은 다른지라 범부의 욕심 채우는 것은 제 일만 생각하고 다른 사람의 사정을 알아주지 못하며, 당장에 이利로운 일만 생각하고 뒤에 해害 돌아올 일은 생각지 못하며, 속히 취하는 것이 적은 것이 되고 더디 취하는 것이 큰 것이 되는 것을 알지 못하며, 그와 반대로 성현의 욕심 채우는 것은 자기 일을 생각하여 다른 사람의 사정을 먼저 알아주시며, 당장에는 해가 된다 해도 뒤에는 이利될 줄을 아시며, 먼저 취하는 것이 적은 것이 되고 뒤에 취하는 것이 큰 것이 되는 것을 알으시나니라.

《회보》 제32호(시창22년 2월호) **요언要言** → 솔성요론 10조

다른 사람의 허물 듣기는 좋아하면서, 제 허물 듣기는 싫어하는 자 많으니, 참 잘못이다.

《회보》 제39호(시창22년 11월호) **요언** → 솔성요론 10, 11조

악은 나타난 것이 화패禍敗가 작고, 선은 숨은 것이 공덕이 크나니라.

《회보》 제40호(시창22년 12월호) **요언** → 솔성요론 4조

유식하면서도 배우기를 좋아하는 자는 밝은 데서 밝은 데로 들어가는 격이요, 무식하면서도 배우기를 싫어하는 자는 어둠에서 어둠으로 들어가는 격이다.

《회보》 제41호(시창23년 1월호) **요언** → 솔성요론 12조

저는 모든 것을 잘 아는 체하면서 다른 사람 아는 것은 알아주지 못하니, 그것이 참으로 아는 것인가?

《회보》 제47호(시창23년 9월호) **요언** → 솔성요론 12조

자기의 불편을 발견하거든 타인의 불편을 원조하라.

《회보》 제55호(시창24년 6월호) **요언** → 솔성요론 12조

다른 사람 사정은 하나도 몰라주면서 제 사정은 몰라준다고 원망하니, 이 사람들을 어찌해야 할꼬?

《회보》 제56호(시창24년 7월호) **요언** → 솔성요론 3, 4조

머리를 숙이고 배우는 것은 한때의 부끄러움이나, 묻지 아니하고 모르는 것은 일생의 부끄러움이니라.

《회보》 제63호(시창25년 2월호) **요언** → 솔성요론 9조

남의 불의不義와 나의 불의

남의 불의함을 보면 미워하면서, 나의 불의는 알지 못하나니, 먼저 나를 살필지어다.

《회보》 제65호(시창25년 6월호) **요언** → 솔성요론 11조

내가 대접을 받고 싶거든 남에게 먼저 대접을 하라.

제3 수행편 修行編

제13장 최초법어最初法語

제13장 최초법어最初法語

1. 수신修身의 요법

1. 시대를 따라 학업에 종사하여 모든 학문을 준비할 것이요,
2. 정신을 수양하여 분수 지키는 데 안정을 얻을 것이며, 희·로·애·락의 경우를 당하여도 정의를 잃지 아니할 것이요,
3. 일과 이치를 연구하여 허위와 사실을 분석하며 시비와 이해를 바르게 판단할 것이요,
4. 응용할 때에 취사하는 주의심을 놓지 아니하고 지행知行을 같이 할 것이니라.

2. 제가齊家의 요법

1. 실업과 의·식·주를 완전히 하고 매일 수입 지출을 대조하여 근검 저축하기를 주장할 것이요,
2. 호주는 견문과 학업을 잊어버리지 아니하며, 자녀의 교육을 잊어버리지 아니하며, 상봉하솔의 책임을 잊어버리지 아니할 것이요,
3. 가권家眷이 서로 화목하며, 의견 교환하기를 주장할 것이요,
4. 내면으로 심리 밝혀 주는 도덕의 사우師友가 있으며, 외면으로 규칙 밝혀주는 정치에 복종하여야 할 것이요,
5. 과거와 현재의 모든 가정이 어떠한 희망과 어떠한 방법으로 안락한 가정이 되었으며, 실패한 가정이 되었는가 참조하기를 주의할 것이니라.

3. 강자·약자의 진화進化상 요법

1. 강·약의 대지大旨를 들어 말하면 무슨 일을 물론 하고 이기는 것은 강이요, 지는 것은 약이라, 강자는 약자로 인하여 강의 목적을 달하고 약자는 강자로 인하여 강을 얻는 고로 서로 의지하고 서로 바탕하여 친불친이 있나니라.
2. 강자는 약자에게 강을 베풀 때에 자리이타 법을 써서 약자를 강자로 진화시키는 것이 영원한 강자가 되는 길이요, 약자는 강자를 선도자로 삼고 어떠한 천신만고가 있다 하여도 약자의 자리에서 강자의 자리에 이르기까지 진보하여 가는 것이 다시없는 강자가 되는 길이니라. 강자가 강자 노릇을 할 때에 어찌하면 이 강이 영원한 강이 되고 어찌하면 이 강이 변하여 약이 되는 것인지 생각 없이 다만 자리타해에만 그치고 보면 아무리 강자라도 약자가 되고 마는 것이요, 약자는 강자 되기 전에 어찌하면 약자가 변하여 강자가 되고 어찌하면 강자가 변하여 약자가 되는 것인지 생각 없이 다만 강자를 대항하기로만 하고 약자가 강자로 진화되는 이치를 찾지 못한다면 또한 영원한 약자가 되고 말 것이니라.

4. 지도인으로서 준비할 요법

1. 지도받는 사람 이상의 지식을 가질 것이요,
2. 지도받는 사람에게 신용을 잃지 말 것이요,
3. 지도받는 사람에게 사리私利를 취하지 말 것이요,
4. 일을 당할 때마다 지행을 대조할 것이니라.

최초법어와 사람의 길

원기5년(1920) 변산에서 교리의 강령을 초안할 때 소태산 대종사, 정산 종사에게 "내가 대각해서 기본적인 법의 강령을 구상했다. 사람이 수신하려면 이렇게 해야 하고, 가정을 다스려야 되고, 강자 약자는 이렇게 해야 하고, 지도인은 이렇게 해야 한다는 구상을 했다."라고 「최초법어」의 탄생 과정을 말씀하셨다 한다. 〈한정석, 『원불교정전해의』〉

원기 원년(1916) 돛드레미 이씨제각에서 '사회를 보신 첫 감상'을 발표한다.
『원불교교사』의 '최초의 법어' 한 대목이다.
"소태산 대종사, 대각을 이루시고 여러 경전[15권 등]을 두루 열람하신 후 다시 시국에 대한 감상과 그에 따른 새 세상 건설의 대책을 최초법어로 발표하시니, 곧 수신의 요법, 제가의 요법, 강자 약자의 진화상 요법, 지도인으로서 준비할 요법이다."
시국에 대한 감상은 '물질이 개벽되니 정신을 개벽하자'는 개교표어이며, 최초법어는 개교의 표어에 따른 새 세상 건설의 대책이요 계획이다. 개교표어와 최초법어는 소태산 대종사의 대각 안목으로 바라본 경륜과 포부이다.

이어지는 『원불교교사』 '최초의 법어'의 내용이다.
"'수신의 요법'은 시대에 따라 학문을 준비하고, 수양 연구 취사를 놓지 아니하여야 새 세상의 새사람이 된다는 것이요, '제가의 요법'은 실업과 근검 저축, 교육과 의견교환, 도덕과 정치 복종, 희망과 방법 참조를 주의하여야 새 가정 새 국가를 이룩한다는 것이요, '강자·약자의 진화상 요법'은 강자는 자리이타로 약자를 진화시키며, 약자는 강자를 선도자로 삼아, 강약이 서로 진화하는 길로 나아가야 상극 없는 새 세상을 이룩한다는 것이요, '지도인으로서 준비할 요법'은 이상 지식을 가지고, 신용을 잃지 말며, 사리를 취하지 말고, 지행을 대조하여야 제생 의세의 경륜을 충분히 실현할 수 있다는 것이었다."

결국 「최초법어」는 '수신의 요법'으로 새 세상의 새사람이 되게 하고, '제가의 요법'으로 새 가정 새 국가를 이루고, '강자 약자의 진화상 요법'으로 상극 없는 새 세상을 이루고, '지도인으로서 준비할 요법'으로 제생의세의 경륜을 실현하도록 하여, 개인·가정·사회·국가·세계를 경영하도록 하는 소태산의 가르침이다.

또한 「최초법어」는 인도상人道上 요법이다. 《회보》 제24호, 시창21년(1936) 4·5월호, 이공주 수필의 '나의 가르치는 것은 인도상 요법이 주체이다.'라는 소태산 대종사의 법설 중 한 대목이다.

"내가 제군에게 가르쳐 주는 법으로 말하면 신통 변화도 제2문제로 두고, 우선 사람으로서는 반드시 알아야 하고 행하여야 할 수신의 요법, 단체와 단체의 진화상 요법과 지도인으로서의 준비할 요법 등을 주체로 하여 가르치나니, 그 가르치는 대로만 공부하여 나간다면 복족·혜족을 얻는 동시에 … 자고로 떳떳한 도를 놓고 요행수나 바라는 것은 소인小人의 짓이요, 우자愚者의 행이니라."

이처럼 「최초법어」는 개인·가정·사회·국가·세계에서 사람으로서 반드시 알아야 하고 행하여야 하는 인간의 길이다. 사람이라면 밟아가야 할 길이다.

「최초법어」에는 삼학팔조 사은사요의 원형이 배어 있다.

수신의 요법과 지도인이 준비할 요법은 삼학의 원형이 전개되어 있다면, 제가의 요법과 강자·약자 진화상 요법은 사은사요의 요소가 전개되어 있다.

「최초법어」에는 소태산의 발심·구도·입정에 따른 대각의 내용이 담겨있다. 수신의 요법의 조목인 정신수양 사리연구 작업취사의 조항은 소태산의 발심이요 구도의 과정이며 강자·약자 진화상 요법도 소태산의 입정 체험에서 우려 나온 가르침이다.

소태산, 25세 무렵에 '이 일을 장차 어찌할꼬?'라는 의심 자체마저도 잊게 되는 돈망頓忘의 상태에 든다. 소태산의 입정入定 과정은 의심이 뭉치고 뭉쳐 의심과 하나가 되어 의심이외에 어떠한 것도 끼어들 여지가 없는 마음 상태로, 이러한 의심에 몰입한 상태는 그 의심 자체마저 찾아볼 수 없는 입정돈망入定頓忘의 경지에 이르게 된다.

이 자리에는 밤낮으로 염원했던 의심 미해결의 심사미정心事未定의 답답함도 탈락하였고, 아들의 소원 성취를 간절히 바라시던 부친의 기대에 부응하지 못한 죄송함도 녹아내렸으며, 나라 잃은 서러움도 승화되며, 나라를 지키려다 쓰러지고 다시 나라를 찾기 위해 목숨을 바친 분들의 피눈물 나는 절망과 한계와 안타까움도 떨어져 나간, 그래서 새로운 차원의 경지에 들게 된다.

약자의 서러움도 해원 되었고 부친의 기대에 부응치 못한 불효와 이웃의 아픔과 망국의 슬픔도 녹아났다. 이제 소태산의 안목은 강자와 약자가 같이 진화되는 길에 들어서는 '동포은'으로 드러났다. 강자와 약자라는 대립의 계한界限이 트인 것이다. 약자의 울분도 녹아났고 강자도 진정한 강자로 진화시킬 제도의 대상으로 품게 된 것이다.

이 강자·약자 진화상 요법도 언어도단의 입정 체험에 기반한 것이다. 강약이라는 갈등과 억압과 한탄, 탄압과 원망 또는 복수 등 일체를 해원하는 일원대도一圓大道의 경지에서 새로운 길을 제시한 것이다.

소태산 대종사는 대각 후 처음 시작하신 일이 8인 제자와 함께 저축조합을 이루어 무산자無產者들이 없이 살면서도 지금 가진 것을 가지고 자금을 모아 그 자금을 불리어 더불어 사는 길을 도모한다. 서로가 서로에게 도움을 주는 자리이타의 상조相助의 길을 개척한 것이다.

이러한 소태산의 구도와 대각은 자타가 둘이 아닌 자리이타 법으로 전개되어 제가의 요법과 강자·약자 진화상의 요법에 스며있는 것이다.

끝으로 「최초법어」의 구조를 수신, 제가, 치국, 평천하의 연속 구조로 살펴볼 수 있다. 가족 윤리가 사회윤리로 연속해서 확대되는 시각이다.

하지만 오늘날의 세계는 개인윤리와 사회윤리가 어떨 때는 단절되고, 어떤 경우는 일부 관계되고, 또 어떨 때는 아주 밀접한 관계가 있게 된다. 가정 윤리와 사회윤리가 연속적으로 연결되지만은 않는다 할 것이다. 부분적으로 관계되고 어떨 때는 비연속적이고 단절되기도 한다.

가족 윤리와 사회윤리는 중층적이다. 서로 관계를 미치며 영향을 주기고 하지만 그렇다고 개인-가정-국가의 윤리가 차례대로 관계되지마는 않은 것이다. 각 층위의 가치가 있으면서 연속 비연속의 관계가 중첩되는 것이다. 개인 수양 다음에 가정을 다스릴 수 있고 가정을 다스릴 줄 알아야 국가를 다스리는 이러한 단순한 일방의 관계만은 아니라는 것이다.

「최초법어」의 '수신의 요법'과 '제가의 요법' 그리고 '강자 약자 진화상의 요법'과 '지도인으로서 준비할 요법'은 중층적이다. 서로 영향을 주면서도 각자의 층위는 또한 독자적인 것이다.

수신을 잘해야 제가와 치국을 잘 할 수 있지만 그렇다고 치국을 잘한다고 꼭 수신을 잘한다는 보장도 없는 것이다. 또한 제가를 잘한다고 치국이 되는 것도 아니다.

「최초법어」는 시간적 순서로 이해할 것이 아니라 논리적 순서로 이해해야 할 것이다. 수신이 잘되어야 사회활동이 원활하지만, 인격 수양이 완성되지 못했다고 사회활동을 못한다는 것도 아니다.

「최초법어」를 굳이 수신·제가·치국·평천하와 연결한다면, 제가의 요법은 제가와 치국에 걸쳐 있으며, 강자 약자 진화상의 요법과 지도인이 준비할 요법은 치국과 평천하에 연결된다 할 것이다.

『불법연구회통치조단규약』 제10장 단원의 권리와 의무 6조에 '본회 최초법어를 일일 실행함'이 등장하는데, 이는 수신, 제가, 사회, 국가, 세계 다스리는 법과 관련된다.

「최초법어」는 소태산의 구도와 대각에 따른 체험으로 개인·가정·사회·국가·세계를 운영할 구체적인 안내이다.

수신修身의 요법

「최초법어」의 첫째 조목인 '수신의 요법'이다.

'수신의 요법'은 정신수양·사리연구·작업취사의 삼학으로 구성되어 있다.

『원불교교사』 '최초의 법어'에 따르면 "수신의 요법은 시대를 따라 학문을 준비하고, 수양 연구 취사를 놓지 아니하여야 새 세상의 새사람이 된다."라고 밝히고 있다.

수신은 자기가 자신을 다스리는 공부이다. 수신은 모든 공부의 근본으로, 수신이 안 되고는 가정·사회·국가·세계로 그 힘이 잘 미치지 못할 것이다. 하지만 수신을 다 마친 후에 제가하고 치국해야 한다는 기계적인 순서를 말하는 것은 아니다.
수신이 모든 공부의 바탕이 되는 중요성을 강조한 것이지 인격 수양이 완성된 후에 사회로 나아가라는 논리는 아니다. 수양이 부족하다 하여 사회활동을 못 한다는 것은 아니나 수신에 기초·기반하여 가정–사회–국가–세계로 나아가라는 것이다.

'수신의 요법'의 구체적인 조목이다.

1. 시대를 따라 학업에 종사하여 모든 학문을 준비할 것이요,

소태산 대종사는 익산 총부를 건설하고 도서관을 마련한다. 이 도서관이 향후 원광대학교 도서관의 모체가 된다. 도서관은 학문을 연마하고 준비하는 기반이었다.
수신의 중요한 지점이 시대에 따라 배우는 학업 능력을 갖추어 학문을 연마하는 것이다. 시대에 따른 학업에 종사하여 그 시대에 필요한 지식을 갖추는 것이 바로 수신의 시작이다.
과학의 문명이 발달되는 시대에 따라 배우기를 잊지 말고 이러한 물질문명의 시대에 맞는 학문을 갖추는 것이 미래의 수신이다. 학업과 학문의 준비가 없는 수신은 무력하다. 시대에 따른 학업과 학문은 수신의 기본이다.

2. 정신을 수양하여 분수 지키는 데 안정을 얻을 것이며, 희·로·애·락의 경우를 당하여도 정의를 잃지 아니할 것이요,

분수分數는 전근대의 용어로, 분수 지키라는 것은 자신의 신분 한도에 맞게 처신하라는 것이다. 그러나 정신을 수양하여 분수 지키라는 뜻은 처한 상황에서 마땅한 정도에 그치라는 것이다. 절도에 맞을 때 안정되기 때문이다. 그때에 맞도록 안분하면 안정이 되고 안정이 되면 정신을 수양하는 수신이 되는 것이다.
『대종경』 수행품 19장의 "외정정은 동하는 경계를 당할 때 반드시 대의大義를 세우고 취사를 먼저 하여 망녕되고 번거한 일을 짓지 아니하는 것으로 정신을 요란하게 하는 마魔의 근원을 없이하는 것이요"처럼 희·로·애·락의 경우를 당해 먼저 대의를 세워 그 상황에 타당한 정의를 실행하여 정신을 요란하게 하는 근원을 없게 할 때 정신의 안정을 얻게 되는 것이다.

이처럼 정당한 절도인 정의를 세워 희·로·애·락 간 망녕된 번뇌에 끌리지 않게 하는 수양력을 갖추는 것이 수신이다.

3. 일과 이치를 연구하여 허위와 사실을 분석하며 시비와 이해를 바르게 판단할 것이요,

허위와 사실을 분석하는 것은 인간의 길을 밟겠다는 것이다. 소태산 대종사 대각 후 첫 교화를 시도하실 때 하늘의 대행자라 하며 방편 교화를 펴신다. 이때 "현재의 민중은 실생활의 정법은 모르고 허위와 미신에만 정신이 돌아가니 '이 일을 장차 어찌할꼬'"하시며 탄식한다[『원불교교사』].

소태산은 사람들이 실생활을 밟아갈 사실의 길이 아니라 신통 묘술의 허위를 따르는 현실을 직면한다. 신통 묘술의 허위가 아니라 사람이 가야 할 실생활의 길에서 사리를 연구하여 시비이해의 사실을 바르게 판단하여 운영하라는 것이다.

이치는 대소유무라면 일은 시비이해로, 이치의 대소유무는 천조天造라면 인간의 시비이해는 인조人造이다. 대소유무의 이치에 따라 사람과 사람 사이에서 시비이해의 일을 지어가는 것이다. 대소유무는 본래 주어져 있는 실제라면 시비이해는 이에 따라 인간이 지어가는 일이다. 대소유무에 따라 무엇이 사실이고 허위인지 분석하여 시비이해를 건설해 가는 연구력을 기르는 것이 바로 수신이다.

4. 응용할 때에 취사하는 주의심을 놓지 아니하고 지행知行을 같이 할 것이니라.

응용할 때 취사하는 주의심을 놓치지 않고 지속해 가는 취사력이 수신이다. 이는 것을 실천하는 의지이다. 두 발로 보행하듯이 한 발은 아는 지식으로 전진했다면 다른 한 발은 실천하는 실행으로 나아가는 것이다. 인간의 삶은 지식과 실행 두 발로 걷는 것이다. 만일 원리적 깨달음만 추구한다든지 실천의 수행만 강조한다면 스텝이 꼬이게 되어 넘어지게 될 것이다.

《회보》 제2호 '언고행言顧行 행고언行顧言'이란 제목의 회설에서 "말은 항상 행동을 대조하고 행동은 항상 말을 전감 삼아서 언과 행이 상호 두미頭尾를 반성하여야만 그 말도 신용할 말이 될 것이요 그 행동도 가치 있는 행동이 될 것이다."라고 논설한다. 언은 지식과 관련되고 행은 실천 의지와 관련된다.

결국, 지知는 행行으로 행은 지로 교섭되고 순환되어야 한다. 지와 행은 서로 보완관계다. 지식은 행동으로 실천해야 하고 행동은 지식을 고양시키는 과정의 연속선상에 있는 것이다.

단, 지식이 목적일 수는 없으며 지식은 행동으로 옮길 때 의미가 있는 것이다. 지식은 실행의 선상에 있어야 하고 행위는 지식에 기반해야 한다.

이처럼 지식은 행동으로 옮겨져야 하고, 또 행위를 하는 과정에서 새로운 지식이 만들어지는 것이다. 새로운 지식은 또다시 시기적절한 행동으로 심화된다. 지행은 정적인 논리적 일치가 아니라 항상 동적인 상황 속에서 지행을 같이하는 것이다. 지행은 교차하면서 상승해 가야 한다.

결국 수신은 정신을 수양하는 것이며, 사리를 연구하는 것이며, 작업을 취사하는 것이다.

자신이 자신을 닦는 수신은 『정전』 솔성요론 8조인 '일일시시로 자기가 자기를 가르치는 것'과 통한다.

「최초법어」의 '수신의 요법'은 정신수양·사리연구·작업취사의 시원의 성향이 있다. 소태산의 발심에 따른 구도는 수양·연구·취사의 삼학을 추구하는 과정이었다. 이를 대각을 통해 조명하여 '수신의 요법'으로 밝혀주신 것이다. 삼학은 소태산의 구도 내용이다.

소태산은 수양으로 수신했고 연구로 수신했고 취사로 수신했다. 자기가 자기를 단련하기 위해서는 정신수양·사리연구·작업취사의 삼학을 닦으라는 것이다.

수양력을 나투어야 진정한 수신이 되고, 연구력을 나투어야 제대로 된 수신이며, 취사력을 나투어야 참된 수신이 되는 것이다. 삼학이 결여되면 수신이 덜 된 것이요 부족한 것이다. 삼학을 갖출 때 새 시대의 새 사람으로 거듭나는 것이다.

제가齊家의 요법

「최초법어」의 두 번째는 '제가의 요법'이다.

제가의 가家는 가정일 수도 있고 가문일 수도 있고 더 나아가 학파의 일가일 수도 있다. '제가'의 가家는 단순히 부-모-자의 삼학형의 관계만이 아니라, 실업과 교육과 의견교환과 정치와 종교의 정교동심 등의 역할에 책임지겠다는 호주를 중심으로 한 열린 관계이다. 제가의 주장이 되는 호주戶主의 역할은 부부가 담당하는 경우가 일반적이다.

『정산종사법어』 세전에서 "가정은 인간 생활의 기본이라, 사람이 있으면 가정이 이루어지고 가정에는 부부로 비롯하여 부모 자녀와 형제 친척의 관계가 자연히 있게 되는바, 그 모든 관계가 각각 그에 당한 도를 잘 행하여야 그 가정이 행복한 가정, 안락한 가정, 진화하는 가정이 될 것이니라." 밝히고 있다.
제가齊家를 하는 이유는 행복하고 안락하고 진화하는 가정을 이루기 위해서다.

『대종경』 인도품 42장에서 가정과 국가의 관계를 말씀하신다.
"한 가정은 한 나라를 축소하여 놓은 것이요, 한 나라는 여러 가정들을 모아 놓은 것이니, 한 가정은 곧 작은 나라인 동시에 큰 나라의 근본이 되나니라. 그러므로 한 가정을 잘 다스리는 사람은 사회 국가에 나가도 그 사회 그 국가를 잘 다스릴 것이며, 또는 각자 각자가 그 가정 가정을 잘 다스리고 보면 국가는 따라서 잘 다스려질 것이니, 한 가정을 다스리는 호주의 책임이 중하고 큼을 알아야 할지니라."
가정은 국가의 근본이라는 뜻은 단순히 가정의 합이 국가라는 것이 아니라 튼실한 가정이 기반 되지 않는 국가는 허울 좋은 모습이라는 것이다. 가정 다스리는 법칙과 국가 다스리는 법칙은 같을 수 없으나 가정의 가치를 발휘하지 못하는 국가의 위상은 허상이요 가치 없다는 것이다.

『원불교교사』 '최초의 법어'에서 "제가의 요법은 실업과 근검 저축, 교육과 의견 교환, 도덕과 정치 복종, 희망과 방법 참조를 주의하여야 새 가정 새 국가를 이룩한다."라고 밝히고 있다.
새 가정 새 국가를 이룩하기 위해서는 제가의 요법에 관심을 두라는 것이다.

1. 실업과 의·식·주를 완전히 하고 매일 수입·지출을 대조하여 근검 저축하기를 주장할 것이요,

소태산 대종사는 《회보》 제34호, '집에서 살림하면서 공부하는 방식'의 법설에서 사농공상의 직업을 사람의 생명줄이요 생활의 강령이라고 강조한다. 제가齊家의 일 순위가 바로 직업을 튼실하게 하여 의식주를 갖추는 것이다.
소태산은 평생을 근검 저축하여 자금을 모아 서로 돕고 사는 상조相助하는 삶이었다. 그 시작이 저축조합이었고 그 자금으로 방언공사를 하여 의·식·주를 구했으며, 익산 총부 건설하신 후는 낭비할 것을 절약하여 이를 상조조합에 저축하여 이 자금으로 서로 상부상조하면서 또한 과수원과 양잠·양돈 및 보화당까지 이루었으며 제중원[병원]까지 계획한다. 이처럼 익산 총부 일대에 사는 재가·출가 회원들은 서로 상조하여 실업과 의·식·주를 가꾸어가는 삶이었다.
결국 자력 생활하라는 것으로, 특히 경제의 자립력이 제가의 기초이다.

실업은 직업을 가져 의식주를 완전히 하는 것이다. 소태산 대종사는 직업을 갖되 복을 짓는 직업을 가지라 하신다.
『대종경』 인도품 40장에서 "복을 짓는 직업은 그 직업을 가짐으로써 모든 사회에 이익이 미쳐가며 나의 마음도 자연히 선해지는 직업인 데 반해, 죄를 짓는 직업은 그 직업을 가짐으로써 모든 사회에 해독이 미쳐가며 나의 마음도 자연히 악해지는 직업이라" 하신다.

또한 『대종경』 인도품 41장에서 "한 가정의 흥망이 호주[집안의 주장]의 정신 여하에도 달려 있나니, 한 가정이 흥하기로 하면 첫째는 호주의 정신이 근실하여야 할 것이요, 둘째는 집안사람들이 서로 화합하여 모든 일에 힘을 모을 것이요, 셋째는 무슨 실업이든지 먼저 지견과 경험을 얻은 뒤에 착수할 것이요, 넷째는 이소성대以小成大의 준칙으로 순서 있게 사업을 키워나갈 것이요, 다섯째는 폐물 이용의 법을 잘 이용할 것이요, 여섯째는 원업元業과 부업副業을 적당하게 하며 생산 부분을 서로 연락 있게 할 것이요, 일곱째는 그 생산이 예정한 목표에 이르기 전에는 그 자금을 다른 곳에 함부로 유용하지 말 것이요, 여덟째는 목표에 달한 뒤에라도 무리한 폭리는 꾀하지 말고 매양 근거 있고 믿음 있는 곳에 자본을 심을 것이요, 아홉째는 수지를 항상 살펴서 정당한 지출은 아끼지 말고 무용한 낭비는 단단히 방지하여, 이와 같은 방법으로 치가治家에 전력하면 그대들의 살림이 자연 불어나고 그에 따라 마음공부 하는 데에도 또한 서로 도움이 되리라."라고 실업과 의식주를 갖추는 구체적 방법을 제시한다. 특히 이소성대로 사업을 키워나가고 원업과 부업을 아울러 나아가는 방법을 제시하고 있다.

2. 호주는 견문과 학업을 잊어버리지 아니하며, 자녀의 교육을 잊어버리지 아니하며, 상봉하솔의 책임을 잊어버리지 아니할 것이요,

호주는 가家를 책임 맡은 주역이다. 호주는 집안의 주장이 되는 사람으로, 부부가 호주의 역할을 담당하는 경우가 일반적이다.

호주의 3가지 잊지 말아야 할 사항으로, 첫째, 견문과 학업이요, 둘째, 자녀 교육이요, 셋째, 상봉하솔의 책임을 잊지 말라는 것이다.

호주의 책임을 맡게 되면 첫째, 견문과 학업을 등한시하지 않는 것이다. 시대에 따라 견문을 넓히고 배우는 일에 게으르지 않는 것이다. 호주는 가족을 잘 건사할 견문과 학업을 갖추어야 하며, 어떻게 하면 행복하고 안락하며 진화하는 가족이 되는지 여부의 견문과 배움을 구해야 한다. 견문과 학업이 없으면 가정의 주장[호주] 역할을 잘할 수 없기 때문이다.

둘째, 호주로서 자녀들의 교육을 책임지는 것이다. 자녀들의 교육을 지원하고 단순히 내 자녀뿐만 아니라 타자녀까지도 언제든지 배우고 싶으면 교육받을 수 있는 사회를 만드는 것이다. 결국 학업과 자녀의 교육은 사요의 '타자녀교육'에 기반하는 것이다.

셋째, 호주로서 가족 관계의 가교역할을 잘하여 위로는 잘 받들고 아래로는 잘 지도하는 상봉하솔의 일에 유념하라는 것이다.

『대종경』 인도품 46장에서 "자녀를 가르치는 데에는 부모 자신이 먼저 상봉하솔의 도에 어긋남이 없어야 할 것이니, 만일 자녀의 보는 바에 자신이 직접 불효한다든지 불경不敬을 한다든지 기타 무슨 일이나 좋지 못한 행동을 한다면 그 자녀를 지도할 위신이 없게 되는 것"이라고 상봉하솔의 중요성을 강조하고 있다.

3. 가권家眷이 서로 화목하며, 의견 교환하기를 주장할 것이요,

소태산 대종사의 공부법은 상시에는 문답하고 정기에는 회화하는 것이다. 문답이 회화요 회화가 문답이다. 이러한 문답과 회화의 방식을 가정사에서 가족 간에 서로 의견을 교환하도록 한 것이다. 이렇게 의견이 교환될 때 서로 마음이 통하여 상하좌우가 소통되어 화목하게 된다.

소태산 대종사 당대에는 의견제출 제도를 두어 의견을 교환토록 하였다. 가권은 가정뿐만 아니라 확대하면 단체도 포함할 수 있다.
가족 간에 주권을 서로 보장하는 가운데 의견을 교환하면 주권의 자력이 세워지고 지자가 본위 된다. 그렇다면 사회로 나가도 자기의 의견을 주장하는 권리를 지키고 타인의 의견권도 존중하는 사람이 되는 것이다. 또한 어떠한 의견이라도 가장 타당한 안건을 수용하고 활용하는 태도를 갖추게 된다.
그리하여 자력이 세워지는 속에서 서로의 의견을 수용하는 화목한 가정이 되며, 이러한 태도는 사회에 나가면 당당한 자력의 주권자요 지자를 스승으로 본위 하는 사람으로 서게 된다.
소태산은 "집안사람들이 서로 화합하여 모든 일에 힘을 모을 것"이라고 당부한다.

4. 내면으로 심리 밝혀 주는 도덕의 사우師友가 있으며, 외면으로 규칙 밝혀주는 정치에 복종하여야 할 것이요,

내면으로 심리 밝혀 주는 도덕의 사우는 종교와 관련된다면, 외면으로 규칙 밝혀주는 정치는 법률과 관련된다. 심리 밝혀주는 도덕과 규칙 밝혀주는 정치는 '인도 정의의 공정한 법칙'인 사은의 법률은이다. 정치에 복종하라는 것은 법률은을 실천하라는 것으로 법률 보은의 다른 표현이다.
『대종경』 교의품 37장에서 정치는 서북풍이라면 종교는 동남풍이라 비유하시고, 교의품 38장에서 수레의 두 바퀴라 하시며 겸전해야 함을 역설한다. 이처럼 가정에서부터 내외로 도덕과 정치로 법률 보은하라는 것이다. 제가의 한 요소로 정교동심政教同心하라는 것으로, 가정에서부터 정교동심을 체질화하라는 것이다.
정교동심은 정교일치도 정교분리도 아닌 정치와 종교가 한마음으로 세상과 사람을 위하는 길이다.

5. 과거와 현재의 모든 가정이 어떠한 희망과 어떠한 방법으로 안락한 가정이 되었으며, 실패한 가정이 되었는가 참조하기를 주의할 것이니라.

모든 가정의 흥망사를 살펴보라는 것이다. 또한 가정뿐만 아니라 단체의 흥망성쇠를 보아서 희망 있고 안락한 가정과 단체를 보감 삼으라는 것이다.

이처럼 소태산 대종사는 실업과 교육과 정교동심을 건실하게 갖추도록 하며 역사도 참고하라는 것이다. 이것이 곧 가정을 가지런히 건사하는 제가의 요법이다.

소태산 대종사는 『대종경』 인도품 43장에서 제가의 요법을 '모범적인 가정을 이루는 법'으로 부연하고 있다.

"대종사 말씀하시기를 모범적인 가정을 이룩함에는 첫째 온 집안이 같이 신앙할 만한 종교를 가지고 늘 새로운 정신으로 새 생활을 전개해야 할 것이며[제가의 요법 4], 둘째는 호주가 집안 다스릴 만한 덕위와 지혜와 실행을 갖추어야 할 것이며[제가의 요법 2], 셋째는 호주가 무슨 방법으로든지 집안 식구들을 가르치기로 위주하되 자신이 먼저 많이 배우고 먼저 경험하여 집안의 거울이 되어야 할 것이며[제가의 요법 2], 넷째는 온 식구가 놀고먹지 아니하며 나날이 수지를 맞추고 예산을 세워서 약간이라도 저축이 되게 할 것이며[제가의 요법 1], 다섯째는 직업을 가지되 가림이 있어서 살생하는 직업이나 남의 정신 마취시키는 직업을 가지지 말며, 또는 권리를 남용하여 남의 생명·재산을 위협하거나 가슴을 아프게 하는 일이 없게 할 것이며[제가의 요법 1], 여섯째는 될 수 있는 대로 부부 사이에도 물질적 생활을 각자 자립적으로 하면서 서로 부유한 가정과 부유한 국가·사회를 만들기에 힘쓸 것이며[제가의 요법 1], 일곱째는 국가·사회에 대한 의무와 책임을 충실히 이행하며 특히 자력 없는 사람을 보호하는 기관과 교화·교육의 기관에 힘 미치는 대로 협력할 것이며[제가의 요법 4], 여덟째는 자녀에게 과학과 도학을 아울러 가르치며 교육받은 후에는 상당한 기간을 국가나 사회나 교단에 봉사하게 할 것이며[제가의 요법 2], 아홉째는 자녀에게 재산을 전해 줄 때는 그 생활 토대를 세워주는 정도에 그치고 국가나 사회나 교단의 공익 기관에 희사할 것이며, 열째는 복잡한 인간 세상을 살아가는 데 몸과 마음을 수양하기 위하여 매월 몇 차례나 매년 몇 차례씩 적당한 휴양으로 새 힘을 기를 것이니라."

모범적인 가정을 이루는 구체적인 방법이 바로 '제가의 요법'인 것이다.

강자·약자의 진화進化상 요법

「최초법어」의 셋째 조목인 '강자·약자의 진화상 요법'이다.

'강자·약자의 진화進化상 요법'은 소태산 대종사의 고유한 법문으로, 기록상으로는 '약자로 강자 되는 법문'이란 제목으로 처음 등장한다.

원기13년(1928) 윤 2월 26일(4월 16일) 오전 10시경 계동 이공주의 집[계동연구회]에서 창신동 회관 교무인 송규를 비롯한 제자들은 소태산 대종사를 모시고 여러 법설을 듣게 된다. 이때의 법설 중 하나가 '약자로 강자 되는 법문'으로, 원기13년(1928) 음력 5월에 발행된 《월말통신》 제1호에 이공주 수필受筆로 게재된다. 정기 간행물에 최초로 등재된 법문이다.

원기 원년(1916) 돛드레미 이씨제각에서 설해진 최초법어 중 한 조목이 강자·약자의 진화상 요법이며, 이를 원기13년 서울에서 제자들에게 갑동리와 을동리의 비유를 통해 약자인 갑동리가 강자인 을동리를 어떻게 대해야 하는지를 역설한다.

소태산 대종사는 개인 간의 관계뿐만 아니라 사회나 국가 사이 힘의 관계에 있어 강자와 약자가 진화되는 관계를 제시한 것이다. 일제강점기 제국주의에 대한 비판과 아울러 새로운 국제관계에 대한 비전이 깔려 있다.

'강자·약자의 진화상 요법'은 두 단락으로 구성되어 있다.

1. 강·약의 대지大旨를 들어 말하면 무슨 일을 물론 하고 이기는 것은 강이요, 지는 것은 약이라, 강자는 약자로 인하여 강의 목적을 달하고 약자는 강자로 인하여 강을 얻는 고로 서로 의지하고 서로 바탕 하여 친·불친이 있나니라.

대지大旨는 대체의 뜻으로, 상호 관계에서 이기는 자를 강자라 하고 지는 자는 약자라 한다. 이처럼 강자와 약자는 서로를 기반으로 존재하는데 서로가 대립하는 상극의 불친不親 관계일 수도 있고 서로가 돕고 의지가 되는 상생의 친親한 관계가 될 수도 있다.

『대종경』 인도품 24장에서 강자와 약자의 관계를 소태산 대종사는 부연하여 말씀하신다. "무릇, 세상은 강과 약 두 가지로 구성이 되었나니 강자와 약자가 서로 마음을 화합하여 각각 그 도를 다 하면 이 세상은 영원한 평화를 이루려니와, 만일 그렇지 못하면 강자와 약자가 다 같이 재화를 입을 것이요, 세상의 평화는 영원히 얻지 못하리니, 옛 성현의 말씀에 윗사람이 아랫사람 보기를 적자嫡子같이 하면 아랫사람이 윗사람 보기를 부모와 같이하고, 윗사람이 아랫사람 보기를 초개[지푸라기]같이 하면 아랫사람이 윗사람 보기를 원수같이 한다는 말이 다 이를 이름이니라."

강자가 약자를 초개같이 여기면 약자는 강자를 원수같이 여기어 서로 불친한 관계가 되기에 재화를 입게 되고, 반면에 강자가 약자를 적자같이 여기면 약자는 강자를 부모같이 여기어 서로 의지하는 친한 관계가 되기에 평화를 이룰 수 있다는 것이다.

2. 강자는 약자에게 강을 베풀 때 자리이타법을 써서 약자를 강자로 진화시키는 것이 영원한 강자가 되는 길이요, 약자는 강자를 선도자로 삼고 어떠한 천신만고가 있다 해도 약자의 자리에서 강자의 자리에 이르기까지 진보해 가는 것이 다시없는 강자가 되는 길이니라. 강자가 강자 노릇을 할 때 어찌하면 이 강이 영원한 강이 되고 어찌하면 이 강이 변하여 약이 되는지 생각 없이 다만 자리타해에만 그치고 보면 아무리 강자라도 약자가 되고 마는 것이요, 약자는 강자 되기 전에 어찌하면 약자가 변하여 강자가 되고 어찌하면 강자가 변하여 약자가 되는지 생각 없이 다만 강자를 대항하기로만 하고 약자가 강자로 진화되는 이치를 찾지 못한다면 또한 영원한 약자가 되고 말 것이니라.

강자·약자의 진화상 요법의 핵심은 자리타해법은 쓰지 말고 자리이타법을 쓰는 것이다. 『대종경』 인도품 26장에서 소태산 대종사 말씀하시기를 "나는 항상 강자로서 강자 노릇할 줄 모르는 사람들을 애석히 여기노니, 자신이 이미 강자일진대 늘 저 약자를 도와주고 인도하여 그로 하여금 자기 같은 강자가 되도록 북돋아 주어야 그 강이 영원한 강이 될 것이며, 어느 때까지라도 선진자先進者요 선각자先覺者로 받들어질 것이거늘, 지금 강자들은 흔히 약자를 억압하고 속이는 것으로 유일한 수단을 삼나니 어찌 영원한 강자가 될 수 있으리오. 약자라고 항상 약자가 아니라 점점 그 정신이 열리고 원기를 회복하면 그도 또한 강자의 지위에 서게 될 것이요, 약자가 깨쳐서 강자의 지위에 서게 되면 전일에 그를 억압하고 속이던 강자의 지위는 자연 타락될 것이니, 그러므로 참으로 지각 있는 사람은 항상 남이 궁할 때 더 도와주고 약할 때 더 보살펴 주어서 영원히 자기의 강을 보전하나니라."라고 영원한 강자의 길을 제시하고 있다.

원기13년(1928) 서울 계동 이공주 집에서 설한 '약자가 강자 되는 법문' 중에서는 "약자는 강자 되기 전에 어찌하면 약자가 변하여 강자가 되고 어찌하면 강자가 변하여 약자가 되는지 깊이 생각하여 생각 없이 그냥 강자에게 대항하기만 하지 말고 지혜로운 약자가 되어 강자로 진화되는 이치를 모색하라"는 가르침으로 약자의 처지에서 강자가 되는 길이라면, 『대종경』 인도품 26장의 법문은 강자가 목전의 이익만 도모하여 생각 없이 자리타해법만 써서 결국 약자로 떨어질 것이 아니라 자리이타법을 써서 약자를 강자로 진화시키는 것이 영원한 강자가 되는 길이라는 역설力說이다.
또한 『대종경』 인도품 32장에서 봉래정사 초당 앞 마른 못에 장마로 인해 물이 고여 올챙이가 생기더니 다시 날이 뜨거워져 물이 점점 말라가는 것을 보시고 "현재의 강을 남용만 하는 사람들의 장래를 지혜 있는 사람이 볼 때는 마르는 물속의 올챙이들과 조금도 다름이 없다"는 안타까운 감상을 말씀하신다.

이러한 자리이타의 관계로 전환하는 '강자·약자 진화상 요법'의 근거는 소태산 대종사의 대각인 일원대도에 근원 한다.
강자·약자가 진화하기 위해서는 텅 비어 고요한 일원상 자리에 바탕 해야 하며, 신령하게 아는 일원상의 자리에 근거해야 한다. 강자가 영원한 강자가 되고 약자는 강자를 선도자로 삼아 끝내는 영원한 강자가 되기 위해서는 강약의 분별 망상이 끊어진 입정처에 들어야 한다.
이처럼 텅 비어 고요하면서도 신령한 입정처에 들 때 강자를 상대심으로 대하지 않고 선도자로 삼을 수 있고, 약자를 지배할 대상으로 여기지 않고 도움을 주고받는 대상으로 대할 수 있는 것이다.
소태산 대종사는 강변입정상으로 대두되는 입정처에 드신다. 이때에 도를 이루지 못한 회한과 불효와 심사미정心事未定의 안타까움 등 일체의 갈등과 대립 상황을 내려놓는다. 약자의 서러움과 패배 의식, 강자에 대한 동경과 분노 등이 녹아났던 것이다. 이러한 내려놓음은 새로운 시작이요, 해원이요 해탈로 모든 것을 녹여내는 용광로였다.
텅 비었으되 신령하게 깨어있는 자리에 들 때 약자의 안타까움에도 강자에 대한 대립 관념에도 사로잡히지 않게 된 것이다. 그리하여 어떤 것이 정당한 강인지 부당한 강인지 또는 어떤 것이 약자에서 강자로 나아가는 지혜로운 길인지, 지혜 없는 약자 프레임에 갇혀 있는 것인지 성찰하여 깨어 있는 것이다. 이처럼 공적영지의 일원상 자리가 밝아질 때 강자·약자가 자리이타로 진화하는 도가 드러나는 것이다.

소태산 대종사는 강변입정상으로 대두되는 입정 자리에서 출정하여 대각을 확인한다. 언어도단의 입정 체험에 토대를 둔 대각을 통해 강자와 약자가 진화하는 도를 밝힌 것이다. 일원상 자리는 자타의 분별이 없기에 자타가 둘이 아닌 자리이타의 도가 드러나는 것이다. 자타가 없는 자리는 자타가 둘이 아닌 자리로써 자타가 둘이 아니기에 자리이타의 도가 발현된다. 이러한 자리이타의 도가 운용될 때 강자·약자가 진화되는 것이다.

『원불교교사』 '최초의 법어'에서 '강자 약자의 진화상 요법'은 "강자는 자리이타로 약자를 진화시키며, 약자는 강자를 선도자로 삼아, 강약이 서로 진화하는 길로 나아가야 상극 없는 새 세상을 이룩한다."라고 밝히고 있다. 강자와 약자 간에 자리이타법을 사용해야만 상극 없는 세상으로 가꾸어 진화시킬 수 있는 것이다.

『정산종사법어』 '세전'에서 "사회에는 또한 빈부귀천의 차와, 상하 선후의 차와, 유무식 지우의 차등이 각각 있나니, 이 모든 관계를 통칭하여 강약이라 하나니라. 만일 강약 사이에 도가 없이 압박과 대항으로만 나아간다면 강자와 약자가 다 같이 재화를 입을 것이요, 서로 도가 있이시 협조와 진화의 길로 나아간다면 그 사회는 평화와 번영을 이루게 되나니라. 그러므로 강자와 약자는 정전에 밝혀 주신 '강자 약자의 진화상 요법'을 일일이 실행하여 강약이 한 가지 영원한 강자로 진화되기까지 끊임없이 노력하여 나아갈 것이니라."고 밝히고 있다.
사회에는 반드시 강약이 있는데, 이 사이에 자리이타의 도가 있으면 평화 번영할 수 있는 것이다.

강자·약자의 진화상의 요법은 인류문명의 새로운 진화의 길을 제시한 것으로, 자리이타로 문명의 패러다임을 상생으로 돌린 법문이다. 소태산 대종사가 인류에게 던진 숙제요 선물이다.

최초법어의 강자·약자의 진화상 요법은 노자 『도덕경』 61장 "큰 나라는 작은 나라에 자기를 낮추면 작은 나라에 신뢰를 주고, 작은 나라는 큰 나라에 자기를 낮추면 큰 나라에 신뢰를 얻는다[故大國以下小國則取小國 小國以下大國則取大國]."와 상통해 있다 할 것이다.

지도인으로서 준비할 요법

「최초법어」의 넷째 조목인 '지도인으로서 준비할 요법'이다.
최초법어는 소태산 대종사 대각 후 모여든 사람들에게 말씀하신 가르침으로, 그 당시에 모여든 사람들은 신비하고 신통한 것을 바라고 있었다. 앞으로 실생활에서 실천할 길을 제시한 것이다. 허위와 미신의 생활을 실생활의 정법으로 인도하는 법을 밝히신 것이다.

이때 말씀하신 '지도인으로서 준비할 요법'은 소태산 대종사의 구사고행과 관련 있다.
소태산은 도사나 이인을 찾아 알고자 했던 의심 해결을 도모한다. 이러한 과정에서 자칭 도사라고 하는 지도인들을 만나게 된다. 이러한 만남의 과정에서 온갖 둘림과 속임을 당하였고 허위와 미신에 봉착한다.
그 한 사건이 청년 소태산의 의문을 풀어주겠다는 처사의 초빙이다. 처사는 소태산의 의문을 풀어주는 대가로 소를 폐물로 요구한다. 이에 주문을 밤낮으로 외우나 감응이 일어나지 않자 그 원인이 정갈한 기도처가 필요하다며 사람이 태어나지도[해산] 죽지도[초상] 않은 처소를 원한다. 이에 소태산은 어찌 사람의 생사를 떠난 곳에 무슨 의미가 있겠냐 하며 회의적 태도를 품게 된다. 사람의 생사를 벗어난 길을 추구하는 것은 정당한 길이 아니라고 여기신 것이다. 소태산은 그 당시에 여러 무리의 이인을 만나는 과정에서 인간의 삶을 벗어나 신비하고 허망한 욕망을 추구하는 사람들을 대면했던 것이다. 이러한 경험을 통해 사람이면 당연하게 밟아가야 할 인간의 길이 정당한 길이라고 실감했으며 인도人道의 길에 관심을 두신 것이다.
결국 소태산 대종사는 사람의 길에서 벗어나 허무맹랑한 길을 제시하는 도사에 관심을 두기보다 스스로 인도의 길을 밟는 구도자가 되기를 발원하여 끝내 인도상 요법을 실행하는 길에 들어 진정한 도사의 진면모를 확인한다.

즉, 도사는 사람이라면 떳떳하게 밟아갈 사람의 길을 먼저 밟아 다른 사람들도 떳떳한 사람의 길로 인도하는 지도인이다. 이처럼 지도인은 사람이라면 실생활에서 마땅히 밟아갈 길을 안내하는 사람으로, '지도인으로서 준비할 요법'은 소태산의 구사고행의 체험이다.

『원불교교사』 '최초의 법어' 중 "지도인으로서 준비할 요법은 이상 지식을 가지고, 신용을 잃지 말며, 사리를 취하지 말고, 지행을 대조하여야 제생의세의 경륜을 충분히 실현할 수 있다는 것"이라고 밝히고 있다.
'지도인으로서 준비할 요법'은 생령을 고해에서 건지고 병든 세상을 치료하는 제생의세의 경륜을 가진 지도인이라면 반드시 갖추어야 할 요소다.

지도인은 지도받는 사람들에게 큰 영향을 주기에 지도인의 역할은 중요하다.
『대종경』 인도품 23장 말씀이다. "사람은 그 마음이 중추의 책임이 되고, 사회·국가는 모든 지도자가 그 중추의 책임이 되어 모든 기관을 운영하고 조종하게 되나니라. 그러므로 중추의 책임을 진 사람으로서 조금이라도 그 책임에 등한하다면 거기에 따른 모든 책임 분야가 다 같이 누그러져서 그 기관은 자연 질서를 잃게 되나니 그대들은 각자의 처지를 살펴보아서 어떠한 책임이든지 그 이행에 정성을 다할 것이며, 모든 책임의 중추가 되는 마음의 운용에 주의하여 자신의 운명과 대중의 전도에 지장이 없도록 하라."며 지도인의 역할을 강조한다.

이처럼 중요한 역할을 부여받은 지도인에게 소태산 내종사는 '지도인으로서 준비할 요법'을 제시한다.

1. 지도받는 사람 이상의 지식을 가질 것이요,
2. 지도받는 사람에게 신용을 잃지 말 것이요,
3. 지도받는 사람에게 사리私利를 취하지 말 것이요,
4. 일을 당할 때마다 지행을 대조할 것이니라.

'지도인으로서 준비할 요법'은 '수신의 요법'의 정신수양·사리연구·작업취사의 삼학을 지도인의 역할에 적용한 것이다. 예를 들면 '수신의 요법' 1조 "시대를 따라 학업에 종사하여 모든 학문을 준비할 것이요"에 따라 '지도인으로서 준비할 요법' 1조 "지도받는 사람 이상의 지식을 가질 것이요"를 갖추는 것이다.

지도인이 갖추어야 할 능력도 결국은 삼학으로 삼대력을 갖추는 것이다. '지도받는 사람 이상의 지식을 가지는 것'은 연구력을 갖추는 것이라면, '지도받는 사람에게 사리를 취하지 않는 것'은 수양력을 갖추는 것이며, '지도받는 사람에게 신용을 잃지 않는 것'과 '일을 당할 때마다 지행을 대조하는 것'은 취사력을 갖추는 것이라 볼 수 있다. 지도인은 결국 삼학 수행으로 지도력을 갖추는 것이다.

특히 '수신의 요법'에서는 "지행을 같이할 것이니라."라고 하였다면, '지도인으로서 준비할 요법'에서는 "지행을 대조해라"고 한다. 수신할 때는 지행을 '같이' 하려고 해야 한다면, 지도인은 지행을 같이하는 한편 지행을 '대조'해야 한다. 지도인은 아는 것을 실지로 행하는지를 점검해야 하기 때문이다.

아는 것이 그대로 행위와 일치되는 것은 아니다. 아는 것과 실천을 같이 하여 일을 당할 때마다 지행을 대조하여 궁극에는 지행을 일치시키라는 것이다.

지知와 행行을 대조하여 아는 것에 실천하는 의지가 있었는지 또는 행行과 지知를 대조하여 행에 지혜가 있었는지 대조하라는 것이다. 지도인은 기본적으로 지행을 대조하는 품성을 갖추어야 한다. 그릇된 지도에는 지혜 부족과 실천 의지의 결핍이 있는 것이다.

《회보》 제2호 '언고행言顧行 행고언行顧言'이란 제목의 회설에서 "남을 지도하는 입장에 있는 지도인은 말과 행을 대조하는 데 게을리 말아야 한다. 그래야 신용을 얻을 수 있으며, 신용을 얻은 후에야 만사를 경영할 수 있는 것이다. 때문에 말도 가장 잘하는 반면 실행도 가장 잘 하기로 노력해야 한다."라고 주장한다.

지도인이 지행을 대조해야 하는 이유는 아는 것과 아는 것을 행하는 실천을 대조하지 않을 때 지도받는 많은 사람이 피해를 입고 고통을 받는 아픔을 겪게 되기 때문이다.

지도인은 지도받는 사람 이상의 지식을 갖춘 연구력으로 지도하라는 것이며, 또한 지도인은 지도받는 사람에게 사리를 취하지 않는 수양력으로 지도받는 사람들을 대하라는 것이며, 지도인은 지도받는 사람에게 신용을 잃지 않는 취사력으로 지도받는 사람들을 대하라는 것이며, 지도인은 특히 일을 당할 때마다 지행을 대조하여 '아는 것 또는 말하는 것'과 '행하는 것' 사이에 어그러짐이 없는 실행력으로 지도받는 사람을 지도하라는 것이다.
결국 지도인은 삼학으로 삼대력의 지도력을 갖추어 지도하겠다는 의지가 요구된다.

《회보》 제23호, '남의 지도자 되기에 급하지 말고 그 자격을 먼저 준비하라'는 전삼삼 선진의 감상이다.
"비하여 말하자면 지도자라 하는 것은 기차의 기관수와 같고 배의 사공과 같은 것이니, 만일 기관수나 사공이 조금만 잘못한다면 그 기차와 배며 그 속에 가득 실은 여러 사람의 생명과 모든 물품이 경각에 파괴 침몰되지 않습니까? 그와 같이 지도자가 조금만 실수하여 잘못 인도한다면 수천수만 생명이 일시에 멸망을 당하는 수가 없지 않은 것이니, 우리는 이와 같이 헛된 생활, 가소로운 생활, 죄악의 생활을 하지 말 뿐 아니라, 남의 지도자가 되기에 급급하지 말고 자격을 먼저 준비하여야겠다는 생각이 났습니다."
지도인은 그 자격을 먼저 갖추는 준비부터 하라는 것이다. 소태산 대종사는 기관수와 사공과 같은 지도인이 갖추어야 할 조항을 '지도인으로서 준비할 요법'으로 명료하게 제시해 주신 것이다. 삼학으로 삼대력을 갖추어 이 법력으로 지도하라는 것이다.

정산 종사는 '세전'에서 "나라의 지도자들은 『정전』에 밝혀 주신 '지도인으로서 준비할 요법'을 먼저 갖추는 동시에 반드시 그 도를 잘 이행해야 나라의 운명과 민중의 앞길에 지장이 없을 것이다."라고 당부한다.

또한 지도인과 지도자는 『정전』 '교당 내왕시 주의사항'과 '병든 사회와 그 치료법'에도 등장한다. 교당 내왕할 때에 상시 응용 주의사항으로 공부하는 중 감각된 바와 특별히 의심나는 일은 교당에 와서 지도인의 감정과 해오의 지도를 받아야 할 것이며, 또한 지도자는 사회의 병든 현상을 감지하여 감당하고 책임져야 할 것이다.

이처럼 소태산 대종사는 지도인의 길을 강조하며 지도인이 갖추어야 할 조항을 명료히 밝혀 주신 것이다.

선후본말先後本末을 알라

송도성 수필受筆

《월보》 제40호, 시창17년(1932) 9월

———— 시대를 따라 학업에 종사하되 정신수양·사리연구·작업취사인 삼학의 마음공부가 근본이 되어야 한다는 것이다. 「최초법어」의 '수신의 요법' 1조인 시대를 따라 학업에 종사하여 모든 학문을 준비하되 2~4조인 정신을 수양하고 일과 이치를 연구하고 응용할 때 취사하는 주의심을 놓지 아니하는 삼학을 근본 삼아야 한다는 법설이다. 이 법설은 간략 윤문 되어 『대종경』 교의품 28장에 수록된다. 흥미로운 것은 소태산 대종사와 김영신의 문답 중에 풍금이 등장한다. 익산 총부 예회와 기념식에서 풍금을 사용했다.

한때에 종사주, 익산 금강원에 계옵시와 여러 제자로 더불어 사은사요四恩四要와 삼강령 팔조목三綱領八條目에 관하여 많은 법의法義를 담론하옵신 후에, 앞에 앉은 청년 학도 몇 사람을 불러 물으시되, "너희들은 많은 학비를 소비하여 장구한 시일이 걸려서 현대 과학을 배운 자이니, 묻노라. 그동안 학교에서 배운 과목은 무엇 무엇이며 그 효과는 또한 어떠하냐?" 하시되,

김영신 대왈對曰 "학교에서 배운 과목으로 말씀하오면, 그 수가 실로 많사와 일일이 다 사뢰옵기는 너무 번거하오나, 다만 보통학교와 중학교 과정 내에 대강 몇 과목을 들어 말씀하오면, 외국어·지리·역사·산술·이과理科·작문·습자習字·체조·창가唱歌 등등이옵고 그 외에도 학교의 주의主義와 정도에 따라서 각각 거기에 적합한 다른 과목이 많이 있을 것입니다. 그러하옵고 효과로 말씀하오면 무엇이나 모르던 사람이 그 일을 배워서 알게 되

고 못 하던 사람이 그 일을 배워서 하게 된다면 그것이 곧 효과이오니, 즉 외국어 한마디도 모르던 사람이 학교에 들어가서 여러 해 공부한 결과에 외국어에 숙달하여 능히 동서 각국의 외국 사람과 교제하게 되오니 이것이 즉 효과이며 또는 글 한 자 알아보지 못하고 글 한 줄 쓸 줄 모르던 사람이 학교에 들어가서 여러 해 공부한 결과에 모든 글을 능히 알아보며 모든 글을 능히 쓰게 되오니, 이 세상을 지내기에 얼마나 편리하오며 큰 효과입니까. 그뿐 아니라 이상에 말씀드린 여러 과목도 모두 그와 같은 필요가 있사와 그것을 배워 다 안다 하오면 인생 생활에 별로 막히고 걸릴 것이 없겠다고 생각하나이다."

종사주 들으시고 가라사대 "영신아, 너의 말이 옳다. 사람이 나면 인간 사회를 여읠 수 없으니, 인간 사회에 처하여 그 사회에 활용할 지식이 없다면 그 얼마나 답답하고 아쉽겠느냐. 그런고로 청소년 시대에 촌음을 아껴가며 학업에 근면한 자라야 노대老大한 후에 반드시 유위有爲의 인물이 되며 중인의 존모를 받지 않느냐. 그것은 물론 그러하려니와 또 네게 한 말 묻고자 하는 바는 네가 학교에서 배운 그 여러 가지 과목 가운데에서 오늘날 현실 생활상에 가장 많이 쓰이는 것이 그 무엇이더냐?"

영신 대왈 "그것은 별로 생각해 본 일도 없사옵고 또 무엇이 가장 많이 쓰이더라고 표준하여 말씀하기 어렵사오나, 저의 처지에 있어 가장 많이 쓰인다고 생각되는 것은 산술과 문필[文筆, 글을 짓거나 글씨를 쓰는 일]이온 듯싶습니다."

종사주, "그러면 산술과 문필, 그것은 하루에 몇 번씩이나 쓰이는 바가 되느냐?"

영신, "그야 종없지요. 일의 유무를 따라서 한 시간 동안에 한 번 쓰이는 때도 있고, 하루 동안에 한 번 쓰이는 때도 있고, 한 달 내지 1년 동안 한 번 쓰이는 때도 있어서 도무지 정칙이 없습니다."

종사주, "그러면 그 여러 가지 학과 가운데에서 사람이 행주좌와行住坐臥 어묵동정語默動靜에 무시간단無時間斷으로 쓰이는 과목은 도무지 없느냐?"

영신, "그런 과목은 없습니다."

종사주, 이에 말씀 머리를 돌리시며, "그러면 그것은 그만두고 사람의 이 가정 살림하는 데에는 그 무엇이 가장 근본이며, 한때도 떠나서는 되지 않을 제일 긴요품이겠느냐?"

영신, 미처 대답지 않고 한참 동안 묵연하니, 종사주 다시 그 강당 대청에 놓여있는 기념상을 가리키시며 "영신아, 저것이 무엇이냐?"

영신, "기념상이올시다."

종사주, "또 그 옆에 있는 것은 무엇이냐?"

영신, "풍금이올시다."

종사주, "그러면 우리 회중會中 살림을 하는 데에 기념상이 없어도 아쉽고, 풍금이 없어도 아쉽겠지!"

영신, "아쉬울 뿐이겠습니까. 이런 대중 생활에는 다 반드시 있어야 할 것이올시다."

종사주, "그러면 저 기념상과 풍금을 어느 때 어느 때 사용하느냐?"

영신, "그것은 다 아옵시는 바와 같이 기념상은 우리 회會의 사기념[四紀念, 공동생일기념, 명절기념, 공동선조기념, 환세기념] 시時나 또는 개인의 성대한 기념 시에 쓰이는 것이오며, 풍금은 매월 삼예회三例會나 기타 각항 예식이 있을 때 쓰이는 것이 아니 오리까."

종사주, "그러면 그것을 사용 번수가 아무리 많다 해도 1년에 몇십 회를 벗어나지 않으리로다. 그러나 매일 매시에 한때도 없어서는 아니 될 불가결不可缺의 요건이 있으니, 그것은 곧 의식주衣食住 3건이다. 생각해 보아라. 의식주 3건이 없고야 한때인들 어찌 생활을 영위할 수 있겠는가? 그런고로 살림하는 자가 먼저 마땅히 의식주 3건의 기초를 든든히 세운 뒤에 그 여유 있는 힘으로써 다른 수식품修飾品과 도구를 장만할 것이다. 그리하여 점점 부유한 살림이 되고 보면 모든 도구가 충분히 준비되어, 이것을 쓰게 되면 이것을 쓰고 저것을 쓰게 되면 저것을 쓸 것이며 또 그 가운데에는 하루에 몇 번씩 쓰는 것도 있고, 기념상·풍금같이 한 달에 몇 번씩 쓰는 것도 있고, 혹은 몇 년 내지 몇십 년 만에 한 번 쓰이거나 말거나 하는 것도 있어 때를 따라 수용할 것이니, 그 얼마나 넉넉하고 활발하겠느냐.

그러나 그렇다고 직접 의식衣食 생활에도 기한을 면치 못하고 있는 자가 다른 물건의 화려하고 편리한 데에 혼탁하여 저녁 먹을 양식이라도 팔고 집이라도 팔고 옷이라도 팔아서 저 기념상이나 풍금과 같은 설비품 완롱물[玩弄物, 장난감]을 장만한다면 누구나 그자를 보고 다 비웃고 흉보며 선후 본말을 알지 못하는 자로 인증할 것이 아니냐. 그런고로 살림하는 데는 무엇보다 의식주 3건이 근본이 되며 마땅히 먼저 하여야 할 것이라 한다.

학업 하는 방면에서도 또한 그와 같아서 선후 본말이 자재自在하나니, 이상에 말한 학교에서 가르치고 배우는 그 여러 가지 과목이라 하는 것은 방금에 말한 바와 살림하는 데에 기념상이나 풍금과 같이 고유의 장물長物로써 실 생활상에 간혹 쓰이는 바가 될 뿐이요, 참으로 행주좌와 어묵동정 간에 무시간단으로 쓰여서 생활상 의식주 3건과 같이 긴요한 것이 있으니, 그것은 오직 각자의 마음이다.

대저, 사람의 마음이란 일신一身의 주재主宰가 되어서 접물 응사應事에 간여하지 아니하는 바가 없으며 그 마음의 동작 여하에 따라서 일체의 흥망성쇠와 화복 길흉이 좌우로 판단되는 것이니, 만물지중萬物之中 최령最靈하다는 사람으로 태어나서 참으로 고귀한 사람의 생활을 영위하기로 할진대, 무엇보다도 먼저 마땅히 만법의 근본 되는 그 마음을 단련하여 희로애락에 기울어지고 흔들리지 아니할만한 정신의 수양력을 얻으며, 모든 것을 바르게 보고 바르게 판단할만한 사리事理에 연구력을 얻으며, 불의는 능히 사捨하고 정의는 능히 취하여 취사取捨에 실행력을 얻을지니, 우리의 삼강팔조三綱八條의 공부는 오로지 이 사람의 심리를 밝히고 다스리는 길이다.

사람이 만약 그 공부에 능하고 보면 일동일정一動一靜 일어일묵一語一默에 반드시 효과를 볼 것이며 무량한 혜복慧福이 유여할 것이니, 대저 인간 백천百千 공부 중에 그 무엇이 이에 앞서리오. 이 공부를 근본 하여 다른 학술을 배운다면 그 학술이 그 사람을 만났는지라 금상첨화의 격으로 더욱 좋으려니와, 만약 그 공부가 없이 다만 저 학술만 배워 얻는다면 한갓 그 마음 가운데 불량만 더하고 그 행사行事에 사려詐慮한 수단[속임수]만 늘 것이니, 세상을 시끄럽게 할 뿐이요 아무 유익이 없을지라. 어찌 저 의식주의 목전사目前事를 불고하고 화려한 가구품과 완롱물을 사들이는 자와 다르다 하리요.

그런고로 세상만사는 먼저 근본에 힘써야 하나니, 천만 공부 중 가장 근본 되는 공부는 그 심리心理공부일진저!"

감상담(윤명화)

'세상만사는 먼저 근본에 힘써야 하나니, 천만 공부 중 가장 근본 되는 공부는 그 심리心理 공부이다.'라는 대종사님의 법설에서 마음공부의 원리인 삼학이 우리에게 얼마나 필요하고 중요한지 알 수 있다.

우리가 학교에 많은 시간을 투자하여 배운 과목들을 생각해 본다. 국어, 영어, 수학 등 주요 과목에 투자한 시간은 정말 많다. 현실을 돌아볼 때 그 과목들이 생활에 미치는 영향은 한정적이다. 대종사님은 법설에서 삼학이 우리 삶과 얼마나 밀접하게 관련되어 있는지 그 효과가 어떠할지를 친절하게 설명해 주신다.〈최초법어〉에서 '시대를 따라 학업에 종사하여 모든 학문을 준비할 것'이라 하시고, '정신수양으로 분수를 지키고 안정을 얻고 일과 이치를 연구하여 허위와 사실을 분석하며 시비이해를 바르게 판단하여 응용할 때 취사하는 주의심을 놓지 말라'고 처음 모인 제자들에게 말씀한다. 시대에 따라 변화되는 것들을 잘 받아들이고 이끌어가기 위해 학문을 배우고 익혀야 하나 그 바탕에 삼학이 있어야 한다.

세상에 제대로 서는 사람이 되기 위해서는 시대에 따라 시대에 맞는 학문을 갖추고 실생활 속에서 정신수양·사리연구·작업취사의 삼학으로 삼대력을 갖춰야 한다. 이러한 수신을 할 때 새 시대의 주인공이 될 수 있기 때문이다.

우리는 구직 또는 승진을 위해 서로 경쟁하며 새로운 걸 배우고 익혀야 하는 세상에 살고 있다. 이처럼 시대에 적합한 지식과 능력을 키워가다 보면 혹여 경쟁에 눈이 멀고 욕망에 앞이 가리어 파멸에 들 수 있다. 그러므로 시대에 맞는 학문을 준비하되 정신수양·사리연구·작업취사를 통해 자신을 바로 세워 서로 도움을 주고받는 세상을 만드는 주인공이 되어야 하리라.

언고행言顧行 행고언行顧言

전음광

《회보》 제2호, 시창18년(1933) 9월호

언행言行은 지행知行과 통하는 뜻으로, 언言은 아는 지知와 연관되어 있고 지知는 행行으로 이어지기에 말할 때 행할 것을 돌아보고 행할 때 말한 것을 돌아보라는 것이다. 「최초법어」의 '수신의 요법'에서 지행을 같이하라는 것과 '지도인이 준비할 요법'에서 지행을 대조하라는 뜻이 있다. 이처럼 언행과 지행은 같이하면서 또한 대조하라는 것이다. '언고행言顧行 행고언行顧言'은 전음광의 회설 이전에 시창15년 3월 6일 예회록[월말통신 제24·25호]에서 송도성이 이 제목의 연사로 등장하고 있다.

1.

말은 가장 하기 쉬운 것이다. 천연적으로 구조構造된 입이므로 그 입을 벌려서 무슨 말이나 하고 싶을 때는 별다른 수고를 들일 것이 없이 마음대로 할 수 있는 것이다. 그러나 천연으로 구조構造된 입, 더구나 입을 벌리기에 수고로움이 없다고 전후를 고려함이 없이 되는 대로 입을 벌려서는 아니 된다. 입을 벌리고자 할 때는 반드시 먼저 그 행할 바를 돌아보아야 한다. 행할 바를 돌아본다는 것은 이 말을 해서 그 말을 실행할 가능성이 있는가? 실행하면 될 것인가? 하는 실행성의 유무를 깊이 고려한 후에 말을 하여야 할 것이다. 그래야만 그 말이 서게 될 것이며 말을 한 가치가 있게 되는 것이요, 이와 반면으로 말을 할 때 그 실행성의 유무는 조사함이 없이 다만 천연적 구조構造된 입으로써 생리적 작용만으로 입을 놀린다면 그 말이란 쓸데없는 일시의 잠꼬대에 불과할 것이다.

2.

또 말만 그러한 것이 아니다. 행동을 할 때도 또한 전에 한 말을 돌아보아야 한다. 내가 그 전에 어떠한 말을 하였는데 오늘의 행동이 그 말과 같이 부합이 되는가? 또는 말은 말이요 행동은 행동으로써 각각 모순이 되는가? 생각한 후에 일거수一擧手 일투족一投足에라도 낱낱이 주의를 하여야 할 것이다. **그리하여 말은 항상 행동을 대조하고 행동은 항상 말을 전감 삼아서 언言과 행行이 상호두미相互頭尾를 반성하여야만 그 말도 신용할 말이 될 것이요 그 행동도 가치 있는 행동이 될 것이다.**

3.

현대 인류는 기술이 무한량으로 발전되는 일방 말하는 기술도 장족적長足的으로 진전되어 인인개개人人個個가 요순堯舜의 말을 능히 하나니 외부로만 본다면 요순 아닌 사람이 없을 것이다. 그러나 내부의 실제를 고사考査해 보면 언은 행을 불고不顧하고 행은 언에 모순되어 언행부동言行不同하는 자 불소不小하나니[적지 아니하니] 차此는 허위자요 가식자로서 결국 여하한 성공을 보지 못할 것은 사실이다. **전술前述한 바와 같이 말은 하기 쉬운 것이며 행은 하기 어려운 것인 만큼 모든 일을 말하는 대로 단번에 꼭꼭 실행하여 가기는 어려운 일이며 또는 입으로 옳은 말을 많이 하면 행동도 옳은 행동이 많이 나타나는 만큼 내가 실행치 못하는 일이라고 입으로 옳은 말을 않을 것도 아니다. 그러나 내가**

남을 지도하는 입장에 섰다거나 또는 무슨 사업을 경영하는 입장에 있는 자로서는 반드시 먼저 이 언과 행을 대조하는데 게을리 말아야 할 것이다. 그래야만 신용을 얻을 수 있는 것이요 신용을 얻은 후에야만 만사를 경영할 수 있는 것이다.

4.

그러하니 오인吾人은 갱일층更一層 차此 방면에 주의하여 언과 행을 항상 대조하여야 할 것이며 말도 가장 잘하는 반면 실행도 가장 잘 하기로 노력하여야 할 것이다.

살림살이하는 방법

이공주 수필受筆

《회보》 제19호, 시창20년(1935) 9월호

이 법설은 「최초법어」 중 제가齊家의 요법 '1. 실업과 의·식·주를 완전히 하고 매일 수입 지출을 대조하여 근검 저축하기를 주장할 것이요'의 부연 법설이라 할 수 있다. 소태산 대종사 대각을 이루시고 살림을 정리하여 치산하시어 자금을 굴려 방언공사에 착수하는 과정을 밝히고 있다. 소태산은 이와 같은 경험을 제시하며 농업이 되었든 공업 또는 상업이 되었든 부지런히 벌어서 생활하고 여가로 부업을 경영해 보라고 권하고 있다. 처음에는 밑천 적게 들고 하기 쉽고 설사 실패를 본다 해도 큰 피해가 없을 것을 시도하여 차차 확대할 계획을 세우라 한다. '부업副業 경영자의 주의할 일' 부분은 윤문 되어 『대종경』 인도품 41장에 수록된다.

한때에 익산교당[익산 총부]에서 종사님 법좌에 출석하시사 대중을 향하여 말씀하여 가라사대,

"내 오늘은 제군에게 살림살이 잘할 방법을 말하여 주려 하나니, 잘 듣고 가서 그대로 실행하여 보라. 그런다면 반드시 살림살이가 늘어서 자연히 부요[富饒, 부유]한 생활하게 될

것이요, 본래부터 어렵지 않던 사람들은 전답도 사게 될 것이며, 가산집물도 장만하게 될 것이니, 우선 나의 과거 경험담을 참고로 들어볼지어다.

나도 어려서 이후 25세까지는 아무 철도 나지 아니하였고, 따라서 어떠한 말을 듣는다고 하더라도 그 말이 나에게 이利가 될 말인지 해害가 될 말인지 그러한 구별도 할 줄 모르고 건성 생활하였던 것은 사실이다. 그러면 소위 한 가정의 호주로 있는 사람이 그와 같이 아무 생각과 소견도 없었으니, 그 집안 살림살이가 오죽하였으며 그에게 딸린 처자의 고생인들 그 오죽하였겠는가? 그때의 생활 상태로 말하면 내 이제 새로이 말하지 않아도 아는 사람은 잘 알리라고 생각하노라. 그리하다가 26세 되던 해에야 비로소 어떠한 지각知覺을 얻게 되었고 따라서 집안 살림살이에 대해 생각도 하여 보았던바, '오! 우리 살림도 시초가 되겠구나' 하는 예산이 생겨나며 새 정신이 돌아온 것 같으므로 즉시 집안 살림살이를 살피어 본즉 내 소유의 집도 한 채가 있고 기구 집물 등도 약간 있었다. 그래서 나는 집과 시초갓[담뱃잎 엮음]과 뒤주 등 가히 값나갈 만한 것은 주워 모아 방매放賣하였더니, 합계가 한 500여 냥이나 되므로 그중에서 100냥은 떼어 조그마한 집 하나 사서 들고, 생활 방침은 농촌인 만큼 농사를 원업原業으로 정한 후 약간의 밑천을 내어놓고 보니, 실實 400냥이 남았었다. 나는 그와 같이 가사를 대강 정돈한 후에 그 남은 400냥은 아주 없는 폭을 잡기로 결정하고 부업의 자본금을 삼아서 여러 가지로 운전하여 보았던바 요행히 큰 실수는 없었고 또는 아무리 곤란한 일이 있더라도 결단코 그 돈만큼은 쓰지 않고 식리殖利하기에만 노력하였더니, 불과 몇 해 동안에 4,000여 원이라는 거액이 되었었다. 그래서 나는 그 돈을 가지고 간사지干瀉地 개척 공사를 착수하였었나니, 현재 영광의 언답이 그것인바 오늘날에 있어서는 수백 두락의 문전옥답이 되었고 매년 200여 석이 수확을 보게 된 것이다.

이것을 미루어 볼진댄 한 가정의 흥패도 운수에만 있는 것이 아니라, 그 주장되는 사람의 역량과 지견 여하에 달렸다고 하여도 과언은 아니니, 제군도 이런 말을 잘 참조하여 우선 각자의 살림을 먼저 개혁할 필요가 있다고 생각하노라. 오늘이라도 집에 돌아가 보아서 가령 2원짜리 철 주전자가 있다면 그것을 팔아서 50전짜리 양철 주전자를 사서 대용하고 그 1원 50전은 저금할 것이요, 그 외에도 기구나 의복이나 무엇이든지 값비싼 것이 있거든 팔아서 값 덜한 것을 사서 쓰고 그 남은 돈은 저금하든지 혹은 부업의 자본금을 삼아서 부지런히 활동하여 볼 일이다. 그런다면 적은 밑천을 가지고도 큰돈을 만들 수가 있나니, 처음에 닭을 키웠다면 돼지도 될 수가 있고, 돼지는 또 소도 될 수가 있으며, 소는 또한 전답도 될 수가 있고, 전답 1두락이 10두락, 10두락이 100두락, 이와 같은 비례로 늘어갈 수도 있는 것이다.

실례를 들어 말하면, 영광에 한 사람도 처음에 그 형에게서 초가 두 칸과 솥단지 박적 몇 개와 돼지 한 마리를 얻어서 제금[딴살림]을 나와서 남의 논을 벌어먹으며 여가로는 그 돼지를 잘 키워서 새끼를 내어 신용 있는 사람들에게 주어서 늘리더니 불과 3, 4년 내에 큰 소를 사게 되었고, 그 소먹인지 3년 후에는 전답을 사기 시작하더니, 이제는 가위 부자가 되었다. 그러면 그 사람도 부자가 저절로 된 것이 아니라, 그만한 결심과 노력과 정성의 삼합三合이 맞았기 때문에 그만한 성공을 보았을 것이다. 만일 굳은 결심이 없다든지, 지극한 정성이 없다든지, 게으르다든지, 그 일에 능률이 없다든지 혹은 버는 대로 써버렸다든지 어떠한 결점이 한 가지나 있었다면 물론 그만한 성공은 보지 못하였을 것은 사실이다.

그러면 제군도 원업은 농업이거나 공업이거나 혹은 상업이거나 무엇이거나 부지런히 잘 벌어서 살고 그 여가로 부업도 하나 경영하여 보되, 처음에는 밑천 적게 들고 하기 쉽고, 설사 실패를 본다 하더라도 큰 상처는 없을 만한 것을 택하여 차차 확대할 계획을 가져야 할 것이다. 만약 일시적 큰 이익을 보고자 하여 아무 경험도 얻기 전에 양계·양토養兎 같은 것이라도 처음에 수백 마리를 사서 크게 벌인다든지 혹은 그런 일을 시작하여 놓고 주색잡기 등에 정신을 빼앗긴다든지 한다면 도리어 신망가패身亡家敗할 징조라고 할 수가 있으니, 제군도 그 점에 주의하고 아래의 몇 가지 조항만 이행한다면 반드시 살림살이는 늘리라고 자신하노라.

부업副業 경영자의 주의할 일.

1. 부업을 시작하려거든 잘 생각하여 능히 나의 힘으로 감당할만한 것을 택할 일.

2. 처음에 밑천은 절대로 많이 드리지 말고 이소성대以小成大와 진합태산塵合泰山의 정신을 가질 일.

3. 전답이나 가옥을 잡히거나 팔아서 부업의 밑천은 단정코 삼지 말고 패물이나 혹은 절약한 돈을 이용할 일.

4. 한번 부업의 밑천으로 작정하였거든 목적한 액수와 지정한 기한이 되기 전에는 결코 먹도 말고, 쓰지도 말고, 빚도 갚지 말며 아주 없는 폭을 잡을 일.

5. 돈이 수중에 들어오면 지체치 말고 저금하되, 돈놀이는 절대로 말고 100원 이상만 되거든 전답을 사둘 일.
6. 가권이 서로 화목하며 의논이 구수鳩首하여 상충이 없도록 할 일.
7. 되도록은 서로 의견을 진술하여 진행 방침을 취할 것이니, 이와 같이 한다면 그 가정의 살림살이는 반드시 늘어서 부요할 것이다. [『대종경』 인도품 41장]
그러면 여기에 전무출신專務出身하여 공사公事에 전력하는 사람들에 한하여는 사가私家를 불고하기로 서원하였으니 이런 말을 할 필요가 없거니와, 이 근방에서 신입한 재가 회원들로 말하면 도통道通보다도 먼저 각자의 집안 살림하는 법을 잘 알아서 정돈하여 놓고 그다음은 공가公家의 살림살이를 위하여 활동하여 볼지어다." 하시더라.

감상담(조수원)

집값이 천정부지로 오르면서 직장 생활하는 사람들이 내 집 마련하기가 매우 어렵게 되었다. 이에 재테크에 관심을 두게 된다. 다양한 재테크 방법들이 소개되고 몇 개의 직업을 가진 이들이 늘어나기 시작했다.
대종사님도 당대에 살림을 불리는 방법을 소개해 주셨다. 영육쌍전의 길을 제창하신 새 시대 주세불이란 생각이 든다. 그 시대에도 대종사님의 이 법을 수용하지 못하는 사람도 있었을 것이고 빠르게 따라 하는 사람도 있었을 것이다. 대종사님의 재테크 방법이 지금과 크게 다르지 않다.
자신의 소유물 중에서 값나가는 것을 팔아서 종잣돈을 마련하여 자신이 운용할 수 있는 일부터 먼저 시작하는 것이다. 전문 지식이 없는 상태이므로 무리해서 투자해서는 안 된다. 부업을 목적으로 장만한 돈은 부업을 위해서만 사용해야 돈을 불릴 수 있으므로 절대 손을 대지 말아야 한다. 한 단계 한 단계 규모를 키워가는 방식으로 성장을 시킨다. 대종사님도 정관평을 이렇게 일구어내셨다고 소개하신다.
현대에도 종잣돈을 마련하기 위해 저축을 하거나 투잡하는 이들이 있다. 목표액이 모이면 이를 바탕으로 투자도 하고 사업도 한다. 성공한 이들이 한결같이 하는 말이 몇 번의 실패와 성공을 바탕으로 현재의 위치에 올랐다고 한다. 이들은 성공이 될 때까지 한 사람들이다.

대종사님도 말씀하신다. 부자가 저절로 되는 것이 아니라 굳은 결심과 노력과 지극한 정성의 삼합이 맞아떨어져야 한다고 강조한다. 대부분 사람은 부자 되기를 희망하나 그만한 노력을 하지 않는다. 마음공부 하는 데 필요한 신분의성이 부자 되는 공부에도 적용이 된다. 신분의성은 모든 일을 성취하게 하는 원동력이기 때문이다.

대종사님의 살림 불리는 방법에 대한 법설을 알고 있는 이가 드물 것이다. '종교가에서 말하는 재테크 방법'이란 제목으로 소개한다면 많은 이들이 호기심을 가질 것이다. 종교와 재테크, 별다른 방법이 있을 것 같기 때문이다. 대종사님은 어떤 묘방을 쓰는 것이 아니라 사실적인 방법을 제시하신다. 이것이 이치에 부합하기 때문이다.

대종사님의 재테크 방법론을 따라 행하여 부자가 되고 싶다.

자녀 교육에 대하여 1

김형오 수필受筆

《회보》 제24호, 시창21년(1936) 4·5월

——— 소태산 대종사 모친인 유정천 대희사의 열반기념일을 당하여 자녀 교육에 명심할 3가지 주의할 것을 제시한다. 첫째는 땅에 떨어진 물건은 좋으나 낮으나 주워오지 못하게 할 것, 둘째는 저의 재주나 권능을 다하여 남의 권리를 앗아 오거나 남 못할 애석한 일을 못하게 할 것, 셋째는 남의 해담害談을 못하게 할 것이다. 이는 「최초법어」 제가의 요법 '2. 호주는 자녀의 교육을 잊어버리지 아니하며, 상봉하솔의 책임을 잊어버리지 아니할 것이요'의 구체적인 제시이다. 이 법설은 『대종경』 인도품 46장에 정선되어 수록된다.

소태산 대종사는 신정의례에 따라 모친의 열반기념제에 드는 음식장만 등의 금전을 절약하고 그 대신에 좋은 법을 설해 장래에 여러 사람이 대복을 장만토록 하며, 소비될 금전은 저축하여 공익사업에 사용하여 여러 방면으로 이익이 있게 하는 것이 실로 큰 공양이며 문명한 법이 된다며 신정의례를 권장하고 있다.

매년 12월 1일은 본회 대희사의 열반기념일이다. 이때 종사주 영산정사에 계시사 대중을 향하여 말씀하여 가라사대,

"저 세속에서는 남의 제사에 참례하면 으레 술 한 잔, 안주 한 점, 떡 한 접시는 먹을 터이요, 넉넉한 집 제사라면 종일 포식장취飽食長醉하지 않는가. 그래 오늘도 불법연구회 선생의 부모님 제사에 참례하였으니, 원근 각지에서 추위를 불고不顧하고 온 여러 사람이 좀 잘 먹고 유쾌히 놀아야 할 터인데 술과 고기를 그만두고 콩나물 깍지 하나도 못 먹게 된 것이 참으로 미안하나, 그러나 이는 불법연구회에서 제정한 신제예법新祭禮法에 의하여 제사를 지내는 까닭이니, 그리 알라. 우리 회원은 이런 말을 않더라도 다 알 터이나 혹 회원이 아닌 처음으로 온 사람이 있으면 오해할까 하고 알리기 위하여 이 말을 하노라.

방금에도 말한 바와 같이 저세상에서는 제사나 잔치에 으레 음식으로써 공양하는 것이 정칙이나, 본회에서는 일찍이 뜻한 바 있어 음식을 위주하지는 아니하니, 우리는 오늘 음식을 먹는 대신에 좋은 법으로써 공양함이 어떠한가. 술이나 떡이나 고기 같은 음식은 먹을 때는 좋으나 돌아서면 그만이요, 오히려 많이 먹으면 병을 사는 수가 있으되, 우리 인간 생활에 필요를 주는 좋은 법은 들어서 실생활에 잘 이용하면 당장에 자기 앞에 좋은 일은 물론이요, 세세생생에 전자전손傳子傳孫하여가며 다시없는 보감이 될 것이니, 실례를 들어 말할진대 이 좋은 법공양이 어찌 한때의 음식 공양에 비하리요. 대중은 정신을 가다듬어 음식을 맛있게 먹듯이 나의 말을 잘 들어 보라.

우리가 인류 사회에 출세하여 참 생활하기로 말하면 천만 가지 요법이 있나니, 물론 그를 다 배워 알아야 하고 행하여야 할 것이다. 그래 나의 마음에는 이 허다한 요법을 여러 사람에게 다 가르쳐 주고 싶으나 단번에 다 가르쳐 주면 중히 여기지 아니하고 한 귀로 듣고 한 귀로 흘려 다 잊어버리게 되나니, 비컨데 아무리 좋은 물건이라도 단번에 많이 얻으면 귀하게 알지 아니하고 잘 간수하지 아니하는 것과 같나니라. 그런즉 그는 다음으로 차차 배우기로 하고 오늘은 그중에서 가리어 자녀 교육하는 데에 세 가지 요긴한 법을 말하고자 하노라. 이는 우리가 다 부모의 처지에 있으니, 무엇보다도 먼저 알아두어야 할 방법이 아닌가?

대개, 세상 사람들은 자녀 교양 시키는 방법을 모르며 참으로 어여뻐하고 미워할 줄을 모르나니, 자녀가 어여쁠진댄 음식이나 많이 먹이고 의복이나 곱게 해 입히며, 미울진댄 몽둥이라도 가지고 사정없이 때리거나 "죽일 놈! 살릴 놈!" 하며 모진 욕을 하거나 할 뿐이

니, 어찌 그 자녀 교양 시키는 방법을 안다 할까? 이러한 방법으로써 가르쳐 놓으면 그들의 전정이 어떻게 되며 앞으로 오는 세상이 어떻게 될 것인가. 우리는 이 점에 각성하여 자녀를 참으로 어여삐 할 줄도 알고 미워할 줄도 알아서 아래에 말한 세 가지 조건을 명심하라.

첫째는 땅에 떨어진 물건은 좋으나 낮으나 주워오지 못하게 할지니, 자녀들이 혹 땅에 떨어진 물건을 주워오면 10에 8, 9는 반겨하고 칭찬하며 '애 잘했다, 재수있다.' 하는 부모가 많을 것이다. 그러나 우리는 그리할 것이 아니라, 이 악습관惡習慣을 고치어 혹 집어 가지고 집에 돌아오면 좋은 말로 이르되 "땅에 떨어진 물건은 이 물건 임자를 찾아 주지 못할 터이면 당초에 손을 대지 말라. 잃은 사람이 오죽이나 애통하겠느냐. 다른 사람은 주워 갈지언정 너희는 주워오지 말라." 하여 이러한 말로 달래어 놓여 있던 그 자리에다 도로 갖다 두게 할지며,

둘째는 저의 재주나 권능을 다하여 남의 권리를 앗아 오거나 남 못할 애석한 일을 못하게 하여야 할지니, 한 예를 들면 전답 간에 소작권 같은 것이나 남의 산을 지켜주고 논마지기나 얻어 벌고 사는 산지기 등이 다 이렇게 거기에 생명을 의지하고 있는 것 등을 저의 기능을 써 교제하여 권리를 빼앗아 가지고 오면, 이도 대개는 운수가 돌아온 줄 알고 제 자식이 똑똑한 줄 알며 대단하게 알아 손으로 떠받들려 하며 칭찬을 하나니, 우리는 또 이러한 악습관을 고치어 혹 자식이 이러한 행동을 하더라도 좋게 여기지 말고 좋은 말로 이르되 "그 전답이나 산판山坂에다 목줄을 달고 벌어 먹고살던 식구는 어떻게 될 것이냐. 밥통을 빼앗긴 폭이니, 오죽이나 원통하고 원수가 맺히겠느냐. 피차 호의로써 양해가 있기 전에는 그리하지 말라. 남 못 당할 일은 나도 못 당하니라. 다른 사람은 하더라도 너희는 말라." 하여 항상 주의시키고 금지시켜야 할 것이며,

셋째는 남의 해담害談을 못하게 하여야 할지니, 이도 속세 사람으로 대개는 남의 선한 일은 잘 말하지 아니하되, 서나 앉으나 남의 해담은 잊지도 않고 잘하며 귀를 기울이고 잘 들으며 일삼아서 하게 된다. 또는 부모·형제간에 한 가정 사람끼리 모여 앉아서도 남의 말이 아니면 할 말이 없다고 말말이[言言] 남의 해담害談이 많고 혹 자녀끼리 하는 말도 금지할 줄을 모르고 오히려 대답하여 같이 하는 일이 많지 않은가? 우리는 또 이러한 악습관을 고치어 때로 자녀들을 경계하되 남의 좋은 말은 할지언정 흠담欠談은 못하게 할지며 그 시간에 좋은 책이나 읽고 글자 같은 것을 익히어 필요하게 시간을 보내도록 하여야 할

것이다.

자녀 교육에도 그 요법이 한정이 없으나 이상 세 가지만 각자 명심하여 실행하여 보라. 여기에 모인 여러 사람으로부터 온 세상 사람이 다 자녀 교육을 이러한 법으로써 하면 그야말로 산무도적山無盜賊하고 도불습유道不拾遺하는 문명한 세상이 될지며, 이러한 선행을 하는 사람의 앞에 복이 아니 가고 어디로 갈 것인가? 이러한 사람은 물론 관청에서 신용하여 보호할 것이요, 지주가 전답을 줄 것이며, 온 세상이 다 옹호하여 주는 대복大福을 받을 것이다. 그러니 오늘에 이 기념에 금전을 소비하여 음식을 좀 먹고 마는 것보다 그 대신에 좋은 법을 들어 장래에 여러 사람이 대복을 장만하게 되며, 소비될 금전은 저축하여 공익사업에 사용하면 여러 방면으로 이익이 있을 뿐이요, 해는 조금도 없을지니, 이것이 실로 큰 공양이며 문명한 법이 아니고 무엇이랴." 하시더라.

자녀 교육에 대하여 2

김형오 수필受筆

《회보》 제35호, 시창22년(1937) 6월호

「최초법어」의 제가의 요법 '2. 호수는 견문과 학업을 잊어버리지 아니하며, 자녀의 교육을 잊어버리지 아니하며, 상봉하솔의 책임을 잊어버리지 아니할 것이요'의 부연 법문이다. '자녀의 교육을 잊어버리지 말라'는 이 법설은 『대종경』 인도품 46장에 정선되어 수록된다.

한때에 종사주 법좌에 오르시사 대중을 향하여 말씀하여 가라사대,

"오늘은 부모로서 자녀 교육에 대한 몇 가지 방법을 설하리라. 근래에 각 언론기관을 통하여 보든지 혹 구전으로 들으면 부모와 자녀들의 사이가 좋지 못하여, 혹 자녀로서 부모의 말을 듣지 아니하고 자행자지自行自止하며 혹 가산을 탕진하여 부모의 속을 태워주며, 심하면 부모를 박대하여 고생시키는 일도 있으며, 극도에 달하면 서로 원수가 되는 지경

까지도 이르게 되는 일이 간유間有하나니, 이와 같이 패악무도悖惡無道한 풍기가 유행하는 이때에 한없는 장래를 가진 천진난만한 자녀들을 앞에 둔 부모들의 처지에 있어서야 어찌 이 점에 고려할 바가 아니리요.

부모 자녀 간에 발생하는 이러한 불상사를 일반에게 물어보면, 대개는 그 자녀 된 자에게만 불효한 놈이니, 금수 같은 놈이니 하는 사람이 많아질 뿐이오. 그 부모에게 잘못이 있는 것을 말하는 사람은 적으나 그 근본을 추고[推考, 추측하여 생각]하여 보면 대개는 부모 된 사람의 잘못이라고 생각한다.

왜 그러냐 하면, 부모가 자녀 교육하는 방법이 철저치 못하여 그의 습관이 나쁘게 들게 되고, 그 나쁜 습관으로 말미암아 이상에 말한 여러 가지 불상사를 짓게 되는 까닭이니라. 물론 경우와 처지에 따라 자녀 된 자들의 잘못도 많이 있겠지마는 오늘에 나의 하는 말은 오직 대부분을 들어 하는 말이니, 부모의 자리에 있어서는 자녀의 잘못이 곧 부모의 잘못임을 잊어서는 아니 되리라.

그러면 부모의 처지에 있어서 어떠한 방식으로써 자녀를 교육하여야 할 것인가? 이에 대하여는 자고로 천만 가지 방법이 많이 있으나 우선 누구나 행하지 아니하면 아니 될 몇 가지만 간단히 설명하리니,

1. 자녀에게는 엄숙히 하여야 할 것이며,

2. 자녀에게는 친애를 주어야 할 것이며,

3. 자녀에게는 사건의 경중을 따라 경책과 상벌을 분명히 하여야 할 것이며,

4. 자녀에게는 신용을 잃지 말아야 할 것이다.

이 말을 들을 때 '어느 부모가 저만한 법이야 행하지 아니하리오.' 하고 혹 쉽게 알지 모르나, 실지에 있어서는 이 4건 중 1건이라도 잘 이행하여 교육하는 부모가 드물 줄로 생각하노라. 왜 그러냐 하면, 혹 어떤 부모는 엄숙하게 한다는 것이 자녀가 부모의 앞에 바로 서도 못하고 피해 다니게 하거나 태연한 마음으로 정답게 말 한마디도 못 하게 하며, 또 친애를 준다는 것이 너무 어여삐하고 사랑하여 자녀에게 속을 다 보이여 부모를 허물없이 알게 되어 명령에 잘 복종치 않게 하며, 또 자녀를 경계하고 질책한다는 것이 사건의 경중도 그만두고 잘못이 눈에 뜨일 때마다 화를 내고 큰 소리로 책망하여 자녀가 싫은 정이 나고 말을 실없이 듣게 하며, 또 상을 주고 벌을 준다는 것이 시비와 이해가 분명치 못하여 상을 아니 줄 일에 상을 주고 벌을 아니 줄 일에 벌을 주어 자녀로 하여금 부모의

불분명한 것을 알게 하며, 또 언행이 부동不同하여 한다는 일을 아니 하고 아니한다는 일을 하여 자녀로 하여금 부모를 실없이 알게 하나니, 이리된다면 자녀들이 자행자지하여 좀처럼 부모의 명령에 복종치 않게 되는 것이다.

그런즉 이상의 4조로써 교육하여 자녀가 부모의 명령을 절대복종케 함에는 엄숙을 주장하되 어려운 가운데에도 알뜰한 정의情誼가 건네도록 정도程度를 맞추어야 할 것이며, 친절한 중에도 부모를 무서워하고 공경하도록 할 것이며, 경계와 질책을 하되 잘못을 발견할 때마다 화를 내고 책망하여 자녀로 하여금 염증이 나고 '우리 부모는 항상 저러하시거니.' 하여 실없이 알게 할 것이 아니라, 몇 차례씩 조건을 모아서 간간히 새 정신이 나도록 좋은 말로 질책하고 경계할 것이며, 상벌을 주되 시비이해가 바르지 못하여 분명치 못하게 보일 것이 아니라, 상 줄 조건에는 반드시 상을 주고 벌 줄 조건에는 반드시 벌을 주되, 잘한 일이 많고 잘못이 적다고 잘못은 그만두고 잘한 일만 상을 준다든지 또는 잘못한 조건이 많고 잘한 조건이 적다고 벌만 줄 것이 아니라, 잘못한 조건은 잘못한 것을 경책하고 잘한 조건은 잘한 대로 상을 주어 시비가 분명하게 하여야 할 것이요, 또 신용을 지키되 한다는 일을 아니 하고 아니 한다는 일을 하여 실없이 보일 것이 아니라, 한번 하기로 한 일은 결코 실행하고 아니 하기로 한 일은 결코 행치 아니하여 매사에 언행이 동일하여야 할 것이니, 이리된다면 누구나 다 부모의 명령을 복종할 것이며 부모를 무서워하는 중에도 애정이 끊어지지 아니하여 항상 평화한 가정을 이룰 줄로 생각하노라.

뿐만 아니라, 한 가정의 풍기가 좋아짐에 따라 한 동리가 좋아질 것이요, 동리로부터 면·군·도 차차 한 나라의 풍기가 좋아질 것이며, 한 나라의 풍기가 좋아짐에 따라 온 세상의 풍기가 다 좋아질 것이니, 여기에 모인 여러분은 남 먼저 이 법을 실행하여 인인개개人人皆皆히 선부모善父母 효자녀孝子女가 되기에 선도자가 되기를 절망切望하노라." 하시더라.

화제話題, 약자로 강자 되는 법문

이공주 수필受筆

《월말통신》 제1호, 시창13년(1928) 음 5월분

'약자로 강자 되는 법문'은 계동연구회라 불린 경성 이공주의 집에서 원기13년 윤 2월 26일 설해진 소태산 대종사의 법설로, 이공주에 의해 수필 되어 《월말통신》 제1호에 실리게 된다. 이 법문은 「최초법어」 강자·약자의 진화進化상 요법 중 "약자는 강자를 선도자로 삼고 어떠한 천신만고가 있다 하여도 약자의 자리에서 강자의 자리에 이르기까지 진보하여 가는 것이 다시없는 강자가 되는 길이니라."와 "약자는 강자 되기 전에 어찌하면 약자가 변하여 강자가 되고 어찌하면 강자가 변하여 약자가 되는지 생각 없이 다만 강자를 대항하기로만 하고 약자가 강자로 진화되는 이치를 찾지 못한다면 또한 영원한 약자가 되고 말 것이니라."에 해당하는 구체적인 사례 법설이다.

무진(戊辰,1928) 윤閏 2월 26일 오전 10시경에 선생주[先生主, 소태산 대종사]께서 창신동으로부터 제자 송규 씨를 데리고 계동 이공주가에 오시니 그곳에는 자연화 성각, 공주 등이 복대伏待하고 있다가 반가이 맞아 모시고 실내로 들어가 좌정坐定하였다. 이이[而已, 뿐만 아니라]오 또한 각처에서 몇몇 회원이 모이니 철옥, 현공, 성원, 동진화 등이었더라. 그때에 여러 가지 법을 설하신 중 한 가지를 기록하니 대개 여좌如左하다[다음과 같다].

선생주 말씀하여 가라사대, "강자強者와 약자弱者 사이는 어찌하여야 강자는 늘 강위強位를 여의지 아니하고 약자라도 강자가 되겠느냐? 강자가 더욱 강하여 영원한 강자가 되고, 약자라도 점점 강하여 영원한 강자가 되는 법이 있건마는 이 세상 사람들은 그 좋은 자리이타법自利利他法을 쓰지 못하고 약육강식弱肉强食을 하며 약자는 강자를 미워만 하다가 강자와 약자와는 원수가 되며 혹은 생명을 희생하며 더욱 심하면 세세생생世世生生의 끊어짐이 없는 죄罪를 지어 고苦를 받나니라. 비比하여 한 예를 들어 말하면 갑동리甲洞里와 을동리乙洞里 두 곳이 있는데 갑동리는 모두 가난하고 무학無學하여 천견박식淺見

薄識뿐이요, 을동리는 가세도 넉넉하며 유식하여 견문이 넓고 인격도 걸걸[傑傑, 뛰어나]하여 누구에게든지 굴屈할 일이 없고 보면 갑동리 즉 약자에게 덕을 베풀어 자리이타 되는 법을 쓰지 못하고 약자를 업수이[업신]여겨 차차 을동리 사람들이 갑동리로 와서 여러 가지 수단으로 둘러도 먹고 전곡 재산도 빼앗으며 토지 전답도 저희가 차지하며 심하면 그 땅의 세금을 저희가 받아먹고도 유위불족猶爲不足하여 무식자니 미개자니 야만인이니 하고 갖은 학대를 하여 문서 없는 노예를 삼고 각색各色으로 부려 먹으면서도 압제壓制는 압제대로 하게 되면 갑동리에서는 어찌하겠느냐? 물론 갑동리에서는 그 압제를 할 수 없이 받을 지며 그중에도 성정性情께나 있는 사람은 우선의 압제壓制 받는 것만 원통하여 을동리의 명령을 복종치 않다가 혹독한 처분을 받으며 혹은 갇히고 죽고 여러 가지로 설움을 당하나니라.

혹 그중에도 뛰어나게 똑똑하고 계교計較 있다는 사람은 저의 압제 받는 원인을 생각하여 보나니 그 원인인즉 무타[無他, 다른 까닭이 아니거나 다른 까닭이 없음]라, 곧 가세 없고 무식하며, 따라서 견문이 천박한 까닭인 줄을 자각하게 되나니, 그리되면 어떠한 방면으로든지 노력하여 을동리와 같이 강자가 되리라고 굳게 결심하고 분심을 일어내어 공부하여서 겨우 강자의 위에 앉게 되면 또 앞에 할 일은 생각지 못하고 우선 받은 분풀이 먼저 하고 싶은 생각에 저와 같은 동지를 구한즉 몇 사람에 넘지 못하고 모두 무식하여 자기의 뜻도 이해할 자가 없는지라 그리되면 자기 동리 사람들을 욕하고 흉보며 하는 말이 '너희와 같이 생각 없고 무식한 자로 하여 우리 동리는 이와 같은 설움을 당하면서도 대항도 못 하여 본다' 하고 원망하며 그만 참지 못하여 몇몇 사람이 강자가 되었노라고 작당作黨하여서 곧 을동리 즉 강자에 대하여 그곳의 무리無理함도 질책하고 그편의 시키는 일이면 불복하며, 될 수 있는 대로 기회 나는 대로는 을동리에게 해를 가하려 하나니, 그리되면 그 을동리는 전반이 강자라 곧 대전對戰을 하여 몇몇 사람의 힘으로는 도저히 당할 수 없어 혹 욕을 보고 혹 죽고 하여 생명만 희생하게 되나니라.

그러하나 갑동리에 참 정신이 박히고 대강의 예산이라도 있는 자 있으면 생명 하나 없이 할 일 없이 강자가 꼭 되는 법이 있나니라. 그 법은 을동리의 강자들이 와서 압제하며 토지와 전곡 뺏었으며 여러 가지로 압제를 한다 해도 아무 소리 말고 종노릇을 잘하여 주며, 경우에 따라서 매라도 맞고 약자의 분수를 잘 지키고, 될 수 있는 대로 외면은 어리석고 못난 체를 하여 강자로 하여금 안심을 시키고, 내용으로 급히 할 일은 어떠한

방면으로든지 돈 벌기를 주장하고 배우기를 주장하며, 다만 몇 사람씩이라도 편심片心을 바리고 단심團心 만들기를 위주하여 자본금을 세우고, 교육기관을 설치해서 가르치며 배우고 서로 권고하되, 우리는 돈 없고 배운 것 없어서 약자가 된 것이니, 아무쪼록 각성하여 근검 저축하며, 배우기를 힘쓰며, 우리 동리가 일심단체一心團體가 되고 보면 무엇이 두려우리오. 우리는 을동리 이상의 강자가 되자며, 한 사람이 열 사람을 가르치고, 열 사람이 백 사람을 가르쳐서 서로 막혔던 울타리를 트며 개인주의를 버리고 단체주의를 하여, 한 동리를 위할만한 공공심公公心이 생긴다 하면 곧 그 동리는 요부[饒富, 살림도 넉넉함]도 할 것이요, 지식도 여유하게 될지라. 그리만 되면 괴롭게 시비를 아니 하여도 을동리의 강자들은 갑동리의 형세를 보고, 이전 저의 무리한 행동을 회고하고 자겁自怯하여 혹독한 압제는 고사姑捨하고 저희 스스로 뺏어갔던 토지 전곡도 내어놓으며 전자의 잘못함을 후회하여 용서를 청하게 될지니, 갑동리 즉 약자들은 스스로 제 일만 하였건마는 강자가 되었으며, 을동리 이상의 강자가 되었나니, 그는 을동리에서는 항상 저희가 강자인 줄만 알아서 향상심이 없고 다만 남을 업수이[업신]만 여겼으니, 물론 갑동리에 비하면 약자라 아니할 수 없느니라.

이러한 빠른 법을 놓고 세상 사람들은 약자가 되었으면 약자 된 것만 원망하고 한탄하며, 지리[支離, 지루]한 압제를 면치 못하고, 또는 혹 선각자라도 편심片心이 되어서 여러 사람에게 덕으로써 감화시키지 못하고 단독으로 섣불리 서둘다가 생명이나 희생하나니, 어리석다 아니할 수 없나니라. 다시 간단히 말하면 약자는 강자 되기 전에 어찌하면 약자가 변하여 강자 되는 이치를 알아서 강자 되는 길로만 전진하고, 강자는 아무리 강자라도 변하여 약자가 되고 또한 어떻게 하면 강자로서 영원한 강자가 되는 이치를 알아서 영원한 강자가 되려고 노력하지 않으면 아니 되겠다."고 하시고,

또 가라사대, "강자로서 영원한 강위强位를 얻은 사람의 실례를 들면, 삼천 년 전 석가여래 같은 분이나 또, 과거에 요임군, 순임군 같은 분은 강으로써 영원한 강을 얻은 법을 실현하신 분이요, 강자로서 약자 위에 타락된 사람의 실례를 들면 과거에 진시황, 항우, 현대에 독일 황제로 있던 카이젤 같은 사람이니라"하시니,

이 법문을 묵묵히 듣고 있던 회중은 산심散心되었던 마음이 모이여 새 정신이 돌더라.

남을 공경하면 내가 서나니라

수필인 송도성

《월말통신》 제10호, 시창13년(1928) 12월

「최초법어」 '강자 약자의 진화상 요법' 중에서 "강자는 약자에게 강을 베풀 때 자리이타 법을 써서 약자를 강자로 진화시키는 것이 영원한 강자가 되는 길이요"와 "강자가 강자 노릇을 할 때 어찌하면 이 강이 영원한 강이 되고 어찌하면 이 강이 변하여 약이 되는지 생각 없이 다만 자리타해에만 그치고 보면 아무리 강자라도 약자가 되고 마는 것이요"의 부연 법문이다. 『대종경』 인도품 26장에 윤문 정선된다.

나는 항상 강자로서 강자 노릇 할 줄 모르는 자를 웃노라. 내가 이미 강자일진대 늘 저 약자를 도와주고 인도하여 그 약자로 하여금 자기와 같은 강자가 되도록 하여야 그 강이 영원한 강이 될 것이며 어느 때까지라도 선진자요, 선각자라 할 것이거늘, 지금 강자라 하는 것은 흔히 약자를 압박하고 속이는 것으로서 유일의 수단을 삼으니, 어찌 영원히 강자가 될 방법을 알았다 하리오. 약자도 항상 약자가 아니라 점점 그 꿈을 깨고 원기元氣을 회복하면 똑같은 강자의 열列에 서게 될 것이오, 약자가 깨쳐 강자의 열에 서게 되면 그 진 강자로서 그 약자 시대에 압박하고 속이던 강자의 지위는 자연히 다락하나니라.

실례를 들어 말하면 3, 40된 어른이 4, 5세이 유아를 항상 속이고 압박할 새, 그 아이에게 금은 중보重寶나 가진 것을 보면 과자개菓子介나 떡분어치나 사다 주고 살살 달래어 빼앗아 가며, 종奴 문서라도 작성하여 가지고 와서 도장을 찍으라고 위협하면 그 어린 것은 아무 요량 없이 그저 하라는 대로 복종할 것이며, 수만 원어치 금덩이를 빼앗기고도 댓 닢짜리 떡개나 받아먹은 것만 고맙게 알 것이다. 그러나 그 어린 것이 점점 자라나서 온갖 의미를 다 알게 되고 모든 권리가 생기는 때에는 앞날에 둘러 지내던 일이 분할 것이며 내 것을 도로 찾으려는 계획도 세우게 될 것이다. 그리하여 '나에게서 무례히 돌려간 금덩이를 반환하라', '무례히 작성된 종 문서를 취소하라' 하고 서슬 푸른 호령을 발할 것이다. 저 어른 자者는 경위 상으로나 체면상으로나 반환치 아니할 권리가 없을 것이오, 반환하고 보면 저는 약자, 저 사람은 강자로 번복될 것이 정한 이치니, 참으로 지혜 있고 눈치 빠른 자는 항상 남이 약할 때 도와주며 생각하여 영원히 자기의 강을 보전하나니라. 하시더라.

제도 중생과 자신 제도

전음광

《회보》 제39호, 시창22년(1937) 11월호

부처나 성인聖人이 된 후에야 남을 지도하는 게 아니라 수도하는 과정에서도 선을 권하고 서로 힘을 합하여 의로운 일을 하고 지행을 대조하여 모범이 되는 것이 제도濟度라는 것이다. 그러므로 중생 제도는 성인들이나 할 바이지 보통 사람들은 감히 생각도 못 낼 사항이라 여긴다면 크게 잘못 생각하는 것이다. 각자의 기국과 역량대로 중생 제도를 하는 것이다. 그러기에 법력이 크나 작으나 남을 지도할 책임이 있는 줄 알아야 하며, 말 한마디 행동 하나가 여러 사람의 정신상에 영향을 줄 수 있다는 자각을 하여 항상 깊은 연못의 얇은 얼음 밟듯이 지도인의 역할을 다 하라는 것이다. 그 묘방은 「최초법어」 '지도인으로서 준비할 요법'이다.

1.

무릇 우리의 도道 닦는 사람은 마땅히 원願이 커야 할 것이다. 만약 원이 크지 못하다면 그 마음이 항상 외경에 흔들리고 물욕에 끌리는 바가 되어서 그 하는 일에 일심 성의를 다하지 못할 것이며 어떠한 경우에 따라서는 그 목적을 변경하고 방향을 달리할 수도 있는 것이다. 그런고로 도 닦는 자로서는 무엇보다 먼저 그 원을 크게 하고 견고히 함에 힘써야 할 것이다.

2.

그러면 어떠한 원이 인생의 모든 원 가운데 가장 큰 원이 될 것인가? 그것은 물론 자신에 관한 원, 일 가정에 관한 원, 일 사회에 관한 원, 일 국가에 관한 원 등으로 계계階階 층층이 여러 가지 원이 무수히 있는 바이지만은 특히 우리의 불교에서는 제도 중생이라 하는 용어가 있는데 이것이 아마 사람의 원 가운데에서는 제일 큰 원일 것이며 인생의 사업 중에서는 제일 큰 사업이 될 것이다. 옛적에 법장 보살 같은 이는 그 48원願 중에 "나는 시방세계 일체중생을 제도하여 이고득락離苦得樂을 시키지 않고는 나 혼자만은 결코 성불치 않겠다."고 하셨으며, 유마힐 거사 같은 이는 "자기의 병을 위문하려온 이에게 나의 병은 곧 중생의 병이니 중생의 병이 다 낫는 날이라야만 나의 병도 낫는다" 하였으니, 이러한 이들의 심경은 중생사衆生事가 즉 자기사自己事이며 자기사가 즉 중생사이여서 조금도 피아彼我의 간격이 없는 그 자리며, 시방세계의 모든 책임을 일신상一身上에 도맡아 담당하는 대역량이니 사람으로 생겨나서 이만한 원력을 한번 세워봄도 일생에 대쾌사大快事가 아닐까?

3.

그러나 원이 그와 같이 크다고 결코 하기가 어려운 것도 아니니 자고급금自古及今 불보살 성자 철인 어떠한 분을 물론 하고 제도 중생을 다 하였다고 만족해할 사람도 없는 반면에, 아무리 우부우민愚夫愚民 하잘것없는 사람일지라도 일용 행사 가운데 혹 남의 모범이 될 수도 있는 것이며 제도가 될 수도 있으니, **자신이 반드시 부처 성인이 다 된 후에라야만 비로소 남을 위하여 제도에 착수하는 것이 아니라 비록 수도하는 도중에도 다른 사람을 권하여 같이 선한 대로 돌아오게 하며, 또는 여러 사람의 협력을 구하여 한 가지 의로운 사업을 하게 하며, 또는 자기 지행으로써 남의 모범이 되게 하는 것이 다 제도이다.** 만약 이 제도 중생을 고행 난행의 사事라 하여 성인이나 부처님의 능히 할 바이지 우리 보통 사람으로서는 감히 생의도 못 할 것으로 생각한다면 그는 크나큰 잘못이니, 각자의 기국과 역량대로 한 동리를 개척할 사람은 한 동리를, 한 면을 개척할 사람은 한 면을, 한 군을 개척할 사람은 한 군을 이와 같이 힘닿는 대로 잘 개척하여, 그 속에 있는 모든 생령이 어두움을 버리고 밝은 데로 나아가게 하며 괴로움을 여의고 즐거움을 얻게 하는 것이 곧 제도이니, 이것은 누구나 그만한 열심과 그만한 성의만 있다면 능히 할 바이요,

태산을 끼고 북해를 뛰어넘은 불능不能에 속할 자는 아닐 것이다.

4.

그러나 자그마한 동리 하나만을 개척하기로 한다고 할지라도 제일 요긴한 것은 먼저 자기 행동을 주의함에 있나니, 자신에 이미 그 허물이 없는 이상에 다른 사람의 허물을 훈계하여야 그 사람이 그 말을 복종하게 될 것이요, 자신에 이미 그 선행이 있는 이상에 다른 사람에게 선을 권하여야 그 사람이 그 선행을 따라오게 될 것이다. 그런고로 남을 제도하려거든 마땅히 먼저 나를 제도하라는 고성古聖의 말씀이 실로 허언이 아니시며 우리 『보경 육대요령』 중에 **지도인으로서 준비할 요법 즉**

가. 지도받는 자의 이상 지식을 가질 일.

나. 지도받는 자에게 신용을 잃지말 일.

다. 지도받는 자에게 사리를 취하지 않을 일.

라. 일을 당할 때마다 지행을 대조할 일.

이상 4조는 지도인으로서 가질 바 정신을 유루 없이 밝혀 놓으신 바이니, 우리는 적으나 크나 남을 지도한다는 입장에 있는 책임이 소중한 줄을 알아야 할 것이며, 일언일행이 곧 여러 사람의 정신상에 반영되는 묘리를 자각하여 항상 심연박빙深淵薄氷에 다다르듯이 전전긍긍하여야 할 것이다.

남의 지도자 되기에 급하지 말고
그 자격 먼저 준비하라.

전삼삼

《회보》 제23호, 시창21년(1936) 3월호

진안군 성수면 만덕산 가는 길을 잘 못 안내한 경타원 전삼삼의 감상담이다. 길잡이가 목적지를 찾지 못하고 길을 헤매면 동행자들이 고생하게 된다는 것이다. 그러므로 남의 지도자가 되려는 사람은 길잡이가 길을 잘 알아야 하듯이 지도자의 자격을 먼저 갖추어야 한다는 내용으로, 「최초법어」의 '지도인으로서 준비할 요법'과 관련 있는 감상이다.

이것은 지금으로부터 7, 8년 전 일입니다마는 그때 심중 깊이 느낀 바이므로 이에 본보를 통하여 몇 말씀 기록하고자 합니다.

다름이 아니오라 지나간 어느 해 현재 영광 지부장 송도성 씨와 대판 교무로 계신 박대완 씨와 같이 진안군 성수면 만덕산을 찾아가는데 그곳은 산중이라 산을 넘으면 또 산이요 골짝을 지나면 또 골짝이어서 저곳이 이곳 같고 이곳이 저곳 같아 처음 가는 사람으로서 찾아가기가 곤란할 뿐 아니라 석경소로[石逕小路, 돌이 많은 좁은 길]에 풀이 소소蕭蕭하여 여러 번 다닌 자로도 찾아가기가 좀 어렵게 되었습니다. 저도 한차례 가보았으나 길이 좀 미상[未詳, 자세하지 아니함]한데 그때에 처리를 잘할 양이면 지나는 사람에게 길을 물어서 갈 것을 설마하니 이 길을 못 찾을 것이냐 하는 생각으로 제가 앞을 서서 길을 인도하게 되었고 따라오는 두 분은 역시 초행이라 또한 제 말만 듣게 되었습니다. 아, 그런데 그때 길만 옳게 갔더라면 무슨 문제가 있으니까 마는 이 감상을 얻으려고 그랬던지 길을 딴 곳으로 들어서 얼마를 가다 보니 그만 생전에 보지 못한 곳이 나옵니다. 그제야 놀래서 길 잘못 든 줄을 깨닫고 지나가는 사람보고 물으니 아니나 다를까 조선 리수里數로 십리 길은 잘못 왔습니다. 그래서 십리 길을 다시 도로 나오며 곰곰이 생각하니 따라오는 두 분에게도 미안한 마음 짝이 없으려니와 스스로 잘못하였음을 후회하여 마지아니하였습니다. 그리하는 동시에 문득 아래와 같은 감상이 났습니다.

아 참, 남의 지도자 되기는 참으로 무섭고 어려운 것이다. 그것도 상당히 지도할 만한 자격이 있어서 지도자가 되는 것은 모르거니와 그 자격도 없이 명예를 탐한다거나 혹은 이욕에 끌린다거나 하여 남의 지도자의 입장을 취하는 것은 참으로 어리석은 일이요, 무쌍한 죄악이라고 생각하였습니다. 저의 그때 일로만 말할지라도 제가 무슨 명예를 탐하거나 지도자가 되려고 한 것은 아니지마는 한 번 가본 길이라 해서 그 길 가는 데에는 소위 인도자가 되어 가지고 따라오는 두 분도 제 말을 듣게 되었는데 그때 제가 그 길을 확실히 알았다면 그야말로 그 길 가는 지도자의 자격은 갖추었다고 할 수 있으나 그 길을 자상히 몰랐으니 지도자의 자격을 갖추지 못한 것은 사실입니다. 그와 같이 자격도 없이 지도자가 되었다가 3인이 다 십여 리 산비탈에 가시덤불과 싸워가면서 헛고생만 하였고 그때에라도 길 가는 사람에게 물었으니 십 리 헛수고만 하였지 만일 묻지도 않고 갔더라면 그보다도 더 어떠한 고생을 하였을지 알 수 있습니까? 이러하오니, 자격 없이 남의 지도자 되고자 하는 자 어찌 어리석지 아니하오리까?

보십시오. 한 가정의 지도자인 호주가 호주의 자격을 가지지 못하고 호주가 되면 필경에는 그 가족의 전정을 망치며, 한 단체의 지도자인 두령이 두령 될 만한 자격을 가지지 못하고 된다면 그 단체원 전부의 앞길을 그릇치고 말며, 한 나라 정치가가 자격이 없이 백성을 지도하고 보면 그 백성을 망치고 말지 않습니까? 이것은 자만고自萬古 이래로 역사상에 역력히 증명하는 바입니다. 고로 남의 지도자 되기에는 자격이 없는 자는 물론이요 있는 자로도 무섭고 어려운 것입니다.

그러하거늘 현대에 어떠한 사람들은 무슨 회의석에나 어떠한 집합 단체에서 무슨 임원을 선정하려 할 때는 자기에게 그만한 자격의 유무는 제2 문제로 하고 혹은 명예나 이욕을 탐하여 그중에서 제일 높은 임원으로서 최고 지도자의 입장을 취하려 하며 그것을 얻기 위해서는 가진 운동과 수단을 쓰다가 만일 성공이 되고 보면 그만 만심환희滿心歡喜하여 입이 저절로 벌어지는 일이 허다하며, 또는 거개는 남에게 배우기는 싫어하고 가르치기는 좋아하니 이런 철없고 가소로운 일이 어디 있습니까? 비하여 말하자면 지도자라 하는 것은 기차에 기관수와 같고 배에 사공과 같은 것이니 만일 기관수나 사공이 조금만 잘못한다면 그 기차와 배며 그 속에 가득 실은 여러 사람의 생명과 모든 물품이 경각에 파괴 침몰되지 않습니까?

그와 같이 지도자가 조금만 실수하여 잘못 인도한다면 수만 수천 생명이 일시에 멸망을 당하는 수가 없지 않는 것이니, 우리는 이와 같이 헛된 생활, 가소로운 생활, 죄악의 생활을 하지 말 뿐 아니라 남의 지도자가 되기에 급하지 말고 자격을 먼저 준비하여야겠다는 생각이 났습니다.

제3 수행편 修行編

제14장 고락에 대한 법문

제14장 고락에 대한 법문

1. 고락苦樂의 설명

대범, 사람이 세상에 나면 싫어하는 것과 좋아하는 것 두 가지가 있으니, 하나는 괴로운 고苦요 둘은 즐거운 낙樂이라, 고에도 우연한 고가 있고 사람이 지어서 받는 고가 있으며, 낙에도 우연한 낙이 있고 사람이 지어서 받는 낙이 있는바, 고는 사람 사람이 다 싫어하고 낙은 사람 사람이 다 좋아하나니라. 그러나 고락의 원인을 생각하여 보는 사람은 적은지라, 이 고가 영원한 고가 될는지 고가 변하여 낙이 될는지 낙이라도 영원한 낙이 될는지 낙이 변하여 고가 될는지 생각 없이 살지마는 우리는 정당한 고락과 부정당한 고락을 자상히 알아서 정당한 고락으로 무궁한 세월을 한결같이 지내며, 부정당한 고락은 영원히 오지 아니하도록 행·주·좌·와·어·묵·동·정 간에 응용하는 데 온전한 생각으로 취사하기를 주의할 것이니라.

2. 낙을 버리고 고로 들어가는 원인

1. 고락의 근원을 알지 못함이요,
2. 가령 안다 할지라도 실행이 없는 연고요,
3. 보는 대로 듣는 대로 생각나는 대로 자행자지로 육신과 정신을 아무 예산 없이 양성하여 철석같이 굳은 연고요,
4. 육신과 정신을 법으로 질박아서 나쁜 습관을 제거하고 정당한 법으로 단련하여 기질 변화가 분명히 되기까지 공부를 완전히 아니한 연고요,
5. 응용하는 가운데 수고 없이 속히 하고자 함이니라.

고락의 설명

「고락에 대한 법문」은 첫 교서인 『불법연구회규약』에 등장한다. 그러므로 소태산의 초기 법문이다. 「고락에 대한 법문」은 「개교의 동기」의 '광대무량한 낙원'의 이론이요 실제이다.

그러니까 「개교의 동기」와 「고락에 대한 법문」은 한 계열이다. 「고락에 대한 법문」을 문명의 차원에서 풀어내면 「개교의 동기」요, 「개교의 동기」를 고락의 차원에서 풀어내면 「고락에 대한 법문」이다.

「고락에 대한 법문」의 '고락苦樂의 설명' 첫 대목이다.

"대범, 사람이 세상에 나면 싫어하는 것과 좋아하는 것 두 가지가 있으니, 하나는 괴로운 고苦요 둘은 즐거운 낙樂이라, 고에도 우연한 고가 있고 사람이 지어서 받는 고가 있으며, 낙에도 우연한 낙이 있고 사람이 지어서 받는 낙이 있는바, 고는 사람 사람이 다 싫어하고 낙은 사람 사람이 다 좋아하나니라."

세상에는 고와 낙이 있는데, 고는 사람 사람이 다 싫어하고 낙은 사람 사람이 다 좋아하는 것은 인지상정이다. 이러한 고락간에 우연한 고락과 자기가 지어서 받는 고락이 있다. 우연한 고락은 불특정 다수에게 지어 불특정한 대중으로부터 받는 것이라면, 자기가 지어서 받는 고락은 인연 관계가 분명하게 주고받는 고락이라 할 것이다.

자기가 지어서 받는 고락은 그 연유가 납득되는 자기 의도 선상의 고락이라면, 우연한 고락은 납득이 잘 안되어 자기 의도로 파악되지 않는 고락이다.

문제는 우연한 고락에 있다. 지어서 받는 고락은 이해가 되기에 납득이 되나 우연한 고락은 주고받는 인연과 과정이 납득되기 어렵기에 잘 받아들일 수 없는 것이다. 그래서 진리를 원망하고 사람을 미워하며 세상을 싫어하여 비관적이고 염세적인 태도가 된다. 고락의 소종래가 이해가 안 될 때 낙은 횡재가 되고 고는 날벼락이요 재앙으로 여겨지게 된다. 이러한 고락은 변하게 되는데, 고에서 고로 진행되어 끝내 영원한 고가 될 수도 있고, 낙에서 낙으로 펼쳐지어 영원한 낙으로까지 이어지며, 고가 변하여 낙이 될 수도 있고, 낙이 변하여 고가 될 수도 있다.

세상인심은 낙은 좋아하나 낙이 변해서 고가 되는 원리는 알고자 아니하며, 고는 싫어하나 고가 변해서 낙이 되는 원리는 알고자 하지 않는다. 어찌하면 영원한 고와 낙으로, 어찌하면 일시적 고와 낙으로 되는지를 알지 못하고, 설사 안다 할지라도 실행하기 좋아하지 아니하며, 당장에 드러나는 낙은 좋아하나 계속되는 낙은 힘겨워하고, 당장 드러나는 고는 싫어하나 계속되는 고는 그만두지 못하고 행하고 만다.

낙도 개인에 한하는 낙, 가정에 한하는 낙, 사회 국가에 미치는 낙, 세계에 미치는 낙이 있고, 고도 개인에 그치는 고, 가정에 그치는 고, 사회 국가에 그치는 고, 세계를 해하는 고가 있으며, 또는 일시적으로 단촉한 고락이 있고, 무궁 세월에 이어지는 영원한 고락도 있으며, 당시는 고라도 오래지 않아 변하여 낙이 되는 수가 있고, 당시는 낙이라도 변하여 고로 되는 수도 있으니, 고락의 종류와 고락이 전환되고 탈바꿈되는 것은 실로 측량키 어려운 것이다.

'고락苦樂의 설명' 둘째 대목이다.

"그러나 고락의 원인을 생각하여 보는 사람은 적은지라, 이 고가 영원한 고가 될는지 고가 변하여 낙이 될는지 낙이라도 영원한 낙이 될는지 낙이 변하여 고가 될는지 생각 없이 살지마는 우리는 정당한 고락과 부정당한 고락을 자상히 알아서 정당한 고락으로 무궁한 세월을 한결같이 지내며, 부정당한 고락은 영원히 오지 아니하도록 행·주·좌·와·어·묵·동·정 간에 응용하는 데 온전한 생각으로 취사하기를 주의할 것이니라."

고를 낙으로 변하게 하는 고변낙苦變樂이나 낙에서 낙을 창조하는 영원한 낙이 되도록 하기 위해서는 무궁한 세월을 한결같이 정당한 고락으로 지내야 하며, 낙에서 고로 떨어지는 낙변고樂變苦나 고에서 계속 고의 구렁에 빠지는 영원한 고는 오지 않도록 하기 위해서는 부정당한 고락을 제거해야 한다. 영원한 고와 영원한 낙은 실체가 있는 것이 아니라 정당한 고락과 부정당한 고락의 지속일 뿐이다.
그러기 위해서는 행주좌와어묵동정 간 응용하는 데 온전한 생각으로 정당한 고락은 취하고 부정당한 고락은 사捨하기를 주의하라는 것이다. 정당한 고락을 운용하기 위해서는 온전한 자리를 여의지 않는 온전한 생각으로 취사하라는 것이다.

일원상의 자리는 고락에 물들지 않는 자리이므로 고를 맞아 고에 빠지지 않고 낙을 맞아 낙에 매몰되지 않는 것이다. 고락을 초월한 자리에서 정당한 고락을 경영하는 것이 일원상의 경지이다.
고에서도 고에 갇히지 않고 낙에서도 낙에 파묻히지 않기 위해서는 고락을 초월한 자리에 기반해야 하며, 이처럼 고락 초월의 자리에서 고락을 운영하는 것이 일원상을 체 받아서 고락을 굴리는 삶이다. 한마디로 고락을 초월한 자리에서 정당한 고락으로 나아가는 것이다.
낙인 줄 알아차릴 때 낙에 빠져 타락하지 않고 정당한 낙을 나투어 영원한 낙을 누리는 것이며, 고인 줄 알 때 고에 빠지지 않고 고에서 벗어나 부정당한 고는 영원히 오지 않도록 하는 것이다. 부정당한 고락을 알아차리는 신령한 일원상 자리를 확보할 때 정당한 고락을 운영할 수 있는 것이다.

소태산 대종사는 "정당한 고락과 부정당한 고락을 자상히 알아서 정당한 고락으로 무궁한 세월을 한결같이 지내며, 부정당한 고락은 영원히 오지 아니하도록 행주좌와어묵동정간에 응용하는데 온전한 생각으로 취사하기를 주의할 것이니라."고 촉구한다.
낙원은 정당한 고락으로 한결같이 무궁한 세월을 지내는 것으로, 단순히 고를 버리고 낙만 있는 것이 아니라 정당한 고는 수용하면서 부당한 낙은 경계하는 것이다. 고락간에 온전한 생각으로 취사하는 그 선택에 낙원이 있는 것이다.
결국 낙원은 고해 밖에 있는 것이 아니라 고해와 더불어 있는 것이다. 고해를 떠나서는 낙원도 없는 것이다. 고해를 정당한 고로 수용할 수 있을 때 낙원 인도가 가능하며 낙원도 부정당한 낙으로 받아들이면 고해가 되는 것이다.

소태산 대종사는 고락의 결과에만 집착하지 말고 '고락의 원인'을 생각해 보라고 촉구한다. 고락의 결과에만 매몰되지 말고 '이 고가 영원한 고가 될는지 고가 변하여 낙이 될는지 낙이라도 영원한 낙이 될는지 낙이 변하여 고가 될는지?' 그 '고락의 원인'을 생각해 보라는 것이다.

우연한 고락이 되었든지 지어서 받는 고락이 되었든지 이를 정당한 고락으로 창조하여 영원한 낙을 이어가라는 것이다. 매 순간 처지마다 온전한 생각으로 정당한 고락은 취하고 부정당한 고락은 사捨하기를 주의하는 것이 바로 광대무량한 낙원으로 인도하는 기로이기 때문이다.

즉 고가 변해서 낙이 되고 낙도 영원한 낙이 되도록 하는 정당한 고락은 취하고, 낙이 고가 되고 고도 영원한 고가 되도록 하는 부정당한 고락은 사捨하는 선택의 실행이 곧 광대무량한 낙원으로 인도하는 것이다.

낙을 버리고 고로 들어가는 원인

——— 소태산 대종사는 낙을 버리고 고로 들어가는 원인을 구체적으로 제시해 주신다.

1. 고락의 근원을 알지 못함이요,

이는 고락의 출처에 대한 이해가 없는 장애라면,

2. 가령 안다 할지라도 실행이 없는 연고요,

이는 고락의 출처는 알았다 해도 이를 이행하는 의지가 미약한 것이다.

이러한 이해와 실천 사이에는 간격이 자리 잡고 있다. 이 간격을 줄이는 것이 수행으로, 낙을 버리고 고에 들지 않기 위해서는 고락이 발생하는 원인을 파악하여 고를 버리고 낙으로 들어서는 실천 의지가 병행되어야 한다.

『대종경』 인도품 39장에서 "사람이 누구나 이로운 일을 원하나 하는 바는 해로울 일을 많이 하며, 부귀하기를 원하나 빈천할 일을 많이 하며, 찬성 받기를 원하나 조소 받을 일을 많이 하여, 마음에 원하는 바와 몸으로 행하는 바가 서로 같지 못한 수가 허다하나니, 이것이 다 고락의 근원을 알지 못하는 연고이며, 설사 안다 할지라도 실행이 없는 연고라, 그대들은 이 원인을 깊이 생각하고 밝게 판단하며 그 실행을 철저히 하여 항상 그 원하는 바와 행하는 바가 서로 모순되지 않게 하라. 그리하면 모든 일이 다 뜻대로 성취되리라."라고 고락의 원인을 밝혀주신다.

이로운 낙과 해로운 고, 부귀의 낙과 빈천의 고, 찬성의 낙과 조소의 고의 기로에서 원하는 바와 행하는 바의 간격을 줄여 끝내는 원하는 바와 행하는 바를 일치시키라는 것이다. 원하는 바와 행하는 바에 모순되거나 또는 일치되는 정도에 따라 고락이 있게 된다. 만일 원하는 바와 행하는 바에 유격이 클 때 낙을 버리고 고로 들어가는 것이다.
또한 이러한 고락의 이해와 실천의 과정에 함정이 도사리고 있다. 바로 철석같이 굳은 잘못들인 습관과 욕속심慾速心이다.

3. 보는 대로 듣는 대로 생각나는 대로 자행자지自行自止로 육신과 정신을 아무 예산 없이 양성하여 철석같이 굳은 연고요,
이는 철석같이 굳은 기존의 습관이 장애가 되는 것이다. 보고 듣고 생각나는 견문각지 간에 정당한 고락인지 부정당한 고락인지 미리 계산해 보는 예산이 없는 것이다. 그리하여 부정당한 고락이라도 생각 없이 욕심으로 하고, 정당한 고락이라 해도 하기 싫으면 하지 않는 자의恣意적 행위가 굳어져 버린 것이다.

4. 육신과 정신을 법으로 질박아서 나쁜 습관을 제거하고 정당한 법으로 단련하여 기질 변화가 분명히 되기까지 공부를 완전히 아니한 연고요,
육신과 정신을 법으로 길들여서 기질 변화한 상태를 저신저골貯身貯骨이 되었다고 한다. 자신의 지각과 감각과 골수에까지 사무치도록 법으로 체질화했다는 것이다.
기질 변화는 형성된 기존 습관을 새로운 습관으로 변화시키는 것이다. 그 상황에 맞지 않는 습관을 그 상황에 타당한 습관으로 변화되도록 까지, 정신과 육신을 단련하는 것이다. 즉 온전한 생각으로 정당한 고락은 취하고 부정당한 고락은 버리는 습관화를 들이는 것이다. 정당한 법은 정당한 고락이라면 나쁜 습관은 부정당한 고락에 끌리는 것으로 정당한 법으로 기질 변화시키는 습관이 미약하고 미숙한 것이다.
기질 변화에 있어 변화의 변變은 물리적 변화라면 화化는 화학적 변화다. A가 비슷한 A′로 개선되는 물리적 변화에만 그칠 것이 아니라 A가 A에서 탈바꿈되는 화학적 변화에까지 미치라는 것이다. 번데기가 우화羽化하듯 탈바꿈하는 격이다. 기질 변화가 분명히 되기까지 공부를 완전히 하라는 것이다.
정당한 고락의 기질로 변화되도록 까지, 습관을 들이지 못하면 심사숙고하라는 것이다.

5. 응용하는 가운데 수고 없이 속히 하고자 함이니라.
이는 습관 들이는 과정을 충분히 밟지 않고 속히 이루고 싶은 욕속심欲速心때문에, 정당한 법으로 무궁한 세월을 한결같이 지속하는 습관을 들이지 못하였다는 것이다.

소태산 대종사는 욕속심을 경계하신다. 『대종경』 요훈품 10장에서 “큰 도에 발원한 사람은 짧은 시일에 속히 이루기를 바라지 말라. 잦은걸음으로는 먼 길을 걷지 못하고, 조급한 마음으로는 큰 도를 이루기 어렵나니, 저 큰 나무도 작은 싹이 썩지 않고 여러 해 큰 결과요, 불보살도 처음 발원을 퇴전退轉하지 않고 오래오래 공을 쌓은 결과이니라.”라고 당부하고 있다.

서대원 수필受筆, 《월보》 제46호[시창18년 4월호]에 실린 ‘현대는 망령신妄靈神이 주장主張’이란 소태산 대종사의 법설이다.
“대저, 수고 없이 되는 일이 어디 있으며, 안될 일을 행해서 무슨 좋은 일이 돌아올 것이냐. 누가 나더러 수고 안 들이고 좋은 일이 돌아온다든지, 7일 만에 도통을 한다 말하면 이것은 이치에 부당한 말이라, 나는 절대로 그런 일은 하지 않겠노라. 그러나 이 세상인심은 내 생각과는 순연히 달라서 망령신들이 전부 세상을 좌우하니, 어떻게 하여야 이 도착倒着갑이 같은 무리에게 밝고 견고한 참다운 영을 집어넣어 줄지, 장래 구제의 의무를 우리로서는 실로 범연히 보지 못할 일이로다.”
좋은 일이 수고 없이 그냥 되지는 않는 것이다. 수고 안 들이고 좋은 일이 돌아온다는 전도몽상의 도착倒着갑이가 되지 말라는 것이다.

이처럼 낙을 버리고 고로 들어가는 원인은 고락을 대하는 습관에 있는 것이다. 방법은 정당한 법으로 지속해서 단련해야 하는 것이다.
습관은 심신에 내면화하여 패턴화하는 작업이다. 그러므로 과거에 내면화된 습관은 별다른 노력 없이도 능숙하게 현재를 수행할 수 있게 하지만 현재 주어진 삶에 걸림돌이 되기도 한다.
삶은 이미 습관화된 것과 지금, 이 순간 노력해서 획득하는 습관과 나중에 획득되는 습관이 있다. 과거의 습관, 현재의 습관, 미래의 습관, 이것이 삶의 요소이다.
그런데 이미 획득한 습관이 현재의 환경과 불일치할 경우가 있다. 이런 불일치에서 우리는 선택을 해야 한다. 습관은 과거의 습관을 유지할 때 좋을 경우도 있고 과거의 습관을 변화시켜야 할 때도 있는 것이다. 이처럼 습관은 삶에 디딤돌이 되기도 하고 걸림돌이 되기도 한다. 긍정적 측면과 부정적 측면이 있다.
습관을 지켜가는 것이 변동 크고 혼란스러운 상황의 중심이 되기도 하나 습관은 수구적이다. 변화해야 할 경우에 변화에 수동적이다. 그래서 습관은 개혁의 대상이 되기도 한다. 습관도 변하는 가운데 변치 않을 면이 있고, 지속시켜 유지해 가는 중에 변해야 하는 면이 있다. 상황에 따라 어느 것이 삶을 풍성하게 할지 지혜로운 선택이 요구된다.
새로운 삶을 추구할 때 기존의 습관은 장애가 되기도 한다. 그러므로 새로운 습관을 들이기 위해서는 습관들일 상황과 방향에 대한 지적인 이해와 실천 의지가 필요하다.

이와 같이 '낙을 버리고 고로 들어가는 원인'은 고락을 창출하는 습관과 기질 변화에 관한 것이다.
고가 변하여 낙이 되고 낙이라도 영원한 낙이 되도록 정당한 고락을 온전한 생각으로 취사하기를 주의하라는 것이다. 정당한 고락을 선택하는 기질 변화되도록 하는 '반복의 새로움'이요 '습관의 미학'을 체질화하는 것이다. 즉 정당한 법으로 습관 들여 기질 변화시키는 반복의 되새김은 개교의 동기의 '사실적 도덕의 훈련'인 것이다.

더보기Tip

증애에 끌리지 않는 방법

경성[서울] 교도인 이정원李正圓이 소태산 대종사에게 증애에 끌리지 않는 방법을 묻는다. 장소는 창신동 회관으로 추정된다.
증애는 고락이다. 증애의 경계에 끌리는 마음은 고해라면 증애의 경계에 끌리지 않는 마음은 낙원이다.

『대종경』 인도품 18장에 이정원의 질문에 대한 소태산의 법설이 펼쳐진다.
이정원이 소태산 대종사에게 질문한다.
"어떻게 하여야 증애憎愛에 끌리지 아니하고 원만한 마음을 가질 수 있겠나이까?"
소태산 대종사, 이 물음에 총괄적인 답을 주신다.
"증애에 끌리지 않는 방법은 매양 한 생각을 잘 돌리는 데에 있나니라."

증애의 미움은 고苦라면 사랑은 낙樂이다. 미움과 사랑에 끌리지 않기 위해서는 한 생각을 잘 돌려야 하며, 한 생각을 잘 돌리기 위해서는 정신의 세력을 확장해야 한다.
정신의 세력은 증애가 없는 성품에 바탕 하여 증애에 끌리지 않도록 마음을 운영하는 힘이다. 그러기 위해서는 마음의 조종사인 정신의 세력을 확장해야 한다.

총체적인 답변을 하신 후 먼저 미움을 처리하는 구체적인 방법을 일러주신다.
"가령 저 사람이 나를 미워하거든 다만 생각 없이 같이 미워하지 말고, 먼저 그 원인을 생각하여 보아서 미움을 받을 만한 일이 나에게 있었거든 고치기에 힘쓸 것이요, 그러한 일이 없거든 전세前世의 밀린 업으로 알고 안심하고 받을 것이며, 한 편으로는 저 사람이 나를 미워할 때 나의 마음이 잠시라도 좋지 못한 것을 미루어 나는 누구에게든지 미움을 주지 않으리라고 결심하라. 그리하면 나를 미워하는 사람이 곧 나의 마음 쓰는 법[용심법]을 가르치는 선생이 될 것이니, 그를 나의 선생으로 인정할 때는 어찌 미운 생

각이 나겠는가. 이것이 곧 미운 데에 끌리지 않게 하는 방법이니라."

먼저 미움받는 원인을 생각해 보라는 것이다. 정신의 세력을 확장하면 미움의 경계가 직관되어 미움에 끌려가지 않게 된다. 미워하는 경계가 직시된다는 것은 정신의 세력이 확장된 것으로, 정신의 세력이 확장되면 미움받을 만한 일이 있었다면 참회하고 개선하기에 힘쓰는 것이다. 미움이라는 경계의 세력을 항복 받게 된다.

그리고 설사 그런 일이 없는데도 미움을 받는다면 전세에 밀린 업으로 여기라는 것이다. 사실이 꼭 그렇지 않다 해도 그렇게 여기어 마음의 자유를 얻으라는 것이다.
정신의 세력이 확장되면 미움을 받는 심정이 환히 드러난다. 그러므로 내 마음처럼 남도 미움받기를 싫어한다는 것을 알게 된다. 나를 미루어 남을 이해할 수 있게 되는 것이다.
또한 그러한 미움 받는 경계가 나의 마음 쓰는 법을 가르치는 선생님으로 드러나게 된다.
정신의 세력이 확장되면 미움의 경계가 참 선생님으로 드러나게 된다.

이어서 사랑을 처리하는 구체적인 방법을 일러주신다.
"또는 저 사람이 나를 사랑하거든 다만 생각 없이 좋아만 할 것이 아니라, 또한 먼저 그 원인을 생각하여 보아서 그만한 사랑 받을 일이 있었거든 그 일을 영원히 변하지 않기로 명심하고, 만일 그만한 일이 없이 받는 사랑이거든 그것을 빚으로 알아야 할 것이며, 또한 사랑 가운데에는 정당한 사랑과 부정당한 사랑이 있나니, 정당한 사랑이면이거니와 부정당한 사랑이면 그것을 끊을 줄노 알아야 할 것이며, 정당한 사랑일지라도 거기에 집착하여 다른 일에 방해될 기미가 있거든, 반드시 용단심을 일어내어 대체 행사에 그르침이 없도록 노력하라. 이것이 곧 애착에 끌리지 않는 방법이니라."

증애의 증이 고라면 애는 낙이다. 그러므로 미움받는 증과 사랑받는 애에 끌려다니면 고해의 생활을 하고 끌려다니지 않으면 낙원으로 인도된다.
「고락에 대한 법문」에서처럼 먼저 사랑받는 원인을 생각해 보라는 것이다. 이 사랑이 영원한 사랑이 될는지, 아니면 사랑이 변하여 미움이 될는지 생각해 보라는 것이다.
그리하여 그만한 사랑받을 일이 있다면 영원히 변하지 않기로 명심하고 만일 그만한 사랑을 받을 일이 없었다면 빚으로 알고 경계하라는 것이다.
또한 사랑이라 해도 그것이 정당한 사랑인지 부정당한 사랑인지 살펴보라는 것이다. 부정당한 사랑이라면 단호하게 끊을 줄도 알고 정당한 사랑이라도 공사와 수행에 방해가 될 기미가 있으면 끊을 줄도 알아야 한다는 것이다.
정당한 고락과 부정당한 고락을 자상히 알아서 정당한 고락으로 무궁한 세월을 한결같이 지내며 부정당한 고락은 영원히 오지 않도록 응용하는데 온전한 생각으로 취사하기를 주의하라는 것이다.

마무리 지어 말씀하시기를
"그대가 이 두 가지에 끌리지 않는 공부를 계속하면 곧 원만한 마음을 얻게 되리라."

이처럼 정신의 세력을 확장하면 증애에 끌리지 않는 성품 자리에 바탕 하여 증애가 출렁이는 경계에서 증애에 끌리지 않는 원만한 마음을 얻어 낙원을 가꾸게 되는 것이다.
증애에 끌리지 않는 방법은 곧 고락에 끌리지 않는 법이다.

《월말통신》《월보》《회보》로 「고락에 대한 법문」 독해하기

기틀을 알면 편안한 것이다

송도성 필수筆受

《월말통신》 제28·29호, 시창15년(1930) 음 6월·윤6월

「고락에 대한 법문」의 "정당한 고락으로 무궁한 세월을 한결같이 지내며 부정당한 고락은 영원히 오지 아니하도록"과 관련된 내용이다. 정당한 고를 수용하여 무궁한 낙과 장래의 낙을 맞이하자는 것이다.

무진戊辰 9월경에 종사주께옵서 상경하시와, 당시 개최 중이던 '조선박람회'를 보시고 익산 본관으로 환가하시어 모든 제자에게 박람회 관람에 대한 감상을 말씀하시니 아래와 같더라.

" … 또 고락으로 말하여도 아무리 당하기 어려운 고를 당하나, 그 고가 정당한 고가 되어서 **'오냐! 이 고를 지내고 나면 반드시 무궁한 낙이 올 것이다. 그러므로 나는 장래의 낙을 준비키 위하여 지금 능히 이 고를 참는다.'** 이렇게 확호確乎한 자신과 굳은 결심이 있을진대 그 고를 그다지 괴로이 느껴지지 아니할 것이니, 그것은 현재의 고가 능히 미래의 낙을 보증하고 있는 소이[所以, 까닭]다. 그러나 그러한 희망이 없이 그러한 준비가 없이 망망한 고해에서 헤맬 일을 생각할 때 어찌 한심치 아니하며 가련치 아니하랴." 하시더라.

감상담(윤명화)

세상을 살아가다 보면 고와 낙을 겪게 된다. 원인을 알 수 있는 고락이 있는가 하면 우연히 찾아오는 고락도 있다. 이처럼 고락은 피할 수 없는 것이다. 고락을 만났을 때 받아들이는 태도에 따라 고가 변하여 낙이 될 수 있고 낙이 변하여 고가 되기도 한다.
변화되는 고락의 원리를 알지 못하기에 당장에 고가 찾아오면 싫어하고 낙이 오면 마냥 좋아만 한다. 만약 이 고가 변하여 낙이 된다는 확신이 있다면 그 고는 참아낼 것이며, 당면하는 낙이 변해서 고가 된다면 그 낙이 설사 달콤해도 받지 않을 것이다.
법설에서 "이 고를 지내고 나면 반드시 무궁한 낙이 올 것이다. 그러므로 나는 장래의 낙을 준비키 위하여 지금 능히 이 고를 참는다."라는 말씀처럼 고를 잘 지내고 나면 반드시 무궁한 낙이 올 것을 확신하면 그 고가 그다지 괴로움으로 느껴지지 않을 것이다. 현재의 고가 미래의 낙을 보증하는 까닭이다. 원하는 것을 얻을 수 있다는 확신은 희망이 되어 고는 더 이상 고가 아닌 낙이 된다.
낙 생활을 하기 위해서는 어떠한 원인에 의해 고가 되고 낙이 되는지 '고락의 원인'을 알아서 실행해 가야 한다. 고락에 파도치지 않는 온전한 성품 자리를 확보하여 온전한 생각으로 정당한 고락은 취하고 부정당한 고락은 사捨할 때 영원한 낙을 누릴 수 있는 것이다.

돼지의 생활에서 발견하신 한 좋은 경전

송도성 수필受筆

《월말통신》 제31호, 시창15년(1930) 음 8월분

「고락에 대한 법문」 중 "고락의 원인을 생각하여 보는 사람은 적은지라, 이 고가 영원한 고가 될는지 고가 변하여 낙이 될는지 낙이라도 영원한 낙이 될는지 낙이 변하여 고가 될는지 생각 없이 살지마는"과 관련된 법설이다.
돼지가 구미에 좋은 삶은 보리죽을 먹다가 이후 거친 보릿겨를 먹게 되니 살이 빠지게 되는 현상처럼 사람도 부귀하다가 빈천해지면 고통이 더하다는 감각 감상이다. 그러므로 이러한 부귀 빈천의 고락에 끌리지 말고 부귀 빈천의 고락에 담박하고 초월하라는 것이다. 부귀와 빈천의 경계에 집착하고 타락하지 않으면 고에서 낙으로 변하고 또한 영원한 낙이 되어 참으로 영원한 안락, 영원한 명리名利, 영원한 권위를 누리게 된다는 고락에 대한 부연 법설이다. 이 법설은 윤문 정선되어 『대종경』 인도품 27장 에 실린다.

종사주께옵서 익산 금강원에 계옵실새, 하루는 여러 도중[道衆, 회중 무리]으로 더불어 정원을 거니시다가 돼지[저猪] 기르는 목장가에 다다르시니, 그 목장 안에는 회무소[서무부]에서 기르는 돼지 두 마리와 그 옆 판장[板墻, 널빤지] 하나를 격隔하여 농업부에서 기르는 돼지 두 마리가 있었다. 그런데 회무소 돼지는 전일에 볼 때와 같이 살이 쪄서 번들번들하되, 웬일인지? 농업부 돼지는 이 수일 사이에 끔찍하게도 여위었는지라, 종사주께옵서 이것을 보시고 "왜, 이 돼지가 이같이 여위었을까?" 하시며 좌우에 모시고 있는 여러 사람에게 그 연유를 물으시었다.
이동안 여쭙기를, "그게 다름이 아니라 금년 여름에 모맥[牟麥, 밀과 보리]을 수확한 후 간수를 잘못하여 비에 맞혀 썩혔으므로 먹을 수도 없고 팔 수도 없어서 근일近日에 그 모맥을 삶아 저 돼지를 주었었더니, 아무리 비 맞은 썩은 곡식일망정 그래도 그것이 진곡眞穀인 이상 저 돼지에게는 아주 팔주미八珠味 이상의 맛있는 음식이었습니다. 그리하여 그것을 먹을 동안은 한 번도 남겨본 적이 없었고, 살이 곧 무럭무럭 부어오르는 것 같더니, 한 수일 전부터는 그것이 다 떨어지고 보릿겨를 삶아주기 시작하였사온데 그동안 습관들인 입맛을 졸지에 고치지 못하여 근일은 도무지 사료를 먹지 아니하고 저 모양으로 살이 자꾸 내려집니다." 하거늘, 종사주 그 말을 들으시옵고 좌우 사람에게 일러 가라사대,
"이것은 곧 경전이다. 제군들은 이것을 그저 돼지의 하는 짓거리로만 알아서 심상히 볼 디이지마는, 나는 이것을 곧 경전으로 본다. 왜 그런고 하니, 우리 사람의 하는 일 가운데에도 이와 같은 것이 허다하다고 생각한다. 가령 한 예를 들어 말하면, 부富하던 자가 졸지에 가난해져서 그전에 먹던 좋은 음식과 그 전에 입던 좋은 의복은 일시에 끊어지고, 오직 추반악식麤飯惡食과 남루폐의襤褸弊衣로 세상을 지내게 된 때에 그 비애와 고통이야말로 참으로 어떠하였겠으며, 또는 존귀한 위位에 있던 자가 졸지에 그 위가 떨어져서 그 전에 쓰던 모든 권리와 그 전에 받던 모든 대우가 일시에 끊어지고, 다만 한 개의 무권리 부자유한 존재로 세상을 지낼 때 그 비애와 고통이야말로 참으로 어떠하겠느냐? 차라리 본래부터 가난하고 천한 생활을 하였다면 그에 대한 경험이라든지 인내라든지 하여간 빈

천과 대항하는 힘과 안분하는 태도라도 좀 더 있을 것이 아닌가. 참 과연, 고통 고통 하여도 부귀자로서 졸지에 빈천자 되는 고통에 더함이 없을 것이며, 신新빈천자로서는 구舊빈천자가 몹시도 부러울 것이 사실이라 한다.

그러나 이 돼지가 그 밀죽을 먹을 때에 다만 그 맛있는 것만 알았을 뿐이요, 그 맛있는 밀죽이 도리어 저에게 고통을 가져다줄 줄은 몰랐을 것이며, 저 부귀자가 그 부귀를 누릴 때 다만 부귀의 안락한 것만 알았을 뿐이요, 안락을 주던 부귀가 도리어 저에게 비애를 던질 줄은 몰랐을 것이다.

그런고로 그것을 받을 때는 잔뜩 자만하고 방종해져서 어느 때까지든지 그것이 계속될 듯이 생각하고 있지마는, 그것을 계속하고 않는 권리가 저에게 있지 않고 각각 매인 곳이 있나니, 돼지의 밀죽은 그 권리가 사람에게 있고 사람의 부귀는 그 권리가 운명에 있을지라[대부분 자작自作에도 있지마는], 어찌 저의 구하고 원하는 대로 이룰 수 있으랴. 그런고로 그 원하고 구하는 것을 이루지 못하면 자연 안분安分이 되지 못하여 저 돼지와 같이 빼빼 마르며, 사람으로서는 스스로 점점 타락의 구렁으로 떨어지고 마나니라.

그런고로 자고로 성현 군자가 모두 이 인간 부귀를 초개와 같이 경시輕視하셨느니라. 부귀가 온다고 그다지 기쁠 것도 없었으며, 부귀가 간다고 그다지 근심하지도 않으셨나니라. 옛날에 제帝 순舜은 밭 갈고 질그릇 굽는 천역賤役을 하던 백성으로서 천자 위의 추대를 받았으나 거기에 별別 의외意外의 감感이 없었고, 석가세존께서는 돌아오는 왕위도 마다하시고 유성 출가를 하셨나니, 아~ 과연 이들의 부귀에 대한 태도가 그 얼마나 담박하였으며 고락을 초월하는 힘이 그 얼마나 강렬하였는가?

그런즉 제군도 도를 뜻하고 성현을 배우려거든 그 돼지가 밀죽에 끌리듯이 우선 편하고 즐겁고, 우선 이利있고, 우선 권세 잡는 데에 눈이 어둡지 말고 도리어 그 모든 굴혈[窟穴, 소굴. 부귀권세의 경계]**을 삼가 피할지며, 설혹 부득이한 형편에 그러한 경우를 처한다 할지라도 더욱 조심하고 조심하여 거기에 집착하지 말며 거기에 타락하지 말라. 그러하면 참으로 영원한 안락, 영원한 명리名利, 영원한 권위를 누리게 되리라." 하시더라.**

감상담(조수원)

우리나라가 선진국에 진입하는 시기에 사는 사람들은 온갖 물질적 풍요를 누리고 살게 되어서인지 경제적으로 빈곤한 상황을 힘겨워하는 경향이 있다. 신상을 좋아하고 편리하고 감성적인 것을 추구하며, 경제활동을 하는 이유가 남과 차별화된 제품을 구매하기 위해서라고도 한다. 물질의 소비 없이는 삶의 만족을 논하기 어렵게 되었다. 물질의 소유 여부에 좌우되지 않고 고락을 초월할 방법이 있을까?

대종사님이 제자들과 경내를 돌아보시다가 축사의 돼지가 살이 쪘다가 빠진 이유를 듣고 그 감상으로 말씀해 주신 '고락에 대한 법문'이 답이 될 수 있을 것 같다. 한때 주어진 편리함과 즐거움, 권력과 이익에 눈이 어두워 끌려가지 말고, 집착하지 말라 하신다. 이런 좋은 것이 주어지면 그 좋은 것에 매몰되기 쉬우므로 정신을 차려 끌려가지 말라는 것이다. 과연 우리는 그렇게 할 수 있을까? 좋은 것을 누리지 못해서 고통인데 이런 것으로 인해 초래될 고통을 미리 생각하여 끌리지 않을 수 있을까? 자본주의 사회에 길든 우리에겐 쉽지 않을 것이다. 결국 고락을 벗어날 수 없고 그 굴레 속에서 희비의 감정을 소모하게 될 것이다.

일상에서 안이비설신의로 즐거움과 고통을 주는 모든 경계에 착하지 않으려면 대소유무의 이치를 알고 무념행을 할 수 있어야 한다. 고락도 변화해 가는 한 과정일 뿐임을 알고 담담하게 받아들이는 수행을 해야 한다. 고와 낙을 초월한 지선의 경지에 들려면 욕심나는 물질에 끌리지 않는 수행을 열 번, 백 번, 천 번, 만 번 거듭해야 할 것이다. 쉽지 않은 수행임은 분명하지만, 물질문명의 사회에 꼭 필요한 수행이 아닐 수 없다.

어떠한 고라도 낙을 심을 줄 아는 자는 행복자니라

이공주 수필受筆

《회보》 제9호, 시창19년(1934) 4·5월호

__________ 「고락에 대한 법문」 중에서 "우리는 정당한 고락과 부정당한 고락을 자상히 알아서 정당한 고락으로 무궁한 세월을 한결같이 지내며"와 관련된 법설이다.

즉 어떠한 천신만고의 고생 속에서도 정당한 고를 수용하여 이를 낙도樂道로 삼아 보람과 즐거움으로 만들 줄 알면 참 행복자라는 것이다. 이렇게 남 보기에 못 당할 고생 같으나 그 속에서 심락心樂을 누리면 천상락을 수용하는 것이다.
이 법설은 『대종경』 신성품 16장에 정선된다. 한 가지 유의해야 할 사항이 있다. 《회보》 제9호에 수록된 소태산의 법설 중 '사은 전'과 '사은의 공덕과 위력'을 『대종경』 신성품 16장에서 '법신불 전'과 '법신불의 공덕과 위력'으로 윤문 된다. 법신불은 '사은' 또는 '법신불 사은'으로 읽어야 할 것이다.

시창18년 9월 26일 예회에 종사주 법좌에 출석하여 가라사대,
"오늘은 내가 고락苦樂을 가지고 말하리라. 다름이 아니라 어제 정석현이가 와서 말하기를, '저는 어떠한 고통과 근심을 느끼다가도 사은四恩 전에 심고心告를 드리고 나면 자연히 마음이 편안하여지고 근심이 없어지며 환희심이 나서 매일 심고 드리는 낙과 재미로 산다.' 하니, 사실로 사은의 공덕과 위력을 알아서 진정한 재미를 붙였는가는 알 수 없거니와, 하여튼지 그렇게 한다는 것이 석현이로서는 곧 고 중에서 낙을 발견한 일이니라. **과연 누구든지 이 세상을 살아갈 때 낙은 적고 만일 고가 많다면 살아나갈 재미가 없는 것이요, 재미가 없는 세상이란 그것이 곧 고이니라.** 그리고 혹 남 보기에는 고통스럽게 보이나 당사자로서는 진진津津한 낙을 수용하는 사람도 또한 있나니, 실례를 들어 말하면 내가 이전 변산에 있을 때 저 문정규는 늙은 몸으로 그 산중 험로에 들어와서 거처와 음식이 기구하건마는 나 하나 만나 보려는 재미로 그 모든 고생됨을 잊어버리고 오직 즐거워만 하였고, 또 김남천으로 말하더라도 그 늙은 사람이 변산 초당에서 줄포시장까지 쌀을 팔러 다니자면 험산궁곡에 고생이 막심하였으되 또한 나를 시봉하는 재미로 항상 낙도樂道생활을 하였으니, 그는 곧 고 중에서 낙을 받은 사람들이니라.
또 영광의 최초 8, 9인으로 말하더라도 나 하나 만난 것을 재미로 아는 머리에 다 자기 집에서는 노동일도 안 해 본 사람들이 그 엄동설한에 해수지海水地를 막아서 논을 만들 때, 다른 사람들의 조소와 비평을 들어가며 그 막심한 고생을 하였지마는 조금치도 불평과 불만이 없이 이 모든 고생을 낙으로써 받았으며, 그 외에도 여러 가지로 괴로움과 불평이 많았으되 또한 즐거이 감수 복종하였었나니, **그때 그 사람들로 말하면 남 보기에는 못**

당할 고생을 하는 것 같았으나 그 실은 각각 흉胸중에 심락心樂이 있었던 고로 곧 천상락을 수용하였나니라.

이번에도 창건이를 데리고 경성 가서 그 하는 양을 본즉 과연 본회의 참 주인 같으며 실로 알뜰한 동지라는 감상이 나더라. 이전 영광에서 방언공사할 때와 조금도 틀림없이 종일 쉴 틈도 없이 그 노동을 하면서도, 늙은 사람이 기운이 펄펄하며 항상 희색이 만면하여 밤으로도 바깥에 나가서 한 바퀴씩 둘러보고 들어오기에 그 연유를 물은즉, "첫째는 경성에 우리 지부를 건축하는 일이 재미가 나며, 둘째는 요외[料外, 예상외]에 제가 와서 조력하게 된 일이 또한 재미가 커서 밤에 잠도 잘 아니옵니다." 하고 대답하는 것을 들었다. **그러면 그렇게 매일 고된 일로 죽을 경을 치면서도 그 고는 잊고 즐거움을 금치 못하는 일은 무슨 까닭일까? 그것은 곧 마음에 즐거움[심락]이 들어있는 연고이요, 또한 고를 낙으로 만들 줄 아는 연고이니, 그 지경에 간 사람은 참 행복자이니라.**

여등[汝等, 너희들, 여러분]도 그러한 사람들의 본本을 받아 어떠한 천신만고가 당한다 할지라도 고를 낙으로 만들어 같은 생활, 같은 노력일진댄 고는 버리고 낙만 수용受用함이 좋다." 하시더라.

찬예讚譽와 훼방毁謗에 끌리지 말라

이공주 수필受筆

『구타원 이공주 법문집』 I, 시창19년(1934) 7월 24일

찬예[칭찬과 기림]는 사람 사람이 좋아하는 낙이라면 훼방은 사람 사람이 싫어하는 고이다. 소태산 대종사는 찬예와 훼방을 들을 때 무조건 좋아만 하고 싫어만 할 것이 아니라 온전한 마음으로 그 원인을 생각해 보라고 당부한다. 「고락에 대한 법문」 중 '고락의 원인'을 돌이켜 보라는 것이다. 찬예 받는 낙의 원인과 훼방 받는 고의 원인을 생각해 보고 처신하라는 것이다.

한때에 종사주 가라사대,

"이 세상의 범상한 사람들로 말하면 누구나 찬예讚譽, 즉 잘한다고 칭찬을 들으면 무조건 하고 좋아하고 감사히 여기지마는, 만일 훼방 즉 잘못한다고 나무람을 들은즉 저의 잘못함은 생각지 않고 싫어하고 성내며 심한 자는 원망하는 것이다. 그러나 냉정한 뇌수로 한번 잘 생각하여 본다면 잘하고 잘못함이 각자의 일이요, 결코 다른 사람의 찬예와 훼방에 관계할 바 아니니, 생각하여 보라! 저 사람이 아무리 칭찬하여도 내가 죄과가 돌아올 것이요, 저 사람이 아무리 욕하고 비방하여도 내 양심에 잘못함이 없고 선한 일을 하였다면 복과가 돌아올 것이 아닌가. 그런데 다른 사람의 찬예와 훼방에 끌려 좋아하고 싫어할 것이 무엇이랴.

그것은 오직 우치한 생각에 불과하나니, **제군은 누구에게 찬예함을 듣거든 무조건하고 좋아하고 감사만 할 것이 아니라, 한번 온전한 마음으로써 그 원인을 생각해 보아서** 과연 내가 칭찬들을 일을 하였거든 더욱 주의하여 후일에도 그와 같이 할 것이며, 만일 잘한 일이 없거든 양심에 부끄럽게 여길 것이요, **그 반면에 훼방함을 듣거든 무조건하고 싫어하고 원망만 할 것이 아니라, 오직 그 원인을 잘 생각하여 보아서** 과연 내가 욕먹을 일을 하였거든 '아! 내가 잘못하였으니, 욕먹어 싸다. 후일은 이것을 보감 삼아 그런 나쁜 일은 다시 하지 않으리라'고 결심할 것이요, 만일 잘못한 일이 없는데 그러거든 형편 보아 그 사람의 오해함을 풀어주고, 그래도 그편에서 사실을 부인하는 경우에는 사필귀정事必歸正이니 안심하고 탓하지 않는 것이 가할 줄로 안다. 그런다면 시일이 지나가는 동안에 사실대로 양해가 될 것이요, 설사 양해가 아니 된다 하더라도 내 양심에 가책될 일만 없다면 도리어 저 사람의 죄짓는 것이 불쌍은 할지언정 겁나고 두려울 일은 없을 것이 아닌가. 그런즉 제군은 결코 남의 찬예와 훼방에 끌리지 말고, 오직 칭찬 들을 일만 하고 훼방 들을 일은 맹서盟誓코 말아주기 바라노라." 하시더라.

법설

제군은 모든 비평과 조소에 끌리지 말라

이공주 수필受筆

《회보》 제36호, 시창22년(1937) 7월호

원기22년(1937) 조선일보의 자매지인 〈조광朝光〉지 기자가 경성지부 돈암동회관을 취재하고 돌아간다. 그런데 조광지는 1937년 2월, 당시 300여 명의 신도를 살육했다는 백백교 사건에 따라 '사교 백백교 사건의 정체'를 밝히고 5개 유사종교를 폭로한다며 그 맨 앞에 '교주를 생불 삼은 불법연구회 정체'라는 악의에 찬 기사를 익명의 기자 이름으로 발표한다.

이에 대해 소태산 대종사는 "… 근자 백백교 사건의 발생으로 인하여 … 어떠한 기자가 일시적 호기심에서 철모르는 붓장난을 한 것인 듯하니 … 그와 같이 근거 없는 말을 듣고 그저 묵과默過키는 어렵다. 그러나 절대로 그들과 상대하여 투쟁할 것이 아니라 금일이라도 사람이 가서 본회의 취지와 실행사업을 철저히 설명하여 그 회사의 오해를 일소一消하고 그 인식을 바로 잡도록 노력하는 것이 옳다."라고 하시며, 이재철과 유허일을 경성의 조선일보사[사장 방응모]에 방문케 하여 기사의 사실 여부를 조사토록 요청한다. 〈《회보》 제36호〉

조선일보사는 원기22년(1937) 8월 10일 자 조선일보 3면에 '불교혁신 실천자 불법연구회 박중빈씨'라는 제하의 정정 기사를 내며 소태산 대종사를 '조선불교사의 루터'라고 소개한다. 소태산은 이러한 사건 해결에서도 자리이타自利利他의 상생 관계를 도모했다. 이 법문은 이 기사와 연관된 법설로 보인다. 소태산은 신문이나 잡지에 본회가 나쁘게 거론되든 또는 반대로 칭송하는 기사가 나오든 경동치 말라고 당부한다. 잘못된 허위기사일지라도 양심에 대조하여 가책받을 일이 없다면 안심하고, 설사 부족한 일이 있으면 낙심하지 말고 오히려 이를 보감 삼아 어떠한 조소와 비평이라도 감수하고 정당한 일만 하라고 촉구한다. 이러한 사람이 신심 있고 진리 있는 사람이라고 명시한다. 결국 어떠한 비판과 조소의 고苦라 할지라도 떳떳하면 정당한 고로 수용하라는 것이다. 이 법설은 윤문 정선되어 『대종경』 교단품 27장에 수록된다.

한때에 익산교당[익산 총부]에서 종사님 법좌에 오르시사 일반 대중에게 말씀하여 가라사대,

"내 오늘은 제군에게 긴급히 알아둘 일 몇 가지를 말하여 주려 하나니, 명념하기 바라노라. 대저, 우리 인생이 이 세상에서 살아나가기로 말하면 그사이에는 별별 고난과 파란곡절이 중생첩출重生疊出하나니, 그러므로 옛날 부처님 말씀에도 '인간은 고해苦海라.'고 하셨나니라. 가령 개인적으로 유명한 학사·박사나 혹은 정치가로 드러난 사람이나 또는 도덕가로 드러난 사람들의 역사를 들어본다 하여도 유시로부터 그 목적지에 도달하기까지에는 가지가지의 경로를 밟게 되나니, 과연 고금을 통하여 제불제성이나 위인 달사치고 고생하지 않은 분이 그 누구인가? 그러기에 역사나 소설 같은 것도 그 주인공이 말 못 할 고생을 많이 하여 보는 사람들로 하여금 분憤도 나고 비창悲愴도 하며, 웃음도 나고 혹은 아슬아슬 신기신기한 대목이 있는 것은 누구나 환영 애독을 하게 되지마는, 만일 평범하여 역경 난경이 없는 것은 아무라도 재미없이 여기는 동시에 잘 보는 사람도 없는 것이다. 보라! 과거에 석가모니불도 그 몸은 비록 왕궁가에 탄생하여 일국의 태자라는 존위를 받았지마는 그 마음에는 생사 진리를 알지 못하여 우려 중에 지내다가, 29세 시에는 모든 영화를 초개시하고 유성 출가하사 6년 동안이나 난행 고행을 겪으시고 대원정각大圓正覺을 이루신 후 49년 설법 시에도 사촌이요, 제자 되는 조달에게 시기를 받아 8만 4천 가지로 흉을 잡히셨으며, 타교도의 음해로 그 제자가 악살[깨어져 산산이 부서짐]까지 당하지 아니하였는가? 그러나 부처님의 원만대도圓滿大道는 1,255명의 제자로 말미암아 천추千秋에 영전永傳하여 만인의 존모함을 받게 되었고, 또한 예수 씨도 우리가 공지하는 바와 같이 십자가에 못을 박혀 형륙까지 당하시지 아니하였는가? 그러나 그 법이 옳은지라 12사도라는 고군약졸[孤軍弱卒, 힘이 없는 사람을 비유적으로 이르는 말]로도 오늘날에는 전 세계 인류에게 그의 덕음德音을 끼치게 되었으며, 뿐만 아니라 근대 미국의 발명 대왕이라는 에디슨의 역사를 본다 하더라도 그가 어려서는 집이 가난하여 기차 내에서 고용살이하였고, 차[실험실] 중에서 잠깐 실수로 불을 내어서 차장에게 빰을 어찌 몹시 맞았던지 일생에 귀머거리가 되었으며, 그 여러 가지로 기계를 연구할 때도 미친놈이라는 욕설을 수도 없이 들었다고 하지 않는가? 그러나 실제로 편리하고 좋은 기구를 발명하여 세인에게 유익을 주게 되니까, 점차로 에디슨의 명망과 위位는 오르게 되고 세계적 은인恩人 발명의 신이라는 칭송까지 듣게 된 것이다.

그러면 우리도 이 시비 분운[紛紜, 시끄럽고 떠들썩한]한 인간 세상에 나와서 활동하게 되었으니, 어찌 시비나 고생이 없다고 단언하랴. 아직은 정부나 사회에서 잘못한다는 비평이나 탄압 등을 당해본 일은 없었다. 그러나 부지 간에 수천 명과 악수를 하게 되었으니, 인원이 많고 일이 커짐에 따라서 물론 잘못하는 사람도 많아서 본회 체면에도 낮은 영향을 받게 될는지 알 수가 없나니, 어찌 조심할 바 아니랴?

제군도 본회의 창업인이 되려거든 무엇보다도 첫째, 국법에 위반되는 일은 절대로 말고 장려하는 일은 반드시 행하며, 본회에서 금지하는 계문은 절대로 범하지 말고 권장하는 정의 도덕은 죽기로써 밟으라. 그리고 누가 본회의 말을 신문이나 잡지 상에 나쁘게 내어 공격한다 하더라도 그런 데에 경동치 말라. 원래 신문 잡지라 하는 것은 꼭 사실 있는 것만 기재되는 것이 아니라, 혹 오전[誤傳, 사실과 틀리게 전함]을 듣고 허위기사도 내는 수가 없지 않나니, 각자의 양심을 대조하여 가책받을 일만 아니 하였거든 안심할지며, 또 설사 사실 있는 낮은 일로써 기사가 되었다 할지라도 거기에 끌리거나 낙심하지 말고 오직 그걸로 보감을 삼으라. 나는 그런 사람을 일러서 신심 있고 진리 있는 사람이라고 생각하노라.

무릇 가정 하나만 다스리려 하여도 별별 시비와 난관이 있는 것이며 또는 세계 대성大聖으로 드러나 공자나 부처님 같은 이도 시비와 비평을 들었거든 하물며 아직 역사가 천단하고 이름과 위도 얻지 못한 본회를 그 얼마나 잘 알 것이랴? **물론 우리의 목적한 사업이 이상理想대로 실현되기 전에는 어떠한 조소와 비평이라도 감수하고 그럴수록 제군은 정당한 일만 하기에 노력하라.** 본회의 운명은 오직 우리 일반 회원의 용성用性과 활동 여하에 달렸나니, 제군은 이 말에 더욱 각성하여 이 앞으로는 별스런 낙경 역경을 만난다 하더라도 더욱 분투 정진하여 제생의세濟生醫世하는 데에 꿋꿋한 일꾼이 되어 주기를 부탁하노라." 하시더라.

세간 훼예毁譽에 끌리지 말고 오직 자주적 정신으로써 향상 전진하자.

전음광

《회보》 제36호, 시창22년(1937) 7월호

전음광의 회설은 《회보》 제36호의 '제군은 모든 비평과 조소에 끌리지 말라'는 소태산 대종사의 법설에 대한 해설 격이다. 조선일보의 자매지인 〈조광〉에 실린 '교주를 생불 삼은 불법연구회 정체'라는 허위기사에 대한 불법연구회의 입장과 대처 방향을 제시한 것이다.

회설자 전음광은 악의적 기사든 사실관계를 모르고 쓴 기사가 되었든 이를 대하는 수도인의 태도를 밝히고 있다. 만약 악의에서 기인했다면 너그러운 금도襟度로써 용서하되 경계함을 풀지 말 것이며, 또는 사실을 전혀 모르고서 비방한 기사라면 그 사실관계를 밝혀서 충분한 이해가 되도록 하여 훼방하는 그 입으로 찬탄하는 말이 나오게 하라고 외치고 있다. 그러나 만일 우리의 뜻을 모르고 계속 비방하고 험담한다면 수도인이라도 별수 없고 그 시비를 감당해야만 한다고 토로한다. 수도인의 도량을 알지 못하고 험담하고 비웃는 것은 좁은 도량의 사람들이 행하는 일일 수 있으니 만일 옳은 일이라면 세간의 비난과 칭송에 구속되지 말고 오직 자주적 정신으로 당당하게 나가자고 역설한다.

훼예毁譽는 비방함과 칭찬으로 고와 낙이다. 이러한 '험담과 비방의 훼방'과 '칭찬과 찬양의 영예'에 끌리지 말라는 것이다. 훼방과 영예에 구속되지 않고 오직 자주적 정신으로 정당한 비방의 고는 수용하고 부정당한 칭찬의 낙은 버리자는 것이다.

1.

잘한다고 함에 좋아하고 잘못한다고 함에 싫어하는 것은 보통 사람의 상정常情일 것이다. 옛글에는 "나의 허물을 말하는 자는 나의 스승이요, 나의 잘함을 칭찬하는 자는 나의 도적"이라 하여 훼예毁譽에 대한 인생의 감정을 극단적 반대의 방향으로 전환하기에 노력하였으며 공문孔門 고제高弟인 자로子路는 희문과喜聞過 즉 자기의 허물 듣기를 좋아하였다 하여 그 사실이 만고경사萬古經史에 아름다운 자랑거리로 남아있어 금일까지 세인의 구비[口碑, 비석에 새긴 것처럼 오래도록 전해 내려온 말]에 오르내리거니와 이는 다 특별한 예에 불과한 일이요, 기외[其外, 그 외] 일반으로 논한다면 천인이면 천인, 만인이면 만인 그 누구를 물론 하고 다 남에게 칭찬을 듣게 될 때는 입이 벌어지는 줄 모르게 자연히 빙그레 웃어질 것이요, 그와 반대로 훼방을 당하게 되는 때에는 낯빛[안색]이 변하는 줄 모르게 저절로 변해서 남의 훼예에 따라 나의 희로喜怒를 좌우하게 되는 것이 보통인의 심리이며 속일 수 없는 사실일 것이다.

2.

그러나 우리는 수도자이다. 수도자로서는 무엇에나 끌리지 않는 것이 본분이며 그것을 일러 수양력이라 한다. 진세 오욕 부당한 죄악에 끌리지 않을 것은 물론이려니와 세간의 훼예 모든 평판에 대해서도 용이容易히 요동하거나 굴함이 없이 의연 전진하는 것이 값있는 남아[男兒, 대장부]라 할 것이다. 그러나 그렇다고 중인의 평판을 불고하며 사회의 여론을 전연 무시하라는 말은 결코 아니다. 마땅히 참고할 것은 참고하고 채택할 것은 채택해서 나의 단短을 보補하고 장長을 려勵할진대 선악이 개오사皆吾師라는 말과 같이 훼예가 무비[無非, 아니 그러한 것이 없이 모두] 도움이 될 것이다.

대저 훼예라 하는 것은 그 가운데 3종의 차별이 있나니, 무엇이 3종이냐 하면 훼방하는데 있어서는 참으로 사랑함으로써 꾸지람하는 것이 그 하나요, 중상적中傷的 악의에서 기인한 것이 그 둘이요, 사실을 알지 못하고 그릇 훼방함이 그 셋이며, 칭찬하는데 있어서도 참으로 저의 잘함을 발견하여 진정으로써 칭찬하는 것이 그 하나이요, 상대자의 일시적 환심을 사기 위하여 아첨하는 태도로 칭찬하는 것이 그 둘이요, 사실을 알지 못하고 칭찬할 것 없는 일에 칭찬하는 것이 그 셋이니, **우리는 이 모든 훼예의 경우를 당할 때마다 희로의 감정에 사로잡힐 것이 아니라 먼저 마땅히 침착한 태도와 냉정한 머리로써 저 상대자의 심리적 출발점을 잘 상고詳考하여 칭찬이 되었든지 훼방이 되었든지 그 어느 것을 막론하고 그가 진정에서 우러나온 당연한 상벌일진대 우리는 모름지기 이를 감수 복종하여 영원한 보감을 삼을 것이며. 만약 악의에서 기인함일진대 우리는 너그러운 금도襟度로써 그를 용서할지나 또 한편으로 경계함을 해이解弛치 못할 것이며, 또는**

사실을 전혀 모르고서 허훼虛毁 허찬虛讚을 임의로 하였음일진대 어디까지든지 그 사실을 밝혀서 충분한 이해가 되도록 하여 훼방하든 그 입으로 하여금 찬탄하는 말이 나오게 하고 허찬虛讚하든 그 사람으로 하여금 실찬實讚하는 사람이 되도록 할 것이니, 이것이 우리 수도자로서 가장 원만한 처리이며 훼예 양단간兩段間에 모두 도움을 얻는 묘한 방법이 될 것이다.

3.

그러나 한 가지 곤란한 것은 정당한 사실로써 아무리 이해시켜줄지라도 저의 지견이 미치지 못함으로 인하여 도무지 이해되지 못하고 더욱더 의운疑雲만 중첩하며 아무리 원만한 금도襟度로써 무마에 노력할지라도 저의 근본적 불선不善으로 인하여 조금도 그 효과가 나타나지 아니하고 더욱더 반항의 기세를 올리게 되는 데 대해서는 비록 성현 부처로서도 별 능력과 도리가 없는 것이라, 이에 대해서는 오직 안심 중 더욱 안심하고 수양 중 더욱 수양을 쌓아서 모든 것을 각오하고 나아갈 수밖에 길이 없나니, 과거에 드러난 위인 달사들의 역사를 뒤져볼지라도 그들이 공부할 때라든지 성공하기 전에 세간의 조소와 악인의 음해를 입지 않은 자가 과연 그 몇이나 되는고. 동양 대성大聖으로서 수천 년 동안 억만 민중에게 하늘 같은 숭배를 받아 오는 공자님께서도 그 당시에 있어서는 진채지액陳蔡之厄과 환퇴지환桓魋之患을 당하셨으며, 어떠한 무뢰배無賴輩에게는 쓰레한 그 모양이 초상난 집 개와 같다는 흉악망측한 욕설까지 듣지 않으셨는가. 사생의 자부이시요 삼계의 대도사이신 석가세존께서도 그 당시에 있어서는 직접 제자요 겸하여 친족 관계가 있는 조달이에게 팔만 사천 가지의 다수불측多數不測한 흉허물이 잡히시었으며 별별 모해를 다 당하지 않으셨는가. 적어도 세간에 두각을 내어놓고 남다른 사업을 경영하자면 분운[紛紜, 어지럽고 복잡한]한 시비와 악인의 음해陰害는 도저히 면할 수가 없는 것이다. 그러므로 노자는 일렀으되 "상사上士는 도를 들으면 듣고 바로 개오하고 중사中士는 도를 들으면 의심을 일으키고 하사下士는 도를 들으면 크게 웃나니 웃지 아니하면 어찌 도이리오." 하였다. 과연 그렇다. 이 세상에는 도를 아는 사람보다 의심하는 사람이 더 많을 것이며 의심하는 사람보다 비웃는 사람이 거의 전반일 것이다. 하루살이가 어찌 춘추 있음을 알랴. 그것은 수명이 자라지 못함이며 연작[燕雀, 제비와 참새, 도량이 좁은 사람]이 어찌 홍곡[鴻鵠, 큰 기러기와 고니, 포부가 원대하고 큰 인물]의 큰 뜻을 알랴. **그것은 도량度量이 미치지 못함**

이니 알지 못함에 따라서 그 비웃는 것은 차라리 당연한 일이거니와 알지 못하는 자가 비웃는다고 거기에 끌려서 자기의 당연한 일을 못 하여서야 될 일인가. 그런고로 우리 도우道友들은 공사가 되었든지 사사가 되었든지 모사某事를 물론 하고 자기가 옳다고 신信하는 그 일이거든 세간 훼예에 구속지 말고 오직 자주적 정신으로써 실천 역행하여 무보武步 당당하게 향상 전진하라.

인간락人間樂과 수도미修道味

전음광

《회보》 제19호, 시창20년(1935) 8·9월호

낙에는 '천상락과 인간락' 또는 '인간락과 수도미'가 있다. 인간락이 재욕·색욕·식욕·명예욕·수면욕인 오욕五慾이라면 천상락은 심락心樂이며 수도미는 삼학 수행의 낙이다.

1.

저세상에서 인간락을 받는 사람들이 전무출신하여 수도하는 우리를 볼 때 저 사람들 속은 참으로 알 수 없나, 세상에 무슨 재미로 사는고, 먹는 재미가 있는가, 입는 재미가 있는가, 편한 재미가 있는가, 쓰는 재미가 있는가, 재미라고는 한 푼어치도 없어 보이건만 그래도 끝끝내 견디어 살아가니 참으로 알 수 없는 일이라고 의심할는지도 모른다. 그러나 어찌 생각하면 그도 그럴듯한 일이다. 왜 그러느냐 하면 위에 말한 인간락이라 하는 것은 우리 도가에서 항상 말하는 오욕의 근본이니 이 오욕의 근본이라 하는 것은 달기가 꿀맛 같고 끈끈하기가 갑풀 같아서 아무리 우치한 사람이라도 그 맛을 알기가 가장 쉽고 또는 한 번 맛을 부치면 능히 뗄 수 없는 힘이 있는 까닭이다.

예를 들면 첫째는 먹는 낙이요, 둘째는 색에 대한 낙이요, 셋째는 재물에 대한 낙이요, 넷째는 남보다 높은 지위에 오르는 명예의 낙이요, 다섯째는 편안한 낙이니, 인생으로서 태어난 이상 이 다섯 가지가 만족할진대 그 이상 더 바랄 것은 무엇이며 원할 것은 무엇인가. 모든 인간의 활동하는 것도 다 이것을 얻기 위함이며 이 사회의 모든 투쟁도 다 이로부터 비롯함이니 이러기 때문에 누구나 그 맛을 알기 쉽고 붙이면 뗄 수 없다는 것이다.
그러나 수도미라 하는 것은 물과 같이 담담한 것이니 보통 사람으로서는 알기가 어려울 것이요 의심할 것도 사실이다.

2.

그러나 수도도 분수가 있어서 수도한다고 다 맛을 붙인 것은 아니니 벌제위명[伐齊爲名, 어떠한 일을 하는 체하면서 사실은 다른 일을 함]하는 수도인에게야 무슨 낙이 있으리오. 수도한다는 것이 도리어 고통이 될는지도 모르지만 진정한 수도인에게는 또한 낙이 없지 아니한 것이다. 사람의 마음이라는 것은 본디 고르지 못하여 인간락에 착미된 자는 수도미를 알지 못하고 수도미에 착미된 자는 인간락을 이해하지 못하게 되나 인간락과 수도미가 그 방면은 다르다 할지언정 그 근본에 들어가 자기의 바라는 바를 만족하게 채우게 될 때 얻는 즐거운 마음은 꼭 같은 것이니, 저 부자가 돈을 모으려 할 차에 자기의 뜻과 같이 돈이 많이 모이면 무한한 재미를 보는 것과 같이 수도인도 자기의 바라는 바가 점점 성취되어 갈 때 재미를 얻는 것도 사실이다.
그 예를 들면 첫째, 수도인은 수양을 주장하여 낙 없는 것으로써 참 낙을 삼는다. 보통 사람들은 이상에 말한 인간락을 얻기 위하여 자기의 정신을 물욕 중에 헐어서 천념 만념의 시끄러운 생활을 하다가 요행히 소망을 이루게 될 시는 그것으로 무한한 낙을 삼지마는 수도인은 그와 반대로 자기의 정신을 물욕에 빼앗기지 아니하고 인간락의 관념을 마음의 뿌리로부터 없이하여 호연한 성품을 양성하는 것으로써 참 낙을 삼으며 또는 고가 앞에 당할지라도 그 고를 고로 받지 아니하고 고를 이겨서 낙으로 받는 것으로써 참 낙을 삼나니, 그와 같이 정신을 수양하여갈 때 그 정신이 일 분 한 시간 두 시간씩 차차 온전하여지는 것을 마치 저 부자가 돈 모으려 할 때 한 푼 두 푼 모으는 것과 꼭 같은 재미로 낙을 얻는 것이다.
둘째, 수도인은 연구하여 알아지는 것으로써 참 낙을 삼는다. 보통 사람도 모르는 것을 알 때 재미가 있을 것은 사실이나 수도인은 보통 사람의 아는 그것이 아니라 보통 사람으로는 생각도 못 하는 천지의 시종과 수륙의 변천을 알며 삼라만상의 진급되고 강급되는 이치를 알며 보통 사람으로는 알지 못할 생로병사와 우연히 돌아오는 고와 낙의 이치를 알며 어찌하면 부귀하고 어찌하면 빈천하게 되는 이치를 알며 또는 어찌하면 좋은 인연을 만나 좋은 일을 당하고 어찌하면 낮은 인연을 만나 낮은 일을 당하는 이치를 알며 그 외에도 보통 사람으로는 상상도 못 할 쌔이고 쌔인[많고도 많은] 모든 일과 이치를 연구하여 아는 것으로 한 강령을 삼아서 하나씩 둘씩 알아가는 것을 또한 마치 저 부자가 돈 모으려 할 때 한 푼 두 푼 모여 가는 것과 꼭 같은 재미로 낙을 얻는 것이다.

또한 셋째, 수도인은 모든 일을 지어나갈 때 취사하여 실행하는 것으로써 참 낙을 삼는다. 보통 사람으로는 참지 못할 일을 능히 참고 보통 사람으로는 행하지 못할 일을 능히 행하여 오늘에 한 어려운 일을 행하고 내일에 한 어려운 일을 행해서 선과 선을 쌓아가는 것을 또한 마치 저 부자가 돈 모으려 할 때 한 푼 두 푼 모여 가는 것과 똑같은 재미로 낙을 얻는 것이다. 수도미라는 것은 이처럼 인간락과는 그 방면이 같지 아니한지라 범상한 사람으로는 무슨 맛이 있는가 하고 의심할 법도 한 일이 아닌가.

3.

그러나 또는 인간락과 수도미가 그 원체元體는 이상과 같거니와 그 성질에 있어서는 어떠한 것이 장원하고 어떠한 것이 단촉한 것인가를 대조하여 우리는 그 단촉한 바를 버리고 장원한 바를 취하여야 하겠다. 그러나 또한 사실을 본다면 인간락은 무한히 단촉한 것이요 수도미는 무한이 장원한 것이니 예를 들면 이상에 말한 인간락이라 하는 것은 그 자체가 전부 유형한 물질을 근본 하여 된 까닭이다. 식, 색, 재. 명예, 안일 이 다섯 가지가 전부 유형한 물질 그것을 인연하여 나타난 바이니, 천시도 싱쇠가 있고 일월도 순환하거든 어찌 물질에 변동이 없으리오. 이 물질의 변동됨을 따라 그로부터 생겨나는 인간락이라 하는 것도 한 사람에게만 고정한 것이 아니라 뜬구름과 같이 모았다 흩어졌다 변화가 무쌍한 것이니 그것은 우리가 현시[現時, 지금]로 보는 바가 아닌가. 어젯날 호의호식에 부귀영화를 누리던 사람이 오늘날 갑작이 빈천 걸인도 되는 수가 있으며, 고관대작에 만인의 앙모를 받던 삶도 갑자기 일개 서인으로 타락하는 수도 있으며, 아무리 애정이 지극하던 사람 사이에도 금시[今時, 바로 지금]에 변하여 원수 악수가 되는 수도 있나니, 인간락이라 하는 것은 이와 같이 허망하고 단촉하고 무상하고 하잘것없는 것이다.

그러나 이외 반면에 수도미라 하는 것은 첫째에 낙 없는 것으로써 낙을 삼았으며, 물과 같이 담담한 것으로 낙을 삼았으며, 고를 이겨 낙을 만드는 것으로써 낙을 삼았으니, 아무리 인간 고락이 왔다 간들 낙 없는 것으로써 낙을 삼는 사람에게 고통 될 것이 무엇이며 또는 물과 같이 담담하였으니 그 낙이 변할 것이 무엇인가. 그다음으로 연구하고 취사하여 공부하여 가는 것으로써 낙을 삼았으니 또한 인간 고락에 번롱[翻弄, 이리저리 마음대로 놀림]될 필요도 없거니와 공부나 잘못하면 낙이 없을지라도 공부에 부지런한 사람은 공부하여갈수록 낙이 생길 것이요 공부가 깊어갈수록 낙의 요소가 점점 많이 쌓일 것이다. 그뿐 아니라 종교적 견지에서 본다면 인간락이라 하는 것은 잘못 이용하면 한세상 낙이 미래 수천 만겁의 고를 가져오게 되지마는 공부를 잘하여 얻어 놓은 낙은 천만겁을 가더라도 낙이 능히 낙을 낳는 것이며 또는 공부하여 수양력과 연구력과 취사력을 얻는 때는 한정 없는 낙이 돌아오나니 어찌 저 동원도리東園桃李 한 때의 봄과 같은 인간락에 비하기나 할 것인가?

4.

삼가 여러분에게 고하나니 수도를 안 하시는 분은 이 글을 보고 수도인에게도 또한 재미가 있다는 것을 이해하시고 무상한 인간락이 단촉함을 깨달으시며 수도를 하시는 분 가운데에 혹 수도의 맛을 모르시는 분이 계시거든 이 글을 보고 이상과 같은 수도하는 방면에 맛을 부쳐 단촉한 인간락만 취하지 말고 무궁한 수도미를 맛보기 간절히 바라는 바이다.

현대는 망령신忘靈神이 주장

서대원 수필受筆

《월보》 제46호, 시창18년(1933) 음 4월

「고락에 대한 법문」의 '낙을 버리고 고로 들어가는 원인' 중 "5. 응용하는 가운데 수고 없이 속히 하고자 함이니라."에 해당하는 법설로, 소태산은 수고 없이 속히 구하기를 좋아하고 마땅히 취하지 아니할 바를 취하여 이를 '빠른 법을 취하였다' 하고, 도리어 정당한 수고를 들여서 구하고 마땅히 취할 바를 취하는 사람들을 조소 비방하는 무리를 '영靈이 없는 망령신'이요, 수고 안 들이고 좋은 일이 생긴다거나 7일 만에 도통을 한다고 말하면 이것은 이치에 부당한 도착倒着갑이 같은 망령신이니, 이에 주의하도록 한다.

한때에 종사주 말씀하여 가라사대,

이 말은 여러 사람이 들으면 감각될만한 말이므로 내가 전일에 보고 당한 일 몇 가지를 소개하려 하나니, 제군은 명심체청銘心諦聽하라.

내가 연전年前에 동지 8, 9인으로 더불어 언을 막고 있던 때이다. 그때 천도교 신자 한 사람이 와서 말하기를 "내가 전일에는 선생님의 지견이 우리보다 훨씬 뛰어나고 별다른 역량이 있는 줄로만 알았더니, 오늘에 이 언 막는 것을 보니까 대단 갑갑해 보입니다." 하더라. 그래서 내가 그 사람에게 갑갑하게 보이는 이유를 물은즉 그 사람의 대답이 "어느 시일에 조수가 내왕하는 수십 장 되는 바다를 막아서 어느 시절에 거기서 사람이 먹고 살 쌀이 나오기를 기대하겠습니까. 이것은 너무나 시일이 많이[오래] 걸릴 뿐 아니라 우리의 힘으로는 능히 그 언을 막아낼 가망이 없는 일이 아니냐."고 하더라. 그래서 또 내가 "귀하의 생각 같으면 어찌했으면 좋겠느냐."고 물은즉, 그 사람 말이 "폐일언蔽一言하고 돈 천 원 하나만 나를 주시면 구태여 언을 막지 않고도 좋은 일이 생길 것이라."고 하더라. 그래서 또 내가 "어떻게 좋은 일이 생기느냐."고 물은즉, 그 사람 말이 "얼마 안 지나서 천도교가 권세를 잡는 날이면 감사監司 한능하기는 여반장일 것이요, 언답은 물론 문전옥토沃土가 눈앞에 시글시글할 것이니, 그때를 당해서 나의 마음대로 골라 갖는 것이 제일 빠른 법이 아닙니까. 그러나 선생님께서 이런 이치를 모르시고 무한한 시일과 다대한 금전을 소비하여 조수가 내왕하는 수십 장 되는 바다를 막기로 하시니, 어찌 답답한 일이 아니냐."고 말하더라. 그래서 내가 말하기를 "그러면 진작 그런 말을 나에게 와서 한 번이나 할 일이지, 이미 언 막기를 시작한 후에야 와서 그런 말을 합니까. 하여간 귀하의 말대로 돈 천 원을 줄 터이니 후일에 한 번 오라." 한즉, 그 사람이 안상顏上에 희색을 띠고 집으로 돌아갔다가, 그 뒷날 자기 동생에게 소식해 보내기를 "꼭 믿으니 조금도 의심 말고 내 동생 편에 돈 천 원을 보내 달라."고 하였더라. 그래서 또 말해 보내기를 "이번에 돈이 꼭 될 줄 알았으나, 돈이 안 되었으므로 뒷날 보내준다."고 하였더니, 그 후에 또 와서 말하다가 또 돈이 안 되었다고 하매 그 후부터는 다시 오지 아니하더라. 그러다가 근년近年에는 언답에서 쌀이 나오는 것을 보고 그 사람이 또 와서 논 한 두락만 달라고 하더라. 그래서 내가 또 "시글시글하다는 논 한 두락도 줍지 못하였느냐."고 한즉, "그런 말씀은 이후부터는 다시 말라."고 하더라. 그러니 이 말을 들은 제군의 감상이 어떠한가?

또 이전에 송만경이라 하는 사람은 가세가 별로 넉넉하지 못하여 전부 남의 논을 얻어서 버는 사람인데, 한 번에 연세年歲를 안다는 사람 하나가 와서 말하기를, "금년에는 깊은 논이라야 먹지 고답高沓은 다 쓸데없다."고 하는 말을 듣고 어렵사리 남에게서 얻어 벌던 고답은 다 내놓아 버리고, 배를 타고 다니면서 수리조합 저수지 위에다가 앙판秧板을 하고 모를 심었더니, 불행히 그해에 비가 많이 와서 고답은 다 잘 되었으나 깊은 논은 하나도 못 먹게 되어서 그 해부터 생활이 더욱 곤란케 되고, 그 후에 또 남의 논을 얻으려 하나 용이히 얻지 못하고 생활상에 무한히 고통을 느끼는 것을 보았다. 어디 이러한 사람이 하나둘뿐이냐?

또 한 번에는 송만경이 그 연세 안다는 자를 데리고 와서 도에 대하여도 막힐 곳 없이 아는 것이 많다고 무단히 칭찬하기에 대저 저 사람의 아는 것이 얼마나 있는가를 시험해 보기 위하여, "영산회상에서 부처님이 설법한다 하시고 꽃가지를 들거늘 가섭은 보고 웃었다 하니, 그 의미가 무엇이냐?"고 물은즉, 그 사람이 조금도 의심 없이 "그런 말씀은 저마다 다 물을 것입니다. 그러나 부처님이 꽃가지를 들으신 뜻은 화기和氣 주장을 하라는 뜻입니다."라고 대답하더라.

그러니 이러한 사람들을 일일이 거론키로 하면 내가 보고 당한 일만 다 말하여도 그 수가 한이 없을 것이므로 이만 약하거니와, **대저 현하의 대세를 살펴보면 인심이 거개 수고 없이 속히 구하기 좋아하고 마땅히 취하지 아니할 바를 취하여 자칭 '빠른 법을 취하였다' 하며, 자기가 모르는 줄도 모르고 도리어 정당한 수고를 들여서 구하고 마땅히 취할 바를 취하는 사람들을 조소 또는 비방을 하니, 대관절 이러한 사람들을 영靈이 있다고 하여야 옳을까? 없다고 하여야 옳을까? 나는 이런 사람들을 영이 없는 망령신이라고 하고 싶다. 대저, 수고 없이 되는 일이 어디 있으며, 안될 일을 행해서 무슨 좋은 일이 돌아올 것이냐. 누가 나더러 수고 안 들이고 좋은 일이 돌아온다든지, 7일 만에 도통을 한다고 말하면 이것은 이치에 부당한 말이라, 나는 절대로 그런 일은 하지 않겠노라. 그러나 이 세**

상인심은 나의 생각과는 순연히 달라서 망령신들이 전부 세상을 좌우하니, 어떻게 하여야 이 도착갑이 같은 무리들에게 밝고 견고한 참다운 영을 집어넣어 줄지, 장래 구제의 의무를 우리로서는 실로 범연히 보지 못할 일이로다 하시더라.

고苦 중에서 낙樂을 발견

이공주 작

《월말통신》 제30호, 시창15년(1930) 7월분

———————— 「고락에 대한 법문」에 고락의 종류가 제시되어 있다. 첫째, 우연한 고락과 사람이 지어서 받는 고락, 둘째, 고가 변해서 낙이 되고 낙이 변해서 고가 되는 변하는 고락과 고에서 고로 낙에서 낙으로 이어지는 영원한 고락, 셋째, 정당한 고락과 부정당한 고락으로 대별할 수 있다.

시詩의 3절 "고苦라도 정의正義의 고를 받으면 나중에는 반드시 낙樂이 생하고, 낙이라도 불의不義의 낙을 받으면 결과는 반드시 고가 된다'는 시구는 '정당한 고락으로 한결같이 지내며 부정당한 고락은 영원히 오지 아니하도록 행주좌와어묵동정 간에 응용하는 데 온전한 생각으로 취사하기를 주의할 것이니라'는 〈고락의 설명〉의 맺는 말을 시어로 표현한 것이다.

1. 인과법을 깬 내가 아니면, 아무라도 이런 고통 못 당하겠네.
   정신의 고통과 물질의 고통, 그 위에 가첨加添하여 신병身病의 고통.
2. 아, 그러나 즐거웁다 나의 고통은, 한정限定만 지나면 진낙眞樂 오리니
   시시時時로 육근을 작용할 때에, 누구든지 낙樂보다는 고苦가 많다네.
3. **고苦라도 정의의 고苦를 받으면, 나중에는 반드시 낙樂이 생生하고**
   낙樂이라도 불의不義의 낙樂을 받으면, 결과는 반드시 고苦가 된단다.
4. 과거에 불의한 죄 많이 짓으로, 오는날의 이 고통을 받게 됨이니,

수원수구誰怨誰咎하면은 무엇하리오, 참회하고 수심修心하면 그뿐이로세.

5. 그러나 모든 사람 이 법法 몰라서 짓나니, 불의不義의 고락苦樂뿐일새.
시원하고 상쾌하다 나의 고통은, 유망有望하고 희망 있는 정의의 고통.

6. 천행千幸하고 만행萬幸하다 나의 환경環境이여, 어서어서 불행 고통 많이 받고서
정의의 진낙원眞樂園에 들어앉아서, 영원한 천상락만 받고 받겠네.

7. 행복하고 다복할 사 나의 팔자八字여, 위로 대성종사 지도하시고
그다음으로 모든 동지 인도引導하시니, 이 위에 더 좋은 자 누가 있는고?

《회보》 제19호(시창20년 8·9월호) **요언要言** → 대종경 요훈품 19장

어리석은 사람은 복 받기는 좋아하나 복 짓기는 싫어하고, 죄 받기는 싫어하나 죄짓기를 좋아하나니, 이것이 도시 죄복의 근원을 알지 못함이요, 안다 할지라도 실행이 없는 연고니라.

《회보》 제21호(시창20년 12월호) **요언要言**

범상한 사람은 좋은 일을 당할 때는 한갓 좋아만 하고 그 좋게 된 원인을 찾을 줄을 모르며, 낮은 일을 당할 때는 한갓 낮게만 하고 그 낮게 된 원인을 찾을 줄 모르는 고로[까닭에] 전도[앞길]가 항상 어둡고 위태하며, 지혜 있는 사람은 좋은 일을 당하나 낮은 일을 당하나 항상 그 원인을 찾을 줄을 아는 고로 경계를 지낼 때마다 전도에는 더욱 큰 보감을 얻게 되나니, 우리는 선악 간 모든 경계를 지낼 때 오직 온전한 생각으로 그 원인 찾는 데에 주력하자.

《회보》 제37호(시창22년 8월호) **요언要言**

고와 낙

빈천의 자리에 있을지라도 생활에 만족을 얻는 사람은 곧 낙을 수용하는 사람이요, 부귀의 자리에 있을지라도 생활에 만족이 없는 사람은 곧 고를 수용하는 사람이니라.

《회보》 제50호(시창23년 12월) **요언要言**

권리 있는 사람이 권리 남용은 잘하되, 그 권리를 어찌하면 상실하는지 아는 사람이 귀하다.

《회보》 제51호(시창24년 1월호) **요언要言**

사람마다 찬성 받기는 좋아하되, 그 찬성 받는 일에 노력하는 사람은 귀하다.

라도 強者가 되것느냐? 強者가 더욱 強하야
한 強者가 되고 弱者라도 漸々 強하야 永遠한 強者
되난 法이 잇것만은 이 世上사람들은 그 조흔 自
他法을 쓰지 못하고 弱肉強食을 하며 弱者
者를 미워만 하다가 強者와 弱者는 怨讐가 되며 서
生命을 犧牲하며 더욱 甚하면 世々生々의 은어
업난 罪를 지여 苦를 밧나니라 比하야 한 例를 드
하면 「甲洞里와 乙洞里 두 곳이 잇난데 甲洞里
中、가난하고 無學하야 淺見薄識者뿐이오

제3 수행편 修行編

제15장 병든 사회와 그 치료법

제15장 병든 사회와 그 치료법

사람도 병이 들어 낫지 못하면 불구자가 되든지 혹은 폐인이 되든지 혹은 죽기까지도 하는 것과 같이, 한 사회도 병이 들었으나 그 지도자가 병든 줄을 알지 못한다든지 설사 안다 할지라도 치료의 성의가 없다든지 하여 그 시일이 오래되고 보면 그 사회는 불완전한 사회가 될 것이며, 혹은 부패한 사회가 될 수도 있으며, 혹은 파멸의 사회가 될 수도 있나니, 한 사회가 병들어가는 증거를 대강 들어 말하자면 각자가 서로 자기 잘못은 알지 못하고 다른 사람의 잘못하는 것만 많이 드러내는 것이며, 또는 부정당한 의뢰 생활을 하는 것이며, 또는 지도받을 자리에서 정당한 지도를 잘 받지 아니하는 것이며, 또는 지도할 자리에서 정당한 지도로써 교화할 줄을 모르는 것이며, 또는 착한 사람은 찬성하고 악한 사람은 불쌍히 여기며, 이로운 것은 저 사람에게 주고 해로운 것은 내가 가지며, 편안한 것은 저 사람을 주고 괴로운 것은 내가 가지는 등의 공익심이 없는 연고이니, 이 병을 치료하기로 하면 자기의 잘못을 항상 조사할 것이며, 부정당한 의뢰 생활을 하지 말 것이며, 지도받을 자리에서 정당한 지도를 잘 받을 것이며, 지도할 자리에서 정당한 지도로써 교화를 잘할 것이며, 자리주의自利主義를 버리고 이타주의로 나아가면 그 치료가 잘 될 것이며 따라서 그 병이 완쾌되는 동시에 건전하고 평화한 사회가 될 것이니라.

병든 사회의 증상과 지도자

『정전』 '병든 사회와 그 치료법'은 소태산 대종사의 사회 구원관으로, 사회정의를 실현하고 병든 문명을 치료하는 구체적인 방법이다.
소태산 대종사는 《회보》 제36호(시창22년 7월호) '현대 문명의 병맥 타진'이라는 법설에서 현대 문명의 치료법은 '인생의 요도 사은사요'라 천명한다. 이 법문은 『대종경』 교의품 34·35장에 정선된다. 결국 병든 사회는 병든 문명으로 그 치료법은 사은사요이다.

사람이 모이면 가정과 사회가 이루어진다. 단체로부터 국가 세계가 다 사회이나 구분해 보면 사회단체의 연대가 곧 국가라는 정치단체라면 가정은 사회의 기반이라 할 것이다.
사회는 교섭과 관계의 장場으로 소태산은 공중公衆이라 말하기도 한다. 이처럼 사회는 독립된 실체가 아니라 구성원 서로 간에 영향을 주고받는 문명의 기세간器世間인 것이다.
'병든 사회와 그 치료법'이 『불교정전』에서는 '병든 가정과 그 치료법'이었으나 『원불교교전』 발행 때 '병든 사회와 그 치료법'으로 고친다. 일제강점기에 '병든 사회'라는 표현을 일제에 의해 사용치 못한 것이다. 법설에서 현대 문명이라 하시었고 『정전』을 초안 편성할 때(『종전』 목차) '병든 사회와 그 치료법'이었기에 소태산 대종사의 본의에 따라 원래대로 돌린 것이다.
다만, 가정은 인간 생활의 기본[『정산종사법어』 세전 '가정']이므로 '병든 사회와 그 치료법'은 '병든 가정과 그 치료법'을 포괄한다.

호수를 정화하기 위해서는 생수가 솟아야 하고 또 한편으론 호수에 유입되는 오염원을 제거해야 하듯, 사회라는 호수에서 생수가 솟는 것은 사회구성원 각자의 자각이라면 오염원 제거는 사회제도의 혁신이다.
사회의 당면한 병든 문제는 우리가 만들어 놓은 것이지, 자연적으로 또는 우연히 발생한 것도 아니며, 신神이 내린 형벌도 아니다. 이를 해결하려면 우리의 행동을 개선하고 사회제도를 우리 스스로 변혁시켜야 한다. 개인도 선해야 하지만 그 선함을 유지해주는 제도가 약하면 건전한 사회를 이루기는 어렵다. 병든 사회를 치료하기 위해서는 내적인 자각을 주체로 하되 사회제도의 개혁이 바탕 되어야 할 것이다.

병든 사회의 증상이 있으면 그 사회가 병든 원인을 진단하여 그에 따라 치료해야 한다.
증상–진단–치료가 이어져야 한다.
병이 들면 병원에 가서 의사를 찾아 병을 진단하여 치료하듯이, 사회의 병든 증상이 어떠한 원인에 의한 것인지를 진단하여 그 병의 원인을 제거하는 치료 방법을 찾아야 한다. 이처럼 병을 치료하기 위해서는 원인 파악이 선행되어야 한다. 병과 치료 간에는 인과관계가 있다.

'병든 사회와 그 치료법'의 서두이다.
"사람도 병이 들어 낫지 못하면 불구자가 되든지 혹은 폐인이 되든지 혹은 죽기까지도 하는 것과 같이, 한 사회도 병이 들었으나 그 지도자가 병든 줄을 알지 못한다든지 설사 안다 할지라도 치료의 성의가 없다든지 하여 그 시일이 오래되고 보면 그 사회는 불완전한 사회가 될 것이며, 혹은 부패한 사회가 될 수도 있으며, 혹은 파멸의 사회가 될 수도 있나니라."
사람도 병이 들어 낫지 못하면 불구자가 되든지 혹은 폐인으로 혹은 죽음을 맞게 되듯이, 지도자가 사회가 병들어 가는 현상을 알지 못하거나 설사 안다고 할지라도 치료에 성의가 없다면 그 사회는 불안정한 사회 또는 부패한 사회 또는 파멸의 사회를 맞게 된다는 것이다.

병과 의사의 관계처럼, 사회는 지도자와 밀접한 관계가 있다.
소태산 대종사는 『대종경』 인도품 23장에서 "사람은 그 마음이 중추의 책임이 되고, 사회·국가는 모든 지도자가 그 중추의 책임이 되어 모든 기관을 운영하고 조종하게 되나니라."하시며 지도자에게 중추의 책임이 있음을 강조하고 있다. 이어서 말씀하시기를 "그러므로 중추의 책임을 진 사람으로서 조금이라도 그 책임에 등한하다면 거기에 따른 모든 책임 분야가 다 같이 누그러져서 그 기관은 자연 질서를 잃게 되나니 그대들은 각자의 처지를 살펴보아서 어떠한 책임이든지 그 이행에 정성을 다할 것이며, 모든 책임의 중추가 되는 마음의 운용에 주의하여 자신의 운명과 대중의 전도에 지장이 없도록 하라."고 하시며 '중추의 책임을 진 지도자'는 그 책임 이행에 더욱 정성을 다할 것을 촉구하신다. 그리하여 자신의 운명과 대중의 앞길에 장애가 없도록 당부하고 있다.

사회의 지도역할을 부여받은 사람들이 사회 대중에 대한 책임 의식이 없으면 사회에 문제가 발생했을 때 그런 문제가 있는지도 모르고 그 문제를 해결할 열의도 미약한 것이다. 지도자가 책임 의식이 없다는 것은 지도인으로서 자격과 역할에 준비와 성의가 부족하다는 것이다.

그러니 지도자는 「최초법어」의 '지도인으로서 준비할 요법'을 챙겨서 지식[호학好學]을 갖추고 신용을 지키며 사리를 취하지 않는 공사公事 의식과 지행 대조를 대조하는 실천 의식을 갖추고 있는지 점검해야 할 것이다.

즉 지도자가 일을 당할 때마다 지행을 대조하지 않으면 그 사회의 당면한 문제를 해결하고 책임지려는 실천 의식이 결여될 것이고, 지도자가 지도받는 사람 이상의 지식을 갖추지 못하면 그 사회의 문제점을 진단할 역량이 미약할 것이며, 지도자가 지도받는 사람에게 신용을 잃어버리면 그 사회의 지도력은 약화되어갈 것이며, 지도자가 지도받는 사람에게 사리를 취하면 그 사회는 썩어들어 갈 것이다.

그러므로 지도자가 병들면 그 사회는 병들어 가는 줄도 모를 것이고, 또한 병든 사회를 치료할 지도력을 상실하게 될 것이다.

고락의 문제를 해결하기 위해서는 삼학 수행의 공부길이 필요하고, 병든 사회를 치료하기 위해서는 사은사요의 인생길이 필요하다. '병든 사회와 그 치료법'은 개인의 각성만 촉구하는 것이 아니라, 사회적 합의에 따라 법률과 제도로써 공익사회로까지 구축해 가는 것이다.

'사회 다스리는 법률'과 '국가 다스리는 법률' '세계 다스리는 법률'을 배워 실천하는 차원까지 도달하자는 것이다. 사은사요의 법은 각자가 자각하면서 동시에 사회공동체를 정화해 가는 법이다.

사회가 병들어 가는 증거와 그 치료법

『정전』「병든 사회와 그 치료법」 중에서 '한 사회가 병들어 가는 증거'의 대강이다.

"각자가 서로 자기 잘못은 알지 못하고 다른 사람의 잘못하는 것만 많이 드러내는 것이며, 또는 부정당한 의뢰 생활을 하는 것이며, 또는 지도받을 자리에서 정당한 지도를 잘 받지 아니하는 것이며, 또는 지도할 자리에서 정당한 지도로써 교화할 줄을 모르는 것이며, 또는 착한 사람은 찬성하고 악한 사람은 불쌍히 여기며, 이로운 것은 저 사람에게 주고 해로운 것은 내가 가지며, 편안한 것은 저 사람을 주고 괴로운 것은 내가 가지는 등의 공익심이 없는 연고이다."

식물이 토양에 따라 성장이 달라지듯이 사회도 마찬가지이다. 각자가 서로 자기 잘못은 알지 못하고 다른 사람의 잘못하는 것만 많이 드러내는 '적대와 원망 생활' 그리고 부정당한 의뢰 생활을 하는 '병든 의뢰심' 그리고 지도받을 자리에서 정당한 지도를 잘 받지 아니하고 지도할 자리에서 정당한 지도로써 교화할 줄을 모르는 '무식과 교육 결여' 또는 착한 사람은 찬성하고 악한 사람은 불쌍히 여기며, 이로운 것은 저 사람에게 주고 해로운 것은 내가 가지며, 편안한 것은 저 사람을 주고 괴로운 것은 내가 가지는 등의 공익심이 없는 '이기심'으로 사회의 토양이 축적되면 그 사회는 병들게 된다. 이 병든 토양은 사람을 상처 입히고 병들게 하여 아프게 하고 사망에 이르게 한다. 우리는 이 병든 토양을 객토하여 병든 현상을 개선해 가야 한다.

이어지는 '병든 사회에 대한 진단과 치료법'이다.

"자기의 잘못을 항상 조사할 것이며, 부정당한 의뢰 생활을 하지 말 것이며, 지도받을 자리에서 정당한 지도를 잘 받을 것이며, 지도할 자리에서 정당한 지도로써 교화를 잘 할 것이며, 자리自利주의를 버리고 이타주의로 나아가면 그 치료가 잘 될 것이며 따라서 그 병이 완쾌되는 동시에 건전하고 평화한 사회가 될 것이니라."

병든 사회를 치료하기 위해서는 항상 자기의 잘못을 조사하여 사은에 보은하고, 부정당한 의뢰 생활을 하지 않는 자력을 양성하고, 지도받을 자리에서 정당한 지도를 잘 받도록 지자를 본위하고, 지도할 자리에서 정당한 지도로써 교화하여 타자녀를 교육하며, 자리自利주의를 버리고 이타주의로 나아가도록 공도자를 숭배하면 사회의 병든 현상이 치료되어 건전하고 평화한 사회가 되는 것이다.

이처럼 병든 사회 치료법은 사은에 보은하는 것이요, 자력양성, 지자본위, 타자녀교육, 공도자숭배의 사요의 실천이다. 인생의 요도 사은사요의 실현이다.

『대종경』 교의품 34·35장에 의하면 원만의 병에서 근본적으로 은혜를 발견하고, 의뢰의 병을 자력 생활로, 배울 줄 모르는 병을 잘 배우는 생활로, 가르칠 줄 모르는 병을 잘 가르치는 생활로, 공익심 없는 병을 공익심 있는 생활로 돌리는 것이다.

『불법연구회 회원수지』(1936년 발행)에서 '병든 세상과 그 치료하는 방문'을 제시하고 있다. "이 세상은 이 원망 생활하는 사람이 많이 있는지라 병든 세상이라 하였으며, 의뢰 생활하는 사람이 많이 있는지라 병든 세상이라 하였으며, 배울 줄 모르는 사람이 많이 있는지라 병든 세상이라 하였으며, 남을 가르치고자 하는 사람이 희소한지라 병든 세상이라 하였으며, 다른 사람을 해롭게 하여 자기의 이익을 도모하는 사람이 많은지라 병든 세상이라 하였으니, 이 병을 치료하기로 하면 원망 생활을 감사 생활로 돌리고, 의뢰 생활을 자력 생활로 돌리고, 배울 줄 모르는 사람을 배울 줄 아는 사람으로 돌리고, 가르칠 줄 모르는 사람을 잘 가르치는 사람으로 돌리고, 남을 해롭게 하여다가 저의 이익을 도모하는 사람을 다른 사람 유익 주는 사람으로 돌리고 보면, 이것을 이르되 병든 세상을 치료하였다고 할 것이니라."라고 밝히고 있다.

특히, 공익심 없는 현상이 사회병리 현상의 핵심임을 제시한다.

'착한 사람은 찬성하고 악한 사람은 불쌍히 여기며, 이로운 것은 저 사람에게 주고 해로운 것은 내가 가지며, 편안한 것은 저 사람에게 주고, 괴로운 것은 내가 가지는 것'이 공익심이다. 즉 착한 사람은 찬성하는 게 공익심이며, 악한 사람은 불쌍히 여기는 것이 공익심이다. 또한 이로운 것과 편안한 것은 저 사람에게 주고, 해로운 것과 괴로운 것은 힘 미치는 대로 역량 닿는 대로 내가 먼저 감당하고 책임지려는 이타주의가 공익심이다. 이러한 공익심이 없으면 병든 사회이다.

일원상 자리는 사사로움이 없는 지공무사한 자리이다. 지공무사한 자리는 원래 자타의 분별이 없기에 자타가 둘이 아닌 자타불이自他不二의 자리이다. 그러므로 나도 좋고 남도 좋은 자리이타自利利他로 운영하는 자리이다. 자타가 없는 텅 빈 자리에서 자리이타를 실현하는 마음이 공익심이다. 나에게도 좋고 남에게도 좋은 일을 좋아하고, 나에게도 해롭고 남에게도 해로운 일을 싫어하는 것이다. 일원상은 정의 실현의 근본 자리로 정의로운 공익심이다. 결국 지공무사한 일원상 자리에 근거할 때 자리이타를 행하는 봉공의 길을 걸을 수 있다.

소태산 대종사는 방언공사 중 간석지 개척원 허가 분쟁이 일 때 "우리가 하는 일은 지역사회에 이익을 주는 것이라 오직 공중을 위하는 본의로만 부지런히 힘쓰라."[『대종경』 서품 9장]고 독려하셨다. 상호협력하여 너와 나 모두를 위하는 공도 사회! 남을 부당하게 지배하지도 남에게 부당하게 지배받지도 않는 공익사회를 가꾸고 키워가자는 것이다.

병든 사회를 치료하기 위해서는 지도인의 역할이 중요하다. 그러므로 사회의 병에 면역력을 갖춘 지도자가 필요하다. 면역력을 본래 갖춘 일원상 자리에 기반한 지도력이 있을 때 사회의 병든 현상을 치료할 수 있다. 병든 사회를 통찰하는 지혜가 있어야 병든 현상을 파악할 수 있기 때문이다.

지도자는 책임 범위 내에서 그만큼 지도자가 된다. 각자의 기국과 역량에 따라 주어지는 책임이 있고, 각자가 감당하려는 자세에 따라 책임이 달라지며, 시대의 책무를 다하려는 책임감에 따라 지도 범위를 준다. 그러기에 말 한마디 행동 하나가 여러 사람에게 영향을 줄 수 있다고 자각해야 할 것이다. 또한 책임이 크면 큰 주역이 되듯이 불보살은 육도사생을 책임지는 큰살림을 하시는 책임자이다.

인생의 요도 사은사요를 실천하는 것이 곧 사회의 병을 치료하는 길이다. 이를 실행하고 책임지는 사람이 지도자이다. 사은에 보은하고 사요를 실천하는 인생의 요도를 밟아갈 때 곧 사회의 병을 치료하는 중추적 책임자가 되며, 건강한 사회로 가꾸는 지도자가 되는 것이다.

인생의 요도 사은사요가 곧 병든 사회를 완쾌시켜 건전하고 평화한 사회를 건설하는 길이다. 결국, 병든 사회의 병리 현상이 완쾌되도록 병든 사회의 토양을 객토하여 건강한 사회와 평화한 사회로 가꾸는 것이다.

현대문명의 병맥 타진打診

송도성 수필受筆

《회보》 제36호, 시창22년(1937) 7월호

소태산 대종사는 날로 새로워지는 물질문명의 발달에 따라 현대문명은 의식주로부터 모든 생활의 편리함이 전에 비해 황홀하기 짝이 없게 되어, 사람들은 찬란하고 편리해진 물질문명에 도취하여 가고 있다고 진단한다. 이처럼 외형적으로 물질문명이 발달하여 갈수록 안으로 그 병맥의 근원이 더 깊어지니 방임할 수 없다는 것이다.

소태산 대종사는 현대문명의 병맥에 따른 치료법으로 인생의 요도 사은·사요를 제시한다. 이는 물질문명이 개벽 되는 시대에서 인생의 요도 사은·사요로 정신을 개벽하자는 처방전이다.

현대문명의 기반이 되는 병맥은 돈의 병으로, 돈의 병은 자본주의에 따른 병폐라 할 것이다. 이러한 자본주의를 배경으로 하는 원망의 병, 의뢰의 병, 배울 줄 모르는 병, 가르칠 줄 모르는 병, 공익심 없는 병을 진단하여 처방 치료하자는 것이다. 이 법설은 『대종경』 교의품 34장과 35장에 수록된다. 설법처인 영산정사는 영산원으로 여겨진다.

한때에 종사주宗師主 영산정사에 계시사 남녀 대중을 모으시고 '현대 문명의 병맥 타진' 이라는 문제로써 장시간 설법하옵시니 가라사대,

"현대는 실로 전고前古에 없던 문명한 시대다. 극도로 예민해진 인지人智의 발달과 무량무수한 기계의 산출이 일가월증[日加月增, 날로달로 늘고 불어나]하여 날마다 우리가 그 새로운 것을 보게 하고 그 새로운 것을 듣게 하고 그 새로운 것을 가지게 하니, 모든 그것을

보고 듣고 가질 때 우리의 눈과 마음이 어찌 황홀치 아니하며 의식주로부터 만반萬般의 생활에 이르기까지 그 편리함이 과연 어떠하랴.

그러나 우리는 한갓 그 외관적 찬란하고 편리한 물질문명에 도취만 할 것이 아니라, 마땅히 냉정한 머리로써 그에 따르는 결함과 장래에 미치는 영향이 어떠한 것을 한번 잘 생각해 볼 필요가 있나니, 그런다면 현대는 외형적으로 문명이 극도로 발전되었지만, 그 내부적으로는 크나큰 병맥이 잠재하여 겉으로 그 문명의 도수度數가 한층 더 증진될수록 안으로 그 병맥의 근원이 더욱더 깊어져서 이것을 이대로 방임하다가는 장차 어떠한 구하지 못할 중태 위경에 빠질는지 모를지라. 이에 세도世道에 관심을 가지고 뜻있게 지내는 인사人士로 하여금 심우深憂 원려遠慮를 금치 못하게 하는 바이다.

옛적에 부처님께서는 말씀하시되 '나는 양의良醫다. 세상 사람의 마음병을 고쳐주는 양의다.'라고 부처님께서는 그리하셨지마는 부처님과 같은 지혜와 능력이 없는 나로서야 어찌 감히 양의로서 자처하랴? 다만 세상을 근심하고 인류의 전도를 걱정하는 성의만은 스스로 생각할지라도 누구에게 못지않으므로 그에 대하여 다소간 관찰한 바도 있고 평소에 생각하던 바도 또한 없지 않으므로, 오늘 이 자리에서 제군으로 더불어 현대문명의 병맥 각종을 진찰 비판하여서 그것이 '참 병인가? 병이 아닌가?'를 제군에게 알리는 동시에 만약 병일 것 같으면 조금도 지체 말고 하루속히 퇴치 근절하기를 바라는 바이다.

그러면 병이란 무엇인고? 아래와 같이 그 종류를 들어보자.

一. **돈의 병이다.** 현세의 사람은 남녀노소를 물론 하고 모두가 돈에 대하여는 정신을 잃어버리고 머리를 숙이게 되었다. 인생의 온갖 향락과 욕망을 달성하려 함에는 무엇보다 돈이 필요하다는 것을 알게 된 모든 사람은 의리보다도 염치보다도 오직 '돈'이 중하게 되었다. 이리 가도 돈! 저리 가도 돈! 가는 곳마다 돈 노래요! 두 사람만 모여도 돈! 세 사람만 모여도 돈! 모이는 곳마다 돈 공사다.

그로 인하여 부자의 윤기가 쇠해지고 형제의 우애가 성글어지며 부부의 사랑이 식고 붕우朋友의 우정이 끊어지는 그러한 등의 실례는 가히 그 수를 헤아릴 수 없을 만큼 많은 현상이 아닌가. 모처 어떤 부호의 아들은 허랑방탕하여 남에게 많은 빚을 지고 모든 채권자로부터 그 반상의 독촉을 받을 때 그는 병석에 누워있는 저의 부친을 가리키며 '아버지가 별세하면 곧 갚겠노라.' 하였다 하니, 이 얼마나 무도덕한 말이며 비인정한 태도이냐. 그뿐만 아니라 세상에는 사랑하는 아내를 생명보험에 넣고 그 보험금을 탐하여 아내의 생명을 빼앗은 악독한 남편이 있고, 귀여운 자녀를 무서운 화류항에 팔아 자기의 생계를 도와가는 무자비한 부모가 있게 됨을 우리는 종종 신문지를 통하여 보게 되고, 듣게 되는 현상이다. 과연 그 얼마나 비참한 사실이며 통탄할 노릇이냐.

이게 모두 돈으로 인연해서 생기는 일로써 현 사회를 요란케 하는 큰 난리며 세상을 좀먹게 하는 대병大病이니, 이웃 사람의 아들이 그러하고 내 아들이 그렇지 않음에 안심치 말고, 이웃의 가정이 그러하고 내 가정이 그렇지 않음에 만족지 말라. 일반적 풍조가 그렇게 변하고 전체적 대세가 그렇게 몰리는 때에는 아무리 얌전하던 내 아들이기로 어찌 그- 그렇지 않을 것을 가히 보증하며 아무리 평화하던 내 가정이기로 또한 그- 그렇지 않을 것을 뉘 능히 장담하랴.

그런고로 그것을 내 앞에 당하지 않은 남의 일이라 하여 심상히 간과할 것이 아니라 마땅히 특별한 대책을 강구하여 몰려오는 그 세력을 막아야 할 것이며, 그러기로 함에는 무엇보다 도학道學을 장려하여 만사에 안분하는 도를 가르쳐서 돈이 아니라도 능히 살고 돈이 적어도 능히 편안한 방법을 발견하여야 할지니, 돈이 적으면 적은 그대로 돈이 없으면 없는 그대로 지어[至於, 더욱 심하다 못해 나중에는] 걸식 고행을 할지라도 그 마음이 항상 화평하고, 그 기상이 언제든지 늠름하여 모든 고난을 능히 극복하고 자기의 앞길을 자기 스스로 개척해 갈 만한 자주력自主力 정신을 세워야 할 것이다.

이렇게 말하면 그것을 이해하지 못하는 혹자는 말하리라. 사람이 색신을 받은 이상에 어찌 물질에 끌리지 아니 할 수가 있으며 걸식 고행에 안심이 될 이치가 있느냐고. 그러나 그것은 참으로 물외物外의 풍미에 놀고 있는 달인達人의 심경을 엿보지 못한 범부의 추측이니, 이것은 억담抑談 같아도 억담이 아니며 어려운 일 같아도 어려운 일이 아니어서, 현세의 병맥을 치료하는 선약仙藥이 될 것이며 인류의 심리적 대란을 평정시키는 진정제가 될 것이다.

一. **원망의 병이다.** 현세의 사람들은 남녀노소를 물론 하고 대개는 원망의 병에 걸렸다. 자녀는 그 부모를 부모는 그 자녀를, 남편은 그 아내를 아내는 그 남편을, 형은 그 아우를 아우는 그 형을, 이 사람은 저 사람을 저 사람은 이 사람을 서로서로 원망하여 원망이 극하면 싸움이 되고 싸움이 극하면 살상하는 데까지 이르게 되어 온 세상이 큰 난리를 이루었다.

그런데 그 난리의 원인을 생각해 본다면 모두가 남의 은혜 입은 것은 모르고 다만 나의 은혜 입힌 것만을 생각하며, 남에게 갚을 의무가 있는 것은 모르고 다만 내가 받을 권리 있는 것만을 주장하여 서로서로 저편의 미점美點은 보지 못하고 항상 그 단처短處만 발견하게 되는 그릇된 관념에서 비롯하나니, 이 난리를 평정하기로 함에는 또한 무엇보다 우리 인생의 요도 사은四恩의 대의大義를 밝혀서 사람 사람이 천지·부모·동포·법률로부터 자기가 입은바 은혜의 지중함을 알도록 하여 실지로 그에 대한 감사의 관념을 일으키는 동시에 저절로 보은의 행동이 나도록 인도할 것이니, 이야말로 그 병에 대한 최상의 양제良劑일 것이다.

一. **의뢰의 병이다.** 현세의 사람들은 남녀노소를 물론 하고 대개는 의뢰의 병에 걸린 자가 많다. 그것은 인생의 본능이라고도 할 만큼 자기의 힘으로써도 능히 할 만한 일을 가지고도 반드시 다른 외물外物에 그 구조救助를 구하는 것이 상례이다.

이 병통은 수백 년 문약文弱의 폐弊를 이어 우리 조선 사람에게 현저[顯著, 두렷이 드러나서 두드러져] 우심[尤甚, 더욱 심해진] 사실로써 부유한 부형父兄을 둔 그 자제들의 무위낭유無爲浪遊로 호의호식을 일삼는 것은 고사 막론하고, 위로 처다보고 아래로 내려다보아서 자기의 친척 붕우 중에라도 혹 그럴듯하게 사는 사람이 있은즉 기어이 거기에 의세倚勢하고 덕을 보려 드는 것이 일종의 악습으로 되어 있다. 그리하여 1인이 작지作之하면 10인이 식지食之하는 현상이니, 그 어찌 인류 사회의 건전한 발달을 방해하는 좀, 즉 고질[痼疾, 오래되어 바로잡기 어려운 나쁜 버릇]이 아니리오.

이 고질을 치료하기로 함에는, 또한 무엇보다 사람 사람으로 하여금 천하만리天下萬理가 모두 나에게 있고 세상만사世上萬事가 오직 나의 짓는 대로 되어지는 실리實理를 가르쳐서, 내가 차라리 남을 도와줄지언정 결단코 남의 부당한 의뢰를 입어 살지는 않겠다는 꿋꿋한 정신으로써 분투 노력게 할 것이니, 이것이야말로 그 병에 대한 제일의 양방이 될 것이다.

一. **배울 줄 모르는 병이다.** 사람의 인격을 10분으로 논한다면 그 9분이라는 것은 반드시 배움으로 이루어지는 것이 사실이며, 그 배움을 구하기로 함에는 마치 저 벌[봉蜂]이 꿀을 모으는 것과 같이 어느 방면 어느 계급을 물론 하고 나에게 필요한 지식만 있다면 반드시 몸을 굽혀서 그 배울 것을 배워다가 써 내 것을 삼아야 할 것이다. 벌이 비록 일종의 미물곤충에 지나지 못하는 것이나 꿀을 제조하는 그 수단을 좀 보라. 참으로 놀랍지 않은가! 각종의 화분이며 염분이며 쓴 것 단 것을 되는대로 취해다가 저의 독창적으로 꿀이라는 물품 하나를 이 세상에 출품하지 않는가.
우리 사람으로서도 모든 지식을 모아다가 나의 목적 하나를 달성하는 것이 꼭 그와 같은 것이거늘, 이 세상 어리석은 사람들의 용심用心하는 것을 보면 제각각 되지 못한 아만심에 사로잡혀서 '내가 어찌 저에게 배우랴.', '나의 모르는 것을 어찌 남에게 알리랴.' 하여 항상 지식 있는 자를 꺼리고 어름어름[우물쭈물하는 모양]하다가 필경 배울 기회를 놓치고 일생을 낭패하는 자가 허다하나니, 이 어찌 큰 병통이 아니며 이러고서야 무슨 향상이 있으리오.
그런고로 우리는 무엇보다 지우차별智愚差別의 정신을 확립하여 배우는 땅에 있어서는 모든 계급과 모든 차별의 관념을 일체로 소탕하고, 오직 배우기로만 주장하여야 할 것이다.
一. **가르칠 줄 모르는 병이다.** 배울 줄 모르는 것이 대병大病이라면 가르칠 줄 모르는 것도 역시 대병이다. 아무리 많은 글을 배워 알고 지식이 풍부한 사람이라 할지라도 그 지식을 직접 사물에 활용하여 자기의 보배를 만들 줄도 모르고, 또는 그것을 펴서 남에게 가르쳐 줄 줄도 모른다면 그것은 당초에 배우지 아니하고 알지 못함과 조금도 다름이 없는 것이다. 나의 앎을 남에게 가르침으로 인하여 비로소 찬란한 광채가 나며 그에 따라 세상의 문명이 촉진되나니, 아는 자로서 모르는 자를 가르치는 것은 사람으로서 당연한 의무일 것이다.
그럼에도[그런데도] 불구하고 무엇 조금 남모르는 것을 아는 것이 있고 보면 그것으로써 잔뜩 자만하고 자긍自矜하여 저 모르는 사람을 대할 때 그런 사람들과는 가히 한자리에 앉아 말할 가치도 없다는 관념을 가지고 있는 자가 허다하나니, 이 어찌 대병이 아니리오.
그런즉 이 대병을 고치기로 할진대, 무엇보다 서로서로 진실한 정신을 각성하여 이상에 말한 모든 그릇된 관념을 돈연히 놓아버리고, 오직 나의 아는 데까지 남을 가르치기에 노력하여야 할 것이다.
一. **공익심公益心 없는 병이다.** 공익심이란 즉 이타주의利他主義의 발용發用으로써 모든 것을 항상 나만 이롭게 하려는 것이 아니라 남을 이롭게 하며, 남을 이롭게 하는 중에도 여러 사람을 이롭게 하기 위하여 이 세상 모든 공공公共사업을 건설하며 여러 가지 공익 기관에 원조하는 것이니, 인류 사회의 일 분자로써 서로서로 의지하여 살아가는 인생의 본의를 돌아볼 때 그렇게 하는 것은 차라리 당연한 의무라 할 것이다.
그러나 과거 수천 년 동안 절이고 절인 개인주의가 은산 철벽같이 굳어서 손톱만치라도 남의 공일을 하여 주려는 생각은 근본적으로 가진 자가 드물뿐더러, 일시적 어떠한 명예에 끌려서 공중사를 표방하고 무엇을 한다 하던 자도 오래지 아니하여 도로 사심私心의 발동으로 필경 그 일을 실패 중지하는 자가 허다하나니, 이로 말미암아 대소의 공익기관이 모두 피폐하고 파괴되는 현상인지라, 이 어찌 대병이 아니리오.
그런즉 이 대병을 고치기로 할진대 무엇보다 동포 상의지도相依之道를 가르쳐서 인류 사회에 반드시 보답하여야 할 고정적 의무가 있는 것을 알려 줄지며, 또는 공公을 위하는 것이 능히 그 사私를 이루는 것이 된다는 대승적大乘的 진리를 가르쳐서 개개인인으로 하여금 공익사업에 분발 노력하도록 하여야 할 것이다. 〈『대종경』 교의품 34장〉

이상에 말한 것은 널리 현대의 병상病狀을 비롯하여 특히 조선 유래의 고벽[痼癖, 아주 굳어져 고치기 어려운 버릇. 인이 박인 버릇]을 설파하여 나의 진찰을 완료하였는바 다시 요약해 말하자면,
허영의 생활을 안분의 생활로,
원망의 생활을 감사의 생활로,
의뢰의 생활을 자력自力의 생활로,
배울 줄 모르는 생활을 배울 줄 아는 생활로,
가르칠 줄 모르는 생활을 가르칠 줄 아는 생활로,
개인주의의 사상을 공도주의의 사상으로,
각각 변환 개혁하자 함이니, 이 말을 듣는 여러분은 안으로 자신을 반성하고 밖으로 세상을 관찰할 때 '과연! 참으로 그러한 병이 있는가? 없는가?'를 자세히 살펴보아서 만약 조금이라도 있고 보면 호열자[콜레라]의 병균같이 무서워하고 두려워하여 이를 즉시 격퇴할 것이며, 선병자의先病者醫라는 말과 같이 자신의 병증을 완전히 나순[낫게 한] 뒤에는 일체 세상 다른 사람의 병을 치료하여 써 **명랑·평화·건실·원만한 새 사회**를 건설함에 노력하기를 바라는 바이다." 하시더라. 〈『대종경』 교의품 35장〉

설법이나 강연을 듣는 제군에게

이공주 수필受筆

《회보》 제29호, 시창21년(1936) 10월호

《회보》 제29호의 법설은 《회보》 제36호 '현대문명의 병맥 타진'이란 법설의 선행 법문이다. 병든 세상을 고치기로 하면 먼저 각자의 병을 치료해야 한다는 것으로, 세상의 병과 개인의 병이 서로 연동되어 있다. 병든 세상은 개인의 병과 무관하지 않고 근본이 되는 것이다. 개인의 병은 사은·사요를 실천하지 못한 것으로 사은·사요를 실행할 때 병든 세상은 치료되는 것이다. 결국 개인과 사회는 둘이 아니므로 사회를 타자화하지 않고 각자가 주체적으로 책임지려는 태도가 사은·사요의 실천이라 한 것이다.

특징적인 것은 사은·사요의 실행을 위해 삼학 공부를 요청하고 있다. 즉 삼학 공부로 사은·사요를 실천하라는 것이다. 이렇게 행하는 사람을 소태산 대종사는 법강항마위 자격과 그 이상으로도 대우하겠다 한다. 법강항마위도 다름 아니라 삼학으로 사은 보은하고 사요 실천하는 사람인 것이다.

"한때에 익산교당에서 종사님 법좌에 출석하시사 대중을 향하여 …중략… 계속하여 가라사대 이 세상은 여러 가지로 병이 들었다. 이 병든 세상을 고쳐보기로 말하면 무엇보다도 우리가 각성하여 각자의 병을 먼저 치료하여야 할 것이니 과연 우리 개인 개인의 병만 완전히 고쳐버린다면 이 세상의 병도 자연히 고쳐져서 완전무결하고 평화 안락한 세상이 될 것은 소연[昭然, 밝고 분명]한 사실이니라.

그러면 제군은 **첫째 물욕에 끌리어 돈에 항복을 말라.** 돈만 있으면 잘 먹고 잘 입을 수도 있으면 좋은 집에 살 수도 있고 그 외에도 하고 싶은 것은 다 할 수가 있다 하여 돈을 제일로 알며 돈을 구하기 위해서는 예의염치와 인륜 강기도 불고하는 자는 곧 돈에 항복자이요 돈의 노예 생활을 하는 자이다. 그러면 제군 등은 돈이 아니라도 사는 방법을 알아두어야 할 것이니, 즉 돈이 없으면 없는 대로 많으면 많은 대로 안심하여 각자 처지와 분수[정도]를 지키며 돈에 대한 착심을 띠어 버릴 것이니라. 과연 그런 사람이 있다면 나는 만석꾼萬石君보다도 일보一步를 나아가 전 세계를 소유한 부자보다도 더 큰 부자라고 생각하노라.

다음은 원망 생활하던 것을 감사 생활로 바꿀 것이다. 저세상 보통 사람이란 무엇이나 잘못된 일이 있고 보면 자기의 잘못한 것은 발견할 줄 모르고 상대편만 원망하여 친근하고 다정한 부자 형제父子兄弟 사이에도 불평과 투쟁이 생기나니, 제군은 저 사람이 나에게 잘못하는 것은 될 수 있는 대로 관념치 말고 오직 나에게 감사한 것만 발견할지어다. 가령 누가 나의 허물을 드러내어 부끄럼을 주거든 그때 진심嗔心을 내거나 그 사람을 원망하고 미워할 것이 아니라 '아아, 충언忠言이 역이逆耳나 이어행利於行이라' 하니 '저이는 나를 위하여 직설하여주는구나!' 하고 도리어 고마운 마음을 먹을 것이며, 기타 무슨 일에든지 그와 같이 넉넉한 생각을 갖는다면 원망 생활을 벗어나서 감사 생활을 하는 사람이 될 것이니라.

다음은 남에게 의뢰 생활을 하지 말 것이다. 즉 내 힘으로 벌어서 내 힘으로 생활하며 내가 남을 구제는 할지언정 결코 내가 남의 도움을 바라거나 의뢰를 구하는 비열한 사람은 되지 말 것이니라.

다음은 배우는 데에 힘을 쓸 것이다. 즉 우리 인간이란 배우고 아니 배우는 데에 따라서 문명인도 되고 야만인도 되나니 제군은 이 점에 각성하여 인생 생활에 적절하고 필요한 법이거든 어디까지든지 배워서 아는 데에 주력할 것이니라.

다음은 후진자後進者에게 나의 아는 대로는 가르치기를 힘쓰라. 즉 이 세상에 길흉 흥망은 오직 후진자를 잘 가르치고 못 가르치는 데에 달렸나니[달렸느냐니] 제군은 힘에 미치는 대로 정신적으로나 육신적으로나 물질적으로나 남을 가르치는 데에 주력할 것이니라.

다음은 이 세상 모든 사람은 전부가 오직 나만 위하라 내 뜻만 받으라고 하나니, 제군은 결코 그러한 좁은 마음, 편벽된 생각을 갖지 말고 오직 내가 남을 위하며 남의 뜻을 받기에 노력하는 공심가公心家가 될 것이니라.

상술上述한 바와 같이 그 여러 가지로 들었던 병을 고치기로 말하면, 먼저 우리 개인 개인이 동할 때나 정할 때나 삼강령 즉 삼대력[일심, 알음알이, 실행] 공부를 하여야 할 것이니 누구를 물론 하고 삼대력만 충분히 얻는다면 완전한 사람 위대한 인물이 될 것이요, 그러한 인물이 많은 세상은 곧 무상無上 천국으로 화하여 극락 생활을 하게 될 것이다.

제군도 극락 생활을 하고자 하거든 매일 좌左와 같이 반성하며 단련하여 보라.
一. 오늘은 모든 사물을 접응할 때 물질에 정신을 빼앗겼는가, 아니 빼앗겼는가?
一. 원망 생활을 하였는가, 감사 생활을 하였는가?
一. 의뢰 생활을 하였는가, 자력 생활을 하였는가?
一. 배우는 데에 노력하였는가, 안 하였는가?
一. 가르치는 데에 노력하였는가, 안 하였는가?
一. 남의 뜻을 받아 주었는가, 못 받아 주었는가?
一. 저 사람을 생각하고 위하여 주었는가, 못하여 주었는가?
一. 만사를 작용할 때 일심과 알음알이와 실행 공부를 얼마나 하였는가, 못 하였는가?

대개 이와 같이 대조할 줄 안다면 곧 이것이 인생의 요도를 안 사람이요, 이대로 실행하는 사람은 곧 법강항마부 자격이니 나는 그런 사람이 있다면 부처로 인증하는 동시에 제일 높은 위位도 주고 후한 대우도 하여 주려 하노라." 하시더라.

감상담(조수원)

이 사회를 건강하지 못한 사회로 이끄는 현상을 찾아보자면 단연 돈의 노예 생활일 것이다. 돈을 생활의 수단으로 잘 사용하면 문제가 없겠으나 현 사회는 돈의 위력이 너무 커서 돈이 주인 역할을 하고 있다. 대종사님은 돈이 없으면 없는 대로 많으면 많은 대로 안심하고 각자의 상황에 적당하게 살면 돈에 대한 착심을 뗄 수 있다고 하신다. 과연 그렇게 할 수 있을까? 우리의 마음을 혹하게 하는 물질이 넘쳐나서 자신의 처지와 상황을 생각지도 않고 그 물질에 자연 마음이 끌린다. 그렇게 취하는 물질이 그 얼마인가? 상황에 맞는지 그 처지에 대조하여 조절할 힘이 얼마나 되는가? 나를 돌아보면 조절한다고 하지만, 갈구하는 마음마저 놓기는 쉽지 않다. 돈에 대한 착심을 떼어버리면 도리어 전 세계를 소유한 부자가 될 수 있다고 하시는데 돈으로 안 되는 것이 없는 세상에서 돈 아니어도 가능한 방법을 찾아본다면 돈에서 자유로워질 수 있지 않을까 생각해 본다.

병든 사회로 만드는 병폐 중 두 번째로 원망 생활을 드셨다. 삶의 태도이기도 하고 인간 관계의 소산물이기도 한 원망하는 마음은 사회를 어둡게 만든다. 희망과 상생이 빠진 생활은 활력을 잃고 미래를 꿈꾸지 못하게 한다. 대종사님은 상대가 나에게 잘못한 것은 괘념치 말고 오직 나에게 감사한 것만 발견하라고 하신다. 부모 자식 관계에서도 쉽지 않은데 이것이 가능하게 하려면 일원상의 진리를 체득하여 본래 미움도 사랑도 없는 본원에 대조하여야 한다.

세 번째로 의뢰 생활을 하려는 태도로, 스스로 자립하려는 마음 없이 남의 도움을 쉽게 받으려 하는 것이 사회를 튼튼하고 건강하게 만들지 못한다. 정신과 육체와 경제의 자립이야말로 서로를 건강하게 할 수 있다.

요즘은 서로 자신에게 부족한 것은 상대에게 배우려고 한다. 워낙 다변화된 사회이다 보니 그 많은 것을 다 잘할 수 없다. 자신이 강한 분야에서는 선생[지도인]이 되고 약한 분야에서는 학생이 된다. 자신의 성장을 꾀하려는 이들은 배움에 걸림이 없다. 체면과 아만심이 있는 사람들은 그 벽을 넘기 어려워 재능을 발휘하지 못하게 되어 사회적 손실을 초래한다.

언택트[비대면]가 만연화되면서 개별화가 강해져서 자신의 취향, 사생활 등이 중시된다. 반면에 상대의 사생활도 침해하지 않으려 한다. 서로 존중하는 마음은 강해졌지만 내 의견 또한 꺾지 않으려 한다. 그러므로 앞으로 더욱 서로의 인격을 존중하고 서로 협력해야 할 것이다.

함께 살아가는 이 사회가 살만한 세상이 되려면 모두가 은혜를 발견하고 보은하며 평등한 세상을 만드는데 필요한 사요를 실천해야 한다. 공부의 요도 삼학으로써 사은 보은하고 사요를 실천하여 일원상을 구현하는 삶을 살아갈 때 이 세상은 더없는 낙원 세상이 되리라.

사은사요四恩四要의 필요

이공주 수필受筆

《회보》 제26호, 시창21년(1936) 7월호

병든 세상을 성한 세상으로 치료하는 약방문은 곧 인생의 요도 사은·사요로써, 사은으로 모든 원수를 풀어버리고 은혜를 발견하며, 사요로 자력 생활, 배우는 성심, 가르치는 성의, 공익심 등을 권장하면 이 세상은 결함 없는 전반세계氈盤世界가 되며, 사람들은 불보살로 변해 다시없는 이상의 천국에서 극락 수용을 하게 될 것이라는 법설이다.

한때에 익산교당에서 종사님 법좌에 출석하시사 대중을 향하여 말씀하여 가라사대, **"본회의 교리 중 인생의 요도要道 사은사요로 말하면 여러 가지로 병든 세상을 성한 세상으로 치료시키는 필요한 방법이며, 진실로 적절한 약방문이라고 나는 생각하노라.**

그러면 이 세상은 어떠한 병이 들었는가? 곧 개인이나 가정이나 사회나 국가가 서로서로 은혜는 발견하지 못하고 도리어 원수만 발견하여 피차에 원망하고 질시하는 불화不和의 병이 들었나니, 보라! 다시없이 친근하고 다정한 한 가족 사이에도 서로 자기에게 잘못하고 야속한 점만을 발견하여서 아내는 그 남편을 원망하고, 남편은 그 아내를 미워하고, 자녀는 그 부모를 원망하며, 부모는 그 자녀를 미워하고, 아우는 그 형을 원망하며, 형은 그 아우를 미워하고, 노복은 그 주인을 원망하며, 주인은 그 노복을 미워하여 서로서로 불만과 불평이 들어서 가장 산란하고 괴로운 생활을 하지 않는가?

과연 그와 같이 한집안 식구가 서로 화평치 못하고 불안하게 지낸다면, 물론 그사이에는 갈등이 생겨나서 모든 것이 귀찮을 것이며 권속도 악마같이 보일 것이다. 뿐만 아니라, 살림에도 알뜰한 생각이 나지 않고 자연히 일도 하기 싫은 퇴굴심이 나서 그 가정은 망하고야 말 것이니, 그러한 가정을 일러 나는 '병들었다.' 하노라. 또는 사회 사회와 국가 국가와의 사이를 본다 하더라도 각자의 권리와 기능대로는 서로 시기하고 미워하며 속이고 둘러서 재산과 권리를 탈취하려 하며, 그 뜻대로 되지 않으면 전쟁을 일으켜서 수다한 재물과 인명의 희생자를 내게 하나니, 이도 또한 병든 세상이 아니고 무엇인가? 그러면 상술한 바와 같이 세상은 대부분이 그러한 병이 들어서 너 나 할 것 없이 편안한 생활은 할 수가 없게 된 것이 사실이다.

그러므로 나는 진작부터 '어떻게 하면 이 병든 세상을 완전한 세상으로 만들어서 고해 중생들이 안락한 생활을 하게 할꼬?' 하는 생각을 갖게 되었으며, 따라서 백방으로 연구한 결과에 천우신조天祐神助하여 한 묘한 화제를 얻었나니, 그것은 별것이 아니라, 곧 원수를 은혜로 바꿔버리라는 것이다. 그러나 별안간에 무조건 하고 원수로 보던 것을 은혜로 보라 한다면 아무라도 실행할 수가 없겠으므로 나는 먼저 모든 은혜의 근본 시조始祖 되는 사은, 즉 천지·부모·동포·법률을 제창하고 이어서 피은·보은·배은의 조목과 결과까지 자상히 밝혀 놓았나니, 사은을 강령적으로 간단히 분석한다면 즉 천지에서는 응용무념지덕應用無念之德으로써 은혜가 되었고, 부모에게서는 자력 없을 때 극진한 보호받는 것으로써 은혜가 되었으며, 동포에게서는 자리이타自利利他로써 은혜가 되었고, 법률에서는 시비是非 가려 주는 것으로써 은혜를 입게 된 것이니라. 그러면 누구든지 이 사은편을 잘 배워서 그대로 보은지도報恩之道를 행하는 자가 생겨난다면 많이 생겨날수록 이 세상은 평화하고 안락하여져서 원수로 보던 병은 완치되고 말 것이다.

그러나 이 외에도 또 다른 병이 있으니 그것은 다름이 아니라, 남녀 간에 서로 자력自力생활을 하지 못하고 오직 의뢰 생활을 하는 것이다. 그래서 나는 남녀권리동일男女權利同一이라는 과목을 내어 남녀에게 교육도 같이하고, 의무 책임도 같이 지우며, 지위와 권리도 같이 주어서 피차에 의뢰심은 철폐시키고 자력을 장려하여 여자는 남자 아니라도 살만하고, 남자는 여자 아니라도 살만한 힘을 얻게 함이요.

그다음은 과거 불합리한 차별제도로 인하여 모든 사람의 배우는 성심誠心이 부족하였던 것이다. 그래서 나는 지우차별智愚差別이라는 과목을 내어 지나간 세상에 불공평하던 차별제도는 철폐시키고, 이제는 백정 재인才人이라도 지식만 충분하고 보면 써 주고 선생으로 대우하자는 말이니, 이는 곧 누구에게든지 배우려는 성심을 권장하는 말이다.

그다음은 내 자녀나 남의 자녀에게 국한을 터서 가르치는 성의가 부족하였던 것이다. 그래서 나는 무자녀자 타자녀교양無子女者他子女敎養이라는 과목을 내어 자녀 없는 사람은 남의 자녀라도 힘 미치는 대로는 책임지고 가르쳐서 문맹을 퇴치하는 동시에 영재를 많이 양성하자 함이니, 이는 곧 가르치는 성심을 권장함이요.

그다음은 모든 사람이 가정 주의에 떨어져서 남의 도움은 좋아하나, 내가 남을 도와주기는 싫어하는 머리에 공익사업을 하는 자가 희소하였던 것이다. 그래서 나는 공도헌신자 이부사지公道獻身者以父事之라는 과목을 내어 어느 방면으로든지 남을 위하여 노력한 사람은 생전 사후를 부모와 같이 섬기어 주자 함이니, 이는 곧 나를 희생하여 남을 유익 주는 자선심을 장려함이니라.

그러면 우리가 이상에 말한 바와 같이 사은으로 써서는 모든 원수를 풀어버리고 은혜를 발견하며, 사요로 써서는 자력 생활, 배우는 성심, 가르치는 성의, 공익심 등을 권장하며, 따라서 실제 실행들을 하여 보라. 그런다면 이 세상은 결함 없는 전반세계氈盤世界가 될 것이요, 사람들은 불보살로 변하여 다시없는 이상의 천국에서 남녀노소가 극락수용을 하게 될 것은 의심치 않노라." 하시더라.

감상담(윤명화)

잘 되면 내 덕이요 잘 안되면 조상 탓이라는 말을 한다. 어떻게든 자기 잘못은 덮고 남은 탓하여 자신을 위안하려는 말인 듯하다. 남을 탓하고 원망하고 미워하고 질시하는 마음을 대종사님은 '병들었다'고 진단하셨다. 개인과 가족 사이뿐만 아니라 사회와 국가 사이에서도 각자가 가진 권리와 기능으로 서로 미워하고 속이며 재산과 권리를 탈취하고 심지어 전쟁도 일으켜서 많은 희생자와 경제적 손실도 불사하기도 한다. 모두 병든 세상의 모습이다.

대종사님은 병든 세상에서 고해 생활을 하는 사람들을 보시고 안타까워하시며 처방을 내려주셨으니, 그것은 사은이다. 천지·부모·동포·법률의 사은을 피은·보은·배은의 강령과 조목과 결과까지 자세히 밝혀주셨다. 은혜의 근본 시조始祖 되는 사은은 없어서는 살 수 없는 관계이다. 우리는 천지의 응용무념의 도, 부모의 무자력자 보호의 도, 동포의 자리이타의 도, 법률의 인도 정의의 공정한 법칙으로 은혜를 입고 있다. 사은에 피은 됨을 깨닫는다면 보은행을 하는 이가 많아지고 원망하는 마음병도 치료될 것이다.

또한 자력 없이 의뢰 생활하는 것과 배우고 가르치는 성심성의가 부족한 것 그리고 남을 도와주는 공익사업 하는 자가 희소한 것을 또 다른 병이라 하시며, 그 해결 방법으로 자력 생활 지자본위 타자녀교육 공도자숭배의 사요를 실생활에 실행토록 권장하셨다.

빠르게 변해가는 세상에서 먼저 자력을 세워야 하며, 서로 배우고 가르치는데 협력해야 한다. 또한 자기 삶도 버거운 현실에서 공익에 함께하는 삶이란 쉽지 않지만, 서로가 서로에게 도움이 되고 의지가 되는 공도 사회에 합력하며 살아가야 한다. 그리고 공도를 위해 헌신한 분들의 공적을 드러내 주어 더 많은 이들이 참여할 수 있도록 해야 할 것이다.

사은 보은을 통해 한 사람 한 사람이 원망하는 마음이 완치되어 가고, 사요를 실천하는 삶으로 서로서로 도움을 주고받는 평화 안락한 세상, 결함 없는 전반세계가 될 것이다.

누군가가 밉고 원망스러울 때 또는 세상이 불화하고 불평등할 때 자신과 세상에 어떠한 병이 들어있는가 돌아봐서 병든 세상을 완전한 세상으로 돌리는 처방전인 사은·사요을 실행에 옮겨야 할 것이다. 대종사님께서 우리에게 고통 없는 세상, 평화롭고 안락한 세상으로 가는 길을 일러 주셨으니, 이러한 사은·사요가 실현되는 세상에서 함께 만날 수 있기를 바란다.

제3 수행편 修行編

제16장 영육쌍전법靈肉雙全法

제16장 영육쌍전법靈肉雙全法

과거에는 세간 생활을 하고 보면 수도인이 아니라 하므로 수도인 가운데 직업 없이 놀고먹는 폐풍이 치성하여 개인·가정·사회·국가에 해독이 많이 미쳐 왔으나, 이제부터는 묵은 세상을 새 세상으로 건설하게 되므로 새 세상의 종교는 수도와 생활이 둘이 아닌 산 종교라야 할 것이니라.

그러므로 우리는 제불조사 정전正傳의 심인인 법신불 일원상의 진리와 수양·연구·취사의 삼학으로써 의·식·주를 얻고 의·식·주와 삼학으로써 그 진리를 얻어서 영육을 쌍전하여 개인·가정·사회·국가에 도움이 되게 하자는 것이니라.

수도와 생활이 둘이 아닌 영육쌍전법

『정전』 '영육쌍전법'의 첫 대목이다.

"과거에는 세간 생활을 하고 보면 수도인이 아니라 하므로 수도인 가운데 직업 없이 놀고먹는 폐풍이 치성하여 개인·가정·사회·국가에 해독이 많이 미쳐왔으나, 이제부터는 묵은 세상을 새 세상으로 건설하게 되므로 새 세상의 종교는 수도와 생활이 둘이 아닌 산 종교라야 할 것이니라."

영육쌍전법은 수도와 생활이 둘이 아닌 산 종교를 지향하며 생활을 떠나지 않는 종교를 추구한다.

세간 생활의 핵심은 직업이다. 소태산 대종사는 '이 세상은 사·농·공·상의 네 가지 생활 강령이 있고, 사람들은 그 강령 직업 하에서 활동한다'[동포피은의 강령]라고 밝히고 있다. 생활은 의식주를 구하는 것이며, 의식주를 구하는 활동이 직업이다. 그런데 과거의 수도인은 직업 없이 놀고먹는 풍토가 치성하여 그 영향이 개인·가정·사회·국가에 해독을 많이 미쳤다는 것이다.

과거의 불교의 경우 의식 생활에 있어서 사농공상의 직업을 놓아버리고 불공이나 시주나 동령으로써 생활하였으니 대중이 다 할 생활이 아니라는 것이다. 〈『대종경』 서품 18장〉

이러한 폐풍을 없애기 위해 수도가 생활 속에서 이루어지도록 전환하자는 것이다.

영육쌍전법은 『정전』 수행편의 '개교의 동기'와 상통해 있다. '개교의 동기'의 정신과 물질의 관계를 수도의 영靈과 생활의 육肉이라는 시각으로 달리 설명하고 있다. 정신문명의 수도와 물질문명의 생활이 둘이 아닌 새 세상의 산 종교로 전개하는 것이다.

소태산 대종사는 '개교의 동기'에서 "현하 과학의 문명이 발달함"에 따른 물질문명의 위험성을 전제하면서도 물질문명을 배척만 할 것이 아니라 항복 받아 선용善用하는 대상으로 삼도록 한다. 영육쌍전법에서는 이러한 물질문명과 정신문명의 제반 문제를 수도의 영靈과 생활의 육肉이라는 프레임에 따라 새로운 문명과 종교의 건설을 촉구한다. 미래 시대의 육肉은 물질문명이 발달한 생활로, 예를 들면 가상현실 속 물질문명의 생활이다. 영육쌍전법은 물질문명의 생활과 정신문명의 수도가 둘이 아니게 하는 법이다.

'영육쌍전법'의 이어지는 대목이다.

"그러므로 우리는 제불조사 정전正傳의 심인心印인 법신불 일원상의 진리와 수양·연구·취사의 삼학으로써 의·식·주를 얻고, 의·식·주와 삼학으로써 그[법신불 일원상] 진리를 얻어서 영육을 쌍전하여 개인·가정·사회·국가에 도움이 되게 하자는 것이니라."

제불조사 정전正傳의 심인心印은 모든 부처와 조사가 바르게 전해주신 마음 도장이다. 제불조사는 깨달은 공부인으로, 이렇게 깨어있는 공부인의 마음자리가 바로 심불 일원상, 심체 일원상, 법신불 일원상이다.

이 일원상의 진리에 바탕을 둔 삼학 수행의 영靈으로 의식주의 육肉을 얻게 하고, 의식주를 구하는 육肉의 활동에서 삼학 수행을 하여 일원상의 진리인 영靈을 얻도록 하는 것이다. 그러므로 영육쌍전법의 시작도 '일원상의 진리'요 결론도 '일원상의 진리'이다.

수양·연구·취사의 삼학은 일원상의 진리에 근원한 삼학이며, 의식주 생활을 떠나지 않는 삼학 수행은 일원상의 진리로 귀결된다. 만일 의식주 생활 속 삼학 공부가 일원상으로 열매 맺지 못하면 생활에 떨어진 공부이다.

영육쌍전법의 열쇠와 귀결은 일원상의 진리이다. 즉 수도의 영과 생활의 육을 쌍전하는 기반도 일원상의 진리요 결과도 일원상의 진리이다.

일원상의 진리에 기반하여 영육을 쌍전하고, 영육을 쌍전하여 일원상의 열매를 맺으면 개인뿐만 아니라 가정·사회·국가에 도움이 되는 것이다. 일원상의 진리로 영육을 쌍전하여 수도와 생활이 둘이 아닌 산 종교일 때 개인·가정·사회·국가에 도움이 되기 때문이다.

『대종경』 교의품 18장이다.

"우리 공부의 요도 삼학三學은 우리의 정신을 단련하여 원만한 인격을 이루는 데 가장 필요한 법이며, 잠깐도 떠날 수 없는 법이니, 예를 들면 육신에 대한 의·식·주衣食住 삼건三

件과 다름이 없다 하노라. 즉, 우리의 육신이 이 세상에 나오면 먹고 입고 거처할 집이 있어야 하나니, 만일 한 가지라도 없으면 우리의 생활에 결함이 있게 될 것이요, 우리의 정신에는 수양·연구·취사의 세 가지 힘이 있어야 살 수 있나니, 만일 한 가지라도 부족하다면 모든 일을 원만히 이룰 수 없나니라. 그러므로 나는 영육쌍전의 견지에서 육신에 관한 의·식·주 삼건과 정신에 관한 일심·알음알이·실행의 삼건을 합하여 '육대강령'이라고도 하나니, 이 육대강령은 서로 떠날 수 없는 관계를 가지고[관계로] 한 가지 우리의 생명선이 되나니라."

소태산 대종사는 육신에 관한 의·식·주와 정신에 관한 일심·알음알이·실행의 삼학을 육대강령이라 하여, 이는 서로 떠날 수 없는 관계로 우리의 생명선이라고 명시한다.
일심·알음알이·실행은 수양·연구·취사의 삼학 수행으로써, 이 삼학과 의·식·주의 생활을 온전히 겸행하라는 것이다. 현실의 삶을 영위해 나가는데 필요한 물질적 요소들을 의·식·주라 하고, 정신의 의·식·주에 해당하는 것을 일심·알음알이·실행이라 하여 병행할 것을 강조한다. 일심·알음알이·실행의 삼학 수행과 의·식·주 생활 간에 풍요로운 조화를 요구한다.
일원상의 진리에 근원한 삼학 수행으로 의식주의 육肉을 얻고, 의식주의 생활을 떠나지 않는 가운데 삼학 수행으로 일원상의 진리인 영靈을 얻도록 하고 있다.

이처럼 영육쌍전법은 일원상의 진리에 근거한 삼학 수도의 영靈으로 정신문명의 도학을 창출하고, 삼학과 연결된 의식주 생활의 육肉으로 과학의 물질문명을 선용토록 하는 것이다.
소태산 대종사는 《회보》 제33호, 이공주 수필의 '나는 용심법을 가르치노라'는 법설에서 '정신문명 즉 용심법用心法'이라면 '물질문명 즉 사농공상법'이라 정의한다. '마음 작용하는 법'인 용심법이 곧 정신문명이라는 것이다. 일원상의 진리를 체 받아 삼학 수행하는 용심법은 정신문명이며, 정신문명인 용심법으로 물질문명인 사농공상법을 선용하라는 것이다. 〈『대종경』 교의품 30장〉

『대종경』 교의품 31장 말씀이다.

"안으로 정신문명을 촉진하며 도학을 발전시키고 밖으로 물질문명을 촉진하여 과학을 발전시켜야 영육이 쌍전하고 내외가 겸전하여 결함 없는 세상이 되리라. 그러나 만일 현대와 같이 물질문명에만 치우치고 정신문명을 등한시한다면 마치 철모르는 어린아이에게 칼을 들려준 것과 같아서 어느 날 어느 때에 무슨 화를 당할지 모를 것이니 이는 육신은 완전하나 정신에 병이 든 불구자와 같고 정신문명만 되고 물질문명이 없는 세상은 정신은 완전하나 육신에 병이 든 불구자와 같나니 그 하나가 충실하지 못하고 어찌 완전한 세상이라 할 수 있으리오. 그러므로 내외 문명이 병진 되는 시대라야 비로소 결함 없는 평화 안락한 세계가 될 것이니라."

이처럼 수도의 영과 생활의 육을 쌍전하여, 안으로 정신문명의 영을 촉진하여 도학을 발전시키고, 밖으로 물질문명의 육을 촉진하여 과학을 발전시켜서, 내외가 겸전된 결함 없는 세상을 만들어 개인·가정·사회·국가에 도움이 되게 하자는 것이다.
소태산 대종사는 물질문명을 배제한 정신문명은 마치 육신에 병이든 불구자 같아 생활의 육이 결여된 것이며, 또한 정신문명이 쇠약한 물질문명은 마치 정신에 병이든 불구자 같아 수도의 영이 결여된 것이다.
이처럼 영육쌍전법은 문명 차원에서 정신문명과 물질문명의 병행을 추구한다.

소태산 대종사는 방언공사를 시작하실 때 "미래에도 보기 어려운 큰 회상을 건설하려면 도학과 과학이 병진하여 참 문명 세계가 열리게 하는 법을 제정하겠다."고 포부와 경륜을 밝힌다. 〈『대종경』 서품 8장〉
즉 정신문명의 영靈이 주체가 되어 물질문명의 육肉을 선용하여, 결국 정신문명과 물질문명이 병행되는 문명 세계를 추구한다.

영육쌍전법은 묵은 세상을 새 세상으로 건설하는 소태산 대종사의 포부요 경륜으로, 소태산 대종사가 우리에게 주신 선물이다. 수도와 생활이 둘이 아닌 영육쌍전의 산 종교를 건설하여 개인·가정·사회·국가에 도움이 되게 하자는 법이다.

영육쌍전靈肉雙全의 함의

——— 영육론은 세 관점으로 살펴볼 수 있다.

첫째, 영과 육이 둘이 아닌 영이다 육이다 할 것이 본래 없는 '일원상'의 차원과 둘째, 영이 주主가 되고 육이 종從이 되는 '개교의 동기'의 관점과 셋째, 영과 육을 겸전하는 '영육쌍전'의 차원이다.

영과 육을 정신문명과 물질문명으로 대치하면 정신과 물질은 둘이 아니면서 정신의 세력을 주체로 물질의 세력을 항복 받아, 정신문명과 물질문명 양 방면으로 쌍전토록 하는 것이다.

이러한 영육쌍전의 의미는 대체로 네 가지의 함의를 지닌다.

첫째, 수도와 생활을 온전히 겸행하는 것이다.

소태산 대종사는 현실의 삶을 영위해 가는데 필요한 의·식·주와 정신의 의식주에 해당하는 수양·연구·취사의 삼학 수행을 병행할 것을 강조한다.

『정전』 영육쌍전법의 한 대목이다.

"법신불 일원상의 진리와 수양·연구·취사의 삼학으로써 의·식·주를 얻고 의·식·주와 삼학으로써 그 진리를 얻어서 영육을 쌍전하여 개인·가정·사회·국가에 도움이 되게 하자는 것이니라."

일원상의 진리에 근원한 삼학 수행으로써 의식주를 얻고, 의식주의 삶 속에서 삼학을 실행하여 일원상의 진리를 밝히라는 것이다. 즉 일원상에 바탕을 둔 삼학 수행의 영靈으로 의식주이 육肉를 구하고, 또한 의식주를 구하는 사농공상법의 육肉 속에서 삼학으로 일원상 진리의 영靈을 드러내는 영육쌍전을 통해서 개인·가정·사회·국가에 도움 되게 하는 것이다.

소태산 대종사는 의식주와 연동된 수양·연구·취사의 삼학을 일심·알음알이·실행으로 달리 설명한다. 수양을 일심, 연구를 알음알이, 취사를 실행으로 표현한 것이다.

『대종경』 교의품 18장에서 "나는 영육쌍전의 견지에서 육신에 관한 의·식·주 삼건三件과 정신에 관한 일심·알음알이·실행의 삼건을 합하여 육대강령이라고도 하나니, 이 육대강령은 서로 떠날 수 없는 관계를 가지고 한 가지 우리의 생명선이 되나니라."라고 육대강령의 관계를 밝히고 있다.

생활의 의식주와 수도의 일심·알음알이·실행을 육대강령이라 하여 이는 서로 떠날 수 없는 생명선의 관계라 한다. 이처럼 수도와 생활을 병행하는 육대강령의 영육쌍전을 주창한다.

『대종경』 교의품 19장 말씀이다.

"육신의 의·식·주가 필요하다면 육신 생활을 지배하는 정신에 일심과 알음알이와 실행의 힘은 더 필요할 것이 아닌가? 정신에 이 세 가지 힘이 양성되어야 그에 따라 의·식·주가 잘 얻어질 것이요, 이것으로 그 사람의 원만한 인격도 이루어질 것이며, 각자의 마음 근본을 알고 그 마음을 마음대로 쓰게 되어야 의·식·주를 얻는 데에도 정당한 도가 실천될 것이며, …(중략)…, 그러므로 정신의 삼강령이 곧 의·식·주 삼건의 근본이 된다 하노라."

수양·연구·취사의 삼학 수행을 통해 현실의 의식주 생활을 바르게 이끌어감으로써 현실 생활 속에서 진리가 실현될 수 있게 하는 것이다. 이처럼 수도에 주체를 세워 생활을 이끌어가라는 것이다.

둘째, 공부工夫를 뜻하는 이理와 사업事業을 뜻하는 사事를 병행하는 것이다.

공부는 영靈이요 수도라면, 사업은 육肉이요 생활로 이사병행은 영육쌍전의 다른 표현이다.

이사병행은 공부에 바탕 하여 일하고 일과 연결된 공부이다.

공부는 일로 발현되고 일은 공부에 근거한다. 그리하여 일이 공부가 되고 공부가 일이 되는 사상事上 공부[『정산종사법어』 경륜편 6장]이다. 사상 공부는 일을 떠나지 않고 일 속에서 하는 공부로써, 공부가 일에 의미와 가치를 부여하고 일이 공부를 실용 있게 하고 보람을 부여한다.

소태산 대종사는 대각 후 이사병행 영육쌍전의 행보를 걷는다. 제자들과 예회를 가지며 공부에 매진하면서도 저축조합으로 간석지를 개척하는 방언공사를 진행한다. 그리고 익산총부 건설 후에도 엿장사 및 소작농을 비롯한 양계, 양돈, 양잠, 과수원, 한약업 등 산업에 뛰어드는 가운데에서도 주경야독과 동하선 등을 통해 수도 적공을 놓지 않은 것이다. 공부와 사업의 이사병행을 하신 것이다. 방언공사를 할 때 "동과 정이 골라 맞아서 공부와 사업이 병진 되게 하려니 이렇게 일이 많다."라고 독려한다.

셋째, 수행에 있어 몸과 마음을 함께 중요시하는 것이다.

예를 들면 좌선법의 단전주는 선정 상에서 뿐만 아니라 위생상으로도 극히 긴요한 일거양득하는 법이다. 단전주선법은 원기元氣와 심단心丹을 동시에 얻을 수 있는 영육쌍전의 수행법이다.

소태산 대종사는 마음뿐만 아니라 몸의 중요성을 강조한다. 몸은 수행과 보은을 하는 근본이기 때문이다.

소태산은 자신의 수행과정을 돌아보시고 "나의 길 얻지 못할 때의 헛된 고행을 증거하여[증거삼아] 몸을 상하는 폐단이 없게 하라."고 당부하며, 육신의 건강을 지키면서 수행을 하는 것이 대승 수행임을 강조한다. [『대종경』 수행품 47장] 또한 제자 가운데 신信을 바치는 뜻으로 손가락을 자른 사태를 보고 크게 꾸짖으며 '몸은 공부와 사업을 하는 데 없지 못할 자본'이라고 각성시킨다.

소태산 대종사는 몸을 영육쌍전의 차원에서 중요시하고 있다.

넷째, 문명 차원에서 정신문명과 물질문명의 병행을 추구하는 것이다.

소태산 대종사는 방언공사를 시작하실 때 "미래에도 보기 어려운 큰 회상을 건설하려면 도학과 과학이 병진하여 참 문명 세계가 열리게 하는 법을 제정하겠다."는 포부를 밝힌다. 도덕 가치를 고양하는 정신문명이 과학의 지식과 기술의 발전을 잘 이끌어 정신문명과 과학문명이 겸전되는 참 문명 세계를 건설하는 의지가 영육쌍전의 문명적 의미이다. 물질문명으로 대표되는 과학의 문명을 바른 정신으로 구하고 사용될 때 그 참된 뜻이 드러나는 것이다.

소태산 대종사는 정신문명이 주체가 되어 물질문명을 선용하여, 결국 정신문명과 물질문명이 병행되는 사회를 추구한다.

참고로, 영靈은 사회의 화목 정도로 육肉은 사회의 풍요 정도로 응용할 수 있다.

영靈은 정신적으로 불화한지 화목한지 정도를 육肉은 생활상으로 가난한지 풍요로운지 정도를 살펴보아서, 가난하면서도 불화한지, 풍요로우나 불화한지, 가난하나 화목한지, 풍요로우면서도 화목한지 구분할 수 있을 것이다. 결국 영육쌍전은 풍요로운 육이면서 겸하여 화목한 영을 추구하는 것이다.

종합하면 영육쌍전법은 정신의 고양을 추구하는 수도의 삶과 건강한 육신과 건실한 현실의 삶을 온전하게 병행하자는 것으로 수도와 생활이 둘이 아닌 새 세상의 산 종교를 추구하며, 또한 공부와 사업을 병행하여 복과 혜를 원만하게 갖추자는 이사병행의 삶과 상통하며, 물질문명을 이끄는 과학과 정신문명을 이끄는 도학의 겸전을 통해 이상적 문명사회를 이루자는 소태산 대종사의 포괄적 포부요 경륜이다.

더보기Tip

소태산의 구도 배경과 물질문명

소태산 대종사의 고향이요, 구도지인 영광 길룡리는 법성포가 생활권이다. 그래서 법성을 통해 생활에 필요한 물자뿐만 아니라 문명 등을 공급받았다.

법성포는 조선왕조의 조세 창고이며, 칠산 바다의 풍성한 수산물의 집결지이며, 동학농민혁명의 활동지이며, 근대 제국주의의 물질문명이 강제 유입되었던 창구이기도 하다.

이처럼 법성포는 근대 문명의 조류가 밀려드는 전환 시대의 통로이며, 길룡리에서 법성포로 흘러가는 와탄천은 근대 물질문명의 통로[간선]였다. 소태산 대종사는 이러한 법성포를 왕래하며 구도했다.

소태산은 '이 일을 장차 어찌할꼬?'라는 염원 속에서 깊은 정定에 드셨던 노루목과 선진포 일대는 법성장으로 드나드는 길목으로써 근대의 물질문명이 흘러들어오는 지류였다.

소태산 대종사는 이러한 물질문명의 대전환 시기에 물질문명이 넘나드는 통로인 길룡리에서 구도하셨다.

호기심 많고 주의심 깊었던 소년 시절의 소태산 대종사는 옥녀봉과 상여봉 너머의 법성포를 바라보며 법성포로 들어오는 근대 물질문명에 대한 관심을 가졌다. 아마도 물질문명에 대한 호기심과 편리함 그리고 낯섦과 두려움에 당황하셨을 것이다. 이처럼 소태산 대종사의 구도 환경은 물질문명이었다. 물질문명의 배경 속에서 구도했다.

길룡리는 산중 갯벌로써 바다와 산이 어우러진 중첩지요, 조선 왕조의 끝이요, 근대의 시작이 겹쳐 있는 문명의 시공간이요, 과거의 전통과 유산 위에 새로운 물질문명이 밀려든 통로였다.

삼령기원상의 터전인 삼밭재 오르내리는 길은 고려시대와 조선시대 중후반까지 사찰의 흔적이 남아 있으며[기왓조각이 두꺼운 고려시대 양식과 대량생산을 위한 조선시대의 얇은 기와 파편이 출토되고, 광범위한 지역에서 분청사기가 출토되고 있다. 또한 설레바위봉 오르는 길목 초입에 가마터 유적이 발견되며, 산발새 위에 가마를 지핀 광범위한 재의 토층이 보인다] 또한 소태산 대각 2~3년 전에 법성포에 동력선인 화륜선이 드나들었다.

이처럼 소태산 대종사가 발심·구도한 길룡리와 법성포 일대는 과거의 자취가 남아 있으면서 새로운 물질문명의 기운이 흘러들어오는 소용돌이의 관문이었다. 소태산은 안이면서 밖이요 바다이면서 산이며 과거이면서 미래요 전통이면서 새로움이 중첩된 이중성의 시공간에서 구도를 밀고 나갔던 것이다.

이러한 구도의 경험은 대각 이후 물질문명에 대한 분명한 태도를 보인다. 대각 후 시국을 살펴보시고 그 지도강령을 표어로 '물질이 개벽되니 정신을 개벽하자'고 선포하시며[『대종경』 서품 4장], 저축조합을 통해 모은 자금으로 숯을 사고파는 거래로 경제적 이익을 성취하며, 이 이익금으로 주변에서 일제에 의해 식민화되어가는 간척사업을 보시고, 제자들과 힘을 모아 길룡리 앞 갯벌을 막아 지역의 숙원사업이었던 논을 자주적으로 개간한다.

이처럼 과학의 발달에 따른 물질문명은 소태산 대종사의 구도와 대각 그리고 창립 정신의 배경이었다. 이러한 소태산의 구도에는 물질문명에 따른 정신문명의 추구가 자리 잡고 있다. 영광 길룡리와 법성포는 물질문명의 육과 정신문명의 영을 쌍전하는 영육쌍전법을 잉태하는 시공간이었다.

과학의 발달에 따른 물질문명은 소태산 대종사의 구도 배경이며 참 문명건설의 전제이다. 그러므로 소태산 대종사는 물질개벽의 시대를 책임지는 정신문명을 창도한 주세성자이시다.

농업부기성연합단취지서農業部期成聯合團趣旨書

《월말통신》 제3호, 시창13년(1928) 양 7월

정신과 육신, 연구와 사업은 서로 근본이 되고 표리가 되며, 이는 정신적 연구와 육신상 생활의 영육쌍전의 관점이다. 낮에는 농업에 근무하고 밤에는 진리를 강구하며, 몇 개월은 농업에 근무하고 몇 개월은 진리를 연구하는 영육생활의 생활을 하자는 농업부연합단의 취지이다.

대범 정신적 연구는 모든 사업 진행의 근본이요 모든 사업 진행은 또한 육신 생활의 근본이요 육신 생활은 정신적 연구의 근본이 되는지라. 그러므로 정신과 육신이 서로 근본이 되고 연구와 사업이 서로 표리가 되나니, **정신적 연구가 아니면 육신상 생활의 근본이 서질 못할 것이요, 육신상 생활이 없으면 반드시 모든 사업을 진행할 수가 없을지라.** 오직 우리 출가선 무산대중이여 비록 정신적 연구가 가장 긴요한 줄로 아나 능히 연구의 목적에 도달하지 못함은 다만 육신상 생활의 관계가 된 바라 만일 연구와 생활이 서로 구애되지 아니하면 무슨 사업을 성취치 못하리오. 부처님 말씀에 대개 사람의 공부는 복족혜족이라 하셨으니 이 양방을 이름이로다. **그러므로 본 기관을 설립하여, 낮으로는 농업을 근무하고 밤으로는 진리를 강구하며, 기개월은 농업에 근무하고 기개월은 진리를 연구하는 것은 실로 이 양방을 구족케 하여 모든 사업의 의무를 공급함이로다.** 본 취지에 찬성하는 제씨는 연구하기를 놓지 말며 근무하기를 놓지 아니하여 밖으로는 본회의 사업을 세우고 안으로는 도덕의 정신을 밝혀 우리 무산대중의 근거가 되어 원만한 사업을 성취할지어다. 〈시창13년(무진) 2월 16일 연합각단〉

산업부 소개

기대생期待生

《회보》 제41호, 시창23년(1938) 신년호

직업에 종사하면서 능히 공부하고 산업과 공부를 아우르는 영육쌍전의 가치를 실현하는 터전인 산업부의 역사와 활동을 소개하고 있다.

영육쌍전! 주작야선晝作夜禪을 표방하고 일어난 본회이니만큼 산업부는 본회 10대 기관 중 한 낱의 뚜렷한 존재다. 재래 종교가에서는 거의 일반적으로 수도와 생활을 전연 별개시하여 사농공상의 직업에 등한히 할 뿐만 아니라 소위 수도하는 사람으로서 만약 직업에 근면하는 것을 보면 도리어 그것을 비웃고 멸시하는 경향이었다. 그리하여 그 결과는 놀고먹는 폐풍과 의뢰의 악습만이 조장되었고 따라서 수도 생활과 세간 생활은 완전히 격리되어 제생의세의 실질적 효과를 나타내지 못하였음이 사실이었다. **그러므로 종사주께옵서는 일찍부터 이에 크게 느끼신 바 있어 그러한 폐풍 악습을 근본적으로 타파 개혁하기로 결심하시고 동정 간 두 때의 공부하는 방식을 말씀하시와 직업에 종사하면서도 능히 공부할 수가 있다는 것을 극력 제창하시며 그렇게 하여야 비로소 영육쌍전의 건전한 공부가 될 것이요, 사농공상의 모든 계급을 망라하는 대중적 종교가 된다는 것을 확호불발[確乎不拔, 아주 든든하고 굳세어 흔들림이 없음]의 주의 방침으로 정하셨다.** 그리고 먼저 궁행 실천으로써 대중에 그 모범을 보이기 위하여 본회 시창 초에 8인의 제자를 데리시고 친히 역사役事를 감독하사 영광군 길룡리 전면의 간석지를 개척 완성하셨으며 기후[其後, 그 후] 각처의 회관이 건축될 때마다 대개는 우리 동지의 자수노역自手勞役이었고 본 지부를 통하여 회관 건설 후의 유지 방침에서도 기개처[幾個處, 몇 곳]의 도시 교당을 제한 외에는 또한 모두가 과수원을 경영한다, 전답 농사를 짓는다, 이와 같이 산업 유지책을 세우게 되었나니, 본회에 있어 산업과 공부는 서로 떠날 수 없는 관계로서 마치 수레의 두 바퀴와 같고 새의 두 날개와 같은지라, 이를 어찌 조금인들 소홀히 하며 등한시할 바이랴. 그러나 재래의 산업기관은 본회가 아직 창립의 초인만큼 모든 설비가 심히 불완전하고 경험과 아울러 재력이 불충분한 관계상 우금于今껏 뜻과 같은 활동을 행하지 못하고 말하자면 고식상태[姑息狀態, 잠시 숨을 쉰다는 뜻으로, 우선 당장에는 탈이 없고 편안하게 지냄을 비유적으로 이르는 모양이나 형편]에 그치더니 만근[挽近, 몇 해 전부터 현재까지의 기간] 수년 내로 회세의 비약적 발전에 의하여 산업기관도 이를 확대 강화하기로 목적하고 낭년[曩年, 전에] 이미 만 수천여 원의 거액을 던져 이리보화당 약방을 건설하였으며 자玆에[이에] 그 완성을 보게 되자 금춘今春 드디어 본관 구내에 있던 산업부의 옥사를 총부 동록[東麓, 산의 동쪽 기슭] 가장 경개景槪 좋은 곳으로 옮기고 수농水農, 전작, 축산, 3계로 분하여 부문 부문이 각각 그 책임자를 두어 분업적으로 1년간 활동케 하되 연말 결산 시에는 다시 3계를 합하여 손익대조를 하게 되었으며 간접으로 각지의 과수원을 관리하여 연말 손익을 보고하게 되었나니, 이에 이르러서야 비로소 10부 기관 중 하나인 산업부로서의 면목이 약여[躍如, 생기 있게 뛰어노는 모양]하며 가장 규모 있고 통제 있는 일대 기구를 형성케 된 것이다. …하략…

감상담(윤명화)

'이제부터는 묵은 세상을 새 세상으로 건설하게 되므로 새 세상의 종교는 수도와 생활이 둘이 아닌 산 종교라야 할 것이니라'는 말씀은 『정전』 영육쌍전법의 한 대목이다. 수도와 생활이 둘이 아니라는 것은 법신불 일원상의 진리와 삼학으로 의식주를 얻고 의식주와 삼학으로써 그 진리를 얻는 관계를 말한다.

지금 이 시대는 대부분 직업을 가지고 일하며 생활한다. 대종사님은 직업을 가지고 생활하는 가운데에서도 수도를 병행하는 법을 펼쳐 주셨다. 과거에는 수행하려면 일이 없는 조용한 곳에 있어야 수행할 수 있다고 여겨왔다. 이러한 생각은 지금에 이르러서도 크게 달라지지 않은 듯하다.

사람들은 일이 많으면 따로 시간을 낼 수 없기에 수도할 수 없다고 토로한다. 갈수록 세상은 복잡해지고 삶의 변화가 빠르기에 바쁘게 적응해 가야 하는 경향이 있다. 산업의 형태와 생활패턴도 많이 달라졌다. 과학 문명의 발달로 매일매일 달라져 가는 세상을 지켜보면 앞으로 어떻게 달라질지 예상하기도 어렵다. 이렇게 다변화되는 세상에서 일하는 중에 수도를 해야 하는 과제가 주어진 것이다. 이러한 환경 속에서 수도를 통해 일을 잘

할 수 있고, 또 일속에서 진리를 깨쳐가는 공부가 바로 대종사님의 영육쌍전법이다.

대종사님은 영육쌍전법을 몸소 실천하여 보여주셨고 제자들은 그 뜻에 함께하였다. 낮에는 간석지를 개간하고 밤에는 공부하여 일하는 중에도 공부를 병행하며 방언공사를 했으며, 익산총부 건설 후 산업부를 두어 과수원을 경영하고 농사를 짓는 등 산업과 수도를 아울러 행하였다. 결국 공부와 사업, 수도와 생활은 서로 떠날 수 없는 관계인 것이다.

일이 없을 때는 청정한 마음을 확장하는 수양 공부와 사리 간에 연구하는 공부를 주로 하고, 일이 있을 때는 그 일을 대하는 마음을 청정하게 하고 시비이해를 빠르게 분석하여 정의는 취하고 불의는 버리는 실행력을 발휘하여 그 일을 해 나가는 것이다.

의식주를 구하는 중에 수양·연구·취사의 삼학으로써 일원상의 진리를 얻고, 일원상의 진리에 바탕을 둔 삼학으로 의식주를 구하면 수도와 생활이 둘이 아닌 삶을 누릴 수 있다.

이렇게 일 속에서 진리를 체득하고 일원상의 진리와 나의 삶이 하나가 될 것을 확신하며, 오늘도 내일도 일하면서 수도하는 영육쌍전법을 행하리라. 이러면 모두에게 도움이 되어 다 함께 잘 사는 낙원 세상을 만들 수 있는 것이다.

감상

무념보시를 한 동지에게 감사를 올림

김제 원평지부, 김제 용신지부 회원 일동

《회보》 제62호, 시창25년(1940) 신년호

—————— 공부의 요도 삼강령 팔조목으로 정신에 일심과 지식과 실행을 얻게 하고 그 반면에 육신 생활에 대한 의식주 삼 방면에도 근검과 저축을 위주하여, 정신·육신 양 방면을 완전히 진행시켜, 우리의 생활을 원만케 하고 지부[교당]의 사업을 확창하자는 영육쌍전을 주장하고 있다.

당 지방은 원래 농업을 주로 하여 생활하여 오던바 특히 금년은 의외의 대한재大旱災로 인하여 다대한 물질과 노력을 허비하면서 농작을 했으나 결국 수확 전무全無라는 참경을 당하고 보니 평소 저축에 대한 준비가 없던 우리로서 당장 호구지도糊口之道가 곤란할 것은 사실이요, 따라서 당 지부의 유지상에도 자연 난경을 당하게 됨은 또한 면할 수 없는 사세事勢였습니다. 이러한 참상을 친히 살피시고 들으신 어느 동지께서는 동지애의 자비심을 발하여 우리 양 지부 유지비로 일금 5십 원씩을 혜시惠施하시되 특히 무념의 덕을 쓰시어 명함을 숨기시니 우리 양 지부 회원 일동은 그 금액을 받게 되는 이해관계에서 올리는 말씀이 아니라 난경을 부조하시는 그 동지애의 진정을 깊이 감사하는 동시에 그 무념 공덕을 쓰심에 진심으로 감복하옵고 앞으로 양 지부의 발전을 위하여 갱일층 분투 노력고자 하나이다.

과거나 현재를 통하여 우리의 생활하여 온 경과를 회고하면 항상 일 방면에 편중된 감상이 없지 않습니다. 즉 정신 방면을 수련하고 교화한다는 종교가에 있어서는 육신 방면에 관한 생활을 등한시하여 의식주에 관한 관념이 박약하였고 또는 육신 생활의 자료를 만드는 각 농공상의 직업자는 정신 방면의 수련을 등한시하여 그야말로 영육쌍전과 물심병진이 되지 못하였음으로 종교에서도 시대에 적절한 완전한 종교가 되지 못하였으며 개인 생활에서도 구비한 생활이 되지 못하였나니, **우리는 우리 종사님의 지도하시는 영육쌍전의 교법에 따라 공부의 요도 삼강령 팔조목으로는 정신수양에 전력하여 이 정신에 일심과 지식과 실행을 얻게 하고 그와 반면에 육신 생활에 대한 의식주 삼 방면에도 오직 근검과 저축을 위주하여 양 방면의 생활이 완전히 진행되어서 우리의 생활을 원만케 하고 따라서 본 지부의 사업을 확장하여** 우리 지부를 그쯤 생각하여 주시는 동지의 은덕을 만분지일이라도 갚고자 하오니 '바라옵건댄 사은이시여 무념 보시를 하신 그 동지에게 앞으로 복락을 내려 주시옵소서' 하고 성심 축원하나이다.

회설

돈을 구하는 여러분에게

이공주

《회보》 제26호, 시창21년(1936) 7월호

——— 회설자 이공주는 돈을 구하는 방법과 삼학의 관계를 논설한다. 돈을 구하는 중 삼학으로 구하면 수도도 되고 돈도 구해지는 묘방이라는 것이다. 그러므로 삼학 공부는 돈 버는 묘방이며 한정 없는 부자 방망이라는 것이다. 영육쌍전법의 한 시각이다.

1.

돈이라 하는 것은 우리 인생에 참으로 필요한 것이며 없지 못할 적절한 물건이라고 나는 생각한다. 왜 그러느냐 하면 누구를 물론 하고 이 세상에서 생활하자면 첫째 옷을 입고 밥을 먹으며 거처할 집이 있어야 하고 그 옷과 밥과 집을 장만하기로 하면 돈이 있어야 하는 까닭이다. 그뿐만 아니라 돈만 있다면 각기 각색의 문방구도 사서 놀 수가 있고 자동차 비행기도 탈 수가 있을 것이며 그 외에도 무엇이나 우리의 하고 싶은 바는 다 할 수가 있나니 사실 천하에서 제일 좋은 것은 돈이라고 하여도 과언은 아닐 것이다. 돈이라 할진댄 아마 우리 조선뿐 아니라 세계 각국에서도 다 좋아할 것이요, 가령 만 명을 놓고 본다면 8, 9천 명은 돈에 환장할 것이며 아무리 지식이 있고 똑똑하다는 사람들도 그 앞에는 머리를 숙여 항복하지 않을 자 적으리라고 나는 자신하는 바이다.

2.

보라! 돈을 구하기 위해 조촐하고 귀한 몸을 세상에서 천대하는 기생도 만들고 작부酌婦도 만들며 강도도 만들며 대적大賊도 만들며 뺨도 맞게 하고 구류도 당하게 하며 징역도 살게 하고 사형도 받게 하며 존경하던 아비에게 독약도 먹이고 다정하던 아내를 불 놓아 죽이고 사랑하는 자녀를 팔아도 먹나니 이 얼마나 무도無道한 일이며 비참한 일인가? 이 외에도 모든 사람이 정든 고국을 버려두고 풍속 다른 해외에 가서 학대와 천대를 받는 것도 그 원인은 돈이며, 각종 공장에서 수 많은 직공이 애통 고통 하는 것도 그 원인은 돈이요, 인재는 훌륭하나 가르치지 못하여서 불구자를 만든 것도 그 원인은 돈이며, 상당한 사업에 착수는 하였으나 그 계획과 이상대로 실현치 못하는 것도 그 원인은 돈이니, 과연 우리는 그 돈을 구하지 않을 수 없으며 귀하게 여기지 않을 수 없는 것도 또한 부인할 수 없는 사실이라 하겠다.

3.

과연 이상에 말한 바와 같이 우리를 좋게도 하고 낮게도 하며 살게도 하고 죽게도 하는 것은 곧 돈의 능력이니, 환언換言하면 돈이 들어서 이 세상을 지휘하고 있다고 하여도 과언은 아닐 것이다. 그런다면 우리는 반드시 그 돈을 벌어야 할 것이요, 그 돈을 벌기로 하면 반드시 돈 버는 방식을 알아야 할 것이다. 대저 돈 버는 방식은 무엇인가. 금 나오라 뚝딱 하면 금이 나오고 은 나와라 뚝딱 하면 은이 나오는 도깨비의 부자 방망이를 얻어야 할 것인가. 그렇지 않으면 은행이나 상점의 금고를 깨트리는 재주를 배워야 할 것인가. 아니다. 우리가 만일 도깨비의 부자 방망이를 얻으려 할진댄 이는 허망하기 짝이 없을 것이요, 남의 금고를 깨트리려 할진댄 이는 불량한 도적놈의 행할 바이니, 어찌 정당한 사람으로 참아 행할 바이랴. **참으로 돈 버는 묘방은 따로 있나니, 그것은 다름이 아니라 곧 본회 공부의 요도인 삼강령이라 하노라. 이 삼강령으로 말하면 곧 정신을 수양하여 일심을 얻으며 사리를 연구하여 알음알이를 얻으며 작업을 취사하여 실행력을 얻는 것이니, 우리가 무슨 일에나 이 삼대력을 아울러 들이댄다면 돈은 샘솟듯 한정 없이 쏟아질 것이요, 나중에는 싫다고 해도 따라올 것이니, 이것이 돈 버는 방식이 아니고 그 무엇이며 묘한 비방이 아니고 그 무엇이랴.**

4.

설사 우리가 사농공상의 상당한 직업은 가졌다 하더라도 만일 자기의 보는바 사무에 일심이 되지 못하고 주색잡기 등의 사심이 있다든지, 그 일에 대하여 시비이해를 구별할 줄 모른다든지, 또는 모든 일에 취사하는 실행이 없이 각자의 마음 나는 대로 자행자지한다면 무슨 일을 물론 하고 이루지 못할 것은 사실이니, 월급 생활을 하는 사람이 그런다면 월급이 떨어질 것이요, 농사짓는 사람이 그런다면 남의 소작도 벌지 못할 것이며,

공업이나 장사하는 사람이 그런다면 그 공장이나 상점은 망하고 말 것은 명약관화한 사실이라 하노라. 또 **그 반면에 어떠한 직업이든지 가진 사람이 그 직무 이행할 때 사심은 끊고 일심을 들이대며 그 일에 대하여 잘하도록 연구하며 그 아는 대로는 정당한 일만 실행하여 보라. 그런다면 관공청에 다니는 사람이면 상관이 얌전히 보아 월급과 직명을 올려줄 것이요, 농사짓는 사람이면 전답 주는 사람이 많아질 것이며, 공장이나 장사를 하는 사람이면 자연 여러 사람이 신용을 하여 그 공장이나 상점이 흥할 것은 또한 틀림 없을 것이다.** 과연 우리가 상기上記한 바와 같이 무슨 일에나 삼대력만 들이댄다면 그 일에 실패는 없고 성공만이 있을 것이요, 성공만 있다면 돈과 위位는 진선진미盡善盡美하게 나올 것이니, 그러므로 우리의 삼강령 공부는 돈 버는 묘방이며 한정 없는 부자 방망이라고 생각하는 바이다. 여러분이여! 여러분도 돈이나 위를 구하려거든 먼저 이 삼강령으로써 공부하여 삼대력을 준비하기 바라노라.

감상담(조수원)

회설에서 돈을 벌기 위해 애쓰는 우리의 모습을 적나라하게 묘사해 놓았다. 돈을 구하기 위해 다양한 방법으로 살아가는 모습들이 애잔하다. 이들에게 돈을 구할 수 있는 도깨비 방망이를 하나씩 주겠다 하면 너도나도 받으려고 달려들 것이다. 도깨비방망이는 다름 아니라 공부의 요도인 삼학이다. 정신수양·사리연구·작업취사의 공부법으로 세상에서 돈을 구하고자 하면 원하는 만큼 구할 수 있다는 것이다. 실제 성공한 사람들을 보면 삼학을 취하여 쓰고 있다.

법신불 일원상의 진리와 수양·연구·취사의 삼학 수행을 통하여 의식주를 얻고 있으며, 의식주를 갖추어 안정된 생활을 기반으로 삼학 수행하여 일원상의 진리를 얻는 공부를 하고 있다. 생활과 공부가 서로 성장하여 개인의 발전은 물론이요, 가정·사회·국가에 도움을 미칠 수 있게 된다. 이렇게 하여 성공을 한 이들이 이를 증명할 것이다.

일반인들은 이 둘의 중요성을 모르고 하나만을 구하려고 하니 한쪽으로 기울어져 돈이 없어서 공부를 못 한다고 하고 공부를 하자니 돈을 구할 수 없다고 한다. 공부로써 돈을 구하고 공부를 잘하면 돈을 잘 구할 수 있는 이치를 모르기 때문이다. 공부와 일이 둘이 아닌 수행법을 잘 배워서 실제 생활에 유익을 구할 수 있기를 바란다.

제3 수행편 修行編

제17장 법위등급法位等級

제17장 법위등급法位等級

공부인의 수행 정도를 따라 여섯 가지 등급의 법위가 있나니 곧 보통급·특신급·법마상전급·법강항마위法强降魔位·출가위出家位·대각여래위大覺如來位니라.

1. 보통급은 유무식·남녀·노소·선악·귀천을 막론하고 처음으로 불문에 귀의하여 보통급 십계를 받은 사람의 급이요,
2. 특신급은 보통급 십계를 일일이 실행하고, 예비특신급에 승급하여 특신급 십계를 받아 지키며, 우리의 교리와 법규를 대강 이해하며, 모든 사업이나 생각이나 신앙이나 정성이 다른 세상에 흐르지 않는 사람의 급이요,
3. 법마상전급은 보통급 십계와 특신급 십계를 일일이 실행하고 예비법마상전급에 승급하여 법마상전급 십계를 받아 지키며, 법과 마를 일일이 분석하고 우리의 경전 해석에 과히 착오가 없으며, 천만 경계 중에서 사심을 제거하는 데 재미를 붙이고 무관사無關事에 동하지 않으며 법마상전의 뜻을 알아 법마상전을 하되 인생의 요도와 공부의 요도에 대기사大忌事는 아니하고, 세밀한 일이라도 반수 이상 법의 승勝을 얻는 사람의 급이요,
4. 법강항마위는 법마상전급 승급조항을 일일이 실행하고 예비법강항마위에 승급하여, 육근을 응용하여 법마상전을 하되 법이 백전백승하며, 우리 경전의 뜻을 일일이 해석하고 대소유무의 이치에 걸림이 없으며, 생·로·병·사에 해탈을 얻은 사람의 위요,
5. 출가위는 법강항마위 승급조항을 일일이 실행하고 예비출가위에 승급하여, 대소유무의 이치를 따라 인간의 시비이해를 건설하며, 현재 모든 종교의 교리를

정통하며, 원근친소와 자타의 국한을 벗어나서 일체 생령을 위하여 천신만고와 함지사지를 당하여도 여한이 없는 사람의 위요,

6. 대각여래위는 출가위 승급 조항을 일일이 실행하고 예비대각여래위에 승급하여, 대자대비로 일체생령을 제도하되 만능萬能이 겸비하며, 천만 방편으로 수기응변隨機應變하여 교화하되 대의에 어긋남이 없고 교화받는 사람으로서 그 방편을 알지 못하게 하며, 동하여도 분별에 착着이 없고 정하여도 분별이 절도에 맞는 사람의 위니라.

공부인의 수행 정도와 법위사정法位査定

소태산 대종사의 가르침의 정수는 『정전』에 담겨 있다. 『정전』은 소태산의 대각에서 길어 올린 법의 샘물이다. 우리는 이 법의 샘물을 마시어 이 법으로 성장하고 개인·가정·사회·국가·세계도 이 법으로 가꾸어가야 할 것이다.

『정전』은 세 편으로 구성되어 있다. 제1편 '총서편'에는 원각성존 소태산 대종사의 포부와 경륜이 담겨 있다면, 제2편 '교의편'에는 이러한 포부와 경륜의 설계도가 제시되어 있고, 제3편 '수행편'에는 이의 구체적인 실행 방법이 밝혀져 있다.

『정전』은 「법위등급法位等級」으로 맺고 있다. 수행편의 종결장인 「법위등급」은 수행의 정도를 가늠하는 잣대로 각자의 수행 정도를 대조해 살펴보는 법위의 척도尺度이다.

이러한 법위등급은 원기10년(1925) 음 8월에 '학위등급법'이란 이름으로 처음 발표되며 [『원불교교사』], 구체적인 세부 내용은 '육명부승급법六名簿昇級法'이란 제목으로 《월말통신》 제28·29호[시창15년 음 6월]에 등장한다.

법위등급의 첫머리는 "공부인의 수행 정도를 따라 여섯 가지 등급의 법위가 있나니, 곧 보통급·특신급·법마상전급·법강항마위·출가위·대각여래위니라."로 시작한다.

법위등급은 공부인의 수행 정도를 따라 6등급을 둔 수행단계이다. 보통급·특신급·법마상전급은 3급三級이라면, 법강항마위法强降魔位·출가위出家位·대각여래위大覺如來位는 3위三位로, 법강항마위부터는 성위聖位의 반열에 오르는 것이다.

법위등급의 수행 정도는 수양력·연구력·취사력의 삼대력三大力의 정도에 따라 구분하며, 법위등급의 수행 정도는 협의의 수행이 아니라 일체의 공부로써 서원, 신앙, 수행, 보은, 봉공, 공도헌신 등을 총괄하는 심신 작용의 법력이다.

법위등급의 척도인 '공부인의 수행 정도'는 삼학의 능력에 따른 삼대력의 법력을 뜻한다. 이러한 수행을 촉진시키고 지원하는 곳이 바로 교당이다. 즉 교당은 상시훈련과 정기훈련을 촉진시켜 삼대력의 법력이 향상되도록 지원하는 곳이 되어야 한다.

소태산 대종사 당대의 간행물인 《월말통신》 제2호에 흥미로운 감상이 기록되어 있다. '공정한 심판은 사정私情이 없다.'라는 감상담으로, 삼타원 최도화의 담화를 월말통신 기자 주산 송도성이 기록한 이야기이다.
내용은 활쏘기 대회에서 여자팀과 남자팀이 경기했는데, 약팀인 여자팀을 관중들이 열렬히 응원했으나 실력 차이로 인해 남자팀이 이기게 되었다는 이야기다. 아무리 여자팀이 이기라고 응원해도 실력대로 승부가 날 수밖에 없었다는 내용이다.

공정한 심판은 사정私情이 없다

최도화 담談
《월말통신》 제2호, 시창13년 4월 12일 감각, 4월 17일 기술

「저는 어느 친구와 동반하여 무진戊辰 4월경에 전북 전주에 개최되었던 전선[全鮮, 전조선] 궁술대회에 관광을 갔습니다. 각도 선수 일등 무사들이 장내에 나열하여 서로 자웅雌雄을 결하는 판이었습니다. 그중에 여류 무사 5인이 참가하여 강장强壯한 남자 일파를 상대로 개전開戰하니 장중은 일 층 더 흥미를 느끼고 구경하던바 여자 편이 연連해 패하게 되었습니다. 익강부약[抑强扶弱, 강자를 누르고 약자를 도와주는] 히려는 심리는 사람마다 같은지라 만장滿場이 환호하여 여자의 승리를 축복하고 심사인審査人과 주최자 측도 모두 여자를 위하여 힘써주었습니다. 그리하여 화살 가락이 과녁貫革의 근방에만 가도 다른 사람의 맞춘 것보다 너 요란하게 응원하였습니다. 그러나 필경 한 번도 맞추질 못하고 말았습니다. 그리고 본즉 아무리 애석한들 제의 기능과 실력이 불급不及한 것을 심사인은 어찌합니까. 마침내 우승의 영예는 다른 사람에게로 돌아갔습니다. 저는 그 광경을 보고 우리 집의 공부와 사업에 승급되는 것을 한번 생각하여 보았습니다. 대자비하옵신 우리 선생님께옵서 오죽이나 우리를 이상 등급에 올리고 싶으시리오마는 저의 실력이 부족하여 승급의 조건에 합한들 못하면 아무리 애석할지라도 선생님인들 무슨 도리 있겠습니까. 만약 승급조건에 합하지 못하는 것을

묵인하고 승급시킨다는 것은 저 활 쏘는데 심사인이 맞추지 못한 무사에 대하여 거짓으로 맞추었다고 칭찬하고 상 주는 것과 무엇이 다르리오. 그러므로 저는 공공한 심판에는 사정私情이 없는 것임을 절실히 느꼈습니다.」

최도화는 법위사정도 이 활쏘기와 같다는 감상을 발표한다. 소태산 대종사께서 법위를 다 승급시켜 주고 싶으나, 거짓으로 승급시키면 저 활쏘기 심판이 거짓으로 맞혔다 하여 상을 주는 격이므로, 개인적 감정으로 승급시킬 수는 없다는 것이다.

법위사정은 마치 활쏘기 대회에서 과녁에 맞지 않은 화살을 맞았다고 할 수 없듯이, 삼대력의 법력이 부족한데 승급시킬 수는 없는 것이다. 그러므로 모두의 법위를 승급시키고 싶으나 거짓으로 그냥 줄 수는 없는 것이다.

법위사정은 자신의 법력을 대조하고 반조해서 공부를 촉진하는 데 목적이 있다. 각자가 자기 자신을 점검하여 이를 대중이 공인하는 것이다.

법위사정은 남에게 대우받고 존경받는 명예가 아니라 자기 적공의 점검이다. 법위가 높다는 것은 타인의 고통에 감응하여 제도해야 할 책임이 더 크다는 것이다. 즉 법위 향상은 낙원의 길로 가는 각자의 수행이요, 타인에 대한 보은행이다. 일원상에 근원한 사은사요 삼학팔조의 교법으로 광대무량한 낙원으로 인도하는 것이다.

법위는 교선, 교정, 정사, 원정사, 대원정사로 달리 표현한다. 법강항마위부터 스승 사師가 붙게 되는데, 이는 지도인이 되었다는 뜻이다. 교당에 만일 법력 있는 지도인이 없다면 사람이 살지 않는 폐가와 같아져서 무의미한 곳이 되고 말 것이다.

법위는 공부인의 생명이요 자산이다. 그런데 만일 법위사정을 『정전』의 법위등급 대로가 아니라 마치 활쏘기 대회에서 심판이 과녁에 맞지 않은 화살을 맞았다 하는 식으로 관습에 따라 관례로 법위사정을 한다면 이러한 법위는 기반이 허약해질 것이다.

법위사정도 일정한 기간마다 자신의 심신 작용을 대조하는 조행 공부의 성향이 있으니, 자발적인 자기 점검으로 법력 있는 지도인을 양성하는 창구가 되어야 한다. 법력 갖춘 지도인을 양성하는 법위사정이 될 때 최초법어의 '지도인으로서 준비할 요법'도 갖추게 되고, '교당 내왕 시 주의사항'의 지도인도 살아나고, '병든 사회와 그 치료법'처럼 교단과 사회 국가를 치료하는 지도자의 역할도 살아나게 될 것이다.

보통급과 입문入門

법위는 교법을 실행해 가는 단계요 이정표요 안내도이다. 이러한 법위의 첫 단계가 보통급이다.

보통급은 "유무식·남녀·노소·선악·귀천을 막론하고 처음으로 불문에 귀의하여 보통급 십계를 받은 사람의 급"이다.

보통급은 '처음'인 초입初入이다. 이 초입이 중요하다. 소태산 대종사의 대각에 의해 밝혀주신 일원상의 진리와 이에 근원한 사은사요 삼학팔조의 교법에 처음 관심을 갖게 되어 인연이 된 것이다.

'처음으로'에 방점을 찍어야 한다. '처음으로' 입문한 것이 다행 중 다행이다. 소태산 대종사의 교법에 어찌 다행히 인연이 되어 입문하게 된 것이다. 나이도 관계없고, 성별의 차이도 교육 유무도 재산 정도도 권력 여부도 관계없는 것이다.

처음으로 소태산 대종사의 가르침에 첫발을 디디어 입문하는 것으로, 보통급에 들어섰다는 것이 중대한 사건이다. 어찌 다행 소태산의 가르침에 인연이 되어 일원대도의 정법에 들어선 것으로 축하할 일이요 경축 받을 경사이다.

보통급은 소태산 대종사의 가르침에 흥미를 느끼고 관심을 가지는 초심의 단계이다. 일원대도에 들어선 첫발로, 남녀노소 선악 귀천 간에 어떠한 차별도 없이 처음으로 입문하는 절대 평등의 길이다.

보통급은 세상살이의 욕심 경계 속에서도 소태산 대종사의 가르침에 발심이 생겨 한 마음 돌려 이 법에 귀의歸依한 것이다. 귀의는 원각성존 소태산 대종사께서 밝혀주신 일원대도一圓大道인 사은사요 삼학팔조에 마음을 낸 초심의 단계다.

'처음으로 불문佛門에 귀의하는 것'은 입문이다.

'불문佛門'의 불은 깨어있을·깨달을 불佛로, 불문은 깨어있는 자리이며 깨달음으로 들어서는 문이요 깨달음을 추구하는 길이다. 소태산 대종사는 "이 부처 불佛 자는 '깨달을 각覺'으로 '만법을 깨닫는다.'는 뜻"이라 일러주셨으며, 또한 정산 종사는 "불佛은 곧 깨닫는다는 말씀이요 또는 마음이라는 뜻"[『정산종사법어』 경륜편 1장]이라고 밝혀주고 있다.

결국 불문에 귀의한다는 것은 마음을 깨달아 만법을 깨치는 공부길에 들겠다는 바람이다. 이 불문에 들면 일원대도의 정법正法에 들어서는 것이다. 이 깨달음의 문에 인연되어 보통급에 들어서는 첫발이 소중하다.
결국 '보통급의 불문'은 원각성존 소태산 대종사께서 밝혀주신 교법이요 깨달음의 마음공부다.

깨달음의 마음공부인 불문에 귀의하는 것은 소태산 대종사의 교법에 입교入敎하여 득도得度하는 것이다. [『예전』] 제도의 인연을 맺은 것이다.
입교하면 법명法名을 부여받는다. 법명은 세계의 공명公名으로[『대종경』 서품 14장] 법명을 받아 일원대도의 이 공부 이 사업에 힘쓰라는 것이다.
처음으로 깨달음의 문에 귀의하는 입교는 먼저 '보통급 십계문'을 받아 지키는 것이며, 또한 '일원상 서원문' '일상 수행의 요법' 등 독송문을 외워 대조케 하는 것[『대종경』 수행품 1장]으로 마음공부의 첫발을 딛도록 안내받는 것이다. 이는 깨달음의 공부길[불문佛門]에 들어서는 공부인에게 주어지는 법의 선물이다. 마음공부 여행자에게 이정표를 제공하는 것이다.
이것을 선물로 받아들이냐 아니면 짐으로 여기느냐에 따라 갈림이 있게 된다. 깨달음의 공부길인 불문을 선물로 받아들일 때 법의 길, 낙원의 길에 들어서게 되는 것이다.
대산 종사의 '소자小子요 소제小弟요 소동小童의 마음'이 보통급에 든 초발심의 마음이다. 이 초발심으로부터 일원대도인 사은사요 삼학팔조의 교법에 발심이 나서 굳건하게 뿌리내리는 것이다.

보통급의 문은 활짝 열려야 한다. 대도는 문이 없다. 소태산 대종사의 가르침에 입문하여 공부하고자 하면 어떠한 장벽도 있어서는 안 될 것이다. 소태산 대종사는 재가와 출가에 대하여 주객의 차별이 없이 공부와 사업의 등위만 따를 것이라 하셨다. 세간 생활하는 신자가 주인공이 되질 못하고 객客과 같이 되어 직통 제자가 되지 못하거나 또한 회상의 조상에 들지 못하는 상황이 되어서는 안 될 것이다. 〈『대종경』 서품 18장〉
보통급의 문을 활짝 열어 일원대도에 입문하여 귀의하는 데에는 가난이나 교육의 정도가 걸림돌이 되어서도 안 될 것이며, 성性에 대한 입장이 입교에 곤란한 장애가 되어서도 안 될 것이다.
남녀노소 선악 귀천을 막론하고 보통급으로 인도해야 한다. 나는 보통급을 통과했다고 여길 것이 아니라 얼마나 보통급을 소개하고 인도했는지 돌이켜 봐야 할 것이다.
우리에게 이 보통급은 시작이면서 기반이다. 이 보통급의 문을 어느 정도로 여냐에 따라 일체생령의 회상이냐 아니면 자기들만의 친목 동아리냐가 결정되기 때문이다.
일체생령을 일원대도一圓大道인 사은사요 삼학팔조의 교법에 귀의토록 해야 한다. 우리는 보통급에 첫발을 딛게 된 기쁨을 자랑스러워하고, 또한 새 회상 일원대도를 만난 기쁨을 다 같이 찬송해야 할 것이다.

보통급은 보통급 십계를 받은 사람의 급이다.
소태산 대종사 말씀하시기를 "계문을 지키지 못하고서는 극락에 가지 못한다. 계문 범하고 죄받는 형상을 활동사진으로 보여 주어야만 정신을 차릴지 모르겠다. 계문을 잘 지키면 지옥문이 닫히는 법이다."[『원각성존 소태산 일화집』]라고 계문의 소중함을 강조한다.
처음으로 깨달음의 문인 불문에 들어 보통급에 귀의하는 사람은 계문의 중요함에 따라 먼저 보통급 십계를 받아 지키는 발심을 낸 공부인이다.

특신급과 삼대력

법위는 수양력·연구력·취사력이 삼대력 정도程度로써, 특신급도 삼학 수행 정도로 평가한다.

특신급은 첫째 "보통급 십계를 일일이 실행하고, 예비 특신급에 승급하여 특신급 십계를 받아 지키는" 단계로, 이는 특신급의 취사력이다.
'일일이'는 하나하나씩 낱낱으로, 보통급 십계는 낱낱이 거의 다 실행하고, 특신급 십계는 지키려는 굳은 의지로 힘써 노력하는 단계이다.
취사력의 기초는 계문으로, 계문은 삼가고 경계하는 것이다. 솔성요론이 '하기로 한 일'이요 '하자는 조목'이라면 계문은 '안 하기로 한 일'이요 '말자는 조목'이다.

법위등급의 계문은 하지 말라는 심신 작용 처리의 경계 센서로, 이 계문의 센서를 육근 작용에 설치하여 안 하기로 한 일에 취사하는 주의심을 챙기는 것이다. 유무념 처리 따로, 계문 대조 따로가 아니라, 하기로 한 일과 안 하기로 한 일에 취사하는 주의심을 챙기는 작업취사의 한 가지 방식이다.

계문은 받아 지키는 것이다. 받아 지킨다는 것은 기억하여 몸에 각인시키는 것이다. 이렇게 보통급 십계와 특신급 십계인 20계만 지켜도 심신 작용의 대체는 복혜를 생산하기 때문이다.

둘째 "우리의 교리와 법규를 대강 이해하는" 단계이다.

대강은 대체 강령으로 세밀하게는 아니지만 큰 흐름과 맥락은 잡고 있다. '교리표어'와 '교리도'를 통해서 교리의 전체적 대체와 흐름을 파악하고 '일상 수행의 요법'을 통해서 교리의 실천 강령은 잡고 있으며, 또한 『교헌』 및 『예전』의 대체는 이해하는 정도이다. 이것이 특신급의 연구력이다.

특신급은 교전 전체를 세세하게 다 파악하는 것은 아니지만, 교리와 법규의 강령과 대요의 정수는 확실히 파악하고 있는 단계이다.

'교리도'를 통해 일원상 진리에 바탕을 둔 삼학팔조의 수행문과 사은사요의 신앙문의 전개를 파악하여 무시선 무처선과 처처불상 사사불공의 대요와 강령을 이해하고, '일상 수행의 요법'으로 수행의 대체를 꿰뚫고 있는 정도이다.

아울러 교헌 및 법규의 세부 조목을 일일이 아는 것은 아니지만 교헌의 전문과 총강 등의 대체 및 예전의 근본과 정체는 파악하는 정도이다.

셋째 "모든 사업이나 생각이나 신앙이나 정성이 다른 세상에 흐르지 않는 사람의 급"이다.

일원대도의 이 공부 이 사업에 마음이 정定해져서 마음이 바뀌지 않는 특별한 신심으로, 이것이 바로 특신급의 수양력이다.

대산 종사는 '특신은 진리와 스승과 법과 회상에 심신을 귀의한 경지'라고 밝혔다. 진리와 스승과 법과 회상의 사대불리신심四大不二信心을 『정전』으로 읽으면 「개교의 동기」의 '진리적 종교의 신앙'의 다른 표현이다. 일원상의 '진리'에 부합된 사은사요 삼학팔조의 '교법'이며 이러한 교법을 신앙하고 수행하는 '회상'과 이 일원상의 진리에 근원하는 사은사요 삼학팔조의 교법을 깨치신 '스승님'의 지도에 따르는 것이다. 즉 일원대도의 사은사요 삼학팔조인 이 공부와 사업에 발심이 나서 다른 세상의 유혹에 흔들리지 않는 신심이다.

이처럼 특신급은 진리적 종교인 일원대도에 귀의하여 사은사요의 인생길과 삼학팔조의 공부길에 들어 다른 세상에 흐르지 않고, 무엇과도 바꾸지 않는 일생사가 결정된 신심을 갖춘 수양력이다.

특신급은 정법正法을 알아보고 입지立志가 서진 상태이다. 보통급은 씨앗이 내린 상태라면 특신급은 싹을 뿌리내려 발아發芽하는 상태이다.

일원대도에 바탕을 둔 사은사요와 삼학팔조의 이 공부 이 사업에 재미를 붙이고 반신반의半信半疑하지 않는 수승한 특신特信의 경지이다. 이 특출한 신심이 확고해야 법위 향상이 되며, 소태산 대종사가 일러주신 교법의 길에서 벗어나지 않는 것이다.

특신급은 교법대로 해보는 공부 단계로 잊었으면 다시 챙겨서 해보고, 잘 안되어도 또다시 해보는 단계이다. 이 같은 특신이 철저해야 법마상전급과 법강항마위에 드는 길이 튼튼해지는 것이다. 특신은 정각정행正覺正行의 길에 들 수 있는 기반이다.

특신급은 법신불 일원상을 신앙의 대상과 수행의 표본으로 모시어 천지·부모·동포·법률의 사은과 정신수양·사리연구·작업취사의 삼학을 신앙과 수행의 강령으로[『정전』 교법의 총설] 삼는 마음이 다른 세상에 흐르지 않는 공부 단계다. 이 법 밖으로 나가지 않는 신심이다.

모든 사업이나 생각이나 신앙이나 정성이 이 법 밖의 다른 세상으로 흘러가지 않는 공부 단계로, 일원대도에 발심이 나서 일원대도를 실현하는 사은사요의 인생길과 삼학팔조의 공부길을 밟겠다는 의지가 굳건한 급이다.

특신급은 지금 내가 서 있는 이 세상에서 법신불 일원상을 신앙의 대상과 수행의 표본으로 모시어 사은과 삼학을 신앙과 수행의 강령으로 삼고 살겠다는 마음이 확실하게 서진 공부인의 공부 단계이다. 만일 일원상의 발현인 사은과 삼학의 공부심을 놓치면 소태산 대종사께서 밝혀주신 법의 길에서 벗어나고 법의 기반이 무너지게 된다. 이 교법을 받들지 않으면 특신급은 아니다.

『정산종사법어』 기연편 4장 법문이다.

다음 달[원기4년 음 8월]에 대종사께서 정산 종사를 부안 변산 월명암에 보내시며 "불경은 보지 말라" 하시었더니, 정산 종사 경상經床까지 외면하고 보지 아니하였으며, 그 후 다시 진안 만덕산에 보내시며 "전주는 들르지 말라" 하시었더니, 전주를 바라보지도 아니하고 지나시니라. 후일, 학인에게 정산 종사 말씀하시기를 "내 일찍 대종사께 물건으로 바친 것은 하나도 없으되 정情과 의義에 조금도 섭섭함이 없었노니, 마음으로 한 때도 그 어른을 떠나 본 일과 일로 한 번도 그 어른의 뜻을 거슬러 본 일이 없었노라."

정산 종사의 소태산 대종사에 대한 신심은 바로 특신급에 기반한 신성이다. 원각성존 소태산 대종사 외에 더 높은 스승이 없고, 소태산 스승님이 밝혀 주신 일원대도의 사은사요 삼학팔조보다 더 크고 바른 법이 없고, 사은사요 삼학팔조의 이 공부에 정진하는 법열보다 더 즐거운 일이 없으며, 사은사요 삼학팔조의 이 교화사업보다 더 보람된 일이 없다는 특신이 서는 것이다. 이러한 마음은 특신급에서 형성되어가는 심법이다.

특신의 신信은 의심의 반대, 의심의 부재가 아니라, 신이 있다는 것은 동시에 지혜를 추구하는 것이다. 특신의 신은 의심이 결부된 믿음이다.

초기교서인 『수양연구요론』에서 '믿음이 십 분十分이면[오롯하면] 의심이 십 분이요 의심이 십 분이면 깨달음이 십 분이라' 한다.

결국 특신이 되면 법法이 무엇이며 마魔가 무엇인지 알려고 하는 의심이 일어날 수밖에 없는 것이다. 그러면 끝내 깨달음에 이르는 것이다. 소태산 대종사는 일원상의 진리에 근원하는 사은사요의 인생길과 삼학팔조의 공부길에 입지立志를 세워져 정법에 대한 바른 믿음을 내는 정신正信에 근거하여 정각正覺을 이루는 것이다. 그러면 허공법계에서 성성식成聖式이 이루어진다고 하셨다.

원불교 3대를 지난 4대로 나아가는 제일 과제는 3대의 '보통급의 원불교'에서 4대는 '특신급의 원불교'로 탁근해서 교법대로 발아해 가야 할 것이다.

더보기Tip

특신급과 법규

특신급은 '우리의 법규를 대강 이해하는 정도'이니, 교헌의 전문 및 총강 등의 대체는 파악하고 있는 상태이다.

교헌 전문前文

일원세계一圓世界 건설建設의 기연機緣에 응應하여 원기圓紀 원년元年 4월 28일(병진丙辰 음陰 3월 26일) 원각성존圓覺聖尊 소태산少太山 대종사大宗師의 대각大覺으로 개교開敎한 원불교圓佛敎는 "물질物質이 개벽開闢되니 정신精神을 개벽開闢하자"는 표어標語아래 법신불法身佛 일원상一圓相의 진리眞理를 종지宗旨로 하여 신앙信仰과 수행修行을 병진竝進하고 영靈과 육肉을 쌍전雙全하며 이理와 사事를 병행竝行함으로써 광대무량廣大無量한 낙원세계樂園世界 건설建設을 지향指向한다.
우리는 교조敎祖께서 구인제자九人弟子와 더불어 저축조합貯蓄組合을 설립設立하고 영산방언靈山防堰과 법인성사法認聖事로 교단창립敎團創立의 기본基本을 다져준 정신精神을 이어받아 교화·교육·자선敎化·敎育·慈善의 삼대사업三大事業을 계승繼承 발전發展시켜 세생의세濟生醫世의 사명使命 완수完遂에 매진邁進한다.
이에 재가·출가在家·出家 전 교도全敎徒가 다 같이 주인主人이 되어 일원주의一圓主義 사상思想에 입각立脚하여 공화제도共和制度의 체제體制와 십인일단十人一團의 교화敎化로 참 문명세계文明世界를 건설建設하기 위하여 원기圓紀 33年 4월 26일에 제정制定한 원불교圓佛敎 교헌敎憲을 4차 개정改正에 이어 원기圓紀 84년 11월 8일에 다시 개정改正한다.

제1장章 총강總綱

제1절 종지와 목적

제1조(종지宗旨) 원불교(이하 본교本教라 칭한다)는 우주만유宇宙萬有의 본원本源이요 제불제성諸佛諸聖의 심인心印이며 일체중생一切衆生의 본성本性인 법신불 일원상法身佛 一圓相의 진리眞理를 종지宗旨로 한다.

제2조(목적目的) 본교本教는 전조前條의 종지宗旨 아래 진리적眞理的 종교宗教의 신앙信仰과 사실적事實的 도덕道德의 훈련訓練으로써 일체중생一切衆生을 광대무량廣大無量한 낙원樂園으로 인도引導함을 목적目的으로 한다.

제2절 교의教儀

제3조(신앙의 대상信仰-對像) 본교는 법신불 일원상法身佛 一圓相을 신앙의 대상信仰-對像과 수행의 표본修行-標本으로 한다.

제4조(연원불淵源佛) 본교는 서가모니불釋迦牟尼佛을 연원불淵源佛로 한다.

제5조(교조教祖) 본교의 교조教祖는 원각성존圓覺聖尊 소태산少太山 대종사大宗師이다.

제6조(법계法系) ①법계法系는 소태산 대종사로부터 비롯된다.

②법계法系는 인적단전人的單傳으로 하지 아니하고 매每 36년을 1대代로 하여 공동전수共同傳受한다.

제7조(의식儀式) ①본교의 의식儀式은 진리眞理와 사실事實에 근거根據한다.

②정례定例 및 수시법회隨時法會와 모든 의식은 예전禮典의 정定한 바에 따라 행行한다.

제3절 교화教化

제8조(교전教典) 본교는 정전正典과 대종경大宗經을 교전教典으로 하고 그 밖의 교서教書를 편정編定하여 이를 전수專修하게 한다.

제9조(교역자教役者) 본교는 재가·출가出家·在家의 남녀男女 교역자教役者를 양성養成하여 교화教化와 사업事業을 담당擔當하게 한다.

제10조(교당敎堂) 본교는 대중교화大衆敎化의 장소場所로써 교도敎徒와 인구人口의 집중지集中地에 교당敎堂을 설치設置하고 교도敎徒의 일상생활日常生活에 응應하도록 한다.

제11조(훈련訓練) 본교는 정기훈련법定期訓練法과 상시훈련법常時訓練法으로 훈련訓練을 실시實施한다.

제12조(교화단敎化團) 본교는 십인일단十人一團의 교화단敎化團을 조직組織하여 교화敎化와 통치統治의 원활圓滑을 기期한다.

제13조(영육쌍전靈肉雙全) 본교는 교도敎徒로 하여금 신앙信仰과 수행修行을 병진竝進하고 직업職業에 근실勤實하여 영靈과 육肉을 쌍전雙全하게 한다.

제2장 교단과 교도

제14조(교단敎團·교도敎徒) ①본교는 본교의 교리敎理를 신봉信奉하는 교도敎徒로서 교단敎團을 구성構成한다.

②절차節次를 밟아 입교入敎한 사람을 교도敎徒라 하고 절차節次를 밟지 아니한 신봉자信奉者는 신도信徒라 한다.

제15조(재가在家·출가出家) ①교도는 재가교도在家敎徒와 출가교도出家敎徒로 구분區分한다.

②재가와 출가는 차별差別하지 아니하고 공부工夫와 사업事業의 실적實績에 따라 자격資格과 대우待遇를 정定한다.

제16조(기본의무基本義務·권리權利) 교도는 다음의 의무와 책임가 있다.

1. 조석심고朝夕心告의 의무
2. 법회출석法會出席의 의무
3. 보은헌공報恩獻供의 의무
4. 입교연원入敎淵源의 의무
5. 법法의 정定한 바에 의한 선거選擧와 피선거被選擧의 권리
6. 법의 정한 바에 의한 교정敎政 참여參與의 권리

제3장 교제教制

제17조(원기圓紀) 본교의 기원紀元은 원기圓紀라 하고 소태산 대종사의 대각연도大覺年度를 원기圓紀 원년元年으로 한다.

제18조(전무출신專務出身) ①출가교도로서 교구敎規의 정定한 바에 따라 본교에 공헌貢獻하는 이를 전무출신專務出身이라 한다.

②전무출신으로서 평생을 독신獨身으로 공헌하는 이를 정남貞男·정녀貞女라 한다.

제19조(거진출진居塵出塵) 재가교도로서 교구의 정한 바에 따라 본교에 공헌하는 이를 거진출진居塵出塵이라 한다.

제20조(법위등급法位等級) ①교도의 법위등급은 보통급普通級, 특신급特信級, 법마상전급法魔相戰級, 법강항마위法强降魔位, 출가위出家位, 대각여래위大覺如來位의 6등급을 두고 보통급을 제외한 각 등급에는 예비등급豫備等級을 둔다.

②법계인法階人 호칭呼稱은 특신급을 교선敎選, 법마상전급을 교정敎正, 법강항마위를 정사正師, 출가위를 원정사圓正師, 대각여래위를 대원정사大圓正師로 호칭呼稱한다. 다만 예비등급은 그 아래 등급으로 호칭한다.

제21조(사업등급事業等級) 교도의 사업등급 특등特等, 1등, 2등, 3등, 4등, 5등의 6등급을 두고 그 중간에 각각 준등급準等級을 둔다.

제22조(원성적元成績) ①교도의 원성적은 법위등급과 사업등급을 합하여 정한다.

②원성적은 특등, 1등, 2등, 3등, 4등, 5등의 6등급을 두고 그 중간에 각각 준등급을 둔다.

제23조(법훈法勳) 출가위 이상以上된 이와 종법사宗法師를 역임歷任한 이를 종사宗師, 원성적 특등인 전무출신을 대봉도大奉道, 원성적 특등인 거진출진을 대호법大護法이라 한다.

제24조(희사위喜捨位) ①대각여래위의 부모는 대희사大喜捨, 출가위의 부모는 중희사中喜捨, 법강항마위의 부모는 소희사小喜捨라 하며 법의 정한 바에 따라 특별유공교도特別有功敎徒의 부모를 소희사로 추존追尊할 수 있다.

②대희사大喜捨는 법훈法勳으로 받든다.

第25조(향례享禮) 본교는 대종사大宗師 이하以下 역대歷代 법훈제위法勳諸位와 유공제위有功諸位의 법은法恩을 영원히 추모追慕하기 위하여 예전禮典의 정한 바에 따라 정례定例로 향례享禮한다.

第26조(연원淵源) 교도 간敎徒間에 인도引導의 특연特緣이 있는 이를 연원淵源이라 한다.

第27조(은족恩族) 교도 간의 특연한 은의恩義로 공부工夫와 사업事業을 권장勸奬하기 위하여 은부자恩父子, 은모녀恩母女의 의義를 맺을 수 있다.

제4장 중앙총부

第28조(중앙총부中央總部) ①본교는 교단敎團을 총관總管하기 위하여 중앙총부를 둔다.

②중앙총부에는 종법사宗法師와 수위단회首位團會, 중앙교의회中央敎議會, 교정원敎政院, 감찰원監察院을 둔다.

③본교는 중앙총부 사무業務를 대행代行하는 사무소事務所를 둘 수 있다.

④사무소의 운영은 교규敎規로 정한다.

… 하략 …

특신급은 헌규 등의 법규를 일일이 세세하게 파악하는 정도는 아니지만, 대체적인 이해는 하는 단계이다.

참고로 교헌은 시대를 따라 개정이 요구되므로 그 개정의 일단을 논의해 보고자 한다.
첫째, 제1장 제2조(목적) 중 '일체중생一切衆生'을 『정전』「개교의 동기」에 따라 '일체생령'으로 고칠 필요가 있으며,
둘째, 제2절 제4조(연원불)과 제5조(교조)는 순서를 바꿀 필요가 있다. 교조 다음에 연원불을 배치하는 것이 타당할 것이다. 원불교에 있어 석존은 소태산 대종사에 의해 연원불로

의미 부여된 성자이기에 석존성탄절은 '연원불 오신날'로 이해할 필요가 있다.

셋째, 제3절 제8조(교전) '본교는 정전正典과 대종경大宗經을 교전敎典으로 하고' 부분을 교조 다음 조항에 넣어서 소태산 대종사를 교조로 하고 소태산 대종사의 교법인 정전과 대종경을 소의경전으로 한다는 정체성을 분명히 할 필요가 있다.

넷째, 제3절 제12조(교화단) '본교는 십인일단의 교화단을 조직하여 교화와 통치의 원활圓滑을 기期한다.'라는 조항에 있어 교화단을 '교화와 통치'의 기구로 볼 것인지, '교법으로 법력을 향상 변화'시키는 의도의 '교화를 위한 공부 조직'에 중점을 둘 것인지 논의가 필요하다. 통치를 소통으로 해석해야 하는 시대정신이 요청되기 때문이다. 결국 '교화와 통치'는 '공부와 소통'으로 해석해야 할 것이다.

다섯째, 제3장 제22조 원성적과 제23조 법훈의 적용은 『정전』 법위등급과 『원불교교사』의 원기10년 '학위등급법' 및 '사업고시법'과 원기12년 '유공인 대우법'을 발표한 의도와 그 정신을 살펴보아 그 본의에 합당한 집단연구력과 지혜를 동원해야 할 지점이다.

법위와 사업 및 유공의 대우는 분리해서 시행할 필요가 있다. 소태산 대종사는 제1대 1회 기념식[원기13년 음 3월]에서 사업 유공인 및 사업 성적표 수여와 별도로 법위 승급의 예식을 거행한다. 〈『원불교교사』〉

이러한 논의처럼 교헌은 시대의 요청과 필요 때문에 다듬을 요소가 있을 것이다.

법마상전급과 삼대력

법마상전급의 전제前提는 "보통급 십계와 특신급 십계를 일일이 실행하고 예비법마상전급에 승급하여 법마상전급 십계를 받아 지키는 것"이다.
이처럼 법마상전급은 보통급과 특신급의 20계문은 거의 다 실행하고 법마상전급 10계문을 받아서 범과 하지 않도록 노력하는 단계이다. 이 30계문 실행이 법마상전급의 전제이며 취사력의 기초이다.

법마상전급은 첫째, "법과 마를 일일이 분석하고 우리의 경전 해석에 과히 착오가 없는" 공부 단계로, 이는 법마상전급의 연구력이다.
'법과 마를 일일이 분석한다는 것'은 일원상의 진리를 체 받아서 사은에 보은하고 사요를 실천하는 것은 법이요, 일원상의 진리를 체 받지 못하여 사은에 배은하고 사요를 위반하는 것은 마이며, 또한 법신불 일원상을 수행의 표본으로 삼아 삼학과 팔조를 수행하는 것은 법이요, 삼학과 팔조를 어기는 것은 마인 줄 밝히는 것이다.
이처럼 법마상전급은 10중 8·9는 일일이 법과 마를 분석하는 수준이다. 즉 무엇이 법이고 무엇이 마인지 가릴 줄 알아, 법과 마가 상전相戰·교전交戰하되 마에게 혹여 질지언정 마가 숨진 못하는 상태다.
또한 '우리의 경전 해석에 과히 착오가 없다는 것'은 일원상의 안목에 따라 사은사요 삼학팔조의 강령이 정립된 단계이기에 소태산의 가르침인 정전·대종경의 해석에 큰 착오가 없는 경지이다.

둘째, "천만 경계 중에서 사심邪心을 제거하는 데 재미를 붙이고 무관사無關事에 동하지 않는" 공부 단계로, 이는 법마상전급의 수양력이다.
사심邪心은 욕심 경계에 끌려가는 마음이라면, 정심正心은 그 일 그 일에 일심인 성품 자리에 그친 마음이다. 무관사는 관심 두지 않을 경계로, 무관사에 동하지 않는 것은 욕심 경계의 마魔에 먹이를 주지 않는 공부 단계다.

욕심 경계에 끌리는 마음이 사심이요 마魔로써, 마가 마인 줄 알기 위해서는 법이 서야 한다. 법의 근원은 일체중생의 본성인 일원상 성품 자리로, 일원상 성품 자리를 자각하지 않고서는 공부길에 제대로 들 수 없는 것이다.

법마상전급의 중심은 법으로, 법은 그 일 그 일의 일심이요 모든 일에 마땅한 정의이다. 법이 세워지면 마가 마인 줄 알게 되어, 법으로 마와 상전相戰할 수 있는 것이다.

일체중생의 본성인 일원상 자리를 앞세우지 않고는 법마상전 할 순 없는 것이다. 이처럼 우리의 본성인 일원상 자리를 챙겨 사심을 제거하는 데 재미를 붙이는 단계가 바로 법마상전급이다. 제거는 덜어내고 보내는 것으로, 사심을 사심인 줄 알면 사심이 있다가 절로 사라지는 것이다. 법마상전급은 무관사인 사심에 관심을 두지 않는 공부이다.

성품을 놓치면 나라는 아상의 사심에 빠지게 된다. 법마상전급의 공부인은 성품을 챙겨 성품으로 그일 그일에 일심 하기 바쁜 경지이다. 생각하지 않아도 될 일, 하지 않아도 될 일에는 관심 두지 않는 것이다. 즉 무관사에 동하지 않는 공부 단계다. 〈『대종경』 수행품 17장〉

이와 같이 일원상 자리에 기반하여 사심을 제거하고 무관사에 부당할 때 법마상전급의 수양력이 세워지는 것이다.

셋째 "법마상전의 뜻을 알아 법마상전을 하되 인생의 요도와 공부의 요도에 대기사大忌事는 아니하고, 세밀한 일이라도 반수 이상 법의 승勝을 얻는 사람"의 급이다.

이 조목은 법마상전급의 결론이요 핵심 취사력이다. 무엇이 법이고 무엇이 마인지 분별하여 법이 마에게 지지 않는 주의심을 다하는 단계다.

대기사大忌事는 크게 꺼릴 일로, 법은 취하고 마는 버리는 취사하는 주의심에 방심하는 것이다. 즉 '인생의 요도' 사은에 보은하고 배은하지 않는 주의심을 놓치는 것이 대기사요, 사요를 실행하려는 주의심을 놓치는 것이 대기사인 것이다. 또한 '공부의 요도'의 대기사는 삼학의 주의심을 놓치는 것이요, 신분의성은 취하고 불신·탐욕·나·우는 제거하는 주의심을 놓치는 것이다.

법마상전급은 「상시일기법」의 '유무념 처리'처럼, 하자는 법과 말자는 마에 취사하는 주의심을 유념하지 못하는 '대기사'는 하지 않는 것이다. 또한 공부가 깊어 가면 실지로 일이 잘되고 못되었는지를 대조하여 '세밀한 일'이라도 반수 이상은 구체적으로 실행하는 공부 단계이다.

법마상전급에는 공부길의 고개인 중근의 고비가 있다.

중근의 고비는 예비법마상전급에 들어 정식법마상전급의 공부길에 진입하지 못하고 샛길로 빠지는 경우이다. 그러니 중근기는 방심해서는 안 되는 공부 단계다.

중근기는 어느 정도 공부의 힘이 있기에 도리어 걸 넘을 수 있다. 즉 자세히 아는 것도 없고 모르는 것도 아닌 호의狐疑를 품어 원각성존 소태산 대종사의 법문을 저울질하는 근기다[『대종경』 신성품 2장]. 이런 중근의 늪을 중근병이라 한다.

법마상전급 십계문의 아만심과 시기심은 중근병의 징조요 싹으로, 이 중근병의 싹을 그대로 두어 심해지면 법마상전급 십계문의 탐심·진심·치심이 더욱 치성하게 된다.

아만심이 날 때 심각하게 중근의 고비인 줄 알아야 하며, 더 나아가 시기심이 일 때 중근의 병이 깊어짐을 소스라치게 자각해야 한다.

소태산 대종사 말씀하시기를 "저 학교에서도 학기 말이나 학년말에는 시험이 있는 것과 같이 수도인에게도 법위가 높아질 때나 불지佛地에 오를 때는 순경 역경을 통하여 여러 가지로 시험이 있나니, … 내가 지금 그대들을 살펴볼 때 그대들 중에도 시험에 걸려서 고전苦戰을 하고 있는 사람과 패전하여 영생 일을 그르쳐 가는 사람과 또는 좋은 성적으로 시험을 마쳐서 그 앞길이 양양한 사람도 있나니, 각자이 정도를 살피어 그 시험에 실패가 없기를 바라노라."[『대종경』 수행편 48장]라고 각성 있기를 촉구한다.

법마상전의 시험에 실패가 없기 위해서는 원각성존 소태산 대종사의 교법에 귀의하여 일원대도를 체 받아야 한다. 소태산 대종사의 교법은 일원상의 진리를 체 받는 것이 기초요 기반으로, 소태산 대종사의 교법에 신심이 있으면 탐진치가 일어날지라도 탐진치에 물들지 않는 일원상 성품 자리에 들어 이 자리로 탐진치를 녹여내는 것이다. 이러할 때 탐심·진심·치심을 내지 말라는 계문도 받아 지킬 수 있는 것이다.

이러한 중근병에서 벗어나려면 신성信誠이 있어야 한다. 신성은 원각성존 소태산 대종사의 법대로 실행하겠다는 서원이 굳건한 마음 상태이다. 이는 『대종경』 신성품 10장에 등장하는 구정 선사처럼 법을 구할 때 법에 대한 신성이 있어야 그 법을 오롯이 받게 되며, 자기가 스스로 깨치는 것이 곧 법을 받는 것임을 자각해야 한다. 신성으로 일원상 성품자리를 관통하는 것이다. 법을 구하기 위해서는 자기 생각과 고집을 내려놓는 것이다. 아만심도 시기심도 내려놓는 것이다. 스승을 신봉할 뿐만 아니라 자신의 수행을 위해서도 신성은 필요하다.

또한 중근에서 벗어나려면 "부처는 누구며 나는 누구냐?"는 큰 발분을 가지고 정진해야 한다[『정산종사법어』 권도편 51장]. 스승을 닮아만 가면 자기다움을 상실하게 되며 자기답지 않다면 스승의 복제품이 되고 만다. 스승의 도움은 중차대하다. 다만 스승을 흉내만 내면 스승의 모조품일 뿐이다.

법위는 케이스가 아니며 케이스에 담을 수도 없다. 또한 법위는 자격증도 아니며 신분증도 아니다. 법위는 자기다운 수행력이기에 스승과 심심상련心心相連하여 파수공행把手共行해야 한다.

이처럼 중근병은 한편으론 스승과 문답하여 지도 감정받아야 하고, 또 한편으론 스승을 넘어서야 한다. 스승의 감정이 없으면 오만하고 스승을 넘어서서 자기답지 못하면 나약하게 되기 때문이다.

정식법마상전은 일원상 성품으로 삼학팔조와 사은사요를 단련해야 길이 활짝 열리게 된다. 일원상 성품 자리를 확보하여 삼학팔조로써 사은에 보은하고 사요를 실천하는 법을 사용해야 법마상전급을 넘어 항마할 수 있다.

법마상전급은 일원상의 성품으로 사은사요와 삼학팔조의 단련하는 공부를 우회할 수 없다. 이러한 법을 세우기 위해서도 스승의 도움과 감정이 절실하게 요청된다. 스승의 도움을 받아 자기의 길을 걸어가야 한다. 스승의 지도와 자기다움을 줄탁동기啐啄同機해야 한다.

법마상전급은 속 깊은 마음공부로, 마음을 알아 마음을 닦고 마음을 잘 쓰는 길에 들어서는 공부인의 단계이다.

더보기Tip

중근기와 중근병

———— 서대원 수필受筆의 '도가에서 택하는 인품'이란 제목의 법설이 《회보》 제2호에 실리며, 윤문 되어 『대종경』 신성품 2장에 수록된다.
소태산 대종사는 인간 자질의 단계를 상지上智 중재中才 하우下愚로 구분하고 있다. 이 중에서 중재를 특히 주의시키고 있다. 《회보》의 상지 중재 하우를 『대종경』에서 상지는 상근기로, 하우는 하근기로, 중재는 중근기에 상응시킨다.
중근기인 중재는 자세히 아는 것도 없고 혹은 모르지도 아니하여 여우같이 이리저리 재는 호의狐疑를 품고 법과 스승을 저울질하는 근기로, 법을 가볍게 알고 스승을 능멸하며 만사에 철저한 발원과 독실한 성의가 없는 것이다. 이처럼 중근기인 중재는 중근병에 걸리기 쉬우니, 공부길의 고비라고 주의를 주고 있다.

근기론 법설은 《회보》 제2호, 시창18년(1933) 9월호에 실린다. 원기13년에 제1대 기념총회를 마치고 원기16년에 제2차 법위사정도 마친 이즈음 회상의 제도도 갖추어져 가고 제자들의 공부심도 교법에 따라 상당한 자신감이 붙어 나름의 주견도 생길 때이다. 제자들이 중재인 중근기로 오르는 추세라 볼 수 있다. 이러한 시기에 스승으로서 제자들이 자만하고 오만의 길에 떨어질까 봐 염려되고 그러한 길에 들지 않기를 당부하는 경책의 가르침인 것이다.

중근은 근기론 중의 하나로, 상근기, 중근기, 하근기의 중간단계이다. 일반적으론 하우下愚인 하근기를 염려한다. 하우는 불가佛家에서 우둔한 근기를 뜻하며 공부에 발심 나기를 촉구하는 근기이다. 아무리 제도하려고 해도 우둔해서 제도하기 힘겨운 근기이기에 기피하는 근기다.

『대종경』 심시품 2장 말씀이다.

대종사 하루는 실상사에 가시었더니, 때에 노승 두 사람이 한 젊은 상좌에게 참선參禪을 하라 하되 종시 듣지 아니한다 하여 무수히 꾸짖고 나서, 대종사께 고하기를 "저런 사람은 당장에 천 불이 출세하여도 제도하지 못하리니 이는 곧 세상에 버린 물건이라." 하거늘 대종사 웃으시며 말씀하시기를 "화상和尙들이 저 사람을 생각하기는 하였으나 저 사람으로 하여금 영영 참선을 못 하게 하는 것도 화상들이로다."

두 노승은 상좌가 우둔한 근기이니 제도하기 어렵다고 하고 소태산 대종사는 우둔한 근기이나 수행을 억지로 강요하니 발심이 나지 않는다는 것이다.

이어지는 『대종경』 실시품 2장의 말씀이다.

"저 상좌는 아직 참선에 대한 취미도 모르고 아무 발원도 없는데, 그것을 억지로 권함은 저 사람이 참선을 도리어 허망하게 알게 함이요, 허망하게 아는 때에는 영영 참선을 아니 할 것이 아닌가. 그러므로 이는 사람 제도하는 묘방이 아니니라."

소태산의 가르침은 이러한 우둔한 근기에게 공부를 억지로 권할 것이 아니라 자상히 일러주라는 것이다. 솔선수범해서 실지를 보여주면 우둔한 근기라도 잘 받아들일 수 있다는 것이다.

또한 하우의 하근기는 곤이지지困而知之 하는 성향이기에 자질이 둔해서 배우려 해도 잘 익혀지지 않으나 가르치는 대로 받아들이기에 하고 또 하다 보면 이루어진다는 것이다.

소태산 대종사는 하근기는 가르쳐주면 가르치는 대로 받아들이기에 제도할 수 있으나, 중근기는 제대로 알지도 못하면서 또 모르지도 않는 근기로 진리와 스승을 저울질하여 제도의 길이 막히게 되는 위험성을 내포하고 있는 근기라고 경책한다. 중근기에 대한 염려는 소태산의 근기론에 대한 특색 있는 해석이다.

『대종경』 부촉품 6장 말씀이다.

"그대들이 나를 따라 처음 발심한 그대로 꾸준히 전진하여 간다면 성공 못 할 사람이 없으리라. 그러나 하근下根에서 중근中根되는 때에나, 본래 중근으로 그 고개를 넘지 못한 경우에 모든 병증病症이 발동하여 대개 상근에 오르지 못하고 말게 되나니, 그대들은 이 무서운 중근의 고개를 잘 넘어서도록 각별한 힘을 써야 하리라."

이러한 중근기와 중근병의 법문은 공부인의 공부길에 대한 소태산 대종사의 염려와 노파심의 법설이다.

이어지는 중근병에 대한 정의이다.

"중근의 병은, 첫째는 공부에 권태증이 생기는 것이니, 이 증세는 일체가 괴롭기만 하고 지리[지루]한 생각이 나서 어떤 때에는 그 생각과 말이 세속 사람보다 오히려 못할 때가 있는 것이요, 둘째는 확실히 깨치지는 못했으나 순전히 모르지도 아니하여 때때로 말을 하거나 글을 쓰면 여러 사람이 감탄하여 환영하므로 제 위에는 사람이 없는 것 같이 생각되어 제가 저를 믿고 제 허물을 용서하며 위 스승을 함부로 비판하며 법과 진리에 호의狐疑를 가져서 자기 뜻에 고집하는 것이니, 이 증세는 자칫하면 그동안의 적공이 허사로 돌아가 결국 영겁 대사를 크게 그르치기 쉬우므로, 과거 불조들도 이 호의불신증을 가장 두렵게 경계하셨나니라."

근기론의 관점을 종합하면 근기에는 양면이 있다. 장점과 단점을 다 가지고 있다.

<하근기>는 한편으론 우둔해서 아무리 가르쳐 주어도 이해를 잘하지 못하지만, 또 한편으론 가르쳐주면 가르쳐주는 대로 배우기에 제도濟度가 수월하다는 것이며,

<중근기>는 한편으론 하근기를 넘어선 근기이기에 잘 배워 제도의 길에 들어설 수 있지만 또 한편으론 제대로 일지도 못하고 그렇다고 모르지도 않기에 겉 넘어서 제도의 길에서 이탈할 위험성이 있다는 것이다.

소태산은 중근의 위험성을 더욱 강조하고 있다. '법의 권태기'와 '진리에 대한 호의'인 중근을 경계하신 것이다. 미래 사회는 지식의 발달로 지식이 범람하여 모를 것이 없는 시대이므로 아는 지식으로 겉넘어서 실지를 체험하는 수행을 못 할 수 있기 때문이라 전망하신 듯하다.

과거 시대는 지식의 학습이 무척 어려웠고 지식의 습득이 소중하고 가치 있는 일이었다면 미래 시대로 갈수록 지식의 획득보다는 실지의 실천이 중요한 시대이기 때문이다. 학습의 습득이 수월한 중근기는 미래 시대에는 실천으로 가는 길목에서 아는 것이 도리어 걸림돌이 될 수 있다. 소태산은 이 지점을 중시하여 중근기와 중근병을 조심하도록 강조한 듯하다.

중근병에서 벗어나는 방법이다.

"그런데 지금 그대들 중에 이 병에 걸린 사람이 적지 않으니 제 스스로 반성하여 그 자리를 벗어나면 좋으려니와, 만일 그러지 못한다면 이는 장차 저 자신을 그르치는 동시에 교단에도 큰 화근이 될 것이니, 크게 분발하여 이 지경을 넘는 공부에 전력을 다할지어다.

이 중근을 쉽게 벗어나는 방법은 법 있는 스승에게 마음을 가림 없이 바치는 동시에 옛 서원을 자주 반조하고 중근의 말로가 위태함을 자주 반성하는 것이니, 그대들이 이 지경만 벗어나고 보면 불지佛地에 달음질하는 것이 비행기 탄 격은 되리라."

중근기에 들었다는 것은 중근병이 생기기 쉽다는 것이다. 보통 중근병은 법마상전급에서 생긴다고 하나 중근병은 능력이 생기면 어느 때든지 도사리고 있다 할 것이다.

원칙적으론 초성위인 법강항마위부터는 중근병이 생겨서는 안 되나, 법강항마위에 제대로 들지 못하면 상황에 따라 생길 수도 있는 것이다. 설사 법강항마위라 인정받아도 실지에 있어서 항마위라는 상相과 국집에 붙잡히면 중근병에 걸리는 것이다.

중근병은 능력이 있기에 생기는 것이다. 능력이 없을 때는 중근병은 없다. 중근병은 법마상전을 하는 가운데 일원상의 진리에 근원하는 사은사요 삼학팔조의 법과 이를 가르치는 스승에 대한 권태증에 사로잡히고 저울질하는 호의에 빠진 상태다.

중근병의 징조는 법마상전급 십계문의 아만심과 시기심이 그 싹이다. 아만심과 시기심이 중근병의 비롯으로, 이 마음병의 싹을 제거하지 못하여 이 병이 심해지면 법마상전급 십계문의 탐심 진심 치심이 더욱 치성하게 된다.

일원대도에 바탕을 둔 사은사요와 삼학팔조의 법과 이 법을 가르치는 스승을 신뢰하지 않고 저울질하는 아만심이 있으면 중근병이요 이러한 스승과 동지에 대한 시기심이 있으면 중근병이다.

아만심은 시기심을 조장하고 시기심은 탐심을 불러오고 탐심은 진심을 야기하고 진심은 치심을 치성하게 한다. 또한 탐심 진심 치심은 아만심을 심화시키고 아만심은 또다시 시기심으로 확장되고 시기심은 또 탐심 진심 치심의 수레바퀴를 증폭시키는 것이다.

그러니 중근병의 비롯인 아만심을 비롯하여 시기심이 생기는 족족 제거해야 할 것이다.

법강항마위와 삼대력

보통급·특신급·법마상전급은 삼급三級이라면 법강항마위·출가위·대각여래위는 삼위三位이다. 법강항마위는 자신 구제를 끝마치고 타인을 제도할 수 있는 첫 성위聖位이다. 법강항마위는 이처럼 삼위의 시작으로 성인으로 존대받는 위이며, 우주만유의 본래 이치요, 우리의 자성을 견성한 공부인이다. 〈『대종경』 변의품 34장〉

법강항마위의 전제前提는 "법마상전급 승급 조항을 일일이 실행하고 예비법강항마위에 승급하는" 단계이다. '일일이'는 10중 8~9로, 법마상전급 조항을 거의 다 실행하여 예비법강항마위에 오르는 단계이다.

법강항마위는 첫째 "육근을 운용하여 법마상전을 하되 법이 백전백승하는" 단계로, 이 경지가 법강항마위의 취사력이다.

법法이 백전백승한다고 하여 마魔가 아예 없다는 것이 아니라 법이 마보다 우세한 상태이다. 백전백승은 백전불태百戰不殆의 경지이다. 청정무애한 일원상 성품 자리에 바탕을 두어 잘못된 일에 좌절치 않고 잘된 일에도 넘치지 아니하는 수행을 하여, 결국 사은에 보은하고 사요를 실천하는 정당한 법은 세우되 사은에 배은하고 사요를 위반하는 부당한 마에는 끌려가지 않는 경지이다.

즉 응용하기 전에 응용의 형세를 보아 미리 연마하고, 응용할 때는 온전한 생각으로 취사하고, 모든 일을 처리한 뒤에는 하자는 조목과 말자는 조목에 실행이 되었는가 여부를 대조하여[『정전』 상시 응용 주의사항] 부정당한 마가 득세치 못하도록 정당한 법을 세우는 경지이다.

결국 정당한 일이거든 아무리 하기 싫어도 죽기로써 하며, 부당한 일이거든 아무리 하고 싶어도 죽기로써 아니하는 경지로[『정전』 솔성요론], 이 상태가 곧 법이 백전백승하는 법강항마위의 취사력이다.

둘째는 "우리 경전의 뜻을 일일이 해석하고 대소유무의 이치에 걸림이 없는" 단계로, 이 경지가 법강항마위의 연구력이다.

노는 시간이 있고 보면 경전·법규 연습하기를 주의하여[『정전』 상시 응용 주의사항] 우리 경전 해석에 걸리고 막힘이 없으며, 또한 경전·법규 연습하기를 대강 마친 후는 의두 연마하기를 주의하여[『정전』 상시 응용 주의사항] 대소유무의 이치에 통달하는 경지다.

'대소유무의 이치에 걸림이 없는 것'은 우주만유의 본체[大]인 본연 청정한 성품 자리를 꿰뚫어 보아[『대종경』 천도품 5장] 이 성품 자리로써 만상이 형형색색으로 구별되는 현상[小]을 밝히고 또한 천지 만물의 사시 순환과 생로병사와 흥망성쇠로 변태되는[有無] 이치에 토를 때는 것이며, '일일이 우리 경전의 뜻을 해석하는 것'은 『정전』 『대종경』 등에 사통오달하여 교법에 정통한 것이다. 이것이 바로 법강항마위의 연구력이다.

그러므로 『정전』으로 『대종경』의 대의를 해석할 수 있고, 『대종경』으로 『정전』을 풍성하게 풀어낼 수 있어야 법강항마위의 자격이 되는 것이다. 이처럼 법강항마위는 경전 해석과 대소유무의 이치에 통달한 경지로써 경전의 뜻은 대소유무의 이치에 따라 해석하고, 대소유무의 이치는 경전 해석에 따라 밝게 드러나는 것이다.

셋째는 "생·로·병·사에 해탈을 얻은 사람의 위"로, 이 경지가 바로 법강항마위의 수양력이다.

그일 그일에 일심하기에 주의하고 잠자기 전 남은 시간이나 새벽에 염불과 좌선으로 정신수양하기에 주의하여[『정전』 상시 응용 주의사항] 생사가 원래 둘이 아니요, 생멸이 원래 없는 이치를 요달하여[『대종경』 천도품 8장] 생멸거래에 끌리지 않는 경지이다[『대종경』 변의품 37장].

생로병사에 해탈을 얻는다는 것은 착심이 끊어진 경지로, 생生의 애착과 사死의 걱정에 매몰되지 않으며, 고와 낙, 길과 흉의 경계에 끌려가지 않는 심경이며, 있다가 없어지고 없다가 있어지는 유무의 변화에 흔들리지 않는 정력定力을 얻는 경지다. 이것이 바로 생사에 해탈한 심경으로 법강항마위의 수양력이다.

법강항마위에서는 생로병사에 끌리지 않는 정도이며, 출가위에 가야 자유자재할 수 있는 것이다. 〈『정산종사법어』 경의편 38장〉

법위등급의 생사 해탈은 죽어서 열반에 드는 것이 아니라, 생사 거래의 경계 속에서 집착을 놓는 것으로, 죽을 고비 속에서 죽을 각오로 죽기로써 임하는 심경이다. 예를 들면 구인 선진이 창생의 행복을 위해서는 죽어도 여한이 없는 사무여한의 혈심으로 생사를 초월했듯이[『대종경』 서품 14장], 이러한 생사 초월의 마음이 법강항마의 비롯이다.

법강항마위부터는 중생과 부처가 본래 하나라는 달관을 하여 상相을 떼고 티를 없애는 것으로 공부를 삼아야 그 공부가 길이 향상되는 것이다[『정산종사법어』 권도편 51장]. 법강항마위는 견성에 토를 떼야 오르는 위이므로[『대종경』 변의품 34장] 일원상 성품 자리로 심신을 조복하는 공부 단계이다.
법강항마위는 시기, 질투, 재색 명리가 안 나오는 것이 아니라 있기는 있으되 그것으로 인해 본인이나 타인에게 해를 입히지 않는 경지다. 번뇌가 없는 것이 아니라 번뇌가 생기면 번개보다 빠르게 챙겨서 허공처럼 거두어들이는 것이다[대산 종사]. 재색 명리, 시기 질투 등을 일원상 성품 자리에 반조하여 개운하게 녹여버리는 것이다.

법강항마위는 바쁜 일과와 번잡한 경계 속에서도 일원상의 진리에 근원한 사은사요 삼학팔조의 법으로 항마하는 경지이다. 이와 같은 정법의 힘으로 마를 항복 받을 때 정신의 세력을 확장하고 물질의 세력을 항복 받아 광대무량한 낙원의 길로 인도되는 것이다. 이러한 흐름은 출가위와 여래위로 심화한다.
법강항마위는 교법과 자신이 둘이 아닌, 교법과 내가 하나가 되는 비롯이다. 삶이 일원상 진리에 근원하는 사은사요와 삼학팔조의 교법과 부합되어 교법이 삶이고 삶이 교법인 경지이다.
아침에는 일원상 자리를 체 받아 수행 정진하고, 낮에는 일원상으로 보은봉공하며, 저녁 후에는 일원상 자리에서 참회 반성하여, 법도 있는 일과 속에서 삼대력을 실현하는 위이다.

소태산 대종사 말씀하시기를 "법위法位가 항마위降魔位에만 오르더라도 천인天人 아수라阿修羅가 먼저 알고 숭배하나니라. 그러나 그 도인이 한 번 자취를 감추려 들면 그 이상 도인이 아니고는 그 자취를 알 수 없나니라."[『대종경』 불지품 9장]라고 그 경지를 일러주시고 있다.
법강항마위부터 그 이상의 공부인이 아니고는 그 자취를 알기 어려운 법력이요 법위이다.

더보기Tip

법강항마위와 심계

법강항마위는 30계문에 토를 뗀 경지로 계문에 얽매이고 붙잡히는 공부는 아니나 안으로는 심계心戒를 두어 귀신도 모르게 공부하는 법위法位이다.
소태산 대종사는 법강항마위부터 남모르게 마음속으로 심계를 챙기는 공부 표준을 제시한다.

『대종경』 수행품 63장 말씀이다.
김대거 여쭙기를 "법강항마위부터는 계문이 없사오니, 취사 공부는 다 된 것이오니까." 대종사 말씀하시기를 "법강항마위부터는 첫 성위聖位에 오르는지라, 법에 얽매이고 계문에 붙잡히는 공부는 아니 하나 안으로는 또한 심계心戒가 있나니, 그 하나는 자신의 수도와 안일만 취하여 소승에 흐를까 조심함이요, 둘은 부귀 향락에 빠져서 본원이 매각될까 조심함이요, 셋은 혹 신통이 나타나 함부로 중생의 눈에 띄어 정법에 방해될까 조심함이라, 이 밖에도 수양·연구·취사의 삼학을 공부하여 위로 불지를 더 갖추고 아래로 자비를 더 길러서 중생을 제도하는 것으로 공을 쌓아야 하나니라."

법강항마위부터는 스스로 심계心戒를 간직해야 한다는 말씀이다.
첫째, 자신의 수도와 안일에 취하여 소승에 흐를까 조심하라는 것으로, 자신제도에만 그쳐 자기만 제도 받으면 그만이라는 안일에 빠지지 말라는 것이다. 이는 자신구제의 수행에만 몰두하여 중생제도의 교화사업에 소홀치 말라는 것이다.
둘째, 부귀 향락에 빠져서 본원이 어두워질 것을 조심하라는 것이다. 존대를 받다 보면 명예욕 등에 빠져 삼학 수행과 사은 보은하는 본원에서 멀어질 수 있다는 것이다.
정산 종사는 "법강항마위에 오르면 경계할 것이 아상과 명예욕과 대우를 구하려는 것이며, 이것만 다 없어지면 바로 출가위"[『한울안 한이치에』]라 하셨다. 법위가 오르면 대우가 생기고 이 대우 속에는 재색 명리가 생기게 되므로, 대산 종사는 "이 재색 명리는 나는 새의 날개를 묶는 줄과 같고 무거운 쇠를 달아 놓는 것과 같다."라고 하셨다.

셋째, 혹 신통이 나타나 중생의 눈에 함부로 띄어 인도 정의의 정법에 방해될까 조심하라는 것이다. 허령과 신통의 해로움이 재색 명리보다 더 크다고 경계하고 있다. 혹여 인도 정의의 길이 아닌 신통 요행에 빠져 실생활의 정법에서 벗어나는 우를 범하지 말라는 것이다.

넷째, 이 밖에도 수양·연구·취사의 삼학을 공부하여, 위로 법위 향상의 불지를 더 갖추고 아래로 자비를 더 길러서 중생을 제도하는 공을 쌓으라는 것이다.

이기적 수도에 갇히지 말고, 위로는 수양·연구·취사의 삼학 공부로 항상 깨달음을 놓치지 말고 아래로는 사은보은의 정성을 쉬지 말라는 것이다.

설사 예비법강항마위에 들었다 해도 일원상의 진리에 근원하는 사은사요의 인생길과 삼학팔조의 공부길에서 탈선하면 중근병에 들어 인도 정의의 정법을 행하지 못하고 샛길로 빠지게 된다는 경책의 말씀이다.

항마위의 능한 점에 고착되면 승급이 멈추고, 항마위의 국한에 묶이면 독단이 생겨 의견 교환과 소통이 쉽지 않게 된다. 그러므로 "법마상전급 승급조항을 일일이 실행하고 예비법강항마위에 승급하는" 법강항마위의 전제前提에 심계를 두어야 할 것이다.

출가위와 삼대력

법위등급의 출가위 법력은 삼대력으로 조성되어 있다.
출가위는 삼학 수행의 달인으로, 정신수양·사리연구·작업취사의 삼학 수행을 통해서 법法을 위해서 몸을 잊으며[위법망구爲法忘軀] 공公을 위해서 사私를 버리는[위공망사爲公忘私] 출가위 심법의 용심用心을 하는 공부인의 경지이다. 법은 사은사요라면 공을 위하는 것은 사은보은 사요 실천이다.

출가위의 전제前提는 "법강항마위 승급조항을 일일이 실행하고 예비출가위에 승급하는" 경지이다.
법강항마위 조항을 낱낱이 실행하여 예비출가위에 오르는 경지이다.
출가위는 국한을 벗어난 심경으로, 출가의 가家는 '집 가'로써 두 가지 뜻이 있다.
첫째, 집착의 집으로 육신을 내 것이라 집착하고 가족과 권속만을 나의 것이라 한정하는 집이다. 집은 이처럼 인연 관계의 애착과 소유의 탐욕을 상징한다. 집은 집착執着의 집으로, 결국 출가는 이 집착의 집에서 벗어나는 것이다.
둘째, 출가의 가家는 큰집이다. 출가는 국집局執에서 벗어나 큰집인 공가公家로 이사하는 것이다. 시방일가 사생일신의 공가로 이전하여 이 집을 내 집 삼는 것으로, 출가는 작은 집인 사가私家에서 벗어나 큰 집인 공가公家로 떠나는 것이다.

출가위는 "대소유무의 이치를 따라 인간의 시비이해를 건설하는" 경지이다.
즉 모든 육근 작용이 천조天造의 대소유무에 따라 사람들 사이인 인간人間의 시비이해를 밝히는 연구력에 바탕을 둔 취사력이다.
'우주만유의 본체인 본연 청정한 대大자리와 이 성품 자리에서 현상되는 '특성'과 '차이'의 소小자리와 천지만물의 '변화'인 유무有無자리에 바탕 하는 법력이다. 이처럼 모든 처사를 대소유무의 성리에 따라 사람사람 간의 시비이해를 판단하여 심신 작용 처리하는 것이 출가위의 취사력이다. 정당한 고락의 시是와 자타 간 이로운 이利는 취하고 부정당한 고락의 비非와 자타 간 해로운 해害는 버리는 작업취사의 법력이다.

'대소유무의 이치에 따라 인간의 시비이해를 건설하는 것'은 『대종경』 불지품 10장에 따르면 천조의 대소유무와 인간의 시비이해에 능통하는 도통道通의 경지요, 천조의 대소유무를 보아다가 인간의 시비이해를 밝혀서 만세 중생이 거울하고 본뜰 만한 법을 제정하는 법통法通의 경지이다. 법통은 대원정각을 해야 얻을 수 있는 경지이므로 대각여래위라야 구경에 이른다.

출가위는 "현재 모든 종교의 교리에 정통"하는 경지다.

출가위는 모든 종교의 근본원리가 본래 하나인 동원도리同源道理에 정통하여 종교·사상 등의 핵심 가르침을 통합활용하는 경지이다.

'모든 종교의 교리에 정통한다는 것'은 모든 종교의 교서를 탐독하여 모든 교리를 구체적으로 안다는 것이 아니라 원리를 깨달아 대체를 관통하는 경지이다[『대종경』 변의품 15장]. 즉 모든 종교의 교리를 수양·연구·취사로 일원화一圓化하여 통합 활용하는 것이다. 이는 성자들의 본의와 경륜을 아는 것으로 성자들의 자비와 사랑과 인仁과 은혜의 본의를 알아 실천하는 것이다. 그리하여 세계의 모든 종교의 교리와 천하의 모든 법이 다 한마음에 돌아와서 사통오달의 큰 도를 얻는 것이다[『대종경』 교의품 1장].

문자 경전인 교리는 현실의 일과 이치를 밝힌 것이니[『대종경』 수행품 23장] 모든 교리를 통해 한마음 밝히고[通萬法 明一心], 한마음 밝혀 모든 교리에 정통하는 것이다[明一心 通萬法]. 이러한 경지가 출가위의 연구력이요 경륜이다.

출가위는 "원근친소와 자타의 국한을 벗어나서, 천신만고와 함지사지를 당하여도 여한이 없는" 경지이다.

물질이 개벽되니 정신을 개벽하여 일체생령을 광대무량한 낙원으로 인도하기를 목적하는 소태산 대종사의 교법과 회상을 위해 죽을 만큼 힘든 경계 속에서도 죽지 않고 죽기로써 죽을힘을 다하여 곤란한 함정에 빠지거나 힘겨운 사지死地에 들어도 여한이 없는 사무여한死無餘恨의 법력이나.

원근친소에 끌리지 않고 자타의 국한을 벗어나서 시방일가十方一家 사생일신四生一身이 되어 세계 일을 내 일로 삼고 교단 일이 나의 일이 된 경지이다. 이 경지가 출가위의 수양력이요 순교 정신이다.

출가위는 사은 보은과 사요 실천을 개인·가정·사회·국가·세계로 확대하는 데 천신만고와 함지사지를 당하여도 어떠한 변명이 없는 경지이다. 천신만고와 함지사지를 당해도 여한이 없는 것은 사무여한의 정신수양이요 무아봉공의 작업취사에 근거한 수양력이다. 표준 제자인 10인 1단의 구인 단원이 도탄에 빠진 창생을 위해 신명을 바치겠다는 사무여한死無餘恨의 법인기도에 이 출가위 심법이 깃들어 있다.

출가위는 항마한 그 법력에 큰 덕을 갖추어 항마위의 국한을 벗어나는 경지이며[『성가』 90장], 나 없으매 큰 나 드러나고 내 집 없으매 천하가 내 집인 경지이다[『성가』 138장].
법강항마할 때까지는 방어에 주로 주력하고 항마 후에는 이 모든 경계를 노복처럼 부려써야 한다[『정산종사법어』 권도편 41장]. 항마위에서는 재색 명리는 조복했으나 노복같이 부리지는 못한다. 출가위부터 노복같이 부리게 된다.

출가위부터 불퇴전不退轉이다. 그렇다고 공부심을 놓아도 불퇴전인 것은 아니다. 천하의 진리는 어느 것 하나 그대로 머물러 있는 것이 없으므로 공부심이 계속되어야 어떠한 순역 경계나 천마외도에도 그 마음이 물러나지 않는 것이다[『대종경』 변의품 39장].
정산 종사는 "우리의 여섯 가지 법위등급 가운데 어느 위에 있든지 그 법위에 있다는 상이 없어야 참으로 그 위에 있는 사람이니, 이러한 사람이라야 참으로 위없이 향상하여 무상 진급으로 불퇴전할 지위와 능력을 얻게 된다."[『정산종사법어』 원리편 39장] 라고 불퇴전의 경지를 밝히고 있다. 이처럼 출가위는 법신불 일원상을 체 받아서 삼학팔조로 사은에 보은하고 사요를 실천하는데 죽어도 여한이 없는 시방일가十方一家의 큰 살림살이며, 또한 삼학팔조 사은사요의 길에 불퇴전하는 공부인이다.

더보기Tip

출가위와 법인성사

——— 원기4년(1919) 음력 7월 26일(8월 21일)에 생사를 초월한 구인 단원의 지극한 정성이 드디어 백지혈인白紙血印의 이적을 나툰다. 백지혈인의 이적은 생사를 초월한 심경의 표징이다.
소태산 대종사는 새 회상의 터전을 다지실 때 처음부터 출가위 심법으로 기초를 삼으셨다. 표준 제자인 구인 단원을 통해 출가위 심법을 보여주신 것이다.

대각개교절은 내용적으로 소태산 대종사의 대각경축의 대각절大覺節이라면, 법인절은 새 회상의 터전을 다진 개교절開教節의 성향이 있다.
왜냐하면 소태산 대종사는 구인 제자와 함께 물질문명의 시대에 새로운 도덕 사업을 열기 위해 법계의 관청에 정신개벽의 사업신청서[법인기도]를 제출했고, 이 일을 위해서는 죽어도 여한이 없는 '사무여한의 서원'을 담보로 올렸다.

이 사무여한死無餘恨의 서원이 바로 출가위 정신이다. 이 마음으로 진리의 관청으로부터 물질개벽의 새 시대를 책임지고 인도할 '정신개벽 허가증'인 백지혈인을 인증받았다. 법인성사는 또 다른 개교 정신이다.
대각개교절이 소태산 대종사의 대각의 경축 사건이라면 법인절은 단장 소태산과 단원 구인 제자가 합심해서 함께 이룬 창립 정신의 사건이다.

이처럼 소태산 대종사는 새 회상의 기초를 출가위 심법으로 터 닦기 한 것이다. 그러니 물질문명의 시대에 정신개벽의 교화사업을 하려면 출가위 심법에 맥을 두어야 한다.

대각여래위와 삼대력

법위등급의 궁극인 대각여래위도 삼대력으로 구성되어 있다.

대각여래위의 전제前提는 "출가위 승급 조항을 일일이 실행하고 예비 대각여래위에 승급"하는 것이다.

『정전』은 원각성존 소태산 대종사의 대각분상의 전개이므로, 『정전』을 표준 삼으면 대각여래위의 공부에 맥을 대고 적공하는 격이다. 이에 대산 종사는 모든 공부인은 대각여래위를 궁극의 표준으로 삼아야 한다고 강조한다.

대각여래위는 수양력·연구력·취사력의 삼대력을 종횡무진으로 병진·활용하여 자유자재하고 대기대용하는 경지이다.

대각여래위는 "대자대비로 일체생령을 제도하되 만능이 겸비된" 경지이다.

제도濟度란 일체생령을 파란고해에서 광대무량한 낙원으로 인도하는 것으로[『정전』 개교의 동기], 이러한 제도의 만능이 대각여래위의 취사력이다.

대각여래위는 부모처럼 자녀가 잘하면 더욱 사랑하고 자녀가 잘못하면 측은히 여기어 더욱 보호해 주듯이[『대종경』 불지품 2·3장] 일체생령을 대자대비로 인도한다.

대자대비는 일제강점기 일제日帝가 소태산 대종사를 탄압해도 "모르니까 그렇지"하며 그들의 그릇된 행위는 불용해도 인류동포애로 대하여 근본적으로 미워하지 않고 제도하는 마음이다. 일제가 강자로써 진정한 강자의 역할을 하도록 '강자약자 진화상의 요법'을 제시하여 세계평화의 길에 들도록 인도했다. 소태산의 대자대비는 태양이 중천에 뜨면 모든 곳을 비추듯이 일체생령을 세세곡절 살펴주시되 자기만 위해 준다고 여길 정도로 제도의 만능을 갖춘 마음이다.

대자대비는 대각여래위의 보은행이다. 소태산 대종사는 사은에 보은할 뿐이었으나 생령들은 이를 대자대비로 여기는 것이다. 수양력과 연구력에 따라 사은에 보은하는 취사력을 나툴 뿐이나 이를 대하는 생령들은 대자대비로 느끼는 것이다. 소태산은 보은했을 뿐이지 시혜를 목적하는 의식은 없는 것이다.
대각여래위의 제도사업은 살활자재殺活自在한다. 죽일 자리는 죽이고 살릴 자리는 살리며, 혼낼 것은 추상같이 혼내고 살릴 마음은 저 심연의 바닥에서도 희망을 끌어 올린다.
또한 무엇을 했다는 흔적이 없어서 밝을 때는 밝으나 어두울 때는 한없이 어둡게 보인다.
무선무악無善無惡하고 능선능악能善能惡하여[『대종경』 성리품 2장] 폭을 잡을 수 없는 만능의 심량이다.
항마위가 산의 정상이라면, 출가위는 하산 중이며, 여래위는 하산하여 집에서 살림하는 경지라 할 것이다.

대각여래위는 "천만 방편으로 수기응변隨機應變하여 교화하되 대의에 어긋남이 없고 교화받는 사람으로서 그 방편을 알지 못하게 하는" 경지이다.

대각여래위는 마치 환자의 병에 따라 의술을 베풀고 약을 투여하듯이, 또는 그 사람에 맞추어 옷을 만들어 입히듯이, 일체생령의 근기와 상황과 형편과 처지에 따라 그것에 맞게 교화하되 교화받는 사람이 그 방편을 짐작할 수 없는 경지이다. 심지어 한 생만 보는 것이 아니라 영생을 보고 수기응변하되 대의에 어긋남이 없는 것이다.
대의大義는 일원상의 진리에 근거한 사은사요 삼학팔조의 교법으로 교화하되 교법에 어긋남이 없고, 무량 방편을 전개해도 교법에 적중하는 것이다.
『정전』은 대의를 밝히고 세운 것이라면 『대종경』은 천만 방편으로 수기응변하는 격이다. 소태산 대종사는 제자들의 근기와 상황과 인연에 따라 수기응변의 설법과 교화를 하되 대의를 분명히 세우고 있다. 즉 소태산의 수기응변의 법설은 대종경에 실려 있으며 대종경의 법설은 정전의 대의에 어긋남이 없는 것이다.
일원상에 근원하는 사은사요 삼학팔조의 교법으로 제생의세 하되 법맥에 정통하는 것이다. 또한 일체생령을 위하기만 할 뿐 제도했다는 흔적이 없기에, 교화의 온갖 지혜와 방편을 쓰되 교화받는 자로서는 가늠할 수 없는 경지이다. 이것이 바로 대각여래위의 연구력이다.

대각여래위는 "동하여도 분별에 착着이 없고 정하여도 분별이 절도에 맞는" 경지로, 이

경지가 대각여래위의 수양력이다.

'동하여도 분별에 착着이 없는 경지'는 천만 방편으로 수기응변하여 대자대비로 교화하고도 무엇을 했다는 상相이 없는 상태다. 일체생령을 어떤 상황에서도 버리지 않고 근기 따라 교화하되 교화했다는 흔적이 없는 심경이다. 응용무념應用無念의 지극한 경지로써 무슨 일이나 그 일을 지어 갈 때는 천만년이라도 그곳을 옮기지 않을 것 같으나 한 번 마음을 놓기로 하면 일시에 허공과 같이 흔적이 없는 경지다[『대종경』 부촉품 1장].

'정하여도 분별이 절도에 맞는 경지'는 분별을 끊을 때는 끊고 분별할 때는 명료하게 분별하는 것으로, 분별이 없는 자리에 바탕 하여 기틀에 따라 그 상황에 맞게 분별하여 준비하는 것이다. 소태산 대종사는 변산 수양 시절에 만대의 교법을 준비하셨고, 원기3년(1918)에 창립 한도를 정하여 매대每代를 36년으로 삼아 12년씩을 매회로 나누어 미리 계획을 세워 진행해 갔던 것이다.

『대종경』 수행품 10장 말씀처럼, "일 없을 때 일 있을 때의 준비가 없으면 일을 당하여 창황전도蒼惶顚倒함을 면하지 못할 것이며, 일 있을 때 일 없을 때의 심경을 가지지 못한다면 판국에 얽매인 사람이 되고 말 것"이기에, "항상 일이 없을 때는 일 있을 때 할 것을 준비하고, 일이 있을 때는 일 없을 때의 심경을 가지는 것"이 동정일여動靜一如의 극치로 대각여래위의 수양력이다.

대산 종사 법문에 따르면 출가위가 늙으면 즉 출가위가 능이 나면 대각여래위다. 수행자의 목표는 대각여래위로써, 공부 표준을 대각여래위에 두어야 여래가 될 수 있다.

더보기Tip

대각여래위와 원각성존 소태산 대종사

『원불교교사』 첫머리에 등장하는 '불일중휘佛日重輝 법륜부전法輪復轉'의 〈교사 표어〉는 소태산 대종사의 포부와 경륜이 바로 대각여래위의 역사라는 선언이다. 또한 정산 종사는 '원각성존 소태산 대종사 비圓覺聖尊少太山大宗師碑'를 영모원에 세우며 소태산의 역사를 새기고 있다. 6·25 한국전쟁 등 여러 가지 사정으로 1년 연기하여 원기 38년(1953) 4월 26일에 시행한 제1대 성업봉찬대회를 맞아 소태산대종사성탑 동남쪽 전면에 봉건 하였다.

정산 종사는 이 비에 소태산 대종사를 구주救主로 선언한다. 즉 "정신이 세력을 잃고 물질이 천하를 지배하여 생령의 고해가 날로 증심하였나니, 이것이 곧 구주이신 대종사께서 다시 이 세상에 출현하시게 된 기연이다."라고 새기고 있다. 이는 소태산을 물질문명이 개벽되는 시대에 정신개벽을 책임지는 구세성자로 천명한 것이다.

"원기38년 4월, 원각성존 소태산 대종사 비를 영모원에 세우시며 비에 새기시기를 「대범, 천지에는 사시가 순환하고 일월이 대명代明하므로 만물이 그 생성의 도를 얻게 되고, 세상에는 불불佛佛이 계세하고 성성聖聖이 상전하므로 중생이 그 제도의 은恩을 입게 되나니 이는 우주 자연의 정칙이니라. 옛날 영산회상이 열린 후 정법과 상법을 지내고 계법 시대에 들어와서 바른 도가 행하지 못하고 삿된 법이 세상에 편만하며 정신이 세력을 잃고 물질이 천하를 지배하여 생령의 고해가 날로 증심增深하였나니, 이것이 곧 구주救主이신 대종사께서 다시 이 세상에 출현하시게 된 기연이다.」 하시고, 대종사의 약력을 기술하신 후 「오호라, 대종사는 일찍이 광겁종성曠劫種聖으로 궁촌 변지에 생장하시어, 학문의 수습이 없었으나 문리를 스스로 알으시고 사장의 지도가 없었으나 대도를 자각하시었으며, 판탕한 시국을 당하였으나 사업을 주저하지 아니하시고 완강한 중생을 대할지라도 제도의 만능이 구비하시었으며, 기상은 태산교악 같으시나 춘풍화기의 자비가 겸전하시고 처사는 뇌뢰낙락磊磊落落하시나 세세곡절의 진정을 통해주시며, 옛

법을 개조하시나 대의는 더욱 세우시고 시대의 병을 바루시나 완고에는 그치지 않게 하시며, 만법을 하나에 총섭하시나 분별은 오히려 역력히 밝히시고 하나를 만법에 시용하시나 본체는 항상 여여히 드러내사, 안으로는 무상 묘의의 원리에 근거하시고 밖으로는 사사물물의 지류까지 통하시어, 일원대도의 바른 법을 시방 삼세에 한없이 열으시었으니, 이른바 백억화신의 여래시요 집군성이대성集群聖而大成이시라」 하시니라." 〈『정산종사법어』 기연편 17장〉

『정전』 법위등급 '대각여래위'의 "대자대비로 일체생령을 제도하되 만능이 겸비하며" 조항을 소태산대종사비에서는 "판탕한 시국을 당하였으나 사업을 주저하지 아니하시고 완강한 중생을 대할지라도 제도의 만능이 구비하시었으며, 기상은 태산교악 같으시나 춘풍화기의 자비가 겸전하시고 처사는 뇌뢰낙락하시나 세세곡절의 진정을 통해주시며"라고 밝히고 있다.

또한 법위등급 '대각여래위'의 "천만 방편으로 수기응변하여 교화하되 대의에 어긋남이 없고 교화받는 사람으로서 그 방편을 알지 못하게 하며" 조항을 소태산대종사비에서는 "옛 법을 개조하시나 대의는 더욱 세우시고 시대의 병을 바루시나 완고에는 그치지 않게 하시며"라고 밝히고 있다.

그리하여 "만법을 하나에 총섭하시나 분별은 오히려 역력히 밝히시고 하나를 만법에 시용하시나 본체는 항상 여여히 드러내사, 안으로는 무상 묘의의 원리에 근거하시고 밖으로는 사사물물의 지류까지 통하시어"라고 부연하고 있다.

결론으로 "일원대도의 바른 법을 시방삼세에 한없이 열으시었으니, 이른바 백억화신의 여래시요 집군성이대성이시라"라고 새기고 있다.

능소능대能小能大한 소태산 대종사의 심법은 백억화신의 여래요 집군성이대성으로, 이는 대각여래위의 행적이다.

법위사정法位査定의 역사

『원불교교사』에 법위등급法位等級의 태동과 법위사정法位査定의 역사가 어떻게 기록되어 있는지 훑어보고자 한다. 법위사정法位査定은 법위등급을 조사하고 심사해서 결정하는 것이다.

1. 소태산 대종사는 원기10년(1925)에 법위등급을 발표한다.

"원기10년(1925·乙丑) 8월에, 대종사, 학력고시법을 발표하시니, 고시 과목은 수양 연구 취사의 3과科로 하고, 각 과목 안에 갑甲 을乙 병丙 정丁 무戊의 5개 반班을 두어, 공부인의 3과에 대한 실력을 개별 고시한 후, 그 실력에 따라 반별을 정하게 하시었다."

"이어서 학위등급법[법위등급]을 발표하시니, 공부인의 공부 등급으로 보통부 특신부 법마상전부 법강항마부 출가부 대각여래부 등 6급을 두고, 그 중간에 각 예비부를 두어 승급을 준비하게 하시며, 승급 조항의 조사 기간은 만 3개년씩으로 하고, 승급 때에는 승급 증서의 수여와 승급 의식의 거행으로 회상의 영광을 축하하게 하시었다."

〈『원불교교사』 제2편 제2장 새 제도의 마련〉

법위등급은 원기10년(1925) 음 8월에 '학위등급법'이란 이름으로 처음 발표되며, 구체적인 세부 내용은 '육명부승급법六名簿昇級法'이란 제목으로 《월말통신》 제28·29호(시창15년 음 6월)에 등장한다. 처음에는 '법위'가 아니라 '학위'라는 용어를 사용했다.

2. 소태산 대종사 당대에 법위사정을 두 번 시행한다.

"원기13년 음력 3월 28일에는 또한 대종사 주재 아래 예비 특신부 이상 승급자 68인에 대한 새 회상의 첫 승급 예식을 거행하니, 정식 법강항마부에 사후 승급으로 박세철·서동풍, 정식 특신부에 송벽조·김기천·송규·송도성·이동진화·이공주 6인(별록15), 예비 특신부에 이춘풍 등 60인(별록16)이었다."

〈『원불교교사』 제2편 제2장 4. 제1대 제1회 기념총회〉

"그 해(원기16년·1931) 음력 3월 26일에는, 대종사, 제2차 법위승급자를 발표하시니, 예

비 법마상전부에 송도성·김기천·전음광·송규·이동진화·이공주·송벽조 등 7인이었고, 총지부를 망라하여 정식 특신부가 문정규 등 54인(별록18), 예비 특신부가 양하운 등 48인(별록19)이었다."

〈『원불교교사』 제2편 제3장 4. 각 조단 정비와 새 회규의 시행〉

원기13년(1928) 1대 1회 기념총회 기간 중 3월 28일에 1차 법위승급자를, 원기16년(1931) 3월 26일에 2차 법위승급자를 발표한다.
법위등급에 예비단계가 있는 것을 볼 수 있다. 법강항마위는 사후 승급이며, 소태산 대종사 당대에는 예비 법마상전급이 최고의 법위 승급이었다.

3. 3차 법위사정은 정산 종사가 종법사일 때 시행된다.
"이때 감찰원[원장 李雲捲]에서는 전체 교도의 법위사정 사무를 아울러 시작하니, 이는 원기 16년(1931·辛未) 3월에 대종사께서 제2차 법위사정을 실시하신 후 만 20년 만에 시행되는 제3차 법위사정 작업이었다."

〈『원불교교사』 제3편 제1장 1. 대종사 성탑의 봉건과 봉찬사업 준비〉

원기35년인 1950년 한국전쟁이 일어나고 7월 19일 인민군이 익산 총부에 진입했다가 9월 27일 철수한다. 이에 원기35년 10월에 열린 임시 중앙교의회에서 6·25 한국전쟁으로 인한 성업봉찬의 준비 부족으로 원기37년(1952)에 시행할 제1대 성업봉찬을 1년 연기하여 원기38년(1953)에 실시키로 한다. 이때 제1대[원기 원년~원기36년] 전체 교도의 사업 성적 총결산 사무를 추진하며 아울러 감찰원에서는 전체 교도의 법위사정 사무를 시작한다. 이는 원기16년 제2차 법위사정을 한 후 만 20년인 원기35년(1950)에 제3차 법위 조사가 시작된 것이다.

이후 원기38년(1953·癸巳) 4월 26일에 제1대 성업봉찬 대회가 열리며, 제1대 전체 교도의 공부 사업 원성적 내역과 법위를 발표한다.
"전무출신 준 특등자[원성적]는 이공주·송도성·김광선·김기천·이동안·이동진화·오창건·이재철이요, 거진출진 준 특등자는 황정신행이었으며, **법위 정사正師 이상자로 원정사圓**

正師 **송도성, 정사**正師 **김광선·김기천·이동안·오창건·이재철·박세철·이인의화·서동풍 이었다.”**
〈『원불교교사』 제3편 제1장 2. 제1대 성업봉찬대회〉

출가위인 원정사에 주산 송도성이 사후 승급되며, 정사인 법강항위마위 승급자 중에서 이인의화[李仁義華, 1897~1963]가 생전 승급되며, 나머지 분들은 사후 승급자이다. 그렇다면 이인의화가 생전 법강항마위 승급의 문열이가 된다.
오창건은 원기38년(1953년) 1월 23일 열반하므로 열반한 해에 법강항마위의 법위를 받는다. 당시 법강항마위 이상의 법위 승급은 사후 추존이 대세였다.

제1대 전체 교도의 공부 사업 총결산 후 정산 종사의 말씀이다.
“공부의 등위와 사업의 등급에 공정을 기하고자 애를 썼으나, 어찌 그 숨은 공부와 숨은 공로가 다 드러나기를 바랄 수 있으리오. 그런즉 우리는, 참다운 사정査定**은 호리도 틀림없는 진리에 맡기고 이번에 나타난 등급으로는 앞날의 적공에 더욱 분발할 대중만 삼는다면, 이분들이 참으로 알뜰한 우리 동지요, 참으로 등급 높은 공인**功人**이니, 후일, 영모전에서 등위보다 실적이 넉넉한 선령은 제사 받기가 떳떳하지마는, 실적이 혹 등위만 못한 선령은 헛 대접받기가 얼마나 부끄러우리오.”**
〈『원불교교사』 제3편 제1장 2. 제1대 성업봉찬대회〉

공부 사업의 등급이 실적에 맞는 성적사정이 되어야 할 것이며 앞날의 적공에 더욱 분발한 계기가 되어야 할 것이다. 공부 사입의 등급이 실적에 못 미쳐 헛 대접받아서는 안 된다는 것이다.

4. 제4차 법위사정은 대산 종사가 종법사일 때 시행된다.
“또한, 대산 종법사는 반백년 결실의 참다운 내실을 위하여 전 교도의 법위 향상 운동을 제창, 수위단회의 협찬을 얻어, 50년(1965·乙巳) **11월부터 5개월 동안, 전 교도의 법위 예비 사정을 실시한바, 준 정사**[准正師: 예비 법강항마위] **이상은 보류하고, 교정**[敎正: 법마상전급] **124명, 준 교정**[准敎正: 예비 법마상전급] **470명, 교선**[敎選: 특신급] **1,638명, 준 교선**[准敎選: 예비 특신급] **2,824명, 도합 5,056명으로 나타났다.”**

"그 후, 법위 향상의 준비 행사로, 특별기도·가정봉불·교리연마·교리실천·본인사정·교구사정 등을 거쳐, 55년(1970·庚戌) **3월, 수위단회에서 법위사정 실시 요강을 채택하고, 각 지구별 담당 위원을 선정하여 면밀 사정한 후, 3월 20일 수위단회 심사와 종법사 감정으로 개교 반백년도 전 교도의 법위를 확정하니, 정사**[正師: 법강항마위] **이상은 보류하고, 준 정사**[예비 법강항마위] **22명, 교정**[법마상전급] **503명, 준 교정**[예비 법마상전급] **826명, 교선**[특신급] **3,167명, 준 교선**[예비 특신급] **5,326명으로, 60만 교도 중 준 교선 이상 준 정사까지의 법위자 총수가 9,844명이었다."**

〈『원불교교사』 제3편 제4장 3. 법위향상운동〉

반백년 기념대회를 기해서 법위향상운동을 대대적으로 전개한다. 법위 예비사정을 한 후에 정식사정을 하는 과정을 밟는다. 특별기도·가정봉불·교리연마·교리실천을 통해 법위향상을 도모하고, 본인사정·교구사정 이어서 수위단회 심사와 종법사 감정을 거쳐 법위사정을 하는 절차를 진행한다.

4차 법위사정에서는 예비 법강항마위를 사정한 것이 특징이다. 원기56년(1971) 반백년대회에서는 생전生前 정식 법강항마위 이상의 법위사정은 하지 않는다.

5. 마지막으로 법훈 시행에 대한 내용이다.

"그 해[원기41년(1956)] **8월에는 영모전 묘위법을 일부 개정하여, 종사위 위패를 대종사위 정면 중단에 설위하고, 그 좌편에 대봉도위, 그 우편에 대호법위를 설위하기로 한 후, 42년**(1957·丁酉) **4월 대회에서 주산 송도성에게 종사위, 팔산 김광선과 구타원 이공주에게 대봉도위, 팔타원 황정신행에게 대호법위를 드리는 새 회상의 첫 법훈 증여식을 거행하였다."**

〈『교사』 제3편 제1장 4. 새 예전의 편성과 보본 행사〉

"한편, 원기49년(1964·甲辰) **10월에 수위단회는, 삼산 김기천에게 종사위, 도산 이동안·사산 오창건·일산 이재철·공산 송혜환·육타원 이동진화 등에게 대봉도위를 드리기로 하고, 이듬 해 10월에는 응산 이완철에게 대봉도위를 드리니, 이는 새 회상의 제2차 법훈 증여였다."**

〈『교사』 제3편 제4장 3. 법위향상 운동〉

1차 법훈 수여는 정산 종법사일 때이며, 2차 법훈 수여는 대산 종법사 때이다.

종사위·대봉도·대호법의 법훈은 새 『예전』 편찬에 따라 시행된다. 법훈은 법위와 관련되나 그렇다고 법위만은 아니다. 법위는 공부성적으로 하는 것이라면 법훈은 공부성적과 사업성적 및 기타 공로를 포괄하는 것이다. 공부·사업의 공로를 치하할 공덕자들은 대봉도·대호법의 법훈을 드리되, 법위를 공부성적 원칙대로 사정하여 출가위에 오른 분에 한해서 종사위 법훈을 서훈해야 할 것이다.

대산 종사가 수위단 회의록에 기록해 두라는 '소태산 대종사의 유훈'이다.

"공부성적과 사업성적은 대종사님께서 각각 두 갈래로 성적을 사정하였는데, 중간에 공부와 사업성적을 합하여 원성적으로 사정하게 되었으나, 앞으로 일대一代[제1대 36년(1951)]**가 지나면 사업성적 사정을 폐지해야 할 것이라는 대종사님 말씀을 회의록에 남겨두어 길이 전하게 하자는 말씀이 계셨다."**

〈제66회 임시수위단회 회의록. 제20조 의견〉

이 말씀에 따르면 법위사정은 원칙적으로 공부성적으로만 조사해야 할 것이다. 이 점이 향후 과제이다. 사업성적을 포함한 원성적은 대봉도·대호법의 법훈 제도로 우대하는 것이 타당할 것이다. 그런 점에서 공부와 사업성적을 포괄하는 법훈 중 대봉도위와 대호법위를 잘 활용하되, 종사위는 『정전』의 원문대로 정식출가위의 공부성적에 해당될 때에만 수여되어야 할 것이다.

육명부승급법六名簿昇級法

《월말통신》 제28·29호, 시창15년(1930) 음6월·윤6월

육명부승급법은 『정전』 법위등급의 시원始元이다. 『원불교교사』 '공부·사업 고시법과 유공인 대우법'에서 "원기10년(1925·乙丑) 8월에, 대종사, 학력 고시법을 발표하시니, … 이어서 학위등급법을 발표하시니, 공부인의 공부 등급으로 보통부 특신부 법마상전부 법강항마부 출가부 대각여래부 등 6급을 두고, 그 중간에 각 예비부를 두어 승급을 준비하게 하시며, 승급 조항의 조사 기간은 만 3개년씩으로 하고, 승급 때에는 승급 증서의 수여와 승급 의식의 거행으로 회상의 영광을 축하하게 하시었다."라고 밝히고 있다.

원기10년에 발표된 학력고시법은 원기15년에 구체적 조목을 <육명부승급법>으로 밝히고 있고, 원기17년(1932) 발간한 『보경육대요령』 '학위등급편'을 거쳐, 원기28년(1943) 결집한 『불교정전』에 '법위등급과 그 해의'를 싣고, 현재의 『정전』 수행편의 결론격인 '법위등급'으로 이어지고 있다.

1. 보통부

남녀·노소·선악·귀천을 물론 하고 본회 초입 시에는 본 부簿에 등록함.

2. 특신부

1. 보통부 10계를 일일이 실행하고 예비 특신부에 승급하여 특신부 10계를 받아 지키는 자.
2. 본회 취지 규약 경전의 자음字音을 통강通講하고 대강 의지意旨를 해석한 자.

3. 제반 사업과 모든 생각과 모든 신앙과 모든 정성과 모든 낙이 이에 종從하여 모든 정신이 다른 세상에 흐름이 없는 자.

3. 법마상전부

1. 보통부 10계와 특신부 10계를 일일이 실행하고 예비 법마상전부에 승급하여 법마상전부 10계를 받아 지키는 자.
2. 법과 마를 일일이 분석하며, 취지 규약 경전의 뜻을 일일이 해석한 자.
3. 법마상전부의 뜻을 해석하여 응용시 법마法魔 상전相戰을 하되 인생의 요도와 공부의 요도에 대기사大忌事는 아니하고 세밀한 일이라도 반수 이상 법의 승을 얻은 자.

4. 법강항마위

1. 보통부 10계와 특신부 10계와 법마상전부 10계를 받아 일일이 실행하고 예비 법강항마부에 승급한 자.
2. 육근을 응용 시에 법마 상전을 하되 법이 백전백승하는 자.
3. 수양요론修養要論과 연구문목硏究問目을 일일이 해석한 자.
4. 생로병사에 초월한 자.

5. 출가부

1. 법강항마부의 승급 조항을 일일이 실행하고 예비 출가부에 승급한 자.
2. 대소유무의 이치를 따라 인간 시비이해를 건설하는 자.
3. 과거 유명有名한 모든 교주의 교리를 정통한 자.
4. 원근친소의 지경을 벗어나서 일체 생령을 위하여 천신만고千辛萬苦와 함지사지陷之死地를 당하여도 여한이 없을 자.

6. 대각여래부

1. 출가부 승급 조항을 일일이 실행하고 예비 대각여래부에 승급한 자.
2. 대자대비로써 일체 생령을 제도하되 만능이 겸비한 자.
3. 천만방편으로 수기응변隨機應變하여 교화하되 대의에 어긋남이 없고 교화받는 자로

서 그 방편을 알지 못하게 하는 자.

4. 동하여도 분별에 착着이 없으며 정하여도 분별이 절도에 맞은 자.

공정한 심판은 사정私情이 없다

최도화씨 담談

《월말통신》 제2호, 시창13년(1928) 양 6월

시창13년 4월 12일 감각된 바를 4월 17일 기술한 삼타원 최도화의 감상담이다. 법위사정도 활쏘기와 같다는 것이다. 소태산 대종사께서 대자대비로 제자들의 법위를 승급시켜 주고 싶으나 그 실력 이상의 단계로 승급시킬 수는 없다는 것이다. 만일 실력 이상으로 법위를 승급시킨다면 저 활쏘기 심판이 과녁에 맞지 않은 것을 맞았다고 판정하는 것과 같다는 것이다. 법위사정은 공적으로 실지 그대로 법력을 조사하고 심사해서 그 법위를 결정해야 하며 개인적 감정으로 승급시킬 수는 없다는 감상이다.

"저는 어느 친구와 동반하여 무진戊辰 4월경에 전북 전주에 개최되었던 전선[全鮮, 전 조선] 궁술대회에 관광을 갔습니다. 각도 선수 일등 무사들이 장내에 나열하여 서로 자웅雌雄을 결하는 판이었습니다. 그중에 여류 무사 5인이 참가하여 강장强壯한 남자 일파를 상대로 개전開戰하니 장중은 일 층 더 흥미를 느끼고 구경하던바 여자 편이 연連해 패하게 되었습니다. 억강부약[抑强扶弱, 강자를 누르고 약자를 도와주는] 하려는 심리는 사람마다 같은지라 만장滿場이 환호하여 여자의 승리를 축복하고 심사인審査人과 주최자측도 모두 여자를 위하여 힘써주었습니다. 그리하여 화살 가락이 과녁貫革의 근방에만 가도 다른 사람의 맞춘 것보다 더 요란하게 응원하였습니다. 그러나 필경 한 번도 맞추질 못하고 말았습니다. 그리고 본즉 아무리 애석한들 제의 기능과 실력이 불급不及한 것을 심사인은 어찌합니까. 마침내 우승의 영예는 다른 사람에게로 돌아갔습니다.

저는 그 광경을 보고 우리 집의 공부와 사업에 승급되는 것을 한번 생각하여 보았습니다. 대자비하옵신 우리 선생님께옵서 오죽이나 우리를 이상 등급에 올리고 싶으시리오마는 저의 실력이 부족하여 승급의 조건에 합한들 못하면 아무리 애석할지라도 선생님인들 무슨 도리 있겠습니까. 만약 승급조건에 합하지 못하는 것을 묵인하고 승급시킨다는 것은 저 활 쏘는데 심사인이 맞추지 못한 무사에 대하여 거짓으로 맞추었다고 칭찬하고 상 주는 것과 무엇이 다르리오. 그러므로 저는 공공한 심판에는 사정私情이 없는 것임을 절실히 느꼈습니다."라고 말하더라.

〈원기13년 4월 12일 감각, 원기13년 4월 17일 기술〉

그 사람이 아니면 그 사람을 모른다

송도성 수필受筆

《회보》 제23호, 시창21년(1936) 3월호

도인이 아니면 도인을 보아도 도인인 줄 알지 못하므로, 도인이 아니고 어찌 도인의 깊은 뜻을 알며, 참지식이 없고 어찌 참 선생을 만날 수 있겠냐는 것이다. 예를 들면 법강항마위라야 법강항마위를 알아볼 수 있는 것이며, 법마상전급은 법강항마위의 심법을 짐작할 뿐이지 실제를 체득할 수는 없다는 것이다. 그 법위라야 그 법위를 알아볼 수 있는 것이다. 『대종경』 인도품 59장과 연관된 법설이다.

한때에 어떠한 사람이 와서 선생주先生主께 뵈옵고 말하되 "제가 일전에 금강산을 유람하던 중 다행히 참 도인을 만나 보았습니다."

선생, "무엇을 보아서 참 도인인 줄을 알았느냐?"

그 사람, "제가 그 근처에 간즉 풍문에 들리기를, 날아가는 까마귀라도 '이리 오너라.' 하고 부르면 곧 날아와서 도인의 손에 앉고, 독한 뱀이라도 '이리 오너라.' 하고 부르면 곧 와서 그 노인의 몸을 휘감고 있으되, 그 도인은 조금도 싫어하지도 아니하고 조금도 무서워하는 빛도 없이 태연자약하다 하오니, 참으로 도인이 아니고 무엇이니까? 그리하여 일부러 가서 방문하고 왔습니다."

선생, "귀하는 참 도인을 만났구려. 그러나 까마귀와 뱀이 친근하다 하니, 까마귀와 뱀의 유類나 아닌가? 하노라. 현실적으로 보라. 까마귀는 까마귀와 떼를 짓고 뱀은 뱀과 유를 하나니, 사람이 어찌 까마귀와 뱀의 총중叢中에 섞여 있으리오."

그 사람, "그러면 선생님께옵서는 어떠한 것을 보고 참 도인이라 하십니까?"

선생, "참 도인의 앞에서는 까마귀와 뱀이 무서워하여 도인을 보기만 하면 까마귀는 날아가고 뱀은 달아나나니라."

그 사람, "그러면 도인이라고 별다른 표적이 없습니까?"

선생, "없나니라."

그 사람, "그러면 어찌하여야 도인을 아나이까?"

선생, "내가 도인이 아니면 도인을 보아도 도인인 줄을 알지 못 하나니라." 하시고, 계속하여 말씀하여 가라사대,

"내가 봉래산 실상이란 곳에 있을 때 일이다. 하루는 통 장사가 와서 동리 뒤 집에서 통 메기를 시작하였다. 나도 가서 구경하였으며 동리 사람들도 많이 모였다. 그러나 구경하는 여러 사람은 다 통 메는 법을 모르는 사람이라, 그 통 장사가 통을 잘 메는지 못 메는지 아무 판단 없이 들여다보고 섰을 뿐이었다. 때에 마침 어떠한 사람 하나가 와서 한참 동안 통 메는 것을 구경하다가 통 장사를 물끄러미 쳐다보며, "여보 통 장사, 통을 메려거든 통꼭지나 옳게 박으오." 하니, 통 장사가 그 말을 듣고 낯빛이 붉으락푸르락하며 정신을 차리지 못하고 손을 덜덜 떨면서 메어 놓았던 통까지 도로 와해하여 버리고, 필경 그 통을 메지 못하고 가게 되었다. 내가 그 두 사람의 뒤를 탐사하여 본즉 통 장사는 과연 통 멜 줄 모르는 사람이 처음으로 나온 자요, 통꼭지나 옳게 박으라고 말하던 그 사람은 참으로 통 메는 상수上手라 하더라. 그러면 그 사람은 자기가 통 메는 재주가 있었으므로 그 통 장사가 통 잘 메지 못하는 것을 알지 않았는가.

그와 같이 도인이 아니고 어찌 도인의 깊은 뜻을 알며, 참지식이 없고 어찌 참 선생을 만나겠는가? 그런고로 써[그것으로 인하여] 말하되 '그 사람이 아니면 그 사람을 모른다.' 하노라." 하시더라.

감상담(조수원)

한때 대안적인 삶에 관심이 있어서 그 분야의 책을 읽고 그런 삶을 사는 사람들을 만난 적이 있다. 그때 나에게 끌리는 이들은 온통 그런 삶을 사는 사람들이었다. 지금은 소태산 대종사님의 공부법에 관심을 두고 있기에 마음공부 법에 대해 말하는 사람들의 책과 영상을 보고 있다. 실제 이들이 어떤 수행을 하고 있는지 어느 정도 삼대력이 양성되었는지 짐작해 본다. 현재 내 수준에서의 판단일 수밖에 없다. 대종사님께서 자신이 도인이 아니면 도인을 보아도 도인인 줄을 알지 못한다고 하신 것처럼 자기의 수준을 벗어날 수 없다. 보통급의 눈으로 법마상전급을 어찌 가늠할 수 있겠는가?

수행해보면 경계마다 알아차리기가 얼마나 힘이 드는지, 하기 싫은 일을 하려면 얼마만큼 힘을 내야 하는지 알게 된다. 나보다 이 부분에서 앞서는 이가 있으면 관심이 가고 그 사람의 행동을 살펴보게 된다. 반대로 진리에 기반하지 못하고 자기 마음대로 자행자지하는 사람을 보면 안타까운 심정이 든다.

욕속심으로는 금세 법위를 승급시킬 수 있을 것 같으나 수행해보면 쉽지 않음을 절실히 느낀다. '어느 세월에 가능할까?' 하는 막연함이 드나, 대종사님께서 법위등급으로 밝혀 주셨기에 신분의성으로 한 걸음 한 걸음 행하다 보면 법위가 향상해 갈 것을 확신한다. 이번 생에 보통급 특신급 법마상전급을 거쳐 법강항마위 이상의 법위로 차근차근 승급하여 만 생령에게 일원대도를 전하는 지도자가 되기를 서원한다.

법설

과거 불성佛聖의 말씀이라도 진의眞義를 알고 믿으라

송도성 수필受筆

《월말통신》 제27호, 시창15년(1930) 음 5월

__________ 사실대로 알지 못하고 믿으면 미신이니 사실을 사실대로 해부하여 믿으라는 것이다. 성자를 가까이하면 성자의 말과 행동에 물들게 되어 습관화되는 것

이 사실적인 믿음이다. 성자를 가까이하면 보이는 것도 들리는 것도 성자의 행동이요 말씀이니 이를 본받게 되어 깨달음도 실행도 성자 그대로 닮아가게 된다는 것이다. 법위 향상에 있어 스승을 가까이해야 하는 이유이다. 이 법설은 정선되어 『대종경』 변의품 16장에 수록된다.

종사주께옵서 경성에 계옵실 때의 일이다. 매양 성찬聖餐을 마치시고 남은 음식이 있으면 민자연화라 하는 제자가 있어 문득 취하여 먹더니, 하루는 종사주께옵서 자연화를 불러 물으시되,
”다른 사람이 먹던 처진 음식이라 하는 것은 아무리 고량진미라 할지라도 마음에 불결을 느낄 것이며 자연 맛이 적은[없을] 것이거늘, 자연화는 나의 먹던 음식을 그렇게도 즐겨하는 것이 무슨 뜻인고?“
자연화 여쭙기를 ”저는 그러한 뜻이 있습니다. 제가 어느 불경佛經에서 이런 말을 들었습니다. ‘부처님의 잡수시던 음식만 좀 얻어먹는다 하여도 견성 성도成道를 하며 왕생극락이 된다.’고요. 그래서 저는 그 말씀을 믿는 동시에 우리 종사주는 조금도 틀림없는 부처님으로 모시오니, 종사주께옵서 잡수시던 음식만 좀 얻어먹는다 해도 반드시 그만한 복보福報가 있을 줄 믿습니다.」
종사주 가라사대, **“그것은 물론 자연화가 나를 진실히 믿고 극히 존경함에서 나온 생각임을 알겠으며, 나 역시 그 신성에 대한 감사를 마지않는다. 그러나 한갓 의심나는 것은 자연화가 아까 그 말을 사실로 해부解剖하여 알고 믿는가? 또는 알지 못하고 미신으로 믿는가? 이것이다. 만약 사실로 해부하여 알고 믿는다면 이거니와 알지 못하고 미신으로 믿는다면 좀 유감될 바이니, 어디 그 소회所懷를 좀 말해 볼지어다.”**
자연화 고왈告曰 “저는 그저 경에 있는 말씀인 고로 의심도 없이 믿어 왔을 뿐이요. 어느 것이 참뜻이고 거짓 뜻임이 분동分揀치 못하였사오니, 원컨대 종사께옵서 밝히 가르쳐 주시와 제가 그 확실한 뜻을 알도록 하여 주시옵소서.”
종사주 가라사대, **“그 말씀이야말로 직접 사실을 해부해 가르친 것이다. 왜 그런고 하니, 항상 부처님의 잡수시던 음식을 먹게 된 때에는 물론 부처님과 지극히 가까운 사람이다. 법은 반드시 가까운 데로부터 화化하는 것이니, 부처님과 그렇게 가깝게 된 때에**

는 보이는 것은 부처님의 행동이요, 들리는 것은 부처님의 말씀이요, 깨달을 것은 부처님의 정법이요, 물드는 것은 부처님의 습관이라. 근묵자흑近墨者黑**하고 근주자적**近朱者赤**이란 말과 같이 자연 중 모든 것이 부처님으로 더불어 동화할 것이니, 그리되고 보면 도통하고 극락 갈 것은 필연한 사실이 아닌가? 이렇게 쉬운 말이요, 또 이렇게 사실을 밝혀 놓은 말씀이거늘 우치한 사람들은 그것을 알지 못하고 꼭 그 음식에 무슨 까닭이나 붙어 있는 줄로 생각하니, 그 얼마나 오해이랴."** 하시더라.

가련한 맹인

서대원 필수筆受

《회보》 제7호, 시창18년(1933) 2월

보통급이 소중하다. 보통급 입문의 기회가 왔을 때 혹여 문턱에 걸렸다고 돌아서지 말아야 할 것이다. 이 법설은 『대종경』 교단품 23장에 실린다.

한때에 종사주 석반을 바치시고 대중을 향하여 말씀하여 가라사대,

"내가 이번에 경성에서 본즉 어떠한 봉사 한 사람이 한 상점을 목적하고 그 상점까지 겨우겨우 찾아와서 지팡이로 자기가 복석하고 온 그 상점 문턱을 몇 번 두드려 보더니, 이곳이 자기가 목적하고 온 상점이 아니고 어느 모퉁이를 돌아가는 언덕으로 짐작하고 지팡이를 돌려서 오던 길로 도로 가더라.

제군들도 어찌어찌하여 이 도문은 옳게 찾아왔건마는, 본래 익히고 아는 바가 다르고 또는 그 사람이 아니면 그 사람을 모르는 것이 당연한 일인지라, 조그마한 경계 하나를 못 이기어 나를 알아보지 못하고 도로 나가는 사람은 마치 저 봉사가 상점은 옳게 찾아왔건마는 그 상점 문턱에 걷어 채여서 도로 나가는 것과 같다. 눈은 뜨고도 보지 못하였으니 어찌 봉사와 다름이 있으리오. 그러나 이 세상에 자기가 눈먼 줄을 아는 사람이 몇 명이나 되는가?" 하시더라.

〈원기18년 2월 20일. 기記〉

공부인의 대병처大病處

서대원 수필受筆

《월말통신》 제35호, 시창17년(1932) 음 4월

소태산 대종사는 소소하고 미미하여 보려고 해도 쉬이 볼 수 없고 잡으려 해도 쉽게 잡을 수 없는, 마치 바이러스나 세균과 같은 심중의 마魔[마음병]를 생활 속의 사례로 밝히고 있다. 즉 소소한 마음 경계를 공부인의 대병처로 자각토록 한다. 이 법설은 『대종경』 교단품 20장에 정선되어 있다.

종사주 말씀하여 가라사대,

"산 가운데 왕이요, 사납고 용맹 있는 무서운 범[호虎]도 볼래야 볼 수 없고 잡을래야 잡을 수도 없는 극소극미極小極微한 '마케'[벌레 이름]가 오르면 살지 못하고, 영장靈長이라는 사람도 살도음殺盜淫 같은 중대한 계문이 아니고라도 무어라고 말할 수도 없이 미미한 데서 일어나는 소소한 마음 경계 몇 가지가 들어서 사람의 참다운 발원을 막고 평생사를 그르치는 수가 허다하니, 오늘은 계문 외에 제군의 심중 마케를 조건별로 대강만 거론하리라.

1. 이곳은 여러 사람이 있고, 또 여러 사람을 가르치는 곳이라. 가르치는 사람이 어떠한 말을 하면 단독 자기 보고만 들으라 하였다고 하며 재미없이 아는 일.

2. 자기는 이곳에 어찌 왔으며, 이곳은 무엇을 하는 곳인지를 알지 못하고 없는 위를 구하며 다만 편하기만 주장하는 일.

3. 자기의 전정前程을 위하여 충고 혹은 교훈하여주면, 하였거나 안 하였거나 보감은 삼지 아니하고 이 사람 저 사람에게 질문 혹은 원수와 같이 아는 일.

4. 위位와 신용이 나타나는 것을 따라서 그 위와 신용을 길게 보존치 못하게 되는 일.

5. 저의 처지와 좌우의 형편을 보지 못하고 저만 제일 높은 사람으로 또는 저만 생각하여 달라 하는 일.

6. 전무출신을 하든지 삼하三夏 삼동三冬 입선하든지 하는 가운데 신입회원으로서 선생님 및 임원 요인이 통정通情하여 주지 않는다 하는 일.

7. 생각하여 줄수록 만족하지 못하게 알고 전에 없던 버릇이 더 나는 일.
위와 같은 이, 남녀 어느 편을 물론 하고 사건이 자주 발생하는 것을 보아 육명부六名簿 승급 시 지체시키며 혹 강급시키리라." 하시더라.

공부와 사업할 때 위태한 곳

서대원 수필受筆

《회보》 제2호, 시창18년(1933) 9월호

공부와 사업에 위태할 때는 지혜와 권리가 생길 때로, 이때를 조심하지 않으면 밑 없는 함정과 지옥 생활에 빠지게 되는 것이다. 근기가 옅은 사람은 조그마한 지혜가 생기면 공부에 성의가 없어지고 아만심이 일어나기 쉬우며, 또는 권리가 있음을 인하여 사욕私慾과 시기猜忌가 나게 된다. 이처럼 법마상전급의 계문인 아만심과 시기심은 지혜와 권리가 있게 되면 발생하는 마魔이다. 즉 법이 마와 상전할 때 지혜가 생기고 권리가 주어지면 자만하고 오만해지는 아만심이 생기고 사욕과 남의 잘되는 것을 시기하는 마음이 일어나게 된다. 이때 조심하고 경계하지 않으면 타락하게 된다. 이 법설은 『대종경』 수행품 38장에 성선되어 수록된다.

한때에 종사주 말씀하여 가라사대,
"여러분은 이 공부와 사업을 진행하는 중 크게 위태한 경계가 앞에 있음을 미리 알아두어야 할 것이니, 오늘은 여러분에게 간단히 그것을 말하려 하노라.
공부하는 자로서 가장 위태한 곳은 곧 모든 지혜가 열리는 때이니, 그때를 조심 못하고 보면 반드시 밑 없는 함정에 빠질 것이요. 사업자로서 가장 위태한 곳은 곧 모든 권리가 돌아오는 때이니, 그때를 조심 못하고 보면 영원히 지옥을 제집 삼으리라.
왜 그런고 하니, 근기根機가 옅은 사람이라 하는 것은 조그마한 지혜가 생김으로써 공부하는데 성의가 없어지고 아만심이 일어나기 쉬우며, 또는 권리가 있음을 인하여 사욕私慾

과 시기猜忌가 나게 되는 까닭이니라.” 하시더라.

도가에서 택하는 인품

서대원 필수筆受

《회보》 제2호, 시창18년(1933) 9월호

소태산 대종사는 상근기 중근기 하근기를 상지上智 중재中才 하우下愚로 구별하며, 이 중에서 중재를 특히 주의시키고 있다. 중근기인 중재는 자세히 아는 것도 없고 혹은 모르지도 아니하여 여우같이 이리저리 재는 호의狐疑를 품게 된다. 그리하여 법과 스승을 저울질하여 법을 가볍게 알고 선생을 능멸하기도 하여 만사에 철저한 발원과 독실한 성의가 나지 않게 된다. 중근기인 중재는 중근병에 걸리기 쉬우니, 공부길의 고비라고 주의를 주고 있다.

이러한 중근기와 중근병의 법문은 소태산 대종사의 염려와 노파심의 법설이다. 이 법설은《회보》제2호, 시창18년(1933) 9월호에 실린다. 이즈음 회상의 제도도 갖추어지고 예비법마상전급에 승급하는 제자도 있게 되어 교법에 상당한 자신감도 붙고 나름의 주견도 생기는 추세라 볼 수 있다. 이러한 시기에 스승으로서 제자들이 자만하고 오만의 길에 떨어질까 염려되어 그러한 길에 들지 않도록 당부하는 경책의 가르침을 내린 것이라 볼 수 있다. 이 법설은 윤문 되어 『대종경』 신성품 2장에 수록된다.

한때에 종사주 말씀하여 가라사대

“이 세상 모든 사람을 둘러보면 개개인인의 성격과 행동이 천만 가지로 달라서 계계 층층으로 되어있다. 그러나 대부분으로써 사람의 품질을 구별하여 보건대 사람은 무릇 세 가지 종류가 있으니 하나는 가로대 상지上智요 하나는 가로대 중재中才요 또 하나는 가로대 하우下愚라. 상지上智라 하는 것은 정법을 보고 들을 때에 직각적直覺的으로 판단력이 생겨나서 매매 사사를 자신하고 행하는 자요, 중재中才라 하는 것은 자세히 아는 것도 없고 혹은 모르지도 아니하여 항상 의심을 풀지 못하고 법과 사람을 저울질하는 자요, 하우下愚라 하는 것은 정법과 사도의 분별력도 없으며 계교와 의심할 두뇌도 가지지 못하여 인도하면 인도하는 대로 잘 순응하는 것인바, 이 세 가지 종류의 인품 중 도덕가에서 가장 귀히 알고 요구하는 것은 상지上智의 자격을 가진 자이니, 이 사람이 들면 자기의 공부도 지체함이 없을 것이요 도문의 사업도 나날이 확장될 것이며, 둘째로 가히 교도教導할 만한 것은 하우下愚의 자격으로써 독실한 신성이 있는 자이니, 이 사람은 비록 자신력은 없다 할지라도 법을 중히 알고 선생을 믿는 마음이 지극함에 따라 진행하는 정성이 쉬지 않는 고로 필경 성공할 가능성이 있다.

그러나 그중에 가장 가르치기 힘들고 변통성이 많은 것은 중재中才의 자격을 가진 자이니, 이 사람은 법을 가벼이 하고 선생을 능멸陵蔑히 알기가 쉬우며 만사에 철저한 발원과 독실한 성의가 나지 않는 연고이다. 그러나 하우下愚의 자격을 가진 자로서 공부를 하자면 중간에 크게 위태한 경계가 있으니 그것은 즉 하우下愚가 변하여 중재中才가 될 때이다. 하우下愚로써 중재中才를 경유치 않고 상지上智의 자리로 초등超騰한다면 이거니와 만약 중재의 정도程度에 들어 오래 머무르면 그것도 또한 타락되기 쉬우니 말하자면 상지上智로서 공부를 할진댄 중간에 아무 변통성이 없지마는 하우下愚로서 공부를 하려면 중재中才의 정도程度란 커다란 난관이 앞에 가로막아 있나니라." 하시더라.

마왕魔王을 쳐 항복 받으라

서대원 수필受筆

《회보》 제10호, 시창19년(1934) 6·7월호

시창19년 4월 19일 예회 법설로, 마왕은 불의라면 법왕은 정의이며 육근은 마왕과 법왕의 군사로, 전문 공부하는 선원에 입선하는 것과 매 예회에 참여하여 공부에 전심하는 것은 마왕을 항복 받는 병법을 배우는 것이요, 교과서는 병서兵書요, 훈련받고 실행에 노력하는 것은 그 병법을 배워서 실전에 참전하는 것이라 비유한다.
공부인이 법마상전급에만 올라도 법왕의 세력이 많이 왕성해져서 혹승혹패或勝或敗하다가, 법강항마위에 오르면 불의의 주인인 마왕은 꼼짝 못 하고 법왕이 백전백승하게 되는 '법마상전급'과 '법강항마위'의 대의를 밝히고 있다.

시창19년 4월 19일 예회에 종사주 법좌에 출석하옵셨다가 말씀하여 가라사대,
"내가 이제 여러 사람의 거동을 본즉 어떤 사람은 정성껏 연사의 말을 듣고 있으며, 어떤 사람은 졸며 혹은 밖으로 나가며, 혹은 좌불안석坐不安席을 하여 안정을 못 하는 사람도 있으니, 그 무엇이 들어서 그러는지 아는가? 모른다면 내가 알기 쉽게 말하여 주리라.
다름이 아니라 즉 **제군 각자의 몸에는 마왕魔王과 법왕法王이 있어서 항상 안이비설신의 육근六根을 호령하나니, 육근은 곧 마왕과 법왕의 군사이라.** 그래서 법왕과 마왕은 날마다 군권[軍權, 육근]을 서로 빼앗으려고 전쟁하는데, 공부가 익지 못 한 사람은 대개 마왕이 똑똑하여 모든 권세를 잡고 있어서 무슨 일이든지 법왕을 이기고, 그 반면에 세력 빼앗긴 법왕은 아무것도 간섭하지 못하고 한편 구석에 쫓기게 되나니, 그러할수록 마왕은 더욱 활기를 띠고 기세등등하여 육근을 제 마음대로 부려서 '술을 먹자', '색色을 취하자', '담배를 먹자', '잡기를 하자', '타인과他人過를 하자'는 등 온갖 수단으로써 타락의 길로 인도하고, 만약 법왕으로부터 '공부하자'는 제의가 있으면 어떠한 틈에든지 수면을 보내서 '잠이나 자자'고 하며 또는 서로 한 곳에 가서 한유잡담閒遊雜談이나 하자고 하여 어느 방면으로든지 불의한 30계문을 범하게 하고 인도 정의는 행치 못하게 하나니라. 그러나 법왕도 가끔 형세 만회를 꾀하며 기회를 따라 육근 이용하기를 도모하며, 더욱이 공부에 익은 사람은 법왕의 정신을 분발하여 날마다 마왕 토벌의 군략軍略을 연구하며 전쟁을 더욱 맹렬히 하나니, 오늘도 이 예회를 보자고 육근을 끌고 이곳에 온 것은 법왕의 권력이요, 지질한 생각이 나고 밖으로 나가자는 생각은 마왕의 흉계니라.
그런즉 제군은 하루속히 이 싸움을 잘 응변應變하여 불량한 마왕을 쳐서 평平하고 정당한 법왕의 세계가 되게 할지니, 과거 3천 년 전에 석가모니불이 쌍림보리수雙林菩提樹 하에서 마왕 파순의 항복을 받으셨다 함도 곧 그 법왕[정의]이 그 마왕[불의]을 항복 받은 것이니라. 그러나 현재 제군의 법왕을 본다면 아직도 마왕의 종노릇 하는 자가 많으니, 어서 부

지런히 마왕 항복 받는 공부를 하라. **이곳에서 전문 공부를 시키고 또 예회를 보게 하는 것은 곧 마왕 항복 받는 병법을 가르쳐 주는 것이요, 모든 교과서는 병서兵書요, 제군이 훈련받고 실행에 노력하는 것은 그 병법을 배워서 실전實戰을 하게 하는 것이니, 아무쪼록 명념銘念하고 분투하라.**

공부인이 만일 법마상전부에만 올라간다 해도 법왕의 세력이 많이 왕성하여져서 피차에 혹승혹패或勝或敗를 하다가, 법강항마부에만 올라간다면 불의의 주인인 마왕은 꼼짝도 못 하고 법왕이 백전백승을 하나니라. 만약 마왕이 이런 말을 들으면 저의 세력이 손상될까 겁내어 어느 방면으로든지 정의正義의 공부를 방해할 터이니, 그 마왕의 계교에 빠지지 말고 전문 입선이나 매월 예회라도 성실히 참예하여 병법을 난숙爛熟히 알아서, 마왕은 보이는 대로 쳐 항복 받고 법왕이 승전의 기치를 들도록 할지어다.」 하시더라.

감상담(윤명화)

법과 마를 정당한 법왕과 불량한 마왕으로 표현하여 재미있게 법위를 설명하고 있다. 마왕은 법왕으로부터 '공부하자'는 제의가 있으면 어느 틈에 수면을 보내 '잠이나 자자'라고 유혹하고, 또는 공부하기 보다는 한가한 곳에 가서 '한유잡담閒遊雜談이나 하자'며 인도 정의를 행하지 못하게 한다. 법왕이 마왕에 밀린 예이다. 어느 때인가 날씨가 좋아 밖으로 나가고 싶은 유혹에 넘이기 해야 할 일을 미뤘던 일이 생각난다.

법위등급을 생활 속에서 염두에 두고 있는지 돌아본다. 법위등급은 공부인의 수행 정도에 따라 나눈 공부 성적의 단계이다.

법은 사은사요 삼학팔조로, 법위향상은 일을 당하여 그일 그일에 일심을 챙기는 정신수양과 일과 이치를 바르게 분석하며 시비와 이해를 판단하는 사리연구로써 정의의 법은 취하고 불의의 마는 사捨하는 작업취사의 실행력을 갖추어 가는 것이다. 삼대력을 갖추어 사은에 보은하고 사요를 실천하는 법을 실천하는 정도에 따라 자신의 법위등급을 확인할 수 있다. 특히 법은 취하고 마는 버리는 실행 정도에 따라 법마상전급과 법강항마위로 나눌 수 있다. 일원상의 진리에 근원하는 삼학으로 일상에서 육근을 작용할 때 법과 마 중 법이 백전백승하는 그날까지 공부를 계속하는 것이다. "어서 부지런히 마왕 항복 받는 공부를 하라." 는 대종사님의 당부를 마음에 새긴다.

제군은 난세에 나왔으니 도원수都元帥가 될지어다.

이공주 수필受筆

《회보》 제20호, 시창20년(1935) 10·11월호

마음 난리인 심란心亂을 다스릴 병서는 『육대요령』 『삼대요령』 『수양연구요론』 등 우리의 경전이요, 실습할 적군은 30계문이니, 삼학으로 삼대력을 얻고 30계문을 범치 않으면 법강항마위에 올라 어떠한 강적이라도 이기는 도원수라는 것이다. 이 법설은 포괄적으로 윤문 되어 『대종경』 수행품 58장에 수록된다.

한때에 익산교당에서 종사님 법좌에 출석하시사, 대중을 향하여 말씀하여 가라사대, "제군들은 무엇을 하려고 이와 같이 한곳에 모이었는가? 다름이 아니니, 곧 제군들로 말하면 난리 난 세상에 나왔는지라 적군과 싸우지 않으면 아니 되게 되었고, 적군과 싸움을 하기로 하면 전쟁하는 법을 알아야 할 것이며, 전쟁하는 법을 알기로 말하면 부득이 병법을 배워야 하겠으므로 그 병법을 배우기 위하여 이곳에 왔다고 생각하노라. 또 나더러는 무엇을 하는 사람이냐고 하면 곧 그 전쟁하는 법을 가르쳐 주는 선생이니, 나로 말하면 진작부터 병법을 많이 연구하여 적군과 접전하는 법도 잘 알고 따라서 백전백승하는 재주를 가진 연고니라.

혹 '난리亂離'라 하니까 구주歐洲전쟁[제1차세계대전]이나 중국 장개석의 싸움[국공내전과 중일전쟁] 같은 그러한 난리로 알는지 모르나, **이 나의 '난리'라 함은 그러한 총과 칼의 무기를 가지고 싸우는 난리가 아니요, 오직 모든 사람의 심란心亂 즉 마음의 난리를 말함이니, 그것은 불의한 욕심을 채우기 위하여 온전한 정신과 정당한 일을 놓아버리고 항상 복잡하고 시끄럽게 지냄을 이름이다.**

예를 들어 말하면, 사람이 재물이나 의복·음식이나 주색잡기 등에 욕심이 심하게 한번 나고 보면, 예의염치를 불구하고 사기詐欺 취재取財를 한다, 살인강도를 한다, 혹은 부자 형제 간에 고소한다, 독살한다, 그 외에도 말로 다 할 수 없는 윤리와 도덕에 벗어난 별별 악행을 다하다가 그 죄상이 발로되는 날에는 신용이 떨어져서 붙일 곳이 없게 되고, 혹은

잡혀간다, 징역을 산다 등의 번민과 고통이 생겨나며, 또 만일 저의 뜻한바 욕심대로 되지 않으면 진심嗔心과 치심痴心이 병기併起하여 여러 가지로 마음 난리가 일어나게 되는 것이다.

그러면 우리 인생이란 누구나 물론 하고 천부지성天賦之性으로 양심은 다 가졌건마는 천연적으로 일어나는 그 욕심을 제거하지 못하여 패악무도悖惡無道한 짓을 하기는 하면서도 자연 양심의 가책을 받게 되나니, 이것이 또한 마음의 난리니라.

그러면 나는 날마다 제군에게 여러 가지 방편과 수단으로써 그 마음 난리의 적군을 쳐 항복 받을만한 병법을 가르쳐 주며 또 한편으로는 실지 싸움을 붙여보나니, 그 구경은 참 볼 만하니라. 저 세계 각국에서는 육·해군이나 혹은 항공군 연습을 시키는 것과 같이, 나는 제군에게 삼십계문三十戒文을 주어서 싸움을 붙여 놓고 보면, 혹자는 보통부 십계를 가지고도 빼착빼착[비치적비치적, 몸을 한쪽으로 약간 비틀거리거나 가볍게 절룩거리며 걷는 모양] 하고 까딱하면[자칫하면] 적군에게 '꿍~'하고 떨어지는 것[계문을 지키려다가 범하는 것]을 보면 실로 가련한 생각이 든다. 그러다가 어찌어찌하여 그 계문을 지킬 만하게 되면 또 특신부特信簿 십계문을 주어 보아서 그 계문도 이겨 넘길 만하게 되면, 계속하여 법마상전부法魔相戰簿 십계를 또 주어서 마군[30계 범하려는 마음]과 접전을 시키다가 그도 또한 백전백승하게 되면, 그때는 법강항마부法强降魔簿에 올리어 마음 난리의 도원수를 삼아서 아주 주력전主力戰을 시키게 되는 것이다.

그러면 혹자는 '각종의 무기를 가지고 수만數萬 적군과 접전하는 것이 전쟁이요, 무서운 난리지, 그까짓 삼십 계문을 지키는 것이 무슨 난리냐?'고 할는지도 모른다. 그러나 나는 실로 저 세계적 각국에서 고사포高射砲나 독와사毒瓦斯[독가스] 등의 무서운 병기를 가지고 싸우는 전쟁은 참 작은 싸움이오, 따라서 하나도 무섭지 않다고 생각하나니, 이 시방세계를 놓고 본다면 나라와 나라끼리 전쟁하는 것은 마치 몇천 호 사는 동리에서 두어 사람이 말다툼하는 것 같다고 하여도 과언은 아닐 것이다.

보라! 저 중국에서 아무리 전쟁을 한들 우리 조선에서는 구경도 할 수가 없지 아니한가? 뿐만 아니라 저희가 아무리 맹렬한 싸움을 한다 하여도 이 넓은 세계는 없애지 못할 것은 또한 사실이다. 그러나 이 마음의 난리란 것은 동서양 어느 곳을 물론 하고 산에서나 들에서나 집에서나 방방곡곡에서 주야[밤낮]를 불구하고 시시각각으로 일어나나니, 만일 이 싸움이 쉬지 않고 이대로 길게 나간다면 세상은 파괴요, 절망일 것이다.

제군이여, 제군은 이 말에 각성하여 마음 난리의 투사가 되어서 적군과 접전할 적마다 승전하여 개선가를 부르게 하라. 저 모든 병사가 출전하기로 하면 상관에게 병법을 배우고 적군과 접전하는 연습을 하는 것과 같이 제군도 모든 마군을 쳐 항복 받고 법왕法王을 세우기로 말하면 역시 병법을 많이 익히고 적군과 접전하는 실습을 하여 보아야 할 것이니, 우리 집의 병서는 **『육대요령』『삼대요령』『수양연구요론』 등이 그것이요, 실습할 적군은 30계문이니, 누구든지 공부를 잘해서 삼대력을 얻고 30계문을 하나도 범치 않는다면 법강항마부에 올릴 것이요, 법강항마부에만 오르게 된다면 어떠한 강적이라도 기필코 이겨 넘길 것이니, 그렇게만 된다면 내 도원수로 승인하여 주리라." 하시더라.**

공부에 주인이 되라

필수인筆受人 서대원

《회보》 제5호, 시창18년 12월호

———————— '본회의 살림이 곧 제군의 살림이요 본회의 일이 곧 제군의 일'이 되는 공가의 살림을 밝히고 있다. 즉 도가의 공변된 살림은 오직 공변된 정신을 가지고 공변된 사업을 하는 공인에게 전수하는 것이니, 공변된 정신을 가지고 공변된 사업을 하면 공인의 살림이요 공인의 일이 되는 것이다. 이렇게 되면 회상과 내가 둘이 아닌 출가위의 심법이라 할 것이다.

한때에 종사주 말씀하여 가라사대

"제군이여! 제군은 본회의 살림과 본회의 하는 일이 다 누구의 살림이며 누구의 일인 줄을 아는가? 만일 본회의 살림이 곧 제군의 살림이요, 본회의 일이 곧 제군의 일인 줄로 알 때는 공부와 사업을 하기가 별로 괴롭지도 않을 것이요, 정성이 끊이지도 않을 것이며, 만일 이 까닭을 알지 못할 시는 모든 것이 고스럽고 성의가 나지 아니하여 항상 가인적 생활을 면치 못할 것이니, 오늘은 본회의 살림이 곧 제군의 살림이요 본회의 일이 곧 제군의 일인 이유를 말하리라.

저 사가의 호주 된 자는 자기가 모든 가산을 주관하다가 늙어서 처변력이 없게 된 때라든지 또는 죽은 뒤라든지 반드시 자기의 가졌던 가산은 있으면 있는 대로 없으면 없는 대로 그 자손에게 전수하는 것이 정칙이다. 그러므로 그 자손이 잘 낫든 못 낫든 그 가산을 유지할 자격이 되든 못되든 그와 같이 전수하여 주는 것이 우리 조선 전통적 습관이 되지 않았느냐?

그러나 이 도가의 공변된 살림으로 말하면 그렇지 못하여 일 푼일지라도 주관자들의 생자녀生子女에게 전수하지 못하는 것이요, 오직 공변된 정신을 가지고 공변된 사업을 하는 공인에게 전수하는 것이니, 제군도 공변된 정신을 가지고 공변된 사업을 하기로 한다면 이것이 다 제군의 살림이요, 제군의 일이 아니고 무엇이랴?

장래에 전하는 것은 고사하고 우선 현금으로 볼지라도 본회의 위치가 드러날수록 제군들의 가치가 드러날 것이요, 본회의 사업이 확장될수록 제군들의 활동력이 신장할 것이니, 제군들이 만일 참으로 원만한 진리를 깨달아 공정한 정신을 가졌을진댄 이 모든 건설과 이 모든 법도는 오로지 제군들의 소유가 아니고 무엇이랴? 다만 우리 당대뿐 아니라 이 뒤로 오는 사람들도 절대로 개인의 생자녀에게 전할 바가 아니라 오직 미래 몇천 몇만 년을 통하여 세계 인류의 공변된 살림으로써 항상 도덕 높고 공심 많은 자가 주관하는 기물이 되리라." 하시더라.

〈참고문헌〉

『원불교 정전』(한문판), 1999

『원불교자료총서』(영인본) 1~10권

『원불교교고총간』 1권, 2권, 3권, 4권, 5권, 6권

『한울안한이치에』(증보판), 1987

박정훈, 『정산종사전』, 2002

주산 송도성 법문집, 『마음은 스승님께 몸은 세상에』, 2007

구타원 이공주 법문집 Ⅰ, 『일원상을 모본하라』, 2007

구타원 이공주 법문집 Ⅱ, 『인생과 수양』, 2007

혜산 전음광 문집, 『빛은 동방에서』, 1986

원산 서대원 문집, 『천상락과 인간락』, 2000

양도신, 『대종사님은혜속에』, 1991

안이정, 『원불교교전해의』, 1997

손정윤 편저, 『원각성존 소태산대종사 일화집』, 1995

이승원(제룡) 엮음, 『원각성존 소태산대종사 수필법문집』

始創於參年(戊辰)五月三十一日
月末通信 第壹号
研究部發送

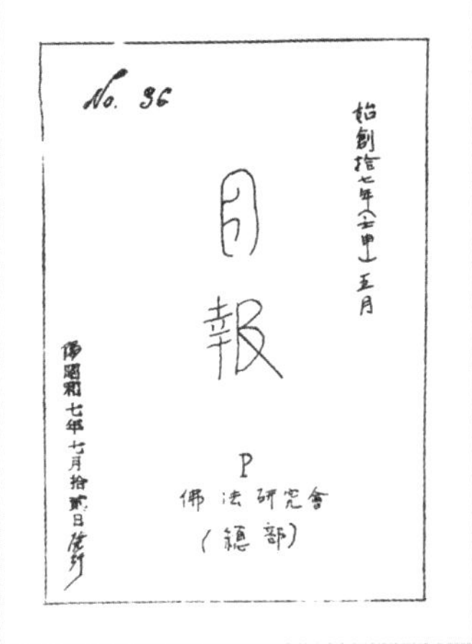
No. 36
始創拾七年(壬申)五月
月報
P
佛法研究會
(總部)
昭和七年七月拾貳日發行

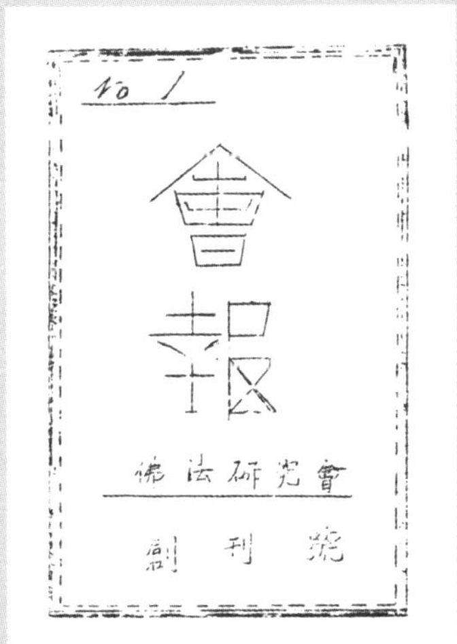
No 1
會報
佛法研究會
創刊號

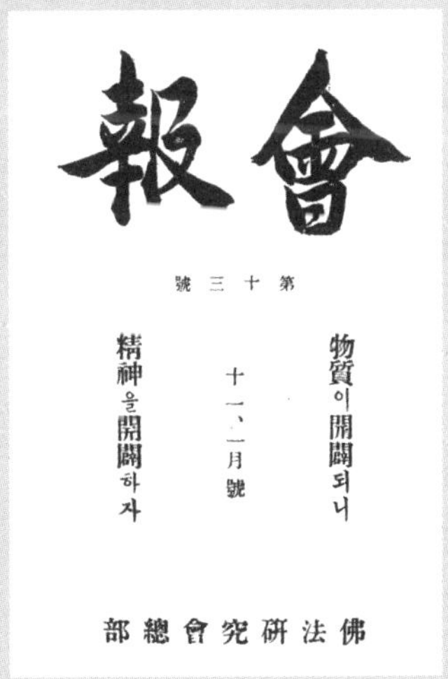
會報
第十三號
物質이 開闢되니
十一·二月號
精神을 開闢하자
佛法研究會總部

교고총간학敎故叢刊學의 태동을 바라며

월말통신·월보·회보와 함께 읽는 『정전 훈련법』과 『정전 수행법』을 발간하면서 느껴지는 감상과 바람이 있다. 그것은 다름이 아니라 '교고총간학'의 태동이다.

'교고총간'을 공부하면 할수록 그 가치가 가슴 깊이 새겨지기 때문이다. 교고총간敎故叢刊에는 소태산 대종사 재세 시의 기록물인 《월말통신》《월보》《회보》가 실려 있으며 그 외에도 초기교서 및 사업보고서 등이 망라되어 있다.

'교고총간학'은 왜 요청될까? 교고총간은 소태산 대종사의 육성肉聲법문과 초기교단의 구체적인 모습이 담겨 있는 기록물로, 소태산의 포부와 경륜을 제자들과 함께 이뤄가는 생생한 역사를 볼 수 있기 때문이다. 그러므로 교고총간은 원불교의 보경寶經이요 가치의 보고寶庫이다.

『원불교교사』 제2편 제3장 '1. 교화 기관지의 발행'의 전문全文이다.
"제1회 기념총회(원기13년 3월)를 마치고 제2회에 접어들면서 새 회상이 먼저 착수한 중요한 일은 교화 기관지의 발행이었다.
원기13년(1928·戊辰) 5월에 월간月刊 《월말통신月末通信》이 송도성(研究部書記) 주간主幹으로 창간되어 복사판으로 34호(원기15년 12월호)까지 발행하다가, 교서 편찬 등 사무 관계로 부득이 한동안 중단되었으며, 원기17년(1932·壬申) 4월에 복간, 《월보月報》로 개제하여, 전음광(연구부장) 주간 아래 등사판으로 48호(원기18년 6월호)까지 발행하다가, 출판법 관계로 적발되어 48호 전부를 일경日警에게 압수당하고 폐간되었다.
원기18년(1933·癸酉) 9월, 총독부 당국의 정식 허가를 얻어, 월간 《회보會報》(전음광 주간)를 창간, 등사판 발행을 계속하다가, 원기19년(1934·甲戌) 12월호(회보 13호)부터 이공주(通信部

長) 주간으로 인쇄판을 발행, 점차 부수가 증가하였으나, 25년(1940·庚辰) 제2차 세계 대전이 급박해지면서 계간으로 바꾸었다가, 26년(1941·辛巳) 1월, 통권通卷 65호를 마지막으로 마침내 휴간하였다.
《월말통신》은 당시 몇 군데의 지방 교당에 법설 요지와 총부 전달 사항 및 교단 소식을 주로 보도하였고, 《월보》와 등사판 《회보》는 거기에 의견 교환의 역할도 겸하였으며, 인쇄판 《회보》는 차차 교화와 문화 기능도 겸하게 되어, 일정日政 압제 아래 유일한 문화 활동의 명맥이 되었고, 법설 기재와 감각·감상·의견·처리·문목 건 등의 제출이 많이 권장되어, 초기 교단의 정신적 유산으로 길이 남게 되었다."

이와 같은 《월말통신》《월보》《회보》가 수록된 교고총간의 연찬研鑽은 『정전』『대종경』『원불교교사』 등의 본의를 독해讀解할 수 있는 근력을 키워줄 것이며, 교고총간을 적공한 힘은 원불교의 정체성을 세워주고 원불교가 나아갈 방향을 협의해 줄 것이다. 또한 원불교 문화의 원형을 밝혀주며 원불교 미래의 혜두연마와 전망지가 될 것이다.

월말통신·월보·회보와 함께 읽는 『정전 훈련법』 및 『정전 수행법』은 '교고총간학'의 일환이다. 아무쪼록 이 책에서 소개하고 있는 소태산 대종사의 법설과 제자들의 논설 회설 감상담 등을 통해 '『정전』 수행편' 체험의 친절한 안내가 되기를 소망한다.

끝으로 『정전』 수행편과 이와 연관된 《월말통신》《월보》《회보》를 공부인들과 연찬했던 1년여의 과정은 즐거움이었다. 이렇게 공부한 성과를 담아낸 『정전 훈련법』과 『정전 수행법』이 교고총간학의 태동에 작은 보탬이 되기를 바라며, 또한 소태산 대종사의 수행길을 밝혀가는 작은 등불이 되길 희망해 본다.

원기107년 6월

길산 방길튼 합장

월말통신·월보·회보와 함께 읽는

정전 수행법

'일원상' 자리에 근원하는 수행법

초판 1쇄 인쇄 2022년 8월 12일
초판 1쇄 발행 2022년 8월 21일

글쓴이 방길튼

펴낸곳 원불교출판사
펴낸이 주영삼
출판등록 1980년 4월 25일(제1980-000001호)
주소 54536 전라북도 익산시 익산대로 501
전화 063)854-0784
팩스 063)852-0784
홈페이지 www.wonbook.co.kr
인쇄 문덕인쇄

ISBN 978-89-8076-387-0(03200)
값 20,000원